KB066305

마루야마 마사오가 만들어낸
'후쿠자와 유키치'라는 신화

마루야마 마사오가 만들어낸 '후쿠자와 유키치'라는 신화

초판 1쇄 인쇄 2015년 7월 10일
초판 1쇄 발행 2015년 7월 20일

지은이 야스카와 쥬노스케
옮긴이 이향철
펴낸이 정순구
책임편집 정윤경
기획편집 조원식 조수정
마케팅 황주영

출력 블루엔
용지 한서지업사
인쇄 한영문화사
제본 우진제책사

펴낸곳 (주) 역사비평사
등록 제300-2007-139호 (2007.9.20)
주소 412-827 경기도 고양시 덕양구 화중로 100, 506호.(비전타워21)
전화 02-741-6123~5
팩스 02-741-6126
홈페이지 www.yukbi.com
이메일 yukbi@chol.com

한국어판 출판권 © 역사비평사, 2015
ISBN 978-89-7696-730-5 93910

책값은 표지 뒷면에 표시되어 있습니다.
잘못 만들어진 책은 구입하신 서점에서 바꾸어 드립니다.

마루야마 마사오가 만들어낸 '후쿠자와 유키치'라는 신화

야스카와 쥬노스케 지음
이향철 옮김

역사비평사

차례

제4장, 후쿠자와 유키치를 어떻게 평가할 것인가

— 근대 일본 최대의 보수주의자, 그 맨얼굴을 보다

제5장, 자료편

— 마루야마 마사오가 무시한 후쿠자와 유키치의 중요 논설

한국어판 서문

2003년 이 책의 간행으로 아시아태평양전쟁 이후 오랫동안 일본 사회에서 정설적인 지위를 누려왔던 마루야마 마사오의 후쿠자와 유키치 이해는 마침내 종지부를 찍게 되었다. 후쿠자와는 "하늘은 사람 위에 사람을 만들지 않고 사람 밑에 사람을 만들지 않는다"고 인간의 평등을 주장한 '밝은 메이지'의 천부인권론자였고, 나아가 '어두운 쇼와'로 연결되는 메이지 정부의 아시아 침략 행보에 대해 비판적인 "전형적인 시민적 자유주의"자였다는 주장이 막을 내린 것이다. 그 증거와 양상을 다음의 5가지 점에 걸쳐 논증하도록 하겠다.

첫째, 이 책에 종종 등장하는 마루야마 마사오의 손꼽히는 '문하생'이다 다이조飯田泰三는 스스로 마루야마의 『문명론의 개략』 마지막 장 해석에 대해 이의를 제기했다. 마루야마의 후쿠자와 연구는 후쿠자와의 "객관적인 모습"을 넘어서 "무리하게 해석"한 경향이 농후하기 때문에 '마루야마 선생'이 해명한 것은 '후쿠자와 유키치'의 본래 모습이 아니라 '마루야마 유키치'라는 가공의 인물 아닌가 하는 세상의 평가가 있음을 소개했다.

이 책이 일본에서 처음 간행된 다음 달인 2003년 8월 15일, 마루

야마 마사오를 기리는 제4회 '복초復初의 모임'* 공개토론회 〈마루야
마 마사오를 읽다〉가 열렸다. 그 자리에서 청중 한 사람이 토론자 이
다 다이조를 지명하고는, 필자가 이 책에서 행한 "마루야마의 후쿠자
와론 비판"에 대해 어떻게 생각하는지 질문을 던졌다. 이다는 야스카
와로부터 책을 증정 받았지만 아직 읽지 못했다면서, 필자의 이전 저
작인 『후쿠자와 유키치의 아시아 침략사상을 묻는다』에 대한 비판적
인 인상을 말한 다음, "언젠가 제대로 읽고 비판적인 코멘트를 발표
하고자 한다"고 대답했다(『丸山手帳』 27권).

　이다 다이조는 마루야마의 문하생이면서도 마루야마의 후쿠자와
론이 '마루야마 유키치'론(필자의 표현으로는 '마루야마 유키치' 신화)이었을
가능성을 시사했던 인물이다. 『문명론의 개략』 마지막 장에 대한 마
루야마의 이해를 '치명적 오독'이라고 비판해온 필자의 해석에 가장
가까운 인물이기도 하기에, '마루야마 진영'의 연구자 중에서도 이다
다이조의 필자에 대한 "비판적 코멘트"라면 꼭 듣고 싶다는 기대를
품게 되었다.

　이다 다이조가 편집위원으로 참여하고 있는 '마루야마 마사오 수
첩의 모임'은 계간지 『마루야마 마사오 수첩』(마루야마 사망 이듬해 1997년

---

* '마루야마 마사오 수첩의 모임'이 일본의 패전일이자 마루야마 마사오의 기일인 매
  년 8월 15일에 갖는 정례모임이다. '복초復初'라는 명칭은 1960년 6월 12일 헌법문제
  연구소 주최로 열린 〈민주정치를 지키는 강연회〉 당시 마루야마가 행한 강연의 제
  목('復初の説')에서 따온 것이다. 마루야마는 연설 첫머리에서 "복성복초復性復初, 즉 사
  물의 본질과 본원에 항상 되돌아가는" 것의 의의를 강조하였는데, 여기서 "처음으
  로 되돌아가려는 것(復初)은 패전 직후의 그 시점, 8월 15일로 되돌아가는 것입니다"
  라고 설명했다(『丸山集』 8권).

4월 창간)을 펴내고 있다. 마루야마를 비판하는 책이 출판되면 우선 이 잡지 독자들의 검증과 비판의 투서가 답지하고, 곧 그 책에 비판적인 서평이 잡지에 실리곤 한다. 나카노 도시오의 『오츠카 히사오와 마루야마 마사오』가 그 전형적인 사례였다. 그러니 나카노의 책을 9쪽에 걸쳐 인용하고 깊은 공감을 표했을 뿐만 아니라, 마루야마의 후쿠자와론을 장대한 허구의 '마루야마 유키치' 신화로서 거의 전면적으로 비판한 이 책의 경우, 엄격한 검증의 투서가 모이고 직접 편집위원이다 다이조가 예고한 "비판적인 코멘트"가 게재될 거라는 예상도 자연스러운 것이었다.

그러나 『마루야마 수첩』 28, 29, 30호에는 아무런 반응도 실리지 않았다. 기다리다 지친 필자는 이다에게 정중한 편지를 보내 "비판적인 코멘트"의 공표를 재촉했지만, 동봉한 반신용 엽서는 돌아오지 않은 채 또 다시 2년 반이 흘렀다. 이다는 마침내 2006년 연하장에 단 한 줄 "기대에 부응하지 못해 죄송합니다"라는 말을 첨부하여 보내왔다. 같은 해 3월에 증정받은 이다의 새로운 책『전후정신의 광망(戰後精神の光芒)』(みすず書房)에도 "비판적인 코멘트"는 실려 있지 않았다. 아울러 『마루야마 수첩』에도 필자의 책을 비판하거나 검증을 요구하는 투서는 보이지 않았다.

이 3년 가까운 시간의 경과를 필자 나름대로 해석하면, 후쿠자와를 "전형적인 시민적 자유주의"자라고 주장한 "마루야마 유키치론"은 잘못이고 최소한 무리가 있다는 이 책의 주장이 기본적으로—마루야마 진영으로부터—양해를 받았거나, 혹은 정면으로 반론하는 연구자가 나타나지 않았다고 판단할 수 있다(본래 이다 다이조의 후쿠자와론은 필자

의 입장과 가까운 것이었고, '복초의 모임' 석상에서 "제대로 읽고 비판적인 코멘트"를 내겠다고 약속한 것 자체가 결과적으로 약간 경솔한 일이었다). 덧붙여 이상의 내용은 필자가 다음에 간행한 『후쿠자와 유키치의 전쟁론과 천황제론(福沢諭吉の戦争論と天皇制論)』(高文研, 2006) 서장에서 소개한 것임을 밝혀둔다.

둘째, 마루야마의 후쿠자와 연구에 무리가 있다는 이 책의 결론을 납득하는 이들이 서평이나 서간에서 공통적으로 필자에게 제기했던 의문은 "마루야마 마사오는 왜 이런 자의적인 해석을 했는가", "마루야마가 어땠는가를 밝혔으니 이제 왜 그랬는가를 문제 삼아야 한다", "보수적인 후쿠자와를 왜 저 마루야마가 신격화한 것인가"라는 것이었다.

필자는 1970년 『일본 근대교육의 사상구조』 이래 2013년 『후쿠자와 유키치의 교육론과 여성론(福沢諭吉の教育論と女性論)』(高文研)까지 다섯 권의 저서에서 마루야마 마사오의 후쿠자와론에 대해 일관되게 비판과 의문을 제기해왔다. "왜 저 마루야마가" "보수적인 후쿠자와를 신격화"하기를 그만두지 않고 무리하게 '마루야마 유키치' 신화에 계속 집착했는가 하는 물음에 대한 대답을 절실히 찾아내고 싶었기 때문이다(마루야마가 말년에 펴낸 『『문명론의 개략』을 읽는다』 상권 「머리말」에서 "후쿠자와에게 반한 것"을 표명한 시점에, 마루야마도 이미 자신의 후쿠자와론이 무리한 "해석"임을 자각했던 것 같다). 그런 필자에게, 히토츠바시대학 총장과 아사히신문 논설고문 등을 역임한 츠루 시게토都留重人(1912~2006)가 이 책의 증정에 대한 답장에 써준 세 줄의 문장은 그 의문에 대한 하나의 답을 시사해주었다.

2006년 2월 세상을 떠난 경제학자 츠루 시게토는 마루야마보다 두 살 위의 동세대로 『사상의 과학』, '평화문제간담회', 일본학사원 등에서 마루야마와 공통의 장에 있었던 인물이다. 그의 평가는 마루야마 가까이에 있었던 동세대 유력자의 증언이라는 점에서 중요했기 때문에, 편지 내용을 인용하고 실명을 공개해도 좋은지 문의했다. 그랬더니 본래 마루야마의 후쿠자와론에 무리가 있다는 것에 대해서는 대학의 강의에서도 언급한 적이 있다면서 흔쾌히 승낙해주었다. 그 편지에는 이렇게 적혀 있었다.

"마루야마 군과는 일본학사원에서도 같이 있었고, 후쿠자와론을 포함해 의론한 적이 있습니다만, 그는 자신의 명성에 압도되어 정말로 정직하지 못했던 것은 아닌가 생각합니다."

이후 필자는 학생들에게 '젊어서 유명해지는 것의 불행'에 대해 종종 이야기해왔다.

물론 이것으로 모든 것이 설명된다고는 생각하지 않는다. "보수적인 후쿠자와를 왜 저 마루야마가 신격화한 것인가." 필자의 가설이지만, '영구혁명'론자로 신봉 받아온 마루야마의 의외로 파악되지 않은—전쟁책임의식과 여성문제인식으로 상징되는—본질적 한계와 보수성이 "보수적인 후쿠자와"에 대한 공명과 공감을 불러일으킨 것은 아닌가 생각되기도 한다.

셋째로, 후쿠자와의 정치론이 "전형적인 시민적 자유주의 정치관"이라는 해석은 오랫동안 정설의 지위를 누려왔지만, 사실은 마루야마 마사오가 정치론 분석의 기초적인 작업을 생략한 채, 후쿠자와의 '대일본제국헌법'이나 '교육칙어'에 대한 평가마저 고려하지 않고 오직 1870년 7월의 「안녕책」 한 편만 참고하여, 그것도 중요한 어구를 제멋대로 삭제하고 일부만 작위적으로 인용함으로써 만들어낸 조잡한 가공의 결론에 지나지 않는다.

즉, 그것은 후쿠자와가 제국헌법을 "완전무결", "완미한 헌법"이라고 전면적으로 긍정하기를 반복했다는 사실을 전혀 개의치 않고, 또한 '교육칙어' 발포에 "감읍"할 정도로 환영하면서 학교에서 "인의 효제 충군애국의 정신"을 관철하라고 요구하는 사설 「교육에 관한 칙어」(1890년 1월 5일)를 집필하게 한 사실도 전혀 개의치 않고 제멋대로 꾸며낸 주장이다.

게다가 마루야마는 "전형적인 시민적 자유주의 정치관"이라는 자신의 결론에 주박당한 나머지, 후쿠자와가 "일관되게 배제한 것은 시민사회 영역에 대한 정치권력의 진출 내지 간섭이었다"라거나, "교육칙어가 발포된 것은 일본 국가가 윤리적 실체로서 가치 내용의 독점적인 결정자임을 공공연히 선언한 것"이라 논하고, 나아가 1990년 일본학사원에서 "교육칙어의 발포에 대해 『시사신보』는 일언반구도 논하지 않았습니다"라는 허위보고까지 함으로써 '후쿠자와가 교육칙어에 찬성했을 리 없다'는 신화를 확립했다.

이 책에서 교육칙어에 적극 찬동하는 『시사신보』 사설이 처음 소개되기 전까지, 후쿠자와 사후 백여 년 동안 사상가 '후쿠자와 유키치가 교육칙어에 찬성했을 리 없다'는 것은 부동의 정설로서 일본의 후쿠자와 연구를 지배해왔다. 그런 탓에 필자의 예전 저서 『일본 근대교육의 사상구조』도 누명을 쓰고 억울한 비판을 받았다. 다만 마루

야마 마사오 자신은 임종을 앞두고 '문하생' 가케가와 도미코掛川卜ミ子로부터 이 『시사신보』 사설의 복사자료를 전달받고, 후쿠자와가 아시아태평양전쟁 이전 일본의 정신을 지배한 '교육칙어'에 찬동했다는 충격적인 사실을 처음으로 깨닫게 되었다. 그로 인해 자기 평생의 후쿠자와론이 장대한 허구였음을 인식하지 않을 수 없었지만, 병 때문에라도 그 건에 대해 아무것도 남기지 못한 채 세상을 떠났다.

이상과 같은 후쿠자와와 마루야마의 사연은 우리에게 무엇을 말해주는가. 후쿠자와의 사상과 정치관 분석을 크게 그르친 데 대한 학문적 책임은 일차적으로 명백하게 마루야마 마사오에게 있다. 그런데 그 마루야마는 패전 이듬해 1946년 잡지 『세카이世界』 5월호에 「초국가주의의 논리와 심리」를 발표하면서 일약 '시대의 총아'가 되고 '전후민주주의'를 대표하는 학자·사상가로 부상한 인물이다. 만약 누군가 마루야마의 후쿠자와론을 『후쿠자와 전집』에 나오는 후쿠자와 자신의 언설과 주의 깊게 대조하여 고찰했다면 이 책에서 해명한 마루야마의 허구를 쉽게 눈치 챌 수 있었을 텐데, 아무도 그렇게 하지 않았다. 결국 마루야마의 '명성'과 학문적 '권위'에 무릎을 꿇고 마루야마의 후쿠자와 오독을 추종해버린 전후일본을 대표하는 많은 저명한 연구자들도 그 학문적·사회적 책임을 면할 수 없다는 뜻이다. 강연을 다니면서 이런 추이를 이야기한 뒤 "여러분, 이것은 저를 포함하여 학자들이 하는 말을 안이하게 믿어서는 안 된다는 귀중한 교훈입니다"라고 말하면 어디서든 큰 박수가 터져나오곤 했다.

네 번째로, 필자의 후쿠자와 연구를 둘러싼 일본사회의 흥미 있는 반응과 반향을 매스컴의 눈을 통해 확인해보자. 필자의 후쿠자와

『쥬니치신문』 2013년 12월 3일자 기사 「후쿠자와 비판」의 집대성」

연구는 5권 째인 『후쿠자와 유키치의 교육론과 여성론』(高文研, 2013년 8월)이 간행되면서 일단 완결을 보았다. 그 사실이 뜻하지 않게 다음과 같은 두 종류의 신문 '인물'란에서 다루어졌다.

2013년 12월 3일 나고야 지역의 『쥬니치中日신문』은 「후쿠자와 비판'의 집대성」이라는 표제의 기사에서 "전후 마루야마 등이 민주화를 맞이한 민중을 격려하기 위해 일본에도 민주주의 사상이 있었다는 근거로 후쿠자와를 이상화하여 내세운 것은 선의일지도 모릅니다. 그러나 허위에 기초한 계몽은 뿌리를 내릴 수 없습니다"라는 필자의 생각을 그대로 실어주었다.

문제는 『아사히신문』이었다. 『쥬니치신문』보다 한 달이나 먼저 취재를 다녀갔는데도 기사가 나지 않았던 것이다. 필자의 연구를 소개할 경우 마루야마의 후쿠자와 평가를 폄하하게 되기 때문에—"마루야마 선생의 팬"이 많은—도쿄 본사 내에 뿌리 깊은 저항이 있어

『아사히신문』 2013년 12월 30일자 기사 「후쿠자와 유키치상의 재검토를 주장하는 나고야대학 명예교수 야스카와 쥬노스케 씨」

게재가 늦어지고 있으며, 기사화되지 못할 가능성도 있다는 취재기자의 말만 전해 들었다.

　　그러나 해가 거의 끝나가는 12월 30일, 『아사히신문』의 '인물'란에 「후쿠자와 유키치상의 재검토를 주장하는 나고야대학 명예교수 야스카와 쥬노스케 씨」라는 표제의 기사가 올라왔다. 반쯤 단념하고 있던 기사가 실린 것만도 놀라운 일이었는데, 십수 일 지난 어느 날 더욱 놀라운 소식이 들려왔다. 취재기자로부터 뜻밖에도 이 기사가 아사히신문 사내 '이달의 기사'상을 수상했다는 전화가 걸려온 것이다.

이 한 술 더 뜬 역전현상은 어떻게 생긴 것일까. 그 자체가 하나의 '사건'이라는 생각이 들어 취재를 담당했던 이토 기자(논설위원)에게 집요하게 경위를 캐물었다. 그 결과 "우파 잡지인 『세이론正論』에 '지금이야말로 후쿠자와의 「탈아론」을 배워라'라는 논설이 등장하자 마침내 아사히신문 기자들도 야스카와의 후쿠자와론이 갖는 정당성을 각성한 것 같다"는 이야기를 들을 수 있었다. 그래도 여전히 반신반의하던 차에 2014년 17일 『적기赤旗』 지면에서 「일본유신회, 극우화로 내달리다」, 「역사인식, 수상을 뒷받침하다」라는 표제의 기사를 발견했다. 마침내 필자는 모든 상황을 이해할 수 있었다.

> "일본유신회가 '극우화' 노선으로 내달리고 있다. (…) 수상의 야스쿠니신사 참배 문제에 대해서는 (…) 단호하게 참배를 계속하라 요구하고 있다. 구 일본군 '위안부' 문제에 대한 한국의 비난에 대해서도 '후쿠자와는 훌륭했다. 더 이상 조선반도를 상대하지 말라. 메이지 초기부터 탈아입구脫亞入歐라고 말해왔다'(나카야마 나리아키中山成彬 일본유신회 의원)라며 국교단절을 선동하고 있다."

현재 일본에서 후쿠자와 유키치를 가장 드높게 찬양하는 이들은 아베 신조安倍晋三 수상과 전 일본유신회 대표 이시하라 신타로石原慎太郎 등 '극우' 정치가들이다. 아베 수상은 2013년 2월 말, 재선 이후 첫 시정방침 연설 〈강한 일본을 창조한다〉에서 후쿠자와 유키치의 "일신독립해야 일국독립하는 것"이라는 말을 인용하면서 말문을 열었다. 이 "일신독립해야 일국독립"한다는 말은 그것이 "메이지 전기의 건전한 내셔널리즘"을 대표한다는 마루야마 마사오의 해석 때문에 일약 유명해졌지만, 이는 사실상 후쿠자와 연구사상 최대의, 가장 치명적인 오독이었다. 후쿠자와 자신이 이 말을 통해 전하고자 한 의미는 바로 "국가를 위해서는 재산을 잃는 것뿐만 아니라 하나밖에 없는 생명을 내던져도 아깝지 않다"는 국가주의적인 "보국의 대의"였기 때문이다. 마루야마의 오독을 정설로 믿어온 일본 매스컴 관계자들은, 아베 수상이 시정방침 연설에서 이 정식을 인용했다는 사실의 의미를 이해할 수 없었을 것이다. 2013년 6월 필자가 후쿠자와의 고향인 오이타현 나카츠시에서 강연할 때 취재차 왔던 기자들은 아예 아베 수상이 후쿠자와를 인용했다는 사실 자체를 전혀 알지 못했다.

아베 수상은 자신의 "역사적 사명"이라고까지 말한 헌법 개정을 통해 '국방군'의 창설을 의도하고 있다. 그런 그가 〈강한 일본을 창조한다〉라는 주제의 시정방침 연설에서 "국가를 위해서는 재산을 잃는 것뿐만 아니라 하나밖에 없는 생명을 내던져도 아깝지 않다"는 "보국의 대의", 순국정신을 계몽했던 후쿠자와의 "일신독립해야 일국독립" 한다는 정식으로 서두를 열었다. 이는 실로 후쿠자와의 사상에 충실한 '완벽한' 인용이자, 중대한 뉴스로서 매스컴이 주목해야 할 사건이었던 것이다. 마루야마가 만들어낸 '후쿠자와 신화'는 이렇게 후쿠자와의 단순한 오독에 그치지 않고 심각한 악영향을 초래하고 있으며, 그 전후책임은 너무나도 크다.

아베 신조는 수상으로 재선된 직후 『주간신쵸新潮』 신년 특대호의 사쿠라이 요시코와의 대담에서 "독립자존! 나는 경제를 재건한다!"고 주장했다. 천황을 국가 '원수'로 만드는 것을 목표로 하는 아베가―

이 경우에도 마루야마 등의 오독을 대신하여 원래의 후쿠자와에 충실하게—자진해서 "만세일계의 제실"에 "충의"를 다하고, "자연히 발생하는 지극한 충정"으로 "부모에게 효도"하는 것을 의미하는 후쿠자와의 '독립자존'을 들고 나온 모습도 죽이 맞는다(아베의 동지인 이시하라 신타로는 2012년 말 중의원선거 가두연설에서 "여러분, 독립자존의 정신이 중요합니다!" 라고 외쳤다).

지금까지 필자는 5권이나 되는 저서를 통해 마루야마가 만들어낸 허구의 후쿠자와 신화를 해체하고 후쿠자와 사상의 침략성과 보수성을 논증·해명해왔는데, '헤이세이불황'을 계기로 보수화·우경화한 "일본의 시대가 마침내 야스카와의 역사인식에 따라오고" 마루야마 마사오 등과 같은 허구의 전후민주주의 진보 진영을 대신해 아베 등 극우 진영이 후쿠자와의 탈아론과 (부국강병을 대신하는) '강병부국' 노선을 내세워 다시금 일본을 전쟁국가로 전락시키려 폭주하고 있다. 필자가 『아사히신문』 '이달의 기사'상을 수상하게 된 것은 이 변화된 시대상황의 틈바구니에서 빚어진 사건이 아닌가 생각해보게 된다.

다섯째, 필자의 책 『후쿠자와의 교육론과 여성론』에 이어 2015년 1월에는 동지 스기타 사토시杉田聰의 『하늘은 사람 밑에 사람을 만든다(天は人の下に人を造る)』(インパクト出版会)가 간행되었다. 후쿠자와의 대표적인 명언 "하늘은 사람 위에 사람을 만들지 않고 사람 밑에 사람을 만들지 않는다"를 뒤집은 책 제목과 그 부제 '후쿠자와 유키치 신화를 넘어'만으로도 책의 내용을 추측할 수 있을 것이다. 더구나 8월에는 『맛의 달인 코피 문제에 답하다(美味しんぼ「鼻血問題」に答える)』(遊幻舍, 2015)라는 책 이후 집필을 중단했던 동지 만화가 가리야 데츠雁屋哲가 1945년 패

전의 원흉이야말로 후쿠자와 유키치임을 논증하는 학원 이야기 『2년 C반 특별연구회 후쿠자와 유키치』를 발표할 예정이다.

이 책들이 다 나오면 소식지 『사요나라! 후쿠자와 유키치』(2014년 12월 창간)에서 예고한 대로 이번 가을부터 '최고액권 1만 엔 지폐로부터 후쿠자와 유키치의 강판을 요구하는' 야스카와 쥬노스케·가리야 데츠·스기타 사토시 3자 합동강연회의 전국투어를 시작할 예정이다. 합동강연회에 나서는 세 사람의 공통된 의도는 일본과 "근린 아시아 제국의 화해와 공존의 길을 모색하는 대전제로서 (…) 청일전쟁 이래 근대 일본의 전쟁책임과 식민지 지배 책임을 청산하는 상징으로서 (…) 일본 근대화 과정의 총체적 '스승'인 후쿠자와 유키치를 최고액권 지폐의 초상인물로부터 끌어내리는 것을 목표로 한다." 아울러 우리 세 사람은 후쿠자와 유키치의 사상을 재검토하는 것이 일본 근대사 전체를 '밝은 메이지'와 '어두운 쇼와'로 나누어 평가하는—마루야마 마사오, 시바 료타로 등으로 대표되는—잘못된 일본의 근현대사관을 극복·변혁하는 것으로 이어진다는 생각을 공유하고 있다.

학문적인 연구성과로 의기투합한 세 사람의 합동강연회를 통해 아베 내각의 일본군 성노예 문제 대응으로 상징되는 절망적으로 희박한 전후 일본사회의 아시아 제국에 대한 전쟁책임의식, 식민지 지배 책임의식의 극복·변혁에 기여하고, 1만 엔 지폐에서 후쿠자와 유키치가 사라지기를 기대하는 여론이나 사회적 기운을 양성하고자 노력할 것이다. 우리의 이러한 노력에 기꺼이 동참하여 귀중한 연구 시간을 할애해 이전 저서 『후쿠자와 유키치의 아시아 침략사상을 묻는다』에 이어 난해한 이 책의 한국어 번역을 맡아준 한국의 이향철李香喆

^哲 교수에게 진심으로 연대와 감사의 말씀을 드린다. 지지부진한 사회 변혁에 학문 연구의 성과가 조금이라도 기여할 수 있다면 그것이야말로 학문의 정도라고 할 것이다.

2015년 6월 일본 나고야에서

야스카와 쥬노스케

머리글

이 책은 2011년 4월 한국에 번역 출간된 『후쿠자와 유키치의 아시아 침략사상을 묻는다』*의 속편이다. 원래는 출판사의 의뢰를 받아 『후쿠자와 유키치의 여성관과 교육론』이라는 책을 쓰기 위해 집필에 착수하여, 그 서장으로 「마루야마 마사오의 '후쿠자와 유키치 신화' 해체」에 대해 쓰기 시작했다. 후쿠자와의 여성관이나 교육론에 관한 선행연구도 마루야마의 압도적인 영향 아래에 있기 때문에, 우선 그 신화를 해체하지 않고서는 논의를 전개할 수 없었기 때문이다.

그러나 쓰기 시작해서 보니 마루야마의 후쿠자와 연구는 너무나도 많은 문제를 안고 있어서 서장의 내용이 점점 불어났다. 예컨대, 후쿠자와는 "전형적인 시민적 자유주의 정치관"을 지니고 있었다는 마루야마의 규정과 달리, 그는 오히려 '대일본제국헌법'을 노골적으로 찬미했다. 비록 마루야마 마사오는 이 사실에 대해 입을 굳게 다물고 있지만 말이다. 또한 그 후쿠자와가 '교육칙어'에 찬동하고 있었다는—후쿠자와 연구사상 충격적인—사실 역시, 후쿠자와가 죽은

---

* 일본 원서는 安川壽之輔, 『福澤諭吉のアジア認識』, 高文研, 2000.

지 백 년 이상 흘렀음에도 이 책 이전에는 일본에서 본격적으로 논증되거나 해명된 적이 없다. 왜 이렇게 믿을 수 없는 사태가 벌어진 것일까.

마루야마 마사오의 중요한 후쿠자와 연구—「후쿠자와 '실학'의 대전환(福沢における「実学」の転回)」(1947), 「후쿠자와 유키치의 철학(福沢諭吉の哲学)」(1947), 『후쿠자와 유키치 선집(福沢諭吉選集)』 제4권 「해제」(1952)—는 모두 패전 후 얼마 뒤에 발표되었다. 이 세 논문은 후세의 메이지 사상사 연구자 우에테 미치아리植手通有에 따르면, 같은 시기에 나온 마루야마의 저명한 논고 「초국가주의의 논리와 심리(超国家主義の論理と心理)」, 「일본 파시즘의 사상과 운동(日本ファシズムの思想と運動)」 등보다 "분석의 깊이와 정리의 깔끔함 등 완성도 수준에서 (…) 훨씬 낫다"[1]고 할 만한 연구성과였으며, 여기 제시된 마루야마의 후쿠자와상은 이후 연구사상 부동의 정설적 지위를 확립했다. 특히 『후쿠자와 유키치 선집』 제4권 「해제」는 "후쿠자와의 정치론을 집중적으로 논한 거의 유일한 논문"[2]이라는 평가를 받고 있는 만큼, 그 결론은 후쿠자와의 정치관에 대한 마루야마의 기본적인 견해를 형성해 이후 후쿠자와 연구에 커다란 영향을 미쳤다.

마루야마는 후쿠자와의 논설 「안녕책安寧策」(1890. 7)에서 "[본래] 일국의 정부는 병마兵馬의 힘(權柄)을 장악하여 화전和戰의 시기에 적절히 대응하고, 합의제정(議定)한 법률을 집행하여 국내의 치안을 유지하고, 만반의 해악을 막아 백성의 이익(民利)을 보호하는 데 그친다. (…) 즉 정부의 일은 모두 소극적으로 방해에 전념하는 것이지 적극적으로 나서서 이익을 일으키는 것이 아니다"[3]라는 문장을 작위적으로 인용함으로써, '전형적인 시민적 자유주의 정치관'이라는 유명한 결론을 이끌어냈다. "후쿠자와가 일관되게 역설한 것은 경제·학문·교육·종교 등 각 영역에서 인민의 다양하고 자주적인 활동이었고, 그가 일관되게 배제한 것은 이러한 시민사회 영역에 대한 정치권력의 진출 내지 간섭이었다"고 강조하고, "후쿠자와의 국권론이 최고조에 달했을 때조차 정치권력의 대내적 한계에 관한 그의 원칙은 조금도 무너지지 않았다"고 주장했다.[4]

그러면 이런 주장이 정설의 지위를 차지함으로써 이후 후쿠자와 연구에는 어떤 영향을 끼쳤을까. 후쿠자와가 「안녕책」을 쓴 1890년 7월은, 아시아태평양전쟁 이전 일본 교육의 정신적 주축이었던 '교육칙어'가 공포되기 3개월 전이다. 그리하여 경제·학문·교육·종교 등의 "시민사회 영역에 대한 정치권력의 진출 내지 간섭"을 "일관되게 배제"했던 후쿠자와는, 그런 주장을 펼친 지 불과 3개월 뒤에 공포된 '교육칙어'와 그 내용에 찬성할 리 없었다는 신화가 성립되었다. 이것이 첫 번째다. 두 번째 영향은, 마루야마가 스스로 자신의 주장에 속박된 나머지 '교육칙어' 공포에 대한 후쿠자와의 대응 및 평가의 고찰을 죽을 때까지 방치해버렸고, 마루야마의 '학문적 권위'에 머리를 조아리던 연구자들 역시 마찬가지로 이 중요한 과제에 대한 고찰을 오랫동안 방치해왔다는 것이다.

한편, 필자는 이전에 『일본 근대교육의 사상구조』[5]를 통해 후쿠자와가 '교육칙어' 공포 전년에 이미 '교육칙어'를 수용하는 인간상(= 교육관)을 확립했다고 주장한 바 있었다. 그에 대해 후쿠자와는 "교육칙어에 대한 최대의 저항"자였다거나(야마즈미 마사미山住正已), 후쿠자와는 "교육칙어의 안티테제이고 칙어에 대립하는 입장을 취했다"(고이즈미 다카시小泉仰), 10년 뒤의 「수신요령修身要領」은 게이오기쥬쿠慶應義塾가 "[교육]칙어를 마음속에 새기지 않는다는 결의"를 표명한 것(오카베 야스코岡部泰子)이라는 등의 반론이 제기되었다. 핵심을 벗어난 세 사람의 잘못된 주장에 대해서는 제1장 2절에서 검증하겠지만, 이런 인식이야말로 마루야마가 만들어낸 후쿠자와 신화의 세 번째 결과라고 할 만하다.

이처럼 후쿠자와가 "전형적인 시민적 자유주의 정치관"을 정립했다는, 마루야마가 만들어낸 후쿠자와 신화 때문에, 후쿠자와의 교육사상을 규명하는 데 꼭 필요한 그의 '교육칙어' 평가를 구체적으로 고찰하는 일이 방치되고 잘못된 평가가 이루어지고 있다. 더욱 믿을 수 없는 사실은, 이 같은 마루야마의 후쿠자와 '정치관' 파악의 영향을 받아, 마루야마 자신을 필두로 후쿠자와 정치사상 규명에 불가결한 후쿠자와의 대일본제국헌법관 자체의 고찰에 후쿠자와 연구자 그 누구도 나서려 하지 않는다는 연구사상 희한한 전통이 형성되었다는 것이다. 이 점에 대해서는 제2장에서 살펴보겠다.

'교육칙어' 공포 3개월 뒤 우치무라 간조內村鑑三(1861~1930)의 칙어 배례勅語拜禮 기피사건*을 계기로 '교육과 종교의 충돌' 논쟁이 일어났

---

* 우치무라 간조는 복음주의 신앙에 입각해 무교회주의를 주창했던 일본의 기독교 사상가이자 교육가이다. 1891년 도쿄대학 교양학부의 전신인 제일고등중학교第一高等中学校 촉탁교원으로 재직할 당시, '교육칙어' 앞에 나아가 메이지 천황의 친필 서명에 배례하는 '교육칙어 봉독식'에서 고개를 깊이 숙이지 않고 내려왔다는 이유로 동료 교원과 학생들에게 고발당해 파직당했다.

고, 그 이듬해에는 구메 구니타케久米邦武(1839~1931)가 「신도는 제천의 고속(神道ハ祭天ノ古俗)」*이라는 자신의 논문 때문에 제국대학**에서 쫓겨난 사건을 둘러싸고 논쟁이 펼쳐졌다. 특히 전자의 논쟁은 당시 언론을 떠들썩하게 만들었다. 그러나 종교나 학문의 영역에 대한 정치적 간섭을 일관되게 배제했다고 마루야마가 주장하는 후쿠자와 유키치는, 이 책 제4장에서 소개한 바와 같이 이 중요한 논쟁과 사건에 대해 완전히 침묵으로 일관했다. 그렇게 하여 후쿠자와는 신권적 천황제 국가체제 확립 직후 최초로 발생한 전형적인 '사상·양심·신교의 자유'와 '학문의 자유' 탄압이라는 대사건에 부작위의 가담을 했다. 그러나 마루야마는 "전형적인 시민적 자유주의 정치관"이라는 자신의 후쿠자와상像과 맞지 않는 이 중요한 사건에 대해서도 아무런 고찰도 논증도 하지 않았다. 따라서, 이 역시 믿기 어려운 사실이지만, 후쿠자와 연구에서 이토록 중요한 문제의 해명도 거의 그대로 방치되어 있는 것이 현실이다.

다만 이러한 사실을 알면서도 필자는 낙관적인 기대를 갖고 있었다. 앞선 책 『후쿠자와 유키치의 아시아 침략사상을 묻는다』를 통해 후쿠자와 유키치의 아시아인식을 밝혔으니 '마루야마 마사오의 후쿠

---

* 구메 구니타케가 1892년 제국대학 교수 겸 임시편찬사 편집위원으로 재직할 당시 학술잡지 『사해史海』에 "신도는 제천행사의 오래된 풍습"이라는 내용의 논문을 게재하여 대학에서 쫓겨난 필화 사건을 일컫는다.

** 1886~1897년까지 제국대학령에 의한 대학이 하나밖에 없었기 때문에 나중의 도쿄제국대학을 단순히 '제국대학'이라 불렀지만, 교토제국대학이 창립된 1897년 이후에는 제국대학령에 의한 대학이 복수가 되어 앞에 지역명을 붙여 구분했다.

자와 유키치 신화' 역시 스스로 무너지기 시작하리라는 기대였다. 그도 그럴 것이, 후쿠자와는 일찍부터 "내국內國의 불화를 치유하는 방편으로서 일부러 외전外戰을 획책하고, 이로써 일시적으로 인심을 기만한다"는 "기책"[6]을 소개한 사람이다. 나아가 "내부의 인심을 일치시키기 위해 대외적으로 일을 벌이는 것은 정치가가 때때로 행하는 정략으로서 (…) 기도 (다카요시木戸孝允)를 본받아 조선 정략을 주장하지 않을 수 없다"[7]고 하는 등 노골적인 권모술수를 반복적으로 주장하고, 조선의 임오군란과 특히 갑신정변 당시에는 쿠데타의 무기 제공까지 담당하는 등 깊숙이 개입했다.

즉, 필자는 후쿠자와가 아시아를 멸시하고 아시아 침략을 선도한 사실—정확하게는 중기 보수사상 확립 이후 권모술수로 아시아 침략을 기도하는 동시에 아시아에 대한 편견·모멸의 언사를 마구 쏟아내기 시작했다는 사실—을 해명했으므로, 그런 후쿠자와가 국내정치와 관련해서 "전형적인 시민적 자유주의"나 "민주주의"를 구상하거나 주장할 리 없었다는 사실은 저절로 밝혀지리라 생각했던 것이다.

선행연구와 달리, 『후쿠자와 유키치의 아시아 침략사상을 묻는다』는 후쿠자와가 『문명론의 개략(文明論之槪略)』을 통해 일본 근대화에서 중요한 "일신독립-身獨立"의 과제를 "다음 행보로 남겨두고 훗날 이루게 되리라"고 사회적으로 공약했던 사실을 지적하고, 그 자세를 초기 계몽기 후쿠자와의 위대함으로 높이 평가했다. 그러나 현실의 후쿠자와는 이후 자유민권운동 진영을 적대시하면서 청일전쟁이 발발하기 10년도 더 전부터 "일신독립", 즉 국내 민주화의 과제를 방치한 채 권모술수적인 아시아 멸시와 침략의 길을 선도하기 시작했다.

그러므로 필자는 이러한 후쿠자와의 아시아인식을 해명하기만 하면 그의 국내정치 구상은 자연히 전모를 드러낼 것으로 생각했다.

그러나 실제는 어땠는가. 『아사히신문』의 간판기자 후나바시 요이치船橋洋一가 21세기 원년의 「오피니언」면에서 "후쿠자와 유키치의 사상과 정신으로 새로운 세기를 맞이하자"고 일갈한 것을 비롯해, 마루야마 마사오가 만들어낸 '후쿠자와 유키치 신화'는 그의 학문적 권위에 뒷받침되어 끄떡도 없어 보인다. 서거 100주년이던 2001년의 후쿠자와 기일(2월 3일)을 맞은 『아사히신문』의 「천성인어天聲人語」, 『일본경제신문』의 「춘추」, 『적기赤旗』의 「조류」 등 일본의 대표적인 신문 1면 칼럼들이 이런 상황을 잘 보여준다.

아시아 멸시와 아시아 침략사상 따위로 21세기를 맞이하자는 후나바시 요이치의 글은 참으로 어처구니가 없다. 필자는 바로 그날 후나바시에게 『후쿠자와 유키치의 아시아 침략사상을 묻는다』를 동봉하여 비판의 편지를 보냈다. 20일을 기다려도 아무런 응답도 없길래 이번에는 편집국장 앞으로 "아사히신문의 사원교육은 어떻게 된 것인가" 따져 묻는 편지를 보냈다. 그것이 계기가 되어 4월 21일 『아사히신문』의 「나의 시점」란에 필자의 글 「후쿠자와 유키치, 아시아 멸시를 퍼뜨린 사상가」가 게재되었다.

학계의 분위기도 다르지 않다. 『학문의 권장』에 나오는 유명한 테제 "일신독립해야 일국독립하는 것"이 "국가를 위해서는 재산을 잃는 것뿐만 아니라 하나밖에 없는 생명을 내던져도 아깝지 않다"는 일방적인 "보국의 대의"를 주장하고 있음에도, 여전히 그것은 "개인주의 사상을 요약한 것"이라는 핵심을 벗어난 전제 아래서 필자의 연구를 비난하는 반응이 꼬리를 물고 있다.[8] 이런 반응들도 위의 테제에 대한 마루야마 마사오의 유명한 신화(잘못된 해석)가 지금까지 굳건히 존속되고 있다는 사실을 빼놓고는 생각할 수 없다.

결국 이런 사정 때문에 『후쿠자와 유키치의 아시아 침략사상을 묻는다』에 이어 후쿠자와의 국내정치 구상 그 자체에 입각해 마루야마가 만들어낸 수많은 '후쿠자와 유키치 신화'의 해체를 도모하는 저작을 새삼스레 내놓게 되었다. 다만 '마루야마·후쿠자와 신화'에 대해서는 본래 32년 전에 내놓은 『일본 근대교육의 사상구조』에서 필자가 특별히 한 장[9]을 할애하여 마루야마의 연구가 『후쿠자와 유키치 전집』에서 자신의 주장에 맞는 부분만 골라 후쿠자와의 문맥과 관계없이 인용한 자의적·작위적 연구임을 상술한 바 있었다(물론 이 책은 마루야마에게 증정했다).

필자뿐만 아니라, 예를 들면 마루야마와 친밀했던 이에나가 사부로家永三郎(1913-2002)도 일찍이 기회가 닿을 때마다 "마루야마의 후쿠자와론은 후쿠자와를 빌려 마루야마의 사상을 전개한" 저술이라고 비판했다. 또한 필자는 최근에 마루야마의 후쿠자와상은 정확하게 "마루야마 유키치"상이라고 공언한 문하생이 있었다는 사실을 알게 되었다.[10] 그러나 『마루야마 마사오집』의 세 번째 구매 예약자 모집이 상징하듯이, 마루야마는 지금까지도 가장 뛰어난 후쿠자와 유키치 연구자로 이해되고 있고, 그 영향력은 세계적으로 지속되고 있다.

이상과 같은 연구의 현황을 고려하여, 이 책은 본문의 말미에 [자료편]으로 '마루야마 마사오가 무시한 후쿠자와 유키치의 중요 논설'을 배치하여 44개 항목을 실었다. 후쿠자와의 정치 구상과 관련된 이토록 중요한 논설들—물론 하나의 예외를 제외하고 모두 『후쿠자와 유키치 전집』에 수록되어 있다—을 깡그리 무시함으로써, 혹은 일부 같은 논설을 논할 때는 『학문의 권장』 제3편이나 『문명론의 개략』 제10장에 대해 그랬듯이 후쿠자와의 논지를 오독함으로써, 마루야마는 자신의 후쿠자와 정치사상사 연구를 확립했다. 그 사실만으로도 마루야마의 '후쿠자와 유키치 신화'는 어쩔 수 없이 토대에서부터 스스로 무너질 것이다.

필자는 『일본 근대교육의 사상구조』로 후쿠자와 유키치 연구를 일단락지었다고 생각하고 있었기 때문에, 이 책의 집필을 위해 먼저 33년간의 연구 공백을 메워야 했다. 이를 위해 마루야마 마사오의 저작 거의 모두를 망라한 『마루야마 마사오집』(전 16권, 별권 1, 岩波書店)을 처음으로 훑어보았다. 그런 다음 1974년부터 30여 년간 일본의 후쿠자와 유키치 연구를 조감하고자 『후쿠자와 유키치 연감』(전 28호, 후쿠자와 유키치 협회, 1974~2001)을 통독했다. 아울러 후쿠자와 유키치 협회의 『후쿠자와 수첩』(전 113호, 1973. 12~2002. 6)과 간행 중인 『후쿠자와 유키치 서간집』(전 9권, 岩波書店)도 훑어봤다. 또한 '마루야마 마사오 수첩의 모임'이 간행한 『마루야마 마사오 수첩』의 존재를 알게 되어 제20호부터 구독했다. 물론 그 뒤에 나온 후쿠자와 연구서들도 가능한 한 빠짐없이 읽어보았다.

앞선 책 『후쿠자와 유키치의 아시아 침략사상을 묻는다』에서는 젊은 독자층을 의식해 『후쿠자와 유키치 전집』에서 따온 인용문에 가능한 한 많은 독음을 붙였다. 그러나 이 책 출판을 계기로 친밀해진 가와무라 도시아키川村利秋 씨(가나자와 중앙예비교 비상근강사)로부터, 그 정도로는 젊은 세대가 도저히 읽어내지 못한다는 핀잔을 들었다. 그래서 이 책에서는 수학강사이면서 필자 이상으로 일본 사상사에 조예가 깊고 교양도 풍부한 가와무라 씨에게 인명색인의 작성과 함께 옛 표현의 한자 독음을 부탁하기로 했다. 『후쿠자와 유키치 전집』 서언에서 "시골에서 올라온 하녀가 장지 너머에서 들어도 무슨 이야기인지 알 수 있을 정도"로 평이하게 썼다는 후쿠자와의 정신을 이 책의 방침으로 삼아, 최대한 알기 쉽게 쓰고자 했다.

또한 가와무라 씨는 후쿠자와와 마루야마의 저작을 중심으로 하는 이 책의 수많은 인용문을 원칙적으로 일일이 원문과 대조하여 오류를 바로잡는 엄청난 수고를 아끼지 않았다. 마루야마 마사오를 통해 후쿠자와 사상에 빠져 부하 사원을 걸핏하면 후쿠자와 이야기로 괴롭혔던 인물(전 홋코쿠신문 문화센터 이사)이었던 만큼, 원고에 대한 의견도 귀중했다. 또한 마츠우라 츠토무松浦勉 씨(사이타마대학 비상근강사)로부터도 원고를 읽어주는 행운을 얻었다. 앞선 책보다 오류가 적고 읽기 편해졌으리라는 기대를 가져본다. 두 분의 귀중한 협력 덕분이다.

나아가 앞선 책과 마찬가지로 명백한 차별어를 포함하여 후쿠자와의 부적절한 어귀나 표현은 역사용어로서 그대로 두었음을 밝혀둔다.

제1장

후쿠자와 유키치가 바라본
'대일본제국헌법=교육칙어' 체제

들어가며

2001년 11월 26일, 도야마 아츠코遠山敦子 문부과학상은 중앙교육
심의회에 '교육기본법'의 재검토를 자문했다. 직전의 교육 심포지엄
에서 나카소네 야스히로中曾根康弘 전 수상은 "헌법을 개정하기 전에
교육기본법을 개정해야 한다. 헌법이 줄기라면 그 뿌리를 만드는 것
은 기본법"이라고 말한 바 있었다. 이처럼 국가의 최고법규인 헌법과
교육의 기본이념을 정한 국가의 기본적인 문서는 불가분의 밀접한
관계에 있다. 아시아태평양전쟁 '이후' 일본사회의 기본적인 모습이
'일본국헌법=교육기본법' 체제로 불려온 것과 마찬가지로, 그 '이전'
일본사회는 '대일본제국헌법=교육칙어' 체제라 표현할 수 있다. 그
어느 쪽이든 헌법 공포 이듬해에 '교육에 관한 칙어'가 발포·하사下賜
되거나 '교육기본법'이 공포되었다.[11] 따라서 후쿠자와 유키치가 '일
본의 근대화'라는 과제와 씨름하면서 어떤 국가와 사회를 구상했고
어떤 국민상과 인간상의 형성을 기대했는지 해명하기 위해서는, 1889
년 2월 11일 공포된 '대일본제국헌법'과 이듬해 10월 30일 발포·하사
된 「교육에 관한 칙어」('교육칙어')를 어떻게 평가하고 있었는지 고찰해
야 한다. 이는 누구나 쉽게 떠올릴 수 있는 생각일 것이다.

그러나, 믿기 어려운 일이지만 마루야마 마사오의 후쿠자와 연구
는 '대일본제국헌법'과 '교육칙어'에 대한 후쿠자와의 평가를 고찰하
는 일을 완전히 생략해버렸다. 예를 들어, 마루야마는 『후쿠자와 유
키치 선집』 제4권 「해제」에서 후쿠자와의 정치론을 집중적으로 논한
끝에 그 유명한 "전형적인 시민적 자유주의 정치관"이라는 평가를 내
놓았다. 이 논문은 후쿠자와가 '대일본제국헌법'을 어떻게 생각하고
있었는지에 대해 일언반구의 언급도 분석도 없이 후쿠자와의 정치관
에 대한 결론을 내렸다.

　필자는 이미 30여 년 전에 이 사실을 지적한 바 있었다. 그런데
30여 년 만에 이 책을 집필하면서 『마루야마 마사오집』을 훑어본 결
과, 마루야마는 역시 평생에 걸친 후쿠자와 유키치 연구에서 '대일본
제국헌법=교육칙어' 체제에 대한 후쿠자와의 평가를 일체 불문에 부
쳤음을 재확인할 수 있었다. 마루야마는 일본 정치사상사 연구자였
다. 그런 인물이 후쿠자와의 헌법 평가를 빼놓고 후쿠자와의 정치관
에 대한 결론을 이끌어내고, 그렇게 도출된 '전형적인 시민적 자유주
의'라는 무리한 결론이 일본에서의 후쿠자와 사상 평가에 여전히 압
도적인 영향을 미치고 있다는 사실은 도무지 믿을 수 없을 정도로 기
이한 이야기이다.

　물론 일본을 대표하는 정치사상사 연구자로서 마루야마 마사오
는 '대일본제국헌법'과 '교육칙어' 자체에 대한 평가를 적지 않게 언
급했다. 예를 들어 '교육칙어'의 경우를 보자. '대일본제국헌법'에 대
한 요즘 사람들의 이미지는 '아시아태평양전쟁 이전 천황제 이데올
로기의 근간'이 일반적이다. 그런데 이것은 절반은 진실이고, 절반은

진실이 아니다. 아시아태평양전쟁 이전에 천황제의 사상적 지주를 이루고 있었던 것은 위의 두 가지 가운데 '교육칙어' 쪽이었지 헌법이 아니었다. 마루야마는 "대부분의 국민이 그(교육칙어—옮긴이) 전문을 암송하고 있었다",[12] "제1회 제국의회 소집을 목전에 두고 '교육칙어'가 발포된 것은 일본 국가가 윤리적 실체로서 가치 내용의 독점적인 결정자임을 공공연히 선언한 것이라고 할 수 있다"[13]고 평했다.

마루야마가 "전형적인 시민적 자유주의 정치관"이라는 결론을 이끌어낸 것은 '교육칙어' 발포 직전에 나온 후쿠자와의 논설 「안녕책」 등을 분석한 결과였다. 머리글에서 이미 언급한 것처럼, 마루야마는 "[본래] 일국의 정부는 병마兵馬의 힘(權柄)을 장악하여 화전和戰의 시기에 적절히 대응하고, 합의제정(議定)한 법률을 집행하여 국내의 치안을 유지하고, (…) 즉 정부의 일은 모두 소극적으로 방해에 전념하는 것이지 적극적으로 나서서 이익을 일으키는 것이 아니다"라는 구절을 인용하여, 후쿠자와가 정부의 기능을 어디까지나 "방해의 방해"에 한정하고 있다면서 위와 같은 결론을 이끌어냈다. 게다가 마루야마는 "후쿠자와가 일관되게 역설한 것은 경제·학문·교육·종교 등 각 영역에서 인민의 다양하고 자주적인 활동이었고, 그가 일관되게 배제한 것은 이러한 시민사회 영역에 대한 정치권력의 진출 내지 간섭이었다"라고 강조하고, "후쿠자와의 국권론이 최고조에 달했을 때조차 정치권력의 대내적 한계에 관한 그의 원칙은 조금도 무너지지 않았다"고 치켜세웠다.

즉 '교육칙어'와의 관계에서 말하면, 마루야마는 정치권력이 교육 분야, 그것도 "인간의 내면적 가치"와 관련되는 교육내용에 간섭하는 데 대해 후쿠자와가 엄중하게 반대했으며, 그가 보수화한 뒤에도 그 원칙은 평생 일관되게 지켜졌다고 해석한 것이다.

마루야마가 후쿠자와의 이러한 원칙이 제시된 글로 주목했던 것이 바로 「안녕책」이었다. 그런데 「안녕책」이 발표되고 나서 석 달 뒤에 '교육칙어'가 발포되었다. 마루야마의 후쿠자와론을 읽은 독자들은 당연히 후쿠자와 유키치가 "국가의 윤리적 실체로서 가치 내용의 독점적인 결정자"가 된 '교육칙어'의 '하사'와 그 내용에 맹렬히 반대했을 거라고 생각할 것이다.─나중에 살펴보겠지만, 후쿠자와가 '교육칙어' 발포 10년 전, 1880년 전후에 추진된 문부성의 일련의 유교주의 교육 정책에 대해 반대한 사실은 잘 알려져 있다.

그러나 『시사신보時事新報』의 주재자이자 논설주간이던 후쿠자와 유키치는 '교육칙어' '하사' 6일 뒤인 11월 5일에 "우리 천황폐하가 우리 신민의 교육에 노심초사하는 성려叡慮의 깊으심에 감읍하지 않은 자 누가 있으랴. 금후 전국 각지 공사립학교 생도는 때때로 이를 봉독奉讀하고, 또한 그 스승된 자도 특별히 마음을 써 순순히 깨우치기를 게을리 하지 말아 생도로 하여금 가슴 깊숙이 새기게 해야 함은, 인의효제仁義孝悌 충군애국의 정신을 빛나게(煥發) 하여 폐하의 의중을 관철하게 함에 있음은 이 사람 믿어 의심치 않는 바이다"라며 적극 찬성하는 사설 「교육에 관한 칙어」를 게재하도록 했다(자료편 4 참조).

이나다 마사츠구稲田正次[14]에 따르면, 교육칙어에 관한 사설을 싣지 않은 신문은 『조야朝野』, 『고쿠민国民』, 『요미우리読売』, 『마이니치每日』 등이었고, 사설 등으로 칙어를 예찬한 것은 『아사히朝日』, 『일본日本』, 『도쿄일일東京日日』, 『교육보지教育報知』 등이었으며, "약간 냉담한"

평가는 『고쿠민노토모国民之友』, 『우편보지郵便報知』 등이었다. 다만 이 나다는 위에서 본 『시사신보』 사설을 '논설'로 잘못 파악했고, 그 필자를 후쿠자와 유키치로 잘못 추측했으며, 나아가 그 내용을 "약간 냉담한" 평가로 분류했다는 점에서 오류를 범했다.

이 사설은 『후쿠자와 전집』에 채록採錄되어 있지 않다. 따라서 후쿠자와가 집필한 것이 아니라고 볼 수 있다. 그러나 사설과 후쿠자와의 관계에 관한 각종 증언들, '다른 사설 기자가 기초起草에 관계한 것이라도 모두 후쿠자와의 면밀한 가필 수정(剛定)을 거쳐 발표",[15] "어떤 문장에도 반드시 정성스레 붓을 대어 수정하시고 (…) 종국에는 가필한 쪽이 진짜가 되어 전혀 새로운 문장이 되고 마는 일 등도 드물지 않다",[16] "매일 만반의 기사, 특히 사설만은 이 늙은이(老生)가 알고 있는 바이므로 오늘날까지 그들의 책임에 맡겨두고 있는 셈"[17] 등으로 판단하건데, 『시사신보』 사설이 후쿠자와 본인이 쓴 것은 아니라 해도[18] 가필이나 수정의 정도 차이는 있을지언정 후쿠자와가 전혀 손대지 않았다거나 게재를 판단하지 않았다는 것은 원칙적으로 있을 수 없는 일이라 추정할 수 있다. 『후쿠자와 유키치 서간집』도 "사설은 후쿠자와 자신의 의견을 표명"한 것으로 해설하고 있다(4권, 397쪽).

또한 『후쿠자와 전집』 21권에 수록된 후쿠자와 「연보」를 보면, 그는 1890년 11월 3~4일 무렵부터 7일까지 시즈오카静岡에 가족여행을 다녀왔다. 따라서 11월 "1일의 신문지상에" 보도된 '교육칙어'에 대해 담당기자에게 사설을 기초하게 했다 해도, 유키치는 이 사설의 입안과 가필, 수정에 깊숙이 관여했을 것이 충분히 추측된다. 이는 사설이 10년 전 도덕교육(德育) 방침을 둘러싼 후쿠자와와 문부성 간의 논쟁을 언급하고 있다는 점에서도 더욱 그렇다. 아마 최종원고가 나오고 나서 가족여행을 떠난 것 아니었을까? 여기에 더해, 후쿠자와는 '교육칙어' 발포 1년도 더 전부터('대일본제국헌법' 발포 직후부터) '교육칙어'가 "기대하는 신민상臣民像"의 필요성을 명확히 인식하고 있었다.

그러나 이 역시 믿기 어려운 사실이지만, 필자는 『마루야마집』 전권, 『후쿠자와 유키치 연감』, 『후쿠자와 수첩』 전호는 물론이고 다른 무수한 후쿠자와 연구서에서도, '교육칙어'에 찬성한 이 『시사신보』 사설이 언급되거나 이 사설의 존재가 시사된 예를 본 적이 없다. 있는 것이라고는, 앞에서 썼듯이 오로지 '마루야마 마사오가 만들어낸 후쿠자와 신화'의 주문呪文에 속박당하고 거기에 '홀딱 빠져버린' 잘못된 논고들뿐이다. 후쿠자와 유키치가 '교육칙어'나 '일본제국헌법'에 찬성하거나 동의했을 리 없다는 예단과 편견에 입각하여 "후쿠자와는 교육칙어에 대한 최대의 저항"자라는 둥(야마즈미 마사미), "후쿠자와 유키치는 교육칙어의 안티테제이고 칙어에 대립하는 입장을 취했다"는 둥(고이즈미 다카시)의 주장이 횡행한다. 후쿠자와가 죽은 지 백년이 지났는데도 아직도 이런 조잡한 연구가 판치고 있는 게 현실이다. 앞서 소개한 이나다 마사츠구의 저서는 예외지만, 그에게도 부정확한 부분이 있다. 때문에 이 책에서는 말미의 [자료편] 4에 이 『시사신보』 사설의 전문을 소개했다.

또한 이 책 4장의 집필을 서두르고 있던 2003년 1월, 필자는 『마루야마 수첩』 24호를 통해 새로운 사실을 알게 되었다. 마루야마 마사오는 죽기 1년 전인 1995년 2월에 문하생 가케가와 도미코掛川卜ミ子에게 "『시사신보』가 '교육칙어'에 대해 어떻게 보도하고 어떻게 논했

는지" 조사해달라, "가능하면 교육칙어에서 「수신요령」에 이르기까지 추적"해달라고 의뢰했다. 이틀 뒤 가케가와는 이 책 [자료편] 4의 『시사신보』 사설을 비롯한 많은 관련 자료를 마루야마에게 전달했는데, 그 후 3월에 마루야마는 전화를 통해 "'교육칙어'는 이제 됐습니다. 잘 알겠습니다"라고 답했다고 한다.[19] 아마도 마루야마는 자기 학설을 대폭 재구성해야 할 필요성을 인식하기 시작했지만 병 때문에 이루지 못한 것은 아닌가 하는 생각이 든다.[20]

이처럼 마루야마 마사오가 후쿠자와의 논설 「안녕책」 일부를 인용하여 후쿠자와는 "전형적인 시민적 자유주의 정치관"을 정립했다는 결론을 내리고, 그런 후쿠자와가 "국가가 윤리적 실체로서 가치 내용의 독점적 결정자"가 되는 '교육칙어'의 발포를 용인할 리 없었다고 해석한 것은 명백한 오류이다. 앞으로 이 책 전체를 통해 이러한 사실을 계속 해명하고 논증함으로써, 마루야마 마사오의 '후쿠자와 유키치 신화'의 골격을 해체하는 작업을 진행해 나갈 것이다.

그러나 이대로라면 '마루야마 마사오가 그런 실태失態를 범했을 리 없다'며 여우에 홀린 기분이 드는 독자도 있을 테니, "시민적 자유주의"라는 마루야마의 「안녕책」 해석 어디에 무리가 있는지 미리 지적해두자. 귀찮지만 다시 한 번 마루야마가 후쿠자와의 「안녕책」에서 인용한 부분을 보시길 바란다. 중간 부분을 생략하면 "[본래] 일국의 정부는 (…) 모두 소극적으로 방해에 전념하는 것"이라는 문장이다. 후쿠자와의 원문에는 서두에 '본래'라는 어구가 있다. 이는 후쿠자와가 그 뒤에 이어지는 글이 '원칙론'에 해당되는 것임을 학문적 양심과 엄밀성에 입각하여 미리 말해두고 있는 것이다.

그러나 마루야마는 제멋대로 이 중요한 어구 '본래'를 삭제하고 인용한 뒤 자기 학설을 세웠다. 그렇게 함으로써 결과적으로 마루야마는 독자가 이를 유키치의 '본심'에서 우러나온 논의로 오해하도록 '작위'를 가한 것이다(『후쿠자와 유키치의 아시아 침략사상을 묻는다』에서도 마루야마를 필두로 한 '후쿠자와 미화론자'들이 종종 똑같은 작위적 인용을 했음을 지적한 바 있다).

다만 마루야마는 저명한 사상사가로서 "어디까지나 객관성을 지향하고 (…) 희망이나 의욕에 의한 인식의 흐려짐을 부단히 경계"[21]하라고 훈계하거나, "치열한 정치적 관심을 갖는 사람일수록 자기 인식의 존재 피구속성을 자각하고 있기 때문에 보다 객관적일 수 있다"[22]라며 "악인 쪽이 선인보다도 오히려 아미타阿彌陀의 구원에 가까이 서 있다는 신란親鸞(1173~1261)의 패러독스와 비슷한 관계가 여기서도 성립된다"[23]라고 하는 등, 사상사 연구의 훌륭한 마음가짐에 대한 매혹적인 글들을 남긴 인물이다. 따라서 바로 그 사람이 『후쿠자와 전집』에서 자신의 도그마에 걸맞은 부분만 인용하여 '후쿠자와 신화'를 만들어냈으리라고는 좀처럼 생각하기 어려운 것이다. 그런 의미에서 그는 순진한 사람을 속여먹고 있다.

나아가 후쿠자와의 「안녕책」에는 "홀로 우리 일본국은 바로 그때 정부의 자발적인 의사로 헌법을 발포했으며, 더구나 그 법은 오래된 문명 제국의 헌법을 능가한다"고 쓰여 있다. 전년에 막 발포된 "개인의 권리(私權)에 개입하는 일이 많은" "다정한 노파 정부"의 '대일본제국헌법'을 찬미하는 중요한 기술이다. 알다시피 '대일본제국헌법'은 3개월 뒤 발표되는 '교육칙어'와 불가분의 관계에 있다. 그러나 마루야마는 "시민적 자유주의"라는 자신의 결론과 들어맞지 않는 부분은 일절 인용하지 않는다. 단적으로 말해, 마루야마의 후쿠자와 연구는 '부적합한 부분은 인용하지 않는다'는 편의주의와 '작위적 인용'을 바탕으로 만들어낸 '마루야마 유키치'상 그 자체이다. 다음에서 이를 본격적으로 논증하겠다.

1. 후쿠자와, 『문명론의 개략』을 스스로 배신하다
— 「일본 국회의 유래」, 「국회의 전도」

　　『『문명론의 개략』을 읽는다』(岩波新書)는 아시아태평양전쟁 이후 일본의 후쿠자와 유키치 연구에 압도적인 영향을 미친 마루야마 마사오의 작업 중에서도 만년의 가장 잘 정리된 저술로 꼽힌다. 이 책에서 마루야마는 초기 계몽기 후쿠자와의 『문명론의 개략』을 "유일한 체계적 원론", "유일한 원리론"으로 파악했다. 신중한 성격의 마루야마는 "후쿠자와의 경우 『문명론의 개략』까지 포함해 모든 논저가 시사론이라면 시시론입니다"라고 미리 말해, '『문명론의 개략』이 후쿠자와의 원리론'이라는 자신의 주장이 "개인적인 도그마"[24]일 가능성을 시사하기도 했다. 그러나 이 책은 오로지 『문명론의 개략』이 '시사론'이 아닌 '원리론'임을 논술하고 논증하는 데 집중하고 있다.

　　이에 대해 필자는 이미 『후쿠자와 유키치의 아시아 침략사상을 묻는다』에서, 예컨대 천황제에 대한 후쿠자와의 원리론이 "천황을 모든 정치적 결정의 세계를 초월한 위치에 두는 것"이었다는 마루야마의 주장이 잘못된 것임을 다음과 같은 사실을 열거하며 논증했다.

① 1893년 유명한 '군함칙유軍艦勅諭'*를 통해 "천황의 직접적인 정치관여"(遠山茂樹)가 일어났을 때 후쿠자와가 이에 "감읍"했다는 사실, ② 갑신정변에 즈음하여 "천황폐하의 (…) 친정을 기필코 실시해야 한다"던 후쿠자와의 발언, ③ 청일전쟁 때 메이지 천황이 대본영에서 전쟁 지도를 한 데 대한 찬미와 천황의 대외출진 언급, ④ 『문명론의 개략』에서 주장한 '냉정한 천황제론'이 10년 뒤쯤 깡그리 정반대로 뒤바뀐 사실 등이 그것이다.

앞으로 이 책에서는 『문명론의 개략』이 후쿠자와의 원리론이었다는 마루야마의 파악이 '마루야마 교단 법왕'[25]의 '교의'라기보다는, 본인이 우려했던 대로 '독단'이자 '개인적 도그마' 그 자체였음을 논증할 것이다.

헌법 발포 이튿날인 1889년 2월 12일부터 22일까지 후쿠자와 유키치는 9차례에 걸쳐 『시사신보』에 논설 「일본 국회의 유래(日本国会縁起)」를 연재했다. 이 글은 '대일본제국헌법' 발포에 직면하여 후쿠자와가 헌법 제정에 이르는 정치사의 경위를 총괄하고 이후 근대 일본 발전의 길을 전망한 중요한 논설이다. 그러나 마루야마 마사오를 필두로 한 과거의 후쿠자와 유키치 연구자들은—한 사람만 빼놓고—이 중요한 논설을 거의 완전히 무시해왔다. 때문에 나는 이 글을 권말의

---

* 메이지 정부의 군비 확장 계획을 둘러싸고 1893년 초두에 내각 탄핵 상주안까지 제출되어 난항을 거듭할 때, 이를 타개하기 위해 메이지 천황이 '금후 6년간 매년 천황 직계의 생활경비(内廷費)에서 30만 엔을 지출하고, 또한 문무 관료는 같은 기간에 봉급의 10분의 1을 헌납해 함정 제작비의 일부로 충당한다'는 조칙을 발표한 것을 말한다.

[자료편] 1에 올렸다. 여기서 조금 상세하게 내용을 소개해보자.

글의 첫머리에서 후쿠자와는, 세계적으로 헌법이나 국회는 "국인國人의 부조화"에 기인하는 "국란"을 거쳐서야 제정이나 개설에 이르곤 했지만 "단지 우리나라에서는 천하태평, 상서로운 조짐(瑞雲祥氣) 속에서 헌법 발포를 맞이하고 상하 화합하여 환성이 넘칠 뿐"이라며 기뻐하고 있다. 이어서 그는 "이는 모두 우리 제실帝室의 존엄신성함과, 그로써 항상 인심을 조화시킨 대공덕에 의하지 않은 것이 없다. 황조皇祚 무궁, 성수聖壽 만만세"라고 했다. 그러면서 "조금이라도 제실의 신성을 범하지 않음은 물론, 또한 조금이라도 남용하는 일 없이 이를 천상의 높은 곳에 받들고 하계의 정치가들은 간접으로 그 병리해소와 조화의 은혜"에 입각해 정치의 운영을 도모하라고 당부하기도 했다.

제정에 이르는 역사를 되돌아보고 나서 후쿠자와는, 헌법 제정과 국회 개설은 자유민권운동과 같은 "바깥의 인민에 의해 강요된 것이 아니라, 정부 부내의 희망에" 의해 추진된 정부 주도의 노력의 성과라고 파악했다.—그러나 민권 진영에 가까웠던 오쿠마 시게노부大隈重信(1838~1922)를 추방하고 이토 히로부미伊藤博文가 실권을 장악한 '메이지 14년 정변'의 사실관계를 감안할 때, 이는 후쿠자와의 작위적인 해석이다.—그는, 자유민권운동은 "필경 직업이 없어 어려움을 겪고 있는 사족士族 학자 유지들이 관료의 지위"를 요구하며 "한때의 장난으로 민권론의 재주를 부린" 것일 뿐이고, "말하자면 무익한 장난질에 지나지" 않았다고까지 폄하했다. "재작년 겨울에 정부가 '보안조례保安條例'를 급히 발령하여 (…) 일시에 수백 명의 사족 유지들(정치가 부류)

을 부외로 내쫓은 일이 있지만, 본인이 보기에는 (…) 이 무리가 일을 이룰 수 있는 자들이었다고는 생각되지 않고, (…) 바람 앞에 티끌 같은" 존재였다고 후쿠자와는 주장한다.

여기 언급된 '보안조례'는 언론·집회의 자유를 요구했던 '3대 사건 건백운동三大事件建白運動'*을 압살하고 나카에 조민中江兆民(1847~1901), 호시 도루星亨, 가타오카 겐키치片岡健吉, 오자키 유키오尾崎行雄, 나카지마 노부유키中島信行 등 570명을 추방한 전형적인 언론 탄압의 조례였다. 당시 고치현高知県(도사土佐) 출신이라는 이유만으로 두부가게 어린 점원까지 추방을 당했다. 따라서 위의 글은 "시민적 자유주의"라는 마루야마의 평가와 달리 후쿠자와에게는 언론 탄압에 대한 원리적 반대가 없었음을 보여주는 논고로서 주목할 필요가 있다.[26] 더구나 그로부터 5년 뒤 「국회의 전도(国会の前途)」라는 글에서 후쿠자와는 "메이지 20년(1887) 12월 (…) 지금 와서 차분한 마음으로 생각하면 추방 명령은 어쩌면 필요 없는 것이 아니었을까, 지금 새삼스럽게 말해봐야 의미 없는 일이지만, 본인 마음속으로 아쉬워하는 바이다"라고 적었다. 언제나 그렇지만 '정론'을 내뱉는 것도 시기를 놓친 이후인 것이다.

어쨌든 이상과 같이 일본 '국회의 유래'를 파악한 후쿠자와는, 그러면 왜 일본이 예외적으로 "천하태평, 상서로운 조짐 속에서 헌법

---

* 1887년 자유민권파가 메이지 정부의 조약개정 교섭 실패를 기회로 '지조개정', '언론·집회의 자유', '외교실패의 만회'의 3대 요구(3대 사건)를 내걸고 격렬하게 정부를 공격한 정치운동을 말한다. 메이지 정부는 보안조례를 공포하여 이들 자유민권파를 도쿄에서 추방함으로써 반정부운동을 진압했다.

발포"에 성공했는가를 되묻고 "제실帝室의 (…) 대공덕" 외의 요인을 고찰하는 가운데 역사의 재해석을 시도한다. 첫째는 "우리 도쿠가와의 봉건은 예로부터 당시에 이르기까지 일본 문명의 정상에 달한 것으로 지금의 시점에서 되돌아보아도 괄목할 만한 것이 매우 많다"는, 도쿠가와 봉건제도에 대한 재평가이다. 둘째는 "사츠마薩州, 조슈長州, 도사土佐" 등 3번의 사족은 "정사와 인사에 문명의 경영을 게을리 하지 않고 마침내 메이지의 신일본을 창조했다"고 하는 번벌藩閥 '공신' 정부에 대한 긍정적인 평가이다.

셋째로, 구미와 달리 일본의 민중이 "압제를 싫어하거나 여기에 저항할 만한 실력"을 갖추지 못했던 것도 간접적인 성공요인으로 꼽으면서, 후쿠자와는 다음과 같이 적었다. "지금의 일본 (…) 국민의 대다수는 정권이 무엇인지를 모르고 그저 사사로운 노동 증산으로 먹고사는 문제에 급급하고 있을 뿐으로 천하의 정권이 누구의 손에 있든 조세가 무겁지 않고 신체 안전하기만 하면 정말 분에 넘치는 고마움이라고 하지 않는 자가 없다. (…) 오랜 습관에 길들여져 권리의 신장에 대해서는 그렇게까지 예민한 자가 없다. (…) 일본 국민의 다수는 정권 참여를 요구하는 자가 아니다." 국민의 정치적 무관심을 이렇게 묘사하는 가운데, 후쿠자와는 그 현상에 대해 의외로 초기 계몽기와 같은 비판적 견해는 조금도 제시하지 않는다.

『학문의 권장』을 읽어본 독자라면 기억하겠지만, 이전의 후쿠자와는 '국민'에 대해 "그 유순함은 집에서 기르는 비쩍 마른 개와 같다", "정부는 이전과 다를 바 없는 전제정부, 인민은 여전히 무기력한 우민愚民일 뿐"이라고 썼다. 여기서 후쿠자와는 현실을 우려하면서 변혁의 대상으로 '국민'을 바라보고 있다. 그러나 「일본 국회의 유래」를 쓴 시점에서 후쿠자와는 "이른바 농사꾼, 장사치는 지금도 여전히 농사꾼, 장사치"일 뿐인 현실을 오히려 일본 자본주의 발전에 유리한 조건으로 바꿔 읽고 있다. 그 점은 연재의 마지막 이틀간 펼친 결론적인 주장에 의해 저절로 분명해진다.

「일본 국회의 유래」에서 후쿠자와는 헌법 발포에 이르는 과거의 역사와 일본사회의 현실에 대한 분석을 바탕으로, 근대 일본의 발전 방향을 다음과 같이 전망했다. "우리 일본사회도 이미 문명주의의 지배를 받고 있는 이상, 오랜 세월 뒤에 권세가 귀의할 곳을 묻는다면 첫째는 금력"이다. "이쯤 되면 비로소 우리 일본국에도 지력과 재산과 권세를 가진 중등사회가 형성되고 국회의 세력을 번성케 하여 전체 사회를 지배하기에 이를 것이다." 후쿠자와는 자본주의적 발전을 거쳐 일본에도 "지력과 재산과 권세를 가진" 중산계급이 형성되고 이 중산계급, 즉 부르주아지가 의회의 다수를 차지하면서 일본사회 전체를 이끌어갈 것이라는 전망을 제시한 것이다. 4년 뒤에 나온 후쿠자와의 『실업론實業論』의 표현을 빌린다면, "실업은 비단 홀로 서게 할 뿐만 아니라 사회 전체의 원동력이 되어 정치의 방침도 좌우하는 위세를 이룬다"고 보았다.[27]

그 자본주의적 발전의 길이 평온무사하기를 기원하면서, 후쿠자와는 이러한 전망의 실현 가능성에 대해 "결코 실망할 일이 아니"라며 낙관론을 제기했다. 왜 그렇게 이야기할 수 있는가. "그 경위를 말"한다면서 후쿠자와는 '후쿠자와 미화론자'가 보면 의외를 넘어 충격일 정도의 '일본인론'을 전개한다. 최고법규인 '대일본제국헌법'

과 아울러 중의원선거법·귀족원령이 제정되고 이듬해 제1회 총선거를 거쳐 제국의회가 개최되는 전환시대에 후쿠자와가 제기한 중요한 '일본인론'이므로 가능한 한 그대로 전하고자 한다.

"우리 국민은 수백천 년 이래 윗사람에게 복종하고 그 제어를 받아 성규습관成規習慣을 준봉하고 그 경계를 넘지 않는다. 안으로는 부모를 모시고 밖으로는 군주를 섬기며 형제자매, 스승제자, 상관하관, 고참신참, 본가분가, 적자서자, 일체의 관계 모두 구속 가운데 있을 뿐만 아니라, 현재의 부모와 군주 같은 사람은 그 위에 없는 최고의 존재와 비슷한데, 선조라고 이름하는 일종의 무형의 힘을 상상하여 (…) 가문의 명예 운운하며 무서워하지 않는 자가 없다. (…) 즉 일본 고유의 습관으로 대대로 전해 내려와 선천적인 성질을 이룬 것이므로, 인심이 양순하여 능히 사물의 질서에 복종하는 것은 어쩌면 세계 각국에 비교할 만한 나라가 없다고 할 것이다. (…) 사람의 성질이 순종온량하고 그런데도 아주 우둔하지 않아 능히 윗사람의 명령에 복종하고 습관성규 가운데 스스로 움직여 전면적인 안녕을 유지하고 간난에 견디는 것은 우리 일본 국민의 특색이라고 해도 다툴 사람이 없을 것이다. 혹자는 이를 평하여 일본인의 비굴함이라고 할 사람도 있겠지만, (…) 비굴하다고 해도 무기력하다고 해도 능히 간난에 인내하고 흐트러지지 않는 사람은 여기에 덧붙이기를 순량이라는 이름으로 하지 않을 수 없다."

오랜 세월에 걸친 "권력의 편중"과 "혹닉惑溺"을 특징으로 하는 사회에서 "선천적인 성질"로 형성된 "순종, 비굴, 무기력"의 국민성을 "순량"의 인격성이라고 전향적으로 파악하고, 그 국민성에 의거하여 일본의 자본주의적 발전을 전망하고 있다. 이에 더해 "더군다나 우리 사회의 상층에는 제실의 신성이 있어 하계에 군림하고 정치에 달아오르는 중생은 그 광명 가운데 빨려들어 질서 바깥으로 일탈할 수 없음이야 또한 의심할 바 없다"며 앞머리에서 제기한 천황제의 "대공덕"을 다시 언급한 다음, 국회의 앞길에도 불안이 없다고 주장했다.

우치다 요시히코內田義彦(1913~1989)는 탁월한 저서 『일본 자본주의의 사상상(日本資本主義の思想像)』(岩波書店, 1967)에서 근대 일본의 사회와 교육이 만들어낸 인간상(=노동자상)에 대해 다음과 같이 말했다. "이렇게 값싸고 우수한 노동력은 세계에서 비교할 만한 곳이 없다."[28] 교육 수준은 높지만 권리의식은 매우 낮고, 저임금에 만족하며, 봉건사회의 충성과 자기억제 대신 근면과 저축의 생활도덕으로 무장한 채 일본 자본주의의 기적적인 성장을 뒷받침한 것이 바로 일본의 근대인상이다. 후쿠자와가 「일본 국회의 유래」에서 긍정적으로 소개한 "일본 국민의 특색", 즉 "순종, 비굴, 무기력"하지만 "아주 우둔하지 않아 능히 윗사람의 명령에 복종하고 습관성규 가운데 스스로 움직여 (…) 간난에 견딘다"는 인간상은, 아시아태평양전쟁 이후 우치다 요시히코가 묘사한 근대 일본의 노동자상을 선구적으로 파악한 것이라 할 수 있을 것이다. 필자가 이 책에서 후쿠자와를 "근대 일본 최대의 보수주의자"로 규정한 것은 이러한 그의 '선구성'을 근거로 하고 있다.

물론 마루야마 마사오도 일본 사상사 연구자로서 이러한 일본의 근대인상을 "만사를 '윗사람'에게 맡기고 선택의 방향을 오로지 권위의 결단에 매달리는 충실하지만 비굴한 종복", "국가적 충성의 정신과 최소한의 산업=군사기술적 지식을 (…) 겸비한 제국신민"[29]이라고 묘사한 바 있다. 문제는, 마루야마가 후쿠자와의 주요 논설 「일본 국회의 유래」를 무시하고, 즉 후쿠자와야말로 그러한 "제국신민" 형성에 선구적인 역할을 했음에도 자신의 주장과 맞지 않는다는 이유로 일관되게 그 사실을 무시한 채, 거꾸로 후쿠자와를 일본인의 "일신독립"과 "독립자존"상 확립을 위해 평생 동안 분투한 인물로 그리고 있다는 것이다.

마지막으로 후쿠자와는 「일본 국회의 유래」에서 펼친 주장이 자신의 이전 주장과 크게 다르다는 것을 의식했는지 다음과 같이 마무리했다(그래도 과거의 입론과 모순되었다는 사실을 직접적으로 내색하지는 않는데, 이는 후쿠자와의 상투적인 스타일이다). "혹자는 말하기를 이 일절의 입론은 오로지 인생의 선천적 유전의 성질에 호소하여 일본 국민의 순량함을 증명해 보이는 것이지만, 사회 진보의 급격함은 선천적 유전의 기능을 용납하지 않으며, (…) 그 순량함에 의지하는 것은 고목에 꽃이 피는 것을 기대하는 것과 다르지 않"다고 비판할 수 있다. 또한 "지금의 나로써 옛날의 나를 생각하면 전후에 마치 두 개의 인생이 있는 것과 같다"는 말처럼 사회의 격변에 따라 인간도 급격히 변화한다는 반론도 있을 수 있다고 말한다.

그러나 후쿠자와는 이러한 반론이 "그 자체로 또한 일설을 이루는 것 같지만"이라고 한 발자국 물러나는 듯하다가, "예컨대 저 개를 보아라"라며, 진기한 서양개와 일본개의 유전적 차이를 대비하여 자신의 주장을 강변한다. "무릇 유전이라는 것은 사람이 스스로 애쓰지 않고도 저절로 모르는 곳에서 나오고, 그 기세는 스스로 금해도 금할 수 없고, 교육도 이를 이끌 수 없으며, 명령도 이를 멈추게 할 수 없는 일종의 미묘한 능력"이기 때문에 역사적으로 형성되어온 국민성은 간단히 바뀌는 것이 아니라는 것이다. 그러므로 "순량 착실하고 경솔한 언동을 꺼리며 능히 약속에 따라 질서에 복종"하는 일본인의 비굴 순종의 노예적 습관은 쉽게 바뀌지 않으며, 헌법이 제정되고 국회가 개설된 뒤에도 "그 유전의 공덕에 의해 성규에 복종한다고 해도 잘못된" 것은 아니지 않는가 하는 제멋대로의 확신을 피력한 다음에, 일본의 "앞길을 걱정할 필요가 없다"고 결론짓는다.

마루야마 마사오는 『문명론의 개략』을 후쿠자와의 "유일한 원리론"으로 파악한다. "후쿠자와의 국권론이 최고조에 달했을 때조차 정치권력의 대내적 한계에 관한 그의 원칙은 조금도 무너지지 않았다",[30] "『문명론의 개략』의 기본 원리는 그의 독립자존의 좌우명과 함께 말년까지 유지되었다"[31]고 주장한다. 그러나 「일본 국회의 유래」의 내용을 알게 된 독자는 지금까지의 논의만으로도 마루야마의 주장에 중대한 의문을 가지게 될 것이다.

이제 『문명론의 개략』에서 「일본 국회의 유래」로의 극적인 사상 변화를 확인하기 위해, 같은 문제에 대해 두 글이 표명한 견해의 크나큰 낙차를 살펴봄으로써 "『문명론의 개략』의 기본 원리는 (⋯) 말년까지" 유지되었다는 마루야마의 후쿠자와론에서 주축을 이루는 주장이 오류임을 검증하도록 하겠다.

1) '권력의 편중', 배제에서 수용으로

"우리나라의 문명을 서양의 문명과 비교하여 그 내용이 다른 것은 특히 이 권력의 편중 (…) 널리 그 인간교제 가운데 침투하여 미치지 않는 곳이 없다. (…) 남녀의 교제 있으면 남녀 권력의 편중이 있고, 여기에 부모자식의 교제가 있으면 부모자식 권력의 편중이 있다. (…) 사제, 주종, 빈부귀천, 신참고참, 본가말가本家末家, 어느 것이나 모두 그 사이에 권력의 편중이 존재한다. (…) 이 폐해를 헤아려 편중의 병을 제거하지 않으면 문명은 결코 진보하는 일이 없을 것이다."—『문명론의 개략』[32] 중에서

"어쩌면 우리 국민은 수백천 년 이래 윗사람에게 복종하고 그 제어를 받아 (…) 안으로는 부모를 모시고 밖으로는 군주를 섬기며 형제자매, 스승제자, 상관하관, 고참신참, 본가분가, 적자서자 일체의 관계 모두 구속 가운데 있고 (…) 대대로 전해 내려와 선천적인 성질을 이룬 것이므로 인심이 양순하여 능히 사물의 질서에 복종하는 것은 어쩌면 세계 각국에 비교할 만한 나라가 없다. (…) 우리 일본 국민의 특색 (…) 비굴하다고 해도 무기력하다고 해도 능히 간난에 인내하고 흐트러지지 않는 사람은 여기에 덧붙이기를 순량이라는 이름으로 하지 않을 수 없다."—「일본 국회의 유래」 중에서

마루야마 마사오는 이 '권력의 편중' 문제야말로 원리론으로서의 『문명론의 개략』에서 "핵심적 명제"라고 파악하고 있다. 그러나 같은

사안이 「일본 국회의 유래」에서는 마이너스 개념은커녕 오히려 일본의 자본주의적 발전을 뒷받침하는 플러스의 국민성으로 꼽히고 있다. '권력의 편중'에 대한 평가가 180도 전환되었음은 너무나도 명백하다.

2) '천황제'라는 '혹닉', 배제에서 정치적 이용으로

초기 계몽기의 후쿠자와는 『문명론의 개략』에서 "호겐保元과 헤이지平治* 이래 역대 천황을 보건대, 그 불명부덕은 일일이 헤아릴 수 없다. 후세의 역사가가 아첨의 붓을 놀린다고 해도 여전히 능히 그 죄를 비호할 수 없다. 부자가 서로 싸우고 형제가 서로 죽이고 (…) 천자는 천하의 일을 관할하는 주인이 아니라 무가의 위력에 속박당한 노예일 뿐"[33]이라고 할 정도로 천황제의 실태에 대한 리얼한 인식을 보여주었다. "가마쿠라 막부鎌倉幕府** 수립 이래 인민이 왕실을 모르는 것이 거의 700년" 가깝게 흘렀다는 역사적 사실에 근거하여, 황학자皇學者들이 생각하듯이 "새로이 왕실을 흠모하는 충정을 만들어 인민을 정말로 천황의 적자赤子가 되게 만드는" 것은 "현세의 인심과 문명의

---

* 호겐의 난(保元の亂)은 1156년 왕위 계승을 둘러싸고 일본 내의 모든 세력이 양분되어 교토를 중심으로 무력 충돌을 벌인 사건이다. 이 쟁란은 천황과 귀족 세력이 추락하고 무사 세력이 전면에 등장하는 결정적인 계기가 되었다. 1159년 호겐의 난을 통해 실권을 장악한 세력이 다시 분열한 뒤, 미나모토 노 요시토모源義朝 등이 다이라 노 기요모리平清盛를 타도하기 위해 거병한 것을 헤이지의 난(平治の亂)이라고 한다. 결국 이 쟁란은 실패하고 헤이시平氏 독재정권이 출현했다.

** 1185년 미나모토 노 요리토모가 가마쿠라(鎌倉)에 세운 일본 최초의 무가 정권.

상태로는 매우 어려운 일로서, 거의 가능성이 없는 일일 것이다"[34]라는 냉정한 판단을 내리기도 했다.

또한 마루야마가 『문명론의 개략』에서 "가장 중요한 중핵적 용어"[35]로 파악한 '혹닉惑溺'[36]은 "어떤 사람이 그 역할 여하에 불구하고 스스로 가치가 있다고 믿어버리는 생각"을 의미하는데, 후쿠자와는 바로 이 "고습의 혹닉"을 엄격하게 배척하고 그 "일소"[37]를 요구했다. 후쿠자와는 황학자들 같이 "군신의 길을 사람의 천성이라 하고, (…) 군신의 신분은 사람의 생전에 미리 정해지는 것이라 굳게 믿으며 (…) 군신을 사람의 천성이라고 하는 (…) 혹닉"[38]에 단호히 반대했다. "이 군국君國 병립이 귀한 연유는 고래로 우리나라에 고유하기 때문에 귀한 것이 아니다. 그것을 유지하여 우리 정권을 보존하고 우리 문명을 발전시켜야 하기 때문에 귀한 것이다. 대상이 귀한 것이 아니라 그 역할이 귀한 것이다"[39]라는 게 그의 생각이었다. 어디까지나 공리주의적 판단에 입각하여 천황제를 수용했던 것이다.

그러나 「일본 국회의 유래」를 쓸 당시의 후쿠자와는 『제실론』, 『존왕론』 등을 거치면서 이미 "우민을 농락하는" 사술로서의 천황제를 적극적으로 정치에 이용해야 한다는 입장으로 바뀐 상태였다(제2장 3절 참조). 그래서 초기 계몽기의 천황제에 대한 합리적 인식이나 판단은 내버리고, 이미 살펴본 것처럼 "단지 우리나라에서는 천하태평, 상서로운 조짐 속에서 헌법 발포를 맞이하고 상하 화합하여 환성이 넘칠 뿐이다. 이는 모두 우리 제실帝室의 존엄신성함과, 그로써 항상 인심을 조화시킨 대공덕에 의하지 않은 것이 없다. 황조 무궁, 성수 만만세"(자료편 1-a)라고 썼다. 뿐만 아니라 본인은 명백한 허위라는 것을 알면서도 황학자가 무색할 정도로 "또한 제실은 (…) 대일본국의 이름과 함께 만세 무궁의 원수로서 세계 중에 가장 고귀하고 가장 편안하고 또한 가장 오래되어 실로 비할 데 없는 신성한 국군國君"(자료편 1-h)이라고 주장했다.

3) 역사적 현실주의, 변혁의 긍정에서 봉건제 긍정으로

후쿠자와는 『문명론의 개략』 서언에서 역사의 진보를 "마치 한 몸이면서 두 인생을 겪는 것 같고 한 사람이면서 몸이 두 개인 것 같다"[40]고 파악하고, 그 과정에서 인심의 변화를 "이른바 지금의 나는 옛날의 내가 아니라는 것은 바로 이를 두고 하는 말이다"라고 표현했다. 마루야마가 그 일부를 『문명론의 개략』과 아울러 "준원리론"이라고 평가한 「각서」에서는, 역사의 진보를 목표로 하는 변혁에의 지향을 "뜻은 때에 따라 바뀌어야 하고 설說은 일의 추세에 따라 바뀌어야 한다. 지금의 나와 옛날의 내가 마치 두 사람 같이 되는 것이야말로 세상사의 진보일 것이다"[41]라는 메모를 남겼다. 그 뜻에 입각하여 『문명론의 개략』에서는 "권력의 편중 (…) 이 폐해를 헤아려 편중의 병을 제거하지 않으면 (…) 문명은 결코 진보하는 일이 없을 것이다"[42]라고 지적하기도 했다. 나아가 "우국의 학자는 그저 모름지기 문명의 설을 주장하고 공과 사(官私) 구별 없이 한결같이 인민을 혹닉에서 구하고 이로써 중론의 방향을 고쳐가도록 노력해야 할 따름"[43]이라며, 학자들에게 민중을 "권력의 편중"과 "혹닉"으로부터 해방시키는 임무를 짊어지도록 호소했다.

그러나 「일본 국회의 유래」에서 후쿠자와는, 나름대로 민중을 "권력의 편중"이나 "혹닉"으로부터 해방시키려 했던 자유민권운동을 "무익한 장난질", '바람 앞의 티끌'이라고 비방한다. 이어서 "이른바 농사꾼 장사치는 지금도 여전히 농사꾼 장사치"인 것이 현실임을 숙지하고 "우리 도쿠가와의 봉건은 (…) 일본 문명의 정상에 달한 것"이라며 봉건제를 재평가했다. 그리고 "제실의 신성을 (…) 천상의 높은 곳에 받들어 모시는" 민중이 그 "권력의 편중"과 "혹닉"의 문명에 의해 "선천적인 성질"로 강요받아온 "순종, 비굴, 무기력"이라는 일본인의 국민성을 전향적으로 해석하는 것이다. "지금의 나로써 옛날의 나를 생각하면 전후에 마치 두 개의 인생이 있는 것과 같이" 인심이 변화될 수 있다고 말하는 사람도 있긴 하지만,—후쿠자와 자신이 『문명론의 개략』에서 그렇게 주장한 장본인인데, 시치미를 떼는 것은 유키치의 오랜 습관이다—"무릇 유전이라는 것은 사람이 스스로 애쓰지 않고도 저절로 모르는 곳에서 나오고, 그 기세는 스스로 금해도 금할 수 없고, 교육도 이를 이끌 수 없으며, 명령도 이를 멈추게 할 수 없는 일종의 미묘한 능력"이라고 한다. 즉, 이 시점에서 후쿠자와는 역사적·유전적으로 형성된 국민성은 쉽게 바뀌는 것이 아니므로 이 국민성에 의거하여 근대 일본의 향후 자본주의적 발전을 도모하자고 호소하는 '사상가'로 분명히 변신, 변심한 것이다.

이상의 고찰을 통해, "『문명론의 개략』은 후쿠자와의 원리론이고 그 기본 원리는 말년까지 유지되었다"는 마루야마 마사오의 주장(=신화)은 완전히 파탄하고 말았다. 다시 말해, 자신이 우려한 대로 도그마임이 분명해진 것이다.

그러나 여전히 「일본 국회의 유래」만 무슨 사정이 있어 예외적으로 이상한 내용의 글이 된 건 아닌지 신중하게 생각하는 독자가 있을 것이다. 그런 독자를 위해 [자료편] 2에는 이듬해 '교육칙어' 발포 이후 후쿠자와가 집필하고 「일본 국회의 유래」 이상으로 장기간 연재된 논설 「국회의 전도」[44]를 실었다.

「일본 국회의 유래」의 내용과 대비할 필요도 없이, 「국회의 전도」에서 후쿠자와가 펼친 주장은 전년의 저작물과 똑같은 내용이었다. 이를 정리하면 다음과 같다.

· 천황을 숭배하는 국민성에 대한 상찬

"일본 국민 (…) 제실의 신성을 존경하여 머리를 숙일 뿐만 아니라, (…) 이를 보기를 귀신과 같이, 부모와 같이 하고, (…) 그러니까 이 관습은 인민의 뼛속에 사무쳐 천성을 이루고 지금의 제실을 존숭경애하는 것은 그저 사람들의 천성에 따르는 것일 뿐이다."

· 국회의 전망에 대한 낙관

"근년 일본의 진보, (…) 모두 사람의 예상 밖의 일로서 거의 불가사의하므로 (…) 국회의 전도 (…) 필시 잘될 것이라고 단언하지 않을 수 없다."

· 번벌 '공신' 정부에 대한 노골적인 긍정

"지금의 정부는 전제가 아닐 뿐인가, (…) 전제정부를 (…) 쓰러뜨려 제2의 전제정부를 만들지 못한 사람이다."

· 봉건제에 대한 재평가

"도쿠가와시대 (…) 권력균형주의는 (…) 지나支那·조선인 등이 생각하지 못한 바로서, 이것을 처음으로 생각해낸 자는 동양에서 오직 우리 도쿠가와 이에야스 공이 있을 뿐이다."

「국회의 전도」에서, 전년에 나온 「일본 국회의 유래」와 판박이인 주장을 펼치고 있음을 확인할 수 있다. 이처럼 「일본 국회의 유래」에 나타난 인식과 사상은 그대로 '대일본제국헌법=교육칙어' 체제 확립기에 후쿠자와의 사상 그 자체였다고 단정할 수 있다.

마루야마 마사오는 근대 일본의 기본적인 국가관·인간관이 '대일본제국헌법=교육칙어' 체제로 확립되어가던 시기에—"전형적인 시민적 자유주의 정치관"이라는 자신의 후쿠자와상과 부합되지 않는—후쿠자와의 정치관이 드러난 2편의 글 「일본 국회의 유래」와 「국회의 전도」의 존재를 무시했다. 왜 그랬을까? 어떤 우연한 사정으로 마루야마가 이들 논설을 놓쳤을 가능성도 있을까? 이미 고인이 된 사람에게 확인할 방도는 없지만, 그럴 가능성은 거의 제로에 가깝다고 확신한다. 그 논거를 꼽아보자.

첫째, 정치사상사 연구자가 최고법규인 제국헌법 발포 당시 후쿠자와가 집필한 『시사신보』 사설을 보지 않았다고는 생각할 수 없다. 둘째, 실제로 마루야마는 대일본제국헌법 발포 4일 뒤 구가 가츠난陸羯南(1857~1907)이 자신이 창간한 신문 『일본』에 집필한 사설을 인용하며 살피고 있다.[45] 셋째, 헌법 발포 다음 날부터 연재된 「일본 국회의 유래」는 마루야마가 인용·분석한 다른 연재 사설 「안녕책」과 함께

『후쿠자와 전집』 12권에 수록되어 있다(전자는 9일간, 후자는 7일간 연재).
넷째, 정치사상가를 연구하는 이가 「일본 국회의 유래」와 「국회의 전
도」 같은 제목의 사설을 놓친다는 것은 생각할 수 없다. 다섯째, 필자
가 이전의 저작 『일본 근대교육의 사상구조』 출간 당시 책을 보내주
었을 때, 이에나가 사부로와 마루야마 마사오로부터 대조적인 답신
을 받았다. 두 사람 모두 고인이 되었기 때문에 그 편지의 일부를 잠
시 뒤에 소개하도록 하겠다. 여섯째, 『일본 근대교육의 사상구조』의
색인목록에는 마루야마 마사오가 가장 많이 실려 있어 41쪽이나 되
었고, 목차만 봐도 '마루야마 마사오의 후쿠자와상' 비판에 한 장이
할애되었음을 분명히 알 수 있는데, 마루야마가 이 책을 읽어보지 않
았다고는 생각하기 어렵다. 일곱째, 『일본 근대교육의 사상구조』는
후쿠자와가 '교육칙어' 발포 1년 전에 쓴 「일본 국회의 유래」가 그의
'교육칙어' 수용을 시사해주는 중요한 논설임을 강조하며 3쪽에 걸쳐
그 글을 분석하고 있다.

한편, 교과서 소송으로 다망했을 이에나가 사부로는 면식도 없는
애송이 연구자인 필자에게 다음과 같은 답신을 보냈다.

"오늘 배독拜讀을 완료. 정말 완벽하게 일관된 논리로 (…) 혀를
내둘렀습니다. 변변찮은 나의 예전 저서를 때때로 인용하여 비판
해주셔서 영광으로 생각합니다. 혹독한 비판을 해주셨지만, 내 입
장에서는 그렇게 위화감을 느끼지 않습니다. 인용하신 『근대정신
과 그 한계』에 수록되어 있는 (…) 것은, 실은 고견과 상당히 공통
된 문제의식에서 출발한 것이었습니다. 다만 귀하의 저서와 같은

주도면밀하고 종합적·체계적인 인식에 미치지 못했다는 것, 그 감각을 『일본도덕사상사』나 『일본근대사상사연구』 등에서 발전시키지 못하고 통설과 타협하고 말았던 것이, 결과적으로 귀하의 고견과 같은 투철한 후쿠자와관과 비교해서 운니지차雲泥之差를 낳게 한 것입니다."

이처럼 그는 그때까지 자신의 후쿠자와론을 스스로 비판하는 솔직한 의견을 토로했다. 뿐만 아니라—당시 그는 우에키 에모리植木枝盛(1857~1892) 연구의 1인자로 평가받고 있었음에도—『우에키 에모리 연구』도 똑같이 엄격한 시선으로 재평가 받을 필요가 있는데, 필자가 우에키 에모리 사상에 대해서는 본인의 학설을 답습하고 있는 것이 문제는 아닌지 묻는 등, 학자적 성실함에 넘치는 답신을 보냈다. 특히 후반의 우에키 에모리에 관한 기술에 감동한 필자는 이후 이에나가 사부로의 팬이 되었다(이 편지의 사본은 2003년 3월에 열린 '이에나가 사부로 선생을 기리는 모임'의 발기인에게 전달했다).

반면 마루야마 마사오는 "숙독한 다음 가르침을 얻고자 합니다"라는 판에 박힌 인사 뒤에 "소생 자신이 20년 전의 후쿠자와론에 대해서는 비판적인 생각을 가지고 있다는 대전제 위에서" 자유주의와 민주주의의 구별과 관계, 인민주권 이념과 '저항권' 사상의 저명한 이율배반 문제에 대한 필자의 논의에 의문을 제시했다. 이어 "소생은 일찍이 후쿠자와를 [부르주아] 데모크라트라고 규정한 일이 없습니다. 핫토리 시소服部之総(1901~1956) 씨 이래 많은 마르크스주의자들이 이 점에 관해 개념적 혼란에 기초한 비판을 하는데, 곤혹스러울 따름입니다. 또한 『자유론』의 저자 밀(J. S. Mill)은 물론 「사회계약설」의 논자도 마찬가지로, 현실정치에 대한 그들의 구체적인 발언을 하나하나 추적해보면 그것이 과연 '전형적인 자유주의자'의, 혹은 '전형적인 민주주의' 사상가의 '원리'로부터 연역될 수 있는 것인지 놀라지 않으실까 생각하는 바입니다"라고 적었다. 구체적인 비판에 대해서는 아무 대답도 하지 않고 얼렁뚱땅 얼버무리는 답신이었다.

전쟁책임론의 시점에서 후쿠자와의 재평가에 착수해 처음으로 집필한 1994년의 논고(『일본의 과학자日本の科学者』 315호)를 통해, 필자는 『『문명론의 개략』을 읽는다』에서 마루야마가 "후쿠자와에 반한 것"을 자인한 것은 "궁지에 몰리자 더욱 세게 치고 나온 것"이고, 마루야마의 후쿠자와론이 "기본적으로 무리한 해석"이라는 것은 이미 "승부가 났다"고 냉정하게 비판했다. 이 글을 보냈을 때 마루야마는 입원과 퇴원을 반복하는 병세를 적고 "옥고에 대한 감상도 말하지 못하고 뒤늦게 이 같은 간단한 답례를 보내게 되어 정말로 실례" 운운하는 간략한 답신을 보냈을 뿐이다. 이것이 마루야마 마사오와 내가 주고받은 편지의 전부이다.

결론적으로, 마루야마 마사오는 후쿠자와의 정치관이 "전형적인 시민적 자유주의"였다는 자기 주장의 파탄과 오류를 시사하는 논설 「일본 국회의 유래」와 「국회의 전도」를 애석하게도 의도적으로 무시했다고 볼 수밖에 없다. 믿기 어려운 일이지만, 마루야마는 「안녕책」을 인용할 때와 똑같은 작위적인 연구 수법을 반복하고 있기 때문이다. 물론 필자는 "전후 일본의 계몽의 기수"로서 마루야마 마사오가 '일본에도 이렇게 위대한 민주주의 사상의 선구자가 있었다'는 '신화'

를 만들어 민중과 사회의 민주화를 장려하고자 하는 계몽사상가로서의 '선의'를 지니고 있었음을 의심하지 않는다. 그러나 이런 정치적 의욕과 희망이 뒤섞인 안이하고 값싼 학문 연구로는 민중계몽은커녕 현실의 일본사회를 변혁할 수 없다. 존 다우어(John W. Dower)의 표현대로 "평화와 민주주의"를 위대한 기도문으로 삼아온 전후민주주의가 다시금 "전쟁국가"로 귀착되려 하고 있는 전후 일본의 도정과 현상(자위대의 해외파견, 유사법제의 정비, 집단자위권 등)을 보면, 그러한 안이한 연구 수법도 이에 기여한 "전후책임"이 있는 것은 아닌가 하는 생각을 지울 수 없다.

더욱이, 도야마 시게키遠山茂樹(1914~2011)는 『후쿠자와 유키치福沢諭吉』(東京大学出版会, 1970)에서 필자의 연구성과를 반영하여 "교육칙어 발포에 대해 후쿠자와가 아무런 비판도 내놓지 않았던 것은 당연하다. (…) 교육칙어를 비판할 의욕은 애당초 포기하고 있었다"(180쪽), "대일본제국헌법의 내용에 관해서는 (…) 거의 비판적인 말을 공표하지 않은 것도 특징적이었다"(206쪽)라고 썼는데, 이 책을 마루야마가 읽지 않았다고는 생각할 수 없다. 그럼에도 그보다 20년 뒤에 이루어진 일본학사원日本學士院* 발표에서 마루야마는 여전히 "교육칙어의 발포에 대해 『시사신보』는 일언반구도 논하고 있지 않습니다"라고 말하고 있는 것이다.

---

* 학술상 공적이 뛰어난 과학자를 예우하고 교육·학술의 발전을 위한 사업을 시행하는 것을 목적으로 문부과학성에 설치된 기관. 1879년 후쿠자와 유키치를 초대회장으로 창설된 '도쿄학사회원東京学士会院'을 전신으로 하며 150명의 회원으로 구성되었다. 마루야마 마사오도 1978년부터 사망할 때까지 18년 동안 회원으로 있었다.

즉, 마루야마는 필자의 비판이나 도야마 시게키의 기술을 25년간 무시해오다가, 겨우 죽음을 앞두고 그 오류를 논증할 자료를 입수하여 후쿠자와가 "전형적인 시민적 자유주의"자였다는 자기 이론의 전체상을 시정할 필요성을 깨달았지만, 이미 병마 때문에 작업을 다할 수 없었던 게 아닐까. 물론 이는 필자의 기대에 의거한 추정일 뿐이지만 말이다.

그렇다고 해도 마루야마가 '후쿠자와 유키치의 인간과 사상'에 대해 이야기한 다음의 인용글은 '교육'을 '계몽'으로 바꾸면 그대로 마루야마 자신에 대한 이야기처럼 느껴진다.

> "요컨대 후쿠자와의 언동에는 (…) 언제나 역할의식이라는 것이 따라다니고 있다. 그가 교육자로서 자신을 규정한 것도 이 역할, 이 사명감과 밀접하게 관계가 있다. 즉 교육이라는 것은 장기적인 정신개조이다. 자신은 정치가가 아니기 때문에 정치에 관여하지 않는다는 것과 대비하여 그렇게 말했다. 그는 장기흥행의 정신개조에 자신을 걸고 있는 것이다."[46]

2. '대일본제국헌법=교육칙어'에 대한 찬미와 긍정

이 책 말미의 [자료편] 3~8까지는 후쿠자와 유키치가 '대일본제국
헌법'을 노골적으로 찬미하고 교육칙어를 수용‥긍정했다는 것을 보
여주는 글들이다. 여기서는 먼저 '대일본제국헌법'에 대한 글부터 살
펴보도록 하겠다.

1) '대일본제국헌법'에 대한 노골적인 찬가

제국헌법 발포 다음 날부터 9회에 걸쳐 연재된 사설 「일본 국회
의 유래」나, 이듬해 12회에 걸쳐 연재된 사설 「국회의 전도」 내용을
이미 알고 있는 독자들이라면, 후쿠자와가 거듭 제국헌법을 찬미하
는 발언을 했다는 말을 들어도 특별히 놀라지 않을 것이다. 실제로
'대일본제국헌법'은 광대한 신성불가침의 천황대권과, 그와 대조적
으로 취약한 의회의 권한 및 인권규정을 특징으로 하며, 외견상 입헌
군주제 같아 보이지만 실제로는 신권적 천황제에 다름 아닌 흠정헌
법이었다. 그런데 후쿠자와는 이를 "오래된 문명 제국(文明諸舊國)의 헌
법을 능가"([자료편] 3), "의회에 충분한 권리를 허용한 (…) 완미完美한 헌
법"([자료편] 5), "완전히 국민의 권리를 존중하여 부족한 바가 없으며

(…) 정말로 문명의 정신을 담고 선미善美한" 헌법(자료편 6), "완전무결하고 (…) 모두 자유개진의 정신"(자료편 7), "관대하고 자유롭고 오래된 입헌국에서도 드문 완전한 것 (…) 어떤 이유로 그렇게까지 과감하게 했는지 그저 놀랄 수밖에 없을 따름"(자료편 8)이라고 상찬했다.

이 가운데 [자료편] 5의 "의회에 충분한 권리를 허용한 (…) 완미한 헌법"이라는 평가에 대해서는, 후쿠자와 스스로 그렇게 믿고 있었는지조차 의문이다. 후쿠자와는 이미 헌법 발포 3개월 전에 "이 헌법으로써 국회의원의 권한을 축소하고, 의원이 아무리 정부에 반대해도 (…) 정부의 시정을 방해할 수 없도록"(자료편 39) 해야 한다면서 의회의 권한 제한을 주장했고, 그가 기대한 대로 헌법은 의회 권한을 크게 제한하도록 만들어졌기 때문이다. 또한 후쿠자와는 불문에 부치고 있지만, 제국헌법의 모델이 된 프로이센 헌법에도 '교육의 자유'(제22조 이하)에 관한 규정이 있었는데 막상 제국헌법은 이를 결여하고 교육사항 일반에 대해 아무런 언급을 하지 않음으로써 오히려 거꾸로 교육을 국가 마음대로 주무르는 전단사항專斷事項(칙령 방식)으로 장악할 수 있게 되었다. 그리하여 교육은 시민적 자유의 영역에서 배제되었다.[47]

히로타 마사키広田昌希(필명은 한자를 사용하지 않고 ひろたまさき로 표기)는 "정력적으로 제국헌법과 교육칙어를 해설하고 선전한 어용학자들과는 달리, [후쿠자와는] 아무런 노력도 하지 않았다"[48]고 썼는데, 이 평가에는 무리가 있다. 『시사신보』는 후쿠자와의 사설 「일본 국회의 유래」와 병행하여 1889년 2월 16일부터 「제국헌법의해帝國憲法義解」 연재를 시작했다. 「제국헌법의해」는 헌법 조문별로 영어 번역문을 붙인 다음 연일 지면의 3~4단(적은 날은 2단)을 할애하여 상세하게 해설한 연재물로서, 4월 3일까지 총35회나 게재되었다. 또한 시사신보사는 헌법 발포 당일에 축하의 '떡 뿌리기' 행사를 열었고, 게이오기쥬쿠는 유치원생과 재학생이 도라노몬가이虎の門外에서 메이지 천황의 '어가'를 봉송한 뒤 재학생은 학교로 돌아와 "축하주를 기울이고 불꽃놀이를 하는" 행사를 벌이기도 했다.[49]

이미 지적한 바와 같이, 정치학자 마루야마 마사오는 후쿠자와가 "시민적 자유주의 정치관"을 정립했다는 자신의 도그마에 적합하지 않은 사실들, 즉 제국헌법을 찬미한 후쿠자와의 논고나 시사신보사·게이오기쥬쿠를 총동원한 헌법 발포 축하행사 등을 깡그리 무시했다. 정치학자가 제국헌법에 대한 후쿠자와의 평가와 대응을 일체 불문에 부치고 그의 정치관에 대한 결론을 낸다는 것은 너무나도 난폭하고 억지스러운 작위이다. 그런 작위에 의해 "전형적인 시민적 자유주의"자인 '후쿠자와 유키치가 대일본제국헌법(이나 교육칙어)에 찬성했을 리 없다'는 마루야마 마사오의 '후쿠자와 유키치 신화'가 창출된 것이다. 그리고 아시아태평양전쟁 이후 마루야마 마사오의 '학문적 권위'에 머리를 조아려온 일본사회와 학계의 분위기에 힘입어, 그동안 후쿠자와 연구에서 이토록 명백하게 제국헌법을 찬미하고 있는 논설들 대부분이 거의 알려지지 않은 채 봉인되어왔다. 이 역시 도무지 믿기 어려운 사실이다.

필자는 예전에 『일본 근대교육의 사상구조』에서 후쿠자와의 헌법 평가를 논한 유일한 예외로 기무라 도키오木村時夫의 『일본 내셔널리즘의 연구』(前野書店)를 소개한 바 있다. 그는 "늘 영국 의회제도의 이상을 머릿속에 그리고 일본 헌법의 성립 과정에 깊은 관심을 가지고 있었던 후쿠자와이기 때문에, 실제 발표된 메이지 헌법의 조항에 대해서도 많은 비판적인 생각을 가졌을 것으로 생각된다"[50]는 전제하에 고찰했으나 결과는 반대였다고 했다.

'후쿠자와가 제국헌법에 찬성했을 리 없다'는 마루야마 신화에 영향을 받았다고 생각되는 구체적인 사례를 몇 가지 살펴보도록 하겠다. 『독본·헌법의 100년 1. 헌법의 탄생』(作品社, 1989) 겉장 띠지에는 "이토 히로부미는 고뇌하고, 우에키 에모리는 저항하고, 나카에 조민은 야유하고, 후쿠자와 유키치는 걱정한다"고 적혀 있다. 왜 "후쿠자와 유키치는 걱정한다"는 것인지 책 본문에는 그 이유가 밝혀져 있지 않다. 다만 이 책에 게재된 헌법 발포 당시 후쿠자와 발언은 발포 당일의 만언 「구구한 헌법 발포 소문」과 「일본 국회의 유래」 첫날 연재분 뿐이기 때문에, 이를 통해 그 이유를 추측해볼 수 있을 것이다.

전자는 '하치'와 '구마'라는 화자가 헌법 발포 당일 거국적인 대소동에 대해 대화하는 내용의 풍자 만언으로, 내용은 다음과 같다.

> "하치: 바보 같은 놈들, 아무리 백중날과 정월이 함께 온다고 해도 이런 야단법석이 있을까. (…) / 구마: (…) 어머나, 비단옷(絹布の法被)*이 하사된다고 해도 (…) 사자춤까지 추며 법석을 떠는 것은 무슨 일이람 (…)"

---

* 비단옷(絹布の法被)의 일본어 발음 '겐푸 노 핫피'는 헌법의 발포 '겐포 노 핫푸'와 비슷하게 들린다.

그러나 이미 살펴본 바와 같이, 게이오기쥬쿠와 시사신보사도 축하주, 불꽃놀이, 떡 뿌리기 등의 축하행사를 당일 거행했거나 예정하고 있었다는 점을 고려하면, 이 만언에서 제국헌법에 대한 비판의 의미를 읽어낼 수는 없다.

또한 「일본 국회의 유래」 첫날 연재분은, 헌법 발포와 국회 개설을 맞이해도 "국민의 대다수는 정권이 무엇인지를 모르고 그저 사사로운 노동 증산으로 먹고사는 문제에 급급하고 있을 뿐"이라고 말해, 확실히 국민의 정치적 무관심을 주목하고 있다. 그러나 이미 소개한 바와 같이, 연재 사설 전체를 통해 후쿠자와가 그런 현상을 근심하거나 '걱정'했던 것은 아니다. 후쿠자와는 "이른바 농사꾼, 장사치는 지금도 여전히 농사꾼, 장사치"라는 현상을 일본의 자본주의 발전에 유리한 조건으로 바꾸어 읽었기 때문이다. 즉, 『독본·헌법의 100년 1. 헌법의 탄생』은 「일본 국회의 유래」 첫날 연재분만 게재함으로써 독자들에게 후쿠자와가 제국헌법에 대해 "걱정"하고 있었다는 오해를 심어주었는데, 이는 「일본 국회의 유래」 연재분 전체의 논지를 무시한 부적절한 편집이다. 무의식중에 한 일이라 해도 편집자가 이런 엉성하기 짝이 없는 편집을 한 배경에는, 싫든 좋든 '후쿠자와가 제국헌법에 찬성했을 리 없다'는 신화가 존재했음을 간파할 수 있다.

다음은 『후쿠자와 수첩』 85호에 게재된 노무라 에이이치野村英一의 「후쿠자와 유키치와 제국헌법」이라는 논고이다. 후쿠자와 연구자들에게서 흔히 볼 수 없는 이례적인 주제였기 때문에 기대를 품고 읽었다. 그러나 이 글 역시 '후쿠자와가 제국헌법에 찬성했을 리 없다'는 예단과 편견에 가득 차 있다.

문제점을 열거해보자. 뜬금없이 "후쿠자와 유키치는 헌법을 한번 흘깃 훑어보는 것만으로 그 내용이 8년 전에 후쿠자와의 지시로 (…) 작성된 「교순사 헌법사안(交詢社 私擬憲法案)」과 비교해 볼품이 없다는 것을 알았다"는 문장이 아무런 출전이나 논거도 없이 제시된다. 하지만 후쿠자와의 헌법관은 「교순사 헌법사안」 이후 8년 동안 크게 변모하여, 프로이센 방식의 흠정헌법에 찬성하고 영국식 의원내각제에는 반대하며, 의회의 권한은 제한되어야 한다는 등의 견해를 스스로 사설을 통해 공표해왔다. 때문에 이 문장은 명백한 가공의 창작이라고 밖에 할 수 없다.

또한 "『시사신보』 논설을 제외하면 후쿠자와는 '제국헌법'에 대해 직접적인 언급을 별로 하지 않았다"라고 쓴 것을 볼 때, 노무라는 제국헌법을 찬미하는 후쿠자와의 『시사신보』 논설이 다수 존재한다는 것을—[자료편] 두 번째 테마에 정리했듯이—인식했던 모양이다. 그러나 이들 논설은, 후쿠자와가 제국헌법에 비판적이었다는 자신의 논지(와 '후쿠자와 신화')에 모순된다는 이유로—마루야마의 방식대로—무시되고 말았다. 게다가 노무라는 대담하게도 "설사 변변찮은 헌법이라도 없느니보다 낫다는 것이 아니었을까"라고 제멋대로 후쿠자와의 헌법 평가를 억측한다. 따라서 만언 「구구한 헌법 발포 소문」은 당연히 헌법 발포를 "조롱하고 있다"고 해석된다. 연재 「일본 국회의 유래」에 대해서만은 그 '골자'를 소개하고 있는데, 노무라는 이 글에서 후쿠자와가 제국헌법에 대해 "비판적인 논진을 펼치고 있다"거나 "제국헌법과 현실의 정치를 통렬하게 비판했다"는—후쿠자와 신화에 걸맞는—견해를 제시한다. 필자와 상반되는 이 견해에 대해, 어느 쪽

이 타당한지 판단은 독자의 평가에 맡기고자 한다.

2) '교육칙어'에 대한 평가—『시사신보』사설 ①

이제 후쿠자와 유키치의 '교육칙어' 평가에 대한 고찰로 넘어가겠다. 먼저, 이 문제에 지금까지도 압도적인 영향을 미치고 있는 마루야마의 신화, 즉 '후쿠자와 유키치가 교육칙어에 찬성했을 리 없다'는 전제를 복습하는 것으로 시작한다.

마루야마는 '교육칙어'보다 3개월 앞서 발표된 후쿠자와의 글 「안녕책」을 근거로, 후쿠자와가 정부의 기능을 "방해의 방해"로 한정한 "전형적인 시민적 자유주의 정치관"을 정립했다고 결론지었다. "후쿠자와가 일관되게 역설한 것은 경제·학문·교육·종교 등 각 영역에서 인민의 다양하고 자주적인 활동이고, 그가 일관되게 배제한 것은 이러한 시민사회 영역에 대한 정치권력의 진출 내지 간섭"이었으며, 그가 보수화한 뒤에도 "정치권력의 대내적 한계에 관한 그의 원칙은 조금도 무너지지 않았다"고 주장한 것이다. 또한 다른 저서를 통해 "교육칙어가 발포된 것은 일본 국가가 윤리적 실체로서 가치 내용의 독점적인 결정자임을 공공연하게 선언"한 것이라고 파악했던 마루야마의 논리를 이어가면, 독자는 싫든 좋든 '후쿠자와가 교육칙어에 찬성했을 리 없다'는 마루야마의 메시지를 순순히 수용하게 될 것이다.

이렇듯 (1950년대의) 마루야마는 후쿠자와가 평생 "시민적 자유주의" 원칙을 지켰다고 주장했고, 동시에 국가가 '교육칙어' 발포를 통하여 "가치 내용의 독점"을 시도했다는 엄격한 관점을 지니고 있었다. 그런 마루야마이므로, 「안녕책」보다 3개월 뒤에 '교육칙어'가 발포되었을 때 후쿠자와와 『시사신보』가 어떻게 대응했을지 특히 주목했으리라는 추측은 자연스럽다. 하지만 그로부터 30년 이상이 흐른 1990년 일본학사원 발표에서 마루야마는 "교육칙어의 발포에 대해 『시사신보』는 일언반구도 논하지 않았습니다. 후쿠자와 사후의 「수신요령」에도 교육칙어의 충군애국적 내용에 대한 언급은 전혀 나오지 않습니다"라고 명백히 잘못된 주장을 펼쳤다.[51]

결국 [자료편] 4의 『시사신보』 사설 「교육에 관한 칙어」는 발표되고 나서 백 년도 더 지나서야 겨우 게이오기쥬쿠나 마루야마 주변의 연구자들에게 그 존재가 알려진 셈이다. 이제 이 사설의 내용을 살펴보자. 이 사설은 당시 『시사신보』 논설주간이던 후쿠자와 유키치가 기안하고 가필·수정에 관여함은 물론, 당연히 그의 동의 및 양해하에 게재된 것이라고 충분히 추정할 수 있음을 이미 앞에서 확인했다.

사설은 첫머리에서 '교육칙어'의 발포는 "우리 천황폐하가 우리 신민의 교육에 노심초사하는 성려叡慮의 깊으심"을 보여주는 것으로, 일본인이라면 "감읍하지 않은 자 누가 있으랴"라며 감격과 환영을 표명했다. 이어 "금후 전국 각지 공사립(公私)학교 생도는 때때로 이를 봉독奉讀하고, 또한 그 스승된 자도 특별히 마음을 써 순순히 깨우치기를 게을리 하지 말아 생도로 하여금 가슴 깊숙이 새기게" 하여 칙어의 "인의효제 충군애국의 정신을 (…) 관철"하도록 요구하고 있다. 또한 사설은, 1871년 문부성 설치 이래 교육의 "방침은 항상 일정하지 못해 5년에 바뀌고 3년에 달라지며 심한 경우는 1년에 그 정신을 달리하는 일조차 있었다"며, 발족 초창기에 거듭된 문부행정의 시행착오적 방침 변경을 언급했다.

일본의 근대 학교교육은 민중 일반이 아직 자생적·주체적으로 초등교육의 필요성을 인식하지 못했던 시대상황에도 불구하고 계몽전제주의적인 '문명개화' 정책의 일환으로 시작되었다. 즉 1872년 '학제學制' 발포에 즈음한 「학사 장려에 관한 명령서(学事獎励に関する被仰出書)」에서 "필히 마을에 배우지 못한 집이 없고 집안에 배우지 못한 사람이 없도록 한다"는 전 국민 의무교육 방침하에 "자제子弟"를 (8년제) 소학교에 취학시키지 않을 경우 "그 부형의 과실로 간주하는 사안"이 공포되었다. 장학사나 교원뿐만 아니라 경찰관, 수도검침원, 청소 담당 공무원을 취학 독려자로 동원하고, 벌칙 규정(취학시키지 않은 가정에 벌금)까지 제정하면서 소학교 취학을 독촉했다. 그러나 '교육칙어' 발포 당시의 일본은—출석률을 고려한—전국 평균 실질취학률이 겨우 35% 정도에 머물러 가히 "취학의 독촉과 거부"의 시대였다.[52]

『시사신보』 사설이 지적했듯이, 1872년 '학제'는 이러한 취학 부진 상황을 타개하기 위해 거듭 개정되었다. 1879년에는 '자유교육령'(취학 조건의 완화)이, 1880년에는 '개정교육령'(취학 독려의 강화)이, 1885년에는 '교육령'(빈민용 소학교장제小學教場制)*이, 1886년에는 '소학교령'(소학간이과小學簡易科制)**이 발포되어, 불과 10여 년 사이에 네 차례나 개정된 것이다.

---

* 종래의 사숙私塾처럼 교사校舍를 특별히 설치하지 않고, 사찰의 행랑이나 민가의 방 등을 이용하며 수업 시간도 지역 사정에 따라 적절히 조정해가면서 초등교육을 실시할 수 있도록 한 조치.

** 초등교육 실시에 따른 지방재정의 부담 증가에 대응하기 위해 소학교 대신 설치한 간소한 형태의 교육시설로, 말단 행정기관(구정촌區町村) 예산으로 필요한 교육경비를 부담하고 수업료는 징수하지 않았다.

후쿠자와는 당시의 초등교육에 대해 "수백만의 빈민은 설사 월사금이 없어도, 혹은 학교로부터 조금씩 지필묵을 지급받을 정도의 분에 넘치는 고마움이 있어도 여전히 자식을 내놓지 않을 것이다. 여덟 살의 남자 아이는 풀을 베고 소를 몰게 해야 하고, 여섯 살의 누이동생에게는 애보는 일이 있다. (…) 이런 일에서 손을 떼면 곧바로 세대에 지장을 가져와 부모자식 함께 춥고 배고픈 어려움을 면하기 어려울 것이다. 이는 하등 빈민 수백만 호에게 똑같은 모습이다"[53]라고 말해, 민중 생활과 초등학교 취학의 괴리를 정확하게 인식하고 있었다.

그럼에도 불구하고 『문명론의 개략』에서 "국가의 독립은 목적이고 국민의 문명은 그 목적을 달성하는 수단"이라고 말했던 후쿠자와에게 당면의 지상과제는 "일국독립"이었으며, 후쿠자와는 이 목표를 달성하기 위해서는 전제 "정부의 권위"에 입각한 강제 의무교육으로서 "강박強迫교육법"이 필요하다는 것을 명확하게 인식하고 있었다. 이를 위해 민중의 생활 실태에 입각한 점진적인 의무교육 취학 촉진책을 제안하는 등, 후쿠자와는 당시의 문부행정을 후원해온 입장이었기 때문에, '학제'→'자유교육령'→'개정교육령'→'교육령'→'소학교령'이라는 시행착오적인 의무교육의 제도적 변천도 후쿠자와의 허용 범위 내에 있었다고 할 수 있다.

그러나 "금후 조종祖宗의 훈전訓典에 의거해 오로지 인의충효를 밝히고 도덕의 학學은 공자를 주로" 할 것을 밝힌 1879년의 「교학성지教學聖旨」로부터 유교주의적 교육 반동 노선[54]에 힘이 실리자, 후쿠자와는 이토 히로부미 등 메이지 정부 개명파와 함께 열심히 '반대'의 논진을 펼쳤다. 그러므로 후쿠자와의 의향을 받아들여 『시사신보』 사설이 "교육의 당국자"를 향해 "처음에는 서양류의 윤리학을 채용하고, 중간 무렵에는 유교주의가 되었다가 다시 바뀌어 윤리학으로 복귀하고, 또한 근래에는 입국의 대의 운운을 주장하는 등 표변하기에 짝이 없고 그 멈출 바를 모르겠다"라며 도덕교육의 조령모개에 대해 쓴 소리를 하고, "금후"는 "인의효제 충군애국의 정신"이라는 "폐하의 의중에 있는 바를 관철시키기를 소홀히 하지 않기"를 요구한 것은 당연한 일이었다.

이상의 논의를 바탕으로 앞서 소개한 『마루야마 수첩』 20호에 실린 오카베 야스코의 「보주補註」를 검토해보자. 오카베는 『시사신보』가 '교육칙어' 발포에 대해 일언반구도 논하지 않았다는 마루야마 마사오의 명백한 오류를 정정한 다음에, 사설이 "교육 당국자 비판이라는 형식을 취한 간접적인 칙어 비판"이었다고 파악했다(그 잘못에 대해서는 뒤에서 자세히 설명하겠다). 또한 「수신요령」에 "교육칙어의 충군애국적인 내용에 대한 언급은 전혀 나오지 않습니다"라고 한 마루야마의 또 다른 명백한 오류에 이끌려, 「수신요령」은 "수신요령" 이외의 것을 마음속에 새기지 않는다, 즉 칙어를 마음속에 새기지 않는다"는 게이오기쥬쿠 관계자의 "결의" 표명을 시사하고 있다고 해석함으로써 마루야마와 똑같은 잘못을 확대 재생산했다.

3) 「수신요령」에 대한 평가—'독립자존'과 천황제

『시사신보』 사설이 "간접적"이나마 교육칙어를 "비판"한 것이라는 오카베 야스코의 주장은 잘못된 것임을 논증하는 것이 여기서의 주제이다. 그러나 그 이전에 마루야마와 오카베가 공통적으로 오류를 범하고 있는 「수신요령」에 대한 평가 문제를 먼저 거론할 필요가 있다.

「수신요령」은 교육칙어 발포 10년 뒤인 1900년 2월 기원절紀元節*에 발표된 것으로, 당시의 시대에 걸맞는 도덕의 기준에 대하여 '독립자존'을 중심으로 언급한 유키치의 평소 언행을 개조식으로 정리한 것이다. 이 기획 자체가 놀랄 만한 일이 아님은, 이미 그보다 3년 전에 제2차 이토 내각의 문부상으로 취임한 사이온지 긴모치西園寺公望(1849~1940)가 '교육칙어'를 "좀 더 리버럴한 방향"으로 개정하여 "인민이 모두 평등한 관계에서 자타 서로 존경하고 스스로 생존하는 동시에 타인을 생존케 하는 것을 가르치자"는 의도로 칙어 개정을 제안하여 이토 수상의 지지와 천황의 내락을 받았던 사실을 상기하면 될 것이다.[55]

「수신요령」은 후쿠자와의 제자 오바타 아츠지로小幡篤二郎, 히노하라 쇼조日原昌造 등 원로 6명이 초안을 만든 뒤 후쿠자와의 열람을 거쳐 작성되었다. 당시 후쿠자와는 서문 앞부분에 "무릇 일본국에 태어나 자라난 신민은 남녀노소를 불문하고 만세일계萬世一系의 제실을 받들고 그 은덕을 우러러보지 않는 자가 없다. 이 한 가지 사실은 만천하 누구도 의심을 품지 않는 바이다"[56]라는 문장을 추가하도록 지시했다. 제실을 "일본 인민의 정신을 하나로 결집하는 중심"으로 자리

---

* 1893년, 『일본서기日本書紀』에서 일본 최초의 진무천황神武天皇이 즉위했다고 하는 1월 29일을 태양력으로 환산하여 2월 11일을 일본의 기원으로 삼고 기원절紀元節이라 칭했다. 1926년 이후 군국주의 경향을 촉진하는 지주가 되었다. 패전 이후 1948년에 폐지되었다가 1966년 건국기념일로 부활했다.

매김했던 '제실론자' 후쿠자와에게, 그 '독립자존'이 "제실을 받들고 그 은덕을 우러러보는" '신민정신'을 대전제로 하는 것은 당연한 일이었다.

기타오카 신이치北岡伸一는 도쿄대학 교수 시절 "앞뒤 꽉 막힌(閉塞) 상태에 있는 일본"에 "제3의 개국"이 요구되고 있다면서 "우리가 되돌아봐야 할 시대는 메이지유신이고, 되돌아봐야 할 인물은 후쿠자와 유키치가 아닌가"라는 문제의식으로 "후쿠자와의 전체상"을 정리한 『독립자존』(講談社, 2002)이라는 책을 펴냈다. 기타오카가 "만세일계의 제실을 받들고 그 은덕을 우러러보는" "군신정의君臣情誼"를 전제로 하는 후쿠자와의 '독립자존'에서 일본의 "제3의 개국"을 타개할 열쇠를 구하는 것은 그의 자유이다. 그러나 이 책은 첫머리부터 "독립자존이라는 말은 후쿠자와가 특히 즐겨 쓰는 말이다"(6쪽)라는 잘못된 인식을 전제로 시작되고 있다. 이런 식으로 또다시 후쿠자와의 '독립자존'이 근대적인 "시민적 정신"이라는 마루야마 마사오 이래의 신화가 유포 재생산될지도 모르므로, 뒤에서(제2장 1절) 재론하게 될 후쿠자와의 '독립자존'의 의미를 미리 소개해두도록 하겠다.

기타오카는 "후쿠자와가 특히 즐겨 쓰는 말"이라고 했지만, 21권의 『후쿠자와 전집』에서 후쿠자와가 '독립자존'이라는 말을 사용한 것은 제국헌법 발포 이듬해 8월의 사설 「상업숭상입국론(尚商立國論)」과, 1897년에 집필하여 이듬해 『시사신보』에 게재하고 1901년 사후에 간행된 『후쿠옹백여화福翁百余話』의 8장 「지덕의 독립」에서 딱 두 번뿐이다.[57] '독립자존'이 후쿠자와의 대명사처럼 알려지게 된 것은 "후쿠자와가 특히 즐겨 쓰는 말"이었기 때문이 아니다. 1898년 9월 후쿠자와가 뇌일혈로 쓰러져 회복이 "거의 절망"적으로 보였을 때, 불교의 풍습에 따라 죽은 사람에게 붙여줄 이름을 준비해야 했는데, 오바타 아츠지로가 바로 그해 『시사신보』에 게재된 『후쿠옹백여화』 8장 「지덕의 독립」에 나오는 '독립자존'의 4자를 그의 '법명'으로 선택한 것이었을 뿐이다.[58]

그 뒤 후쿠자와는 건강을 회복했지만, 오바타 아츠지로 등이 「수신요령」을 편찬하면서 "독립자존의 표어를 중심으로 유키치의 평소 언행을 개조식으로" 작성하고, 후쿠자와가 비용을 부담하여 "게이오 기쥬쿠의 교직원을 전국에 보내 각지에서 강연회를 열고 그 취지 보급에 노력하게"[59] 하는 과정에서 이후 '독립자존'이 후쿠자와의 대명사로 널리 인식되었다. 문제는 그 '독립자존'의 의미이다.

먼저, 이 말이 처음 사용된 「상업숭상입국론」은 "상인이 되면 (…) 심신 공히 비굴함에 빠지지 않을 수 없다. (…) 독립자존의 경계를 멀리 넘어서는 것이다"라는 문맥에서 '독립자존'이라는 말을 사용했다. '독립자존'을 주제로 한 글이 아니다. 그러나 『후쿠옹백여화』는 '독립자존'이 등장하는 8장 「지덕의 독립」 다음에 9장 「독립의 충忠」과 10장 「독립의 효孝」가 이어지고, 19개의 '여화' 중 7개에서 제목에 '독립'이라는 말을 사용하고 있다. 그러므로 후쿠자와가 사용하는 '독립자존'이라는 말의 의미는 이 책에서 확인할 수 있다.

8장 「지덕의 독립」에서 후쿠자와는, 자명한 지덕으로서의 '인의충효'와 관련하여 "특히 이를 덕의로 생각하여 존중"하거나 "특히 이에 애쓰는" 것이 아니라, "자연히 이에 어울리고 스스로 덕의를 몰라도 몸은 덕의의 사람이 되는" 것을 요구하고 있다. 여기서 '독립자존'이라는 말은 "독립자존의 본심은 온갖 행실(百行)의 원천이자 (…) 이것이야말로 지덕의 기초에 있는 확실한 것으로, 군자의 언행은 남이 어떻게 하는 것(他動)이 아니라 스스로 행하는 것(自發)임을 알아야 한다"라는 문맥에서 나온다. 인의충효의 길은 다른 사람이 요구해서가 아니라 "만물의 영장"이라 일컬어지는 인간으로서 "자발"적으로 실천하는 것이어야 한다고 말하고 있을 뿐이다.[60]

9장 「독립의 충」은 한층 알기 쉽다. "군주를 우르르 받드는 이유"를 "불완전한 민심이 한곳으로 귀의하게 하기 위해"서라고 파악한 후쿠자와는, "군주의 지위는 용이하게 움직이게 해서는 안 된다. (…) 군위君位의 동요는 곧 민심의 동요"라는 전제하에서 "군주"에게 "생명과 재산을 희생해서"라도 "충의를 다하는" 이유를 다음과 같이 설명했다. ① "군주의 엄명을 접하고 어쩔 수 없이" 그렇게 하는 것이 아니고, ② "또한 특별한 은혜를 입고 보은을 위해 하는 것이 아니며", 나아가 ③ 녹을 받아 "먹고사는 답례로 충의를 다하는" 것도 아니다. "그저 자존자중自尊自重, 사람된 자의 본분을 잊지 않고 그 본심이 지시하는 바에 따라 스스로 충의의 길"을 실천하는 것이 '독립자존'의 충의라고 주장했다.[61] '인의충효'의 길이 근대적인 "시민적 정신"일 리 없다. 물론 10장 「독립의 효」를 봐도, 왜 사람은 군주에게 충의를 다하고 부모에게 효도해야 하는지 밝히는 후쿠자와의 논거에서 "시민적 정신"은 찾아볼 수 없다. 후쿠자와에게 효도란 "인간의 고상 지극하고 영묘 지극한 본심"으로 간주된다. 자세한 내용은 「후쿠자와의 충효사상」을 주제로 한 제2장 1절을 참고하기 바란다.

이상에서 보면, 기타오카 신이치는 "만물의 영장"으로서 "사람된 자의 본분"에 입각하여 스스로 나아가 '인의충효'를 실천하는 후쿠자와의 "독립자존의 정신"이 "제3의 개국", 현재 일본이 처한 "앞뒤 꽉 막힌 상태"의 타개를 가능하게 한다고 말한 셈인데, 현대의 젊은이들은 이를 어떻게 받아들일 것인가.

게이오대학 교수로 아시아태평양전쟁 이후 문부대신 등의 요직에 올랐던 다카하시 세이이치로高橋誠一郎(1884~1982)가 제정 70년 만에 「수신요령」을 복각한다는 기획에 반대했던 이유는, 후쿠자와의 지시로 덧붙여진 이 서문 앞부분 문장에 "교육칙어의 황실중심주의 도덕에 대한 접근을 연상시키는 것"이 있기 때문이었다.[62]

이상에서 보았듯이, 마루야마는 "후쿠자와 사후의 「수신요령」"이라고 사실을 오인했을 뿐만 아니라 「수신요령」에 "교육칙어의 충군애국적인 내용에 대한 언급은 전혀 나오지 않"는다고 주장했지만, 이견해는 후쿠자와의 중요한 지시를 무시하고 "후쿠자와에게 반해" "읽은 자국도 보조개로 보고 마는" 해석 그 자체다. 또한 「수신요령」이 "칙어를 마음속에 새기지 않는다"는 게이오기쥬큐 관계자의 "결의"를 표명한 것이라고 주장한 오카베 야스코의 용감한 해석에 무리가 있다는 것도, 다음의 사실을 포함해 분명해졌다.

게이오기쥬큐는 황태자(다이쇼大正천황)의 결혼을 축하하는 뜻으로 오바타 아즈지로가 막 작성된 「수신요령」을 비단 천에 "삼가 써서" 가마다 에키치鎌田栄吉 학원장이 교직원 및 학생 전체 대표 자격으로 황태자궁에 "봉정"했다.[63] 그해에 후쿠자와 유치키가 궁내성으로부터 지난 30년간의 학술·교육 활동을 치하하는 5만 엔의 '은사금'을 "하사"받고 허둥대며 감읍했던 모습에 대해서는 이 책 제4장 1절 「후쿠자와 유키치의 맨얼굴」에서 별도로 소개할 것이다. 이제 『시사신보』 사설이 교육칙어 "비판"을 담고 있다는 오카베의 해석이 왜 오류인지 논증하는 본래의 주제로 되돌아가자.

후쿠자와가 1880년대 전반기 문부성의 유교주의적 도덕교육(德育) 강화 노선에 반대했던 것은 사실이다. 그러므로 '교육칙어'에도 당연히 반대했을 것이라는 단순한 추측은, 마루야마 마사오, 도야마 시게키, 다나카 히로시田中浩(1934~1993) 등이 만들어낸 "반유교주의는 유키치 평생의 과제였다"라는 신화까지 가세함으로써 지금까지도 거의 부동의 견해가 되고 있다. 그러나 이런 추측과 주장이 후쿠자와 유키치의 유교주의 반대론이 무슨 내용인지 고찰하는 것을 소홀히 함으로써 창출된 신화라는 사실은 제2장에서 해명할 것이다.

여기서는 우선 간단한 사실만 열거해두기로 한다. 1879년의 「교학성지敎學聖旨」는 자유민권운동에 대한 반동적 대응으로 나온 것으로서, 문부성의 유교주의 부활 노선에 발단이 되었다. 이토 히로부미 내무경은 「교학성지」가 내려졌을 때 「교육의敎育議」(이노우에 고와시井上毅 집필)를 상주上奏했다. 그 내용은 민권운동 등의 "애초 폐단의 원인은 전혀 교육의 잘못이 아니"며, "풍속의 변화"는 "유신 때 고금을 통해 범상치 않은(古今非常) 변혁을 추진한" 결과라는 것이었다. 이는 후쿠자와와 똑같은 견해에 입각해 「교학성지」를 반박한 것이다. 그러나 바로 이 「교육의」를 기초했던 이노우에 고와시(1834~1895)야말로 '교육칙어' 제정에 깊숙이 개입했던 인물이며, 이토 히로부미는 '대일본제국헌법=교육칙어' 체제 확립의 주역이었다는 것은 주지의 사실이다.

마찬가지로 1885년 초대 문부대신 자리에 오른 모리 아리노리森有

礼(1849~1889)는 "지금의 세상에 공맹의 가르침을 주장하는 것은 사리에 맞지 않다"고 단정하고 「교학성지」이래의 노선을 수정하여 인의충효를 기본으로 하는 수신修身 교과서들이 "모두 하자가 없다고 할 수 없으므로" 1887년 5월에 이들 교과서의 사용을 중지하고 수업 시수도 삭감했다.[64] 이처럼 직접 유교주의적인 도덕교육을 억압한 모리 아리노리 문부상—이 일로 후쿠자와는 모리의 문부행정을 '구래의 문명주의'로 되돌아온 것이라고 상찬했다—도 군대식 체조의 도입을 비롯한 국가주의적인 충군애국주의 교육을 담당함으로써 "칙어 체제로의 직접적인 추진을 준비한" 인물로 평가받고 있다.[65]

이상의 간단한 사실만 봐도, 유교주의 도덕교육 노선에 반대한 사람은 당연히 '교육칙어'에도 반대했을 것이라는 조잡한 유추로 후쿠자와의 도덕교육 사상을 운운하는 것은 후쿠자와에 대한 매우 무례한 평가임이 확실해진다. 후쿠자와가 지지하고 있던 메이지 정부의 '개명파' 관료들은 「교학성지」와 「교육의」를 계기로 모토다 나가자네 元田永孚(1818~1891) 등의 궁중 '보수파'와 문교 정책의 주도권을 둘러싸고 대립·논쟁하면서도, "결국 일본의 근대 교육 정책에서 수레의 양바퀴 같은 의미와 역할을 담당하고 하나의 축으로 연결되어 회전"했다. "언뜻 보기에 완전히 대립하고 있는 것 같은 유교주의와 개명 정책은 부국강병이라는 목적을 위해 서로 타협하게 되고" 그 타협적 통일이 '대일본제국헌법=교육칙어' 체제로 완성된 것이다.[66]

4) '교육칙어'에 대한 평가—『시사신보』사설 ②

이제 교육칙어에 관한 『시사신보』사설의 평가로 돌아가보자. 마루야마 마사오는, 후쿠자와가 "일관되게 배제한 것은 [경제·학문·교육·종교 등의] 시민사회 영역에 대한 정치권력의 진출 내지 간섭"이고, '교육칙어' 발포는 "국가가 윤리적 실체로서 가치 내용의 독점적인 결정"을 선언한 것이라고 주장했다. 그러나 이미 살펴본 바와 같이 사설은 "우리 천황폐하가 우리들 신민의 교육에 노심초사하는" 교육 관여의 사실 그 자체에 "감읍하지 않은 자 누가 있으랴"라고 감격과 환영을 표명했고, 구체적으로는 학교교육이 칙어의 "인의효제 충군애국의 정신을 (…) 관철"하도록 요구했다. 이토 히로부미, 이노우에 고와시, 모리 아리노리 등과 마찬가지로 유교주의 도덕교육 노선에 반대했던 후쿠자와(=『시사신보』)는 "표변하기에 짝이 없"는 조령모개식 도덕교육 방침의 변화에 쓴 소리를 던졌지만, 그에게 오카베가 파악한 '칙어 비판'의 의향은 조금도 없었던 것이다.[67]

후쿠자와가 이 사설에서 문부 당국의 잦은 방침 변경을 비판한 것은, "교육에 관한 성지聖旨의 소재에 이르러서는 십 년이 하루같이 전혀" 불변이고, 더구나 칙어의 문면도 "한마디의 말로 칭찬할 수 없"을 정도로 빼어난데, 당국자는 그 변하지 않는 "폐하의 의중이 어디 있는지를 명심하고 그 방침을 하나로 하여 추진"하지 못했기 때문이었다. 여기서 "성지의 소재"는 "본래 전국 4천만 신민은 모두 제실의 적자赤子로서 3천 년 이래의 은혜를 입고 선조의 근왕勤王 유풍을 전하는 자이므로 누구 하나 충효의 정이 없는 사람이 없다"는 것이었다. 그리하여 사설은 문부 당국자가 일관된 "성지의 소재"를 확실히 받아들이지 못했던 과거에 대한 "반성의 마음을 절절히 하여 금후 능히 폐하의 의중에 있는 바를 관철시키기에 소홀하지 않기를 기원"한다며 끝을 맺고 있다.

　이상과 같은 교육칙어 평가는, 8년 전 『제실론』에서 이미 제실을 "일본 인민의 정신을 하나로 결집하는 중심"으로 자리매김했던 후쿠자와가 천황제와 관련하여 사회적으로 천명했던 생각 그 자체이다. 하지만 필자는 이전에 "역대의 천자 (…) 그 불명부덕不明不德은 일일이 헤아릴 수 없다"라거나 "총명(聖名)한 천자, (…) 거룩한 치세 (…) 거짓이 아니고 무엇이랴"라고 말했던 후쿠자와가, 그런 "불명부덕"한 천황이 "황실 선조들(皇祖皇宗)의 유훈"에 의해 신민臣民의 도덕적·정신적 생활을 강압적으로 지배하는 것이 최고의 모습이라고 진심으로 생각할 정도로 표변했다고 주장할 작정은 아니다. 다만 초기 계몽기 이래 한결같이 '일국독립=부국강병' 노선을 달려왔던 후쿠자와는, '교육칙어'에서 "부모에게 효도하고 형제 간에 우애롭게 지내며"로 시작되는 신민이 준수해야 하는 모든 덕목이 "일단 유사시에는 용감하게 공을 위해 이바지하고 그로써 천양무궁天壤無窮한 황국의 번영(皇運)을 보필(扶翼)해야 한다"로 귀결된다는 점에서, 그 안에 내포된 천황제 내셔널리즘의 중심 이념에 강하게 공감했던 것이다. 이에 대해서는 제2장 5절에서 자세히 고찰할 것이다.

　또한 이 사설 그대로 후쿠자와가 "전국 4천만 신민 (…) 누구 하나 충효의 정이 없는 사람"이 없다거나, "인의효제 충군애국의 정신"이야말로 일본인의 최고 덕목이라거나, 교육칙어에서 일본의 "교육의 연원淵源"이라고 본 "황실 선조들"의 신화적 권위에 뒷받침된 "국체의 정화精華"에 대해, 진심으로 그렇게 생각하거나 믿고 있었다고 주장할 생각도 필자에게는 없다.[68] 그런 생각은 천황제가 "우민을 농락하는

(…) 사술"임을 알면서 그것을 선택한 "혜안의 식자"이자 근대 일본 최대의 보수주의자였던 후쿠자와 유키치에게 실례이기 때문이다. 다만, '인민의 지배'를 위해 천황제를 '선택'했다는 깨어 있는 의식이나 사상이 후쿠자와의 말년까지 지속되었는가 하는 흥미로운 문제에 대해서는 제4장 1절에서 다시 논하기로 하겠다.

5) 마루야마의 '후쿠자와 신화'에 영향을 받은 사례들

마지막으로, '대일본제국헌법'의 경우와 마찬가지로 '후쿠자와 유키치가 교육칙어에 찬성했을 리 없다'는 마루야마 마사오가 만들어낸 신화의 영향을 받은 사례를 두세 가지 들어보도록 하겠다.[69] 고이즈미 다카시의 「후쿠자와 유키치와 교육칙어」(『후쿠자와 연감』 18권)는 후쿠자와 연구에서 중요한 주제를 정면으로 다룬 이례적이고 귀중한 논고이다. 고이즈미 다카시('후쿠자와 유키치 협회' 이사)는 풍부한 자료 인용을 바탕으로 유키치가 "교육칙어 그 자체에 대한 비평다운 말은 한 마디도 하지 않았다"고 하면서도 "후쿠자와 유키치는 '교육칙어'의 안티테제이고 칙어에 대립하는 입장을 취했다"고 단정했다. 그러나 교육칙어 발포 직후 『시사신보』 사설이나 제국헌법 발포 직후 후쿠자와의 사설 「일본 국회의 유래」를 이미 알고 있는 독자라면, 고이즈미가 이 양자를 무시했다는 사실만으로도 이것이 결함을 지닌 논고임을 알아차릴 수 있을 것이다.

고이즈미는 후쿠자와가 '교육칙어'를 비판하는 입장이었음을 논증하기 위해 『후쿠자와 전집』에 실린 「교육 방침 변화의 결과」, 「유신 이래 정계의 대세」 등을 인용했다. 즉 후쿠자와가 1880년대 전반의 문부성에 대해 "오로지 옛날식(古流)의 도덕을 장려하고 만천하의 교육을 충군애국 (…)"이라거나, "늙은 유생 석학 무리에게 관심을 불러일으켜 이들을 교실로 불러내 일본과 중국의 고서를 교수·강론케 하여"라면서 그 유교주의적 도덕교육 노선을 비판한 것을 주장의 근거로 내세운 것이다. 그러나 유교주의 도덕교육 노선에 반대한 사람은 '교육칙어'에도 반대했을 것이라는 유추가 얼마나 허술하고 천박한지 이미 알아차린 독자라면, 이런 논의를 납득할 수 없는 게 당연하다. 사실 『시사신보』 사설은 이미 살펴본 바와 같이 "성지의 소재"를 체득하지 못하고 "표변하기에 짝이 없"는 도덕교육 방침과 관련하여 당국자를 질책하면서도, '교육칙어' 발포에는 "감읍"하여 "인의효제 충군애국의 정신"을 "관철"하도록 요구했다.

고이즈미는 후쿠자와의 지시로 「수신요령」 전문 첫머리에 추가된 "만세일계萬世一系의 제실을 받들고 (…)"라는 문장의 존재를 알고 있었다. 또한 "일신독립해야 일국독립한다는 자주독립의 가르침"과 "천황 숭배를 윤리의 기초에 두고자 한 『제실론』의 도덕론은 명백하게 모순된다"고 판단하고 있었다. 그러면서 그는 "「수신요령」의 기본적인 도덕은 독립자존의 주의"라는 이유로 "「수신요령」은 후쿠자와의 '교육칙어' 비판의 행동적 표현"이라는 대담한 해석을 제시했다. 그러나 후쿠자와에게 '독립자존'이란 일반적인 근대적 개인의 주체성이나 자립을 의미하는 것이 아니고, "제실을 받들고 그 은덕을 우러러보는" 신민정신은 독립이나 자존과는 무연한 것임을 이미 부분적으로 지적했다.

한편, 야마즈미 마사미—그 역시 '후쿠자와 유키치 협회' 이사이다―는 『후쿠자와 선집』 3권(1980)의 「해설」에서 "후쿠자와는 분명히 '교육칙어'에 대해서는 발언하지 않았다. 하지만"「수신요령」을 편찬하여 보급에 노력했다는 고이즈미 다카시와 같은 이유로―고이즈미보다 10년 전에―후쿠자와가 '교육칙어'에 대해 "최대의 저항"을 했다고 주장한 인물이다. 이 해석 역시 무리한 것임은 분명하다. 그렇다 해도 「수신요령」이 "교육칙어에 대한 최대의 저항"이었다는 야마즈미, "교육칙어 비판의 행동적 표현"이었다고 본 고이즈미, 더 나아가 "칙어를 마음속에 새기지 않는다는 결의"의 표명이었다고 해석한 오카베까지 늘어놓고 보면, 다소 빈정거리는 것 같긴 하지만 이것이 '후쿠자와 유키치 협회'의 통일된 견해인가 하는 생각까지 든다.

사실 필자는 이 책을 집필하던 중 '후쿠자와 유키치 협회' 가입을 신청했다가 거부당했다. 이른바 '규제 완화'의 시대에 매우 진귀한 체험을 한 셈이다. 지난 2001년 10월 『후쿠자와 서간집』 월보에서 『후쿠자와 연감』과 『후쿠자와 수첩』 기간행분 전권 일괄판매의 광고를 본 필자는, 이 책의 집필을 위해 필요하겠다 싶어 전권을 구입했었다. 그것은 필자의 30여 년에 달하는 후쿠자와 연구 공백을 메우는 데 귀중한 자료로 활용되었으며, 앞에서도 이 자료를 몇 번이고 인용했다.

그래서 이 자료집의 이후 간행분도 받아보기 위해 이듬해 2002년 8월에 일괄판매 이후의 『후쿠자와 연감』과 『후쿠자와 수첩』의 구입 방법을 문의했더니, '후쿠자와 유키치 협회'에서 입회 안내를 보내주었다. 즉시 입회 희망서와 소정의 회비를 보냈다. 얼마 뒤 두 자료집의 이후 간행분과 함께 8월 13일자로 이사장의 공인이 찍힌 보통회원

승인 문서가 도착했다.

그런데 그 열흘 뒤인 8월 23일자로 N 이사로부터 세 장의 정중한 편지가 날아왔다. 그해 3월에 승인된 협회의 정관에 따라 입회 신청에 대해서는 이사회의 승인이 필요하므로 가을에 있을 이사회 이후 입회를 결정할 수 있다는 해명과 사과를 전하고, 입회신청은 유보 상태로 처리한다고 밝혔다. 회비도 반환되었다.—『후쿠자와 연감』과 『후쿠자와 수첩』의 반송은 필요 없다고 쓰여 있었다.—이상한 예감이 들긴 했지만 어쩔 수 없이 가을의 이사회를 기다리기로 했다.

그리고 그해 10월 31일자로 "지난 10월 23일 개최된 이사회에서 입회심사를 한 결과 유감스럽게도 귀하의 입회는 승인되지 않았습니다"라는 회신이 도착했다. 입회를 기피(거부)하는 이유에 대한 설명 한 줄 없는 채였다. 필자는 바로 '후쿠자와 유키치 협회' 앞으로 다음과 같은 답장을 보냈다.

"작년 5월, 『후쿠자와 유키치의 아시아 침략사상을 묻는다』의 저자로서 게이오기주쿠대학의 강의에 초대받았을 때 『아시히신문』의 기사대로 '게이오 리버럴리즘'의 존재를 실감했습니다만, 귀 협회는 그 정신과 무연한 것 같아 유감스럽습니다.

작년에 보내주신 『후쿠자와 연감』과 『후쿠자와 수첩』 각호는 연구에 귀중한 자료로 활용되어 현재 집필 중인 후쿠자와 유키치에 관한 차기 저작에 몇 번이고 인용했습니다. 앞으로 나올 자료 집에 접근할 길을 막는 것은 자유로운 학문 연구를 억제하고 방해하는 조치라고 생각합니다.—회원 외의 구독회원제도를 즉각

준비해야 합니다.—자유로운 학문 연구와 양립하지 않는 '후쿠자
와 정신'의 보급 따위가 후쿠자와 유키치가 바라는 바였겠습니
까?'

'후쿠자와 유키치 협회'는 게이오기쥬쿠와 별개의 조직이기 때문
에 '게이오 리버럴리즘'과 무연하다 해도 그것은 협회의 자유일 것이
다. 그러나 매년 『후쿠자와 연감』이라는 200쪽 전후의 나름대로 훌륭
한 학술잡지를 발행하는 협회가 비회원 구입을 차단하고 단순히 후
쿠자와 유키치 선생 '현창회顯彰會'에 머무르는 것은 명백히 시대착오
적인 일이다. 규제 완화의 시대에 걸맞는 '탈피'의 노력을 시작해야
할 것이다(여기서 야마즈미 마사미의 명예를 위해 부언해두지만, 그는 병으로 입원한
탓에 문제가 된 10월의 협회 이사회에는 결석했던 모양이다).

다시 야마즈미 마사미에 대한 얘기로 돌아가자면, 그는 「해설」의
주석에서 필자의 예전 저서 『일본 근대교육의 사상구조』를 언급하면
서, 후쿠자와가 "교육칙어 발포에 즈음하여 아무런 발언도 하지 않고
결국 칙어 체제를 유지하는 역할을 수행했다는 평가가 있다"고 밝힌
뒤 궁색하고 엉뚱한 반론을 제기했다.

우선 이 「해설」은 고이즈미와 마찬가지로 후쿠자와의 「일본 국회
의 유래」와 『시사신보』의 칙어 관련 사설을 일체 무시했다는 점에서
'결함'을 지닌 논문임이 명백하다. 물론 필자가 30여 년 전에 쓴 『일
본 근대교육의 사상구조』 역시 『시사신보』 사설을 놓쳤다는 점에서
절반 정도는 '결함'이 있는 글이다. 하지만 그 책에는 제국헌법 발포
에 즈음한 연재 사설 「일본 국회의 유래」가 소개되었고, 후쿠자와가

이듬해 나온 '교육칙어'의 신민상과 같은 인간상을 지니고 있었다는 사실이 논증되어 있다. 필자는 그 책의 말미에 다음과 같이 밝혔다. "이렇게 후쿠자와는 '교육칙어' 제정 및 그 내용에 대해 아무런 이의를 품지 않았을 뿐만 아니라, 우치무라 간조의 불경사건에서 비롯된 '종교와 교육의 충돌 논쟁'에도 참가하지 않았다. 그렇게 함으로써 그는 근대 일본의 '대일본제국헌법=교육칙어' 체제를 강력히 떠받치게 되었다."(371쪽)

그러나 야마즈미는 주석까지 달아가며 모처럼 필자의 책을 소개하면서도, 제국헌법에 대한 후쿠자와의 평가, 「일본 국회의 유래」, '종교와 교육의 충돌 논쟁'에 후쿠자와가 참가하지 않은 것 등 중요한 문제들의 검토에 모두 소홀한 채 다음과 같은 엉뚱한 반론을 늘어놓았다.

첫째, 야마즈미는 유교주의 도덕교육 노선의 시대에 "후쿠자와의 저작이 모두 사용금지된" 것을 강조한다. 그러나 당시에는 가토 히로유키加藤弘之(1836~1916)의 『국체신론國體新論』 외의 저작은 물론이고 문부성 스스로 수년 전 간행한 『수신론修身論』까지, 정치나 민권에 관한 저작은 모두 똑같은 처분을 받았다. 이 사실은 후쿠자와의 '교육칙어' 비판이 '급진적'이었다는 논거가 되지 못한다. 또한 이 유교주의 도덕교육 노선에 반대한 사람이라면 당연히 '교육칙어'에도 반대했을 것이라는 유추의 오류에 대해서는 이미 언급했다.

둘째, 야마즈미는 "게이오기쥬쿠는 일반의 관공립학교와 달리 국경일에도 어진御眞(천황의 초상화)을 배례拜禮하거나 '교육칙어'를 봉독하는 의식을 행하지 않"았다는 이야기를 꺼낸다. 하지만 이 역시 후쿠자와가 칙어에 비판적이었다는 근거가 되지 못한다. 1910년대에 이르기까지 사학私學 일반에는 '어진'이 '하사'되지 않았으며, 고등 전문교육기관에서 국경일 의식으로 무엇을 할지는 각 학교에 일임되었기 때문이다.[70]

셋째, 야마즈미는 「수신요령」에 도덕은 변화한다고 되어 있는" 반면, '교육칙어'는 그 덕목이 "고금古今에, 국내외(中外)에 통용된다"고 했다는 점에서 양자가 "날카롭게 대립한다"고 말한다. 그렇다면 야마즈미는 오히려 『시사신보』 사설이야말로 그 "고금에, 국내외에 통용"되는 "인의효제 충군애국"의 덕목을 "관철하라"고 요구했다는 사실에 착목해야 했을 것이다.

넷째, 야마즈미는 「해설」 발표 20년 뒤에 『후쿠자와 수첩』 106호에 실린 글에서 다카하시 세이이치로가 「수신요령」 앞부분의 "황실 중심주의 도덕에 대한 접근"을 비판한 것을 소개하고, "「수신요령」전체에 대해서는 다카하시 세이이치로의 주장에 찬동"한다고 적었다. 필자는 이를 야마즈미가 불충분하나마 조금씩 자기 주장을 스스로 비판하기 시작한 것으로 생각한다.

호리오 데루히사堀尾輝久(1933~)는 『현대교육의 사상과 구조』(1971)를 통해 일본 교육학 연구의 학문적 수준 향상에 크게 기여한 인물이다. 하지만 이 책의 후쿠자와 유키치 해석을 보면, 그 역시 마루야마 마사오의 후쿠자와 신화에 지배당하고 있음을 알 수 있다. 호리오는 후쿠자와가 인간의 교육을 "시민의 사사로운 일"로 파악하여 "국가, 즉 정치권력이 교육에 간섭해서는 안 된다는 교육 중립성의 고전적 사상"을 표명했다고 주장하고, 나아가 후쿠자와의 교육론은 "시민사회의 고전적 원칙"을 승인한 서구 "근대교육 원칙"과 같은 것이라고 파악했다.[71] 그러나 마루야마가 "일본 국가가 윤리적 실체로서 가치 내용의 독점적 결정자임을 공공연하게 선언한 것"이라고 평가했던 '교육칙어'에 후쿠자와가 찬성했다는 점만 지적해도, 이러한 주장이 잘못되었음을 분명하게 밝힐 수 있을 것이다.[72] 확실히 해두기 위해 조금만 부언하자. ① "시민의 사사로운 일"이라는 교육의 성격 규정은 후쿠자와의 '고초동통苦楚疼痛'의 '강박' 의무교육론으로(이 책 제3장 3절 참조) 근거를 잃는다. ② 서구 "근대교육 원칙"과 같다는 평가에 대해서는 1,300편이 넘는 후쿠자와의 교육론 가운데 '교육받을 권리'를 주장한 글은 하나도 없고, '인간의 내면 형성'의 자유는 '교육칙어'에 자리를 내주고 있다는 사실을 지적해둔다. ③ "교육의 기회 균등" 원칙에 대해서는, 후쿠자와가 기회 균등에 대한 적극적인 부정론자(복선형 학교제도론자)였다는 사실(이 책 제3장 4절 참조)만 우선 말해두겠다.

마지막으로, 필자가 『후쿠자와 유키치의 아시아 침략사상을 묻는다』에서 「수신요령」과 '교육칙어'를 언급한 부분, 즉 "독립자존도 제실의 은덕을 '자명한 전제'로 한 것이고 '교육칙어'를 기본적으로 허용하는 인간관=교육관을 이미 확립하고 있었다"라는 구절을 인용하면서 아무 논거도 제시하지 않은 채 그것을 필자의 "오독"이라고 단정한 호리 다카히코堀孝彦의 최근작이 있다.[73] 이에 대해서는 필자가 이미 충분한 논거를 제시했기 때문에, 호리 다카히코 역시 '후쿠자와가 '교육칙어'에 찬성했을 리 없다'는 마루야마 신화의 신봉자인 것 같다는 감상을 밝히는 것으로 그치고자 한다.

제2장

'대일본제국헌법=교육칙어'의 수용까지
후쿠자와의 발자취

들어가며

　제1장에서는 마루야마가 만들어내서 지금까지 통용되고 있는 후쿠자와 신화, 즉 '후쿠자와가 대일본제국헌법이나 교육칙어에 찬성했을 리 없다'는 신화가 오류임을 밝혔다. 내용을 다시 확인해보자. 1절에서는 마루야마가 후쿠자와 평생의 "유일한 원리론"이라고 했던 『문명론의 개략』의 인식과 주장이, 대일본제국헌법의 발포를 즈음하여 후쿠자와가 발표했던 「일본 국회의 유래」나 「국회의 전도」에서 보여준 인식과 주장에 의해 명백히 뒤집혔다는 점을 논증했다. 그럼으로써 『문명론의 개략』이 후쿠자와의 "원리론"이라는 마루야마의 주장은 "도그마" 그 자체였음이 분명해졌다. 또한 2절에서는 후쿠자와가 직간접적으로 대일본제국헌법과 '교육칙어'를 찬미하고 적극적으로 긍정했던 논고들로서 지금까지 그 존재 자체가 무시되어왔던 글들을 소개함으로써 마루야마의 '후쿠자와 신화'가 잘못된 것임을 분명히 했다.

　이 정도면 후쿠자와 유키치가 '대일본제국헌법=교육칙어' 체제에 대해 어떤 평가를 하고 있었는지 충분히 고찰했다고 할 수 있다. 하지만 마루야마가 쓴 『문명론의 개략을 읽는다』는 장기간 스테디셀러의 지위에 올라 있고, 2003년에는 『마루야마집』 3쇄 간행분의 예약자 모집이 이루어졌으며, 그가 죽은 뒤 '마루야마 마사오 수첩의 모임'이 간행한 『마루야마 마사오 수첩』은 천 명 가까운 독자를 모으고 있다. 이런 사실이 암시하듯이, 일본에서 마루야마 마사오의 학문적 권위는 여전히 하늘을 찌른다. 그러므로 마루야마가 만들어낸 '후쿠자와 신화'를 해체하기 위해서는 더 세세한 부분까지 심하다 싶을 정도로 꼼꼼하게 따져 들어갈 필요가 있을 것이다.

이를 위해 제2장에서는, 마루야마가 존재 자체를 무시하거나 필자와 다르게 해석했던 후쿠자와의 저작 및 논고들을 분석해보겠다(권말의 [자료편] 9~41 참조). 초기 계몽기부터 제국헌법 및 '교육칙어'의 발포에 이르는 시기까지 후쿠자와의 글을 해독해보면, 후쿠자와 유키치가 어떤 과정을 거쳐 제국헌법과 '교육칙어'를 허용하고 수용하게 되었는지 그 발자취를 분명히 확인할 수 있다.

1. 후쿠자와의 충효사상—유교주의 반대론의 내용

1) 후쿠자와의 충군론

1867년에 쓴 「흑운수필黑云随筆」((자료편) 9)에서 후쿠자와는 "군주에게 충성을 다하는 것은 신하의 당연한 일"이지만 "봉건세록의 신하"처럼 영주가 "외곬으로 국왕 한 몸을 위한다 생각하고 일단 유사시에 한 목숨 버린다는 따위로 각오하고 안심하는 것은 소위 어리석은 충성"이라고 말했다. 또 "문명의 군자君子가 되려고 하는 자는 (…) 세계만국의 사정"에 정통하고 "외국에 뒤지지 않도록 국위를 선양하고, 외국에 포함砲艦과 같은 병기(利器)가 있으면 우리나라에도 그것을 만들고, 외국에 무역부국의 법이 있으면 우리나라도 그것을 본떠, 한 걸음도 다른 나라에 뒤처지지 않"도록 하는 것이 '진충보국盡忠報國'의 길이라고 주장했다. 그런데 "군주에게 충성을 다하는 것은 신하의 당연한 일"이라고 생각했던 후쿠자와는, 중기 보수사상 확립의 일환으로 "우민을 농락하는 사술"인 천황제를 선택하고, 충성의 대상을 영주에서 천황으로 바꾸게 된다. 그와 함께 초기 계몽기에 "훗날 이루게 되리라"고 공약했던 "일신독립"의 과제를 방치해버린 대가로 '충군 내셔널리즘'을 주장하게 된 것은 필연적인 귀결이었다. 우선 연대순으로 그 사실을 확인해보자.

1882년 3~4월 「입헌제정당立憲帝政黨을 논하다」(『자료편』 25)에서 후쿠자와는 "제실 (…) 에 충성을 다하는 것은 그저 외면의 의무가 아니라, 만민이 열중하는 지극한 충정(至情)"이라고 했다. 또 1882년 5월의 『제실론』(『자료편』 27)에서는 "우리 제실이 일계만세一系萬世이며, (…) 이 한 가지만은 황학자와 같은 주장이고 믿음이다. (…) 오늘날 바야흐로 국회가 열리려고 하는 시기에 (…) 우리 제실은 일본 인민의 정신을 하나로 결집(收攬)하는 중심"이라고 말한 데 이어, 일본의 "군인은 (…) 제실을 위해 나아가거나 물러서며 제실을 위해 살고 죽는 것이라는 각오를 다짐하여 비로소 전진戰陣을 향해 한 목숨이라도 바칠 수 있을 뿐이다"라고 했다. 1883년 11월 22~29일의 「덕교지설德敎之說」(『자료편』 28)에서는 "우리 일본국 무사를 위해 도덕의 표준으로 삼을 것을 구한다면 (…) 보국진충 등의 제목이 가장 적합한 것", "여러 외국에 자랑할 만한 일계만대一系萬代의 지존을 삼가 받들고 있어, 진충의 목적은 분명하고 한 번도 헷갈릴 만한 기로를 보지 못했다. (…) 일본 국민은 그저 이 유일한 제실에 충성을 다하고 다른 것을 되돌아보아서는 안 된다"라고 역설했다. 1888년 10월의 『존왕론尊王論』(『자료편』 38)에서는 "우리 대일본국의 제실은 존엄신성하다. 우리 신민 (…) 그것을 존경하는 (…) 것 (…) 대부분 일본 국민 고유의 본성에 기인하는" 것이라 밝히기도 했다.

이렇게 '진충보국'을 주장하는 후쿠자와의 글이 많은데도, 마루야마 마사오는 후쿠자와의 내셔널리즘이 "충군 내셔널리즘과는 완전히 이질적인 것"[74]이라며 대담한 주장을 하고 있다. 그렇다면 후쿠자와 자신은 이를 어떻게 파악하고 있는지 보자.

"우리 일본국 무사를 위해 도덕의 표준으로 삼을 것"은 "보국진충 (…) 진충보국 (…) 보국진충"이라고 주장한 「덕교지설」(자료편) 28)에서 후쿠자와는 그것이 "일부분은 유교의 도움을 받았지만, 오히려 그보다 유력한 것은 봉건의 제도로서", "봉건주종의 제도 (…) 충의 (…) 이미 봉건의 제도는 폐지되었지만, 일단 고상한 수준에 도달한 도덕심은 그 사회 가운데 존재하고" "봉건의 제도는 폐지되었지만 무사의 충성심은 소멸될 수 없다. (…) 여러 외국에 자랑할 만한 일계만대 —系萬代의 지존을 삼가 받들고 있어, 진충의 목적은 분명하고 한 번도 헷갈릴 만한 기로를 보지 못했다"고 반복 설명했다. 즉 "보국진충"은 유교사상과 봉건 주종제도에 의해 형성된 충의와 충성심 그 자체이며, 그 대상이 주군에서 천황으로 바뀐 것이라고 후쿠자와는 파악하고 있었다. "충군 내셔널리즘과는 완전히 이질적인 것"이라 주장했던 마루야마의 오류가 명백하다.

2) 후쿠자와의 효행론

후쿠자와가 보기에, 자녀가 부모에게 효도하는 것은 자명한 일이었다. 이는 1870년 11월의 「나카츠中津 고별의 서(留別의 書)」(자료편) 10)에서 "부모에게 효도하는 것은 당연한 일이다. 그저 일심으로 우리 부모를 생각하고 여념 없이 효행을 다해야 한다"고 한 것이나, 1874년 4월 『학문의 권장』(자료편) 13) 제8편에서 "부모에게 효도하는 것은 본래 인간된 자의 당연한 도리"라고 한 데서도 알 수 있다. 더구나 1872년 3월의 『동몽교초童蒙教草』(자료편) 11)에서 "부모의 마음이 좋지 않아 무리한 말을 해도 자식된 자는 이를 참고 견디며 더욱더 효행을 다해야한다"(이 책자 자체는 번역본임)고 한 데서 알 수 있듯이, 그것은 부모가 엉터리 같아도 자식으로서 선택의 여지가 없는 지상의 모럴이었다. 이는 『문명론의 개략』 제3장에서 "군신의 길"과 "부자의 길"을 대비한 논의로 다음과 같이 뒷받침되고 있다.

> "문명은 지극히 크고 지극히 넓다. 어찌 국왕을 둘 자리가 없겠
> 는가. 국왕도 둘 수 있고 귀족도 둘 수 있다. 어찌 이들 명칭에 구
> 애되어 구구한 의심을 품을 수 있으랴. (…) 국가의 문명에 편리한
> 것이라면 정부의 체재는 군주를 내세우든 공화를 내세우든 이름
> 을 불문하고 그 내실을 취해야 한다."[75]

이처럼 후쿠자와는 "선진국"(특히 영국의 군주제)에 대한 학습을 바탕으로 유신 이후 일본의 왕정복고에 의한 천황제 존재 자체를 자명한 것으로 받아들였다. 그러나 초기 계몽기의 후쿠자와는 "저 황학자들"이 군주의 행정권을 인정하고 "우러러 존경하는" 이유를 "정치상의 득실에서 구하지 않고, 인민이 옛것을 그리워하는 지극한 충정"에서 구하고 있는데, "가마쿠라 막부 수립 이래 인민이 왕실을 모르는 것이 거의 700년"이므로, 황학자들처럼 "새로이 왕실을 흠모하는 충정을 만들어 인민을 정말로 천황의 적자가 되게 만드는" 것은 "현세의 인심과 문명의 상태로는 매우 어려운 일로서 거의 가능성이 없"[76]다는 냉정한 판단을 내리고 있었다.

때문에 그는 『문명론의 개략』 제3장에서 "군신의 길을 사람의 천

성이라 하고, (…) 군신의 신분은 사람의 생전에 미리 정해지는 것처럼 굳게 믿는" 데 대해 반대하고, "군신 (…) 을 사람의 천성이라 해서는 안 된다"고 주장했다.[77] 이런 냉정한 판단을 바탕으로, 마루야마가 칭찬한 제9장의 '권력 편중론'에서는 "부모자식의 교제가 있으면 부모자식 권력의 편중이 있다"[78]는 문장을 통해 '효도'라는 부모자식 관계에도 문제가 있음을 암시했다. 그러나 결국 후쿠자와는 "무릇 인간 세계에 부자부부父子夫婦 아닌 것이 없고, 장유붕우長幼朋友 아닌 것이 없다. 이 네 가지는 사람이 타고난 천성 속에 갖춰진 관계로 이것을 그 본성이라고 할 수 있다"[79]라고 말한다. "군신의 길"보다 "부모자식의 길"의 폐해가 적다고 판단했던 것일까? 어려서 아버지를 여읜 그의 처지 때문이었는지, 후쿠자와는 한평생 부모에 대한 "효도"를 의심하거나 비판한 적이 없었다.

앞서 보았듯이, 「수신요령」을 통해 "독립자존"의 도덕을 고취했을 때도, 후쿠자와는 "그것은 제대로 훌륭하게 사상이 자리 잡은 사람이 처신하는 데 필요한 일로, 어린아이가 독립자존 등을 (…) 부모의 명령에 따르지 않고 교사의 교훈도 지키지 않는 따위로 말하는 것은 당치도 않은 일"[80]이라고 걱정했다. 이에 게이오기쥬쿠 초등학생(유치원생)이 「수신요령」의 독립자존 정신을 오해하지 않도록 몸소 "지금 어린아이 신분의 독립자존법은 그저 부모의 교훈에 따라 나아가고 물러서야 할 뿐"이라는 훈시를 써주었던 것이다. 후쿠자와의 직접적인 지시로 가마다 에키치 학원장이 작성한 「유치원(幼稚舍) 수신요령 10개조」는 제2조에서 "남자답게 행동해야 한다", 제6조에서 "부모를 사랑하고 공경하며 그 마음에 따라야 한다"고 규정했다.

이를 다음 기회에 별도의 저작에서 다루기로 약속했던 후쿠자와 교육론의 원점으로 기억해주기 바란다. 후쿠자와에게 '독립자존'이란 "신민"으로서의 일본인이 "제실을 우러러 존경"하는 것, 어른인 "신민"에게 어린이가 복종하고 효도하는 것, 그리고 "남자다움, 여자다움"의 신화에 속박당하는 것을 대전제로 했다. 이를 감안하면, 후쿠자와의 "독립자존의 정신"이 앞뒤 꽉 막힌 상태에 있는 현대일본을 타개할 "제3의 개국"의 열쇠가 된다고 했던 기타오카 신이치의 주장에 현대의 젊은이들이 귀 기울이기를 기대하는 것은 도저히 무리일 것이다.

3) 후쿠자와의 유교주의 반대론의 정체

제1장 2절에서 "반유교주의는 거의 유키치 평생의 과제였다"[81]라는 명제야말로 60년 전에 마루야마가 만들어낸 신화에 불과함을 이미 말했다.[82] 무엇보다 후쿠자와 유키치 스스로가 "본래 오래된 사상(主義)의 부패는 그 사상의 부패가 아니라 신관 유학자 승려와 같은 작자의 부패에 다름 아니다. (…) 사회의 도덕을 유지하는 효능, 반드시 의심할 필요는 없다. (…) 이 사람은 단지 오래된 사상을 배척하지 않을 뿐만 아니라, 오히려 그 주장자로 스스로 자처한다."[83] "고학파古學派* 방식의 충용의열忠勇義烈 (…) 때와 상황에 따라서는 크게 유용 (…) 날이 잘 드는 보도寶刀",[84] "예사롭지 않은 충효는 날이 잘 드는 보도

---

* 주자나 왕양명의 권위 있는 해석에 따르지 않고 직접 공자, 맹자 등 고성인의 가르침으로 돌아가 독자적인 사상 확립을 시도한 에도시대의 복고적인 사상운동.

를 칼자루에 넣어두고 빼지 않는 것과 같다. (…) 깊이 가슴속에 간직해두고 굳이 타인에게 내주지 않는 것이다"[85]라고, 특히 청일전쟁을 앞둔 그의 말년 무렵부터 반복적으로 주장했던 것이다. 그럼에도 1990년대에 이르러서까지 "후쿠자와는 평생 유교주의와 격투 (…) 단호히 대결했다"[86]고 말하는 신봉자들이 끊이지 않는 것을 보면, 마루야마의 '후쿠자와=반유교주의' 학설은 아직도 살아 있다 할 것이다. 후쿠자와의 충효사상에 대한 고찰을 여기서 그만둘 수 없는 이유다.

후쿠자와의 '반유교주의'가 유교주의 '반대론'이 아니라는 것은 이미 『일본 근대교육의 사상구조』 후편 제4장 '덕육·종교론'에서 상세히 논증했다. 이 명백한 사실은 아직도 계속 무시당하고 있지만, 이 책에서 재론할 정도의 여유는 없다. 따라서 여기서는 예전 책에서 논증한 결론만 소개하는 데 그치고자 한다.

① '일국독립=부국강병'을 지상과제로 삼았던 후쿠자와는 "수신修身, 제가齊家, 치국治國, 평천하平天下" 자체에 반대는커녕 "전혀 불만이 있을 리 없다"고 하면서도, 19세기 말 약육강식 제국주의시대의 "대외인식"이 유교에는 결여되어 있으므로, 그 시점을 보완하여 "수신, 제가, 치국, 평천하, 외국 교제, 국권확장"으로 경서經書를 수정 보완해야 한다고 주장했다. 또한 그는 유교의 가르침이 비일상적인 전시상황 등을 상정한 "비상의 충효" 모럴이므로 "인민 평시의 충의"로 재편성해야 한다고 보았다. 그러나 동시에 후쿠자와 유키치는 "비상의 충효"를 한 번도 부정한 적이 없다. 이미 살펴본 것처럼 "고학파 방식의 충용의열 또는 배외자존주의"는 "날이 잘 드는 보도寶刀"이므로 평소 "칼집에 넣어두고 빼지 않는 것은 태평성대에 사는 무사의 몸가

짐"이었다. 이제 청일전쟁을 맞이한 후쿠자와는 그때까지 "일부러 여론에 부화뇌동하지 않았을 뿐"이라며 칼집에 넣어두었던 "날이 잘 드는 보도"를 단숨에 빼어 들었다. 유키치는 전국에서 두 번째로 큰 금액의 군사헌금을 내고, '보국회' 조직의 선두에 섰으며, 논설 「일본 신민의 각오」를 통해 "창창 되놈 (…) 몰살"하고, 신민은 "재산을 모조리 쾌척함은 물론, 노소 구별 없이 처절하게 죽어 인간의 씨가 마를 때까지" 싸우라고 열광적으로 소리쳤다.

② 후쿠자와가 유교주의를 강력히 반대한 것은, "벽면을 마주하고 9년간 도를 닦아 능히 도덕의 심오한 경지를 궁구할 수 있다고 해도, (…) 증기의 발명은 도저히 기대할 수 없다"는 부국강병 노선의 식산흥업 시점에서 볼 때 유교주의로는 "도저히 문명진보"를 도모할 수 없다는 이유에서였다. 이는 유교주의 교육 노선에 반대한 이토 히로부미·이노우에 고와시·모리 아리노리 등 개명파 관료들에게도 공통된 인식이었다. 더구나 그들은 종국에 '교육칙어' 제정에 다다르게 되었다는 점에서도 유키치와 같은 길을 걸었다. 여기서는 후쿠자와의 독자성을 찾아 볼 수 없다. 유교주의 도덕의 주장자인 니시무라 시게키西村茂樹(1828~1903)조차 "오늘날에는 공맹의 가르침에도 역시 부족한 부분이 있다", "서양국처럼 부강을 얻기 바란다면 비굴유순의 풍습을 고치지 않으면 안 된다"면서 "독립의 사상"을 문제 삼던 시대였다.

③ 후쿠자와가 『덕육여하德育如何』나 『후쿠옹백여화』에서 "자주독립의 근본의의"는 "군주에게 봉사하고, 이로써 부모를 섬기며, (…) 이로써 장유유서長幼有序를 지킨다"는 것이라고 말한 것이나, "독립의

충", "독립의 효"라고 주장한 것이 이와 유사하다. 다케다 기요코武田淸子 등은 '독립자존'의 경우와 마찬가지로 "자주독립"이나 "독립"이라는 말에 매달려 이를 "독립자존의 시민적 정신", "독립자존의 도덕교육"으로 파악했다. 그러나 후쿠자와는 『덕육여하』를 발표하기 반년 전에 『제실론』을 펴내 "수백천 년 이래 군신정의君臣情誼의 공기 가운데" 생활해온 "우리 일본 국민"의 "정신도덕"은 "그저 이 정의 일점에 의지"해야 한다고 하여, 제실을 "일본 인민의 정신을 하나로 결집하는 중심"으로 자리매김했고, 이후 그 "우민을 농락하는" 천황제 구상을 바꾸지 않았다.

따라서 "주공周公 공자의 가르침"을 망라한다는 후쿠자와의 '자주독립' 도덕교육이 '군신정의'라는 틀 속에서의 '자주독립=자발성'에 지나지 않음은 「수신요령」의 경우와 마찬가지이다. 후쿠자와의 대명사처럼 되어 있는 '독립자존'이라는 말을 후쿠자와 자신이 사용한 것은 이미 언급한 대로 말년에 펴낸 『후쿠옹백여화』 이후의 일이다. 『후쿠옹백여화』에 '독립자존'이라는 말이 등장한 직후에 그 자체로 형용모순의 덕목인 '독립의 충'과 '독립의 효'가 등장했다. 이것이 "독립자존의 시민적 정신"이라는 식의 해석(다케다 기요코 등)이 아직도 횡행하고 있으므로 굳이 재론해보겠다.

"독립의 충효" 도덕은 "다른 것에 부추겨져" 실천하는 게 아니라 "자연히 발생하는" 자발적 도덕이다. 이 경우 "다른 것에 부추겨져"가 의미하는 바는 "군주의 엄명을 접하고 어쩔 수 없이", "특별한 은혜를 입고 보은을 위해", 녹을 받아 "먹고사는 답례로 충의를 다하는" 것이다. 전후민주주의 세대인 필자는 봉건적 "충효" 도덕을 시민사회에서 자발적으로 실천한다는 발상 자체를 이해할 수 없다. '충효'라는 자기억제와 압살의 도덕을 자발적으로 실천한다는 것은, 타율적으로 어쩔 수 없이 실천하는 것 이상으로 마조히즘적인 죄악이 아닐까? 후쿠자와 스스로도 그것이 무리한 요구라는 자각은 있었던 것 같다. 그는 어떻게든 근대의 국민(신민)을 납득시키려고 다음과 같은 궁색한 해석을 전개한다. 충효가 자발적인 충효여야 하는 이유는 "군주"가 "문명의 목적"인 "사회의 안녕"을 유지하는 역할이나 기능을 수행하고 있기 때문에 신민은 그 "사회의 안녕" 확보를 위해 군주에게 "충의"를 다하는 것이고, 부모는 "자기 자식을 위하는 은인"이기 때문에 자식은 자발적으로 부모에 "효"를 다해야 한다는 설명이다.

그러나 충의를 설명하면서 후쿠자와는 무엇을 위해 "사회의 안녕"을 유지해야 하는지 본질적인 문제(국가의 존재이유)를 불문에 부치고 있다. 즉 "군주"가 없어도 "사회의 안녕"을 유지하는 방법은 따로 있을 수 있는데 왜 국민은 "군주"에게 "충의"를 다해야 하는지, 미국처럼 다른 사회제도가 있을 수 있는데 왜 국민에게 "만세일계의 보위"를 일방적으로 강요하는지 의문이 남는 것이다. 효행에 대해서는, 보통 부모가 "있는 힘을 다해" 자식을 양육하는 것은 "무상의 사랑"이라 생각하는데, 후쿠자와는 그것을 멋대로 부모의 "은의"의 행위라고 파악해버린다. 그러니까 "대은인"인 "지친至親"을 접해 참된 마음이 우러나오는 것은 자연스러운 일로 "효행은 놀랄 거리가 못되고 놀라운 것은 그저 불효뿐"이라는 것이다. 필자로서는 "무상의 사랑"이야말로 보답이 필요 없는 것 아닌가 생각할 뿐이다(멋대로 자식을 낳아놓고 "은의"나 노후의 보살핌을 기대하는 건 이상하다고 생각하는 젊은이들이 있다 해도, 현대에는 특별히 놀랄 일도 아니다).

이상에서처럼, 후쿠자와의 유교주의 '반대론'은 "동양의 도덕을 본체로 하고 서양의 예술(기술)을 받아들이는" 후쿠자와판 중체서용론中體西用論 그 자체이다. 유교주의는 서양 기술 도입을 방해할 경우 제약을 받지만, 모럴로서의 유교주의 자체는 "제국주의시대"에 걸맞게 수정하고 보태기만 하면 문제될 것이 없다. 수정 보완은 "수신 제가 치국 평천하"에 "일국독립"을 지상과제로 하는 국제관계인식(외교교섭, 국권확장)을 보태는 것이다. 그리고 국가를 위해 생명과 재산을 바치는 비상시의 충효를 제쳐두면, 후쿠자와는 그 도덕을 일상적인 것으로 바꾸어 천황에 대한 충성과 부모에 대한 효행을 다른 것(사회나 선생이나 부모)에 부추겨져서가 아니라 자립적, 자발적으로 실천할 수 있는 "자주적" 도덕으로서 정착시키기를 기대하고 있었던 것이다. 그런 면에서 이는 제국헌법을 떠받치는 '교육칙어'가 "기대하는 신민"상 그 자체였다.

2. 초기 계몽기 후쿠자와의 한계와 변화의 징후

『학문의 권장』([자료편] 12) 제3편의 '일신독립해야 일국독립하는 것'이라는 정식이야말로 후쿠자와 유키치 연구사상 가장 크게 오독된 부분이다. 필자는 이미 『후쿠자와 유키치의 아시아 침략사상을 묻는다』 서장에서 이를 논했다. 마루야마 마사오가 만들어낸 신화, 즉 '후쿠자와 유키치가 대일본제국헌법과 교육칙어에 찬성했을 리 없다'는 신화가 최초이자 최대의 좌절을 맞게 된 것은, 첫째로 초기 계몽기의 후쿠자와 사상을 가늠하는 이 정식의 오독(과도한 해석)과, 둘째로 『문명론의 개략』이 후쿠자와의 원리론이라는 잘못된 파악 때문이었다. 여기에서는 이 두 가지 문제를 초기 계몽기 후쿠자와 자신의 한계로 파악하면서, 마루야마가 만들어낸 신화의 해체를 위해 더욱 심도 깊게 논의하고자 한다.

『후쿠자와 유키치의 아시아 침략사상을 묻는다』에서는 '일신독립해야 일국독립하는 것'이라는 정식을 오독한 사례로 마루야마 외에 도야마 시게키, 핫토리 시소, (한때의) 이에나가 사부로, 이와이 다다쿠마岩井忠熊(1922~)를 들었다. 이번에는 이것이 후쿠자와 연구사상 최대의 오독임을 확인하기 위해 다른 사례도 살펴보자. 평론가 가토 슈이치加藤周一(1919~2008)는 "일신독립"이 "국내의 민권 신장"을 뜻한다고 멋대로 해석하고, 이 정식의 의미는 "바깥에 대한 '국권' 신장이라는 목적을 위해서는 국내에서 '민권' 신장이 필요하다"는 것이라고 파악했다.[87] 히로타 마사키가 『후쿠자와 유키치 연구』(東京大学出版会, 1976)에서 주장한 "계몽기에 일신독립은 일국독립과 직결되고 같은 논리로 설명되었다"(219쪽), "계몽적 내셔널리즘의 중핵적 이념은 일신독립이었다"(220쪽) 등은 가장 전형적인 해석이다. 머리글의 주석에서 지적했듯이 이다 가나에飯田鼎가 『후쿠자와 유키치 연구』(お茶の水書房, 2001)에서 "일신독립해야 일국독립이라는 개인주의 사상을 요약한 것"이라고 말한 것도 여기에 가까운 해석이 될 것이다.

한편 후쿠자와 미화론자 중에서도 실증적인 후쿠자와 연구자로서 높은 평가를 받는 이토 마사오伊藤正雄(1902~1978)는 『현대어역·학문의 권장』(社会思想社, 1977)에서 이 정식에 관해 해설하면서 "초편에 이미 그 일단을 보인 국가독립론을 (…) 확대시킨 것이라고 할 수 있다. 『학문의 권장』 내에서도 내셔널리스트로서 후쿠자와의 면목을 가장 잘 발휘"했다고 보았다. 필자가 표현에 말 그대로 동의할 수 있는 해석으로서, 흔치 않은 예외적인 사례이다. 후쿠자와가 이 정식에서 주장하는 것이 무엇인지와 관계없이 '일신독립해야 일국독립하는 것'이라는 정식 자체를 언어적으로만 읽으면 "일신독립"의 중요성을 주장한 것으로 해석할 수 있다. 나카지마 미네오中島峯夫가 "후쿠자와의 '일신독립해야 일국독립한다'는 깃발은 오늘날에도 여전히 가장 용기와 투지에 넘치는 슬로건이라고 생각합니다"[88]라고 한 것이 바로 이 언어적 해석의 전형일 것이다.

또한 필자는 이번에 『마루야마집』을 읽고, 후쿠자와 신화의 '교조'인 마루야마 마사오가 더욱 전향적인 해석을 내놓았음을 알았다. "한 사람 한 사람이 주체적으로 조국의 운명을 짊어진다. (…) 후쿠자와의 '일신독립해야 일국독립한다'는 것은 '개인의 독립 없이 무슨 국민적 독립이냐' 하는 의미이죠. 그것은 애국주의적이고 소속적·의존적인 국가의식과는 반대되는 것입니다. 그것이야말로 후쿠자와가 내세운 가장 근본적인 명제로, 거의 영구혁명적 과제라고 생각합니다."[89]

1) '일신독립해야 일국독립'한다는 정식의 재검토
—『학문의권장』에 대한 네 가지 해석

『학문의 권장』 제3편의 정식 '일신독립해야 일국독립하는 것'이 후쿠자와 유키치 연구사상 가장 심각하게 오독된 부분임은 앞으로의 논의를 통해 다시금 분명해질 것이다. 일본에서 최초로 이 대담한 지적을 한 것이 바로 필자의 『후쿠자와 유키치의 아시아 침략사상을 묻는다』였다. 그 책을 보지 못한 독자들이라면 아래 내용을 읽기 전에 직접 『학문의 권장』 제3편의 정식 부분을 읽어보기를 특별히 부탁하고 싶다. 선행연구의 해석이 무리하다는 점은 금방 이해할 수 있겠지만, 한번 자신의 눈으로 확인해보기를 바란다. 그럼으로써 이 책 [자료편] 12의 『학문의 권장』 인용이 작위적으로 선택된 게 아니라는 사실도 아울러 확인할 수 있을 것이다.

[자료편] 12에서 후쿠자와는 "독립의 기력"이 없는 인민은 ① "국가를 생각하는 마음이 절실하지 않다", ② "외국인을 접할 때도 독립

의 권의를 신장할 수 없다", ③ "남에게 의뢰하여 나쁜 일을 저지를 수 있다"는 세 가지 "재해"를 초래한다고 지적하면서, "전국의 인민에게 독립의 기력이 없을 때는 일국독립의 권의를 늘릴 수 없"기에 인민은 "유순함이 집에서 기르는 비쩍 마른 개와 같"은 "평민의 근성"을 지워 없애고 "독립의 기력"을 가져야 한다고 호소했다. 이때 그가 "전국에 충만"시키라고 요구한 "독립의 기력"이나 "자유 독립의 기풍"의 가장 중요한 내용은 "국가를 위해서라면 재산을 잃는 것뿐만 아니라 하나밖에 없는 목숨을 내던져도 아까울 것이 없다"는 느닷없는 "보국의 대의"였다.

즉 『학문의 권장』 제3편의 주제는 오로지 "일국독립하는 것"뿐이다. 왜 "일국독립" 혹은 국가 그 자체가 필요한지 그 존재이유는 하등 문제 삼지 않았다. 어떻게 하면 "일국독립하는 것"이 가능한지만 논의할 뿐이다. 마루야마가 "일국독립"과 병행하는 "동시적 과제"라고 멋대로 해석했던 "일신독립"의 과제에 대해서는 "스스로 심신을 다해 자기의 힘으로 생계를 꾸려 나간다"고 썼을 뿐, 이것이 도대체 어떻게 하면 가능한지,—『학문의 권장』 제4편에서는 일본 인민의 정신적 자립 결여가 전제정치의 결과라고 인식했다—이를 위해 필요한 정치적·경제적·사회적 조건 등은 무엇인지 전혀 논의되지 않는다. 하물며 바로 뒤에서 소개할 마루야마의 "국가를 개인의 내면적 자유에 매개시켰다"는 해석이 강조하는 "개인의 내면적 자유"를 후쿠자와는 전혀 논한 바가 없다.

후쿠자와가 요구한 것은, 유일한 과제인 "일국독립"을 달성하기 위한 일신"독립의 기력", "자유 독립의 기풍"과 같은 정신뿐이다. 그리고 선행연구들 대부분이 불문에 부쳐온 가장 중요한 핵심인 "독립의 기력", "자유 독립의 기풍"은 곧 "국가를 위해서라면 재산을 잃는 것뿐만 아니라 하나밖에 없는 목숨을 내던져도 아까울 것이 없다"는 "보국의 대의" 그 자체였다. 바꾸어 말하면, 후쿠자와가 "일신독립해야 일국독립하는 것"이라는 정식에서 인민에게 요구하고 있는 것은, 단지 "국가를 위해서라면 재산을 잃는 것뿐만 아니라 하나밖에 없는 목숨을 내던져도 아까울 것이 없"는 일방적인 "애국심"이었다. 이는 1870년 1월 후쿠자와가 자신과 친밀한 관계였던 구 영주(藩主) 구키 다카요시九鬼隆義(1837~1891)에게 보낸 서간으로 뒷받침된다. 이 편지는 "일신독립 (…) 일국에 미친다"라는 표현이 처음 사용된 글로 추정되는데, "일신의 독립이 일가에 미치고, 일가의 독립이 일국에 미쳐야 비로소 우리 일본도 독립의 기운을 이룬다고 말씀드릴 수 있고, 이른바 보국진충이란 이런 것에도 있어야 하지 않을까 생각합니다"라는 내용에서 추측할 때, 후쿠자와의 "일신독립해야 일국독립한다"는 말은 "보국진충"으로 바꿔도 무방한 정식이었다.

그러나 마루야마 마사오는 초기 계몽기 후쿠자와가 국제관계를 "국가평등"의 틀에서 인식하고 있었다는 오해를 전제로 하여, 유신 당시 후쿠자와에게는 기본적인 과제가 두 가지 있었는데 "하나는 일본을 '국민국가'로 만드는 것이고 다른 하나는 일본을 '주권국가'로 만드는 것"[90]이었다고 했다. 그리고 이 정식 '일신독립해야 일국독립하는 것'에 두 과제의 "내면적 관련이 가장 선명하게 정식화"되어 있고, "개인적 자유와 국민적 독립, 국민적 독립과 국제적 평등이 완전히 같은 원리로 관철되고 완벽한 균형을 이루고 있다. 그것은 후쿠자와의 내셔널리즘, 아니 일본의 근대 내셔널리즘에서 아름답지만 짧았던(薄命) 고전적 균형의 시대였다"[91]라고 말한다. 마루야마뿐만 아니라 핫토리 시소, 도야마 시게키, (한때의) 이에나가 사부로, 가토 슈이치, 히로타 마사키, 이와이 다다쿠마 역시 같은 오독을 하고 있다. 하지만 후쿠자와 자신은 『학문의 권장』 제3편 "일신독립"의 내용을 둘러싸고 그들이 멋대로 해석한 "민권의 확립", "개인적 자유", "근대적 국민의식" 등에 대해 아무런 말도 하지 않은 채, 자명한 전제로서 "일국독립"의 달성을 위해 "국가를 위해서라면" "보국의 대의"가 필요하다고 주장했을 뿐이다.

필자가 『후쿠자와 유키치의 아시아 침략사상을 묻는다』에서 언급한 바와 같이, 패전 전야까지 군국 일본의 사회에서 일본 국민은 후쿠자와의 정식대로 "일단 위급한 상황이 발생하면" "죽음은 새털(鴻毛)보다 가볍다고 각오"하고 "국가를 위해" 생명도 재산도 아낌없이 버릴 것을 강요받았다. 1945년 8월 15일 정오 전쟁 종결을 알리는 '옥음방송玉音放送'의 순간까지 일본인은 계속해서 그런 삶과 죽음의 방식을 요구받았다. 이런 전시 체험을 가졌기에 전후 일본인들은 더더욱 '평화와 민주주의'를 위해 분투해야 했다. 그런데 전후 후쿠자와 연구는 "국가를 위해서라면 (…) 하나밖에 없는 목숨을 내던져도 아까울 것이 없다"는 후쿠자와의 일방적인 "보국의 대의"가 일신"독립의 기력"의 내용이라는 점을 전혀 문제 삼은 적이 없다. 이런 현실에 대한 의문이야말로 필자가 오랫동안 후쿠자와 유키치 연구를 하게 된 출발점이었다.

다행스럽게도, 필자는 이와사키 지카츠구岩崎允胤의 『일본 근대사

상사 서설—메이지기 전편(日本近代思想史序説─明治期前篇)』 상권(新日本出版社, 2002)을 읽으면서 이 의문에 대한 하나의 해답을 얻었다. 이와사키는 "격멸하자(撃ちてしやまん)", "일억옥쇄(一億玉砕)" 같은 슬로건이 넘쳐흐르던 전시기에 『학문의 권장』을 읽었다. 그는 "이 전쟁에 반대로 고독하고 고통스러운 생각"이 들었기 때문에 『학문의 권장』 "제3편의 사상에는 아무래도 동의할 수 없었"고, "국가를 위해 '목숨을 버린다', '하나밖에 없는 목숨도 내던진다'는 그(후쿠자와─옮긴이)의 말 따위는 터무니없게 여겨졌다"(250쪽), "그 후 나에게 후쿠자와는 인연이 먼 사상가가 되었다"(64쪽)고 한다.

여기서 "후쿠자와를 읽기 시작하자 맹렬하게 재미가 솟구쳐 참을 수 없다"던 마루야마를 뜬금없이 이와사키와 나란히 대비시켜 평론할 의사는 없다. 다만 이 시대 일본 청년사상의 형성을 고찰한 적이 있는 필자는, 언론·표현의 자유가 통제되고 전쟁과 파시즘을 향해 거국적으로 변화해가는 시대상황 속에서의 청년사상 형성에 대해서는 세대론적 고찰이 유효하고 또 필요하다고 생각한다(이에나가 사부로는 불과 10년 남짓한 시간 동안 학생의 사상이 "너무나도 크게 변화"했다고 지적한 바 있다). 그런 관점에서 보면 이와사키와 마루야마 두 사람은 서로 다른 세대이다. 필자의 분류로, 1914년생인 마루야마 마사오는 "전前 와다츠미 세대"이고 1921년생인 이와사키 지카츠구는 와다츠미 세대,* 즉 자유

---

* '와다츠미'는 본래 바다를 지배하는 해신海神을 뜻하는 말로 아시아태평양전쟁에 동원되어 전사한 전몰 학도병들의 수기 『들어라 해신의 목소리(きけわだつみのこえ)』(1949)의 출판을 계기로 이들 세대를 은유하는 표현으로 사용된다.

주의 사상의 잔광기殘光期라 할 수 있다.[92]

　이와사키는 스무 살 무렵에 『학문의 권장』을 읽고 그 논지가 "15년 전쟁기의 대정익찬大政翼贊적, 대중영합적인 문필가의 논조와 (…) 일치하는 바가 많다고 통감하고 (…) 이 책으로부터 놀라 멀어졌다"(63쪽). 반면 같은 시기에 도쿄제국대학 법학부 조교수가 된 마루야마는 "어쨌든 후쿠자와를 읽기 시작하자 맹렬하게 재미가 솟구쳐 참을 수 없다. 재미있다기보다 통쾌하고 또 통쾌하다는 느낌이다. (…) 특히 『학문의 권장』과 『문명론의 개략』은 한 줄 한 줄이 바로 내가 사는 시대에 대한 통렬한 비판처럼 읽혀 통쾌함의 연속이었다"[93]고 한다. 그리고 마루야마는 1942년에 「후쿠자와 유키치의 유교 비판」, 이듬해에 「후쿠자와에게 있어서의 질서와 인간」을 집필하면서 평생에 걸친 후쿠자와 연구를 개시했다.

　같은 시대에 같은 책을 이토록 다르게 읽었다는 사실은 두 사람이 다른 세대라는 점을 감안해도 매우 흥미롭다. 한편, 두 사람보다 훨씬 나중 세대인 나카노 도시오中野敏男(1950년생)는 『오츠카 히사오와 마루야마 마사오—동원, 주체, 전쟁책임』[94]에서 위의 마루야마 문장을 인용하여 다음과 같이 분석했다. "'통렬한 비판'은 때로는 '열렬한 참여'와 같다. (…) 후쿠자와를 들고 나온 마루야마 자신이 총력전이라는 시대상황 속에서 아래로부터의 힘을 충분히 살리지 못하는 것처럼 보이는 동시대의 동원 현실에 초조해 하고 있는 것이다. 후쿠자와는 그것을 비판해주고 있었던 것이다." 나아가 그는 "국민을 종전의 국가적 질서에 대한 책임 없는 수동적 의존상태로부터 벗어나게 해 그 총력을 정치적으로 동원하는 과제"라는 마루야마의 문장을 인용하면서, 당시의 마루야마를 "확신에 찬 전시 총동원론자"(172쪽)로 규정했다. 이 자극적이고 흥미로운 규정을 의식하면서 『학문의 권장』을 어떻게 읽어야 할지 좀 더 살펴보겠다.

다만 그 작업을 위해서라도 이와사키와 나카노 중간에 위치한 1935년생으로서 소국민少國民,* 학동소개學童疏開 세대**라 할 수 있는 필자 본인은 『학문의 권장』을 어떻게 읽었는지 말해두어야 할 것 같다. 아시아태평양전쟁 시대에 필자는 군국주의와 파시즘이 지배하는 국민학교(소학교)*** 교육을 강요받았다. 그러다 국민학교 5학년 때 맞이한 패전을 계기로 눈앞에서 군국주의사회가 붕괴되고 민주주의사회가 '재생'하는 역사적인 시대를 조우했다. 사회가 '바뀔 수 있는' 것이라는 놀라움, 점령군의 지시에 따라 군국주의나 전의를 고무하는 내용이 말소된 '먹칠 교과서'의 체험 등, 어둠의 시대에서 광명의 시대로 전환되고 있다는 인상은 매우 강렬했다.

국민학교 2학년 때의 일이다. 기원절 의식에서 교장이 '교육칙어'를 '봉독'하는 동안, 추위와 지루함을 견디지 못했던 필자는 버선 발가락에 조약돌을 끼워 장난꾸러기 친구에게 던졌다. 그 때문에 의식

---

* 아시아태평양전쟁 중에 사용된 말로 초등학교 정도의 나이 어린 국민을 가리킨다. 지금은 사어死語가 되었다.

** 아시아태평양전쟁 말기인 1944년 7월부터 대도시 소재 초등학교 초등과 아동을 공습 등으로부터 보호하기 위해 농촌 지역이나 지방도시로 집단이동시켰다. 이들을 '학동소개 세대'라고 한다.

*** 1941~1947년에 걸쳐 전시체제에 걸맞는 국가주의 교육을 실시하기 위해 '국민학교령'에 의거해 종래의 소학교를 국민학교로 명칭 변경하여 설치한 일본의 초등교육기관. 초등과 6년, 고등과 2년을 의무교육연한으로 했다.

이 끝난 뒤 평소 가죽 슬리퍼로 학생을 후려갈기곤 하던 무서운 교감에게 끌려가서 죽도록 얻어터져야 했다. 그런데 이런 '열등생'이 패전 이후 어린이의 발언과 자발성을 존중하는 민주주의 교육으로 바뀌자마자 성적도 껑충 뛰어 일약 '우등생'이 된 것이다. 이런 개인적 체험 때문에라도, 필자에게 '전후민주주의'는 문자 그대로 실감을 동반하는 가치가 되었다.

그런 필자가 1964년 『학문의 권장』을 읽게 된 것은 우연이었다. 당시 나고야대학 교수였던 미즈타 히로시水田洋(1919~ , 현 일본학사원 회원)로부터 『일본의 지식인』이라는 연구기획 가운데 '일본 지식인의 인간형성사'에 관한 원고의 분담 집필을 요청받았던 것이 계기였다. 우선은 후쿠자와부터라 생각하고, 태어나서 처음으로 부랴부랴 『학문의 권장』을 읽기 시작했다. '전후민주주의교육 1세대'였던 필자에게도 후쿠자와가 일본 민주주의의 위대한 선구자라는 것은 자명한 상식이었다. 그런데 제2편의 "메이지 연호年號를 받드는 자는, 현 정부의 법에 따른다는 계약을 맺은 인민이다"라는 명백한 허위기술이 마음에 걸리는가 싶더니, 제3편까지 읽어 나가 "국가를 위해서라면 재산을 잃는 것뿐만 아니라 하나밖에 없는 목숨을 내던져도 아까울 것이 없다"는 "보국의 대의" 언저리까지 오자 어쩔 수 없이 브레이크가 걸리고 말았다.

몇 번을 읽고 또 읽어도 마루야마 마사오, 이에나가 사부로, 도야마 시게키 등의 해석을 납득할 수 없었다. 그럼에도 존경하던 이 연구자들이 오독을 했다고는 생각하지 못하고, '일신독립해야 일국독립하는 것'이라는 정식이 비록 제3편에서 충분히 논리 전개되지는 못했어도 『학문의 권장』의 다른 편들을 보면 그들의 해석을 납득할 수 있으리라 생각한 필자는, 참을성을 발휘해 제17편까지 전부 통독했다. 하지만 의문은 오히려 깊어질 뿐 도저히 납득이나 해결에 이르지 않았다. 대학원을 수료하고 막 연구자의 길을 걷기 시작할 무렵이었던지라 마루야마 마사오, 이에나가 사부로, 도야마 시게키 등이 엉터리 연구를 했다고는 꿈에도 생각할 수 없었다. 결국 필자는 『학문의 권장』만으로 이 정식에 대한 결론을 내는 것 자체가 무리일지도 모른다고 생각하게 되었다. 그 때문에 대학원 시절부터 전혀 다른 주제에 매달리고 있던 당시의 필자는, 이후 처음으로 사상사 연구 분야에 발을 내딛어 『후쿠자와 유키치 전집』 21권을 상대로 후쿠자와 연구에 빠져들게 되었다. 결국 그 성과는 1970년 『일본 근대교육의 사상구조』로 결실을 맺었다.

필자가 마루야마 등의 선학들처럼 읽지 못한 데는 역시 세대의 간격이 개입되어 있었다는 생각이 든다. 교육학 계열의 학부와 대학원에서 공부한 필자에게, 그 시기는 1954년 '교육의 정치적 중립 확보에 관한 법안'의 성립, 1955년 '우려할 만한 교과서' 문제,* 1956년 임명제 교육위원회 발족, 1957년 교육근무평정 문제, 1958년 도덕교육

---

* 1955년 2월 일본 문부성은 초중등학교 사회과학 학습지도요령의 개정을 발표하여 천황의 지위를 강조하는 동시에 교육내용의 국가통제 강화를 시도했다. 이러한 움직임에 호응하여 집권보수당인 일본민주당이 동년 8월 교과서의 좌경화를 지적한 팸플릿 『우려할 만한 교과서의 문제(うれうべき教科書の問題)』 제1집을 시작으로 제2집, 제3집을 연달아 발행하며 당시 널리 사용되던 교과서를 좌편향 교과서라고 노골적으로 공격하고 교과서 국정화를 위한 조건 정비에 착수한 것을 말한다.

의 부활, 1960년 안보조약 개정 강행, 1961년 전국 일제 학력 테스트 개시, 1962년 중앙교육심의회의 「대학의 관리운영에 관한 답신안」, 1965년 「기대되는 인간상」* 등등, 전후민주주의 교육의 공동화空洞化와 형해화形骸化, 반동화를 목격하는 나날이었다. 따라서 일본사회에 민주주의(교육)가 뿌리내리는 것이 왜 이토록 어려운지, 일본에서 특히 교육이 자율·자립하지 못하고 쉽게 정치의 도구, 권력의 침투장치, 권력의 시녀로 전락하고 마는 이유가 무엇인지 규명하는 것이야말로, 싫든 좋든 교육학 연구의 절실한 과제이자 문제의식일 수밖에 없었다.

즉 마루야마 마사오 등은 후쿠자와로부터 선구적인 민주주의 사상을 읽어내, 아시아태평양전쟁 이후 일본사회의 민주적 개혁과 민중계몽에 결사적으로 분투했다. 그러나 바로 그 '전후민주주의'가 요란하게 무너져가던 시대를 살아간 후속 세대로서 필자가 후쿠자와 유키치를 마루야마 등과 같이 안이한 자세로 읽을 수 없었던 것은 당연한 일이다. 그렇다고 해도, 필자와 거의 같은 세대이자 같은 분야 연구자인 야마즈미 마사미, 호리오 데루히사, 사토 히데오佐藤秀夫 등 많은 이들이 마루야마의 '학문적 권위'에 굴복이라도 하듯이 마루야마의 신화적 해석을 답습한 것도 사실이다. 이제 필자의 독해법이 마루야마와 어떻게 다른지, '일신독립해야 일국독립하는 것'이라는 정

---

* 1966년 문부성의 자문기관인 중앙교육심의회가 「후기 중등교육의 확충 정비에 대한 답신(後期中等教育の拡充整備についての答申)」의 제출과 아울러 직접 국민에게 일본인으로서의 바람직한 자세와 태도를 지시한 매우 이례적인 문서로 특히 젊은이에게 애국심과 준법정신을 강조하여 많은 논란을 불러일으켰다.

식에 대한 해석에 입각하여 구체적으로 고찰해보도록 하겠다.

2) 국민국가 극복의 길

(1) 전시 총동원론자 마루야마와 '양심적 병역거부'

마루야마 마사오는 옛 친구 하야시 모토이林基(1914~2010)의 의뢰로 1943년 11월 25일자 게이오기쥬쿠대학 『미타신문三田新聞』에 학도 출진과 관련된 글 「후쿠자와에게 있어서의 질서와 인간」을 기고했다.— 「출정하지 않으랴, 이 길을」, 「결의 굳건한 보국치사報國致死의 길」 같은 표제가 튀어나오고, 고이즈미 신조小泉信三(1888~1966) 학원장의 「출정하라 제군」 같은 글이 실렸던 11월 10일자 '학도출진 특집호'가 아니라 그 다음 25일자에 게재된 글이다.

여기서 마루야마는 '일신독립해야 일국독립하는 것'이라는 정식에 대한 억지스런 해석을 바탕으로 "후쿠자와는 (…) 말하자면, 개인주의자임으로써 곧 국가주의자였던 것이다. 국가를 개인의 내면적 자유에 매개시킨 것 (…) 후쿠자와 (…) 가 일본 사상사에 출현한 의미는 오로지 여기에 있다고까지 할 수 있다. (…) 질서에 능동적으로 참여하는 인간으로의 전환은 개인의 주체적 자유를 계기로 해서만 성취된다"[95]고 썼다.[96]

즉 마루야마는 '일신독립해야 일국독립하는 것'이라는 정식에서, 자신이 첫 논문 결론 부분에 제시했던 "개인은 국가를 매개로 해서만 구체적 정립定立을 얻으며, 그 위에서 끊임없이 국가에 대해 부정적 독립을 유지"[97]한다는 스스로의 '변증법적 전체주의' 사상을 무리하게 읽어냈던 것이다.[98]

더구나 법사상사가 이마이 히로미치今井弘道(1944~)에 의하면, 마루야마의 이 '변증법적 전체주의'는 '자연권'과 '국가주권'의 융합·일체화를 목표로 하는 '루소적 민주주의'이다.[99] 여기서 필자의 "루소적 민주주의"에 대한 평가를 간략하게 소개하고 넘어가자. 그것은 루소(Jean-Jacques Rousseau, 1844~1910)가 양자의 융합·일체화에 성공하지 못했다는 점에서 이마이와 필자가 견해를 같이하고 있기 때문이기도 하지만, 『사회계약론』에서 말하는 이상국가의 '시민(국가)종교'가 후쿠자와의 '일신독립해야 일국독립하는 것'이라는 정식과 꼭 닮았음을 말해두기 위해서이기도 하다.[100]

루소는 그의 이상국가를 유지하기 위해 평등한 구성원인 시민(citoyen)에게 '시민(국가)종교'의 필요성을 주장했다. 이 종교는 "그것 없이는 선량한 시민도 충실한 신민도 될 수 없는 사회성의 감정"이고, "조국을 (…) 열애"하고 "법과 정의를 성실히 사랑하며" "필요할 때 자기 생명을 의무를 위해 바침"으로써 "국가에 봉사"하는 것이었다. 이 종교를 "믿지 않는 자는 누구라도 국가에서 추방할 수 있다"고 루소는 말했다. "신앙의 자유"를 부정하는 이 계약국가는, 루소와 절친했던 전기작가 쟝 게노(Jean Guéhenno)조차 "공화국은 견딜 수 없는 감옥이 된다"고 개탄했을 정도로, 강력한 종교적 규제에 의해 유지되는 것으로 규정되고 있었다. 후술할 '국민국가'와의 공통성과 근친성이 명확하다. 마루야마가 후쿠자와의 정식이 안고 있는 치명적인 문제점을 간과하게 된 요인 중 하나로 러셀(Bertrand Russel, 1872~1970)의 루소 비판에서 아무것도 배우지 못했던 마루야마 자신의 사상적 문제성을 꼽을 수 있을 것이다.

마루야마 마사오의 문하생 우에테 미치아리는, 전후에 어느 친구가 "그것을 읽으니 눈물이 났다"고 이야기했다는 마루야마의 증언을 인용하면서, "학술논문 성격을 띤" 마루야마 "최초의 시론"으로서 학도 출진에 관한 소논문을 높이 평가했다. "후쿠자와론으로서 투철할 뿐만 아니라 시론으로서도 탁월하여, 전후 마루야마의 활약을 예고하는 것"[101]이라 본 것이다. 그렇다면 같은 후쿠자와 연구자인 동시에 일본전몰학생기념회(와다츠미회)의 일원인 필자는 이것을 어떻게 읽었을까?

"우리는 2개월도 채 안 되는 사이에 문자 그대로 펜을 버리고 책을 덮고 총을 들게 된 것입니다. (…) 읽다가 만 책에 책갈피를 끼워두고 나가지 않으면 안 됩니다." 이는 『들어라 해신의 목소리』(岩波文庫)에 실려 있는 전몰학생 유고의 일부이다. 1943년 9월 22일 전국戰局 악화에 따른 하급장교 부족에 대처하기 위해 문과계 학생의 징병연기가 폐지되고, 그해 10월 2일 '재학 징집연기 임시특례' 공포에 의해 육군은 12월 1일, 해군은 12월 10일 학도 출진의 입영이 결정되었다. 10월 21일 문부성 학교보국단 본부가 주최하는 '출진 학도 장행회壯行會'가 신궁 외원外苑 경기장에서 개최되었다. 게이오기쥬쿠는 11월 17일 숙생塾生 출진 대음학회를 열어 "배움의 친구여 / 자 그럼 안녕 / 대진군의 소리가 울려퍼진다 / 뒤따르게 친구여 나의 뒤를 / 전쟁터에서 그대를 기다리마"라는 〈숙생 출진 장행의 노래〉를 제창하고 11월 23일에는 미타三田에서 숙생 출진 장행회를 개최했다.

마루야마의 논문은 "후쿠자와 유키치는 메이지의 사상가이다. 그런데 동시에 그는 지금의 사상가이기도 하다"라는 문장으로 시작되었다. '일신독립해야 일국독립하는 것'이라는 정식을 제시한 후쿠자와가 "오늘의 사상가이기도 하다"는 마루야마 마사오의 주장은, 학생들이 징병연기의 특권을 박탈당하고 침략전쟁에 내몰려 어쩔 도리 없이 해신의 바다 낭떠러지에서 "산화" "개죽음"을 당하려는 순간에 후배 학생들에게 '학도 출진'을 어떻게 받아들일 것인가에 대해 제안하고 있다.

이 글에 "인격의 내면적 독립성을 매개로" "개인의 주체적 자유를 계기로" 하는 참여 등, 상당히 위험한 발언이 군데군데 들어 있는 것은 사실이다. 그러나 전체적인 논지는 "국민 한 사람 한 사람이 국가를 자기 자신의 것으로 가까이 느끼고 국가의 동향을 자기 자신의 운명으로 의식하는 국가가 아니라면 어떻게 국제무대에서 확고한 독립성을 보지할 수 있을까"(220쪽)라는 호소로 집약된다. 이것은 어떻게 고쳐 읽어도 청춘의 한가운데서 전쟁터에 끌려 나갈 "운명"에 처한 "학도병들"에게 "한 사람 한 사람이 주체적으로 조국의 운명을 짊어"지고 "질서에 능동적으로 참여하는" "개인의 자발적인 결단"을 내리도록 요구한 것이다(전몰학생 수기 『들어라 해신의 목소리』의 키워드 중 하나가 "운명", "숙명"이다. 네 사람 가운데 한 사람이 이 말을 사용하고 있다).

가와무라 도시아키川村利秋(가나자와 중앙예비교 비상근강사)에 따르면, 마루야마의 이 글이 게재된 『미타신문』 같은 호에는 전향 지식인의 전형적인 존재인 미키 기요시三木淸(1897~1945)의 「죽음과 교양에 대해 ─출진하는 어느 학도에게 답하다」[102]도 실렸다. "오늘날의 전쟁은 문화전, 과학전이라고들 하는데, 너희들은 그것을 증명할 임무를 지고 있다. 실제로 너희들의 교양은 전투 그 자체에서, 치안공작에서,

혹은 이른바 문화공작에서 힘을 발휘할 것으로 믿는다. '아는 것이 힘이다'는 베이컨의 유명한 말인데, 지식은 하나의 중요한 전력인 것이다. (…) 이제 청년학도가 출진한다. (…) 너희들은 이전 세대와는 명확히 구별되는 세대이다. 이 새로운 세대에 대한 기대는 정말로 크다. ○○군, 그럼 힘차게 출정하시게."

그런 의미에서, 앞에서 본 나카노 도시오가 『오츠카 히사오와 마루야마 마사오』에서 "후쿠자와를 들고 나온 마루야마 자신이 총력전이라는 시대상황 속에서 아래로부터의 힘을 충분히 살리지 못하는 것처럼 보이는 동시대의 동원 현실에 초조해 하고 있는 것이다"라고 말했던 것을 다시 상기하게 된다. 그는 당시의 마루야마가 "국민을 종전의 국가적 질서에 대한 책임 없는 수동적 의존상태로부터 벗어나게 해 그 총력을 정치적으로 동원한다는 과제"를 추구했다고 보면서, 전시기의 마루야마를 "확신에 찬 전시 총동원론자"로 규정했다. 필자 역시 이에 적극 동의하지 않을 수 없다.

당시 마루야마 마사오가 "천재일우의 호기를 고노에近衛 신체제*에 불어넣으려" 하면서 총력전 체제에 관여하고 있었던 것, 천황제에 대해서도 "오히려 공순과 애착의 정마저 품고 있는 '천황 중신重臣 리버럴리즘'의 입장"에 있었던 것 등에 대해서는 강상중姜尚中도 지적한 바 있다.[103] 우선 천황제와 관련된 마루야마 자신의 말부터 확인해두

---

* 1940년 거국일치의 전쟁지도체제 형성을 위해 고노에 후미마로 등이 전개한 운동. 그 결과 정당과 노동조합 등은 해산되고 대정익찬회大政翼贊會가 발족하여 파시즘체제 확립으로 나아갔다.

기로 하자.

> "당시의 나는 '국체'를 부정할 생각 따위는 털끝만큼도 없었다. 오히려 [제1고등학교] 기숙사 화장실 벽에서 '천황제 타도'라는 낙서를 봤을 때, 일순 생리적이라고도 할 만한 불쾌감에 사로잡혔을 정도이다."[104]

이처럼 당시 마루야마는 총력전 체제에 동조하고 대학 교원으로서 학생들에게 '학도 출진'을 통해 주체적·능동적·자발적으로 "조국의 운명을 짊어져라"라고 호소하고 있었다. 이런 사실을 지적하면 혹자는 그 시대 교원에게 다른 길이 있었는가 하는 의문이나 비판을 제기할 것이다. 일본전몰학생기념회의 일원으로서 필자는 같은 시대의 다른 인물에 입각해 그 의문에 대답하고자 한다.

당시 일본의 저변 민중세계에는 "무슨 일이든 목숨이 붙어 있고 볼일이다", "죽는 사람만 손해다", "젊은 몸으로 죽는 것이 가장 불행한 운명", "죽어 무슨 영화를 얻을까보냐", "명예로운 전사라며 마을 장을 치러준들 본인이 알 리 없고 하찮은 일생이야"라는 등, "생존하는" 것이야말로 최대의 기본적 인권이라는 일관되고 사실적인 양식이 살아 있었다.[105] 피차별 부락에서 태어나 자란 영화배우 사토 마사오佐藤正雄(예명 미쿠니 렌타로三国連太郎)는 마루야마가 동원의 사상을 이야기하던 바로 그 시대에 피차별 부락민으로서 스스로의 체험에 힘입어 "일신독립"했다. 그는 권력자가 요구하는 "애국심"의 기만을 꿰뚫어보고 진정한 "개인주의자"로서 징병을 기피하여 기타큐슈北九州

에서 국외 탈출을 시도했다. 그는 "자식을 팔아먹은" 어머니의 밀고 때문에 국외 탈출 직전에 체포 투옥되어 중국 전선에 보내졌지만, 이후에도 "2년간 소총에 한 발의 탄환도 장전하지 않고 일등병으로서 패전을 맞이했다."[106]

마루야마 마사오를 비판하기 위해 세대도 학력도 계층도 다른 1923년생 사토 마사오(와다츠미 세대, 자유주의사상의 소실기)의 삶을 대치시키는 데 대해 의문이나 반발을 느끼는 독자도 있을 것이다. 그러면 마루야마와 세대와 학력이 같은 기타미카도 지로北御門二郎(1913년생, 도쿄제국대학 영문과 입학)의 삶은 어떨까? 톨스토이의 '절대평화' 이념으로부터 배운 기타미카도는 "군법회의 결과 (…) 투옥, 최악의 경우 총살형"을 각오하고 "살인에 가담하기보다는 죽임을 당하는" 순교자, 즉 "양심적 병역거부"의 길을 선택했다. 마루야마가 도쿄제국대학 조교로 취업한 1937년 6월의 일기에서 기타미카도는 "우리는 모두 세계시민, (…) 유일한 직함은 '인간'이다. (…) 그런 우리를 다투게 하고 학살 놀이를 연출하는 것은 (…) 민중을 자신의 이기적 목적에 내모는 지배자, 권력자 (…) 우리들이 싸워야 할 대상은 이런 사람들인 것이다. 그들에게 무기를 향해라, 사랑과 비복종의 무기를!"이라고 썼다.

사토 마사오나 기타미카도 지로가 당시 일본에서 보기 드문 예외적 존재임은 분명하다. 그러나 이런 인물이 한 명이라도 존재했다는 사실은, 거꾸로 당시의 마루야마에게 '국민국가'와 대치하여 국민에게 침략전쟁에서 개죽음당할 것을 요구한 국가를 넘어서는 (영구혁명적인) '일신독립'의 시점이 없었다는 사실을 시사해준다.

(2) '국민국가론'으로부터 배우는 것

무엇이 문제인가. 『들어라 해신의 목소리』는 학도 출진을 강요당한 학도병들이 최후까지 예민한 정신과 명석한 지성을 잃지 않으려고 필사적으로 발버둥치는 모습을 보여주는 귀중한 기록이다. 그러나 『들어라 해신의 목소리』의 유고 필자를 포함하여 많은 평범한 학생들이 불의·부당·무모한 침략전쟁을 '성전聖戰'이라고 세뇌당해 "팔굉일우八紘一宇*의 민족이념"이나 "존엄한 황실"을 믿고 그 생명을 "신국(神州) 불멸"의 조국에 바치는 데 대해 아무런 의문을 가질 수 없었다. 그 일본 청춘의 유치함은 같은 추축국이던 이탈리아의 반파시즘 청년들이 『이탈리아 저항운동의 유서(Lettere di Condannati a Morte della Resistenza Italiana)』를 남기고, 독일 학생들은 『백장미(Die Weisse Rose)』** 등으로 알려진 반나치 '백장미단 저항운동'을 감행한 사실과 대비하면 저절로 분명해진다.[107]

와다츠미 세대이자 자유주의사상 소실기의 사람이기도 한 역사학자 이로카와 다이키치色川大吉(1925~ , 도쿄경제대학 명예교수)는 전후 『들어라 해신의 목소리』를 매년 몇 번이고 읽어도 "천황이나 천황제에

---

* 『일본서기』에 나오는 「掩八紘而爲宇」에서 따온 말로, 전 세계(八紘)를 하나의 집으로 삼는다는 의미. 아시아태평양전쟁 중에는 대동아공영권 건설을 의미하는 말로서 일본의 해외침략을 정당화하는 슬로건으로 사용되었다.

** 제2차 세계대전 중 뮌헨대학의 반나치 저항단체 '백장미'의 핵심인물로 기요틴으로 처형당한 한스 숄(Hans Scholl)과 소피 숄(Sophie Scholl) 형제의 누이인 잉게 숄(Inge Scholl, 1917~1998)이 '백장미단 반나치 저항운동'을 기록한 책. 한국에서는 1978년 『아무도 미워하지 않는 자의 죽음』이라는 표제로 처음 번역 출판되었다.

대한 비판과 의문, 천황을 중심으로 하는 국가 그 자체에 대한 언급
은 거의 없었다"고 말한다. 천황제에 대해 "오히려 공순과 애착의 정
까지 품고" 있었고, "당시의 나는 '국체'를 부정하는 생각 따위는 털
끝만큼도 없었다"고 고백했던 마루야마 마사오도 그 한 사람이다. 파
시즘기 「일본 군국주의와 일반 국민의 의식」을 연구한 고마츠 시게
오小松茂夫는 "전쟁의 정치목적에 대한 질문이 전혀 없다"는 점에서는
지식인도 노동자도 마찬가지였고, 전쟁 목적을 묻지 않은 채 전쟁에
협력하는 비합리적인 태도, "전쟁목적에 대한 신비적인 의문 결여성"
이라는 "숭고하기까지 한 무지" 상태야말로 당시 일본에서 국민적 규
모의 현상이었음을 해명했다.[108] 그러면서 고마츠 시게오는 일본인
정치의식의 최대 문제점은 "국가의 본질, 기원, 존재이유"에 대한 의
문을 결여한 것이라고 지적했다.

즉, 당시의 일본인은 노동자 농민뿐만 아니라 마루야마 마사오나
오츠카 히사오, 미키 기요시 등을 포함한 최고의 지적 엘리트까지 그
누구도 "시대에 얽매인 자식"으로서 "국민국가" 그 자체를 대상화하
지 못했다. 물론 마루야마가 출진 학도들을 대상으로 썼던 「후쿠자
와에게 있어서의 질서와 인간」은 국가의 존재이유에 대한 마루야마
나름의 탐색을 담고 있다. 그러나 징병제와 아울러 학도 출진은 재
학 중의 (문과계) 학생까지 송두리째 전쟁터에 동원해 아시아 2천만 민
중의 생명을 앗아가는 침략전쟁에 가담하게 만든 어리석은 시책이었
다. 230만 명의 일본군 병사 과반수가 굶어 죽어간[109] 빈혈전쟁에 의

해, 학생들은 "물에 잠긴 주검", "풀이 무성한 주검"*의 신세가 되고 말았다. "펜을 버리고 책을 덮고 총을 들게 된" 학도병을 향해 마루야마가 '일신독립해야 일국독립한다'는 후쿠자와의 말을 빌어 "후쿠자와는 (…) 개인주의자임으로써 곧 국가주의자였다"고 역설한 것은 결과적으로 이중의 의미에서 기만이었다.

학도 출진은 학생들이 스스로 "개인주의자임"을 통째로 부정하고, "일신독립"이나 "개인의 내면적 자유"는커녕, 자신의 생명 자체를 침략전쟁에 인신공양으로 바치게 만든 시책이었다. 차별과 소외의 체험 덕분에 "무슨 일이든 목숨이 붙어 있고 볼일이다", "죽어 무슨 영화를 얻을까보냐"라는 양식을 지니고 있었던 피차별 부락민 출신의 미쿠니 렌타로는 이를 꿰뚫어 보고 국외 탈출을 시도했다. 또한 마루야마는 "일국독립"에 멋대로 "국가에 대해 부정적 독립을 유지하는" 자신의 생각을 불어넣으려 했지만, 이와사키 지카츠구는 『학문의 권장』에서 "일신독립"을 통해 "국가를 위해서라면 재산을 잃을 것뿐만 아니라 하나밖에 없는 목숨을 내던져도 아까울 것이 없다"는 "보국의 대의"를 주장했던 후쿠자와를 문장 그대로 순수하게 이해했기 때문에 "이 책으로부터 놀라 멀어졌던" 것이다.

다소 엄격한 채찍질이라 해도 할 수 없다. 일본전몰학생기념회

---

* 1937년 『만엽집萬葉集』 「사키모리防人의 노래」에 수록된 장가長歌 〈바다에 가면(海行かば)〉에 애조 어린 곡을 붙여 '천황 곧 국가를 위한 희생 이데올로기'를 민중에 침투시킨 노래에서 사용된 표현. "바다에 가면 물에 잠긴 주검(海行かば水漬く屍) / 산에 가면 풀이 무성한 주검(山行かば草むす屍) / 오키미(천황) 곁에서 죽을 수만 있다면(大君の邊にこそ死なめ) / 이 한세상 되돌아보지 않으리(顧みはせじ)"라는 가사로 되어 있다.

의 일원으로서 필자는 도쿄제국대학 조교수 마루야마 마사오가 "국민 한 사람 한 사람이 국가를 자기 자신의 것으로 가까이 느끼고 국가의 동향을 자기 자신의 운명으로 의식"하여 "주체적으로 조국의 운명을 짊어지고" "질서에 능동적으로 참여하"도록 호소한 것은, 명백하게 교사로서 "제자를 전쟁터로" 내보내고, 학도병들이 해신의 바다 낭떠러지에서 "산화"하여 "개죽음"당하게 하는 데 가담한 행위라고 말하지 않을 수 없다. 그런 의미에서 마루야마의 호소가 총력전 체제에 대한 "동원"이었다는 나카노 도시오의 견해에 필자는 거듭 적극적으로 동의한다.

니시카와 나가오西川長夫(1934~2013)가 말한 대로 "20세기는 '대량사망'과 '대량학살'의 시대"였다. 홉스봄(E. Hobsbawm, 1917~2012)의 추정에 의하면 이 '총력전(total war)' 시대에 전 세계 사망자 수는 1억 8,700만 명에 달한다.[110] 문제는 그 대량사망을 초래한 중심적인 장치가 세계의 '국민국가'였고, 살인의 실행자는 '국민' 그 자체였다는 사실이다. '차별과 전쟁'을 주제로 한 다른 글에서 필자는 다음과 같이 썼다. "전쟁은 인간이 적의 군대나 적의 국민에 소속되어 있다는—본인에게 책임이 없는—한 가지 이유로 멸시·증오·배제를 살인·살육으로 확대하는 것을 합법화했다는 점에서 인간사회 최대의 차별이다."[111] 국민국가의 국민은 징병제도와 국민교육제도에 의해 강제적으로 조국애를 주입당해 "생판 모르는 상대를 '적'이라는 이름 때문에 기꺼이 살육하는 가공할 만한 광기로 치닫는 존재", "인조인간", "괴물" 그 자체이다.[112]

『후쿠자와 유키치의 아시아 침략사상을 묻는다』가 나온 뒤에야

겨우 '국민국가론'에 대한 식견을 넓힌 필자는, 당연히 그 책에서 이러한 관점을 살릴 수 없었다. 하지만 거기서 필자는 아래와 같은 점들을 논증했다.

① 『문명론의 개략』에서 "인류가 마땅히 경과해야 할 계급"으로서 "야만", "반개半開", "문명"의 3단계를 설정하고 "반개"의 일본이 "서양의 문명을" 도입 섭취함으로써 "문명" 개화하는 일의 선두에 섰던 후쿠자와가, ② 중기 보수사상 확립과 함께 임오군란·갑신정변을 계기로 아시아를 '문명'으로 유도한다는 명목으로 침략을 합리화했다는 것, ③ 그때 후쿠자와는 "저 인민 정말로 고루(頑陋)하다면 (…) 끝내는 무력을 사용해서라도 그 진보를 도와야 한다"는 말로 아시아의 고루함을 강조함으로써 무력행사를 용인·합리화하는 제국주의적 논리를 제시하고, 그 연장선상에서 10년 뒤 청일전쟁을 세계의 문명과 야만이 다투는 "문야文野의 전쟁"으로 규정하여 일본의 무력행사에 대한 책임을 상대국의 "연약하고 무염치"한 백성들에게 전가했다는 것, ④ 조선 왕궁의 무력점령, 뤼순旅順 학살사건, 명성황후 살해, 대만정복전쟁 등 청일전쟁의 불의와 폭학을 상징하는 모든 사건을 은폐, 옹호, 합리화, 격려하고자 후쿠자와가 선봉에서 최악의 전쟁 보도를 감행했다는 것.

이런 필자에게, 니시카와 나가오가 "후쿠자와는 문명 개념을 깊이 이해하고 문명과 미개라는 이분법을 역사적 필연으로 전면 수용한 결과 스스로 '탈아론'의 길을 준비했다", "탈아론은 『문명론의 개략』의 필연적인 귀결이다"라고 말한 것은 충분히 합의할 수 있는 결론이다.[113]

또한 이 2장 전체를 통해 극명하게 논증하듯이, 후쿠자와는 초기 계몽기부터 느닷없이 "국가를 위해서라면 재산을 잃는 것뿐만 아니라 하나밖에 없는 목숨을 내던져도 아까울 것이 없다"며 "보국의 대의"를 주장했다. "일신독립"도 아울러 달성한다는 "문명의 본지"의 과제 추구를 "다음 행보로 남겨두고 훗날 이루게 되리라" 했던 계몽사상가다운 초기의 훌륭한 사회적 공약은 방치해버린 채, 그는 결국 대일본제국헌법=교육칙어 체제 확립의 사상적 길을 걸었다. 나아가 천황을 육해군 통수의 주축으로 자리매김하고 "제실을 위해 나아가거나 물러서며 제실을 위해 살고 죽는" 천황의 군대를 구상했다. 후쿠자와는 "내국의 불화를 치유하는 방편으로 일부러 외전外戰을 도모하고 이로써 일시적으로 인심을 기만하는 기책을 꾸미기에 이른 자"로서 "내부의 인심을 일치시키기 위해 대외적으로 일을 벌이는" 권모술수적인 발언을 되풀이하여, 경제학자 다구치 우키치田口卯吉(1855~1905)로부터 "내위외경內危外競"이라는 비판을 받았던 "내안외경內安外競" 노선, "부국강병富國强兵"이 아닌 "강병부국强兵富國" 노선을 선도했다. 그리고 「군인칙유軍人勅諭」와 마찬가지로 "압제의 상관에게 비굴한 군인을 붙이면 오히려 효과가 나타나는" 절대복종의 병사들이 "생명을 새털의 가벼움에 비유하는 대정신"이야말로 청일전쟁 승리의 "본원"이었다고 주장하면서, "점점 이 정신을 길러" "전쟁터에서 죽는 것이 행복이라고 느끼게 하기" 위해 천황이 야스쿠니신사靖国神社의 제주祭主가 되어야 한다고 주장했다.

니시카와의 표현을 빌리면, 후쿠자와는 "평시에도 언제나 잠재적인 전쟁 상태에 있는 일종의 전쟁기계"[114]로서 "강병부국" 노선의 국민국가 건설을 선도하고, 황군 병사들을 "괴물"로 만들어낸 사상가, "'적'이라는 이름 때문에 기꺼이 살육하는 가공할 만한 광기로 치닫는 존재"로 이끌어간 사상가라고 할 것이다.

더하여, 제3장에서 고찰하겠지만 후쿠자와는 "설령 사람에게 고초동통苦楚疼痛을 느끼게 한다 해도" 의무교육을 강제해야 한다는 주장을 펼치면서 '문명개화=강병부국'의 근대교육 보급을 선도했다. 한편 노동운동과 계급투쟁에 의해 "낭패를 당해 방향을 잃은" 선진국에서 교육의 보급이 사회체제를 위협할 가능성을 내포하고 있음을 배운 후쿠자와는, 이 세상에서 "가장 두려운 대상은 가난하지만 지식이 있는 자"라고 주장하게 된다. 그는 빈민에게 교육을 제공하면 노동자가 임금인상이나 노동시간 단축을 요구하는 "동맹파업이든 사회당이든 또한 허무당虛無黨"*을 조직하게 된다고 지적하고, 관립대학의 폐지와 '학문·교육=상품론', 유전 절대론에 의한 복선형 학교제도론을 주장함으로써 고등교육으로부터 빈민을 배제할 것을 요구했다. "보국치사報國致死는 우리 게이오기쥬쿠 동문의 정신 (…) 우리 동문 전체의 기풍이다"라며 게이오기쥬쿠의 "건학정신"을 자부하고 있던 후쿠자와가 "일계만대一系萬代의 지존을 삼가 받드는" 일본의 근대화=국민국가 건설의 중핵을 담당할 "미들 클래스=일본국 무사"의 도덕의 표준을 '보국진충'으로 설정한 것은 당연한 일이었다.

---

* 투르게네프(Ivan S. Turgenev, 1818-1883)가 『아버지와 아들』에서 처음 사용한 말로서, 19세기 후반 제정 러시아에서 등장한 일군의 과격한 유물론자, 혁명가, 무정부주의자, 테러리스트나 그 결사·당파를 가리킨다. 허무주의를 신봉하여 일체의 권위를 인정하지 않고 사회의 기존 도덕과 제도를 파괴하여 자유로운 사회를 실현하고자 했다.

『후쿠자와 유키치의 아시아 침략사상을 묻는다』마지막 장에서 필자는 후쿠자와가 "밝지 않는 메이지"에서 "어두운 쇼와"로 가는 길을 걸었던 일본 근대화 과정의 총체적 '스승'이라는 평가를 7개 항목에 걸쳐 제시했다. 그 하나가 "국가를 대상화하지 못하는 국민의 형성"에 후쿠자와가 크게 기여한 사실이었는데, 이것이 곧 국민국가론에 대한 필자 나름의 소소한 접근 과정 아니었는가 생각해본다.

필자가 후쿠자와 연구사상 가장 심각하게 오독된 부분이라고 본 '일신독립하면 일국독립하는 것'이라는 정식에 대해, 마루야마 마사오, 도야마 시게키, 가토 슈이치, 핫토리 시소, 이에나가 사부로 등 일본의 전후민주주의를 대표하는 연구자들이 "국가를 위해서라면 재산을 잃는 것뿐만 아니라 하나밖에 없는 목숨을 내던져도 아까울 것이 없는" "보국의 대의"를 주장한 후쿠자와의 문제성을 간과한 것은, 국가의 존재이유를 묻는 자세가 약하고 국민국가론의 시각을 갖지 못했던 당시 일본 학문 자체의 한계 때문이었다고 생각할 수 있을 것이다.

수많은 후쿠자와 신화를 뒤집고 근대 일본 최대의 보수주의자 후쿠자와 유키치의 사상을 해명하고자 분투해온 필자로서는, 이상과 같은 이유로 국민국가론의 분석틀에 적극적으로 동의한다. 그러나 필자는 니시카와 나가오의 "국민주의와 국가주의는 같은 사물의 표리에 지나지 않고, 국민주의는 국가주의에 회수될 운명이었다"[115]라든지, "파시즘과 자유주의 체제는 국민국가의 하위 구분이자 총력전 체제에 의한 재편성의 두 가지 변종"[116]이라는 주장에 대해서는 동의를 유보한다. 이 문제에 대한 필자의 견해를 밝히기 위해, 아래에서는 이마이 히로미치의 서평 「국민적 전쟁책임론에 대한 회의와 마루야마 마사오의 내셔널리즘」[117]에 대해 나름대로 반론해 보고자 한다.

(3) 국민국가 극복의 과정―이마이 히로미치의 서평에 답하다

국민국가론의 입장에서 마루야마 마사오의 정치사상 비판·극복을 추구하는 이마이 히로미치는 『후쿠자와 유키치의 아시아 침략사상을 묻는다』가 이뤄낸 성과에 "공감"하고 "격려의 뜻"을 느끼면서도, 필자의 "마루야마 비판이 마루야마의 후쿠자와 (연구) 비판에 한정되어" 있으며, 「초국가주의의 논리와 심리(超国家主義の論理と心理)」와 「구가 가츠난―인간과 사상(陸羯南―人間と思想)」 양 논문으로 대표되는 마루야마의 '초국가주의 대(對) 건전한 내셔널리즘'이라는 이항대립적 틀을 비판하고 국민주권론 자체를 상대화하는 데까지 나아가지 못한 것에 답답함을 느낀다고 기술했다. 이것이 필자에 대한 이마이의 비판의 요점이다. 이에 대해 이마이의 비판은 절반은 맞지만 절반은 맞지 않는다는 것이 필자의 입장이다.

예전 저서 『일본 근대교육의 사상구조』의 부제가 '후쿠자와 유키치의 교육사상 연구'였던 것처럼 필자는 후쿠자와의 교육사상을 주로 연구해온 사람이다. 후쿠자와를 근대 일본의 '건전한 내셔널리즘'의 전형이자 대표격으로 해석하는 마루야마와는 정면으로 대립하지 않을 수 없었고, 따라서 1970년 이래 일관되게 그를 비판해왔다. '초국가주의 대 건전한 내셔널리즘'이라는 이항대립적 틀 자체를 비판의 시야에 두지 않은 것은, 우선 필자의 연구 범위와 관련된 문제이다. 필자는 한정된 범위 내에서 마루야마의 후쿠자와 연구 오류를 논중하고 후쿠자와 신화를 해체하는 것이 마루야마의 정치사상 연구 총체, 나아가 위에서 말한 이항대립적 틀 자체에 대한 재검토의 필요성까지 시사해준다고 생각해왔다. 그러나 그 분석에 직접 나서는 것은 필자에게 별개의 연구과제이다. 지금까지 이야기한 필자의 생각에 대해서는 이마이도 아마 이의가 없을 것이다.

이마이가 문제 삼는 것은, 후쿠자와의 사상이 마루야마가 말하는 '건전한 내셔널리즘'이 아님을 논증하는 것 자체가 아니라, 그 논증 과정에서 마루야마의 '건전한 내셔널리즘'을 비판 및 해체의 대상으로 하지 않는 필자의 연구자세일 것이다. 필자는 초기 계몽기의 후쿠자와가 자신의 지상과제였던 "일국독립"의 확보를 "문명론 가운데 사소한 하나의 조항"에 지나지 않는다고 말했을 정도로 뛰어난 역사인식을 가지고 있었으며, 국가의 독립을 확보한 다음에 "개인의 자주독립"과 "일신독립"도 아울러 달성한다는 "문명의 본지" 추구를 자명한 과제로 삼아 그것을 "다음 행보로 남겨두고 훗날 이루게 되리라"고 공약한 사실을 적극적으로 높이 평가했다. 이 후쿠자와의 공약을 단순화시켜 굳이 정식화하면 "일국독립하면 일신독립한다"라고 표현할 수 있을 것이다. 그러나 이마이는 필자가 초기 계몽기 후쿠자와의 사상적 틀을 이렇게 고쳐 파악하는 것은 마루야마의 '국민국가'와 같은 틀을 전제하는 것이라고 비판한다. "나는 어떤 의미의 국민적 주체도 국민주권도, 국민국가와 함께 거부한다. 따라서 '국민적 전쟁책임'이라는 주장을 거부한다"라고 말하는 이마이 히로미치는, 그런 틀에서 필자를 비판하는 것이다. 이 점에서 필자에 대한 이마이의 비판은 절반은 맞다.

후쿠자와의 정식 '일신독립해야 일국독립하는 것'에 대한 필자의 해석이 "후쿠자와에게 가혹한 (역사적 조건을 무시한) 평"이라는 비판을 도야마 시게키로부터 받은 적이 있다.[118] 필자는 후쿠자와의 정식이 마루야마의 말처럼 국권과 민권의 "완전한 균형"을 이루고 있거나, 도야마가 말하는 "절대주의적 국가의식에 대항하는 근대적 국민의식"이거나, 이에나가 사부로가 말하는 "민권의 확립 위에서만 국권의 확립이 가능해지는 이유"를 주장한 것이 아님을 논증하고 세 사람의 자의적 해석이 잘못되었음을 비판했을 뿐이다. 후쿠자와가 주장하지 않은 것에 대해서는 주장하지 않는다. "없는 것은 없을" 뿐이다. 필자는 없는 것을 무리하게 끌어들여 하고 싶은 이야기를 한 게 아니다. "일신독립해야 일국독립한다"는 정식은 후쿠자와 자신의 공약이었다. 사상가 후쿠자와가 이후의 사상 전개에서—예컨대 자유민권운동의 고양기에—"일신독립" 확립을 위해 조금이라도 노력했다면 역사는 좀 다르게 전개되었을지도 모른다. 필자의 후쿠자와 평가도 전향적으로 바뀌었을지 모르겠다. 이렇게 초기 계몽기에 한정해서지만, 후쿠자와에 대한 호감이 필자 나름의 생각과 해석에 깃들어 있다는 점은 인정한다. 그러나 거기에는 다음과 같은 이유가 있었던 것이다.

이마이의 비판이 절반은 맞지 않는다고 말한 것은, "국민주의는 국가주의에 회수될 운명", "파시즘과 자유주의체제는 국민국가의 하위 구분"이라는 니시카와 나가오의 주장에 대한 평가와도 관련하여, '국민의 전쟁책임론'을 부정·비판하는 이마이와 필자의 견해차이 때문이다. 국민국가론에서 많은 것을 배운 필자로서는 '국민주의'와 '국가주의', '파시즘과 자유주의체제'가 각각 본질적으로 다른 것이라고는 생각하지 않는다. 그러나 각각이 본질적으로 같은 것이라고까지 주장하면 거기에는 동의할 수 없다. 그리고 이처럼 국민주의와 국가주의, 혹은 파시즘과 자유주의가 본질적으로 같다고 보는 단순화된 문제파악 방식이야말로 실은 '국민국가론'의 "논의에는 출구가 없다"거나 "국민국가론은 질린다"는 등의 비판을 받는 원인이 아닐까 하는 게 필자의 생각이다.

이마이 히로미치는 필자의 '국민적 전쟁책임론'이 "다카하시 데츠야高橋哲哉의 논의와 통하는 것이 있다"고 평가했다. 먼저 이와 대치되는 이마이 자신의 전쟁책임론을 살펴보자. "중요한 것은 오히려 '일본 국가'와—전쟁책임에 무감각한—'다수파 국민'을 비판하는 가운데, 국경을 초월한—트랜스내셔널한—'아시아적 공공성' 구축을 지향하는 것, 그 지향 속에서 피해자와 연대하여 국가와 국민의 배타적인 벽 안에 머물려는 입장을 탄핵하는 것 아닌가." 이 이마이의 전쟁책임 구상 자체에 대해서는 일단 이의가 없다. 하지만 우리가 "일본 국가와 다수파 국민을" 어떻게 비판하는 것이 "국경을 초월한 아시아적 공공성 구축"에 연결되고 "피해자와 연대"하는 것인가, 이 "중요한 것"에 대한 이해에서 이마이와 필자는 크게 갈린다. 주권자 일본 국민으로서—이마이의 경우 한 사람의 시민으로서—맨 먼저 자기나라 전쟁책임의 여러 과제를 짊어지고 달성하는 것이 선결되어야 하고 '아시아적 공공성' 구축이나 피해자와의 연대는 그 결과로서 새로이 생겨나고 형성되는 것이라고 필자는 생각한다.

여기서 다시 한 번 후쿠자와의 정식으로 되돌아가자. 그것이 '일신독립해야 일국독립하는 것'인가 '일국독립해야 일신독립하는 것'

인가와는 별개로, "일신독립"이란 도대체 어떠한 사상적 의미를 갖는 것일까. 미쿠니 렌타로(사토 마사오)의 사례에서 언급했던 바와 같이, 우선 무엇보다도 "무슨 일이든 목숨이 붙어 있고 볼일이다", "죽어 무슨 영화를 얻을까보냐"일 것이다. "일신독립"에는 최소한 "생존한다"—자신의 목숨만은 상대가 국가라 해도 양보할 수 없고 인신공양할 수 없다—는 의미가 있음은 자명하다. 또한 자유주의적인 근대 '국민국가'에서는 '사상·양심의 자유'나 '신교의 자유' 등 기본적인 인권도 일반적으로 인정되고 있다. 물론 후쿠자와의 "독립자존"처럼 "만세일계萬世一系의 제실을 받들고 그 은덕을 우러러보는" 독립자존은 내면적 자유를 남에게 내준 것으로서 전혀 "일신독립"한 모습이 아님은 제1장에서 이미 확인한 바다.

즉, 근대사회에서 "일신독립"이란, 노동권이나 참정권을 자명한 전제조건으로 하고, 우리들 시민이 예컨대 "침략전쟁의 상징이었던 국기 히노마루日の丸와 천황 치세를 찬미한 국가 기미가요君が代"의 강제에 한 걸음도 양보하지 않는 "사상, 양심, 신교 등의 자유"를 스스로 확립하는 것이다. 또한 무엇보다도 자신의 목숨만큼은 국가—혹은 '과로사'를 강요하는 기업—에 내주지 않는 것이다. 따라서 징병제가 존속되고 있는 국가에서는 '생존'이라는 최대·최소의 기본적 인권을 국가에 넘겨주는 징병제를 단연코 인정하지 않는 '양심적 병역거부'를 자신의 권리로 획득하고 스스로 병역거부를 관철하는 주체가 되는 것이다. 니시카와 나가오가 단적으로 말한 것처럼 "국민이 조국을 위해 죽기를 그만두면 이미 국민국가는 성립하지 않는다."[119] 따라서 '양심적 병역거부' 투쟁은 국민국가에 바람구멍을 내고 그 해

체를 도모하는 중요한 첫걸음이 되는 것이다.

필자가 '나도 겨우 일신독립할 수 있게 되었나' 생각하게 된 것은, 1989년 1월 히로히토 사거에 즈음하여 나고야대학 본부 현관 앞에 게 양된 조기를 둘러싸고 개최된 대학교직원조합 항의집회 사건 이후로, 이미 50대 중반에 이르러서였다. 눈앞의 조기에 손끝 하나 대지 못한 채 "우리는 조기 게양을 인정하지 않는다"고 몇 번이고 외치는 (인정하지 않는다고 연호하면서 인정하는) 모순과 기만(조기를 떼내어 정성스레 접어서 총장에게 전달한 짓)을 알아차린 뒤에는 조합의 항의집회와 별도로 뜻 있는 사람들 중심으로 게양 저지운동을 호소했다. 국민의 심성을 권 위주의적으로 지배하는 히노마루와 기미가요 게양·제창 반대운동은 남이 하는 대로 똑같이 따라하는—조직 방어의 본능을 갖는—조합운 동이 아니라 개인의 양심적 거부를 축으로 구성해야 한다. 이를 늦게 서야 깨달은 것이 바로 필자의 전후책임이다.

영화 〈스페셜리스트(Un Spécialiste: Portrait d'un Criminel Moderne)〉(Rony Brauman & Eyal Sivan, 1999)는 사회에 잘 적응하고 조직의 일원으로서 상부 의 지시에 따라 충실하게 직무를 수행했던 유능한 나치독일의 군부 관료 아이히만(Adolf Eichmann, 1906~1962)의 범죄가 갖는 의미를 되묻고 있 다. 마치 가축의 조련사처럼 국기와 국가를 강요하는 교육은, 일본의 어린이·청년이 사회나 조직에 고분고분 적응하고 조직의 일원으로 서 집단에 매몰되어 행동하도록 만드는 과잉 집단동조 훈련이며, 그 들이 선대와 마찬가지로 유사법제有事法制* 아래 다시금 "인도에 대한

---

* 2003년 6월 6일, 일본에 대한 무력공격이 발생하거나 그것이 예상되는 사태를 상정

죄"를 범하도록 조장하는 '잠재적 아이히만' 육성의 교육범죄이다.

필자는 아시아태평양전쟁 시기에 일본 국민(신민)들이 국가와 침략전쟁을 어떻게 마주했는가 하는 문제를 전쟁책임론과 관련시키면서 연구해왔다. 그 과정에서 다음의 사례들을 수집할 수 있었다.

① 징병 그 자체를 기피하려 한 미쿠니 렌타로, 기타미카도 지로 외에, 사망진단서 위조에 의한 징병 모면, 신체 훼손이나 정신병자를 가장한 소집해제 사례, ② 징병에 응한 이들 가운데 병역(군사훈련)의 거부, "초년병 교육"으로 일상다반사로 이루어진 중국인 포로 사살 명령의 거부, 강제적인 특공대 참가 거부의 사례, ③ 간부후보생 시험의 거부 혹은 의도적 불합격—재학 중 군사교련을 기피하여 '군사교련 불합격증'을 받는 경우도 포함—을 통해 전쟁에 대한 적극적 가담을 기피한 사례, ④ 「전진훈戰陣訓」*을 어기고 적군 진영에 자발적으로 투항한 사례(약 5천 명의 조선인 학도병 가운데 탈주·투항·항일의거가 많았으며, 1/4 정도가 일본군 전선을 이탈하려 했다), ⑤ '진공지대眞空地帶'** 같은 군대 내에

하여 자위대와 미군의 행동을 원활하게 하기 위해 자위대법 개정안, 무력공격사태 대처법안, 안전보장회의 설치법안 등 3개 법안을 자민당·공명당·보수신당의 연립여당 3당과 민주당, 자유당까지 가세하여 찬성 다수로 성립시킨 것을 말한다. 이 법안은 현행 일본헌법 제9조의 '전쟁포기' 조항을 무력화시키고 미군과 일체가 되어 일본 자위대를 세계의 분쟁지역에 파견하여 군사공격을 가능하게 했다.

* 중일전쟁의 장기화에 따라 도망, 항복 등 전선에서 이탈하는 병사들이 속출하자 1941년 도조 히데키東条英樹가 모든 육군 장병들에게 "살아서 포로의 치욕을 당하지 말고 죽어서 죄과의 오명을 남기지 말라"는 일본군의 항복 및 포로금지를 하달하여 전진戰陣의 도의심 고양과 군기 엄중을 시달한 문서.

** 1952년에 출간된 노마 히로시野間宏(1915-1991)의 장편소설 제목에서 따온 표현. 작가는 1941년 오사카 보병연대에 입영한 뒤 필리핀 전선에 배치되었으나 말라리아에

서 몰래 숨어 레닌의 『국가와 혁명』을 읽어가면서 일본 패전의 필연성을 포함한 특별한 사색과 인식에 도달한 학도병의 사례 등.

그러나 조선인 학도병을 제외하면 ①~⑤를 모두 합해도 지금까지 확인된 인물은 38명밖에 되지 않는다. 이 가운데 신체 훼손을 통해 병역을 기피한 자를 제외하면, 일본에서 '양심적 병역거부'와 유사한 실천을 했다고 평가할 수 있는 것은 현재까지 실패한 사람을 포함해도 미쿠니 렌타로, 기타미카도 지로, 야마다 다가이치山田多賀市 (1908~1990),[120] 세 사람밖에 발견하지 못했다(거꾸로 모처럼 징병검사에 불합격했는데도 혈서를 써가면서까지 간원하여 입대한 이들은 상당수이다). 같은 아시아 태평양전쟁(=제2차 세계대전) 기간 동안 추축국의 대외팽창 시도에 대한 저항전이라는 '대의명분'을 지닌 연합국 소속이면서도 '양심적 병역거부'를 선택해 투옥을 감수한 미국 '국민'이 1만 6천 명, 영국 '국민'이 5만 9천 명이나 된다는 사실은 필자에게 큰 충격이었다.

'국민주의'와 '자유주의 체제'의 연합국에 이토록 많은 '양심적 병역거부자=국가에 대한 반역자'가 존재했고, 거꾸로 '국가주의'와 '파시즘 체제'의 추축국 일본에는 고작 3명 정도밖에 없었다는 이 대조적인 사실은, "국민주의는 국가주의에 회수될 운명", "파시즘과 자유주의체제는 국민국가의 하위 구분"이라는 니시카와 나가오의 주장이

걸려 국내 육군병원으로 후송되었고, 좌익운동 전력으로 헌병대의 수사를 받았으며 치안유지법 위반으로 군법회의에 회부되어 육군형무소에 투옥되기도 했다. 그는 이런 개인적 체험을 바탕으로 일본 군대의 가장 가혹한 상황은 적과 생사를 걸고 싸우는 전쟁터가 아니라 교육과 훈련의 장인 내부반內部班에 있음을 생생하게 그려냈다.

재검토되어야 할 필요성을 시사해준다. 『들어라 해신의 목소리』의 집필자 가운데 징집된 신분이지만 뛰어난 반군 인식에 도달했던 우에무라 겐타上村元太, 다쿠지마 노리미츠宅島德光, 우에하라 료지上原良司, 하야시 다다오林尹夫 등의 학도병이 하나같이 자유주의 사상을 버팀목으로 삼고 있었다는 사실도 자유주의 사상의 가능성을 암시한다.

『들어라 해신의 목소리』의 집필자는 아니지만, 또 한 명 필자에게 강렬한 인상을 남긴 인물이 있다. '신학생新學生 도道 수립운동', '징병유예 특권 봉환운동' 등을 벌이며 침략전쟁 수행에 특히 열광하고 있던 1943년 당시의 와세다대학에 다니면서도, 군사교련을 거부하고 장발금지나 구두 및 각반 착용 명령을 무시하고 장발에 굽 높은 게다를 신고서 학교를 다녔으며, 입대 후에도 반군의 자세를 관철했던 나츠보리 마사모토夏堀正元(1925~1999)가 그 주인공이다. 그는 1943년 프랑스 시인 폴 발레리(Paul T. J. Valéry, 1871~1945)와의 만남을 계기로 '정신의 자유'를 열렬히 지향하는 '반전 학도'가 되었다. 18세가 되던 해, 그는 일기에 이렇게 적었다.

"이 전쟁은 절대로 패배해야 한다. 만약 일본, 독일, 이탈리아의 추축국이 승리한다면 세계는 (…) 세 개의 짐승국가(獸性國家)에 의해 지배되고 정신의 자유는 맹목의 제국 가운데 압살될 뿐이다. 지금이야말로 정신의 자유를 위해 일본, 독일, 이탈리아는 패퇴해야 한다."[121]

이미 기술한 바와 같이 '국민적 전쟁책임론'을 부정하는 이마이 히로미치는 "국경을 초월한 '아시아적 공공성' 구축"을 지향하며 "피해자와 연대"할 것을 요구한다. 이에 대해 필자는 우리들이 주권자 일본 국민으로서 '아시아적 공공성'을 구축하거나 '피해자와 연대'하기 전에 무엇보다 다시 전쟁국가의 길을 걷고 있는 일본의 동향을 헌법 9조, 평화적 생존권, 시민평화소송 등을 무기로 전력을 다해 저지하는 것이 먼저라고 생각한다(징병제 부활은 없으리라 생각되지만, 만일의 경우에는 '양심적 병역거부' 합법화의 확립을 목표로 해야 한다).

또한 그것은, 전쟁국가·유사법제의 길로 연결되는 ① 히노마루와 기미가요의 강제를 '사상·양심·신교의 자유' 원리에 의해 단호히 거부하는 것이고, ② 현직 수상의 야스쿠니신사 공식 참배에는 위헌소송을 제기하고, ③ 교과서 검정에 대해서는 이에나가 교과서소송이나 다카시마(요코하마) 교과서소송 등을 이어받는 투쟁을 계속하는 것이다(필자는 이들 소송에 원고가 되거나 구두변론에 참가했다). 즉, 우리들은 국민으로서든 시민으로서든 자신의 직장이나 지역, 국가에서 전쟁으로 이어지는 온갖 움직임과 정면으로 싸우지 않고서는 아시아의 전쟁 "피해자와 연대"하거나 "아시아적 공공성"을 지향할 수도 형성할 수도 없고, 전쟁책임을 질 수도 없다. 그리고 그 투쟁에서 '사상·양심·신교의 자유'를 필두로 한 '국민국가'의 헌법 원리나 법률은 소중한 무기가 될 수 있기 때문에, 필자는 이마이처럼 세계사의 현 단계에서 느닷없이 "주권국가를 빠져나가" "어떤 의미의 국민적 주체도 국민주권도 (…) 원리적으로 거부"하는 데는 동조할 수가 없다.

군수산업의 대변자인 부시 미국 대통령에 의해 미국 일국이 폭주하는 세계 군사전략이 횡행하는 가운데, 그 미국의 외압을 구실 삼아

'유사법제'를 정비하고 헌법 개악까지 추구하는 일본과 세계의 현상은 혼미와 절망의 구렁에 가깝다. 우리들은 어디에서 희망의 길을 찾을 것인가. 미국에서도 마침내 부당한 이라크 공격 시도에 대해 이전의 베트남 반전운동에 필적하는 평화운동이 일어났다. 그 첫걸음은, 예컨대 미국 의회에서 대통령의 아프가니스탄에 대한 반테러 무력행사 권한을 인정하는 결의에 홀로 반대하고 나섰던 바바라 리(Babara Lee) 하원의원의 행위일 것이다. 수렁에 빠진 팔레스타인에서 '폭력의 연쇄'를 끊는 지난한 길도, 2002년 1월 침략하는 측의 병사 50명이 「거부의 편지」 광고를 낸 데서 시작될 수 있지 않을까. 「거부의 편지」는 곧 이스라엘 병사의 군무거부, 양심적 병역거부운동으로 발전하고(반년에 5천 명), 점령지로부터의 철수 및 평화교섭 재개를 요구하는 10만 명 집회로 확대되었다. 이 어려운 투쟁을 지속하는 것 외에 '폭력의 연쇄'를 끊어낼 다른 길은 보이지 않는다. 세계 각국에서 징병제가 폐지되고 있고, 헌법에 보장된 '양심적 병역거부'의 길을 선택하여 징병을 기피하는 독일 청년들이 이미 과반수를 넘어섰다. 이런 사실들이 존 레논(John W. Lennon, 1940~1980)의 노래 〈이매진(Imagine)〉의 세계가 몽상이 아닐 수도 있음을 암시해준다고, 필자는 느긋하게 낙관적으로 생각하고 있다.

강제는 아니라던 국기·국가의 공립학교 게양·제창 실시율이 백 퍼센트에 가깝고, '학문의 자유'와 '대학자치'를 특권으로 보장받아온 국립대학조차 「학습지도요령」에 의한 강요도 없는데 조기·국기를 게양하고 있으며, 일부 대학에서는 '히노마루'의 상시 게양이나 국가 연주가 시작되었다. 이처럼 대학까지 과잉 집단동조의 대열에 동참하는 현재 일본에서 반전평화운동은 절망적일 정도로 곤란한 도정이다. 우리들이 조직이나 상부의 부조리한 지시에 저항하여 비동조·불복종·항명·이의제기·내부고발의 주체로서 자신을 다시 단련하고 그 삶의 방식과 자세를 관철하는 것 외에 전쟁책임을 지고 민주주의의 재생을 기대할 수 있는 길은 없을 것이다. 내부고발에 대해서는 그 보호법의 입안도 시작되고 있다. 물론 내부고발을 용인하고 보호하는 것은 조직을 지키기 위함이다. 그러나 긴 안목으로 보면 내부고발의 용인은 국가나 조직의 해체로 가는 첫걸음이 될 가능성이 될 수도 있다. 우리가 이마이 히로미치가 말하는 "국민국가와 대결할 주체"가 되기 위해서는, "민주주의적 다수파에 대한 소수파의 시민적 불복종운동"[122]을 포함하여 주체로서 "일신독립"해 나가는 난제와 씨름하는 일 외에 다른 길은 없다.

'국민국가론'에 "출구가 없는" 것이 아니다. 출구는 우리들이 열어가는 것이다. 국민국가를 지탱하는 최대의 기본 원리인 '능력주의'를 비판하고 그 해체를 촉구하는 각종 시민운동, 환경보전이나 반원전反原電 투쟁, '양심적 병역거부'의 법제화와 실천, 히노마루·기미가요 거부투쟁, 내부고발의 일상화, 교과서소송, 야스쿠니소송 등 일본 사회 내의 과잉 집단동조 현상과 씨름하는 일은 모두 절망적으로 곤란한 길이지만, 국민국가를 비판·극복·해체하는 출구는 무수히 열려 있다고 생각한다. 강상중은 "국가나 민족은 자기동일화自己同一化하는 대상이 아니다. 오히려 지금 개인으로서 어떻게 국가와 마주할 것인가가 문제시되고 있다"[123]고 했다. 그가 말한 바, 개인이 "국가와 마주하는" 자세나 투쟁은 바로 이런 자세를 의미하는 것이라 생각한다.

3) 『문명론의 개략』은 후쿠자와의 원리론이라는 오류의 재론
—『문명론의 개략』 제10장의 문제

『문명론의 개략』은 곧 후쿠자와의 원리론이라는 마루야마의 파악은 오류임을 제1장 1절에서 이미 논증했다. 구체적으로 되짚어보면, 대일본제국헌법 발포 이후 근대 일본의 발전 과정을 전망한 후쿠자와의 논설 「일본 국회의 유래」와 「국회의 전도」를 검토하며 다음을 확인했다.

① 후쿠자와는 오랜 세월 "권력 편중"과 "혹닉"에 의해 "선천적인 성질"로 형성된 "순종, 비굴, 무기력"의 일본인 국민성을 "순량"의 인격성이라고 전향적으로 파악하여 그 국민성에 의거해 일본의 자본주의적 발전을 전망했다. ② 후쿠자와는 "우민을 농락하는 사술"로서 천황제를 선택했다. ③ 후쿠자와는 초기 계몽기에는 변혁을 긍정했지만 역사적 현실주의라는 이름의 현실추종주의와 봉건제 재평가로 사상을 전환했다.

이 사실을 논증함으로써, 『문명론의 개략』이 후쿠자와의 원리론이고 그 기본 원리는 후쿠자와 말년까지 유지되었다는 마루야마의 주장은 명백한 "개인적 도그마"임을 해명했다. 또한 후쿠자와의 천황제론이 "천황을 모든 정치적 결정의 세계를 초월한 위치에 두는" "원리론"이라는 마루야마의 주장 역시 오류라는 것은 필자의 이전 책에서 논증한 바다.

이렇게 '『문명론의 개략』=후쿠자와의 원리론'이라는 주장은 이미 파탄되었지만, 여전히 마루야마 신봉자가 많다는 현실을 감안할 때 마루야마의 후쿠자와 신화 해체를 위해서는 지나칠 정도로 거듭 확인하는 일이 필요하기 때문에 재론을 시도해본다.

첫째로, 『문명론의 개략』이 "유일한 원리론"이 아니라, 마루야마 자신이 "후쿠자와의 경우 『문명론의 개략』까지 포함하여 모든 논저가 시사론이라면 시사론입니다"라고 지적한 대로 틀림없는 '시사론'임을 해명할 것이다. 둘째로, 마루야마의 문하생들―『마루야마집』 해제를 담당한 마츠자와 히로아키松沢弘陽, 우에테 미치아리, 이다 다이조飯田泰三―을 포함한 많은 연구자들이 수많은 마루야마의 후쿠자와 신화 중에서도 유독 '『문명론의 개략』=후쿠자와의 원리론'이라는 신화에 대해서는 특히 『문명론의 개략』 제10장에 대한 이해를 둘러싸고 중요한 비판과 의문을 제기해왔다는 사실을 소개하려 한다.

(1) '시사론'으로서 『문명론의 개략』

이 책 [자료편] 15에 『문명론의 개략』 제10장을 특별히 게재한 이유는, 그것이 마루야마가 '무시한' 논설이기 때문이 아니라 그에 대한 마루야마의 이해와 자리매김이 잘못되었기 때문이다. 필자가 여기서 제10장을 문제 삼는 것은 물론 그 내용이 '제국헌법=교육칙어'에 대한 긍정과 찬미로 넘어가는 후쿠자와의 발걸음에서 중요한 고비를 이룬다고 평가하기 때문이지만, '『문명론의 개략』=후쿠자와의 원리론'이라는 마루야마의 도식에는 이런 이해가 비집고 들어갈 여지가 없다. 먼저 『문명론의 개략』이 '원리론'이 아니라 '시사론'이라는 것부터 확인하도록 하겠다.

『문명론의 개략』이 결론으로서 제10장에서 제기한 일본 근대화에 관한 강령적 방침은 "지금의 일본 국민을 문명으로 나아가게 하는 것은 이 나라의 독립을 지키기 위해서일 뿐이다. 고로 국가의 독립은 목적이고, 국민의 문명은 이 목적을 달성하기 위한 수단"이라는 것이었다. 최근에는 『문명론의 개략』에 대한 후쿠자와의 초기 구상 메모인 「문명론 플랜」 분석 연구를 통해 제10장의 "외국 교제 문제와 관련된 위기상황 언급으로 전체를 매듭짓는 것이 후쿠자와 문명론의 당초 구상"[124]이었다는 사실도 해명되었다. 즉 제10장의 내용은 문자 그대로 『문명론의 개략』의 결론 그 자체라는 것이다.

또한 후쿠자와는 『문명론의 개략』의 결론이 다름 아닌 '시사론'임을 계속되는 문장 속에서 다음과 같이 명쾌하게 밝혔다. "국가가 없고 인민이 없으면 이를 우리 일본의 문명이라고 할 수 없다. 이것이 곧 우리가 이론의 범위를 좁혀 단지 자국의 독립을 문명의 목적으로 삼는 의론을 주장하는 까닭이다. 고로 이 의론은 지금의 세계정세를 헤아려 지금의 일본에 이익이 되는 것을 도모하고 지금 일본의 절박한 상황에 따라 설명하기 시작한 것"이라 말하고 있다. "지금의"라는 어구를 세 번이나 반복하며 취지를 설명한 점이 눈에 띈다. 더구나 후쿠자와는 "국가의 독립은 목적이고, 국민의 문명은 이 목적에 도달하는 수단"이라는 이 책의 결론을 재확인한 다음에, "이 '지금'이라는 말은 특별히 의미가 있어 사용한 것이기 때문에 학자는 등한히 여겨 간과하지 말라. 본서 제3장에서는 (…) 인류가 마땅히 도달해야 할 문명의 본지를 목적으로 삼아 이론을 세웠지만, 여기서는 우리의 지위를 지금의 일본에 한정하고 그 의론 또한 자연히 구역을 좁혀 단지 자국의 독립을 얻게 하는 데 주목하여 임시로 문명의 이름을 붙였을 뿐이다"라고 적었다.

후쿠자와 자신이 "이 '지금'이라는 말은 특별히 의미가 있어 사용한 것이기 때문에 학자는 등한히 여겨 간과하지 말라"고 말했는데도 "후쿠자와에게 반했다"고 자부하는 마루야마가 이를 "등한히 여겨 간과"한 책임은 중대하다. 『문명론의 개략』 제10장에서 발췌한 [자료편] 15의 인용만 봐도 "지금의"가 9번, "오늘"이 2번, "지금"이라는 표현이 2번이나 사용된 데서 알 수 있듯이, 『문명론의 개략』의 결론은 '시사론' 그 자체였다. 다만 "마루야마 마사오의 신봉자"[125]들은 다음과 같은 후쿠자와의 장래 공약을 인용하여 그것이야말로 후쿠자와의 '원리론'이라 변명할지도 모르겠다. 그러나 가망 없는 장래 공약이 '원리론'이라고 강변하는 게 "은사"의 옹호가 될 수 있을지는 별개의 문제이다.

『후쿠자와 유키치의 아시아 침략사상을 묻는다』 말미의 자료편 「후쿠자와 유키치 아시아인식의 궤적」에서 초기 계몽기 후쿠자와의 위대함을 보여주는 양식적인 발언으로서 필자가 유일하게 인정한 것이 바로 그 "문명의 본지" 공약이다. 후쿠자와는 제10장 첫머리에서 "외국에 대해 자국의 독립을 도모하는 일은 원래 문명론 가운데 사소한 하나의 항목에 지나지 않"는다고 말했다. 또한 『문명론의 개략』의 결론으로 제시된 강령적 방침에 대해 "고로 이 의론은 지금의 세계 정세를 헤아려 지금의 일본에 이익이 되는 것을 도모하고 지금 일본의 절박한 상황에 따라 설명하기 시작한 것이므로 본래 영원미묘한 깊은 뜻(奧薀)이 있는 것은 아니다. 학자가 느닷없이 이를 보고 문명의 본지를 오해하고 이를 경멸시하여 그 글자 뜻의 면목을 욕보이지 말라. (…) 이 '지금'이라는 말은 특별히 의미가 있어 사용한 것이기 때문에 학자는 등한히 여겨 간과하지 말라. (…) 고로 지금의 우리 문명이라고 한 것은, 문명의 본지가 아니라 우선 일의 첫걸음으로 자국의 독립을 도모하고 그 외의 과제는 다음 행보로 남겨두고 훗날 이루게 되리라는 취지이다"라고 말해두었다. "첫걸음으로 자국의 독립"을 달성하면 "다음 행보로 남겨"든 "문명의 본지"를 "훗날" 추구하여 "이루게 되리라"고 사회적으로 공약한 것이다.

이 "문명의 본지"에 관한 과제는 무엇이었을까? "자국의 독립"과 함께 "일신독립"이나 개인의 "자유독립"을 아울러 확립(국내 민주화)하는 것이라고 해석할 수 있을 것이다. 그러나 같은 초기 계몽기의 후쿠자와 저작 『학문의 권장』 제3편의 '일신독립해야 일국독립하는 것'이라는 정식에서 중요한 것은 "일국독립하는 것"뿐이고 "일신독립하는 것"은 그것을 가능하게 하는 정치적·경제적·사회적 조건을 포함하여 방치되고 있음을 필자는 확인했다. 적어도 "후쿠자와에게 반한" 연구자라면 "자국의 독립을 도모하는 일은 (…) 사소한 하나의 항목에 지나지 않"는다는 후쿠자와의 탁월한 역사인식과 "일신독립" 등 "그 외의 과제는 다음 행보로 남겨두고 훗날 이루게 되리라"는 그의 미래 전망(이론의 재편성 의향 표명)에 반해 이것이야말로 『문명론의 개략』의 '원리론'이라고 해석할 수 있을 것이다. 그리고 그렇게 해석하는 사람은 '일신독립해야 일국독립하는 것'에서 "일신독립"과 "일국독립"이 "동시적 과제"로 제시되었고 초기 계몽기 후쿠자와가 "완전한 균형을 유지하고 있었다"는 마루야마의 주장이 후쿠자와에게 크나큰 실례를 범하는 오독이라는 사실도 아울러 인정해야 한다.

필자는 초기 계몽기 후쿠자와의 "문명의 본지"론을 높게 평가하지만, 그것이 그의 '원리론'이라고는 생각하지 않는다. 설령 『문명론의 개략』에서 그 원리가 확립되어 있지 않더라도 후쿠자와가 "일신독립"도 아울러 달성한다는 원리적 과제의 실현을 위해 분투한 흔적이 있어야 비로소 그렇게 이야기할 수 있는 것이다. 그러나 후쿠자와는 기본적으로 조금도 그런 노력을 하지 않았을 뿐만 아니라, 『문명론의 개략』 제10장 안에서 스스로 "일신독립"으로 가는 길을 막아버리는 제안을 하고 있다. 그런 점에서, 후쿠자와의 "문명의 본지" 과제론은 허공에 뜬 환상의 사회적 공약에 지나지 않았다고 보아야 한다.

(2) 『문명론의 개략』 제10장의 문제―작위의 동원

이미 앞에서 일부 인용한 이다 다이조의 「후쿠자와 유키치의 일본 근대화 구상과 서구관·아시아관」[126]은 같은 마루야마 마사오의 문하생인 마츠자와 히로아키가 『근대 일본의 형성과 서양 체험』[127]에서 펼친 후쿠자와론에 촉발되어 쓴 원고라고 한다. 이다의 논문은 이번에 필자가 30여 년에 걸친 후쿠자와 연구 공백을 메우기 위해 검토한 많은 글들 가운데 『문명론의 개략』에 대한 이해가 필자와 가장 가깝고, 그런 점에서 납득할 수 있는 내용을 담고 있었다. 이다가 학생 시절부터 의문으로 지니고 있었던 이 글의 주제는 『문명론의 개략』 제1장에서 제9장까지의 논술과 마지막 장인 제10장 "사이에 가로놓인 비약", "논리적 균열"[128]이었다. 더구나 그것은 "마루야마 마사오 선생의 『문명론의 개략을 읽는다』의 설득력 있는 설명을 읽은 뒤에도 여전히 석연치 않은 형태로 남아 있었다"고 할 만큼 커다란 문제였다. 필자는 『문명론의 개략을 읽는다』에서 마루야마의 논지가 기본적으로 잘못됐다고 파악하기 때문에 이다가 "설득력 있는 설명" 운운하는 것에는 찬성할 수 없지만, 여기에서는 필자의 논지와 가까운 범위 내에서 그의 이해를 소개하고자 한다.

이다는 『문명론의 개략』 제1~9장에서 각종 "권력 편중" 현상을 적출하여 "일본의 전통사회가 어떻게 자유와 민주의 계기를 결여하고 있었는지 준엄하게 비판했던" 후쿠자와가 제10장에 이르러 "일변"하여 "전근대적인 것의 긍정적인 측면에 대한 역설적인 평가"를 내리고 있음을 문제 삼았다. 그는 이것이 후쿠자와가 목표로 했던 "일신독립해야 일국독립하는 상태로 만들어가는 노선을 구체적으로 전망할 수 없게 된" 상황에서 나온 대응으로 해석한다. 즉, 후쿠자와가 본래 지향했던 "한 개인의 기상"(개인적 주체성)에 뒷받침된 "인민 독립의 기풍"에 대신하는 모종의 주체적 에토스를 국가적 수준에서 만들어내고, 그것을 밑으로부터 떠받드는 형태로 일국독립을 달성해 나가는 것 외에 길이 없다고 생각하기 시작한 "후쿠자와 사상 전체에서 일어나고 있는 전환기"에 제출된 것이 제10장의 "대안", "긴급피난적 대안"이었다고 보았다.

이런 후쿠자와의 발걸음과 관련하여 "후쿠자와는 서양산 문명론, 문명사관으로부터의 '독립'을 도모하는 데까지 나아간 것"으로 파악했던 마츠자와 히로아키와 달리, 이다 자신은 "시민사회=문명화의 코스가 무너진 것은 아닌지" 하는 해석을 제시한다. 그리고 이 제10장의 "대안"은 "예로부터의 '군신주종 관계'에 있었던 '모럴·타이(moral tie)'로의 방향전환 혹은 확대 전용"을 통해 애국심을 형성시키려 한 것으로, "원래 후쿠자와가 마땅히 부정해야 했을 '권력 편중'의 사회에서 배양된 '혹닉'의 심정을 동원·확대하는" 길이 되었다고 파악한다. 이로써 이다는 후쿠자와가 '권력 편중' 사회와 줄곧 투쟁하면서 "시민사회화=문명화의 코스"를 실현하고자 평생 분투했다고 파악하는 "마루야마 마사오 선생"의 주장으로부터 독립하여 이탈을 꾀하고 있는 것이다.

문하생으로서 "마루야마 마사오 선생"을 배려한 표현을 삭제하면, 이다의 결론은 다음과 같다. "『문명론의 개략』 제10장"은 마루야마가 말하는 "의기 왕성한 메이지의 건강한 내셔널리즘"과는 명확히 "다른 내셔널리즘"을 "매우 강력하게 내세운" 것이었다. 그것은 아시아에 대한 "억압과 침략에 결부되는" 배외주의적 내셔널리즘(그 자체)이고, 그것 "없이는 아시아의 일국으로서 일본의 독립은 달성될 수 없음을 너무나도 사실적으로" 지적한 것이었다. "오히려 그런 모순 혹은 균열을 굳이 떠안고 주춤거리지 않고 거기에 맞서려고 한 데 후쿠자와의 거대함이 있다고 생각한다."

마지막 후쿠자와에 대한 평가 부분에서 필자라면 "후쿠자와의 거대함"을 "근대 일본 최대의 보수주의자 후쿠자와의 거대함"이라고 표현했을 것이다. 그에 대한 동의 여부는 제쳐두고, 필자는 『문명론의 개략』 제10장에 대한 이다의 해석에 기본적으로 찬성한다. 이처럼 필자가 이다 다이조에게 호의적(?)인 이유는, 첫째로 이다가 「일본 국회의 유래」라는 후쿠자와 논설을 언급한 유일한 연구자이기 때문이다. 「일본 국회의 유래」는 '『문명론의 개략』=후쿠자와의 원리론'이라는 주장의 파탄을 단적으로 보여주는 예로서, 필자는 이를 이 책 [자료편] 1에 소개했다. 애초에 후쿠자와의 이런 종류의 논설을 무시하지만 않는다면 마루야마를 필두로 하는 종래의 후쿠자와 연구자들이 신봉하는 '후쿠자와 유키치가 제국헌법이나 '교육칙어'에 찬성했을 리 없다'는 신화 자체가 만들어질 수 없었다는 것이 필자의 생각이다.

물론 「일본 국회 유래」에 대한 이다의 평가가 반드시 필자와 같지는 않다. 그러나 이다는 『문명론의 개략』 제10장의 결론을 정확하게 파악한 뒤 "『문명론의 개략』의 일본 문명 유래에 관한 기술"과 대비하여, 제10장과 더불어 「일본 국회의 유래」에서도 초기 계몽기 "후쿠자와의 일본 인민관"이 명백하게 "변화"하고 있다는 중요한 사실을 밝혀냈다. 그것은 『문명론의 개략』을 후쿠자와의 평생에 걸친 '원리론'으로 파악한 "마루야마 선생"의 잘못을 단적으로 증명하는 것이며, 어쨌거나 제국헌법='교육칙어'에 대한 후쿠자와의 생각이 변화하는 과정을 사상사적으로 고찰할 필요성이 있음을 시사하는 것이다.

필자가 이다에게 호의적인 이유는 하나 더 있다. 필자가 보기에, 마루야마 마사오의 후쿠자와 연구가 밝힌 것은 "후쿠자와 유키치"의 사상이 아니라 "마루야마 유키치"라는 별개의 사람의 사상이고, 따라서 그 후쿠자와론은 당연히 "유키치의 객관적인 모습"일 리 없으며 마루야마의 "지나친 해석에 따라 만들어진" 모습이라는 것은 이미 명확한 사실이다. 그런데 마루야마의 "문하생"이나 무수한 "신봉자"들 가운데 이다 다이조야말로 이 사실을 가장 당연하게 말하는 연구자인 것 같다는 사실을 이번에 처음으로 알게 되었다.[129] '마루야마 유키치'라는 표현을 이 책의 부제로 활용한 것을 포함하여, 거듭 감사의 마음을 표하고자 한다.

이제 『문명론의 개략』 제10장에 대한 다른 연구자들의 논의를 고찰하는 것은 뒤로 미루고, 필자 자신이 '제국헌법=교육칙어'와 관련된 후쿠자와의 사상 전개에서 『문명론의 개략』 제10장을 어떻게 자리매김하고 있는지 밝히겠다. 『문명론의 개략』 제10장에서 후쿠자와는 "국민된 자는 매일 아침 경계하여 외국 교제에 방심해서는 안 되고, 그런 다음에 조반을" 먹으라고 권할 정도로 "자국의 독립" 확보를 지상 최우선 과제, "최후 최상의 대목적"으로 삼고 있었다. "일신독립" 달성 등 "그 외의 과제는 다음 행보로 남겨두고 훗날 이루게 되리라"고 한 것도 그런 이유였다. 이 과제의식에 완전하게 대응하는 것이 『학문의 권장』에서 제시된 후쿠자와의 '일신독립해야 일국독립하는 것'이라는 정식이다. 즉 "자국독립"의 확보를 "최후 최상의 대목적"으로 삼았던 후쿠자와였기에, 그가 이 정식을 통해 국민에게 요구한 것은 "국가를 위해서라면 재산을 잃는 것뿐만 아니라 하나밖에 없는 목숨을 내던져도 아까울 것이 없다"는 "보국의 대의" 그 자체였던 것이다.—이다가 초기 계몽기 후쿠자와의 문제의식을 "한 개인의 기상"에 뒷받침된 "인민 독립의 기풍"에 기초하여 "국민국가"를 형성(민주화)하는 것으로 파악한 것은 "마루야마 선생"에 대한 잘못된 추종이다.

따라서 후쿠자와가 "일신독립", 국내 민주화의 과제를 "다음 행보로 남겨둔" 채 "훗날 이루게 되리라"고 했던 공약의 방향으로 한 걸음도 내딛지 않는 한, 그 "자국독립" 확보 지상주의는 모래 위에 누각을 세우는 행위일 수밖에 없었다. 그 때문에 후쿠자와는 온갖 작위를 동원해야 했던 것이다. 후쿠자와가 너무나도 많은 작위를 동원했기 때문에 하나라도 놓치지 않기 위해서는 번호를 매겨야 한다. 원칙적으로 연대순으로 번호를 매기도록 하겠다. 최초는 『문명론의 개략』(1875) 2개월 전에 발표된 「국권가분國權可分의 설」(자료편 14)에서 제시된 바, ① '메이지유신' 혁명에 대한 평가 변경, ② 민권운동과의 결별 및 "바보와 병신"을 위한 종교 교화 노선이다.

①은 "지금의 일본 인민은 (⋯) 폭압정부를 무너트리고 전권을 얻은 것", "지금의 정부 (⋯) 기실은 전제가 사그라지고 남은 연기일 뿐 (⋯) 지금은 정부도 인민도 오로지 자유의 한 방향으로 나아갈 뿐"이라는 "8년 전의 왕정유신" 결과에 대한 새로운 평가이다. 이전에 『학문의 권장』 제4편에서 "정부는 이전과 다를 바 없는 전제정부, 인민은 여전히 무기력한 우민愚民일 뿐"이라고 했던 평가와 결별하고 있다.

②에서는 "농사꾼 수레꾼의 논의를 한쪽에 두고 정부의 권력에 균형을 잡으려는 것은, 제등提燈을 저울추 삼아 범종의 무게를 다는 것과 같다. 농사꾼 수레꾼에게 학문을 가르쳐서 그들에게 기력이 생기기를 기다리는 것은 삼나무 묘목을 심어놓고 돛대를 구하는 것과 같다. 터무니없는 바람이지 않은가"라고 토로한다. 전 국민을 대상으로 하는 초기 계몽의 단념을 표명한 것이다. 대신 후쿠자와는 이듬해 1876년 「종교가 반드시 필요함을 논하다」(자료편 16)에서 "요즘 세상에 종교는 부덕不德을 막는 개와 고양이 같다. 하루도 인간세계에 없어서는 안 되는 것"이라는 말로 "농사꾼 수레꾼"을 위해 "종교가 반드시 필요하다"는 주장을 폈다. 이는 이후 후쿠자와가 경세의 도구로서 평생 동안 백 편이 넘는 글로 "바보와 병신을 위한" 종교 교화 노선의

종교 진흥론을 전개하기 시작한 최초의 글이다.

작위 ③은 『문명론의 개략』 제10장에 제시된 봉건제 재평가이고, ④는 ③을 근거로 한 무리한 애국심 진흥책이다. 앞서 언급한 이다 다이조의 표현을 빌리면, ④는 "예로부터의 군신주종 관계에 있었던 모럴·타이(moral tie)로의 방향전환 혹은 확대 전용"을 통해 애국심을 형성시키려 한 것으로, "원래 후쿠자와가 마땅히 부정해야 했을 '권력 편중'의 사회에서 배양된 혹닉의 심정을 동원·확대하는" 길이 되었다.[130]

③의 작위부터 보자. 후쿠자와는 "옛날 봉건시대에는 인간 교제에 군신주종 관계라는 것이 있어 세상을 지배했는데, (…) 자기 한 목숨도 전적으로 주인집(主家)에 속한 것이라고 하여 구태여 스스로 그것을 자유롭게 하지 않고 (…) 그 관계가 아름답고 부러워할 만한 것이 없지 않다. (…) 서양 말의 이른바 '모럴·타이'인 것이다. (…) 이 풍속을 이름하여 혹자는 군신의 의라 하고, 혹자는 선조의 유서라 하고, 혹자는 상하의 명분이라 하고 혹자는 본말의 차별이라 하며, (…) 일본 개벽 이래 오늘에 이르기까지 인간의 교제를 지배하고 오늘까지의 문명을 이룬 것은 이 풍속 관습에 힘입지 않은 것이 없다"고 했다. "군신의 의", "선조의 유서", "상하의 명분", "본말의 차별" 등 봉건적인 인간관계에 대해 "오늘까지의 문명을 이룬 것은 이 풍속 관습에 힘입지 않은 것이 없다"는 적극적인 평가로 돌아섰음을 알 수 있다. 그리고 ①의 메이지유신에 대한 변화된 평가에 더해, 유신의 결과 일본은 "모든 오래된 것을 폐기하여 (…) 우리 인민의 마음 깊숙이 스며든 은의恩義, 유서由緒, 명분, 차별 등의 생각은 점차 사라져 없어지고, 실적

일방에 중심을 치우치게 하여, 무리하게 이를 좋게 표현하면 인심이 활발하고 지금의 세속에서 말하는 바의 문명이 재빠르게 진보하는 상황이 되었다"고 말한다. 『문명론의 개략』 제10장에서는 1875년 현재의 일본 상황을 "문명이 재빠르게 진보하는 상황"이라고 노골적으로 긍정했던 것이다. 제10장에서도 결어에 해당하는 [자료편] 15의 마지막 문단을 보자.

"이처럼 결국의 목적을 자국의 독립으로 정하고 바로 지금의 인간만사를 용해해 하나로 귀착시켜 모조리 그 목적에 도달하는 수단으로 삼을 때는 그 수단의 번다함이 끝이 없을 것이다. (⋯) 문명의 항목에 들어갈 만한 것이 많다. (⋯) 천하의 사물을 부분적으로 논하면, 한편으로 옳지 않은 것이 없고 다른 한편 그르지 않은 것이 없다. (⋯) 국체론의 완고함이 민권을 위해 크게 불편한 것 같더라도, 지금의 정치 중심을 정하고 행정의 순서를 유지하기 위해서는 또한 크게 편리하다. 민권 흥기의 난폭한 논의는 (⋯) 인민 비굴의 구 악습을 일소하는 수단으로 이용하면 또한 매우 편리하다. 충신의사忠臣義士의 논의도 예수교의 논의도, 유학자의 논의도 불자의 논의도, 어리석다고 하면 어리석고 지혜롭다고 하면 지혜롭다. (⋯) 뿐만 아니라 저 암살을 일삼는 양이攘夷의 무리라 할지라도 (⋯) 일편의 보국심報國心이 있음을 분명히 보아야 한다. 그렇다면 본서의 앞부분에서 말한 군신의 의, 선조의 유서, 상하의 명분, 본말의 차별 등도 인간의 품행 가운데 존중해야 할 항목으로, 즉 문명의 방편이라면 대체로 이를 배척할 이유는 없다.

다만 이 방편을 이용해 세상에 이익을 줄지 아닐지는 그 용법 여하에 있을 뿐. (…) 결국 최후 최상의 대목적을 잊지 않는 것이 긴요할 따름이다. (…) 지금 이 장의 주안점인 자국독립의 네 글자를 들어 내외의 차이를 분명히 하고 국민(衆庶)이 따라야 할 길을 가리키는 것이므로, 사물의 경중도 비로소 여기에서 재야 하고, 사물의 완급도 비로소 여기에서 정해야 하고, 경중완급이 여기에서 분명해지면, 어제 노한 것도 오늘은 기뻐할 일이 되고, 작년에 즐거웠던 것도 올해는 우려할 일이 되며, (…) 이로써 동일 목적을 향해야 하는가. 우리의 소견으로 지금의 일본 인심을 유지하는 데는 오로지 이 하나의 방법이 있을 따름이다."

이것이 문자 그대로 마루야마가 후쿠자와 평생의 '원리론'이라고 말하는 『문명론의 개략』의 마무리 문장이다. "지금 일본 인심을 유지하는" 유일한 방법은 "군신의 의, 선조의 유서, 상하의 명분, 본말의 차별" 등과 같은 '권력 편중 사회'의 "혹닉" 그 자체를 총동원하는 것이라는 제안이다. 이것이 제1장 첫머리에서 고찰한 헌법 발포 다음 날부터 연재한 사설 「일본 국회의 유래」와 기본적으로 동일한 제안임은 분명하다. 즉 "우리 국민은 수백천 년 이래 윗사람에게 복종하고 그 제어를 받아 (…) 안으로는 부모를 모시고 밖으로는 군주를 섬기며 형제자매, 스승제자, 상관하관, 고참신참, 본가분가, 적자서자, 일체의 관계 모두 구속 가운데 있을 뿐만 아니라 (…) 즉 일본 고유의 습관으로 (…) 인심이 양순하여 능히 사물의 질서에 복종하는 (…) 일본 국민의 특색 (…) 혹자는 이를 평하여 일본인의 비굴함이라고 할 사람도 있겠지만 (…) 비굴하다고 해도 무기력하다고 해도 능히 간난에 인내하고 흐트러지지 않는 사람은 여기에 덧붙이기를 순량이라는 이름으로 하지 않을 수 없다"는 것이다.

「일본 국회의 유래」에서 '권력 편중 사회'에서 형성된 "순종, 비굴, 무기력"의 국민성을 "순량"의 인격성으로 전향적으로 고쳐 파악한 경우와 마찬가지로, 『문명론의 개략』 마지막 장에서 후쿠자와는 "국체론의 완고함 (…) 충신의사忠臣義士의 논의도 (…) 유학자의 논의도 불자의 논의도, (…) 암살을 일삼는 양이攘夷의 무리"까지도 "무리하게 이를 좋게 표현하면 인심이 활발하고 (…) 문명이 재빠르게 진보하는 상황"이나, "인간 품행 가운데 존중해야 할 항목"으로 재검토할 수 있다면서 그 동원을 제안했다. 더구나 「일본 국회의 유래」는 헌법 발포 이후 일본의 자본주의적 발전을 도모한다는 포괄적인 과제를 위한 일본인 국민성론이었다. 이에 비해 『문명론의 개략』 제10장에서는 "자국의 독립" 확보라는 당면의 "최후 최상의 대목적"을 위해 "군신의 의, 선조의 유서, 상하의 명분, 본말의 차별 등"을 동원하기를 제안했는데, 마지막에 그것은 느닷없이 "지금의 일본 인심을 유지"하기 위해서라는 포괄적인 동원책으로 살짝 바꿔치기 되었고, 현상의 타개책은 "오로지 이 하나의 방법이 있을 따름"이라는 결론으로 이어졌다.

(3) 마루야마 마사오의 '원리론'과 '시사론' 가려 쓰기
이다 다이조의 글이 시사하듯이, 후쿠자와 유키치 협회가 발행하는 『후쿠자와 유키치 연감』의 지면에서도 마루야마가 『『문명론의 개

략』을 읽는다』에서 주장했던 『문명론의 개략』=후쿠자와의 원리론'이라는 파악에 무리가 있다는 인식이 확대되기 시작했다. 세키구치 스미코関口すみ子는 나카무라 도시코中村敏子의 『후쿠자와 유키치—문명과 사회구조』에 대한 서평[131]에서 『문명론의 개략』은 원리론인가'라는 항목을 설정하고 다음과 같이 나카무라를 비판했다. "책 첫머리에서 나카무라 씨는 '원리론적 저작으로서는 『문명론의 개략』이 유일할 것이다'라고 한다. 이 책의 최대 전제는 여기에 있다고 해도 될 것이다. 그럼에도 『문명론의 개략』을 후쿠자와 사상의 '원리론'으로 보는 나카무라 씨 자신의 근거는 명백하게 제시되어 있지 않다." 세키구치에 따르면, '『문명론의 개략』은 후쿠자와의 원리론'이라는 주장은 마루야마 자신이 '이 부분은 심층적인 논술이 불가능한 만큼 한층 나의 개인적인 도그마가 표면에 드러나는 것을 용서해주기 바란다'고 미리 말해둔 것이고, 시도도 단서적인 것으로 끝"났던 것이었다. 그러나 마루야마는 "개인적 도그마 (…) 용서해주기 바란다"라는 저자세로 가설을 제시하면서도, 바로 다음 행에서 "나의 결론"은 『문명론의 개략』이 "우리에게 남겨진 유일한 체계적 원론"이라는 것이라고 자신만만하게 단정하기도 했는데, "마루야마 마사오 신봉자"인 나카무라 도시코는 과연 "제자의 제자"답게 거기에 무릎을 꿇었으니 당연히 세키구치 스미코의 비판을 받을 수밖에 없었다.

이상에서 '『문명론의 개략』=후쿠자와의 원리론'이라는 파악이 오류임을 충분히 논증했다. 마루야마가 멋대로 설정한 장을 전제로 한 논의지만, 나카노 도시오는 앞에서 살핀 『오츠카 히사오와 마루야마 마사오』의 「계몽의 가려 쓰기 전략의 자기당착」이라는 항목(229~235쪽)

에서 마루야마의 '원리론'과 '시사론' 가려 쓰기가 어떤 의미 없는 성과를 가져왔는지에 대해 고찰했다. 이는 마루야마의 후쿠자와 연구 자체에 대한 적절한 비판이기 때문에 여기에 소개한다.

나카노는 "『문명론의 개략』의 기본 원리가 말년까지 일관되게 유지되었다고 주장함으로써, 마루야마는 후쿠자와의 '제국주의자'다운 언동까지 '원리론'과 '시사론' 가려 쓰기의 틀 속에 넣어 이해하고 옹호하게 되었다"고 비판한다. "이 원리론과 시사론이라는 구별을 무원칙적으로 가려 쓰면 대체로 온갖 논의를 정당화할 수 있고, 그에 대해 어떤 비판도 불가능해진다"는 나카노의 지적을, 후쿠자와의 천황제론에 입각하여 필자 나름대로 해설해보겠다.

마루야마는 『문명론의 개략』의 냉정하고 공리주의적인 천황제론을 높이 평가했다. 그는 "천황을 모든 정치적 결정의 세계를 초월한 위치에 두는 것"이야말로 후쿠자와의 '원리론'이고 이것은 그의 말년까지 유지되었다는 잘못된 파악을 근거 삼아 『제실론』이나 『존왕론』이 어떤 허위나 "과찬의 말을 제기해도" 그것은 시사론이므로 문제가 없다며 불문에 붙임으로써 비판을 봉쇄해버렸다.

"그때그때의 시사론에 표현되지 않는 정치사상의 원리론이란 도대체 무엇인가"라는 나카노의 분노는 당연하다. 『제실론』이나 『존왕론』이야말로 후쿠자와의 천황제론 그 자체임에도, 마루야마는 후쿠자와의 『문명론의 개략』이 제시한 원리론적 천황제론은 말년까지 유지되었다고 주장하며 『제실론』·『존왕론』에 대한 사상사적 고찰과 평가를 미루거나 면책하기 때문이다. '원리론'이 정말 '원리론'이라면 『제실론』이나 『존왕론』의 '시사론'에 그 '원리'가 기본적으로 관철되고 표현되어야 한다는 나카노의 지적은 당연하다. 그는 "이런 마루야마의 주장에 따르면, 후쿠자와의 사상과 행동에는 '전향'이라 불릴 만한 것은 전혀 없고, 오히려 원리적으로는 항상 일관되어 있었다는 말"이 되고 만다고 지적했다.

본래 제국헌법과 '교육칙어'에 대한 찬미·긍정으로 변화하는 후쿠자와의 사상적 발자취를 고찰한다는 것은, 초기 계몽기 『문명론의 개략』의 원리론이 이후 『민정일신民情一新』이나 『시사소언時事小言』, 『제실론』, 『존왕론』 등 여러 저작에서 어떤 식으로 그 원리를 관철하고 있는지, 거꾸로 이들 저작이 후쿠자와 '원리론'을 어느 정도 소홀히 했으며, 어떤 식으로 조금씩 제국헌법과 '교육칙어'에 대한 찬미와 긍정으로 가는 길을 준비하고 있는지를 개별 저작에 의거하면서 총괄적으로 연구하는 것이다. 그러나 마루야마는 원리론과 시사론을 무원칙적으로 가려 씀으로써 후쿠자와의 개별 시사론 논의들을 고찰할 길을 막고 사상가 후쿠자와 유키치의 주체적 책임을 모두 불문에 부치고 말았다.

4) 변화의 징후―「각서」의 위치

후쿠자와가 『문명론의 개략』이 간행된 직후인 1875년 9월부터 1878년 무렵까지 쓴 「각서」(자료편) 17)는, 초기 계몽기의 후쿠자와가 『문명론의 개략』과 『학문의 권장』에서 제기한 "일신독립" 등의 과제를 "다음 행보로 남겨두고" "군신의 의, (…) 상하의 명분, 본말의 차별 등과 같은" '권력 편중' 사회에서 배양된 "혹닉"의 심정을 총동원해서라도 지상 최우선 과제인 "일국독립" 달성이라는 일본 근대화의 강령적 당면 방침을 중기 보수사상 확립 시기까지 어떻게 전개해 나갔는 지 암시해주는 중요한 자료이다. 이미 확인한 "일국독립"을 주축으로 하는 근대화 추진을 위한 후쿠자와의 작위 노선은 ① 유신혁명에 대한 평가 변화, ② "바보와 병신"을 위한 종교 교화 노선, ③ 봉건제 재평가, ④ "혹닉"적 애국심 진흥책 등 네 가지였다.

다음으로 후쿠자와가 선택한 최대의 작위는 천황제이다. 다만 여기서는 초기 계몽기 후쿠자와의 논의 속에서 이후 그가 천황제를 선택하게 될 잠재적 가능성을 고찰해보는 정도에 그치려 한다. 「각서」에는 "총명(聖名)한 천자天子, (…) 거룩한 치세, (…) 거짓이 아니고 무엇이랴. 아첨이 아니고 무엇이랴. (…) 닌토쿠 천황仁德天皇*에게 무슨 공이 있으랴. 아첨을 수치로 생각하지 않는 가신들의 전설로 전해올 따름인 것 (…) 하물며 근대의 천자, 장군에 이르러서는 그 인물이 하찮 것없음을 사실대로 분명히 보아야 한다. 천하의 많은 사람이 마음속에 인정하는 바"라고 되어 있다. 황학자들과 달리 후쿠자와는 천황제에 대한 명확한 비판적 인식을 가지고 있었던 것이다. 한때 이에나가 사부로가 후쿠자와를 "근저에 있어서는 공화주의자였다"고 오인했던 이유이기도 하다.[132] 그러나 "혜안의 식자" 후쿠자와 유키치는 같은 글에서 "일본의 인심은 바로 국왕의 성덕을 믿고, (…) 선생을 (…) 우두머리를 (…) 주인을 믿고 (…) 장인을 믿는 시대"라고 부언했다. 이 「각서」는 5~6년 뒤 『제실론』에서 후쿠자와가 "우민을 농락하는 (…)

---

* 『일본서기日本書紀』에 5세기 전반에 활동한 인물로 묘사되는 생몰연대 불명의 일본 대왕大王.

사술"로서 천황제를 선택할 가능성을 시사한 중요한 메모이다.

의외로 마루야마 마사오도 이 「각서」에 나오는 두 개의 중요한 문장을 언급하긴 했는데,—이에나가 사부로는 후자의 메모를 놓쳤다—필자가 파악하는 의미에서 이를 문제시하지는 않았다. 전자의 문장에 대해서는 필자와 같은 부분을 인용한 뒤 계속되는 문장 "뿐만 아니라 학자, 사군자士君子로 칭하는 일국의 인물이 여전히 이 혹닉을 벗어나지 못하고 자칫하면 그 저서 또는 건백서 등에 적당치 못한 문자를 사용하는 일이 많다"까지 인용하면서 "학자, 사군자 같은 지식계급이 건백 등에게 '죄송합니다만'이라는 표현을 사용하는 것 역시 혹닉으로 보는 것입니다"[133]라고 언급했을 따름이다. 단순히 「후쿠자와에게 있어서의 '혹닉'」이라는 논문에서 후쿠자와가 이 말을 집중적으로 사용한 시기를 논증하기 위해 『문명론의 개략』 외에 "혹닉"의 사용 사례로서 「각서」의 이 문장을 소개한 것이었다.

후자의 문장에 대해서도 마루야마는 필자의 인용문 뒤에 이어지는 "서양의 인심은 한 걸음 나아가 정치를 믿고, 법률을 믿고, (…) 소위 국가기구(state machinery)를 믿는 시대이다. 한 걸음의 전후는 있지만 아무 생각 없이 쉽게 믿거나 미혹되는 것에 이르러서는 내용을 달리함이 없다"는 부분을 인용했다. 그리고 "특히 혹닉의 사용법으로서 중요한 것은, 서양문명을 절대시하지 않고 이를 상대적으로 보자고 주장할 때 '혹닉'이라는 말을 사용한 것입니다. (…) 저쪽이 앞서 있고 (…) 통치자 신앙보다는 낫지만 충분한 비판적 정신 없이 믿는다는 점에서는 그다지 차이가 없음을 (…) 말하고 있다"고 해설한다. 즉, 마루야마는 「각서」에 제시된 중요한 천황제론을 외면하고, 오로지 스스로 열중하고 있는 후쿠자와의 "혹닉"론만 살폈을 뿐이었다.

　물론 후쿠자와가 이 「각서」를 메모한 시기에 그가 구미 "선진국"의 문명화 노선을 상대화했던 것은 사실이고, 마루야마가 이를 지적하는 것 자체는 잘못이 아니다. 그러나 그것은 이미 마루야마의 "문하생"들이 『문명론의 개략』 제10장에 대한 고찰을 바탕으로 "후쿠자와의 (…) 전환기(轉機)", "시민사회화=문명화의 코스"로부터의 이탈을 암시하고 있는 명백한 사실이고, 다음의 [자료편] 18 이후에 결정적으로 되는 발걸음에 지나지 않는다. 요컨대, 필자는 마루야마가 "일본의 인심은 바로 국왕의 성덕을 믿고, (…) 선생을 (…) 우두머리를 (…) 주인을 믿고 (…) 장인을 믿는 시대이다"라는 후쿠자와의 문장에 유의하지 않음으로써, 후쿠자와가 천황제 용인의 길을 가고 있음을 간과해버린 점을 문제 삼고자 하는 것이다.

　마루야마는 전시에 "자유주의적인(liberal) 천황제에 대한 흔들림 없는 신자"였지만, 전후에는 재빨리 "천황제가 일본인의 자유로운 인격형성 (…) 에 치명적 장애가 되고 있다"는 인식을 확립했다.[134] 그 마루야마가 후쿠자와 같은 차원에서 근대 일본사회에 천황제를 필요불가결한 것으로 인식했다고는 생각하지 않는다. 그런 만큼, 앞서 기술한 이에나가 사부로의 속단을 포함해 전후민주주의를 대표하는 선학들이 후쿠자와의 「각서」를 안이하게 다룬 점을 필자는 납득할 수가 없다. 다케다 기요코, 가와노 겐지河野健二 등을 비롯하여[135] 나중에 언급할 전후민주주의 논자들의 후쿠자와 천황제론에 대한 너무나 안이한 평가를 생각하면, 그런 자세야말로 최대의 전쟁책임을 짊어진 신분차별·성차별·장애자 차별의 몸통인 상징천황제, 존 다우어가 말하는 "천황제 민주주의"를 전후 일본사회에 온존시킨 원인 중 하나가 아닌가 하는 생각마저 들곤 한다.

「각서」의 이야기로 되돌아가자. 당시 영국의 입헌군주제를 바람직한 정체政體로 생각했던 후쿠자와에게, 천황제는 "총명한 천자, (…) 거룩한 치세 (…) 거짓이 아니고 무엇이랴. 아첨이 아니고 무엇이랴"라고 할 만한 것이었다. 그럼에도 불구하고 "군주를 내세운 정치가 점차 공화로 바뀌어도 존왕의 형태는 여전히 존재하는 것이다. 영국인이 그 국왕의 목을 치고 또는 이를 타국에 내쫓으면서 그 자손인 지금의 군주에게 허리를 굽혀 예를 다하는 것은 어떠한가"라는 후쿠자와의 메모는 "우민을 농락하는 (…) 사술"로서 천황제 도입이 필요불가결하다는 판단을 점점 확신해가는 과정이었다고 생각된다.

"전제라고 한마디로 매도해서는 안 된다. 지난 옛날의 독재정부도 상당히 주효한 것이었다. 예를 들면 지금 문부성의 학제 등도 이론상으로는 꽤나 부적합한 것 같지만, 만약 이 문부성의 힘이 없으면 지방의 인민은 우선 학문이 무엇인지 모르고, 혹은 서민에게 학문은 금지된 것이라고 생각하는 사람도 있으리라"는 구절은 어떤가. 이 메모는 근대 일본사회에서 학교교육은 결코 국민의 권리가 아니며, 초등교육은 "설령 사람에게 고초동통苦楚疼痛을 느끼게 한다 해도 반드시 이를 시행"[136]해야 한다는 작위 ⑤의 후쿠자와 '강박교육=강제 의무교육론'의 원점이라고도 할 수 있다. 또한 "이런 인민을 가르치는 데는 무엇이든 상관없으며, 신도든 불법이든 오곡신五穀神이든 물의 신이든 모두 선량한 가르침이다"와 같은 메모가 이미 지적한 ② "바보와 병신"을 위한 종교 교화 노선임은 새삼스레 지적할 필요도 없을 것이다.

　마지막으로 "일본을 개혁하려면, 종래 일본은 어떠한 것이고 지금은 어떠한지 있는 그대로의 모습을 소상히 하고, (…) 느닷없이 서양류를 가져오려 하는 것은 사물의 어떤 모습을 음미하지 않은 채 없어서는 안 되는 법을 시행하는 것이다"라는 메모를 보자. 이는 "혜안의 식자" 후쿠자와 유키치가 당초의 영국식 입헌군주제가 아닌 프로이센식 외견적 입헌군주제의 선택에 동의하고 제국헌법='교육칙어'의 길로 나아갈 것을 예고한 그의 역사적 현실주의 철학이자 메시지였다고 할 수 있다.

3. 보수사상의 확립
—중기의 후쿠자와 유키치(1877~1894)

1) 『통속국권론』과 『민정일신』, 보수사상으로 가는 중간단계

(1) 『통속국권론』, 권모술수의 전쟁 권장

후쿠자와는 초기 계몽기에 "일국독립"뿐만 아니라 훗날 "일신독립"도 아울러 달성한다는 "문명의 본지" 추구를 공약했다. 그래서 1874년 자유민권운동과 조우하면서 후쿠자와도 거기에 동조했으리라 기대하게 되는 것이 당연하다. 그러나 후쿠자와는 이듬해 「국권가분의 설」(자료편) 14에서 국민은 이미 "폭압정부를 무너트리고 전권"을 얻었고 "지금은 정부도 인민도 오로지 자유의 한 방향으로" 나아가고 있다는 명백한 허위주장을 펼친다. 동시에 "농사꾼 수레꾼의 논의를 한쪽에 두고 정부의 권력에 균형을 잡으려는 것은 제등을 저울추삼아 범종의 무게를 다는 것과 같다"고 말했으니, 이는 전 국민을 대상으로 한 『학문의 권장』의 "독립의 기력" 계몽주의 노선을 단념한다는 의향을 표명한 것이다. 다음 해에는 또 「종교가 반드시 필요함을 논하다」(자료편) 16에서 잽싸게 "독립의 기력" 계몽 노선을 대신할 "바보와 병신"의 종교 교화 노선을 표명했다. 그 2년 뒤(1878년 9월)에 펴낸 『통속민권론』에서 후쿠자와는 민권운동에 대한 동조를 표명하기는

커녕, 국회 개설 시기상조론의 입장에 서서 "무리하게 불법적으로 난폭한 짓을 하는" 민권운동 진영은 "무뢰배의 소굴"이라 비난하고, "그 자산의 빈약함과 의논의 강대함의 불균형을 어찌하랴. 더구나 심한 것은 제군의 입으로는 천하의 공의리公義理를 논하고 실제로 빚쟁이의 사의리私義理를 결여한 것을 어찌하랴"라면서 명백히 적대적인 자세를 드러냈다.

『통속민권론』만으로는 불충분하다고 생각했는지, 후쿠자와는 같은 시기에 『통속국권론』도 함께 펴냈다. 그 서언을 보면 "국내에서 민권을 주장하는 것은 외국에 대해 국권을 펼치기 위함이다"라고 국권 확장이 주제임을 전제한 뒤, 본래 "보국의 마음은 거의 인류의 천성에 존재하는 것"이라는 허위주장을 한다. 동시에 ④ '혹닉'적인 애국심 진흥책의 작위 노선에 대비하여 "일본의 문명 (⋯) 이미 고유의 문명이 있다. 어찌하여 새삼스럽게 이를 버리려고 하는가"라고 물으면서 일본 "고유의 문명"의 존재를 특별히 강조했다. 또한 그는 "백 권의 만국공법은 몇 문의 대포보다 못하고, 몇 권의 화친조약은 한 상자의 탄약보다 못하다. 대포 탄약이야말로 있는 도리를 주장하는 대비가 아니라 없는 도리를 만드는 기계이다. (⋯) 각국 교제의 길은 두 가지, 멸망시키는 것과 멸망당하는 것뿐"이라며 국제관계의 냉엄한 약육강식 현실을 강조하고 있다.

게다가 후쿠자와는 애국심은 "인류의 천성"이라는 자신의 지금까지의 주장과 모순되게 "적국敵國 외환外患은 국내의 인심을 결합하여 입국立國의 근본을 군건히 하는 양약良藥이다", "일국의 인심을 흥기하여 전체를 감동시키는 방편은 대외전쟁보다 나은 것이 없다. (⋯) 우리 인민의 보국심을 진작시키기 위한 수단은 이들과 일전을 벌이는 것보다 나은 것이 없다"고 단언한다. 후쿠자와의 여섯 번째 작위 노선이다. ⑥ 권모술수적 애국심 진작을 위해 외국과의 "전쟁"을 "권유" 하고 있는 것이다. 그는 이 때문에 민권 진영의 우에키 에모리로부터 "민권을 펼치는 것은 민권을 펼치기 위함일 뿐"이라는 원칙적인 비판을 받기도 했다.[137]

이상에서 보았듯이 『통속국권론』은 후쿠자와의 보수사상 확립으로 가는 중요한 발판이 되는 저작이다. 그럼에도 불구하고, 마루야마 마사오는 다음과 같이 도무지 갈피를 잡지 못하는 엉뚱한 코멘트를 함으로써 독자들이 '시사론'으로서 이 책의 의미를 경시 혹은 무시하도록 이끌었다.

"여기에는 진보파, 특히 본질적으로 성격이 어두운 진보파에게 악명 높은 후쿠자와의 입론 '백 권의 만국공법은 몇 문의 대포보다 못하고, 몇 권의 화친조약은 한 상자의 탄약보다 못하다. 대포 탄약이야말로 있는 도리를 주장하는 대비가 아니라 없는 도리를 만드는 기계이다'라는 말이 등장합니다. 후쿠자와의 국권론으로의 '전향'을 이야기할 때 반드시 근거로 제시되는 말입니다. (…) 이것은 어디까지나 민권론과 나란히 떠들썩한 토픽을 이루는 시사론입니다. (…) 만약 후쿠자와가 이 시기에 군사적 무장이 '없는 도리를 만드는 기계'라고 문자 그대로 믿고 있었다면, 『통속국권론』 간행 직후에 그가 『문명론의 개략』에 대한 특강―그는 이 무렵 이미 게이오기쥬쿠에서 일반강의를 하지 않고 있었다―을 했다는 사실을 어떻게 설명하면 좋을까요."[138]

이 책의 독자라면, 이것이 『문명론의 개략』을 '원리론'으로 오독한 데다, 특히 결론적인 제10장의 주장을 잘못 이해했기 때문에 나온 엉뚱한 코멘트임을 금방 알아차릴 수 있을 것이다. 마루야마는 '원리론'인 『문명론의 개략』을 강의하는 것은 후쿠자와가 '국권론'을 지지하는 입장이 아니라는 증거가 된다는 확신을 품고 두 번이나 문제의 특강을 언급했다.[139] 그러나 이다 다이조의 표현을 빌면, 후쿠자와는 지상과제인 "일국독립"과 "애국심의 형성"을 위해 "권력 편중의 사회에서 배양된 혹닉의 심정"을 총동원하자고 제안한 것이었다. 이는 곧 아시아에 대한 "억압과 침략으로 이어지는" 배외주의적 내셔널리즘이다. 혹닉의 심정을 총동원해서 애국심을 형성하는 것이 후쿠자와에게는 시사론적인 최우선의 지상과제였다. 그것이야말로 이미 일반강의를 그만둔 상태였던 후쿠자와가 『통속국권론』 간행 직후 학생들에게 시사론적 과제를 역설하는 『문명론의 개략』 특강을 진행했던 이유였다. 『통속국권론』과 『문명론의 개략』의 내용이 모순된다는 것은, 마루야마의 제멋대로 된 편견에 불과하다.

(2) 『민정일신』—계급대립의 인식과 현실추종주의

이제 이듬해인 1879년에 간행된 『민정일신民情一新』(〔자료편〕 20)으로 논의를 옮기겠다. 이 책은 『통속국권론』 이상으로 후쿠자와 보수사상 확립의 도약대가 된 작품이다. 유별나게 긴 제목을 지닌 이 책의 마지막 제5장 「금세에 국가의 안태를 유지하는 방법은 평온한 가운데 정권을 주고받는 데 있다」에서, 후쿠자와는 영국의 정권교체에 관한 역사적 고찰에 입각하여 다음과 같은 결론을 도출했다.

> "1800년대에 능히 그 문명의 중심에 위치하여 일찍이 사회적 혼란을 경험한 적 없는 것은 특히 영국 정치가 그러하다고 한다. 영국의 정권은 수구·개진의 2당파로 나뉘어 일진일퇴, 그것을 주고받는 방법이 매우 매끄럽다. 정권이 완전히 인민에게 귀착되었다 해도 존왕의 마음 역시 매우 두텁다. 수시로 정권을 주고받는 것이 긴요함은 세계의 인정을 살펴 아는 것이다."[140]

그러나 이 책의 핵심은 5월 말부터 거짓으로 칭병까지 해가며 한 달여 동안 집필에 전념한 끝에 마지막에 덧붙인 장문의 「서언」이다. 위에서 말한 마지막 장에서 "오늘날의 민정에 가장 적합한" 정체라고 결론지은 그 영국의 경우에도 "1800년대"의 "중기의 시대", 즉 산업혁명은 "민정"에 심각한 영향과 변화를 가져왔다. "문명이 진보함에 따라 점차 관민의 충돌이 늘어나게" 되었고, "노동자(役夫)의 무리가 '스트라이크'라고 하여 동료와 결약해 임금을 올리기 위해 일자리에서 벗어나 매복한 채 고용주를 기다리는 모습이 근래 들어 점차 맹렬"해진 것이다. 노동운동이 고양되고 그 정치현상으로서 보통선거권 획득을 목표로 한 "차티스트운동(Chartism)과 사회주의(socialism)"가 활발해졌다. 그 결과 "오늘날의 서양 제국은 그야말로 낭패를 당해 방향을 잃었다." 이 책의 내용은 그런 시대를 맞이한 후쿠자와의 경고와 그에 대한 대응책의 제언이다.

우선 「서언」에서 후쿠자와는 "금후 교육이 점차 널리 퍼짐에 따라 (…) 빈천의 권리설 또한 점차 퍼지고, 교육에 일보를 나아가면 불평도 또한 조금씩 늘어나, (…) 마침내는 국가의 안태(國安)를 해하기에 이를 것이다. 이 또한 위험하지 않겠는가"라는 『식민론』을 인용함으로써 교육과 학문의 보급이 사회에 위험을 가져온다는 인식을 표명했다.—이 인식이 그의 학문론, 교육론에 어떤 마이너스 영향을 미쳤는지에 대해서는 뒤에서 확인하겠다.

또한 그는 "구주 각국"이 이처럼 "경천낭패의 세상"이 되어버렸는데도 "우리 일본의 보통 학자 논객"들이 "하나도 서양 둘도 서양"이라며 "서양을 맹신하는" 것은 문제라고 말한다. "오늘날의 서양 제국은 그야말로 낭패를 당해 방향을 잃었다. 남이 낭패하는 것을 따라 우리가 나아갈 방향의 표준으로 삼는 것은 가장 심한 낭패가 아니겠는가"라는 중요한 주장을 했다.

『문명론의 개략』 제2장 「서양의 문명을 목적으로 할 것」에서, 후쿠자와는 일본의 근대화와 "일국독립"의 달성을 위해 "서양의 문명은 우리 국체를 굳건히 하고 우리 황통에 광명을 더할 수 있는 둘도 없는 것이므로 이를 받아들이는 데 어찌 주저하랴. 단연코 서양의 문명을 받아들여야 한다"[141]고 단언한 바 있다. 그러나 이미 살펴본 것처럼 유키치는 같은 책 제10장에서 ③ 일본의 봉건제를 재평가했고, 「각서」에서는 "느닷없이 서양류를 가져오려 하는 것"을 경계했으며, 『통속국권론』에서는 일본 "고유의 문명"을 강조했다. 따라서 『민정일신』 서언에서 "오늘날 (…) 그야말로 낭패를 당해 방향을 잃"은 서양 문명을 일본 근대화를 위해 "우리가 나아갈 방향의 표준으로 삼는 것은 가장 심한 낭패"라고 잘라 말한 것은, "혜안의 식자" 유키치로서는 역사 전개의 현실에 입각한 자연스러운 사고의 흐름이자 나름의 발전이었다.

본래 『문명론의 개략』 제2장에서 "단연코 서양의 문명을 받아들여야 한다"고 주장한 것은 그것이 "우리 국체(정권의 유지 및 존속—인용자)를 굳건히 하고 우리 황통에 광명을 더할 수 있는 둘도 없는 것"이기 때문이었다. 마찬가지로 『민정일신』에서는 의원내각제와 2대 정당 정권 교대의 영국이 "오늘날의 민정에 가장 적합한" 정치제도라 판단하여 추천했다. 그러나 그 영국에서조차 차티스트운동과 사회주의 사상에 "낭패하여 방향을 잃"는 현상이 심각하다. 따라서 후쿠자와에게는 "우리 국체를 굳건히 하고 우리 황통에 광명을 더하기" 위해 보다 바람직한 정치제도가 있으면 그것을 선택하는 것이 당연한 귀결이었다.

마루야마는 "아무리 미세한 사회관계라 해도 거기에 파고든 '권력의 편중'을 놓치지 않고 적발해 나간 거의 악마적인 집요함"[142] 같은 표현으로 후쿠자와의 원리원칙적인 고집을 과장되게 묘사했지만, 사실 후쿠자와는 도시 '원리론' 따위에 고집을 세우지 않는 유연한, 아니 오히려 거칠 것 없이 그때그때 사정과 형편을 봐서 변신하는 태도를 보였다. 애초에 『문명론의 개략』의 논리 자체가 "우리 국체를 굳건히 하고 우리 황통에 광명을 더하는" 방책이라는 판단이 들면 영국의 입헌군주제에서 프로이센류 제국헌법='교육칙어' 체제로 궤도를 수정할 수 있는 등, 다양한 선택의 가능성을 허용하고 있었다. 초기 계몽기에서 중기에 걸친 이행의 시기에 '과연 어떤 기준과 철학에 의해 그런 역사적 선택을 할 것인지'에 대해 후쿠자와가 직접 언급한 문장이 있으므로, 그것을 살펴보기로 하겠다.

"일국독립"뿐만 아니라 훗날 "일신독립"도 아울러 달성한다는 "문명의 본지" 추구를 공약했던 초기 계몽기의 후쿠자와에게는, 사회발전과 변혁을 장기적 도정에서 전망할 수 있는 여유가 있었다. 그러나 『민정일신』에서 그는 목표로 했던 서양 제국에서 예상외의 급속한 계급대립이 전개되고 있음을 인식하게 되었다. 이는 후쿠자와에게 "일신독립"을 추구할 상황이 아니라는 "낭패"를 안겨주었을 뿐만 아니라, 장기적인 시야에서 사회발전을 전망하는 여유를 빼앗아갔다. 이 시기, 즉 1877~1879년에 걸쳐 후쿠자와의 역사관, 철학의 방법론 자체에 대폭적인 수정이 발생했다.

후쿠자와는 1877년 11월의 논설 「과거 현재 미래의 관계」[143]에서 "독재정치가 편한 단계에서는 독재정치를 당분간 훌륭한 정치로 삼지 않을 수 없다"면서 "현재의 상태에서 편한 것을 당분간 정리正理로 삼"는 현실주의 논의의 타당성을 주장하면서도, 다른 한편 역사의 진보에서 '공리空理'의 중요성을 주장했다. "이것은 공리다, 되돌아볼 필요가 없다고 현시에만 매달리면 일시적으로 불편한 점도 없고 지장도 없겠지만, 언제까지나 정체부동停滯不動으로 앞으로 나아갈 계기가 없을 것이다. 고로 적어도 사상을 장래의 진척에 미치게 하는 자는 공리를 경솔히 간과해서는 안 되는" 것이다. 이때까지 후쿠자와는 "문명의 진척"을 도모하기 위해서는 현시점의 유효성을 벗어나 사회진보에 대한 사상(공리)의 의의를 적극적으로 승인하고 "기꺼이 공리를 실천하고, 실천하고서는 공리로 옮겨가고, 공리로 옮겨가서는 실천하는" 과정이야말로 역사의 진보라는 인식을 지니고 있었다.

그러나 이는 초기 계몽기 후쿠자와의 마지막 잔광殘光이었다. 이 듬해 발표한 두 개의 논고에서 그는 "학문의 핵심은 그저 사상을 고 상하게 하고 실제를 잊지 않는 데 있을 뿐",[144] "정치의 변경은 국민 의 풍속 습관이 변경하는 데 따라야 하므로 풍속 습관에 앞서 변경 하는" 것은 "불가"능하다는[145] 현실주의 철학을 표명했다. 1879년의 「화족華族을 무변武辺으로 이끄는 설」(자료편 19)은, 약육강식의 국제관 계 속에서 "대포 탄약은 (…) 없는 도리를 만드는 기계"라는 판단으 로 "병사에게 국가를 위한 급선무를 도모하는" 책략, 즉 "강병부국"책 을 위해 화족의 "명망"을 이용하라는 건의를 이와쿠라 도모미岩倉具視 (1825~1883)에게 보낸 것이다. 야마가타 아리토모山県有朋(1838~1922) 등 육 해군 수뇌에게는 같은 글을 우편 발송했으며, 사설에도 그대로 옮겨 실었다. 후쿠자와의 이 구체적인 현실정치 제언에 따라 "화족이 속속 해육군에 입대해 사관이 되는" 결과가 빚어졌다.[146] 이 글은 이후 보 수적 현실주의, 즉 현실추종주의의 길을 걷겠다는 후쿠자와의 선언 과도 같은 의미를 담고 있다.

"하늘은 사람 위에 사람을 만들지 않았다"는 사상의 소개자로 유 명한 후쿠자와는, 화족제도가 "국민의 권리"의 평등에 반하는 것이라 고 변명하면서 "모든 인생, 일을 이룸에 있어 본래 없는 것을 만드는 것은 이미 있는 것을 이용하는 것보다 못하다"는 역사적 현실주의 철 학을 표명했다. 이 사설을 읽고 후쿠자와의 자택을 방문했던 한 초등 학교 교사의 질문에 대해서는 더욱 솔직하게 "문화는 대해와 같이 맑 은 강, 흐린 강, 큰 강, 작은 강의 온갖 강물을 받아들여야 마땅하다.

현대의 신화족도 받아들여야 하고 사족도 받아들여야 하고, (…) 모조리 이를 망라해야 비로소 짜임새가 큰 문화 아니겠는가"라고 후일 답신했다.

이는 이후 사상가 후쿠자와가 절대주의적 천황제, 화족제도, 아시아 멸시와 침략, 식민지 지배, 사족보호책, 제국헌법, '교육칙어', 정상政商의 옹호, 보호무역론, 지주-소작인적 노사관계, 크리스트교 보급 반대론, 공창제도, 매춘부의 해외 돈벌이 장려 등등 잡다한 사상과 제도를 '청탁병탄清濁倂呑'의 정신으로 모두 허용하고 "망라"해갈 것이라는 선언이자 예고였다. 이 7번째의 작위 노선은 '청탁병탄'의 역사적 현실주의라는 이름의 현실추종 노선으로 기억해두자.

이러한 후쿠자와의 현실추종주의는 반년 뒤에 나온 『민정일신』 본론에도 깊이 반영되었다. 서언에서 서양 제국의 "낭패"를 인식하고 사회의 발전을 장기적인 시야에서 전망할 여유를 잃어버린 후쿠자와는, 제1장에서 "진취의 주의라고 해서 오로지 오래된 것(舊)을 버리고 새로운 것(新)으로 내닫는" 성급한 개혁 노선을 물리치고 "그저 십수 년의 미래를 억측하여 얼마간 편리할 것으로 생각되는" 방책을 선택하고, "그저 불과 수십 년 내에 전망이 있으면 열심히 여기에 종사하지 않을 수 없다"는 점진주의를 주장했다.

이후 후쿠자와는 역사적 현실주의에 입각해 "그저 불과 수십 년 내에 전망이 있으면" 좋다는 점진주의를 자신의 철학으로 삼았다. 그런데 마루야마 마사오의 『문명론의 개략을 읽는다』에는 정반대의 후쿠자와상이 그려지고 있다. "그의 처방전은 언제나 장기적인 전망을 바탕으로 하고 있습니다. (…) '천하의 대세'를 말할 때도 현재의 세론에 빌붙어서는 안 되며, 다수파 대중을 추종해서는 결국 인민의 정신을 변혁할 수 없다고 반드시 말합니다. 그래서 아무래도 장기적인 전망의 과제가 됩니다."[147] '언제나', '반드시' 같은 말을 이토록 가볍게 사용해도 되는 것일까? 마루야마는 '전혀', '완전히', '백퍼센트' 등의 강조어도 상당히 남용하고 있다. 그가 비록 "후쿠자와에 반했"다는 것을 자인했다고 해도, 이는 허용의 한도를 넘어선다.

『문명론의 개략』 제2장에서 후쿠자와는 "외부의 문명은 그것을 취하기에 쉽고 내부의 문명은 그것을 구하기에 어렵다"면서, 문명 추진을 위해서는 "내부의 문명", 즉 '문명의 정신'을 먼저 배워야 한다고 주장했다. 이는 마루야마 등에 의해 지금까지 높이 평가받아왔다. 그러나 후쿠자와는 『민정일신』 제2장에서 산업혁명에 의한 자본주의 발전이 "사회의 전면에 직접적인 영향을 미쳐 인간 육체의 화복뿐만 아니라 그 내부의 정신을 움직여 지덕의 양태를 일변"시켰고, 노동자에게 극적인 의식 변화를 가져와 노동운동과 사회주의운동의 "설은 순식간에 사회의 전면에 유포되고 일시에 인심을 움직여 열심히 그리고 곧바로 그 방향으로 나아가려는 인민의 상태"를 초래했다고 말한다. 후쿠자와는 이 문명 진전의 결과에 낭패하고 경악한 나머지 "일신독립"을 아울러 추구한다는 초기 계몽기의 공약을 어디론가 날려버렸다. 이후 후쿠자와의 절실한 관심은 장래 일본에서도 예상되는 같은 종류의 계급대립 사태에 어떻게 대처할 것인가 하는 과제로 집약되었다. 그 결과, 7년 뒤 그는 이미 일본인은 "완전한 문명개화인"이 되었다고 선언하고, 우선적으로 "문명의 정신"을 섭취한다는 과제는 이미 일본에서 해결되었다고 표명하고 만다.

『민정일신』제4장에서 후쿠자와는 유럽 제국의 현상을 전하면서 "자유진취의 의론이 만연하기 때문에 관민 공히 낭패하고 공히 갈피를 못 잡는 것은 단지 러시아뿐만이 아니다. 게르만 기타 군주정치의 유풍에 따라 인민을 제어하려는 국가들은 어디나 곤란을 느끼지 않는 곳이 없다"고 말했다. 이어서 "심한 경우 내국의 불화를 치유하는 방편으로 일부러 대외전쟁(外戰)을 도모하고, 이로써 일시적으로 인심을 기만하는 기책을 꾸미게 되는 것이다"라면서, 그 자신이 전년에 『통속국권론』에서 주장했던 내정 호도책의 권모술수를 다시금 소개하고 있다. 『민정일신』제5장에서는 영국의 정치체제를 주목하여, 이런 문명의 충돌 속에서도 "전혀 동요를 느끼지" 않고 "시대의 추세(時勢)에 잘 적응하여 국가의 안태(國安)를 유지"하고 있다는 평가를 내리기도 했다.

2) 후쿠자와 유키치와 메이지 정부의 관계

『시사소언』과 『제실론』을 통해 후쿠자와 보수사상의 확립을 분석하기에 앞서, 그가 그런 길을 선택한 배경으로서 당시 후쿠자와와 메이지 정부 수뇌의 관계를 고찰해보자. 이전에 『학문의 권장』제4편에서 "학자의 직분"을 논했을 때 후쿠자와는 "일본에는 단지 정부만 있고 아직 국민이 없"는 현상을 타개하기 위해 "학자, 사군자"는 모두가 벼슬길에 오를 것이 아니라 "자신의 힘으로 해 나가는 지위를 차지하여 (…) 마치 정부의 정수리에 일침을 놓듯이 따끔한 충고를 가해 구폐를 제거하고 민권을 회복하는 것이 지금 현재의 시급한 요무"[148]라고 주장했다. 이처럼 재야의 비판적 지성으로서 학자·지식인의 역할이 중요함을 주장한 적이 있고, 또한 후쿠자와 자신이 그 재야성을 관철한 인물이라는 오해도 있으므로, '1881년 정변'(메이지 14)을 전후하여 후쿠자와와 메이지 정부의 관계를 살펴보려고 한다.

후쿠자와는 공약으로 내세웠던 '일신독립'의 과제를 방치한 채 자유민권운동 진영에 등을 돌리고 다수의 작위 노선을 따라 지상과제인 '일국독립'의 확보와 국권 확립의 길을 내달렸다. 메이지 정부 입장에서 보면, 재야에서 명성을 쌓은 후쿠자와가 사상적·정치적으로 정부에 접근해온 것이 분명했다.[149] 후쿠자와 자신도 당시 [자료편] 21의 서간에서 보듯이 "이른바 서양바람이 잔뜩 든 '헤코오비 서생兵児帶書生'*의 무리가 풍속이 매우 불량하고, 근년에는 현관縣官을 매도하는 따위의 일은 그냥 지나친다 해도, 극단적인 경우 무츠히토睦仁(메이지 천황의 이름―옮긴이)가 어떻다는 등 발언하는 자가 있다고 하고, 실로 연설도 언어도단으로 심히 나쁜 징후인지라, 이렇게는 내버려두기 어려운 일"이라 생각하고 있었기 때문에, 정부의 손을 빌려서라도 민권운동 진영을 억눌러야 한다고 보았다. 양자의 생각이 맞아떨어진 결과가 바로 1880년 12월의 이토 히로부미, 이노우에 가오루, 오쿠마 시게노부 등 세 수뇌와의 오쿠마택 회담이다.

세 사람으로부터 세상의 안녕 유지와 국론의 지도를 위해 정부

---

* '헤코오비'는 메이지유신의 발상지인 가고시마鹿児島 지방 젊은이들이 사용하던 띠를 말한다. 막말 유신기 이 지역 출신 지사들이 일본도를 차기 위해 양복 위에 띠를 매기 시작했는데, 도쿄 서생들을 중심으로 '문명개화의 상징'으로 이를 따라하는 이들이 늘어나 전국적인 유행이 되었다. 보통 '서양바람이 잔뜩 든 서생'을 비하하는 표현으로 사용되었다.

신문의 발행을 의뢰받은 후쿠자와는, 이듬해 1881년 1월에 이노우에 가오루로부터 정부가 국회 개설의 의향을 지니고 있음을 내밀히 듣게 된다. 그 결의에 경악한 후쿠자와는 "지금까지 그런 결심인 줄은 조금도 몰랐다. 이래야 메이지 정부의 행복, 우리 일본국도 만만세이며, 유신의 대업도 시작이 있었으니 잘 마무리하는 것이라고 할 수 있다. 유키치도 물론 국가를 위해 작은 힘이나마 아끼지 않는다고 하여 즉좌에서 신문" 발행의 건을 승낙했다. 그는 "이 한 건으로 천하의 하찮은 민권론을 압도하고 정부의 진실된 미의美意를 관통"[150]하게 하고 "국내 안정과 대외 경쟁의 주의로 크게 국론을 지도할 것을 결심"[151]했다. '1881년 정변'으로 정부 수뇌와 후쿠자와 측근의 관계가 소원해진 뒤에도 후쿠자와는 『시사소언』을 이토 히로부미와 이노우에 가오루에게 증정했으며, 이 책에 "저자의 심사는 아직도 1월 이래의 이노우에, 이토 두 사람과 주의를 같이하고"[152] 있음은 분명할 것이라고 써 보냈다.

후쿠자와와 메이지 정부 수뇌가 이런 움직임을 보이는 동안, 그에 대항하는 자유민권운동 진영은 1880년 3월 국회기성동맹國會期成同盟을 결성하고 전국적인 국회 개설 청원운동의 최대 고양기를 앞두고 있었다. '1881년 정변'의 비록秘錄으로 같은 해 10월 28일에 쓴 「메이지신미기사明治辛己紀事」를 보면, 후쿠자와가 어떤 의도와 목적으로 『시사소언』을 집필했는지 알 수 있다. 그것은 문자 그대로 당시 후쿠자와의 사상적·정치적 입장과 위치를 드러내는 글이므로 여기서 미리 살펴보고자 한다.

"국회 개설의 건백을 다시 청원 (…) 저 유지자有志者라는 자는
모두 혈기왕성한 소년이 아니라 곧 무지무식한 우민으로서 (…) 대
개 모두 면직 관리, 무산 청년서생 무리가 뭔가 지위를 구하는 구
실로 국회론을 주장한다. (…) 그들의 열기를 식혀 국권론의 방향
으로 이끌려는 생각이지만"

"이노우에 [가오뤼의 은밀한 이야기를 듣고 그 주의가 완전히
유키치의 숙원과 일치하므로 (…) 국회를 열고 (…) 현 정부의 사람
으로 하여금 다수를 얻게 하려 한다."

"금년 1월 이래 어떻게 해서든지 세상의 분별없는 자를 타이르
고 또한 제압하여 적어도 중류층 이상 재산도 있고 식견도 있는
자를 인도하여 사회의 풍조를 평온하게 할 것을 생각하고"

"관권당官權黨이라는 소리를 듣는 것도 두려워하지 않고"

"[『시사소언』 간행 후에는] 필히 하찮은 민권가의 마음에 들지
않아 반론을 받게 될 것을 알지만 추호도 거리낌 없이 평소의 소
견을 피력하였다."[153]

이 자료에 의하면 후쿠자와는 이미 스스로 자유민권운동의 "제
압"을 바라는 입장, 즉 "중산계급" 지도자의 입장에 서 있다. '1881년
정변'에도 불구하고 정부 수뇌가 추진하는 진로는 "완전히 유키치의

숙원과 일치"한다고 말한다. 또한 국회 개설 후에 "관권당"이라는 중 상을 받는다 해도, 자신은 번벌藩閥 공신의 정부파가 의회의 다수파를 차지하게 응원하고 "밖을 향해 크게 국권을 주장"[154]할 것이라고 선 언하는 의미에서 『시사소언』을 집필한 것이다.[155]

3) 『시사소언』과 『제실론』, 보수사상의 확립

(1) 『시사소언』: '인위와 권도'의 국권론, 아시아 침략 의사 표명

『시사소언』 제1편 첫머리에서 후쿠자와는 "천부(天然)의 자유민권 론은 정도正道이고 인위의 국권론은 권도權道이다"라고 전제한 다음, "이 사람은 권도를 따르는 사람이다"라고 선언했다. 이것은 초기 계 몽기에 '일신독립'과 국내 민주화의 과제를 "다음 행보로 남겨두고" "훗날 이루게 되리라"고 공약했으면서도 한 걸음도 그 방향으로 나아 가지 않은 채 갖가지 작위 노선을 통해 '일국독립=국권 확립'의 길만 을 추구해온 후쿠자와가, 결국 '일신독립=국내 민주화'의 과제를 포 기했음을 정식으로 선언한 것이다. 그것을 제1편 「내안외경지사內安外 競之事」의 내용에 입각하여 확인해보겠다.

후쿠자와는 "스스로 힘들여 노력하여 스스로 생계를 꾸려 나가 고" 남에게 의존하지 않는 '일신독립'의 상태를 "인간의 정도正道", "천연의 약속"이라고 하면서, "빈자는 힘들여 노력해도 여전히 춥고 배고픔에 시달리고, 부자는 제멋대로 해도 언제나 놀고 먹는" 것이 사회의 현실이라고 지적한다. 상식적으로 '자유민권론'은 그런 사회 현실을 조금이라도 개선하고 개혁하기 위한 사상이나 운동이다. 그 러나 후쿠자와는 "인민의 재산 권리를 평등하고 똑같이 배분하지 않

으면 천부의 민권론은 그 기력을 떨칠 수 없는 것이다", "원래 이 정론은 지금 이 세계의 인류를 아주 완전 원만 무결한 사람으로 상정하여 체계를 세운 것이다"라고 썼다.

즉 후쿠자와는 자유민권론을 느닷없이 유토피아사회를 목표로 한 공상적인 사상이나 운동인 양 의도적으로 왜곡하여, 그런 논의는 "무한한 미래를 기약하고 그 결과를 기다려야 할 것이다. 이것을 기다려 천백 년 뒤에 그런 시절이 도래할지 이 사람은 그것을 보장할 수 없다"고 매도했다. "지금부터 천백 년 뒤"라면 "천하 지선至善하고 정치 법률 폐지되는" 일도 있을 수 있다는 등 멋대로 민권론의 공상성을 시비하며 비판했다. 그리고 결국 "천부의 민권론은 오늘날 이것을 이야기해도 도저히 무익한 일에 속하여 변론을 허비할 필요가 없다"며, 자유민권론을 "무익"하고 실현 가능성이 없는 논의로 단정 짓고, 따라서 "이 사람은 권도를 따르는 사람"이라고 주장했다.

물론 새로이 선택한 사상적 입장을 "권도"나 "인위의 국권론"이라고 표현하고 있다고 해서, 후쿠자와가 자신의 입장을 비하하거나 자신의 작위를 스스로 비판할 정도로 어설픈 인물은 아니다. 국제관계의 현실을 근거로, 그것은 정당하고 필연적인 선택이라는 취지로 다음과 같이 말했다.

"돈과 병사는 있는 도리를 보호하는 것이 아니라, 없는 도리를 만드는 기계이다. 타인이 어리석은 짓을 하면 나도 역시 어리석음으로써 이에 응하지 않을 수 없다. 타인이 난폭하면 나 역시 난폭하다. 타인이 권모술수를 이용하면 나 역시 그것을 이용한다. 어리석음이든 난폭함이든 권모술수든, 있는 힘을 다해 이것을 행하고, 또다시 정론을 되돌아볼 틈이 없다. 생각건대, 첫머리에서 '인위의 국권론은 권도'라고 말한 것은 그런 뜻이며, 이 사람은 권도를 따르는 사람이다."

이미 살펴본 것처럼, 마루야마 마사오는 『통속국권론』의 후쿠자와가 "군사적 무장이 '없는 도리를 만드는 기계'라고" 믿었던 건 아니라고 주장했다. 그 마루야마를 비웃기라도 하듯이 후쿠자와는 "돈과 병사는 (…) 없는 도리를 만드는 기계"라 되뇌고, 나아가 『민정일신』의 권모술수 노선을 다시 제창한 다음, 확인이라도 하듯이 '부국→강병'은 소용없고 '강병→부국' 노선이어야 한다고 주장한다. "후쿠자와에게 반한 것을 자인"한 마루야마는 "끝까지 반해야 비로소 보이게 되는 연인의 진실"[156]이라며 자신의 후쿠자와론을 자부했지만, 역시 '사랑은 맹목'이라고 하지 않을 수 없다.

제1편 마지막에서 후쿠자와는 "바깥의 어려움을 알고 안의 안녕을 유지하고, 안으로 안녕을 유지하고 밖으로 경쟁한다. 이 사람의 주의는 내안외경內安外競 오직 이 네 글자에 있을 뿐이다. 안은 이미 평온하니 그렇다면 곧 소극적인 것에서 벗어나 적극적인 것으로 나아가 밖에서 경쟁하는 이유를 준비하지 않으면 안 된다"고 끝맺고, 자신의 국권 확립 지상노선에 '내안외경'이라는 새로운 이름을 붙였다. '일신독립해야 일국독립하는 것'이라는 정식과 마찬가지로, 후쿠자와 미화론자들이 "바깥의 어려움을 알고 안의 안녕을 유지하고, 안으로 안녕을 유지하고 밖으로 경쟁한다"는 후쿠자와의 정식에 대해

또다시 '내안內安'과 '외경外競'의 두 과제가 "완전히 같은 원리로 연결되고 완전한 균형을 이루고 있다"는 등, "아름답지만 짧았던 고전적 균형"이라는 등 오독하지 않도록 오해의 여지없이 확인해두고자 한다.

'내안외경주의'의 결론을 제시하는 문장 바로 앞에서 후쿠자와는 "애당초 안녕이란 그저 소극적인 것으로 적극적인 활동이 아니다. (…) 생각건대 안녕은 인내를 통해 얻어지는 것으로 외국 교제의 어려움을 알고 진정으로 이를 사람들의 일신에 부담되는 것으로 생각한다면, 내국이 안녕하지 않기를 바랄 수도 없다"고 밝혔으므로 '내안'을 '일신독립'이나 국내 민주화의 의미로 해석하는 것은 명백하게 무리다. 그 조금 더 앞의 문장에서는 "외국의 교제가 쉽지 않다고 해도, 적어도 일본인의 이름 있는 자는 직접 간접으로 이를 부담하지 않을 수 없다. (…) 일단 유사시를 만나면 재산도 생명도 또한 영예도 모조리 이에 갚아야만 진정한 일본인일 것이다. (…) 수년 전 세상의 양이론자(攘夷家)가 설령 우리나라를 초토로 만들어도 외인外人을 국내에 들이지 않겠다고 이야기한 적이 있다. (…) 그 나라를 생각하는 정신에 정말로 감동해야 할 것이다"라고 했다. 후쿠자와는 『문명론의 개략』 제10장의 "저 암살을 일삼는 양이의 무리도 (…) 한편의 보국심이 있음을 분명히 보아야 할 것이다"라는 제언을 상기하면서 "진정한 일본인"이라면 국가가 "일단 유사시를 만나면 재산도 생명도 또한 영예도 모조리 이에 갚는다"는 무모한 논의를 전개하기 시작한 것이다.

『시사소언』 "입론立論의 주장은 오로지 군비를 성대하게 갖춰 국권을 확장하는 일점에 있"었다. 그것은 또한 "바깥의 어려움을 알고 안의 안녕을 유지"한다는 안이한 권모술수적 '외경' 노선이었다. 따라서 후쿠자와의 '내안외경주의'는 오히려 동시대인 다구치 우키치의 표현을 빌어 '내위외경內危外競' 노선이라고 부르는 편이 더 적절하다고 할 수 있을 것이다.

후쿠자와는 『시사소언』 제2편에서 "이 사람은 원래 자유민권의 친구이고 논자는 다행히 안심하는 바"라고 호언장담하면서도, 국회 개설운동을 벌이는 민권가들이 "수천 명이 서명(調印)했다고 하고 수만 명이 결합했다고 해도 사실 그 사람의 다수는 국회가 무엇인지도 모르고, 그 개설 후에는 어떠한 이해가 자기 자신에게 미칠지도 분간하지 못한 채 그저 타인이 소망하기 때문에 나 역시 소망한다고 하는 데 지나지 않는다. 그 모습은 신사의 본체를 모르고 제례에 모여드는 것과 비슷하다. 또한 그중에는 비정상적 광인狂人도 많고 비정상적인 우자愚者도 많아 놀랄 만한 일"이라며 또다시 민권 진영을 비방했다.

한편, 그와 대조적으로 메이지 정부에 대해서는 "유신의 대업은 주로 구 웅번雄藩의 힘에 의해 이루어진 것", "지금의 일본 정부는 본래 민권가가 결집되어 있는 곳으로, 유신 이후 13년 동안 민권의 일을 거행하여 오로지 개진의 한 방향을 향해 주저하지 않은 자"라고 노골적으로 평가했다. 또한 "웅번의 사무라이는 생명으로써 권력을 손에 넣은 자이고, 호랑이굴에 들어가 호랑이새끼를 잡은 자"라고 하여 "유신의 공신이 유신의 정부에 서서 전권을 장악하고 국사國事를 전담하는 것도 물론 당연한 일"이라며 번벌공신藩閥功臣 정부의 정당성을 강조했다.

『시사소언』은 1881년 정변 직전인 9월에 간행되었고,[157] 10월 12일정변으로 "정부 부내에 있던 후쿠자와 문하생이 속속 면직되는" 유감스러운 사태가 벌어졌음에도 "거물"인 후쿠자와는 번벌공신 정부를 계속적으로 지지했다. 또한 후쿠자와가 정변 이틀 뒤 이토 히로부미와 이노우에 가오루에게 관계자의 면직 조치를 "유키치의 연고로 하는 일이 없도록 아무쪼록 주의해주기 바란다"는 편지를 썼을 때, 편지와 함께 『시사소언』을 증정하고 "저자의 심사는 아직도 1월 이래의 이노우에, 이토 두 사람과 주의를 같이"하고 있음을 알아줄 것으로 믿는다는 글을 덧붙여 보낸 것은 앞에서 이미 기술했다.

"이 사람 필생의 목적"인 권도의 "국권"을 확립·진작하는 "방략"은 『시사소언』 제4편 「국권지사國權之事」에 제시되어 있다. "외국 교제의 대본은 완력에 있다", "만약 현세계의 대극장에 서서 서양 제국의 인민과 창끝을 다투려 할 때는 병마의 힘을 뒤로 돌리고 다음에 무엇에 의지할 수 있단 말인가. 무武가 먼저고 문文이 나중이라고 하지 않을 수 없다"면서 군사적 무장이 "없는 도리를 만드는 기계"라는 지론을 반복한 다음, 후쿠자와는 세계 각국의 군사력을 비교 고찰했다. 나아가 그는 '부국'과 '강병'의 우선순위라는 중요한 주제를 문제삼았다. "혹자는 부국강병의 법은 정말로 이 말의 순서와 같이, 먼저 국가를 부유하게 하고 그런 다음에 병을 강하게 하는 책략으로 나가야 한다고 주장한다. 물론 부국으로 강병 아닌 나라 없고, 부는 강함의 근본이라는 말이 있다"고 세상의 상식을 전한 뒤, "이 말은 이치에 닿게 들리지만, 사회적 사건의 자취를 되돌아보면 왕왕 그렇지 않은 경우가 있다"고 지적했다. 결론적으로 그는 "이 책 입론立論의 주장은 오로지 군비를 성대하게 갖춰 국권을 확장하는 일점에 있다"고 주장한다.

이는 후쿠자와가 "부국강병 (…) 이 말은 이치에 닿게" 들린다는 것을 알면서도, 여덟 번째 작위로서 ⑧ '강병→부국' 노선을 선택했음을 의미한다. 동시에, 이것은 필자가 『후쿠자와 유키치의 아시아 침략사상을 묻는다』에서 '일본 근대화 과정의 총체적 스승'이라고 평가한 바 있는 후쿠자와 유키치가, 일본의 자본주의 발전이 끊임없이 군사를 우선한 아시아 침략의 반복을 도약대 삼아 급속히 추진되어왔음을 정확히 파악하고 선도했음을 의미한다. 왜 '강병→부국' 노선이 아니면 안 되는가. 후쿠자와는 그 근거와 과정을 다음과 같이 설명했다.

『후쿠자와 유키치의 아시아 침략사상을 묻는다』에서 필자는 후쿠자와의 국제관계인식이 마루야마 등의 파악과는 명확하게 달랐으며, 원칙론으로서 국가평등론을 소개한 초기 계몽기 이래 일관되게 '방약무인', '양민살해 자유', '무정잔혹', '힘이 정의'라는 약육강식의 관계로 국제관계를 살피고 있었음을 논증했다. 그는 『시사소언』에서도 이를 반복한다. "저 이른바 만국공법, 또는 만국 보통의 권리, 이러쿵저러쿵하는 그 만국의 글자도 세계 만국의 의미가 아니라 단지 야소회 종파의 제국에게만 통용될 뿐이다. 적어도 이 종파 이외의 국가에 이르러서는 일찍이 만국공법이 행해진 것을 본 적이 없다." 즉, 만국공법은 서양 '선진' 제국에게만 통용되는 것이며, "세력의 균형(balance of power)"이라는 생각도 아시아의 국제관계에서는 "믿을 수 없는" 것임을 강조했다.

국제관계란 그렇게 약육강식의 세계인데, 후쿠자와가 보기에 아시아 제국은 일본과 달리 적절한 외교적 대응을 하지 못하고 있었다. "페르시아, 조선은 도저히 의지"가 되지 않고 "최대의 지나"는 "수천 년 이래의 음양오행의 망설에 빠져 사물의 진리 원칙을 찾는 열쇠를 내던진 못할 짓을 하고 있다. (…) 문명 개진의 원소가 그 나라에 들어가는" 것은 무리이고, 아편전쟁 등의 패전을 경험하면서도 "그 개진이 완만하고 느리고 둔한 것은 실로 경악할 만한" 현상이라고 보았다. 후쿠자와는 결국 "문명의 중심이 되고 다른 나라의 우두머리가 되어 서양 제국에 대적하는 것은 일본 국민이 아니고 누구란 말인가. 아세아 동방의 보호는 우리 책임임을 각오해야 할 것이다"라고, 후세의 '대동아공영권'의 맹주로 연결되는 불손한 일본의 아시아 맹주론을 주장하기 시작한다.

또한 막말 이래 존재해온 아시아 연대라는 생각에 대해서는, 중국이나 조선과 서로 없어서는 안 되는 "순치보거脣齒輔車"*의 관계로 "서로 돕거나" "서로 의지하기를 바라는 것은 세상의 물정이 어둡기로 정도가 심한 것"이라고 단정했다. 아시아 제국이 반半식민지화의 위기에 처한 데 대해서는 "사정이 급박하게 돌아갈 때는 거리낄 것 없이 그 영토를 탈취하여 우리 손으로 판을 새로 짜는 것도 가능하다"면서, 맹주 일본이 아시아를 직접 침략하여 식민 지배하는 일도 있을 수 있다고 주장했다. 만약 "일본의 무력으로써 이를 응원"한다고 해

---

* 『춘추좌씨전春秋左氏傳』 희공오년僖公五年에 나오는 속담으로 "입술이 없으면 이가 시리고 수레의 덧방나무와 바퀴가 서로 의지하고 있듯이 한쪽이 없으면 다른 한쪽도 성립할 수 없는 불가분의 밀접한 관계에 있음을 비유하는 표현.

도, 그것은 "남을 위한 것이 아니라 자신을 위한 것임을 알아야 한다"고 하여 일본의 이해와 이익의 추구를 위한 아시아 정략임을 확인했다. 후쿠자와의 아시아인식은 일반적으로 '탈아론脱亞論'으로 대표된다고 알려져 있다. 그러나 『후쿠자와 유키치의 아시아 침략사상을 묻는다』에서 해명한 바와 같이 이는 명백하게 핵심을 벗어난 인식이다. 「탈아론」보다 4년이나 먼저 나온 『시사소언』에서 후쿠자와의 '탈아론'은 보다 체계적인 고찰을 바탕으로 제시되고 있었다.

"오로지 군비를 성대하게 갖춰 국권을 확장"하는 '강병→부국' 노선에 국민을 동원하기 위해서는 어떻게 해야 할까. 그 결론에 해당하는 제6편의 주제는 '국민의 기력을 배양하는 것'이다. 본래 '부국→강병'이 "이치에 닿게 들린다"는 데 동의하면서도 '강병→부국'이라는 작위 노선을 선택한 후쿠자와였기에, 그것을 위한 애국심 함양책도 당연히 작위적인 것이 될 수밖에 없었다. 대륙에서 떨어져 있는 '섬나라'라는 지리적 조건 탓도 있어 예로부터 침략의 대상이 되기 어려웠던 일본은 "외적의 발에 한 뼘의 땅도 더럽힌 적이 없다. 실로 금구무결金甌無缺*하기로 세계 만국에서 유례를 찾아볼 수 없다"고 자랑한 후쿠자와는, 애국심 함양을 위해 "외래 종교의 만연을 막는 일"과 "사족士族의 기력을 유지 보호하는 일" 두 가지를 제안했다.

첫 번째, 크리스트교 보급 반대론의 이유는 단순명쾌하다. "국권주의는 실로 불공평하게 새삼스레 자타를 구별하는 것"이므로 "실로

---

* 『남사南史』 주이전朱异傳에 나오는 말로, 상처가 없는 황금 항아리처럼 완전무결하다는 의미. 국력이 강해 외적의 침략을 받지 않음을 비유적으로 표현한 말이다.

공평하게 세계를 일가로 간주"하는 "야소교주의"는 "국권 보호의 기력"을 훼손한다는 것이다. 물론 후쿠자와는 "원래 종교의 믿음이란 누가 무엇을 믿든 마음대로"라는 구미 제국의 종교 자유 원리를 모를 리 없었지만, 당국자는 "모두 정치상으로 긴요한 부분만은 종교 교의에 끼어들어 거리낌 없이 명령할 수 있다. 양학자의 공론에 현혹되어 신교자유의 주의를 존중할" 필요는 없다고 주장했다. 이 책 첫머리에서 살펴본 것처럼, 마루야마 마사오는 "후쿠자와가 일관되게 역설한 것은 (…) 종교 등 (…) 인민의 다양하고 자주적인 활동이고, 그가 일관되게 배제한 것은 (…) 시민사회 영역에 대한 (…) 간섭"으로 "국권론이 최고조에 달했을 때조차 (…) 그의 원칙은 조금도 무너지지 않았다"고 주장했다. 그러나 후쿠자와 자신은 "신앙의 자유"를 "양학자의 공론"이라 비웃고 있는 것이다. 또한 같은 해 게이오기쥬쿠 관계자 단체인 교토교순회京都交詢會는 혼간지本願寺의 의뢰로 150엔의 청부금액을 받고 학술강연회 명목으로 크리스트교 배격의 '야소교 배격 연설회(排耶演說會)'를 개최하기도 했다.[158]

　두 번째 "사족의 기력을 유지 보호하는 일"과 관련하여, 후쿠자와에게 사족士族은 국가의 "뇌와 같고 팔과 같은" 존재인 반면, "농사꾼 장사치의 패거리는 (…) 사회를 위해 먹고사는 것을 공급할 뿐"이며 "짐승으로 치면 돼지"였다. 따라서 "사족의 기력을 소멸시키는 것은 흡사 국가를 돼지의 소굴로 만드는 것"이었다. 후쿠자와가 봉건사회 소멸로부터 10년을 헤아리는 시점에서 내셔널리즘 진작을 위한 "경세의 일대사"로서 "봉록을 박탈당해 빈털터리가 된" "사족의 생활을 보호"할 것을 이상할 정도로 진지하게 요구했던 것은 이런 이유 때문이었다.

이상에서처럼 『시시소언』은 후쿠자와의 보수사상을 총망라하다시피 제시한 글이다. ① 권도와 인위의 국권론, ② 번벌공신 정부에 대한 지지, ③ 권모술수적 '강병→부국'론, ④ '내안외경'이라는 이름의 '내위외경' 노선, ⑤ 아시아 멸시와 맹주 일본의 아시아 침략 의사 표명, ⑥ 신교 자유의 부정과 사족의 기력 유지에 의한 비합리적 내셔널리즘—이것은 ④ 작위적인 애국심 진흥책의 변종으로 생각할 수 있을 것 같다—등으로 정리할 수 있을 것이다.

후쿠자와 보수사상의 확립과 완성으로 가는 과정에서 이 목록에 들어 있지 않은 핵심은 무엇일까. '강병부국' 노선에 동원할 "국민의 기력"으로 국민 일반이 아닌 "사족의 기력"만이 언급되어 있는 것을 감안하면, "돼지 같은" "이른바 농사꾼 장사치"의 "기력"을 도대체 어떻게 확보·동원할 것인가 하는 문제가 남는다. 또한 후쿠자와 '내안외경' 노선은 '일신독립=국내 민주화'의 과제를 포기한 것이기 때문에 '내위외경' 노선으로 비판받을 여지가 있다. 즉 국내 질서, "내안"을 어떻게 확보할 것인가 하는 과제도 남는다. 이 두 가지 과제에 답하기 위해 후쿠자와가 반년 뒤 『시사신보』에 12차례 사설을 연재한 다음에 책으로 묶어낸 것이 『제실론』이다. 『제실론』에서 후쿠자와는 "일본 인민의 정신을 하나로 결집하는 중심" "정신의 집중점"을 제실에 둠으로써 내셔널리즘과 "국가의 안녕을 유지하는 방략"을 확정했고, 이로써 후쿠자와의 보수사상도 마침내 완성되었다.

(2) 『제실론』, "우민을 농락하는 사술"

『제실론』(자료편 27)의 내용을 살펴보자. 8년 뒤로 예정된 국회 개설 이후 일본 국민의 "인심을 하나로 결집하는" 방책에 골머리를 앓던 후쿠자와는 "특히 우리 일본 국민은 수백천 년 이래 군신정의君臣情誼라는 공기 가운데 태어나 자랐으므로, 정신도덕이 그저 이 정의 일점에 의지하지 않으면 국가의 안녕을 유지하는 방략이 있을 수 없다"고 분석하고 "일본 인민의 정신을 하나로 결집하는 중심"으로 제실을 자리매김할 것을 제안했다. "금후 국회를 개설"하면 "정당의 알력"이나 "민심 알력의 참상"이 예상되는데, "쌍방을 완화하고 불편부당"한 입장에서 "이를 수습"할 수 있는 것은 제실밖에 없다는 것이 후쿠자와의 생각이었다.

『민정일신』에서 후쿠자와는 일본에도 "문명이 진보함에 따라 점차 관민의 충돌이 늘어나" "그야말로 낭패를 당해 방향을 잃은" 시대가 도래했음을 예측했다. 민권 진영의 청년서생들이 "군주를 내세운 정치를 평하며, 군주가 우민을 농락하는 하나의 사술에 불과하다는 따위로 비웃는 자"가 있지만, "이 설을 주장하는 자는 필경 정치의 어려움을 겪지 않고 민심 알력의 참상을 모르는" 자라고 했다. "우리 일본에서도 정치의 당파가 생겨나 서로 적대시하고 쌓이고 쌓인 원한이 날로 심해져 해소될 수 없는" 사태를 맞이하고, 그 위에 "외환이 여기에 발생하여 국가의 안위에 관한 일이 도래하면" 도대체 어떻게 할 것인가 물으며 "우민을 농락하는 (…) 사술"을 도입하는 것이 필요하다고 주장한 것이다.

『학문의 권장』 첫머리의 "하늘은 사람 위에 사람을 만들지 않았다"라는 말로 유명한 후쿠자와지만, 그가 "사람 위"의 사람으로서 천황(제)의 필요성을 주장하게 되는 발자취를 정리해보겠다. 초기 계몽기 후쿠자와는 『문명론의 개략』에서 "호겐·헤이지(保元·平治)의 난 이래 역대 천황을 보니 그 불명부덕은 일일이 헤아릴 수 없다"(제4장)고 실태를 직시했고, "가마쿠라 막부 수립 이래 인민이 왕실을 모르는 것이 거의 700년"이라는 역사적 사실로부터 "새로이 왕실을 흠모하는 충정을 만들어, 인민을 정말로 천황의 적자가 되게 만드는" 것은 "매우 어려운 일로서 거의 가능성이 없는 일일 것"이라는 냉정한 판단을 내리고 있었다.

그러나 그는 같은 『문명론의 개략』 제10장 결론에서, 약육강식의 엄중한 국제관계 속에서 일본은 "자국의 독립" 달성을 "최후 최상의 대목적"으로 해야 한다고 주장했다. 후쿠자와는 그 대목적을 위해서는 "완고한 국권론"도 "군신의 의"도 "문명의 방편"으로 허용·동원해야 한다고 주장했다. 『문명론의 개략』 이후 집필한 「각서」에서도 "총명한 천자 (⋯) 거룩한 치세 (⋯) 거짓이 아니고 무엇이랴"라는 인식을 바탕으로 천황제에 대해 비판적으로 쓰다가도, "일본의 인심은 바로 국왕의 성덕을 믿고 (⋯) 선생을 믿고 (⋯) 주인을 (⋯) 장인을 믿는 시대이다"라며 천황제의 필요성을 암시하는 메모를 남겼다. 후쿠자와는 이토 히로부미와 마찬가지로 서양 제국에서는 "종교를 번성케 하여 (⋯) 인심을 하나로 결집하여 덕풍을 보존하지만, 우리 일본"에서는 "도저히 이 종교만으로 국민의 덕풍을 유지하기에 족하지 않음이야 명백하다"는 판단이 있었다(자료편 27-d).

국내 민주화의 과제를 "다음 행보로 남겨둔" 채 "훗날 이루게 되리라" 했던 공약의 방향으로 한 걸음도 나아가지 않는 한 그 "자국독립" 지상노선은 사상누각을 짓는 행위이며, 때문에 후쿠자와는 이미 살펴본 것처럼 많은 작위를 동원하게 되었다. 그중에서도 "모든 인생, 일을 이룸에 있어 본래 없는 것을 만드는 것은 이미 있는 것을 이용하는 것보다 못하다"는 '청탁병탄'의 현실추종주의 철학은, 『민정일신』에서 서양 제국이 "그야말로 낭패를 당해 방향을 잃었다"는 결정론적 인식이 가세함으로써 최대의 작위로서 ⑨ 천황제 선택을 향해 움직이기 시작한다. 즉, 후쿠자와는 "새로이 왕실을 흠모하는 충정을 만들어"낸다는 "매우 어려운 일"에 도전하게 되었던 것이다.

『제실론』 첫머리에서 후쿠자와는 "제실은 정치 바깥(政治社外)의 존재이다. 적어도 일본국에서 정치를 이야기하고 정치에 관계하는 자는 이 주의에 입각해 제실의 존엄과 그 신성을 남용해서 안 된다"고 강조했다. 이미 소개한 바와 같이, 마루야마 마사오 등은 이를 "천황을 모든 정치적 결정의 세계를 초월한 위치에 둔다"는 구상으로 오독했다. 그러나 후쿠자와 자신은 국회 개설 후 "정당의 알력" 사태를 예상하고 있었고 "제실이 왼쪽을 거들 것인가, 또는 오른쪽을 비호할 것인가 따위의 일"이 "정말로 득책이 아닌" 것은 당연한 이치라고 보았기 때문에 "일국의 완화력" 효용을 다하기 위해 일상적으로는 제실이 "정치 바깥에 있지 않으면 이루어질 수 없는 것"이라고 판단하여 그렇게 주장한 데 지나지 않는다.

후쿠자와는 "아득히 정치 위의 높은 곳에서 하계로 강림하고, 편도 없고 당도 없음으로써 그 존엄신성을 무궁하게 전하기를" 바란다고 했다. 이 경우 "정치 위의 높은 곳"이라는 말에는 마루야마가 해석한 "천황을 모든 정치적 결정을 초월한 위치에 둔다"는 의미는 조금도 들어 있지 않았다. 후쿠자와는 "정부는 화전和戰의 두 가지 안건을 제실에 아뢰고 가장 높은 사람이 하나로 결정하여 친히 재결하는 결과를 보고 군인도 비로소 마음을 가라앉혀, (…) 제실을 위해 나아가거나 물러서며 제실을 위해 살고 죽는 것이라는 각오를 다짐하여 비로소 전진戰陣을 향해 한 목숨이라도 바칠 수 있을 뿐이다"라고 주장했다. 즉, 대원수 폐하 천황을 육해군 통수의 정신적 지주로 자리매김함으로써 전쟁터에서 병사가 "일단 위급한 상황이 발생하면" "죽음은 새털(鴻毛)보다 가볍다고 각오"하고 "천황폐하를 위해" 분전하는 최대의 정치적 효용을 발휘하기를 기대한 것이었다.

이는 후쿠자와가 청일전쟁에 즈음하여 천황이 "군인의 사기를 고무"하고 "우리 군인된 자 (…) 폐하의 예려를 덜어드리고 성체를 안심시켜 드리는 정신 (…) 이 정신이야말로 실로 우리의 만리장성"이라고 큰소리치고, 또한 일본군의 "생명을 새털의 가벼움에 비교한 대정신이야말로" 전쟁 승리의 "그 기적 같은 공적의 본원"이라고 주장하며, "대원수 폐하 스스로"가 "야스쿠니신사"의 "제주"가 되어 "최대한의 영광을 전사자와 그 유족에게 부여하고, 이로써 전장에서 쓰러지는 행복을 느끼게 해야 한다"[159]는 "야스쿠니 사상"의 제창자가 된 것으로도 명명백백하다.

필자가 후쿠자와 유키치의 천황제 구상을 최대의 작위라고 파악한 것은, 『문명론의 개략』에서 "역대 천황을 보니 그 불명부덕은 일일이 헤아릴 수 없다"고 말했던 후쿠자와가, 천황제의 거대한 정치적 역할과 효용을 완벽하게 꿰뚫어보고—정확하게는, 후쿠자와의 예상을 뛰어넘는 정치적 기능을 발휘했다고 해야 할지도 모르지만—그것을 선택했기 때문이다.

그런 점에서 시민운동단체인 '부전병사·시민의 모임'의 일원인 필자는, 마루야마(에 국한되지 않은 수많은 전후민주주의 시대의 연구자들)가 후쿠자와의 천황제 구상을 두고 "천황을 모든 정치적 결정을 초월한 위치에 둔다"는 발상이라거나 상징천황제 같은 구상이라고 주장한 사실을 단순한 오독으로만 볼 수는 없다고 생각한다. 이는 천황(제)을 전쟁범죄·전쟁책임을 "초월한 위치에 두는" 역할을 수행한 것으로서, 그 전쟁책임을 엄중히 고발해야 한다.

천황제의 정치적 효용과 관련하여 "제실의 존엄과 그 정신"의 필요성을 인식하게 된 후쿠자와는, 『문명론의 개략』 당시의 "황학자류" 천황제관에 대한 비판적 자세를 버리고 『제실론』에서 "우리 제실의 일계만세一系萬世"를 강조하는 "이 한 가지만은 황학자와 같은 주장임을 믿는다"고 말했다. 이를 시작으로 "우리 제실은 만세에 흠이 없고 완벽한 데다 인심을 하나로 결집하는 일대 중심이다. 우리 일본의 인민은 이 벽옥의 광명에 비추어져 그 중심으로 모여들어 안으로 사회의 질서를 유지하고 밖으로 국권을 확장할 수 있는 것이다. 이 보옥을 건드려서는 안 된다. 그 중심을 흔들어서는 안 된다"고 주장하게 되었다. 『제실론』에는 후쿠자와가 기대하는 다양한 제실의 역할과 기능, 즉 "대덕大德"이 자세히 기술되어 있다. 여기에서는 그것을 정리한 문장을 소개해보겠다.

"제실은 인심을 하나로 결집하는 중심이 되어 국민정치론의 알력을 완화하고, 육해군인의 정신을 지배하여 그 나아갈 방향을 알려주며, 효자孝子·절부節婦·유공有功의 인물에게 상을 주어 전국의 덕풍을 두텁게 하고, 학문을 숭상하고 학자를 존중하는 본보기를 보여주어 우리 일본의 학문을 독립시키고, 또 예술을 쇠퇴하지 않게 도와 문명의 재산을 증진하는 등 그 공덕이 지극히 중대함은 일일이 들어 말할 수 없다."

이토록 많은 기능을 담당하기 위해서는 당연히 예산이 필요하다. 후쿠자와는 『제실론』보다 두 달 먼저 나온 이와쿠라 도모미의 건의와 보조를 맞추어, 『제실론』 맨 뒤에서 황실 재산의 확정 및 증액을 요구했다. 사실 그해 이후 황실재산은 급격히 증대했으며, 천황가는 타의 추종을 불허하는 일본 최대의 지주, 최대의 재벌이 되었다.

한편, 이상과 같은 후쿠자와의 『제실론』에 대해 일부 보수적인 대신참의大臣參議들은 "후쿠자와는 무엄한 놈이다. 천자를 은거시키고 실권자가 정치를 한다고 하니"라며, 어떤 의미에서는 마루야마 마사오와 다름없는 오해를 했다. 이에 대해 이와쿠라 도모미는 "일본인이 모두 후쿠자와 유키치 같기만 하면 안심이련만" 하며 매우 좋아했다고 전해지고 있다.[160]

(3) 『존왕론』, 황학자류의 천황제론

1882년 3~4월의 「입헌제정당을 논하다」((자료편) 25)와 같은 해 4월의 『시사대세론時事大勢論』((자료편) 26)은 모두 『제실론』과 같은 시기에 나온 저작이다. 따라서 "제실은 (…) 우리 일본 국민이 다 함께 받들고 다 함께 존경·숭배하는 곳으로, 이에 충성을 다하는 것은 그저 외면의 의무가 아니라 만민이 열중하는 지극한 충정"이라거나, "제실帝室의 존엄은 개벽 이래 동일한 모습이고 금후 천만 년이 지나도 같은 모습일 것이다. 이는 곧 우리 제실이 제실인 까닭"이라는, 초기 계몽기 후쿠자와의 냉정한 천황제론에서는 볼 수 없던 허위와 과장이 서술되어 있다 해도 놀라운 일은 아니다. 다만 3년 전에 나온 『민정일신』에서는 서양 제국의 "낭패"한 모습에 놀라 장기적 시야에서 사회발전을 전망하는 여유를 잃고 "그저 십수 년의 미래를 억측하여 얼마간 편리할 것으로 생각되는" 방책을 선택하면 된다고 주장했던 후쿠자와이기 때문에, 그런 사람이 "제실의 존엄은 (…) 금후 천만 년이 지나도 같은 모습일 것"이라는 확신을 당연한 듯이 이야기하는 자세에 대해서는 "후쿠자와는 제정신으로 저렇게 말하는가"라는 조롱을 받아도 마땅할 할 것이다.

『제실론』보다 8년 뒤에 나온 『존왕론尊王論』(1888년 10월)의 경우, 후쿠자와가 그 기본 골격에 찬성했던 '신성불가침한 천황'을 원수로 하는 대일본제국헌법이 발포되기 4개월 전에 출간된 것(『시사신보』사설로 연재된 것은 9월부터)인 만큼, 당연히 그 내용도 한층 격화되었다. 우선 후쿠자와가 『문명론의 개략』 당시의 냉정한 논의로부터 어디까지 전락했는지(사상적 '전향轉向'으로 볼 수 없는 이유는 제4장에서 후술하겠다)에 주목하면서 고찰하겠다.

후쿠자와는 『존왕론』 첫머리에서 "우리 대일본국의 제실은 존엄 신성하다. (…) 그것을 존경하는 데, (…) 대부분 일본 국민 고유의 본성에서 기인하는 것으로 예로부터 지금에 이르기까지 하등 의심하는 자가 없"다고 단언했다. 『문명론의 개략』에서 "군신의 길을 사람의 천성이라 해서는 안 된다"고 주장한 것과 대조적이다. 이어 "이 제실은 일본 국내 무수한 가족 가운데 가장 오래되고, 그 기원을 국가의 개벽과 함께하며, 제실 이전에 일본에 가족 없고, (…) 그 유래가 오래되기로는 실로 출색出色 절륜絶倫하고 온 세계에 비할 데가 없다고 할 수 있다. (…) 제실은 우리 일본국에서 가장 오래되고, 황통 연면히 이어져 내려왔을 뿐만 아니라, 열성列聖의 유덕도 지금까지 분명히 볼 수 있는 것이 많다. 천하 만민이 함께 우러러보는 곳으로 그 신성존엄은 인정의 세계에서 결코 우연히 아님을 알아야 한다"고 주장했다.

이 점에 대해서도 『문명론의 개략』에서는 "황학자"들이 "군주를 (…) 우러러 존경하는 (…) 연유를 (…) 인민이 옛것을 그리워하는(懷古) 지극한 충정으로" 돌린다고 비판하는 입장이었다. 나아가 "가마쿠라 막부 수립 이래 인민이 왕실을 모르는 것이 거의 700년"으로 "현세의 인민은 (…) 왕실에 대해서보다도 구 봉건영주에 대해 친밀하지 않을 수 없다. (…) 새로이 왕실을 흠모하는 충정을 만드는 (…) 것은 거의 가능성이 없는 일일 것"이라고 주장하고, "우리나라의 황통은 국체와 함께 연면히 이어져온 것으로 외국에 유례가 없다. (…) 이 국체 군주 병립의 존귀한 유래는, 고래로 우리나라에 고유하기 때문에 귀한 것이 아니라, 그것을 유지하여 우리 정권을 보존하고 우리 문명을 발전시켜야 하기 때문에 귀한 것이다. 대상이 귀한 것이 아니라 그 역할이 귀한 것"이라고 기술했다.

게다가 후쿠자와는 『존왕론』에 이르러 "역대에 영명한 천자도 적지 않고 그 문덕文德 무위武威의 여광이 지금에 이르기까지 소멸되지 않았을 뿐만 아니라, (…) 열성列聖의 유덕도 지금까지 분명"하다고 기술하지만, 이전『문명론의 개략』에서는 "호겐·헤이지의 난 이래 역대 천황을 보니 그 불명부덕은 일일이 헤아릴 수 없다. 부자가 서로 싸우고 형제가 서로 죽이고 (…) 천자는 (…) 무가의 위력에 속박된 노예일 뿐"이라고까지 쓴 바 있었다. 후쿠자와가『문명론의 개략』에서 주장한 것을 거의 백팔십도 바꾸어 이렇게까지 체계적으로 제실의 '존엄신성'을 이야기하고 있는데도, 마루야마가 어떻게 "후쿠자와가 원리론으로서『문명론의 개략』의 입장을 유지하고 있다"고 강변할 수 있는지 필자는 이해할 수 없다.

그런 마루야마에게 "이래도 모르겠는가"라고 말하기라도 하는 것처럼, 후쿠자와는 제실의 '정치사외政治社外론'이 천황제가 최대·무한대로 정치적 기능(비상시의 전가의 보도)을 할 것을 기대한 논의임을 다음과 같이 거듭 확인해준다. "제실은 원래 정치 바깥의 높은 곳에서, (…) 그 정치의 뜨거운 세계에서 떠나 있기를 점점 멀리하면 그 존엄하고 신성한 덕이 점점 높아지고 사회적 병리 해소 조화의 힘도 또한 점점 커진다. (…) 그 공덕을 무한한 것으로 만들기 때문에 정치사외라고 하는 것뿐이다." "화전和戰의 두 가지 안건 (…) 하나로 결정하여 친히 재결하는" 경우, 야스쿠니신사의 "제주"가 되기도 하는 천황이 "모든 정치적 결정의 (…) 초월"을 의미한다는 마루야마의 해석에 무리가 있음은 명백하다.

후쿠자와는 또한 "유식자"에 대한 설득을 의식했는지『문명론의 개략』과 달리 "옛것을 존중하고 그리워하는 상고회구尙古懷舊의 인정은 제실을 보호하는 데 소중한 것"이라면서, "우민의 미신이라고 하면 미신이겠지만 인지人智가 불완전한 지금의 소아사회小兒社會에서는 그들이 신불시神佛視하는 것을 그대로 회고의 기념으로 생각해야 (…) 슬기로운 사람이라고 할 수 있다", "조금이라도 경세의 이익이 있으면 어떤 이상한 사람이라고 해도 이를 받아들이는 데 넉넉한 여지가 있어야 한다"고 주장했다. 같은 논리에서 "역사상의 가문 (…) 일종의 고풍인" 화족제도에 대해서도 "날로 새로워지는 도리 한쪽에만 치우쳐 논하자면, 스스로 아무런 공로도 없으면서 영예를 마음껏 누리는 것은 그냥 넘길 수 없는 일 같지만, 적어도 그 영예 명성으로써 정치 사회를 저해하지 않는다면 추호도 개의할 필요가 없고, 정말로 제실의 울타리로서 존경할 만할 뿐"이라고 "제실의 울타리(藩屏)"로서 화족제도 옹호를 주장했다.

또한 그는 "신화족을 만드는 것은 경세지책이 아닌 것 같다. (…) 지금, 사람의 공적 여하에 따라 누구라도 이 부류에 들어갈 수 있는 것이 마치 화족 전체의 고풍을 빼앗아가는 것 같아 이 사람은 후세를 위해 적이 불리함을 느끼는 것"이라고 했다. 이런 발언은 『존왕론』의 저자로서는 어느 정도 논리적이고 조리 있어 보이기도 한다. 그러나 '그 무엇에도 사로잡히지 않는 자유분방한 사상가' 후쿠자와가 필요에 따라 신화족의 '바겐세일'을 하는 모습을 바로 다음 절에서 보게 될 것이다. 이제야말로 후쿠자와가 지배자의 논리를 자유자재로 조종하게 된 것을 알아차릴 수 있다면, 이 경우도 "조금이라도 경세의 이익이 있으면 어떤 이상한 사람이라고 해도 이를 받아들여야 (…) 한다"는 지배의 논리로 통일되어 있음이 분명히 보일 것이다.

이상에서 후쿠자와의 천황제론을 대표하는 두 저서를 살펴보았다. 그런데 바로 이 『제실론』과 『존왕론』에 대해, 마루야마 마사오는 "이 두 저서 (…) 『문명론의 개략』에서 주장한 군주정론君主政論으로부터의 '후퇴'가 종종 문제가 되는 저술입니다. (…) 아무리 후쿠자와가 여기서 일본의 황실에 대해 과찬의 말을 내보이고 있어도, 그 논의의 핵심은 천황을 모든 정치적 결정의 세계를 초월한 위치에 두는 것에 있습니다"[161]라고 평가했다. 필자는 정치학에도 정치사상사에도 '문외한'이다. 그러나 후쿠자와의 천황제론에서 천황은 ① "일본 인민의 정신을 하나로 결집하는" 것, ② "화전和戰의 두 가지 안건"을 "하나로 결정하여 친히 재결하는" 것, ③ "정당의 알력"이나 "민심 알력"이나 인민의 "분노"를 "완화", "해소 조화"하는 것, ④ 일본군 병사를 "제실을 위해 나아가거나 물러서며 제실을 위해 살고 죽"게 하는 것, 다음에는 ⑤ "대원수 폐하"로서 청일전쟁을 지도하는 것, ⑥ 야스쿠니신사의 "제주"가 되는 것 등 각종 기능을 떠맡고 있다. 이것이 어떻게 천황을 정치나 "정치적 결정"을 초월한 위치에 둔다는 의미가 되는지, 필자로서는 도무지 이해가 되지 않는다.

오히려 천황제야말로 일본의 국민(신민)에게 "타인의 혼을 내 몸에 집어넣게"(『학문의 권장』 제8편) 하는 "정신결집"의 총본산이요,—마루야마가 그토록 비난한—"권력 편중"의 최대의 사상事象이며, 그 "존엄 신성한" 제실을 국민이 "숭상"하는 것은 근대 일본사회 최대의 "혹닉"일 수밖에 없다. 그럼에도 말년(1986년)의 마루야마 마사오가 재야의 언론인으로서 그 최대의 "권력 편중", "혹닉" 형성의 선두에 서 있는 후쿠자와 유키치의 천황제론에 그토록 후한 평가를 내린 것은 도무지 이해할 수 없는 일이다. 아시아태평양전쟁 이전의 "자유주의적인(liberal) 천황제에 대한 흔들림 없는 신자"라는 열성 형질이 마루야마 마사오에게 대를 걸러 유전되었다고 생각할 수도 없는 마당에, 부디 '문하생' 등의 가르침을 바란다.

4) 임오군란과 갑신정변, 인위적 국권론과 배외주의

1882년 7월에 조선 병사들의 반일폭동 '임오군란'이 일어나고, 1884년 12월에는 조선 개화파에 의한 수구파 타도 쿠데타 '갑신정변'이 발생했다. 이에 즈음한 후쿠자와의 언동은 『후쿠자와 유키치의 아시아 침략사상을 묻는다』에서 자세하게 분석했으므로, 여기서는 제국헌법='교육칙어'에 대한 적극적인 평가로 나아가는 후쿠자와의 사상적 발자취와 관련하여 그 아시아인식과 아시아 정략론을 살펴보는데 그치도록 하겠다.[162]

후쿠자와는 전년의 『시시소언』(1881년 10월)에서 '강병→부국' 노선을 확립하고 "거리낄 것 없이" 아시아의 "영토를 탈취"할 의사를 표명했다. 임오군란 두 달 전에도 "필생의 목적은 단지 국권확장의 일점에 있다. (…) 국내의 (…) 정치가 (…) 전제專制와 비슷해도 (…) 만족"이라고 국내 민주화 과제를 방치할 의향을 내보였으며―『통속국권론』, 『민정일신』, 『시시소언』의 세 저서에서 권모술수를 주장한다―호기가 도래했다는 듯이 사건 직후 출병을 준비하고 조선의 개화파를 지원할 것을 호소했다. "조선 정부는 북경北京 정부의 부속기관(剛府)"이라며 느닷없이 북경을 공략하는 「만언漫言」(『시사신보』 칼럼)을 쓰고, 사설에서는 "동양의 노후한 거목(老大朽木)을 일격에 꺾기를 바랄 뿐"이라고 주장했다. 친정부적인 『도쿄일일신문』조차 그 강경한 군사개입론을 비난하고 냉정한 대처를 호소했으며, 민권사상가 나카에 조민이나 입헌개진당 오노 아즈사小野梓가 평화외교를 주장했던 것, 정부 내부의 이노우에 고와시조차 조선 중립화 구상을 마련하고 있었던 것을 생각하면, 당시의 후쿠자와는 가장 격렬하고 강경한 군사 개입론자였다고 할 수 있다.

갑신정변은 일본의 국가권력이 민간(후쿠자와 유키치, 이노우에 가쿠고로 井上角五郎 등)과 일체가 되어 조선에 내정간섭을 하고, 더구나 무력개입까지 감행해 정부 전복을 시도한 사건이었다. 후쿠자와는 『후쿠옹자전福沢翁自伝』에서 이 정변과의 관련성을 숨겼지만, 심복 이노우에 가쿠고로가 "김옥균, 박영효 등 일파의 거사는 당초부터 선생이 관계하고 받아들인 바이다. (…) 단지 그 대본의 작자됨에 그치지 않고 스스로 나서서 배우를 선택하고 배우를 가르치고 또한 도구를 갖추는 등 만반의 수단을 강구한 사실이 있다"고 증언했다. 후쿠자와는 쿠데타의 무기 제공을 포함해 민간인으로서는 가장 깊숙이 사건에 관계했으며, 정변 이후 개전을 요구하면서 "조선 경성京城에 주둔 중인 지나 병사를 몰살시키고, (…) 대거 중국에 진입하여 곧바로 북경성北京城을 함락시켜라", "이 사람의 재산은 이제 아깝지 않으며 모조리 이를 군비로 내놓을 것이다"라는 등 극단적인 열광 상태를 보였다. 이 때문에 『시사신보』는 검열에 걸려 두 번이나 사설 없이 발행되어야 했고, 마침내 발행정지 처분을 받았다.

"순수하고 진정한 일본혼"이 "가장 필요"하다고 주장한 후쿠자와는, 1885년 1월 8일 사설 「천황 친정親征의 준비는 어떠한가」에서 "천황폐하의 위광에 의해 우리 군이 큰 공을 세우기를 기대하는 것이야말로 만전의 책략"이라 말하고, "시모노세키馬関(下関)를 행재소行在所로 정하고, (…) 봉련鳳輦과 금기錦旗*의 위엄 당당하게 바다 일대一帶를 사이에 두고 조선, 지나에 맞선다면 전군 용기백배하며, (…) 우리나라는 무武로서 국가를 세우고, 천자의 친정은 예로부터 그 예가 부족하지 않다. 이번의 담판으로 만일 평화를 얻지 못하는 일이라도 있으면, 천황의 친정을 기필코 단행해야 한다"고 호소했다(결국 청일전쟁 때 히로시마広島 행재소 설치가 실현된다). 발행정지 처분을 받은 것은 8월 13일 게재 예정이었던 「조선 인민을 위해 그 나라 멸망을 축하한다」라는 사설의 내용 때문이었다. 발행정지 처분은 사설 내용이 정부 방침과 대립적이었기 때문이 아니라, 메이지 정부의 의향을 뛰어넘는 과격한 주장으로 외교상 바람직하지 않기 때문에 취해졌다. 언론인으로서 후쿠자와의 반골적 태도나 명예를 보여주는 일화가 아니라 오히려 과도한 침략적 언사에 대한 처분이었다.

평소 "인간의 몸에 가장 중요한 것은 영예와 생명과 사유私有"이며, 그중에서도 "영예", "체면 명예"가 가장 중요하다고 주장하고, 나아가 "자국의 독립" 확보를 지상과제로 삼고 있던 후쿠자와였다. 그런 그가 조선 인민에게는 "멸망이야말로 오히려 그 행복을 크게 하는 방편"이라는 노골적이고 차별적인 주장을 어떻게 합리화했을까. "조선인이 독립된 한 국민으로서 외국에 대한 영예는 이미 완전히 땅에 떨어져 무로 돌아간 것이다. (…) 조선 국민으로서 살아가는 보람

---

* 봉련鳳輦은 꼭대기에 황금의 봉황을 장식한 임금 행차용 가마를 말하고, 금기錦旗는 붉은 비단에 금실 은실로 해와 달을 수놓은 천황의 깃발로 관군을 상징한다.

도 없으므로, 러시아나 영국이 와서 국토를 약탈하는 대로 내버려두어 러시아나 영국의 인민이 되는 것이야말로 그 행복이 크다고 할 것이다. (…) 한평생 안팎의 치욕 가운데 죽기보다도 오히려 강대 문명국의 보호를 받아 하다못해 생명과 사유만이라도 안전하게 지키는 것은 불행 중 다행일 것이다"라고 했다. 나아가 영국에 점령된 "거문도 인민 7백 명은 행복한 자라고 하여 남에게 부러움을 살 정도의 사정"이라는 식으로 기술하고, "조선 멸망, 그때가 멀지 않음을 헤아린" 바, 후안무치하게도 조선 인민은 망국의 몸이 되어 영국이나 러시아의 지배하에서 "안팎의 치욕"에 시달려도 견디라는 모멸적인 견해를 주장했다.

후쿠자와의 대외강경론이 국내 민주화를 포기한 '권도·인위의 국권론'과 표리관계에 있음은 갑신정변의 경우에서도 분명하게 드러난다. 정변에 대해 "이번에 조선에서 일어난 사변事變이야말로 행운이다. 아무쪼록 이 변고에 편승하여 부조화不調和의 묵은 폐습(宿弊)을 말끔히 씻어버려야 할 것"이라며 또다시 내정 호도책의 권모술수를 생각해냈다. "정부에 어떤 사람이 있고 어떤 권세를 쥐고 어떤 책략을 짜내도, (…) 국권확장의 대의를 그르치지 않는다면 그것으로 충분하다"고 단언한 것이다. 이런 후쿠자와와 시사신보사의 배외주의적 언론에 호응하여 1885년 1월 18일 우에노上野에서 열린 대일본유지운동회大日本有志運動會의 대중국 시위운동에 참가한 군중 3천 명은, 오후의 시가행진 도중에 시사신보사 앞에 멈춰서 "시사신보사 만세"를 연호했고, 그와 반대의 논지를 펼친 조야朝野신문사에 가서는 하마터면 건물을 불태울 뻔한 소동을 벌여 경찰까지 출동하는 일이 있었다.

후쿠자와는 "일본은 이미 문명으로 나아가고 조선은 아직 미개하다", "조선국 (…) 미개하면 이를 꾀어내 이끌어야 한다"며 문명사관 그 자체에 입각해 아시아에 대한 개입을 합리화했다. 아시아를 문명으로 유도한다는 명목으로 침략을 정당화한 후쿠자와는 "저 인민 정말로 고루(頑陋)하다면 (…) 끝내 무력을 사용해서라도 그 진보를 도와야 할 것"이라고 주장했다. 아시아의 "고루"함을 강조하는 것이 무력 행사의 용인 및 합리화로 연결되는 논리의 성립이다. 이처럼 후쿠자와의 '권도·인위의 국권론'은 제국주의적 대외 정책으로 연결되는 동시에, 그 자신 아시아 멸시관 형성의 선구 역할을 수행하는 것을 피할 수 없게 만들었다.

초기 계몽기의 후쿠자와가 아시아 제국에 대한 의문이나 비판을 전개할 때는 구미 제국에 대한 각국의 구체적인 독립 확보 대응책이 적절한지 아닌지를 둘러싼 논의가 중심이었다. 그러나 대외강경책과 표리일체를 이룬 보수사상이 확립된 중기의 후쿠자와는, 바야흐로 아시아에 대한 전체적인 멸시와 편견, 부정적인 평가를 마구 쏟아내기 시작했고, 문명사관에 의해 개입과 침략을 합리화했다. 임오군란 이후 "조선인 (…) 완고하고 사리에 어둡고 거만하다(頑迷倨慢)", "조선인의 무기력 무정견", "지나 인민의 겁약하고 비굴함은 실로 터무니없고 유례가 없다", "차이니즈 (…) 꼭 거지 천민", "지나인 (…) 노예가 되어도 돈만 얻을 수 있다면 굳이 꺼리지 않는다"는 등의 발언이 그것이다. 이런 발언들은 그가 쏟아낸 멸시 발언의 정말로 극히 일부에 지나지 않는다. 이런 말들은 아시아에 대한 무력개입을 정당화하는 동시에 그 필요성, 필연성을 제공하는 논거이기도 했다.

「탈아론」은 그 직설적인 제목 탓에 이 시기 후쿠자와의 아시아관을 보여주는 글로 유명하다. 그러나 이미 살펴본 바와 같이 그는 이미 4년 전에 『시시소언』에서 아시아 침략 및 합병의 의사를 표명한 바 있었다. 또한 2년 전의 「외교론」에서는 "세계 각국이 서로 대치하는 것은 금수가 서로 잡아먹으려는 기세"라는 국제관계인식하에서 "잡아먹는 자는 문명의 국민이고 먹히는 자는 미개한 나라이므로 우리 일본국은 그 잡아먹는 자의 대열에 들어가 문명국민과 함께 좋은 먹잇감을 찾자"고 썼다. 당시의 후쿠자와는 '문명국'의 존재증명으로서 제국주의적 대외 진출과 침략을 부동의 구상이자 국책으로 확립하고 있었던 것이다.

5) 동시대인들의 후쿠자와 유키치 비판
—"구제받지 못할 재앙을 장래에 남길 것"

애국심의 진작을 위해 전쟁을 권유하는 『통속국권론』과, 문명국의 계급대립 인식을 계기로 '청탁병탄'의 현실주의 철학을 제시한 『민정일신』이 과도기였다면, 중기 후쿠자와의 보수사상은 '인위·권도'의 국권론과 '강병→부국' 노선을 제시한 『시시소언』과 "우민을 농락하는 (…) 사술"로서 천황제를 선택한 『제실론』에 의해 완성되었다. 임오군란과 갑신정변에 즈음하여 강경한 군사개입을 주장하고, 이를 위해 아시아 멸시관을 방출한 것이야말로 '강병→부국' 노선을 실천하는 후쿠자와의 첫걸음이었다.

그러나 후쿠자와 미화에 치우친 종래의 연구들은 중기 후쿠자와의 보수사상 전체상을 그의 저작에 의거해 파악하지 못했다. 때문에 이 책에서 이미 논파된 '후쿠자와 유키치가 제국헌법이나 '교육칙어'에 찬성했을 리 없다'는 신화가 오늘날까지 살아남을 수 있었던 것이다. 후쿠자와가 "이 시기에 군사적 무장이 '없는 도리를 만드는 기계'라고" 믿었을 리 없다는 마루야마 마사오의 집요한 주장이나, 후쿠자와의 아시아인식이 「탈아론」 이후 바뀐다는 잘못된 파악이 통설이 되어온 것도 그 부정적인 성과 중 하나이다.

이처럼 후쿠자와는 초기 계몽기의 사상적 '광채' 덕분에 후세 연구자의 눈을 속일 수 있었는지는 몰라도, 동시대인들에게까지 그 노골적인 보수사상을 감출 수 없었기 때문에, 많은 동시대인으로부터 격렬한 비난과 비판을 받았다. 특히 '권도·인위의 국권론', 번벌공신 정부에 대한 지지, 권모술수적 '강병→부국론', '내안외경'이라는 이름의 '내위외경' 노선, 아시아 멸시와 맹주 일본의 아시아 침략 의사 표명, 애국심 함양을 위한 크리스트교 보급 반대론과 사족의 기력 유지책 등등 보수 일색의 『시사소언』과 그 실천의 첫걸음이었던 임오군란 당시의 대외 강경발언에 비판이 집중되었다.[163]

『시사소언』이 간행된 다음 달, 크리스트교 기관지 『육합잡지六合雜誌』에는 「후쿠자와 유키치 씨의 시사소언을 읽다(読福沢諭吉氏時事小言)」라는 글이 실렸다. 이 글은 "후쿠자와 씨는 정부의 힘을 빌려서라도 반드시 크리스트교의 만연을 막아야 한다"고 주장하지만 "자고로 신앙의 자유를 속박하여 애국심을 성대하게 이끈 역사는 없다"고 반박했다. 마찬가지로, 다구치 우키치는 『시사소언』과 같은 해 같은 달에 간행된 『도쿄경제잡지』에서 신앙의 자유를 억압해 '국권' 유지를 도모하는 후쿠자와를 비판하고, 같은 잡지 다음 호에서는 조세 징수를 늘려 군비를 확장해야 한다는 『시사소언』의 '내안외경內安外競' 노선을 일컬어 "관민 괴리"를 초래하는 "내위외경內危外競"의 책략이라고 비판했다.

이듬해 1882년 8월 『육합잡지』에는 요시오카 히로타케吉岡弘毅의 「후쿠자와 씨의 야소교론을 논박하다(駁福沢氏耶蘇教論)」라는 글이 기고되었다. 요시오카는 1870년 당시 일본 최초의 정식 외무성 대표로서 조선과의 국교 교섭을 담당했던 인물로, 극히 원리적인 정한론 비판을 담은 장문의 「건의」를 제출한 적도 있는 인물이었다. 그는 "현금 동양 제국은 (…) 서양 제국에 능욕당할 우환에 처해 있다. 이런 때를 맞이하여 중국 및 조선과 같은 순치脣齒의 관계에 있는 국가들과 특별히 친목을 돈독히 하고 위기 시에 서로 돕는 것을 양책良策으로 한다는 순치보거脣齒輔車의 아시아 연대 시점을 제시했다. 또한 "한학자가, 이웃나라가 서로 화목하게 지내는 것은 국가의 이익이다, 명분이 없는 군사를 일으켜서는 안 된다고 주장하는 것은 씨의 의견에 비해 훨씬 뛰어난 훌륭한 의견"이라고 주장했다.

나아가 요시오카는 후쿠자와의 『시사소언』에서 "씨가 한학자를 멸시하고 야소교도를 혐오하는 근원은 오로지 씨의 약탈주의에 있음을 간파했다. (…) 지금은 경쟁세계이기 때문에 도리에 맞든 아니든 조금도 개의할 것이 없다. 조금이라도 토지를 빼앗으면 주머니가 두둑해질망정 무슨 가난해질 일이 있을쏘냐. 거리낄 것 없다. 잽싸게 챙겨 주머니를 두둑하게 하는 것이 좋다고 주장 (…) 이것은 이 당당한 우리 일본제국을 강도국強盗國으로 만들려 획책하는 것"이라고 고발했다. 여기에 더해 "이런 불의부정한 외교 정략은 결코 우리 제국의 실리에 보탬이 되지 않는다. (…) 공연히 사방의 이웃나라에 원한을 퍼뜨리고 만국으로부터 증오를 받아 구제받지 못할 재앙을 장래에 남길 것이 틀림없다. 어찌 이를 국권확장의 좋은 계책(良策)이라 할 수 있을 것인가"라고 준엄하게 꾸짖었다.

『후쿠자와 유키치의 아시아 침략사상을 묻는다』 마지막 장 「아시아태평양전쟁으로 가는 길」에서 필자가 논증한 것처럼, 요시오카의 비판은 사실상 아시아 침략의 길을 선도하여 일본 근대화 과정의 총체적 '스승'이 되는 후쿠자와 유키치에 대한 가장 원칙적인 비판이었다. 더구나 그 비판은 일본이 후쿠자와의 '약탈주의'에 바탕하여 '강도국'의 길을 걸음으로써 2천만 아시아 국민들과 자국민 310만의 죽음이라는 "구제받지 못할 재앙을 장래에 남기"고, 오늘날까지도 아시아 인민으로부터 전쟁책임을 고발당하고 있는 근현대 일본의 발자취에 대한 탁월한 예언이 되었다.

이 정도면 후쿠자와의 『시사소언』을 "늙은이의 허튼 잔소리"로 평가한다 해도 유키치에게는 반론할 도리가 없을 것이다. 미야케 세츠레이三宅雪嶺의 『동시대사同時代史』(岩波書店, 1990) 제2권 메이지 15년 (하) 항목은, 후쿠자와의 권력에 대한 무원칙적인 자세를 다음과 같이 비웃고 있다. "시사소언이라는 한 권의 책을 저술하여 세상에서 늙은이의 허튼 잔소리라는 소리를 듣는데, (…) 사설을 연재하다 중지하여 그간의 공격의 화살을 거두고 혹은 중도에서 흐지부지 넘어간 후쿠치 겐이치로福地源一郎(1841~1906)*와 비교할 때 어느 쪽이 더 칠면조인지

---

* 메이지 전기에 『도쿄일일신문』의 사주로 활발한 언론활동을 한 인물로서 『시사신

의심스럽다. 후쿠자와는 태어난 곳이 오사카여서 무사이지만 장사치로도 변할 수 있는 자로서, 어느 정도 무사의 풍모가 남아 있어 권력에 대해 오기를 부려야 한다고는 생각하지만 금력에 대해 오기를 부리려는 생각은 없어, 독립자존도 오사카식이라고 할 것이다."(188쪽)

같은 해 1882년 9월의 『부상신지扶桑新誌』는, 후쿠자와가 임오군란에 대해 강경한 군사개입론을 주장한 것을 논하면서 "후쿠자와 옹은 이미 옛날의 후쿠자와 옹이 아니다. (…) 메이로쿠샤明六社*에 가입했을 무렵까지는 그 정신 기골에 약간 볼 만한 것이 없지 않았다 해도, 지금은 이미 늙어빠져 아무런 도움도 줄 수 있는 사람이 아니다. (…) 금번 조선 처분에 관해 다소 활발한 의견을 내뱉는가 하더니, 공연히 무모한 얼간이 같은 주장을 하고 그 결국에야 마치 방귀와 같은 하찮은 자이다. (…) 옹은 아직도 천상천하유아독존 같은 태도로 거드름을 피우고 있지만, 이미 개진자유의 백성을 훈계할 힘이 없고 설령 훈계해도 결코 한 사람도 믿는 이가 없다"고 비판했다. 이것은 약간 품위 없는 논박이다. 갑신정변에 즈음하여 3천 명의 군중이 "시사신보 만세"를 연호한 사실을 보면 후쿠자와야말로 일본 근대화 과정의 총체적 '스승'으로 자리 잡은 게 사실이었고, "한 사람도 믿는 이가 없다"는 비판은 명백히 핵심을 벗어났다. 물론 후쿠자와의 배외주의적 열

보』를 무대로 논진을 펼친 후쿠자와와 함께 "천하의 쌍후쿠双福"로 일컬어질 정도였다. society=사회, bank=은행의 번역어를 처음 만들어 사용한 사람으로 알려져 있다.

* 1873년 미국에서 귀국한 모리 아리노리를 발기인으로 하고 후쿠자와 유키치, 니시 아마네西周 등이 참여하여 개화기 계몽에 지도적인 역할을 수행한 일본 최초의 학술단체.

광에 대한 타당한 비판이었음은 틀림없다.

또한 『시사신보』에 대해 "관민 조화를 표면상의 간판으로 내세우면서 가면을 쓴 관권신문과 다름없다"고 비판한 『도쿄요코하마매일신문東京橫浜毎日新聞』 계열의 작은 매체 『히노데신문日の出新聞』은, 같은 임오군란 시기의 강경발언을 논하며 "허풍은 후쿠자와, 거짓말은 유키치, (…) 후쿠자와 유키치 대선생은 금번의 조선 사건에 대해 자꾸 개전론을 주장하여, 마치 서양의 모국米國이 (…) 남의 재난을 틈타 작은 나라를 강탈하고 약자를 괴롭히는 것을 무턱대고 흉내 내는데, (…) 선생은 만국공법 정도는 충분히 알고 계실 텐데도"라고 비판했다.

언제나 변화한다는 점에서만 늘 변함이 없는 후쿠자와, 상황에 따라 임기응변적 발언을 거침없이 내뱉는 후카자와를 마루야마는 전향적으로 평가했다. 그러나 그 후쿠자와의 동시대 인물들 중에는 "허풍은 후쿠자와, 거짓말은 유키치"라고 호되게 비판한 사람도 있었다는 것이다. 마루야마 마사오 본인도 "메이지의 맨 초년에"라고 시대를 잘못 알긴 했지만, "허풍은 후쿠자와, 거짓말은 유키치"라는 험담이 존재한다는 사실 자체는 인식하고 있었다.[164] 그렇다면 앞에서 본 요시오카 히로타케의 후쿠자와 비판도 알고 있었을 가능성이 있는데, 『마루야마집』에 그와 관련된 언급은 없다.

어쨌든 동시대인들 사이에서 이토록 평판이 나빴던 인물이 전후 민주주의시대 일본 최고액면 지폐의 초상인물이라는 사실을 어떻게 받아들여야 할까. 필자로서는 1만 엔권 지폐의 초상인물에 의해 전후 민주주의의 질 자체가 문제시되고 있다는 생각이 든다.

4. '대일본제국헌법'에 이르는 발자취
─흠정·프로이센형·의회 권한 제한

이상에서 보았듯이, 중기의 후쿠자와는 "지금은 정부도 인민도 오로지 자유의 한 방향으로 나아갈 뿐"이라는 ① 유신혁명의 평가를 바꾸는 것에서 시작하여, ③ 봉건제를 재평가하고, "농사꾼·인력거꾼"을 ② "바보와 병신"을 위한 종교 교화 노선의 대상으로 내몰며, 지상 과제인 "자국독립"을 목표로 "국민의 기력", "애국심"을 함양하기 위해 크리스트교 보급 반대론을 포함해 ④ 권력 편중 사회에서 형성된 '혹닉'의 심정을 총동원하거나, ⑥ 권모술수로서 외국과의 전쟁을 권장했다. 이렇게 무리한 길로 나아가기 위해 교육은 국가에 의한 ⑤ '강박교육', 즉 강제 의무교육 체제여야 했으며, 또한 ⑦ '청탁병탄'의 현실주의 철학이 필요했다.

이 갖가지 작위 위에서 후쿠자와가 최종적으로 선택한 일본 근대화의 진로는 1881년 『시사소언』에서 제시한 바, ⑧ 아시아 침략 의사를 포함한 권모술수적 '강병→부국' 노선이었다. 또한 1882년 『제실론』에서 제시한 정치체제는 ⑨ "우민을 농락하는 (…) 사술"을 본질로 '존엄신성'한 제실을 "인심을 하나로 결집하는 일대 중심"으로 자리매김한 교묘한 '정치사외政治社外'의 천황제 구상 확립이었다. 이 『시사소언』과 『제실론』으로부터 7~8년 뒤에 발표될 대일본제국헌법으로 귀결되는 후쿠자와의 사상적 발자취를 [자료편] 29, 30, 31, 39, 41에 입각해 확인해보자.

[자료편] 29의 논설은 1882년 3월부터 이듬해 8월에 걸쳐 프로이센류 헌법을 조사하기 위해 유럽을 방문한 이토 히로부미가 귀국한 뒤에 정부에 의한 헌법의 "편제 조사"에 대해 논급한 것이다. "이 사람은 처음부터 헌법은 흠정欽定이어야 한다고 믿어 의심치 않은 바"라고 썼듯이, 후쿠자와는 자유민권파의 민약헌법民約憲法이 아니라, 군주의 명령에 의한 "흠정의 헌법" 제정을 자명한 전제로 삼고 있었다. 다음 [자료편] 30의 「개쇄론開鎖論」은 후쿠자와의 새로운 선택·전환을 의미하는 글로서 주목할 만하다. 후쿠자와는 『민정일신』에서 "시대의 추세(時勢)에 잘 적응하여 국가의 안태(國安)를 유지하는 것은 (…) 영국의 통치방식(治風)"이라며 의원내각제와 2대 정당제에 의해 정권교대를 이루는 영국의 정치제도를 추천·장려했었다. 다만 같은 해 같은 달 간행한 『국회론』에서 "국회를 여는 일은 지금 요로에 있는 사람의 권한을 꺾는 것이 아니라 오히려 강화하는 것"[165]이라고 정부에 진언하고, 나아가 『시사소언』에서는 일방적인 '권도의 국권론'을 주장했다. 원래 "우리 국체를 굳건히 하고 아울러 우리 황통에 광채를 더하는" 방책에 기여하는가 여부에 서양문명을 선택하는 기준을 두었던 변화무쌍한 후쿠자와였기 때문에(『문명론의 개략』 제2장), 그 후쿠자와가 「개쇄론」에서 영국류 의원내각제로부터 프로이센류 군주제로 궤도를 수정한 것은 특별히 놀랄 일이 아니다.─진정 놀랄 일은, 그 자체를 인식하지 못한 채 '후쿠자와=영국류 의원내각제'라고 했던 마루야마

의 억측이다. 이는 뒤에서 논할 것이다.

후쿠자와는 「개쇄론」에서 자신의 궤도 수정을 다음과 같이 합리화했다. 개국 이래 30년이 지나 정치제도에서 의식주까지 "모두 서양의 풍습을 따르지 않는 것은 없"게 된 일본은 이제 "서양의 문명에 들어간 것이라고 할" 만한 단계에 이르렀다. 그 결과 "수구론자라고 칭하는 자" 중에도 "독일 같은 경우도 크게 취해야 할 것이 있으며 우리는 독일을 따르려 생각하고 빈번히 독일풍으로 옮기는 자"가 나타났다. 그렇지만 "이 사람의 눈으로 보면 독일도 미국도 공히 서양으로서, 그 사이에 다소 사람의 기풍 차이는 있지만 (…) 일본 봉건의 시대에 모 번인藩人의 기풍이 다른 번인과 다른 것에 지나지 않는다. (…) 독일풍을 따르자고 하는 것도, 기실은 서양의 문명에서 탈퇴하는 것이 아니다." 프로이센류를 선택하는 것은 같은 "서양류"를 선택한 것일 뿐이라는 설명이다. 즉, 프로이센(독일)도 미국·영국도 같은 "서양"이라고 강변함으로써, 자신의 궤도 수정이 지닌 의미를 의도적으로 가볍게 보도록 요구했다.

1884년 4월 후쿠자와의 추천으로 『니가타신문新潟新聞』 주필이 되고, 이 당시에는 『우편보지신문』의 논설기자로 있던 오자키 유키오는 「개쇄론」 연재가 시작되기 한 달 전에 같은 지면에 「독일학 및 지나학」을 연재했다. 그는 프로이센=독일류의 정치체제를 선택하는 것을 "어미닭이 오리새끼를 키워 그것이 물에 들어가는 것에 놀라듯, (…) 사물의 성질을 자세하게 따져보지 않고 함부로 장려할 때는 그것이 발달·성장함에 따라 사람 역시 어미닭처럼 놀라게 된다"고 경고했다.[166] 이후까지도 후쿠자와는 오자키의 생활을 꾸준히 돌봐주는 관계셨기 때문에[167] 그가 이 논설을 몰랐다고는 생각되지 않는다.

> "독일에 대해 (…) 무턱대고 국가가 부유하고 군대가 강한 겉모
> 습에 현혹되어 그것이 그렇게 된 이유를 밝혀내지 않고, 특히 그
> 군주·재상의 위력·권세가 혁혁함을 알지만 민심의 울적함이 이미
> 오래됨을 모른다. (…) 독일의 인민은 아직 언론의 자유를 얻지 못
> 한 백성이다. 그 정부는 전제를 주의로 하고, 무기와 병사의 피(鐵
> 血)를 위정의 중요 수단으로 삼는 정부이다."

오자키 유키오는 철혈재상 비스마르크가 이끄는 정부의 강권적
정치체질을 이렇게 지적하고, 독일 인민이 잠잠하고 정령이 구석구
석까지 미치는 것처럼 보이는 것은 '사회주의진압법'에 의해 모든 자
유주의운동·혁명운동을 탄압하는 강권정치 때문이며, 일본이 그 길
을 답습하는 것은 "그것이 발달·성장함에 따라 사람 역시 어미닭처
럼 놀라는 것"이 예상된다고 적절하게 비판, 경고했다.

후쿠자와는 그보다 2년 전에 「번벌과인정부론藩閥寡人政府論」에서
"영국의 헌법"과 "게르만의 헌법"은 "근본에 있어 한쪽은 인민자유의
국정이고, 다른 한쪽은 제정무단帝政武斷의 정부이므로 도저히 근접할
수 없는 격벽이 있음은 명백하다"[168]고 스스로 적은 바 있다. 독일과
영국의 정치체제 차이가 봉건시대의 "모 번인藩人의 기풍이 다른 번
인과 다른 정도에 지나지 않는" 사소한 것이 아님을 알고 있었던 것
이다. 그는 철혈재상의 강권정치가 국제적 지위를 높이며 그 "엿과
채찍"의 정책으로 독일 민중을 억압하고 있는 사실에만 착목하고 있

다. 이런 사실은 오자키의 논설보다 반년 뒤에 나온 후쿠자와의 논설 「지나를 멸망시켜야 유럽 평안무사하다」((자료편) 31)에 의해서도 뒷받침된다.

후쿠자와는 5년 전의 『민정일신』에서 "그야말로 낭패를 당해 방향을 잃은" 상황이라 지적했던 서양 제국의 사정이 더욱 심각해졌다고 생각했다. "대저 오늘날의 구주 각국이 실로 문명국이라 하지만, 문명은 인간사의 겉면이고 다른 뒷면을 들여다보면 오히려 참담한 현실이 없지 않다. (…) 특히 그 사회에 빈부의 차가 심해 부자는 점점 부자가 되어 한계를 모르고, 빈자는 고생해도 그 보상을 얻지 못해, (…) 러시아에서는 허무당이 되고, 독일에서는 사회당이 되고, 영국·프랑스·서반아, 무릇 구주 문명국가에 이런 종류의 파당을 보지 않는 곳이 없다"고 묘사했다. 그 "구주 사회가 위태롭기로 형세가 매우 급해" 흡사 "로마제국의 말엽과 같다"고 전해, 독일류 강권정치로 대응해야 함을 암시하고 있다.

이 논설 후반의 내용은 3개월 뒤 갑신정변에서 후쿠자와가 쿠데타의 무기를 공급하는 등 사태에 깊숙이 개입하고 가장 강경하게 군사개입을 주장하게 된 동기와 그 사상적 배경을 완벽하게 설명해준다. 후쿠자와는 "문명" 제국이 계급대립과 노동운동·사회주의운동으로 위협받고 있으며, 그 국내적 대립과 모순을 제국주의적 대외진출과 침략을 통해 타개하고 있다는 국제정세의 현황을 명확히 인식하고 있었던 것이다. 이에, 그는 독일의 강권정치에서 배울 필요성과 함께, "자기 사회의 안녕을 유지하기 위해" "지나제국을 침략하려 하는 구주 제국의 제국주의적 동향에 일본도 적극 개입해야 한다고 주장하기에 이르렀다.

> "지금 그 불평의 열기를 줄이기 위해서는 필히 해외의 땅에서
> 방편을 구할 수밖에 없다. 그리고 그 적당한 땅은 아시아주의 지
> 나제국일 것이다. (…) 구주 문명의 참혹한 실정은 지금 바로 그
> 정도를 더해가고 있다. 단순히 우승열패優勝劣敗하는 게 아니라, 우
> 수한 자들이 서로 경쟁하면서 쉽게 승패를 보지 못하고, 단지 앉
> 아서 파열을 기다릴 수밖에 없는 모습이다. 지금 와서 그 기염의
> 열을 완화하기 위해 바깥에 약자가 있는 곳을 찾아 내부의 강자
> 의 먹잇감으로 제공하는 것은 실로 오늘날 불가피한 필요라고도
> 할 수 있다. 이런 불가피한 경우를 당해 무슨 일을 고려할 여유가
> 있을 것인가."

이처럼 후쿠자와의 국제관계인식은 『민정일신』에서의 "선진국"
"낭패" 인식→『시사소언』에서의 아시아 침략을 포함한 권모술수적
'강병→부국' 노선 표명→임오군란과 갑신정변 시기의 행동과 발언,
예컨대 1882년 11월 『병론兵論』에서 "지나국 예상대로 자립을 얻지 못
하고 예상대로 외국인의 손에 떨어지는 것이라면, 우리 일본인의 경
우도 수수방관할 이유가 없다. 우리 역시 분기하여 함께 중원中原을
차지하기 위해 경쟁할 뿐"이라는 언급[169]→「지나를 멸망시켜야 유럽
평안무사하다」라는 논설의 주장으로 폭주했다. 이런 후쿠자와의 사
상적 흐름에 내재화하면, 거리낌 없는 제목 때문에 유명해진 1885년
3월의 논설 「탈아론脱亞論」이 갑신정변의 실패로 후쿠자와가 "실의에

빠졌을" 때 쓴 예외적인 아시아인식[170]이라거나, 「탈아론」이후 후쿠자와의 아시아인식이 갑자기 침략의 방향으로 변화했다는 등의 견해에 무리가 있음은 분명하다. 또한 이런 국제관계인식, 아시아인식의 연장선상에서 '프로이센=독일'의 강권정치 방식을 선택하려 한 후쿠자와에게, 대일본제국헌법은 이미 지호지간에 있었다.

조금 논의를 서둘러 헌법 발포를 3개월 앞둔 1888년 11월의 「정부에서 국회의 준비는 어떠한가」(《자료편》39)를 보자. 후쿠자와는 "내각은 단지 천황폐하를 받들어 모시고 천황폐하에게 책임을 질 뿐, 국민을 향해서는 시정 득실의 책임을 질 것 없다"며 초연내각을 예상하면서도, "모든 방편을 다해 의장議場에 내각당이 다수를 차지하도록 준비에 전념해야 한다"고 조언했다. 게다가 "이 헌법으로써 국회의원의 권한을 축소하고, 의원이 아무리 정부에 반대해도 그 권한 내에서 활동하는 한 정부의 시정을 방해할 수 없도록 하는 등도 스스로의 일설이다. (…) 예컨대 의원이 법률을 심의하지만 기존의 법을 변환할 권한은 없고, 세출입에 대해서도 기왕의 액수를 삭감할 권리는 없도록 하는 등의 제한을 정하고, 그 제한 내에서 발언 토의를 자유롭게 하고, 이로써 의장을 원활하게 하는 것은 생각해보니 상당히 절묘한 방안"이라고 했다.

대동단결운동(지조 경감, 언론집회의 자유, 외교 실정의 만회)의 기관지 『정론正論』의 1888년 11월호가 "우리 정부는 헌법을 제정해도 되도록 국회의 권력을 제한하고 그 재정에 관한 의안을 기초起草 토의하는 권력 및 그 행정관의 비위를 탄핵하는 권력은 충분히 부여하지 않을 목적이다"라고 경계하고, 국회가 정부 초안에 대해 "유명무실하기로는 마치 나무인형의 집합장"[171]이 되지 않게 하기를 요구하고 있던 것과는 반대로, 후쿠자와는 의회 권한을 큰 폭으로 제한하는 대일본제국헌법의 방식에 찬동한 것이다. 위의 논설에서는 이 외에도 "언론의 자유"와 "관리의 수를 조정"하는 등 "정무 비용(政費)을 절감"할 것을 권유했지만, 전년에 제정된 '보안조례保安條例'에 의한 언론 탄압에는 이론이 없었다(제1장 제1절). 후쿠자와가 말하는 "언론의 자유"는 대동단결운동 측이 제기한 원리적인 요구가 아니었으며, "정무 비용의 절감"도 "쓸모없는 벼슬아치를 줄이고 번문욕례繁文縟禮를 제거하여 절약검소를 중심으로 한다"는 메이지 "정부가 항상 공언하는 바"와 같은 차원의 "실시 분발"을 촉구한 것에 지나지 않았다.[172]

그 3개월 뒤인 1889년 2월 11일(기원절 당일) 대일본제국헌법이 발포되었다. 후쿠자와가 제국헌법을 노골적으로 찬미했다는 것은 이미 제1장 2절에서 살펴본 바다. 여기서는 후쿠자와의 제국헌법 찬미에도 그의 작위가 가미되어 있음을 확인해두도록 하자. 후쿠자와는 "이 헌법으로써 국회의원의 권한을 축소하고, 의원이 아무리 정부에 반대해도 (…) 정부의 시정을 방해할 수 없도록 하는 것 등도 스스로의 일설"이라고 제언했다. 제국헌법이 인권규정과 함께 의회 권한을 크게 제약하는 방향으로 나아가도록 요구한 것이다. 후쿠자와가 「국회 개설 이미 늦다」(1891년 1월 26일, [자료편] 5)에서 이 헌법은 "의회에 충분한 권리를 허용한 (…) 완미完美한 헌법"이라고 했던 것과 모순된 평가이다. 즉 이것은 후쿠자와가 진심으로 제국헌법이 "완미", "선미善美", "완전무결", "오래된 입헌국에서조차 드문 완전"한 헌법이라고 평가한 것이 아님을 암시한다.

1881년에 후쿠자와의 양해하에 오바타 도쿠지로小幡篤次郎(1842
~1905) 등 문하생들이 기초한 「교순사 헌법사안」에 "내각의 의견이 입
법 양원의 중론과 서로 일치하지 않을 때는, 내각의 재상이 그 직을
사임하거나 천황의 특권으로 국회를 해산하는 것으로 한다"고 쓰여
있듯이, 당시 후쿠자와는 영국류 의원내각제를 바람직한 정치체제로
생각하고 있었다. 그러나 이미 살펴본 것처럼 후쿠자와는 인위·권도
의 국권론, 권모술수적 '강병→부국'의 아시아 침략 노선, "우민을 농
락하는" 천황제 구축이라는 보수사상을 확립하고 "흠정헌법", 독일
류 강권정치, 의회 권한의 제한이라는 노선을 잇달아 용인했으며, 마
침내 대일본제국헌법='교육칙어' 체제를—선의로 해석하자면 '필요
악'으로서—추인하게 되었다. 이런 후쿠자와가 그 체제를 노골적으로
찬미한 것은 당연한 귀결이었다.

　이러한 후쿠자와의 사상적 발자취를 확인하면, 마루야마가 후쿠
자와의 1889년 논설 「함부로 대망을 품지 말라」나 1893년 논설 「근래
의 병폐」 등을 인용한 다음, 제국의회 개설 전후에 후쿠자와가 생각
했던 정치체제가 "황실을 정치를 초월한 곳에 두는 영국류 의원내각
제"였다고 말하거나 "후쿠자와에게 입헌제와 의회제, 따라서 책임내
각제는 논리적인 추론(corollary)으로 가정되고, 일본에서도 의회 개설은
원리적으로 당연히 정당내각을 의미한다고 시종 생각되고 있었다"[173]
고 결론짓는 것은[174] 명백한 오류이다.

　마루야마가 헌법 발포 이후 제국의회 개설 전년쯤의 후쿠자와
의 정치체제론을 고찰하고자 했다면, 이를 직접 다루지 않은 「함부
로 대망을 품지 말라」를 인용할 것이 아니라, 같은 『후쿠자와 유키

치 전집』 12권에 수록된 「국회 준비의 실제 수단」(자료편 41)을 인용해야 했다. 이 글은 9일간이나 연재된 중요 논설이다. 그러나 마루야마는 "영국류 의원내각제"라는 자신이 (소망을 담아) 멋대로 설정한 정식(가설)에 부합되지 않는—『후쿠자와 유키치 전집』의 같은 책에 실려 있는—논설에는 눈을 감아버린 것이다. 마루야마는 상습적으로 이런 일을 해왔기 때문에 그가 우연히 위의 글을 빠뜨렸다고 생각할 수가 없다. 논설 「국회 준비의 실제 수단」에서 후쿠자와는 이전에 자신도 "영국류 의원내각제"를 주장한 시기가 있고, 민권 진영은 지금도 그것을 주장하고 있지만, 자신은 이미 5년 전부터 프로이센류 정치를 바라게 되었다고 했다. 즉 후쿠자와는 "명년에 국회가 개설되면, 동시에 영국풍의 당파정치가 되고 의장議場의 다수로써 내각의 신진新陳교대를 유인할 수 있다고 쉬이 이를 기대해 의심치 않는 자가 있지만," 그러나 "이 사람은 이를 영국정치의 상상론자로 판단해 갑작스럽게 동의를 표할 수 없다"고 하여 영국류 의원내각제를 바라는 "영국정치의 상상론자"들에게 새삼스럽게 반대의 뜻을 분명히 했다.

이 논설은 전체적으로 정부 측을 "직접 이롭게 하는" "관민조화"의 지론을 다시 권장하고 "언론·집회의 자유"를 "지금 갑작스럽게 (…) 풀어놓는" 것에 대한 "우려"를 표명하는가 하면 "지조 경감"에 반대하는 등, 완전히 번벌공신 정부의 입장에 서 있었다. 국회 개설을 1년 앞두고 후쿠자와는 정부에 "관원의 조정"과 관청의 통폐합 등 "정무 비용" 절감을 건의하고 "관존민비 풍조"의 일소를 도모함으로써 "국회의 풍파를 그때까지 일어나지 않게 방어하는 것이야말로 슬기로운 사람의 일이라 할 것이다"라고 조언했다.

5. '교육칙어'로 가는 길

1) 후쿠자와의 충효사상과 교육칙어
—'후쿠자와는 근대적 인간유형'이라는 마루야마의 허구

"반유교주의는 거의 유키치 평생의 과제였다"거나, 후쿠자와의 내셔널리즘은 "충군 내셔널리즘과는 완전히 이질적인 것"이라는 마루야마가 만들어낸 신화의 안경을 벗기만 하면, 후쿠자와가 '교육칙어'를 주체적으로 긍정·수용한 것은 조금도 놀랄 일이 아니다. 이미 밝힌 바 있는 후쿠자와 주장의 결론 부분을 인용함으로써, 우선 '교육칙어'의 중심적 덕목과 후쿠자와의 그것을 대비해보겠다. "우리 신민 능히 충의를 다하고 능히 효행을 다해"라고 표현된 '교육칙어'의 주축이 되는 충효도덕에 대해서, 후쿠자와는 "군주에게 충성을 다하는 것은 신하의 당연한 일"(자료편 9)이라고 전제한 뒤, 충의의 대상을 에도시대의 영주(藩主)에서 "만세일계"의 "존엄신성"한 천황으로 바꿔 "제실에 (…) 충의를 다하는 것은 (…) 만민 열중의 충정"이라고 주장했다(자료편 27). 효행에 대해서는 "부모에게 효도하는 것은 당연한 일"(자료편 10)이며 만일 "부모의 마음이 좋지 않아 무리한 말을" 해도 "자식된 자는 (…) 더욱더 효행을 다해야 한다"(자료편 11)는 생각도 소개했다.

충효사상을 자명한 것으로 받아들이고 있던 후쿠자와의 모습을 가려 새삼스레 헷갈리게 하는 글로서, 특히 초기 계몽기의 저작 『학문의 권장』 제6편 「아코불의사론赤穗不義士論」과 제7편 「남공곤스케론楠公權助論」, 그리고 제8편 「이십사효비판二十四孝批判」 등의 격렬한 유교주의 비판을 들 수 있다. 이 글들은 후쿠자와가 충효사상 그 자체를 비판하고 있다는 오해를 낳은 글이기도 하다. 예를 들어, 세간의 격렬한 반감을 샀던 「남공곤스케론」에서 후쿠자와는 "충신의사"가 군신주종의 신분관계 때문에 "전사"나 "할복"한 사실을 하인 곤스케가 목매어 자살한 데 비유하여 조소했다. 하지만 그 이유는 그런 행위가 "세상에 아무런 도움이 안 된다", "문명의 대의로 이를 논하면" "소위 어리석은 충성(愚忠)"(자료편] 9)이기 때문이었을 뿐, 후쿠자와는 "군주에 충성을 다하는" 것 자체는 "인심의 당연한 일"(자료편] 9)로서 자명한 것으로 생각했다.

또한 '교육칙어'에 열거된 "부모에게 효도하고 형제 간에 우애 있고" 이하의 여러 덕목은 "일단 위급한 사태가 발생하면 정의를 위해 용기를 내어 떨치고 일어나 공을 위해 봉사하고, 이로써 영원토록 계속되는(天壤無窮) 황실의 운명을 돕도록 하라"는 최고의 목적으로 집약된다. 이에 대해 후쿠자와는 초기 계몽기부터 『학문의 권장』 제3편의 '일신독립해야 일국독립하는 것'이라는 정식에서 왜 그렇게 해야 하는지 논거도 제시하지 않고 느닷없이 "국가를 위해서라면 재산을 잃는 것뿐만 아니라 하나밖에 없는 목숨을 내던져도 아까울 것이 없는" "보국의 대의"를 주장했다. 중기 보수사상 확립의 저작인 『시사소언』

에서는 "적어도 일본인의 이름 있는 자는 (…) 일단 유사시를 만나면 재산도 생명도 또한 영예도 모조리 이에 갚아야만 진정한 일본인일 것이다"[175]라고 말했다. 또한 이전에 "양이론자(攘夷家)가 설령 우리나라를 초토로 만들어도 외인(外人)을 국내에 들이지 않겠다"고 "격렬"하게 주장했던 사실을 언급하면서 "그 나라를 생각하는 정신에 정말로 감동해야 할 것이다"라고 평가했다. 후쿠자와는 일관되게 국민이 국가를 위해 생명도 재산도 희생하는 것을 자명한 일로 생각했음을 알 수 있다.

"일단 위급한" 사태라고 생각한 청일전쟁이 일어나자, 후쿠자와는 "만일 (…) 창칼이 부딪는 전쟁을 겪게 되면" 군인은 "생명을 새털의 가벼움에 비유하여 (…) 용감하게 돌진하여 맞설 상대가 없으며"[176] "제실을 위해 나아가거나 물러서며 제실을 위해 살고 죽는 것"(자료편 27)이라고 주장했다. 뿐만 아니라, 이제 "국민 일반 모두 사사로움을 잊고 국가에 보답할 때"이므로 "집도 곳간도 의복 여러 도구도 모두 국가가 쓰도록 제공하고 몸은 알몸뚱이가 되어도 마음속으로 일점의 불평이 있는 것이 아니다", "재산을 모조리 쾌척함은 물론, 노소 구별 없이 처절하게 죽어 인간의 씨가 마를 때까지 싸우는" "일본 인민의 각오"가 필요하다고 역설했다. 이에 대해서는 『후쿠자와 유키치의 아시아 침략사상을 묻는다』(225~228쪽)에서 상술한 바 있다.

따라서 지금까지 고찰한 것만으로도 이미 후쿠자와는 '교육칙어로 가는 길'의 종착점에 도달했다 해도 좋을 것이다. 그러나 여기서 멈추면 많은 '마루야마 마사오 신봉자'들이 불만을 제기할 것이다. 후쿠자와가 '교육칙어'에 찬성했을 리 없다는 마루야마의 신화를 뒷받침하는 근거로서 '후쿠자와는 근대적 인간유형'이라는 명제가 존재하기 때문이다. 따라서 마루야마의 후쿠자와 신화를 완전히 해체하기 위해서는, '후쿠자와가 근대적 인간유형'이라는 명제 자체가 허구임을 논증해야 한다.

마루야마는 『문명론의 개략』에서 후쿠자와가 "덕의가 작용하는 범위가 점차 좁아지고 지성의 활동에 자리를 내주게 되는 경위를 상세한 사정을 밝히며 논하고 있다"[177]면서 "계몽적 합리주의에 공통된 과학과 이성의 무한한 진보에 대한 신앙"[178]을 주장했다. 후쿠자와가 "수학과 물리학을 모든 교육의 근저에 둠으로써 전혀 새로운 인간유형, (…) 항상 원리에 의해 행동하고, 일상생활을 끊임없이 예측과 계획에 의거해 규율하며, 시행착오(trial and error)를 통해 한없이 새로운 생활영역을 개척해 나가는 분투적 인간—의 육성을 지향"[179]했다고 주장하면서, 유명한 '근대적 인간유형' 개념을 추출했다.

후쿠자와가 특정한 시기에, 특정 저서의, 그것도 그 일부에서 위와 같이 주장한 것은 사실이다. 그런 개개의 주장을 주워 모아 마루야마가 '근대적 인간유형'의 상을 구성하거나 추출하는 것은 사상사 연구에 흔히 있는 수법이고 그 자체를 비난할 의도는 없다. 그러나 막상 후쿠자와 유키치 자신은, 초기 계몽기로만 한정해도 원리론으로서 그런 전체적인 '근대적' 인간상을 조형한 적이 없다.—『문명론의 개략』 제10장과 관련하여 마루야마의 '문하생'도 지적했듯이, 후쿠자와는 초기 계몽기로부터 "마땅히 부정해야 할 '권력 편중' 사회에서 배양된 '혹닉'의 심정을 동원·확대할" 것을 주장하고 있었다.—설령 마루야마가 주장하는 '근대적 인간유형'에 가까운 "환상의 근대인"의 존재를 상정한다 해도, 후쿠자와 자신은 그런 근대적 인간상을 깎아버리거나 무너뜨리고, 나아가 해체함으로써 '교육칙어'=제국헌법에서 "기대되는 신민상"을 수용하기에 이르렀다. 다음에서는 그 도정을 [자료편] 28 이후의 자료에 근거하여 논증하겠다.

2) 후쿠자와는 '근대적 인간유형'이라는 명제의 오류
—7부의 인정에 3부의 도리

『시사소언』과 『제실론』을 통해 보수사상을 확립한 후쿠자와는 『제실론』 이듬해에 나온 「덕교지설德教之說」(1883년 11월 22~29일, [자료편] 28) 이후 일본 근대화를 담당할 근대인상, 즉 신민상을 보다 선명하게 만들어 나갔다. 다만 이를 초기 계몽기 인간상의 좌절이나 수정으로 파악해서는 안 된다. 초기 계몽기 후쿠자와는 "어리석은 충성"이나 "어리석고 가소로운" 효행을 엄하게 비판했지만, 충성과 효행 자체는 "신하"나 "자식된 자"의 "당연한" 길이라고 했다. 또한 마루야마가 후쿠자와 평생의 "원리론"이었다고 오독한 『문명론의 개략』 자체도 결론(마지막 장)을 통해 "자국의 독립" 확보라는 "최후 최상의 대목적"을 위해서는 "군신의 의, 선조의 유서, 상하의 명분, 본말의 차별 등"도 "존중해야 할" 인간의 "품행"으로 허용하고 총동원할 것을 주장했다. 앞에서 필자가 "보다 선명하게 만들어 나갔다"고 쓴 것은, 같은 초기 계몽기의 후쿠자와가 다른 한편—마루야마는 바로 이 측면에만 한결같이 주목했는데—도의보다 지성을 우선할 것을 주장하고, 수학이나 물리학의 중요성도 주장했다는 점에서, 모순되고 분열된 "동양의 도덕, 서양의 예술"적인 애매한 인간상을 교육칙어=제국헌법 체제에 걸맞는 신민상으로 순화하고 종합해 나가는 과정을 표현한 것이다.

　먼저 「덕교지설」은 "도덕의 가르침은 (…) 타산적인 것(數理)을 벗어나지 않으면 목적을 달성하기 어렵다. 원래 인간세계를 지배하는 것은 인정(情)과 도리(理)가 반반씩 섞인 것으로 (…) 보국진충報國盡忠 (…) 충의보국은 완전한 인정(情)의 활동"이라고 했다. 이전에 후쿠자와는 『문명론의 개략』 제6장에서 "현금 우리나라에 매우 시급하게 요구되는 것은 지혜가 아니고 무엇이랴"라 반문했던 적이 있었다. 그러던 후쿠자와가 '지성이 덕의에 우선하고 우월하다'는 그 주장을 바꾸어, 여기에서는 지성과 덕의가 "반반씩 섞인" 존재라는 인간상을 제시했다. 또한 "일신독립"의 과제를 방치한 것에 대응하여 애국심을 "완전한 인정의 활동"이라고 정의함으로써, 국가의 존재이유를 불문에 부친 것에 대응하여 애국심의 형성에 지성이 관여하지 않는다는 새로운 주장을 펼친 것도 주목을 끄는 점이다.

　다음으로, 후쿠자와는 근대 일본 중산계급(middle class)의 도덕 표준에 대해 "우리 일본국 무사를 위해 도덕의 표준으로 삼을 것 (…) 보국진충 등의 제목이 가장 적합한 것", "여러 외국에 자랑할 만한 일계만대-系萬代의 지존을 삼가 받들고 있어, 진충의 목적은 분명하고 한 번도 헷갈릴 만한 기로를 보지 못했다. (…) 일본 국민은 그저 이 유일한 제실에 충성을 다하고 다른 것을 되돌아보아서는 안 된다"고 주장했다. 이미 『제실론』을 통해 제실을 "일본 인민의 정신을 하나로 결집하는 중심"으로 자리매김한 사상가로서 당연한 귀결이었다. 이 "보국진충"이 "충군 내셔널리즘과는 완전히 이질적인 것"이라는 마루야마의 오류에 대해서는, 후쿠자와가 여기서 "일부분은 유교에 도움을 받은 것이지만, 오히려 그것보다도 유력한 것은 봉건의 제도로서, (…) 이미 봉건의 제도는 폐지되었지만 (…) 무사의 충성심은 소멸될 수 없다"고 언급한 것을 논거로 이미 논박했다.

더구나, 이 "보국진충"의 도덕에 대해 "사회의 상류 (…) 그 밑의 백성(群民)에 이르러서는— 물론 보국진충의 대의를 게을리 해서는 안 되겠지만—이 하나의 이치만으로는 혹시 감동이 무뎌질 우려가 없는 것도 아니다. 따라서 이 하류의 인민을 위해서는 종교의 신심(信心)을 기르는 것이 지극히 중요한 일이라고 할 것이다. (…) 무지한 상사람이 적어도 도덕을 유지하기 위해서는 종교의 신심이 관여해야 크게 위력이 나온다"는 발언을 주목하자. 1875년의 「국권가분의 설」((자료편) 14)에서 "농사꾼 수레꾼"을 계몽의 대상에서 추방하고, 이듬해 "종교의 필요"((자료편) 16)를 주장하기 시작한 후쿠자와가, 1881년의 『시사소언』에서는 이들 "농사꾼 장사치의 패거리"를 "사회를 위해 먹고사는 것을 공급할 뿐"인 "돼지"와 같은 존재로 간주하게 되고, 같은 시기 「종교의 설(說)」((자료편) 23)에서 이 "돼지" 같은 민중을 새삼스럽게 "바보와 병신"의 종교 교화 노선의 대상으로 자리매김하고 있기 때문이다.

위의 [자료편] 28의 발언은, 이처럼 하류의 "백성"을 완전히 정치와 내셔널리즘의 주체로부터 추방해왔기 때문에, 그들에게 주체적인 "보국진충"의 애국심을 기대할 수 없음을 이야기한 것이다. 후쿠자와가 이들 백성을 '강병→부국'의 침략전쟁에 동원하기 위해서는 '내위외경'의 권모술수가 필요할 뿐만 아니라, '교육칙어'의 "일단 위급한 사태가 발생하면 정의를 위해 용기를 내어 떨치고 일어나 공을 위해 봉사하고, 이로써 영원토록 계속되는(天壤無窮) 황실의 운명을 돕"는 정신―"생명을 새털의 가벼움에 비유하여 (…) 용감하게 돌진하여 맞설 상대가 없고", "제실을 위해 나아거나 물러서며 제실을 위해 살고 죽는" 정신―을 "전국 각지 공사립(公私)학교 생도"에게 "관철할"(자료편) 4) 필요성, 나아가 야스쿠니신사 구상의 필요성까지도 자각하게 된 가장 심부의 원인이 바로 이 판단이었다고 할 수 있을 것이다.

이듬해 후쿠자와는 「통속도덕론」(자료편 32)에서 "사람이 이 세상에 존재하는 것은 도리(理)와 인정(情)의 두 가지 작용에 지배되는 것이다. (…) 게다가 그 인정의 힘은 지극히 강대하여 도리의 작용을 자유롭지 못하게 하는 경우가 많다. (…) 그러니까 이러한 인정의 세계에 있으면서 오로지 타산(數理)에 의해 입신하고 세상을 살아가려는 것은 심히 살풍경하고, 도저히 인간이 실제로 하기 어렵다. (…) 조금씩이라도 인정에 타산을 조합하여 사회 전체의 진보를 기다릴 수밖에 없는 것"이라고 주장했다. 전년의 「덕교지설」에서 인간에게 "인정과 도리"가 반반씩이라고 했다가, 불과 1년 사이에 "인정의 힘은 지극히 강대하다"는 인식으로 기울었음을 보여준다. "오로지 타산에 의해 입신하고 세상을 살아가려는 것"은 곤란하다고 지적하고, 사회의 진보는 지극히 강대한 인정의 힘의 존재를 전제로 하여, "타산"은 "조금씩" 그 인정에 "조합"하지 않을 수 없다는 인식의 전환이었다.

후쿠자와는 3년 뒤 1887년에 나온 「정략政略」(자료편 37)에서 같은 "도리와 인정"의 비율에 대해 다시 언급했으므로 미리 살펴보겠다. "경세의 요체"를 설명하는 후쿠자와는 바야흐로 "인간세계는 인정의 세계이지 도리의 세계가 아니"라고 단언하고, "그 양태를 평하면, 7부의 인정에 3부의 도리를 가미한 조합물"이라며 "인정"의 세계를 5부에서 단번에 7부로 확대했다. 그 인정의 세계를 통제하는 "덕행"은, "효는 백행의 근본이고 충신은 효자의 문에서 나온다"는 충효 일체의 "구 일본류 도덕주의에 따르"면 된다고 주장했다. 즉, "혜안의 식자" 후쿠자와는 근대 일본의 사회에서 3년 뒤 나올 '교육칙어'의 신민상 이야말로 불가결한 것임을 예리하게 꿰뚫어보았던 것이다.

이상에서 살펴본 것처럼, 『문명론의 개략』 제6장에서 "덕의는 개벽 초부터 이미 정해져 진보할 수 없고 지혜의 작용은 날로 커져 끝이 없다"면서 "현금 우리나라에 매우 시급하게 요구되는 것은 지혜가 아니고 무엇이랴"라고 호소했던 후쿠자와는, 그럼에도 불구하고 같은 책의 마무리 장에서 최우선 과제인 "자국독립"의 확보를 위해 "군신의 의" 이하 "구 일본류 도덕"을 총동원해야 한다고 주장했다. 그리고 중기 보수사상의 확립과 함께 '지혜=이성의 계몽'에 대한 의욕과 자세를 상실한 그는, 인간에게 "도리와 인정", 이성과 인정이 차지하는 비율을 역전시켜 인정의 세계를 5부까지 끌어올리고, 나아가 그것을 7부까지 확대함으로써 근대 일본에 걸맞는 신민상의 조형에 나섰으며 마침내 '교육칙어'의 세계에 도달하게 되는 것이다.

이상의 분석을 바탕으로, 후쿠자와가 '교육칙어'에 찬성했을 리 없다고 했던 마루야마의 '후쿠자와는 근대적 인간유형'이라는 주장이 오류임을 확인하도록 하자.

마루야마가 말하듯이 『문명론의 개략』 제6장에서 후쿠자와가 "덕의가 작용하는 범위가 점차 좁아지고 지성의 활동에 자리를 내주게 되는 경위를 상세한 사정을 밝히며 논한" 것은 사실이다. 그러나 같은 후쿠자와가 이미 『문명론의 개략』 마지막 장에서 "군신의 의" 등

덕의를 동원할 것을 제안했고, 그 후 "덕의가 작용하는 범위"를 5할, 7할로 확대하다가 마침내 "인간세계는 인정의 세계이지 도리의 세계가 아니"라고 선언하게 된 것이다. 따라서 후쿠자와가 오로지 "지성의 활동"의 확대를 도모했다든가, "과학과 이성의 무한한 진보에 대한 신앙", "수학과 물리학을 모든 교육의 근저에 둠으로써 전혀 새로운 인간유형, (…) 항상 원리에 의해 행동하고, (…) 한없이 새로운 생활영역을 개척해 나가는 분투적 인간"이라는 '근대적 인간유형'의 육성을 도모했다는 마루야마 마사오의 파악은 터무니없는 바람에 지나지 않는 명백한 오류이다.

다만 후쿠자와는 "도리와 인정", "지성과 덕의"에 대해 여러 번 논했으므로 마루야마도 필자가 지금 고찰한 후쿠자와의 논고 모두를 못보고 넘어갈 수는 없었다. 예를 들어, 마루야마는 후쿠자와의 "과학과 이성의 무한한 진보에 대한 신앙"에 계속되는 문장에서 「통속도덕론」(「자료편」 32)을 인용했다. "그러나 다른 한편에서 그는 '무릇 사람이라는 것은 도리(理)와 인정(情)의 두 가지 작용에 지배되고, 게다가 그 인정의 힘은 지극히 강대하여' '이러한 인정의 세계에 있으면서 오로지 타산에 의해 입신하고 세상을 살아가려는 것은 심히 살풍경'하다는 취지의 말도 종종 했다는 것을 간과해서는 안 된다"[180]고 썼다. 그러나 이 경우, 마루야마는 「덕교지설」(「자료편」 28)이나 「정략」(「자료편」 37) 등을 인용하지 않음으로써, 『문명론의 개략』 제10장으로부터 '도리와 인정 반반씩'으로, 다시 '인정의 힘은 지극히 강대'로, '인정이 7부'라는 주장으로 일관되게 후퇴해온 후쿠자와의 자세를 무시했다. 후반의 두 논고만 언급함으로써 "후쿠자와의 실제적 처리 방식은

'조금씩이라도 인정에 타산을 조합'해가는 점진주의였다"[181]는 잘못된 판단을 내린 것이다. 굳이 말하자면, 이 경우 후쿠자와는 '점진주의'가 아니라 명백하게 '점퇴주의漸退主義'였다.

계속 문장에 단서를 붙이기는 하지만, 마루야마는 또 다른 글 「후쿠자와 유키치의 철학」에서도 '인정이 7부'라고 했던 「정략」(자료편 37)을 인용하고 있다.

> "적지 않은 메이지 초기의 합리주의자가 나중에 우리나라의 예로부터 전해오는 순풍미속淳風美俗을 칭송하고 (…) 도학자로 변신했을 때도 [후쿠자와는] '인간 세계는 인정의 세계이며 (…) 7부의 인정에 3부의 도리'라고 하면서 비합리적 현실에 대한 풍요로운 안목을 보여주었다. 그런 후쿠자와가 말년에도 시골(고정적 사회)의 소박·정직한 인정을 칭찬하는 속론 (…) 을 단호하게 물리치고, '오로지 똑바로 인간의 지식을 추진하고 지혜를 극대화하여 추악한 움직임을 견제하고자 하는 것'(『후쿠옹백화』)이라면서 사회관계의 복잡다양화의 과정을 어디까지나 긍정하고 축복한 것은 피차 흥미있는 대조라고 할 수 있을 것이다"[182]

또다시 논란의 여지가 있는 발언을 하고 있다. 나아가 별도의 논고에서는 "다른 한편 (…) 인정이 7부이고 도리가 3부, (…) 이 역시 지루할 정도로 강조했다. 더구나 그것은 결코 비합리주의나 반계몽주의(obscurantism)를 의미하지 않았다는 것입니다"[183]라고 쓴 것도 문제로 남는다.

먼저, "7부의 인정에 3부의 도리"라는 인간관을 마루야마처럼 "비합리적 현실에 대한 풍요로운 안목"이라고 긍정적으로 평가하는 것은 그의 자유이다. 그러나 그 전에 이 "풍요로운 안목"과 "계몽적 합리주의에 공통된 과학과 이성의 무한한 진보에 대한 신앙", "수학과 물리학을 모든 교육의 근저에 둠으로써 전혀 새로운 인간유형 (…) 항상 원리에 의해 행동하고 (…) 한없이 새로운 생활영역을 개척해 나가는 분투적 인간의 육성을 지향했다"는 후쿠자와의 '근대적 인간유형' 사이에 놓여 있는 모순점을 해결하고 나서 그렇게 해주면 좋겠다는 것이 필자의 솔직한 희망이다.

다음으로 마루야마는 「정략」(『자료편』 37) 후반에서 후쿠자와가 그 7부의 인정의 세계는 "효는 백행의 근본이고 충신은 효자의 문에서 나온다"는 "구 일본류 도덕주의"를 따라야 한다고 주장한 중요한 사실을, 자신의 논리와 맞지 않는다는 이유로 또다시 멋대로 무시하고 있다. 이 주장이 바로 "우리나라의 예로부터 전해오는 순풍미속淳風美俗"으로 연결되는 것임은 분명하다. 충효도덕을 긍정하는 "풍요로운 안목"이 "결코 비합리주의나 반계몽주의"를 의미하지 않는다거나, "계몽적 합리주의"나 "과학과 이성의 무한한 진보"를 의미한다는 마루야마의 무리한 해석을, 필자는 도저히 따라갈 수가 없다.

더불어, '교육칙어로 가는 길'을 고찰하는 이 글의 주제에서 다소 벗어난 것이기는 하지만 후쿠자와가 "말년에도 시골의 소박·정직한 인정을 칭찬하는 속론 (…) 을 단호하게 물리치고" "오로지 똑바로 인간의 지식을 추진"했다는 마루야마의 주장도 비판·시정하고자 한다. 마루야마는 다른 글에서도 "어떠한 속세계의 사소한 일에 관해서도 학리學理로 설명할 수 없는 곳이 있어서는 안 된다"는 게이오기쥬쿠에서의 후쿠자와 연설을 인용해, 그가 "생활의 어떠한 미세한 영역에도 주저하지 않고 학리를 적용"[184]하도록 요구했다고 해석했다. 전자가 말년의 주장이고 후자는 학생들에게 한 연설이므로, 말년의 같은 해에 학생을 대상으로 했던 후쿠자와의 다른 연설을 소개하도록 하겠다.

귀성하는 게이오기쥬쿠 학생들 앞에서 후쿠자와는 "노생이 특히 주의하는 바는, 제군이 배운 문명주의를 숨김없이 드러내 장로를 놀라게 하지 않는 한 가지 일이다. (…) 고풍관습 가운데 사실에 비추어 터무니없는 것은 교정을 시도하지 않을 수 없다. (…) 이처럼 인간의 미신을 기탄없이 논파하는 것도, 사회 일반에 종교의 믿음을 소중하게 유지하고 그 덕의를 잃게 해서는 안 된다. (…) 종교 등 고풍인순古風因循의 이야기는 재미없다고 일부러 이를 파괴하려 애써서"는 안 된다. 그것은 "상류사회의 자살" 행위라고 경고했다.[185] 여기서 후쿠자와의 진위를 이해하기 위해서라도, 중기 이후 후쿠자와의 '근대적 신민상'을 잠깐 살펴보자.[186]

도덕은 "순전한 덕교이며 타산적인 것(數理)과 관계가 없"다고 생각한 후쿠자와는, '미들 클래스=일본국 사인士人'의 세계를 서로 동떨어진 "7부의 인정"과 "3부의 도리"의 세계로 분리한 다음, 비합리적인 "인정의 세계"의 "도덕 표준"은 "유교의 가르침을 받고 봉건제도를 모체"로 한 "진충보국"이라고 했다. 그는 이 "진충보국이 철두철미 인생의 정에서 나오며 타산적인 것이 관계하는 바가 아니다", "인정과 도리는 심히 동떨어져 있고 각각 그 표준을 달리하기 때문에 오히려 매끄럽게 양립할 수 있는 것"이라고 거듭 확인한다. 이러한 "상류"의 이원적 인간에 비해, 그가 "바보와 병신", "돼지"라고 부른 "그 밑의 백성(群民)", "무지한 소민"에게는 타산적인 것의 세계는 없고 "보국진충"도 그들의 덕의는 될 수 없다고 하여 후쿠자와는 그들을 오로지 종교 교화의 대상으로만 삼았다.

위의 연설은 지식이 있고 덕이 높은 게이오기쥬쿠 학생에게 "문명 실학의 실리"로써 무지하고 덕이 낮은 "하류 백성"의 어리석음을 계몽하는 것은 좋지만, "고풍인순"의 종교 세계를 "파괴"하여 그 "덕이 낮은 인간"을 위협해서는 안 된다고 경계한 것이다. "일본국 사인士人"이 3부의 합리와 7부의 비합리로 이루어진 이원적 인간인 것처럼, 일본사회는 한 줌의 합리(사인)와 압도적 다수의 비합리(백성)의 공생·균형 위에 성립하므로, 사인은 스스로의 합리로 하류 백성의 비합리를 파괴해서는 안 된다는 게 후쿠자와의 생각이었다.

거의 알려져 있지 않은 사실이지만, 후쿠자와는 게이오기쥬쿠 학생들을 "문명 실학의 실리"라는 합리와 "보국치사"라는 비합리의 균형을 갖춘 청년으로 교육시키려고 했다. 후쿠자와 유키치가 평소 자부하고 있던 게이오기쥬쿠의 건학정신("우리 학원의 정신我社中の精神")은 「고 사원의 한마디 지금도 정신을 존중한다(故社員の一言今尙精神)」([자료편] 24)에서 보듯이 "보국치사" 그 자체였다. 물론 이는 『학문의 권장』 제3편의 "국가를 위해서라면 재산을 잃는 것뿐만 아니라 하나밖에 없는 목숨을 내던져도 아까울 것이 없다"는 "보국의 대의"로부터 이어져온 것이었다.

3) 일본혼, '완전한 문명개화인', 신화족제도론

[자료편] 본래의 연대순 고찰로 되돌아가자. 1884년 12월 갑신정변을 '조선사변'이라고 부르며 연일―12월 후반에만 9차례―사설에서 강경한 군사개입을 주장했던 후쿠자와는, 이듬해 1월 「적국 외환을 아는 자는 나라 망하지 않는다」(자료편 33)에서 "우리 일본인에게는 일본혼日本魂이라 칭하는 일종의 혼이 있다"면서 "잘못해서 지나의 함대가 도쿄만에 침입하는" 사태가 발생해도, 그런 외환과 위기에 대응하는 과정에서 "자신을 희생해서라도 (…) 집이 불타더라도 일본은 유지해야 한다"는 "일본혼"이 새로이 조성된다고 했다. "이것이 곧 전쟁 승패 바깥에 있는 일종의 특별한 이익으로서 일본인에게 가장 필요한 것"이라는 주장이었다. 이는 그가 일본 신민의 내셔널리즘을 "일신독립"이나 민권의 확립과는 전혀 관계없고, 권모술수적인 방책에 의해서라도 양성해야 할 것으로 생각하고 있음을 보여준다. 또한 "일본인에게 순수하고 진정한 일본혼이 없는 것은, (…) 외국을 모르는 죄"라고 쓴 것을 보면, 그가 그런 인위적 수단에 의해서라도 비합리적 내셔널리즘의 형성을 기대하고 있음을 알 수 있다.

1886년에 발표된 「문명을 사는 데는 돈이 필요하다」(자료편 34) 역시 후쿠자와의 변화무쌍한 인식 전환 사례로 주목할 만하다. 이미 언급했듯이 후쿠자와는 『문명론의 개략』에서 "바깥의 문명은 이를 취하기 쉽다"고 하여, 문명 추진을 위해서는 '안의 문명=문명의 정신'을 먼저 배워야 한다고 역설했다.―마루야마 등은 이 점을 높이 평가했다.―『민정일신』에서는 산업혁명에 의한 자본주의 발전이 사회의 "내부 정신을 움직이고 지덕의 양상도 일변"시킨 것을 보면서 사회 변혁에 의해 민중의식이 쉽게 격변할 수 있음을 인식하게 되었다. 이 논설은 마츠카타松方 디플레이션*과 군비 확대 증세에 의한 '체제적 침체기' 때문에 자본주의적 발전의 전망이 곤란하다는 조건도 함께 의식하면서 "유형적인 것은 그 진보가 실로 느리고 진로가 험난함"을 강조했다. 그런데 이와는 대조적으로, 『문명론의 개략』에서의 주장을 뒤집어 "무형적인 것은 그 진보개량이 의외로 쉽고 또한 빠르다", "덕德을 닦고 지知를 연마하는 한 가지 일에 이르러서는 습관이 이미 천성이 되어 여기에 부응하는 것이 매우 용이하다"고 주장한 다음에, 일본인은 이미 "그 마음을 보면 완전한 문명개화인"이라고 단언한 것이다.

문명 추진을 위해서는 문명의 정신을 배워야 한다고 주장하면서 그 계몽에 분투해온 후쿠자와가, 제국헌법도 제국의회도 아직 발포·개설되지 않은 1886년 시점에 덕과 지, 덕의와 지성을 아우르는 '일본인의 정신=안의 문명'이 이미 "완전"히 "개화"했다고 선언해버렸다. 일본인이 이미 "완전한 문명개화인"의 단계에 도달했다면, 후쿠자와는 4년 뒤 '교육칙어' 발포에 대해 새로운 비판이나 추가적 과제를 제시할 필요가 없어진다. 이런 점에서도 후쿠자와가 『시사신보』 사설에서 '교육칙어'에 대해 "감읍하지 않은 자 누가 있으랴", "인의효제 충군애국의 정신을 (…) 관철해야" 한다고 쓴 것은 지극히 당연한 귀결

---

* 메이지 전기, 재무경 마츠카타 마사요시松方正義가 세이난전쟁의 전비 마련을 위해 남발된 불환지폐에 의한 심각한 인플레이션을 해소하고자 불환지폐의 회수·소각 처분과 은본위제도 도입을 목표로 일련의 긴축재정 정책을 실시함으로써 발생한 디플레이션.

이었다.

"본래 없는 것을 만드는 것은 이미 있는 것을 이용하는 것보다 못하다"는 '청탁병탄'의 현실주의에 따라 화족제도의 용인과 활용을 주장해온 후쿠자와에게, 1884년의 '화족령華族令'으로 공작·후작·백작·자작·남작 5작제(궁중 조신公家은 메이지유신 전의 문벌, 제후는 출신 번藩의 녹봉 규모)에 의한 작위가 수여되고(敍爵), 이에 더해 훈공 있는 관료, 군인, 정치가, 실업가 등이 신화족(훈공화족)으로 참가하는 데 아무런 문제는 없었다. 1887년에는 관민조화와 거국일치를 위해 가츠 가이슈勝海舟 (1823~1899) 등 구 막부신하, 이타가키 다이스케板垣退助(1839~1919) 등의 정당 지도자에게도 작위가 수여되었다. 이에 대해 「일본의 화족」(자료편) 35)은 "제실의 울타리(藩屛)"인 화족을 "국가에 둘도 없는 귀중한 보물"이라 칭하고, "80여 명의 신화족"에게 "그 신선하고 쾌활한 공기로써 천백 년 이래 화족의 오랜 천지에 충만한 일종의 정체를 완전히 씻어내고 크게 일본 귀족의 면목을 변경할 것"을 기대했다(1889년 구 화족 483명, 신화족 83명, 합계 566명). 마루야마 마사오는 『일본의 사상』에서 "메이지 정부가 제국의회 개설에 앞서 화족제도를 새로이 창설해야 했던 얄궂음"을 언급하면서 "만들어진 귀족제라는 것은 본래 형용모순"[187]이라는 적절한 논평을 가했다. 그러나 "후쿠자와에 홀린" 탓일까, 마루야마는 "후쿠자와이즘의 슬로건"인 "하늘은 사람 위에 사람을 만들지 않고"[188]로 유명한 후쿠자와가 바로 이 "형용모순"의 화족제도에 대해 많은 논설에서 찬성·허용··이용을 제언하고 있다는 사실에 대해서는 시종 입을 다물었다.

이처럼 신화족에게 기대를 표명했던 후쿠자와가 이듬해 『존왕론』

(자료편) 38)에서는 새로운 견해를 표명했다. 화족제도 자체는 여전히 지지하면서도, "신화족"은 "그 오랜 가문이라는 유서 하나"만으로 문제가 있고 "공적 여하에 따라 누구라도 이 부류에 들어갈 수 있지만, 마치 화족 전체의 고풍을 빼앗아가는" 것이 되므로 "경세를 위해 적이 불리함을 느낀다"면서, "신화족을 만드는 것은 경세지책이 아닌 것 같다"고 말한 것이다. "관민조화"를 무엇보다 바라고 있던 후쿠자와는, 국회 개설을 목전에 둔 1889년 이후부터는 신화족제도를 반대하고 그 폐지를 제안했다. 물론 이는 '교육칙어' 이후의 일이고, 여기서의 고찰의 범위를 벗어난다. 하지만 변화무쌍한 그가 또다시 신화족제도 찬성으로 급변하게 되는 사정이 있으므로 그간의 경위를 간단하게 언급하겠다.

국회 개설 후인 1891년, 후쿠자와는 "과격주의가 출현하는 것이 의외로 신속할지도 모른다. 만약 저 사회주의, 공산주의 등과 같은 조류가 일단 사회에 출현하여 혈기왕성한 젊은 무리가 금세 여기에 호응하는 일이 있으면"이라는 우려에서 "근년 새로 만든 관작이야말로 실로 무익한 것, 어린애 장난 같은 짓이므로, 그 전폐"를 반복해서 주장했다(구 화족에 대해서는 "제실의 울타리, 사회의 영예로서 영원히 이를 보존할 것"을 주장했다).

그러나 후쿠자와는 그로부터 2년 뒤, 청일전쟁에 의해 "국내 인심의 일치를 재촉하고, 관민 간의 분규도 그 자취를 감추어" 일본이 전쟁 승리에 의한 자본주의 생산의 급속한 약진을 내다보게 되자, 신화족제도 반대의 태도를 다시금 전환하여 이번에는 작위의 바겐세일을 개시한다. 변함없이, 한편으로 "작위 같은 것은 단지 집에서 기르는 개의 목줄과 다르지 않다"고 호언장담하면서도, "크게 이를 이용하여 그 효능을 거두기를 희망하는" 후쿠자와는, 같은 작위를 수여하는 것이라면 일본 자본주의 발전에 유효하게 이용해야 한다면서 "부호 재산가의 무리에게 과감하게 높은 작위 고위의 영예를 주도록" 요구했던 것이다.[189] 후쿠자와는 정말로 변화무쌍 그 자체의 사상가였다.

4) 자본주의적 계급사회의 수호자, 후쿠자와 유키치

후쿠자와의 '교육칙어로 가는 길'을 살펴보는 마지막 논설 「빈부지우貧富智愚의 설說」(자료편 40)은 '교육칙어' 발포 전년, 제국헌법 발포 다음 달에 발표되었다. 이 논설은 일본의 근대적 신민상과 관련된 덕의의 바람직한 모습을 직접 논한 것은 아니다. 그러나 그 내용은 제국헌법 발포 다음 날부터 연재된 사설 「일본 국회의 유래」에서 제기되었던 '근대 일본인상' 그 자체와 완전한 대응관계에 있다. 이미 기술했듯이, 「일본 국회의 유래」는 "어쩌면 우리 국민은 수백천 년 이래 윗사람에게 복종하고 그 제어를 받아 (…) 안으로는 부모를 모시고 밖으로는 군주를 섬기며 형제자매, 스승제자, (…) 일체의 관계 모두 구속 가운데 있을 뿐만 아니라 (…) 즉 일본 고유의 습관으로 대대로 전해 내려와 선천적인 성질 (…) 인심이 양순하여 능히 사물의 질서에 복종하는 것은 어쩌면 세계 각국에 비교할 만한 나라가 없다고 할 것이다. (…) 비굴하다고 해도 무기력하다고 해도 능히 간난에 인내하고 흐트러지지 않는 사람은 여기에 덧붙이기를 순량이라는 이름으로 하지 않을 수 없다"고 썼다. 일본의 자본주의적 발전이 "필히 신속"하고 "모두 평온"한 길임을 보증하는 조건으로서, 오랜 세월 동안 "권력 편중"과 "혹닉"의 사회에서 "선천적인 성질"로 형성되어온 "순종, 비굴, 무기력"한 일본인의 국민성을 꼽고, 이를 "순량"한 인격으로 적극 평가한 것이었다.

"순종, 비굴, 무기력"한 국민성에 의거해 자본주의의 신속하고 평온한 발전을 전망할 수 있다고 썼지만, 후쿠자와에게는 보수사상 확립의 전환점이었던 『민정일신』 이후 계속 끌어안고 있는 커다란 불안이 있었다. 그것을 드러낸 것이 「일본 국회의 유래」 발표 이후 보름도 안 되어 집필한 「빈부지우의 설」이다. 1년 전 발표한 「문명의 이기利器에 사사로움 없어라」의 표현을 빌자면, 그것은 "오늘날 서양 제국 도처에서 사회주의를 주창하여 (…) 영국의 아일랜드 독립당은 (…) 프랑스의 공산당은 (…) 러시아의 허무당은 (…) 독일-오스트리아 제국의 사회당은 (…) 파괴주의가 동진東進해 올 우려가 없지 않다"[190] 는 불안이었다. 이 불안에 대한 정치적 대응으로서, 후쿠자와는 프로이센=독일의 강권정치 방식을 선택해 대일본제국헌법으로 가는 길을 걸었다.

일본 자본주의 발전의 선도자인 동시에 그 체제의 수호자를 자임했던 후쿠자와는 「빈부지우의 설」에서 "오늘날 사회당이 가장 왕성한 곳은 (…) 미국에 있어서는 시카고, 영국에 있어서는 맨체스터, 버밍엄과 같은 제조업이 왕성한 곳"이라며 자본주의 선진지역에서 "사회당"이 융성하고 있음을 말했다. 일본에서도 곧 불거질 것으로 예상되는 계급대립, 노동운동, 사회주의운동에 어떻게 대처할 것인가 하는 문제는, 중기 이후 실제로 근대적인 노동조합이 탄생하고 공장법工場法 제정 문제에 관여하게 되는 말년까지 후쿠자 최대의 관심사중 하나였다. 때문에 후쿠자와는 「빈부지우의 설」에서 이제 "가난하고 어리석은 자(貧愚者)가 다수를 차지하는" 일본사회의 현실에 대해 "눈을 감고 코를 막고 무리하게 그 악취도 참아야 한다"는 심경을 감추지 않았다.

그러나 "여기서 가장 두려워해야 할 것은 가난하지만 지식이 있는 자"라고 그는 지적한다. "세상의 모든 제도를 불공평한 것으로 보고 빈번하게 공격을 시도하며, 혹은 재산 사유의 법을 폐지해야 한다고 하고, 혹은 전답을 공유공지共有公地로 해야 한다고 하며, 그 외에 피고용자의 임금 인상, 노동시간 단축 등 모두 그들이 고안해내지 않은 것이 없다. 저 직인의 동맹파업이라든지 사회당이라든지 또한 허무당이라는 것이 어디서 원인하는지를 분명히 알아야 한다"고 적었다. 후쿠자와는 "가장 두려워해야 할" 노동운동, 사회주의운동을 주도하는 이들이 곧 "가난하지만 지식이 있는 자"라고 생각했다. 그리하여 "교육자가 그 권학의 방편을 위해 (…) 교육을 왕성하게 하여 부의 원천을 개척해야 한다고 하는 것은 사물의 인과관계를 뒤집은 것 (…) 선금을 지불하고 나중의 고생의 씨앗을 사는 것과 다르지 않다. 경세의 득책이라 할 수 있을 것인가. 이 사람은 감복하지 않는 바"라고 주장했다. 『학문의 권장』을 저술한 사람이 이제 빈민에 대한 과도한 교육 보급에 반대하는 의향을 표명한 것이다.

『학문의 권장』을 읽어본 독자는 "사람은 태어나면서 빈부귀천의 구별은 없다. 다만 학문에 힘써 아는 것이 많은 사람은 귀인이 되고 부자가 되며, 배우지 못한 사람은 빈자가 되고 비천한 사람이 되는 것"이라며 교육에 의한 입신출세를 소리 높여 제창하고, "권학의 방편을 위해 (…) 교육을 왕성하게 하여 부의 원천을 열어야 한다"고 "교육가의 도리"를 선전한 것이 다름 아닌 후쿠자와였음을 기억할 것이다. 그는 자신의 변심이 정당함을 새로운 교육론 「교육의 경제」(r자료편] 36)에서 다음과 같이 설명했다.

> "원래 학문과 교육도 일종의 상품(商賣品)으로 (…) 가산이 풍부하고 부모의 뜻이 돈독한 자가 자식을 위해 상등의 교육을 사고, 재력이 적고 부족한 자는 중등의 교육을 사며, 중등보다 하등, 그 계급은 단계적으로 내려가 끝이 없다. (…) 이 불평등(不平均)이 좋지 않다고 하여 갑작스럽게 인간사회의 조직을 바꾸려 해도 인력이 미치는 일이 아니다. (…) 무릇 인간사회의 불편함은 사람의 지력과 그 자산이 상호 균형을 잃는 것보다 심각한 것은 없다. (…) 교육의 계급은 확실히 빈부의 차등을 벗어나는 일이 없으며"

자본주의사회에서는 학문이나 교육도 상품이므로 부모의 재력에 따라 자식을 위해 구입할 수 있는 교육상품의 정도가 다른 것은 당연하다는 것이다. 이후 후쿠자와는 일관되게 "교육의 계급"과 보모의 "빈부차등"의 대응을 주장했다(그런 의미에서 후쿠자와는 현대 일본 '신자유주의 교육론'의 선구자이다). 동시에, "가장 두려워해야 할 것은 가난하지만 지식이 있는 자"라는 이유(와 '유전 절대론')로, 수업료가 싼 관립학교에 빈민을 입학시켜 "가난하지만 지식이 있는 자(貧智者)"로 만드는 것을 막기 위해 관립학교 폐지와—학비가 드는—사학으로의 개편을 주장했다.[191]

이상과 같이 자본주의적인 계급사회를 유지·옹호하는 후쿠자와의 군은 의식이 "순종, 비굴, 무기력"한 일본인의 국민성을 적극적으로 긍정하고, '교육칙어'의 "인의효제 충군애국의 정신"에 의거해 자본주의 발전을 도모해가야 한다는 생각과 전망을 굳히게끔 한 것이다.

후쿠자와의 제국헌법='교육칙어' 체제 평가를 고찰함으로써 '마루야마가 만들어낸 후쿠자와 신화를 해체한다'는 이 책의 주제를 감안하면 제2장은 여기서 끝이 나야 한다. 그러나 이 신화의 해체는, 필자에게 사상가 후쿠자와 유키치의 전체상을 해명한다는 커다란 과제의 일환으로 존재한다. 따라서 제국헌법=교육칙어 체제 확립 이후에도 약 10년간 여전히 제일선에서 활약하는 후쿠자와에 대한 고찰을 여기서 중단할 수는 없다.

한편, 필자는 『후쿠자와 유키치의 아시아 침략사상을 묻는다』에서 후쿠자와의 아시아인식을 통해 말년까지 그의 사상적 발자취를 고찰했다. 따라서 여기에서는 그 책을 간단하게 요약하는 형태로 제국헌법='교육칙어' 체제 확립 이후 후쿠자와 사상의 발자취를 소개함으로써, 후쿠자와의 전체상을 그려보려 한다. 물론 이 기회에 이전 책에서 충분히 전개하지 못했던 문제들, 예를 들어 후쿠자와의 자본주의체제 옹호론이 이후 어떻게 전개되는지 등에 대해서도 논급하겠다.

6. '제국헌법=교육칙어' 체제 확립 이후 후쿠자와의 발걸음

1) 일본 자본주의의 수호자
─노동운동과 계급대립에 대한 경계와 경종

후쿠자와는 1879년이라는 이른 시기부터 "선진" 자본주의 제국이 "낭패를 당해 방향을 잃은" 현실을 인식하고, 그것을 전환점 삼아 보수사상을 확립하여 제국헌법='교육칙어' 체제의 확립에 동의를 표명했다. 이후에도 일관되게 자본주의사회의 계급대립, 노동운동, 사회주의사상과 운동에 대해 불안과 우려를 표명하면서, 그것이 파급되는 데 대해 경계하고 경종을 울리기를 게을리 하지 않았다. 1891년의 글에서 "우리 정치사회에 과격주의가 출현하는 것이 의외로 신속할지도 모른다"고 예측하면서 "만약 저 사회주의, 공산주의 같은 조류가 일단 사회에 출현하여 혈기왕성한 젊은 무리가 금세 여기에 호응하는 일이 있으면"이라는 우려 속에서 신화족제도의 "전폐"를 주장했던 사실은 이미 지적하였다.

두 달 뒤인 1891년 4월 말부터 5월 하순까지 이례적으로 장기 연재된(13차례) 사설 「빈부론貧富論」([자료편] 42)은 후쿠자와가 자본주의사회에 관한 사실 인식과 그 체제에 대한 전면적인 옹호의 뜻을 드러내는 동시에 계급대립에 대한 호도책까지 제시한 글로서, 후쿠자와의 본격적인 일본 자본주의론이라고 할 수 있다. 2년 전 「빈부지우의 설」에서 교육에 의한 입신출세의 이념을 비판한 후쿠자와는 "빈부의 원인을 전적으로 그 사람의 현명함과 어리석음 여하에 돌리는"—이전의 후쿠자와와 같은—논자를 또다시 비판한다. "지금 세상의 빈민은 무지하기 때문에 가난한 것이 아니라 가난하기 때문에 무지하다. (…) 필경 지금의 사회조직에서는 (…) 가난한 사람은 더욱 가난에 빠지고 부자일수록 더욱 부자가 되는 일은 거의 한이 없을 것"이라고 솔직하게 사회현실을 지적했다. 뿐만 아니라 "태양이 서쪽에서 뜨고 황하가 거꾸로 흐르는 괴이한 요행이라도 있지 않으면 지금의 세상에서 가난한 사람들에게 운이 트이는 날은 없을 것"이라고까지 하여, "가난한 사람은 더욱 가난에 빠지고 부자일수록 더욱 부자가 된다"는 자본주의사회의 본질은 불변임을 냉정하게 꿰뚫어보았다.

이전의 후쿠자와는 『학문의 권장』 제2편에서 "사람들은 그 생명을 존중하고 그 재산 소지품을 지키며 그 체면 명예를 소중히 한다"는 근대사회의 권리통의權利通義 선언을 소개했다. 그러나 지금의 후쿠자와는 "사람의 영예 생명 사유를 보호"한다는 것은 자본주의사회의 '법률' 원칙이지만, 현실적으로 그 법률의 "공덕 이익을 입는" 것은 오로지 "자산가"나 "상류사회"임을, "속된 말로 이를 평가하면 부자가 밑천 안 들이고 떼돈 번 것이라고 할 수도 있다"고 대놓고 내뱉는 인물로 변해버렸다. 설령 "국민의 빈부에 현격히 차이가 나서 고락이 상반하는 불행한 일이 있어도 눈을 감고 이를 참고, 부호의 거대 자산가로 하여금 점점 부를 크게 하여 이로써 대외의 무역전쟁(商

戰)에 대비하여 방심하다가 실패하지 않도록 하는 궁리야말로 오늘날의 급선무이고 식자가 어디까지나 장려할 바", "목하 우리 일본국은 대부호를 요하는 시절이므로 되도록 그 발달을 촉구해야 한다"고 주장하여 미츠비시三菱 등 정상政商 대자본 입장에서 일본 자본주의의 계속된 발전을 요망·전망했다.

그러나 다른 한편 그는 "유신 이래 정부가 교육의 방침을 그르쳐 국민의 재력 여하를 묻지 않고 오로지 일방적으로 지식의 발달을 장려했기" 때문에 "가장 두려워해야 할" 존재인 "가난하지만 지식이 있는 자"가 출현하게 되었다고 보았다. 후쿠자와는 이 빈지자貧智者가 "다른 빈자의 고통을 구실로 부자의 냉혈무정을 책망하고 다양한 종류의 운동"을 시작하는 것을 경계했다. "근래 유행하는 동맹파업의 경우와 같이 (…) 빈곤사회에 불평불만의 소리는 날로 점점 떠들썩해지고 금후 어떠한 상황을 보이게" 될지 모른다는 불안과 우려를 품은 것이다. "오늘날 부잣집의 재산 (…) 하루아침 사이에 격랑노도에 침범"당하고 "궁전이 위태로운" 사태도 예측된다면서 "사태가 발생하기 전에 이를 예방하는" 대응책을 열거했다.

첫째는 자유민권운동에 대한 대책으로 1876년 이래 주장하기 시작한 "바보와 병신"을 위한 종교 교화 노선으로, 이는 "소민의 경거를 방지"한다는 목적이었다. 둘째는 "가장 두려워해야 할" 빈지자의 출현을 막는 방어책으로서 관공립학교의 사유화 등 "빈자가 교육을 고상하게 통과하는 일을 없애는" 방책이다. 셋째는 "부호"가 "수시로 사재"를 풀어 "빈민구조책 등"의 "공익자선" 사업을 벌이는 것인데, 후쿠자와는 이를 "3을 버려 7을 취하는" 방책이라고 설명했다. 넷째는 빈민구제책으로서의 이민·이주의 권유로, 빈민을 홋카이도로 이주시키거나 남북아메리카, 혹은 남양군도로 이민시키는 정책을 주장했다.

후쿠자와는 2년 뒤에 나온 『실업론實業論』 서문에서 "근년은 상공계에도 다소 활기의 징후가 보이고, (…) 실업혁명實業革命의 시기가 가까이 와 있"다고 예언한다. 실제로 이듬해 시작된 청일전쟁의 승리를 도약대 삼아, 일본의 산업혁명은 1890년대부터 1900년대 초기에 걸쳐 방적업의 선도로 진행되었다. 후쿠자와는 『실업론』에서 "영국의 공장에 비해 (…) 우리나라 특유의 이점은 공장의 사업에 밤낮을 새우며 기계의 운전을 중지하는 일이 없다는 것과, 직공의 손끝이 기민하여 능히 공장 일에 적합하고 (…) 여기에 더해 임금이 싸다는 것, 이 3개 항목은 영국이 일본에 미치지 못하는 바"라고 주장했다. 이것은, 그가 주야를 불문한 기계의 장시간 완전 가동과 노동자의 저임금이라는 지나치게 참혹한 노동관계에 의한 "절대적 잉여가치"의 추구야말로 일본 자본주의의 장점이라고 파악했음을 보여주는 것이다.

따라서 그 후쿠자와가 1897년 노동시간 단축 등을 내용으로 하는 메이지 정부의 노동자 보호 정책 '공장법' 초안 작성에 강력히 반대한 것은 당연하다.[192] 이때 후쿠자와가 반대의 논거로 제시한 '일본의 노동자'상은, 제국헌법 발포 다음 날부터 연재한 사설 「일본 국회의 유래」(자료편 1)에서 지적한 "순종, 비굴, 무기력"한 국민성, '교육칙어'의 근대 신민상과 완전히 대응한다.[193] 『실업론』(자료편 44)에서 후쿠자와는 "선진" 공업국과 대비하여 "우리 일본 국민이 특히 상공업에 적합"한 이유로, 일본인의 국민성은 "성질이 양순하여 능히 윗사람의 명령에 복종"한다는 점을 주장했다. 공장법에 반대하면서는, 일본의 "고용주와 고용인의 관계"에는 "더할 나위 없는 미풍"이 있어 양자의 관계가 "매우 원활"하므로 법률에 의한 규제는 필요 없다고 주장했다. 여기서 "미풍"은 『실업론』의 "양순"한 성질과 같은 것이다.

후쿠자와는 일본에는 "정의情誼가 훈훈한" "주종主從과 같고 부모 자식과 같은" "대지주와 소작인의 관계" 같은 노사관계[194]가 존재한다고 주장했다. 이전에 『학문의 권장』 제11편에서는 "정부든 회사든 하나같이 인간의 교제라고 이름하는 것은 모두 어른과 어른의 관계이고 타인과 타인의 교제이다. 이 관계 교제에 친부모자식의 방식을 이용하려 해도 역시 어렵지 않겠는가"라고 했었다. 그랬던 후쿠자와가 근대사회 자본제 공장제도 아래의 노사관계에 '지주·소작인 관계'라는 전근대적 온정주의 인간관계와 그 적용을 주장하면서 노동자 보호입법을 강력하게 반대했던 것이다.

'공장법'을 반대한 후쿠자와의 두 번째의 논거는, 지나치게 가혹한 노동관계 아래 모처럼 자각 없고 권리 없는 상태에 있는 노동자의 "이른바 지혜 없는 이들에게 지혜를 부여해" 노동자들이 권리의식에 눈뜨는 것이 우려된다는 점이었다. 세 번째 논거는, 노동자가 "이른 아침부터 야간까지 정말로 16시간 혹은 18시간 노동하는" 것은 스스로 좋아서 그렇게 하는 "임의노동"인데, 공장법에서 노동시간을 제한한다면 그들의 "노동의 자유"를 속박하고 "빈민을 굶주리게" 하는 "잔혹"한 결과가 된다는 것이었다. 우습기 짝이 없는 논리다. 후쿠자와는 체면이고 뭐고 개의치 않고 숨김없이 자본가의식을 드러내는 체제 옹호자가 되어 있었다.

후쿠자와는 『학문의 권장』의 저자로서 "문부성은 다케바시竹橋에 있고 문부경文部卿은 미타三田에 있다"는 세평을 들을 정도로 일찍이 문부대신에 비견되었다. 그는 투철한 자본가의식에 근거하여 공장법에 반대했던 논리의 연장선상에서, 산업혁명기 공업노동자의 1할을 차지했던 다수의 아동—이들은 거의 교육을 받지 못한 채 공장에서 일해야 했다—에 대한 교육을 거부했다. 공장법이 "아동노동"의 연령을 제한하여 "하나는 교육의 시기時機를 그르치지 않게 하고, 다른 하나는 아동의 신체를 보호하는 정신"임을 충분히 알고 있으면서도 "적어도 학교교육을 받게 할 정도로 여유가 있는 인민이라면 누가 유년의 자제를 공장에 출입시킬 자가 있을 것인가"라며, "도저히 취학의 가망"이 없기 때문에 공장에서 일하고 있는 빈민아동은 오히려 그럼으로써 "빈둥빈둥 놀며 게으름 피우게 하고 악풍에 물들게 하는 결과"를 막을 수 있는 것이라고 주장했다. 물론 공장법을 통해 노동하는 빈민아동들에게 교육의 기회를 제공하기를 거부한 후쿠자와의 진짜 이유는, 다수의 연소 노동 아동의 존재야말로 그가 영국 자본주의에 대항하는 일본 자본주의의 장점이라 주장했던 '순종하고 저임금을 감수하며 장시간 일하는 노동자계급'의 유력한 일익을 담당하고 있기 때문이었다.

후쿠자와가 우려한 대로 청일전쟁 후인 1897년 가타야마 센片山潛(1859~1933) 등에 의해 노동조합기성회勞動組合期成會가 조직되고, 같은 해 말 일본 최초의 근대적 노동조합인 철공조합鉄鋼組合이 창립되었다. 전쟁을 계기로 한 산업발전과 그에 따른 노동력 부족, 물가 폭등을 배경으로 후쿠자와가 말하는 "동맹파업(strike)"도 발생했다. 메이지 정부는 1900년이라는 이른 시기에 '치안경찰법'을 제정해 노동운동과 사회주의운동에 대한 탄압을 개시했다. 후쿠자와는 1898년 9월에 뇌일혈로 쓰러졌다가 연말에는 축하회를 개최할 정도로 회복했으나, 이듬해 1899년 2월 이후의 『시사신보』 사설은 이시카와 간메이石河幹明(1859-1943)가 후쿠자와의 뜻을 받아 기초하게 되었다. 그 2년 뒤인 1901년 1월 뇌일혈이 재발한 후쿠자와는 결국 그해 2월 3일에 사망한다.

후쿠자와는 말년까지 노동운동과 계급투쟁을 경계하고 그에 대한 경종을 울리기를 게을리 하지 않았다. 그런 그의 의향을 받아 기초한 1900년 연말 이틀간의 『시사신보』 사설은 "직공 노동자와 같이, (…) 갑작스럽게 불평을 외치고 동맹파업 등의 거동을 보이는 것은 필연적인 추세로 털끝만큼도 의심을 갖지 않는 바"라고 경고했다. 동시에 "우리나라의 사회문제 분쟁은 서양과 크게 그 취지를 달리하여 그 성질이 필히 격렬한 바가 있다. 이 사람은 단언하여 의심치 않는다"고 최후의 경종을 울렸다.

2) 청일전쟁과 후쿠자와 유키치―"문명과 야만의 전쟁"

「탈아론」이 발표된 1885년부터 청일전쟁이 시작된 1894년까지 일본에는 다양한 아시아 연대의 생각과 구상이 나타났다. 메이지 정부의 각의 내에도 개전 직전까지 조선의 '영세 중립화' 구상이 현실적인 선택지 중 하나로서 존재했다. 그러나 후쿠자와는 중·일 양국이 순치보거脣齒輔車의 관계로 연대하는 것은 '공상'이라면서 시종일관 대외강경론과 군비 확대 요구를 계속했다. 그는 청일전쟁을 "세계의 문명을 위한" "문명과 야만의 전쟁"으로 규정하고, "문명개진"이라는 구실이 있으면 타국의 "국사國事를 개혁"하거나 "국무의 실권"을 장악하는 것은 내정간섭에 해당되지 않는다고 호언장담했으며, 일본이 무력을 행사하는 것은 조선인이 "연약무염치"하기 때문이라고 상대방에게 침략의 책임을 떠넘겼다.

이런 책임전가의 구실이 되는 것이 후쿠자와 참혹한 아시아 멸시였다. 그는 "조선인 (…) 상류는 부패한 유학자의 소굴, 하류는 노예의 군집", "조선국 (…) 나라이면서 나라가 아니다", "조선 (…) 인민은 소나 말, 개돼지와 다를 것 없다", "창창 되놈 (…) 몰살하는 것은 식은 죽 먹기", "썩어 문드러진 노대국 지나", "지나 (…) 수채에 장구벌레가 부침하는 것과 같다", "지나병 (…) 돼지 사냥을 하는 셈 치고" 등으로 마구 써댔다. 예를 들어, 청일전쟁에 출병한 병사에게 "눈에 띄는 것은 노획물밖에 없나니. 아무쪼록 이번에는 온 북경을 뒤져 금은보화를 긁어모으고 (…) 아무것도 남기지 말고 빠뜨리지 말고 부피가 많이 나가는 것이 아니라면 창창 되놈들의 옷가지라도 벗겨 가져오는 것이야말로 바라는 바이니라. 그 가운데는 유명한 고서화, 골동, 주옥, 진기珍器 등도 많을 진저 (…) 한밑천 잡는 것"(만언)이라는 말까지 내뱉었다. 당시의 전시 국제법에도 위반되는[195] 사유물 강탈의 권유를 활자화한 것이다.

청일전쟁 중에 유키치는 "국내에 어떤 불평부조리가 있어도 이를 논할 틈이 없다"며 스스로 전국에서 두 번째로 많은 군사헌금을 내고 '보국회'를 조직했다. 히로시마의 대본영大本營에서 전쟁 지도의 선두에 선 메이지천황을 찬양한 후쿠자와는, "멀리 바다 건너 대독大纛(천황의 깃발)을 한반도 산바람에 나부끼게 하는 일도 있어야 한다"고 천황의 해외출전 가능성까지 언급했다(이는 이토 히로부미의 반대로 실현되지 못했다). 또한 "죽음은 새털보다 가볍다"는 "대정신이야말로" 전쟁 승리의 "본원"이라 판단하고, "다시 창칼이 부딪는 전쟁을 겪게 되면 무엇에 의지하여 국가를 지킬 것인가"라고 반문하며, "이 정신을 더욱 양성하는 것이야말로 호국의 중요 임무"라고 말했다. 나아가 천황이 "스스로 제주祭主"가 되어 야스쿠니신사에 "전국 전사자의 유족을 초대해 식장에 나아가는 영예를 느끼게 해야 한다"며 "호국의 사상"을 주장했다.

개전 당시 조선 왕궁 무력점령, 전쟁 중 뤼순 학살사건, 명성황후 살해사건, 대만 정복전쟁 등, 공간公刊된 전사에서 은폐된 청일전쟁의 불의와 포학을 상징하는 모든 사건에 대해, 저널리스트인 후쿠자와는 오로지 그것을 은폐·옹호·합리화·격려하는 최악의 전쟁 보도를 끝까지 밀고 나갔다. 특히 뤼순 학살사건에 대해서는 심지어 자신의 『시사신보』 특파원도 단편적으로 기사를 내보낸 바 있음에도 "실로 아무 근거도 없는 오보·허언"이라 단정하여, "고뇌에 찬 결단"으로 명백한 사실 은폐의 길을 선택했다. 이런 식으로 정부 수뇌의 앞잡이 노릇을 함으로써 후쿠자와는 멀리 '난징대학살'로 나아가는 길을 닦는 역할을 다한 셈이다. 왕비 암살이라는 중대 범죄에 대해서도, 후쿠자와는 게이오기쥬쿠 교원으로 하여금 명성황후가 살해되어도 마땅한 인물이라는 영문 기사를 쓰게 해 미국 신문에 게재하려 했으나 채택되지 않았다.

대만 정복전쟁과 무단적 식민지 지배에 대한 후쿠자와의 발언에는 침략당하고 살해당한 이들에 대한 생각이나 상상력은 눈곱만큼도 없다. 오로지 식민지 인민에 대한 모멸과 비정, 주권유린이 후쿠자와의 자명한 전제였다. "문명 시정의 방침은 (…) 일체 그만두"라고 제안하고, 대만인 "고유의 문명"에 대한 배려나 존중도 필요 없다고 하며, "병력"에 의해 "이파리를 말려 죽이고 뿌리도 끊"는 "가차 없는" "소탕"과 "섬멸" 위에 "군정조직"에 의한 통치를 주장했다. 대만 문제에만 한정해도 후쿠자와는 도대체 몇 번이나 "섬멸", "주륙", "멸망"을 외쳐대는지 한숨조차 나오지 않는 살풍경이다. 한국이나 대만에 존재하는 후쿠자와에 대한 분노와 증오는 "근대화 과정을 짓밟고 파탄으로 내몬 민족 전체의 적", "가장 가증스러운 민족의 적"이라는 표현에 걸맞은 당연한 평가라고 할 수 있을 것이다.

3) 아시아태평양전쟁으로 가는 길
—일본 근대화 과정의 총체적 '스승'

뤼순 학살사건에 대해 당시 이토 히로부미 수상 등은 "잘잘못을 가리는 것은 위험이 많아 득책이라 할 수 없으므로 이대로 불문에 부친다"는 잘못된 처리 방안을 선택했다. 그 결과 "일본군의 군기에는 감출 수 없는 오점이 생기고 잔학 행위에 대한 죄악감이 사라지고 말았다. 이후 이런 종류의 행위가 계속 발생하고" 멀리는 난징대학살로 이어지는 길이 닦이게 되었다.[196] 언론인 후쿠자와도 은폐 공작에 협력함으로써 그 길에 적극 가담했다.

이른바 '국민작가'인 시바 료타로司馬遼太郞(1923~1996)는 일본의 근대사를 '밝은 메이지'와 '어두운 쇼와'로 구분했지만, 거꾸로 '밝지 않은 메이지'의 현실과 선택이 '어두운 쇼와'로 귀결되었다는 관점에서 보지 않는다면 일본 근대사의 전체상을 제대로 볼 수 없을 것이다. 즉 "시바가 '밝은 메이지'의 영광에서 일탈한 것으로 본 '어두운 쇼와'의 발걸음은, 실은 청일전쟁(혹은 메이지유신)부터 시작된 '밝지 않은' 일본의 발걸음을 강화한 데 지나지 않았던 것"(유게 도루弓削達)이라고 봄으로써 일본 근대사의 전체적인 흐름을 제대로 파악할 수 있는 것이다. 거꾸로 말해, 아시아태평양전쟁 시기의 각종 사상事象과 일탈을 '어두운 쇼와' 특유의 광기나 비극적인 시대의 양상으로 규정하는 것은 명백한 잘못이다.

이처럼 '밝지 않은 메이지'와 '어두운 쇼와'의 연결로 일본 근대사를 파악하기 위해서는, 근대 일본 최대의 보수주의자 후쿠자와 유키치를, 본인 스스로 자부했던 '메이지 정부의 스승' 이상의 커다란 존재, 즉 일본 근대화 과정의 총체적인 '스승'으로 자리매김할 필요가 있다. 여기서는 그 이유에 대해 『후쿠자와 유키치의 아시아 침략사상을 묻는다』 제4장을 바탕으로 7가지만 지적하고자 한다.

① 이에나가 사부로는 일본 민중이 침략전쟁인 아시아태평양전쟁을 저지할 수 없었던 중요한 요인으로 "인접한 아시아 제 민족에 대한 일본인의 까닭 없는 모멸의식"을 꼽았다. 막말·초기 계몽기 이래, 특히 임오군란·갑신정변 이후 보수사상을 확립한 후쿠자와는 침략과 살육의 길을 여는 일본의 "아시아 모멸의식" 형성에 선도적인 역할을 수행했다.

② 아시아태평양전쟁 시기 일본인의 정치의식에서 보이는 최대의 문제점은, 고마츠 시게오가 지적한 바와 같이, 국민이 "국가의 본질,

기원, 존재이유"에 대한 질문을 결여하고 있었다는 것이다. "'국가를 위해서'라는 의식이야말로 일본 민중을 가장 깊숙이 주박하고 있는 것"이라는 역사학자 에구치 게이이치江口圭一(1932~2003)의 지적도 일본의 '국민국가론'과 관련된 본질적인 문제이다. 그 선구적 사례가 바로 후쿠자와 연구사상 가장 크게 오독된 부분인 『학문의 권장』의 '일신독립해야 일국독립하는 것'이라는 정식이다. 후쿠자와는 국가(독립)의 존재이유를 묻지 않고 느닷없이 "국가를 위해서라면 재산을 잃는 것뿐만 아니라 하나밖에 없는 목숨을 내던져도 아까울 것이 없다"는 "보국의 대의"를 요구했다.

③ 아시아태평양전쟁 시대의 선전구호 "만몽은 우리나라의 생명선"이라는 얼토당토않은 주장의 시초는 역사서에 쓰인 대로 야마가타 아리토모의 "우리나라 이익선의 초점은 실은 조선에 있다"가 아니다. 그보다 3년 전에 나온 후쿠자와의 "지금 일본도日本島를 지킴에 있어 가장 가까운 방어선 (…) 의 땅은 필히 조선 지방이어야 함에 의심의 여지가 없다"이다. 또한 "대동아공영권", "맹주" 사상의 선구도 임오군란 이전의 후쿠자와 발언에서 볼 수 있다.

④ 고노에 후미마로近衛文麿(1891~1945) 내각이 추진한 국민정신 총동원운동의 3대 슬로건 중 하나인 '진충보국'은 후쿠자와가 임오군란 이듬해에 제시한 것과 같으며, 후쿠자와가 자랑으로 여기고 있던 게이오기쥬쿠의 건학정신은 나라를 위해 죽는다는 '보국치사'였다.

⑤ 일본군을 무차별 폭력이나 잔학 행위로 내몬 요인 중 하나로, 일본의 군대가 프랑스혁명기의 국민군과 달리 부역체제의 징병제 군대였다는 점이 흔히 지적된다. 후쿠자와는 이 일본군의 한계와 특질

을 꿰뚫어보고, "압제적인 상관에 비굴한 군인을 조합하면 오히려 큰 효과가 나타난다"면서 "제실을 위해 나아가거나 물러서고 제실을 위해 죽고 사는" 절대복종의 우매한 "황군" 병사상을 조각해냈다. 항복하거나 포로가 되는 것을 금지했던 야마가타 아리토모 사령관의 훈시에 대해, 적어도—마루야마가 말하는—'합리주의자' 후쿠자와 유키치 정도는 '칼이 부러지고 화살이 바닥난 경우에는 항복'해도 된다고 민중 병사들을 계몽해주면 좋았을 것이다. 하지만 후쿠자와 유키치는 필자의 이런 터무니없는 기대에 단 한 번도 부응해준 적이 없었다.

⑥ 97세로 타계한 사회사상가 이시도 기요토모石堂清倫(1904~2001)의 유저 『20세기의 의미』(平凡社, 2001) 1절과 그가 인용한 『후쿠자와 유키치의 아시아 침략사상을 묻는다』의 내용을 그대로 소개하도록 하겠다.

역사학자 이에나가 사부로는 저서 『태평양전쟁』에서, 만주사변의 주모자인 이시와라 간지石原莞爾(1889-1949) 중좌의 침략사상은 결코 이시와라 개인의 돌출된 즉흥적 구상이 아니라 다년에 걸쳐 배양된 인접 아시아 민족에 대한 일본인의 까닭 없는 모멸의식과 그 의식에 뿌리를 두고 실행된 제국주의 정책이 이시와라의 두뇌에 전형적인 형태로 체계화된 것이라고 기술하고 있다. 지당한 말이다. 이시와라에게는 메이지 초년부터의 사상적인 선구자가 있었던 것이다. (…) 야스카와 쥬노스케는 후쿠자와 유키치의 「동양정략론東洋政略論」이 이사와라의 교본이 되었다고 지적했다. 조금 길지만 중요한 내용이므로 다음에 인용한다. "이시와라의 「국방

논책國防論策」에 나오는 '국내의 불안을 제거하기 위해서는 대외
진출에 의존하는 것이 필요하다', '군사적 성공이 민심을 비등·단
결시키는 것은 역사가 보여주는 바이다'라는 판단은 후쿠자와의
주장과 연결되어 있다. 즉 초기 계몽기에 공약한 '문명의 본지'로
이어지는 국내 민주화=일신독립 달성의 과제를 방치한 채 일국독
립, 강병부국 노선을 성급하게 내달려온 후쿠자와가 국내정치의
모순과 대립을 호도하고 전환하기 위한 상투적인 수단으로 대외
전쟁과 국외 대립을 부추겼던, 스스로도 자인한 '권모술수' 바로
그것이었음은 자명하다.”

　자화자찬 같아 겸연쩍지만, 『후쿠자와 유키치의 아시아 침략사상
을 묻는다』가 어떻게 읽혔는지 사례 소개도 겸해 인용해보았다. 이시
도 기요토모는 자기 나름대로 후쿠자와의 아시아인식을 파악해 나가
면서 후쿠자와에 관한 선행연구에 불만을 품고 있었다. 그는 『후쿠자
와 유키치의 아시아 침략사상을 묻는다』를 펴낸 출판사 앞으로 엽서
(독자카드)를 보내 “실리주의적 프래그머티스트인 후쿠자와를 합리주
의로 일관한 인물이라고 억지로 그려내려 했던 마루야마 마사오, 하
니 고로羽仁五郎 두 사람에 대한 비판은 기분 좋았다”는 감상을 전해
오기도 했다.

　⑦ 역사에 '만약'이라는 가정은 용납되지 않지만 후쿠자와가 아시
아태평양전쟁 시기까지 생존해 있었다고 굳이 가정해봐도, 그가 일
본군 성노예, 즉 '종군위안부' 제도에 반대하는 일은 절대 없었을 것
이다. 왜냐하면 후쿠자와는 일본의 가부장적·차별적 여성론을 체계

화한 인물이기 때문이다. 특히 그는 공창제도(매춘부)에 대한 적극적인 찬성론자였고, 아시아 인민(조선 여성)에 대한 모멸의식의 선구자였으며, "인간의 씨가 마를 때까지" 싸워 전쟁에서 승리하는 데 이상할 만큼 열의를 보였고, 『산다칸 팔번창관(Sadakan八番娼館)』의 가라유키상唐行きさん* 등 창부의 해외 '진출'의 자유를 주장한 사람이기도 했다.

필자가 굳이 '만약'이라는 말까지 끌어와 논하는 이유는, "후쿠자와의 주장은 후년에 보수화되어가는 경향은 있지만 이 부인노예 타파라는 점만은 (…) 일생 동안 바뀌지 않는다"는 마루야마 마사오를 필두로, "최후까지 여성해방을 지속적으로 주장했다"(히로타 마사키), "[말년까지도] 급격한 혁신론"(도야마 시게키) 등, 후쿠자와의 여성론에 대한 잘못된 평가가 아직도 지배적이기 때문이다. 성별에 따른 역할 분업조차 오랜 세월에 걸쳐 차별로 인식하지 못한 전후 일본 사회과학의 주류는, 후쿠자와의 사회관·정치관이 보수화되어 있음에도 그 담당 주체인 신민 남성에 대한 "유순"과 "화합"을 요구받는 여성의 해방을 그가 지속적으로 주장할 리 없다는 단순명쾌한 젠더사관의 기초조차 모르고 있다. 필자의 다음 책으로 예정되어 있는 『후쿠자와 유키치의 여성관과 교육론』은 바로 그에 대한 비판서이다.

---

* 말레이시아 보르네오섬 동부에 위치한 도시 산다칸의 일본 여성 유곽촌. 논픽션 작가 야마자키 도모코山崎朋子의 『산다칸 팔번창관(Sadakan八番娼館)』(1972)으로 유명해졌다. 19세기 말부터 제2차 세계대전 시기까지 일본인들은 산다칸을 거점 삼아 동남아시아로 많이 왕래했는데, 가라유키상唐行きさん이라 불리던 규슈 나가사카·구마모토현 농촌 출신 여성이 건너와 창부로 일하고 있었다.

제3장

초기 계몽기 후쿠자와의 사상
— "하늘은 사람 위에 사람을 만들지 않고"에 대한 재검토

1. 사상사 연구의 방법—마루야마 마사오의 경우

초기 계몽기 후쿠자와의 사상을 대표한다고 알려진 '일신독립해야 일국독립하는 것'이라는 정식에 대한 해석이 후쿠자와 연구사상 가장 크게 오독된 부분이라는 사실[197]은, 이 시기 후쿠자와의 사상에 대한 연구의 재검토와 전면적 수정이 필요함을 시사한다.

그 수정 대상으로서 미해결 상태로 남아 있는 구체적인 문제 가운데 다음과 같은 것이 있다. 첫째, 위의 정식 이상으로 유명한 후쿠자와의 말로서 『학문의 권장』 첫머리에 나오는 "하늘은 사람 위에 사람을 만들지 않고 사람 밑에 사람을 만들지 않는다고 한다"가 있는데, 여기서 '~라고 한다'는 간접화법의 전언체 문장을 사용한 것을 어떻게 이해할 것인가이다. 둘째로는, 그 "하늘은 사람 위에 사람을 만들지 않고…"라는 구절과 『학문의 권장』 내용의 정합·부정합관계를 어떻게 파악할 것인가이다.

우선 "하늘은 사람 위에 사람을 만들지 않고 사람 밑에 사람을 만들지 않는다"라는 구절은 후쿠자와 자신이 번역한 미국 독립선언에서 힌트를 얻어 생각해낸 표현이라고 한다. 이 해석은 영문학자 이치카와 산키市河三喜(1886~1970), 정치학자 다카기 야사카高木八尺(1889~1984)

등이 지적한 이후 후쿠자와 연구자들 사이에는 널리 알려져 있다. 마루야마 마사오도 후쿠자와의 미국 독립선언 번역에 대해 "유신 후에 나온 『학문의 권장』 첫머리 '하늘은 사람 위에 사람을 만들지 않고…'의 원형을 이루는 것이 이 역문譯文입니다"[198]라고 말한 바 있다.

다음, 상식적으로 생각해도 '하늘은 사람 위에 사람을 만들지 않고 사람 밑에 사람을 만들지 않는다'는 단정적인 표현이 '하늘은 사람 위에 사람을 만들지 않 (…) 는다고 한다'는 간접화법의 전언체 문장보다 훨씬 선명하고 임팩트가 있을 것이다. 그런데 왜 후쿠자와는 굳이 후자의 표현을 선택한 것일까.

이에 대해, 미국 독립선언에서 힌트를 얻은 문장이므로 간접화법으로 표현한 것 아닌가 짐작해볼 수 있다. 그러나 뒤에서 보겠지만 후쿠자와는 구미 문헌을 차용·인용하는 경우에도 자신이 납득할 수 있는 주장일 때는 간접화법의 전언체 문장을 쓰지 않고 자신의 말로 단정적으로 끝맺곤 했다. 또한 후쿠자와는 평소 저작의 첫머리에 본문의 내용과 정합적이지 않은 과격한 정식이나 매력적인 문장을 배치하는 수법을 곧잘 쓰곤 했다는 점도 감안해야 한다. 이상의 두 가지 점만으로도, 후쿠자와는 '하늘은 사람 위에 사람을 만들지 않고…'라는 생각을 스스로 납득하지 못했기 때문에 간접화법을 사용했다는 해석이나, 『학문의 권장』 첫머리 구절은 독자를 끌어들이기 위한 단순한 장식일 뿐이므로 책의 내용과 모순되어도 신경 쓸 것 없다는 해석이 성립될 수 있는 것이다.

그러나 마루야마 마사오는 '~라고 한다'는 간접화법의 전언체가 쓰인 점에 대해서는 일체 언급하지도, 검토하지도 않은 채 느닷없이

"'하늘은 사람 위에 사람을 만들지 않고…'라는 구절은 『학문의 권장』 전체의 정신을 압축적으로 표현한 것", "거의 후쿠자와이즘의 슬로건",[199] "이 저작 전체를 관통하는 근본 주제의 제시", "후쿠자와의 자연법사상은 여기에 이르러 전면적인 전개를 이루었다"[200] 등의 주장을 하고 있다. 필자의 30여 년 전 저작 『일본 근대교육의 사상구조』는 수많은 논거를 제시하면서 그런 무리한 해석을 비판했는데, 이번에 『마루야마집』을 검토해보니 필자의 비판은 깡그리 묵살당한 채 방치되어왔음을 확인할 수 있었다.

한편 마루야마와 달리, 후쿠자와가 간접화법의 전언체 문장을 사용한 데 착목한 고마츠 시게오는 후쿠자와가 '~라고 한다'라는 형태로 이 명제를 제기하는 데 그치고 『학문의 권장』에서 "그 위에 한 발자국이고 두 발자국이고 깊이 파고들어 논급하는 일이 없"어 내용과 괴리되었다는 점을 지적하면서, "이 명제는 결국 '빌려온 것'에 지나지 않고, 자칫하면 단순한 수식어로 빠질지도 모른다는 생각이 든다"고 말했다.[201]

필자는 고마츠 시게오의 문제제기를 당연한 의문이라 생각하며, 이번 제3장에서 "하늘은 사람 위에 사람을 만들지 않고…"라는 '천부인권론'이 『학문의 권장』 "전체를 관통하는 근본 주제"라는 마루야마 마사오를 비롯한 많은 선행연구의 주장이 오류임을 논증할 것이다. 그러나 그 전에 기존 후쿠자와 연구의 경향과 현황을 조금 더 다루는 것을 양해해주기 바란다. 왜냐하면 필자는 1947년에 「후쿠자와 유키치의 철학」에서 마루야마가 "'하늘은 사람 위에 사람을 만들지 않고…'라는 구절은 『학문의 권장』 전체의 정신을 압축적으로 표현한 것"이라고 주장했을 때, 그는 과연 제정신으로 이런 무리한 주장을 펼친 것일까 하는 반신반의의 기분을 지워버릴 수 없기 때문이다.

이렇게까지 말하는 것은, 예컨대 마루야마가 같은 글에서 "그때그때 구체적인 상황에 따라 (…) 조건적 명제"를 전개하는 후쿠자와의 사상적 경향을 강조한 뒤에[202] "후쿠자와로부터 단순한 구화주의자歐化主義者 혹은 천부인권론자를 끌어내는 것이 오류라면, 다른 한편 국가주의자야말로 그의 본질 (…) 이라는 견해도 그의 조건적 발언을 절대시한다는 점에서 전자와 같은 오류에 빠졌다고 말해야 한다"[203]고 쓰고 있기 때문이다. 곡예를 부리는 듯 아슬아슬한 기술이다. 물론 여기서 마루야마가 '하늘은 사람 위에 사람을 만들지 않고…'로부터 "천부인권론을 끌어내는 것이 오류"라고 말한 건 아니다. 그러나 보기에 따라서 이 문장은 그렇게도 해석할 수 있는 가능성을 완전히 부정하고 있지 않다.

마루야마는 후쿠자와 유키치의 인간과 사상에 대해 "후쿠자와는 (…) 현재 상황에서는 이것을 선택해 팔아야 한다, (…) 혹은 자신이 속한 집단에서 찾을 수 없거나 부족한 사고법 내지 가치를 강조해야 한다"는 "사명"감이나 생각으로 움직이고 있으며, "요컨대 후쿠자와의 언동에는 (…) 역할의식이라는 것이 항상 따라다니고 있다"[204]고 말한 바 있었다. 마찬가지로 "어두운 골짜기"의 시대에서 해방된 패전 직후의 일본사회에서, 점령군 주도라 해도 생각지도 못했던 민주화 계몽의 기회와 조우했을 때, 마루야마도 그런 심경이었던 것은 아닌가 생각해본다.

더 나아가 마루야마가 '~라고 한다'라는 후쿠자와의 간접화법 표현을 사소하게 넘겨버린 이유도 무리하게 추측해볼 수 있다. 즉 마루야마는, 후쿠자와가 미국 독립선언에서 힌트를 얻어 『학문의 권장』 첫머리 구절을 생각해낸 것이고, 그래서 '~라고 한다'의 간접화법을 사용했다는 사정을 잘 알면서도, 군국 일본 붕괴 직후의 일본사회에서 "찾을 수 없거나 부족한 사고법 내지 가치"인 '천부인권론'적인 민주주의 사상을 "강조해" "팔아야 한다"는 역할의식을 가졌던 것은 아닐까. 그래서 간접화법 형태의 문장이라는 사소한 문제는 잘라버리고 일본에도 '하늘은 사람 위에 사람을 만들지 않고 사람 밑에 사람을 만들지 않는다'는 훌륭한 민주주의 사상을 주장했던 선구자가 있었다고 전함으로써, 전후 일본 민중이 민주화를 향해 나아가도록 격려한 것은 아닌지 생각해보는 것이다. 왜냐하면, 전후 일본의 사회과학은 바로 그런 의욕에 사로잡혀 후쿠자와의 언설을 안이하게 바꿔 읽거나 "실태를 넘어서는" 해석을 거듭해온 것 같다는 불신감이 필자에게는 뿌리 깊게 도사리고 있기 때문이다.

도야마 시게키는 『후쿠자와 유키치』(1970)의 마지막 장 「평가의 문제점」에서 "그는 근대 민주주의자가 아니었다. 아시아 제 민족의 평등과 독립의 주장자가 아니었다. 이 점에 대한 지적을 애매하게 할 수 없다. 그러나 그의 저작은, 당시에 있어서도 후대에 대해서도 본인의 의도를 넘어선 역할을 다했다"고 썼다. 이어서 "후쿠자와의 저작을 국민의 고전으로 만든 것은 자유·평등·독립에 대한 국민의 자각에 입각한 고쳐 읽기나 그의 실체를 넘어선 해석의 힘이었다고 필자는 결론짓고자 한다"[205]며 책을 끝맺고 있다. 그런 고쳐 읽기나 해석을 긍정적으로 평가했던 것이다. 이에 대해 야마즈미 마사미도 『후쿠자와 유키치 교육논집』(岩波文庫, 1991) 해설문에서 도야마를 인용하면서 "나는 지금도 도야마의 이 결론에 동감한다"고 적었다.

　이 책의 첫머리에 언급한 바와 같이, "평화와 민주주의"를 "위대한 기도문"(존 다우어)으로 삼아온 일본의 전후민주주의는 다시금 '전쟁국가'로 돌아가려 하고 있다. 21세기 초두 일본이 직면한 냉엄한 현실은 도야마 시게키나 야마즈미 마사미가 허용한 "실체를 넘어선 해석", "바꿔 읽기"와 같은 안이하고 값싼 정치주의적 "연구"에 근원적인 반성을 요구하고 있다는 것이 필자의 생각이다. 근대 일본사회에서 학문과 교육은 분명히 정치에 의해 오랫동안 지배당하고 유린되어왔다. 따라서 그에 대한 반동과 역설로서 전후 일본의 학문, 특히 사회과학은 그런 일본의 국가와 사회를 변혁하고자 하는, 그 자체로서는 진지한 의욕이지만 약간 성급한 문제의식 때문에 후쿠자와 연구에서 "실체를 넘어선 해석"이나 "바꿔 읽기"로 상징되는 안이한 정치주의적 해석을 반복해온 것은 아닌가. 그리고 그 안이한 학문 연구 자세도 전후민주주의의 파탄과 붕괴에 한 원인을 제공한 것은 아닌가. 여기서 필자가 이런 불신감을 품게 된 개인적인 체험을 하나 소개하고자 한다.

　『부락 문제의 교육사적 연구』(部落問題硏究所, 1978)의 출판이 기획되었을 때, 필자는 이 책의 엮은이를 맡아달라는 의뢰를 받았다. 그러나 불행히도 부락해방운동이 분열을 겪고 있던 시절인지라 자유로운 편집이 허용되지 않을 것 같아 의뢰를 거절하고, 편집은 부락문제연구소에 맡긴 채 필자는 「해제」만 담당했다. 그리하여 이 책에 실린 논문 외의 저작까지 검토하는 80쪽이 넘는 이례적인 해설 논문을 기고

한 바 있다.

당시 부락해방운동은 부락해방동맹(解放同盟)과 전국부락해방운동연합회(全解連)로 분열되어 있었다. 이렇게 되자 부락 문제 연구자들도 이 분열에 대응하여 부락해방연구소와 부락문제연구소의 두 부류로 계열화되고 말았다. 그리하여 일본 "부락 문제의 교육사적 연구"를 해명하고 대표하는 논문집을 묶어내는 데서도, 그 간행의 주체가 부락문제연구소이기 때문에 부락해방연구소 계열 연구자의 논문은 배제시킨다는 방침이 결정되었다.

그 방침에 변함이 없음을 확인하고, 연구자의 사회적 책임과 연구자로서의 자립을 고집하는 필자는 엮은이를 맡지 않기로 한 것이었다. 평소 필자는 일본의 진보적 연구자들이—필자의 대학원 시절 지도교수를 포함하여—'연구자로서의 자립'의 자세가 약하고,—부락해방운동에 국한된 이야기는 아니지만—연구자가 각종 사회운동이나 해방운동에 직접 충동적으로 연결되는 경향이 있다는 점이 불만이었다. 따라서 「해제」를 담당한 필자는 당연히 운동의 계열과 관계없이, 즉 모든 부락 문제 연구자의 논문을 대상으로 해당 시점의 일본 "부락 문제의 교육사적 연구"의 성과와 과제를 밝히는 글을 집필했다.

그 글에서 필자는 "[역사] 연구는 정치의 직접적인 과제로부터 일단 자립함으로써 [역사적 전망에서 내다본] 정치가 요청하는 과제에 제대로 대답하는 [최단의] 길로 이어질 수 있는 것이다. 그런 의미에서 멀어지는 것이 가까워지는 것"이라는 완곡한 표현을 썼다. 그것은 부락해방의 "운동이나 실천이나 행정의 현실이 대립과 모순의 혼돈에 빠져 있을수록 연구자는 스토아학파처럼 정치로부터 자립한 연구

를 요구받고 있다"는 점을 말하고 싶었기 때문이었다.[206]

　필자는 이것이 연구자의 당연한 사회적 책임이라고 생각해왔다. 그러나 일본사회에서 이런 연구자는 환영받지 못하는 이례적 존재다. 한번은 이런 일도 있었다. 1985년 평범사平凡社『대백과사전』제16권의 '동화교육同化敎育' 항목을 집필해달라는 의뢰가 필자에게 들어왔다. 필자는 1960년대부터 아시아태평양전쟁 이전의 부락 문제에 대한 연구를 단속적으로 계속해오고 있지만, '동화교육'에 대한 연구경험은 없었다. 그런 '문외한'에게 왜 이런 제안이 들어왔을까? 백과사전의 부락 문제 관련 항목 집필은 그때그때 부락해방운동의 성쇠를 반영한 계열의 연구자가 담당했기 때문에, 해당 사전의 편집 시점에 따라 내용이 완전히 바뀌어버리곤 했다. 하지만 어떤 계열의 연구자가 집필해도 다른 계열 연구자들이나 운동단체의 불만이 제기되곤 하므로, 고육지책으로 필자가 부상했던 모양이다. '야스카와는 어느 쪽 운동단체나 연구소로부터도 환영받지 못하지만 불만도 제기하기 힘들다'는 것이었다.

　이 정도 이야기는 웃어넘길 수 있지만, 보다 심각한 사례도 존재한다. 필자와 마찬가지로 직접적인 부락해방운동과는 의식적으로 거리를 둬온 젊은 연구자가 뛰어난 연구성과를 올리고 있어, 부락문제연구소와 부락해방연구소 쌍방으로부터 논문을 의뢰받게 되었다. 그는 양쪽 연구소의 논문집에 글을 기고했다. 하지만 일본에서는 역시 그런 연구자는 환영받지 못하는 법이다. 그는 뛰어난 연구실적을 지니고 있으면서도 연구직 취업에서는 어느 한쪽 운동단체에 계열화된 연구자들보다 믿기지 않을 정도로 늦어졌다는 비극적인 이야기다.

이어서 마루야마와 관련된 바로 며칠 전의 체험도 소개해보려 한다. 필자가 현재 집필 중인 이 책에 대해 마루야마 마사오 비판의 구상을 포함하여 이야기했을 때, 한 지인은 "그러면 보수파 논객을 격려하게 되겠군요"라고 진지한 얼굴로 걱정해주었다. 필자는 생각해본 적 없는 지적이었기 때문에 솔직히 말해서 놀랐다. '전후민주주의'를 상징하는 마루야마 마사오를 비판하는 것이 비록 니시베 스스무西部邁나 사카모토 다카오坂本多加雄 등 후쿠자와를 연구한 적 있는 논자들을 비롯한 현대 일본의 보수파 논객들을 격려하는 일이 된다 해도, 연구와 정치를 그렇게 단락적으로 결부시키는 전후 일본의 학문적 풍조야말로 문제가 아닌가라고 서둘러 대답할 수밖에 없었다.

마루야마 마사오는 일본을 대표하는 사상사 연구의 '대가'로서 종종 그런 정치주의적 연구를 경고하곤 했다. 예컨대, 연구 대상에 대한 철저한 내재화를 의미하는 "역사에서 벗어나기에는 너무나 겸허"한 자세와, 대상을 철저하게 극복한다는 "역사 속에 매몰되기에는 너무나 오만"한 자세[207]라는 매력적인 표현에 매료되어, 필자는 이 말을 '사상사 방법론'으로 인용한 적도 있다. 특히 정치주의적 자세를 경고한 마루야마의 발언을 이 기회에 소개해보자.

> "사상사는 역시 사료적 고증을 통해 엄밀하게 뒷받침되어야 합니다. (⋯) 사료를 통해 대상을 제약하거나 역사적인 대상 그 자체에 의해 틀을 채우는 엄격함을 감당하지 못하는 '낭만주의자'나 '독창적인' 사상가 또한 사상사에 어울리지 않습니다."[208]

"학자가 현실의 정치적 사상事象이나 현존하는 다양한 정치적 이데올로기를 고찰의 소재로 하는 경우에도, 그를 내면적으로 이끄는 것은 언제나 진리가치여야 한다. (…) 정치학이 특정 정치세력의 노비가 되어서는 안 된다는 것 (…) 희망이나 의욕에 의해 인식이 흐려지는 것을 부단히 경계하며, 이 때문에 오히려 사상事象의 내면 깊숙이 다가가는 결과가 된다."[209]

"연구자는 한 사람의 시민으로서 특정 정당에 소속되어 있다고 해도 그 연구가 연구인 이상 그것을 정치세력의 노비로 삼거나 거기에 정치적 의욕, 희망, 호오好惡가 끼어드는 것을 '금욕'해야 한다. (…) 치열한 정치적 관심과 의욕을 갖는 사람일수록 자기의 존재 구속성을 자각하고 있기 때문에 보다 객관적일 수 있다."[210]

이러한 마루야마의 자세에서 가르침을 받으면서 연구자로서의 자립이나 그 사회적 책임에 어리석을 정도로 집착하고 고집해온 필자로서는, 위에서 인용한 마루야마의 제언에 모두 적극적으로 찬성할 수밖에 없다. 문제는 "하늘은 사람 위에 사람을 만들지 않고 사람 밑에 사람을 만들지 않는다고 한다"는 문장의 해석에서 마루야마가 '~라고 한다'의 간접화법 전언체가 갖는 의미를 경시 혹은 무시하고, 『학문의 권장』 내용과 대비하는 것도 소홀히 한 채, 이 구절이 "『학문의 권장』 전체의 정신을 압축적으로 표현한 것"이라는 신중하지 못한 결론을 이끌어내고,—그것을 비판받아도— 평생 그 해석을 수정하지 않았다는 사실을 어떻게 생각할 것인가이다.

마루야마의 후쿠자와 연구는 '패전'에 의해 '전후'라는 시대를 맞이한 마루야마가 "현재의 상황으로는 이것을 선택하여 팔아야 한다"는 판단하에 군국 일본에서 "찾아내지 못했거나 부족했던 사고법 혹은 가치"로서 '민주주의 사상'의 계몽에 착목하여, 일본에도 이렇게 위대한 민주주의 사상의 선구자가 있었노라고 전후 일본의 민주화 계몽에 분투한 선의의 행위였는지도 모른다. 그러나 이 행위를 마루야마 자신의 엄격한 말로 평가하면, "엄밀"한 "사료적 고증"이나 "진리가치"를 경시하고 정치적 "희망이나 의욕에 의해 인식이 흐려지는 것"을 "경계" "금욕"하기를 소홀히 하고 "사료를 통해 대상을 제약하거나 역사적인 대상 그 자체에 의해 틀을 채우는 엄격함을 감당하지 못한" 채 '낭만주의자'의 작위적인 연구를 해온 것은 아니었는지 필자는 묻고 싶다.

이상에서 논증도 없이 사상사의 선학에게 실례가 될 만한 주제넘은 평가를 이러쿵저러쿵 말했다. 다음에서는 그 평가의 타당성을 검증하기 위해 『학문의 권장』, 혹은 초기 계몽기 후쿠자와에게 "하늘은 사람 위에 사람을 만들지 않고 사람 밑에 사람을 만들지 않았다고 한다"는 구절이 갖는 의미를 "엄밀"히 고증하고자 한다.

마루야마는 『학문의 권장』의 보급 상황에 대해 "340만 부 (…) 놀라지 말라. 막 태어난 어린애부터 죽어가는 할아버지 할머니까지, 또 어떤 산 속에 사는 사람들도 포함하여 열 명에 한 명 이상, 한 집에 가족 다섯 명이라고 치면 두 집에 한 집 이상은 『학문의 권장』을 좌우간 가지고 있었다는 것"[211]이라고 우쭐하듯이 적었다.—그토록 널리 퍼진 책이라면 왜 그 사상이 일본사회에 뿌리내리지 못했는지도 마루야마는 『학문의 권장』에 내재화하여 검토했어야 했다.—그러나 이에 대해서는, 이로카와 다이키치色川大吉의 다음과 같은 설명만 일단 지적해둔다. "그것은 속임수로, 후쿠자와의 『학문의 권장』은 한 권의 책이 아니라 20쪽 정도의 십수 권 소책자로 분책되어 있었습니다. 그것을 합하면 백만 정도 됩니다. 더구나 이 책은 초등학교 교과서로도 사용되었으므로 팔리는 것은 당연합니다."[212]

2. "하늘은 사람 위에 사람을 만들지 않고 사람 밑에 사람을 만들지 않는다고 한다"

"하늘은 사람 위에 사람을 만들지 않고 사람 밑에 사람을 만들지 않는다고 한다. 그러니까 하늘이 사람을 창조함에 만인은 만인 모두 같은 지위에 있으며 태어나면서 귀천상하의 차별 없고 만물의 영인 육체와 정신의 활동으로써 천지간에 있는 온갖 물자를 얻어 의식주의 용도에 사용하고 자유자재로 서로 남의 방해가 되지 않고 각자 안락하게 이 세상을 살아가라는 취지이다. 그렇지만 지금 널리 이 인간세상을 바라보건대 현명한 사람이 있는가 하면 어리석은 사람도 있고, 가난한 사람이 있는가 하면 부유한 사람도 있고, 귀인이 있는가 하면 천박한 사람도 있어 그 모습에 천양지차가 있는 것은 무슨 일인가. 그 사정은 매우 명백하다. 실어교実語教*에 인간은 배우지 않으면 지혜가 없고 지혜가 없는 사람은 어리석다고 적혀 있다. 그러니까 현명한 사람과 어리석은 사람의 차이는 배웠느냐 배우지 않았느냐에 따라 생기는 것이다. (…) 어려운 일을 하는 사람을 신분이 높은 사람이라 이름하고, 간단한 일

---

* 옛날부터 전해오는 경서 등으로부터 격언을 뽑아 편집한 아동용 교훈서.

을 하는 사람을 신분이 낮은 사람이라고 한다. (…) 그 근원을 따지고 들어가면 단지 그 사람에게 학문의 힘이 있거나 없는 것에 따라 그 상위도 생길 뿐으로 하늘로부터 정해진 약속이 아니다. 속담에 말하기를, 하늘은 부귀를 사람에게 주는 것이 아니라 그 사람의 활동에 주는 것이라는 말이 있다. 그러니까 앞에서도 이야기한 바와 같이, 사람은 태어나면서 귀천빈부의 차이가 있는 것이 아니다. 단지 학문에 힘써 사물을 잘 아는 사람은 귀인이 되고 부유한 사람이 되며, 배우지 않는 자는 가난한 자가 되고 천박한 사람이 되는 것이다."[213]

이상은 너무나도 유명한 『학문의 권장』 전(초편) 첫머리 첫 번째 문단의 내용이다. 만인의 '평등'과 '자유'를 평이하게 설명한 이 문장이 유신 시대의 일본사회에 선명하고 강렬한 충격적 반향을 일으켰음은 쉽게 추측할 수 있다. 특히 첫머리의 한 구절은 자유민권운동의 정치적 슬로건이 되었고, 우에키 에모리나 기노시타 나오에木下尚江 등의 사상 형성에도 영향을 미쳤다. 그 강렬한 인상과 충격 덕분에 이 구절을 "『학문의 권장』 전체의 정신을 압축적으로 표현한 것", "전체를 꿰뚫는 근본 주제"로 생각한 마루야마 같은 이들이 예전 전시 중에도 있었다. 이나토미 에이지로稲富栄次郎는 1944년에 "『학문의 권장』에서 후쿠자와의 근본사상은 그 첫머리에 나오는 '하늘은 사람 위에…'의 한마디로 다 표현된다"[214]고 말했다. 전후의 히로타 마사키도 후쿠자와가 『학문의 권장』(초편)에서 처음으로 주체적 논리로서 천부인권론을 전개"[215]한 것을 자명한 사실로 다루었다. 이런 경향은 지금도 계속되고 있다. "마루야마를 넘어선" 후쿠자와론을 지향한다고 명시한 사사키 지카라佐々木力 역시 "『학문의 권장』 초편 첫머리의 말은 인권이 하늘에서 내려준 것임을 이야기한 유명한 '천부인권론'의 선언문"[216]이라고 파악했다.

그러나 한편으로, '~라고 한다'는 간접화법의 전언체에 착목하여 첫머리의 구절과 『학문의 권장』 내용의 괴리를 지적하는 흐름도 1960년대부터 있어왔다. 앞에서 본 고마츠 시게오의 의문과, 『학문의 권장』 첫머리 구절을 책 전체의 내용과 직결시키는 다른 많은 연구들 가운데 어느 쪽이 올바른가를 검증하기 위해서는, 우선 『학문의 권장』이 본래 공표를 예정하고 집필된 글이 아니라 후쿠자와의 고향에 신설되는 나카즈시학교中津市學校(양학교) 청년들에게 새로운 시대의 학문과 교육 본연의 모습, 마음가짐을 전하기 위해 "우연한 기회"에 집필된 소책자였고, 2편 이상의 속편은 예정에 없었다는 사실을 확인해 두어야 한다. 따라서 당시 판에는 모두 『학문의 권장』 전소이라 쓰여 있고, 초편이라고는 기록되지 않았다.[217] 즉 후쿠자와는 계속해서 『학문의 권장』 다른 편을 써 나갈 생각으로 집필에 착수해 그 초편의 첫머리에 "『학문의 권장』 전체의 정신을 압축적으로 표현"하는 "하늘은 사람 위에 사람을 만들지 않고…"라는 구절을 써둔 게 아니다.

필자는 고마츠와 같은 생각이다. 이 구절은 ① 청년들에게 새로운 학문(=교육)의 필요성을 어필하기 위한 소책자 『학문의 권장』 전소을 집필하면서, 청년들의 관심과 흥미를 불러일으키기 위해 첫머리에 급진적이고 인상적인 구절을 배치한 것이라고 우선 해석한다. ② 그러나 당시 후쿠자와 자신은 "하늘은 사람 위에 사람을 만들지 않고 사람 밑에 사람을 만들지 않는다"는 '천부인권론' 사상에 전면적 혹은 기본적으로 찬성하는 건 아니라는 생각을 전달하기 위해, ③ 이 구절이 6년 전에 출간한 자신의 베스트셀러 『서양사정』 초편에서 소개했던 미국 독립선언의 한 구절 "하늘이 사람을 창조함에 만민이 평등하게 하고(All men are created equal)…"에서 힌트를 얻어 생각해낸 문장이라는 것, 즉 자신의 독창적인 말이 아니라 다른 데서 빌려온 것이라는 의미를 표현한다는 학자적 엄밀성을 발휘하여 '~라고 한다'는 전언체 문장으로 마무리한 것이라 해석한다.

이것이 당시 후쿠자와의 내면에 입각한 자연스러운 해석인 이유는 다음과 같다. 앞서 보았듯이, 후쿠자와는 독자의 관심을 끌기 위해 저작의 첫머리나 첫째 문단에 그 저작의 내용과는 맞지 않는 급진적인 정식이나 매력적인 말을 곧잘 두곤 했다. 동시에, 그런 매력적인 표현을 구미 문헌에서 인용한 경우에도 자신이 납득할 수 있는 정식이나 주장일 때는 자신의 말로 쓰고, 당연히 '~라고 한다'는 전언체는 사용하지 않았다.

『학문의 권장』과 마찬가지로, 저작 내용과는 맞지 않지만 독자의 관심을 끌거나 강한 인상을 주기 위해 매력적인 문장을 첫머리에 배치한 사례가 더 있다. 이미 논한 『제실론』의 "제실은 정치 바깥(政治社外)의 존재이다"나 『시사대세론』의 "재산·생명·영예를 온전히 누리는 것은 인간의 권리이다. 도리 없이는 추호도 서로 해치는 것이 용납되지 않는다. 이것을 인권이라고 한다. 인권이란 사람들의 신체에 붙어 있는 권리의 뜻이다. (…) 그런 까닭인가 정부라는 것을 만들어 일국 인민의 인권을 보호한다. 이것을 정치(政事)라고 한다. 정치는 인권을 온전하게 누리게 하기 위한 방편이다",[218] 『학문의 독립(学問之独立)』 첫째 문단의 "학문과 정치는 완전히 이를 분리하여 상호 혼동하게 해서는 안 되는 것" 등을 들 수 있다.

한편, 본인이 납득한 주장이기 때문에 빌려왔음을 감추고 자기 말로 단정적으로 표현한 예도 있다. 『학문의 권장』 제15편 첫머리의 "진실의 세계에 사기 많고 거짓의 세계에 진리 많다"가 그 전형이다. 마루야마도 말했듯이, 이 문장은 버클(Henry Thomas Buckle, 1821~1862)의 『영국문명사(History of civilization in England)』에서 따온 것이다. 마루야마가 이 문장을 보고 "[첫머리에] 갑자기 그런 대명제를 내놓고 충격을 주는 수법은 후쿠자와가 자신있어 하는 바입니다"[219]라고 썼다는 것을 기억해두자. 이는 마루야마도 『학문의 권장』 첫머리가 후쿠자와 스스로 자신있어 하던 수법의 일환임을 알고 있었을 가능성을 시사한다.

이처럼 후쿠자와가 자신이 납득했을 때는 자신의 말로 단정적으로 기술했다는 사실은, 거꾸로 『학문의 권장』 첫머리가 '~라고 한다'로 마무리된 데는 빌려온 문장임을 표시하기 위해서라는 이유 이상이 개입되어 있을 가능성을 암시해준다. 즉 후쿠자와가 천부인권 사상에 유보적 자세를 보이고 있다고 해석할 수 있다는 것이다. 앞서 언급한 『학문의 권장』 초편 첫머리의 말은 "인권이 하늘에서 내려준 것임을 이야기한 유명한 '천부인권론'의 선언문"이라고 사사키 지카라가 말한 것처럼, 후쿠자와가 『학문의 권장』 전솔에서 천부인권론을 소개하거나 선언하려 했다면, 제2편 이하의 집필은 예정되어 있지 않았기 때문에 초편에서 당연히 '천부인권론' 사상을 소개했을 것이라고 생각할 수 있다.

왜냐하면 후쿠자와는 이미 『서양사정』에서 전형적 천부인권 사상인 미국 독립선언을 소개하여 그 사상에 관한 지식을 충분히 갖추고 있었기 때문이다. 즉 『서양사정』의 "하늘이 사람을 창조함에 만민이 평등하게 하고"에서 힌트를 얻은 "하늘은 사람 위에 사람을 만들지 않고 사람 밑에 사람을 만들지 않는다고 한다"라는 문장에 이어, 독립선언의 "이들에게 양도할 수 없는 권리를 부여했다. 즉, 그 권리는 사람이 스스로의 생명을 보장하고 자유를 추구하며 행복을 기원하는 것으로 다른 사람이 이를 어떻게 할 수 없다(that they are endowed by their Creator with certain unalienable rights; that among these are life, liberty, and the pursuit of happiness)"[220]라는 천부인권사상을 소개할 수 있었다. 히로타 마사키나 사사키 지카라의 말대로 초편이 천부인권의 "선언문"이라면 그렇게 하는 것이 마땅할 것이다.

그러나 후쿠자와는 『학문의 권장』 전송(초편)에서 그렇게 하지 않았다. 따라서 후쿠자와가 '~라고 한다'라는 임팩트가 약한 전언체로 "하늘은 사람 위에 사람을 만들지 않고…"라는 구미의 사상을 소개하는 데 그친 이유나 심경을 우리는 진지하게 고찰해야 한다. 그리고 사실 후쿠자와는, 『학문의 권장』 초편을 천부인권의 선언문이라 보았던 히로타 마사키나 사사키 지카라의 잘못된 파악을 바로잡기라도 하는 것처럼, 『학문의 권장』 전송의 예상치 못한 반향과 평판에 놀라 약 2년 뒤 속편으로 『학문의 권장』 제2편을 쓰면서 "지금 사람과 사람의 형평을 묻는다면 그것은 동등이라고 하지 않을 수 없다. 다만 그 동등이란 모양이 같음을 말하는 것이 아니라 권리 도리가 같음을 말하는 것이다. (…) 그 권리 도리란 사람들이 그 생명을 존중하고 그 사유재산을 지키며 그 체면 명예를 소중히 하는 대의이다"라는 천부인권 사상을 소개하고 있다.

이상에서처럼 『학문의 권장』 첫머리 구절이 '천부인권론'을 주장한 것이 아님은 『학문의 권장』의 내용과 대비하면 금방 증명될 수 있다. 제2편 이하와 대비할 것도 없고, 초편 첫 번째 문단에 이어지는 문장에서 후쿠자와는 곧바로 '천부인권론'을 부정하는 사상을 전개하고 있기 때문이다(과거의 후쿠자와 연구들은 이 사실을 전혀 눈치 채지 못했다).

그러나 이를 서두르기 전에 마루야마 마사오가 완전히 무시해버렸던 『학문의 권장』 첫머리의 전언체 표현에 좀 더 매달려보기로 한다. "하늘은 사람 위에 사람을 만들지 않 (…) 는다고 한다"라는 이 문장은, 제15편 첫머리의 "진실의 세계에 사기 많고 거짓의 세계에 진리 많다"와 같이 단정적인 형태를 사용하여 "하늘은 사람 위에 사람을 만들지 않고 사람 밑에 사람을 만들지 않는다"라고 맺는 쪽이 좀 더 임팩트가 강했을 것이다. 그랬다면 고마츠 시게오도 의문을 품지 않았을 것이다. 하지만 "후쿠자와는 '~라고 한다'는 표현을 통해, 일본에는 알려져 있지 않지만 세계에서는 그렇게 이야기되고 있다고 설득력을 높이려 했다고 생각됩니다"[221]라는 역발상도 있다. 필자의 해석은 변함없지만, 당시의 '문명개화'의 시대풍조를 고려하면 아루가 다다시有賀貞의 해석도 가능한 하나의 해석일 것이다.

이치카와 산키, 다가기 야사카 등이 주장한 『학문의 권장』 첫머리 구절의 출전이 미국 독립선언이라는 설은 후쿠자와 연구자들에게는 일찍부터 알려져 있었다. 그러나 ① "하늘은 사람 위에 사람을 만들지 않고 사람 밑에 사람을 만들지 않는다"는 후쿠자와의 뛰어난 표현

자체의 영향력에다, ② 이 구절이 "『학문의 권장』 전체의 정신을 압축적으로 표현한 것"이라는 마루야마 마사오를 필두로 하는 연구자들의 잘못된 소개가 가세하고, ③ 나아가 어제까지의 천황 절대숭배의 교육을 후쿠자와 유키치 찬가로 바꾸었을 뿐인 천박한 '전후민주주의 교육'이 전개됨으로써, 아시아에서는 "민족 전체의 적"으로 이해되는 인물이 일본에서는 "하늘은 사람 위에 사람을 만들지 않고 사람 밑에 사람을 만들지 않는다"고 주장한 위대한 민주주의 사상의 선구자라로 칭송되는 '신화'가 부동의 지위를 확립했다.

필자는 1989년 이래 14년간 나고야대학의 신입생을 대상으로 그들의 역사인식, 주권자인식, 남녀평등의식을 알아보는 설문조사를 계속해왔다.[222] 2001년의 조사에는 일본 청년의 후쿠자와 '신화' 신봉 비율(전후민주주의교육의 편향도)을 확인하는 설문이 포함되었다. 그 결과 92%의 학생이 후쿠자와 '신화'를 그대로 믿고 있었다.—당연히 그들이 배운 교과서에는 "하늘은 사람 위에 사람을 만들지 않고 사람 밑에 사람을 만들지 않는다고 한다"라고 제대로 전언체로 기재되어 있다.—일반시민을 대상으로 강연할 때 같은 문제를 물어보면, 역시 일본 시민들은 후쿠자와에 대한 3대 지식의 하나로서 후쿠자와가 그렇게 주장했다고 기억하고 있고, 그 원문이 '~라고 한다'는 전언체라는 사실은 알려져 있지 않다.

3. 『학문의 권장』 초편의 자유론
—고초동통의 강박교육론

『학문의 권장』 첫머리에 계속되는 문장을 보자. " (…) 는다고 한다. 그러니까 하늘이 사람을 창조함에는 만인은 만인 모두 같은 지위에 있으며 태어나면서 귀천상하의 차별 없고 만물의 영인 육체와 정신의 활동으로써 천지간에 있는 온갖 물자를 얻어 의식주의 용도에 사용하고 자유자재로 서로 남의 방해가 되지 않고 각자 안락하게 이 세상을 살아가라는 취지이다."

여기에서 "만인 모두 같은 지위에 있으며 태어나면서 귀천상하의 차별 없고"를 후쿠자와가 번역한 미국 독립선언의 "이들에게 양도할 수 없는 권리를 부여했다. 즉, 그 권리라는 것은 사람이 스스로의 생명을 보장하고 자유를 추구하며 행복을 기원하는 것으로 다른 사람이 이를 어떻게 할 수 없다"와 대비함으로써, 『학문의 권장』 전솔(초편)에 관한 한 후쿠자와가 태어날 때부터 가지고 있는 기본적인 인권(통의通義, 권리통의權理通義)의 주체로서의 평등을 주장하는 데까지는 파고들지 않았음을 확인할 수 있다. 한편 "만인은 (…) 만물의 영인 육체와 정신의 활동으로써 (…) 자유자재로 서로 남의 방해가 되지 않고 각자 안락하게 이 세상을 살아가라는 취지이다"라는 문장은, 타인을 해치지 않는 한 누구나 "자유자재"로 살아가는 것이 인정된다는 취지가 분명하다. 그렇게 되면, 하늘이 내려준 기본적 인권의 '평등'은 별도로 해도 천부인권의 '자유'는 분명하게 선언하고 있다는 해석이 충분히 가능할 것이다.

그러나 필자는 그 해석은 잘못이라고 생각한다. 이유는 세 가지다. 첫째, "그러니까 하늘이 사람을 창조함에는 (…) 세상을 살아가라는 취지이다"라는 문장은, 첫머리의 "하늘은 사람 위에 사람을 만들지 않고 사람 밑에 사람을 만들지 않는다"는 취지를 구체적으로 부연 설명한 구절이다. 따라서 이 문장도 '~라고 한다'라는 간접화법으로 소개한 범위의 것—즉, 후쿠자와가 주장한 것이 아님—이라고 이해하는 편이 타당할 것이다.

둘째, 이 책자는 "하늘은 사람 위에…"라는 생각을 주장하기 위한 것이 아니라, 청년에게 교육의 필요성을 호소하기 위한 글이다. 위의 문장에 이어 『학문의 권장』 첫머리의 첫째 문단은 "그렇지만 지금 널리 이 인간세상을 바라보건대 현명한 사람이 있는가 하면 어리석은 사람도 있고, 가난한 사람이 있는가 하면 부유한 사람도 있고, (…) 하늘은 부귀를 사람에게 주는 것이 아니라 그 사람의 활동에 주는 것이라는 말이 있다. <u>그러니까 앞에서도 이야기한 바와 같이, 사람은 태어나면서 귀천빈부의 차이가 있는 것이 아니다. 단지 학문에 힘써 사물을 잘 아는 사람은 귀인이 되고 부유한 사람이 되며, 배우지 않는 자는 가난한 자가 되고 천박한 사람이 되는 것이다</u>"라고 이어지고 있다.

이 소책자에 '학문(교육)의 권장'이라는 표제가 붙은 것처럼, 『학문의 권장』은 새로운 시대를 맞이한 고향 나카츠中津의 청년들에게 무엇보다 교육의 필요성—나아가 배워야 할 새로운 교육내용이나 마음자세—을 호소하기 위한 것이었다. 따라서 첫째 문단은, 위의 강조 부분에 보이듯이 청년들을 "단지 학문에 힘써 사물을 잘 아는 사람은 귀인이 되고 부유한 사람이 되며, 배우지 않는 자는 가난한 자가 되고 천박한 사람이 되는 것이다"라는 최후의 결론을 이끌어내기 위한 것이었다. 그 머리 부분에 "그러니까 앞에서도 이야기한 바와 같이, 사람은 태어나면서 귀천빈부의 차이가 있는 것이 아니다"라고 적고, ① 우선 앞에 "하늘은 사람 위에 사람을 만들지 않고…"라는 "선진국"의 "천부인권론" 사상을 소개하여 인간은 태어나면서 '사농공상'의 구별이 없고 자유롭게 살아도 좋은 것이지만, ② 현실의 사회에는 "현명한 사람이 있는가 하면 어리석은 사람도 있고, 가난한 사람이 있는가 하면 부유한 사람도 있고, 귀인이 있는가 하면 천박한 사람도 있어 (…) 신분이 높은 사람 (…) 신분이 낮은 사람"이라는 차이가 있다, ③ 도대체 왜 이러한 차이가 생기는 것인가라는 논의를 진행하고, 마지막으로 ④ 교육의 권장이라는 결론을 끌어내 호소한다는 전개로 이어진다. 따라서 소책자 자체는 이 '①→②→③→④ 결론'이라는 교육의 권장에 관한 논의를 전개하기 위한 임팩트 있는 도입구로서 "하늘은 사람 위에…"를 쓴 것이지, "하늘은 사람 위에…"라는 생각을 선언하거나 주장하기 위한 글은 아니었다.

"우연한 기회에"(고이즈미 신조) 쓴 『학문의 권장』은 표제 그대로 청년에게 교육의 권장을 역설한 책자이지 '천부인권론'을 주장한 책자가 아니다. 이런 해석이 가능한 세 번째의 결정적인 이유는, '천부인권론'을 주장했다고 오독되어온 첫째 문단에 이은 두 번째 문단에서 후쿠자와가 민중에게 하늘이 내려준 "자유" 속에 살아서는 안 된다고 주장하고 있기 때문이다. 두 번째 문단은, 후쿠자와가 권장하는 "학문(교육)"이란 "세상에 도움이 되지 않는 문학(학문)"이 아니라 "오로지 닦아야 하는 것은 인간 보통의 일상생활에 가까운 실학"이라고 언급한다. 그러면서 "이상은 인간 보통의 실학으로 사람된 자는 귀천상하 구별 없이 모두 기꺼이 수행하는 자세라면, 이 마음가짐이 있어 나중에 사농공상 각각 본분을 다해 각자의 가업을 영위하여 일신도 독립하고 집안도 독립하고 천하 국가도 독립할 것"이라고 마무리했다.

후쿠자와는 『학문의 권장』 초편보다 4년 전에 쓴 『서양사정 외편』 3권 첫머리 「인민의 교육」[223]에서 "국민으로 하여금 무리하게 그 자제를 교육하게 하는 것은, 곧 남의 집안 사사로운 일과 관련해 이를 방해하는 것이므로 그 조치는 적절한 것이 아니다"라고 썼다. 그러나 『학문의 권장』 초편에 와서는, 구미에는 강제 의무교육을 부정하는 논의가 있음을 소개하면서 "그렇지만 이 주장은 심히 잘못된 것"이라고 반대의 뜻을 표명했다. 그 근저에는, 그가 부정적으로 평가하고 있던 프랑스혁명의 "소란 때에 가공할 만한 폭행을 자행한 패거리는 모두 무학문맹의 방탕무뢰한" 자였다는 인식과, 국가재정에서 "구빈을 위해 많은 돈을 허비하는" 것은 바람직하지 않은 시책이지만 굳이 그렇게 하는 것은 많은 "하층민의 무지무식"한 존재 때문이었다는 판단이 있었다.─즉, 후쿠자와는 강제해서라도 "무학문맹 방탕무뢰"한 자나 "무지무식한 하층민"을 없애야 한다는 문제의식을 가지고 있었다.

그래서 후쿠자와는 국가가 "죄인을 처벌하는 법도 (…) 사람의 사사로운 일을 방해하는 것에 틀림없고" "정부 만약 사람을 처벌하는 권한이 있으면 역시 사람을 가르치는 권한 없지 않을 것이다"라는 논리를 구성한 다음에 "교육은 그 사람에게 이익을 주고 그 사람을 이롭게 하는 취지이므로, 이를 행하는 데 있어 무슨 이의가 있을 것인가. 우리는 단연코 말한다. 만약 세상 일반을 위해 이러한 큰 이익이 있으면 설령 사람의 일신상에 고초동통을 느끼게 한다 해도 반드시 이를 시행하지 않으면 안 된다"고 강제 의무교육의 필요성과 정당성을 확신했던 것이다. 이미 제2장 2절에서 인용한 [자료편] 17의 "전제라고 한마디로 매도해서는 안 된다. 지난 옛날의 독재정부도 상당히 주효한 것이었다. (…) 문부성의 학제 (…) 이 문부성의 힘이 없으면 지방의 인민은 우선 학문이 무엇인지 모르고…"라는 문장도 같은 생각을 나타낸 것이다.

"미타三田의 문부성"이나 "문부성은 다케바시竹橋에 있고 문부경은 미타에 있다"는 세상의 평가처럼, 문부성의 다나카 후지마로田中不二麿의 존재도 있어, 후쿠자와 유키치는 일본의 근대적 국민교육제도 출발점이 된 1872년 '학제學制'의 제정과 그 교육이념을 명시한 「학사 장려에 관한 명령(学事奨励に関する被仰出書)」의 내용에 압도적인 영향을 미쳤다.[224] 태정관太政官 포고 「학사 장려에 관한 명령」은 『학문의 권장』 초편을 완전히 베껴 쓴 것이다. "일상적인 활동(日用常行)"에 유용한 "학문(교육)은 입신출세하는 재산자본(財本)"이라 역설하고 "이제부터 일반 인민(화족·사족, 농공상, 부녀자)은 반드시 마을에 배우지 못한 집이 없고 집안에 배우지 못한 사람이 없게 하기를 기하고 (…) 어린 자제는 남녀 구별 없이 소학교에 보내 공부시키지 않는 것은 그 부형의 과실로 한다"고 포고되었다. 「학제」 제21장의 조문에서도 "소학교는 교육의 초급으로 인민 일반은 반드시 배우지 않으면 안 되는 것으로 한다"는 강제적인 의무교육을 규정했다.

후쿠자와는 1874년에 창간한 『민간잡지民間雜誌』에서 지방 독자들에게 교육의 보급도에 관한 조사 수치를 보내달라고 요청했다. 여기서 알 수 있듯이, 그는 민중교육의 실정과 보급 정도에 대해 꾸준히 큰 관심을 지니고 있었다. 같은 해 그 잡지에서 후쿠자와는 많은 농민이 "가련한 시골 영세농민, 사바세계의 지옥에 빠져 (…) 쌀을 생산해도 쌀을 먹지 못하고, 누에를 쳐도 비단옷을 입지 못하는" 빈궁의 현실에 있음을 인식하고 "관리의 문도 부자의 문도 개방하여 누구라도 그 부류에 들어가며 그렇다고 지장이 있을 리 없다. 오늘의 순 농사꾼도 내일은 참의參議가 될 수 있다. (…) 재미있는 세상이 아니겠는가. (…) 부귀의 문에 빗장은 없는 법 (…) 만약 이 지옥을 지옥으로 생각하면 하루라도 빨리 무학문맹의 빗장을 부숴야 할 것이다"[225]라고 교육에 의한 입신출세의 이념을 소리 높여 호소함으로써 강제 의무교육의 보급을 후원하려 했다.

'학제', 즉 「학사 장려에 관한 명령」은 민중 일반이 새로운 소학교 교육의 필요성과 복리성福利性을 아직 주체적으로 자각하지 못하고, 근대 공교육제도의 창출을 뒷받침하는 사회경제적 조건이 미성숙한 단계에서, 오히려 거꾸로 사회경제적 발전이 뒤처져 있기 때문에─후쿠자와가 설정한 지상과제로서의 "자국의 독립" 달성을 위한 문명개화의 추진을 위해─강제 의무교육의 보급을 위로부터 강행해야 한다는 과제를 짊어지고 있었다. 그 자체 본말전도의 모순이다. 그래서 후쿠자와는 교육은 '입신출세'로 연결되는 개인을 위한 것이라는 개인주의적 이념을 크게 선전하면서도, "설령 사람의 일신상에 고초동통을 느끼게 한다 해도 반드시 이를 시행하지 않으면 안 된다"는, 그 이념과 서로 모순되는 강제 의무교육을 주장한 것이다. 이 본말전도의 모순 때문에 표면적인 소학교 취학률은 이듬해 1873년 28%에서 1876년 38%까지 상승했는데, 출석률까지 고려한 실질취학률은 금방 한계 상태에 달해 1880년대 말 가까이까지 일본 의무교육의 실질취학률은 30% 전후로 계속해서 정체되었다('교육칙어'를 발포한 1890년의 표면적 취학률은 48.9%였고, 매일 출석률은 72.4%, 실질취학률은 35.4%였다).

이 때문에 제1장 2절에서도 언급한 것처럼 "취학 촉진과 거부의 시대"로 불리는 상황을 둘러싸고 1872년 '학제'→1879년 '자유교육령自由敎育令'(취학조건 완화)→1880년 '개정교육령'(취학 독촉 강화)→1885년 '교육령'(소학교장제小學敎場制)→1886년 '소학교령'(소학간이과제小學簡易科制)으로 불과 10년 남짓한 기간 동안 의무교육 제도가 4번이나 개정되었다. 메이지기 일본에서 소학교 취학은 납세·병역과 함께 '신민의 3대 의무'였다. 장학관·교장·교원·학생뿐만 아니라 경찰관·수도 관원·청소 관원까지 취학독려원으로 동원되었고, 나아가 취학패·취학장려기에 벌금을 동반한 벌칙규정을 두면서까지 소학교 취학과 출석을 심하게 독촉했던 시대다. "군郡 장학관의 성적은 취학 독촉의 수완 여하로(만) 평가"를 받고, 각 소학교가 출석률을 올리기 위해 학생에게 "매일 5분간이라도 등교하라고 명령"한다는 어처구니없는 사례까지 있었다.

"대체로 일본 전국의 인구 3천 4~5백만, 호수 5~6백만 가운데 1년

에 어린이의 집행금(교육비—인용자) 50엔 내지 100엔을 내고 지장을 받지 않는 자는 몇만 명도 안 될 것이다. (…) 매달 10, 20전의 월사금을 내든가, 월사금이 없으면 자제의 교육을 부탁하겠다는 자 또한 몇십만이 있을 것이다. 그보다 밑에 있는 수백만의 빈민은 설사 월사금이 없어도, 혹은 학교로부터 조금씩 지필묵紙筆墨을 공급받을 정도의 분에 넘치는 고마움이 있어도 여전히 자식을 내놓지 않을 것이다. 여덟 살의 남자 아이는 풀을 베고 소를 몰게 해야 하고, 여섯 살의 누이동생에게는 애보는 일이 있다. (…) 이런 일에서 손을 떼면 곧바로 세대에 지장을 가져와 부모자식 함께 춥고 배고픈 어려움을 면하기 어려울 것이다. 이는 하등 빈민 수백만 호에게 똑같은 모습이다. (…) 설사 일단 입학한다 할지라도 1년에 그만두기로 하는 자가 있고, 2년에 퇴학하는 자가 있다"[226]라고 했던 『후쿠자와 문집』 2편 권1(1879)의 「소학 교육의 사정(小学教育のこと)」은, 당시에 후쿠자와가 교육 보급에 관심을 기울이고 취학 부진의 실정을 구체적으로 인식하고 있었음을 보여준다.

『문명론의 개략』에서 후쿠자와는 "국가의 독립은 목적이고 국민의 문명은 이 목적을 달성하기 위한 수단"이라는 일본 근대화의 기본 노선을 설정했다. 그는 교육의 곤란한 실정을 충분히 인식하면서 지상과제인 "자국의 독립" 달성을 위해 "지금의 일본 국민을 문명으로 나아가게 하는" 방책을 추진하는 데 몰두했다. "이 사람은 원래 강박 수법을 찬성하는 자로서 전국의 남녀 태어나 몇 살에 이르면 반드시 취학해야 한다, 취학하지 않으면 안 된다고 무리하게 이를 강요하는 것은 오늘날의 일본에서 매우 긴요하다"고 역설하고, "설령 사람의 일신상에 고초동통을 느끼게 한다"고 해도 [전제] "정부의 권위에 의한" "강박교육법"[227]이 필요하다고 일관되게 주장했다. "수백만의 빈민은 설사 월사금이 없어도 (…) 지필묵을 지급받을 정도의 분에 넘치는 고마움이 있어도 여전히 자식을 내놓지 않을 것"임을 인식하고 있었던 후쿠자와는, 그럼에도 불구하고 "문명" 추진을 위해 민중교육의 추진을 도모하지 않을 수 없었다. 그는 소학교 교육내용의 통속화나 커리큘럼의 축소 재편성, 나아가 교육비 부족의 타개책으로서 "근처의 적당한 빈 절"을 소학교 교사校舍로 전용하는 등 민중생활 실태에 입각한 각종 교육행정 개선책을 제언했다.[228]

이상의 고찰을 바탕으로 "만인은 (…) 만물의 영인 육체와 정신의 활동으로써 (…) 자유자재로 서로 남의 방해가 되지 않고 각자 안락하게 이 세상을 살아가는 취지이다"라고 역설한 『학문의 권장』 초편의 의미를 다시 고찰해보자.

『학문의 권장』은 만인이 "자유자재로 서로 남의 방해가 되지" 않는 한 "각자 안락하게 이 세상을 살아가"도 좋다고 주장했다. 후쿠자와 자신이 인정했던 민중의 생활실태에 입각하면, 빈민의 어린이가 소학교에 취학하지 않는 것은 "부모자식 다함께 배고프고 추운 어려움"을 "면하기" 위한 불가피한 선택이라고 볼 수 있을 것이다. 또 내 아이가 소학교에 취학하지 않는 것이 타인에게 "방해가 되"는 행위인가 물으면, 불취학 자체는 직접적으로 타인에게 "방해가 되"는 행위는 아니다. 이 두 가지 상식적인 판단을 바탕으로 불취학이 타인에게 "방해가 되지" 않는 행위라면, 만인이 "자유자재로" 사는 것을 후쿠자와가 권유하는 것이라면, 생활에 쪼들린 빈민이 자제의 불취학을 선택하는 것도 당연히 그들의 "자유"가 아닌가? 『학문의 권장』 저자에게 이렇게 묻는다면, 후쿠자와는 뭐라고 대답할 것인가.

물론 후쿠자와의 대답은 불취학의 "자유"는 인정하지 않는다는 것이다. 앞에서 보았듯이, 그는 『학문의 권장』 두 번째 문단에서 소학교 교육을 "사람된 자는 귀천상하 구별 없이 모두 기꺼이 수행"해야 한다고 주장하고, "설령 사람의 일신상에 고초동통을 느끼게 한다"고 해도 [전제] "정부의 권위에 의한" "강박교육법"은 "반드시 이를 시행하지 않으면 안 된다"고 주장했기 때문이다.

하나 더 질문해보자. 『학문의 권장』 초편 맨 마지막 네 번째 문단에서 후쿠자와는 "앞 대목에서 말한 대로, 사람의 일신도 일국도 하늘의 도리에 입각해 속박되지 않은 자유로운 것이라면, 만약 이 일국의 자유를 방해하려는 자가 있으면 세계만국을 적으로 돌려도 두려워 할 것 없다. 이 일신의 자유를 방해하려는 자가 있으면 정부의 관리도 거리낄 것 없다"[229]고 말했다. 그런데 "하늘의 도리에 입각해 속박되지 않은 자유로운 (…) 이 일신의 자유를 방해하려는 자가 있으면 정부의 관리도 거리낄 것 없다"는 후쿠자와의 가르침을 곧이곧대로 받아들인 빈곤 농민들이 자녀의 취학을 거부할 뿐만 아니라, 강제적인 학교 부과금 등의 경제적 부담을 견디기 어려워 "정부의 관리도 거리끼지" 않고, "이 일신의 자유를 방해하려는" 존재인 원망스러운 학교를, 예컨대 불살라버리면 어떻게 되는 것인가.

이는 단순한 가정의 질문이 아니다. '학제' 실시 이듬해인 1873년 호조현北条県(현재의 오카야마현岡山県 동북부)에서 소요가 발생하여 3개 소학교가 불타고 15개 소학교 교사와 1개 교원 주택이 파괴되었다. 이 소요는 돗토리현鳥取県, 후쿠오카현福岡県, 묘도현名東県(현재의 도쿠시마현德島県, 효고현兵庫県 아와지시마淡路島, 1873~1875년 일시적으로 가가와현香川県도 포함)으로도 퍼져나가, 그곳에서도 소학교와 교원주택이 파괴되었다. 1876년 지조地租 경감을 중심 요구로 내세웠던 미에三重·아이치愛知의 소요(처벌자 5만 7천 명)에서도 많은 학교가 습격당했다.

　그러면 후쿠자와는 이런 현실을 어떻게 바라보았을까. 마치 예상했던 질문이라는 듯이, 후쿠자와는 같은 글에서 다음과 같이 답했다. "무릇 세상에는 무지문맹의 백성만큼 가련하고 또한 가증스러운 자는 없다. (…) 자기가 무지하여 빈궁에 빠지고 춥고 배고픈 어려움에 쪼들릴 때는 자신을 책망하지 않고 함부로 이웃의 잘사는 사람을 원망하고, 심할 경우는 도당을 지어 강소強訴하거나 반란을 일으키는 등 폭력을 휘두르는 일도 있다. 창피를 모른다고나 해야 할지, 법을 두려워하지 않는다고나 해야 할지. (…) 이러한 우민을 지배하는 데는 도저히 도리로써 깨우칠 방편이 없기 때문에 그저 위엄으로써 으를 뿐이다. 서양의 속담에 우민 위에 가혹한 정부 있다는 것은 이것을 말한다. 이것은 정부가 가혹한 것이 아니라 우민이 스스로 초래한 재앙이다."[230] 『학문의 권장』 저자 후쿠자와는 그 책임을 인민의 무지로 돌렸다.

　후쿠자와는 '인간은 동등하다'를 주제로 한 『학문의 권장』 제2편에서도 "정부의 관리도 거리끼지" 않고 "이 일신의 자유를 방해하려는" 존재와 투쟁하려는 농민에 대해 같은 식으로 언급했으므로 미리 살펴보자. '사회계약론'을 작위적으로 인용한 후쿠자와는 "원래 인민과 정부의 관계는 (…) 정부는 인민의 대리인이 되어 법을 시행하고,

인민은 반드시 이 법을 준수해야 한다고 굳게 약속한 것이다. 예컨대 지금 일본 전국에서 메이지明治라는 연호를 받드는 자는, 현존 정부의 법에 따라야 한다고 조약을 맺은 인민이다"라는 명백한 허위—당시는 의회도 없을뿐더러 민의를 묻는 선거도 없었다—를 전제로 하여, "고로 일단 국법으로 정해진 것은, 설령 혹 인민 일개를 위해 편리하지 않은 것이 있어도 그 개혁까지는 이것을 움직일 수 없다. 조심해서 삼가 준수해야 한다"고 앞뒤 맞지 않는 요구를 제멋대로 하고 있었다. 그 위에 그는 "새로운 법을 오해하여 반란을 일으키는 자"나 "강소強訴를 구실삼아 부잣집을 부수고 술을 마시고 돈을 훔치는 자"는 "무학문맹" "바보천치"라고 매도하고 "이러한 역적을 다루는 데는 (…) 무슨 일이 있어도 가혹한 정치를 시행해야 할 것이다. 고로 말하건대, 인민이 만약 폭정을 피하고 싶다면, 조속히 학문에 뜻을 두어 스스로 재주와 덕행(才儁)을 쌓고 정부와 맞서 같은 지위 동등한 지위에 올라야 한다. 곧 이것은 이 사람이 권유하는 학문의 취지이다"[231]라 하여, 교육의 권장을 역설하면서 인민을 협박했다.

이제 곧 결론을 맺도록 하겠다. 후쿠자와가 선행연구들이 한결같이 주장하는 바처럼 『학문의 권장』 초편에서 "천부인권"의 "자유"를 선언한 게 맞는지 묻는다면, 대답은 물론 "아니다"이다. 후쿠자와는 빈민아동의 소학교 불취학이 "부모자식 다함께 배고프고 추운 어려움"에 쪼들린 부득이한 선택임을 인식하고, 불취학 자체가 직접 타인에게 "방해가 되"는 행위가 아니라는 점도 이론적으로는 인정했지만, 그 "자유"의 행사는 인정하지 않았다. "설령 사람의 일신상에 고초동통을 느끼게 한다" 해도 [전제] "정부의 권위"에 의해 "강박"해서라도

소학교 취학은 "반드시 이를 시행하지 않으면 안 된다"고 주장하고
있었다.

또한 가난한 농민들이 강제적인 학교 부과금 등의 경제적 부담을
견디기 어려워 "하늘의 도리에 입각"한 "속박되지 않는 자유"를 요구
하며 "원망스러운 학교를 정부의 관리도 거리끼지" 않고 습격하면,
후쿠자와는 "메이지라는 연호를 받드는 자는, 현존 정부의 법에 따라
야 한다고 조약을 맺은 인민"이라는 명백한 허위를 전제로 하여 그
농민들을 "우민", "무학문맹", "바보천치", "역적"이라 매도하고, "무
슨 일이 있어도 가혹한 정치"에 의해 처벌해야 한다고 주장했다. 이
때 후쿠자와는 그 농민을 "자기가 무지하여 빈궁에 빠지고 춥고 배
고픈 어려움에 쪼들리는" 민중으로 파악하고 있었다. 이런 논리로 볼
때, 농민이 자기 자식을 소학교에 취학시키는지 여부는 "자유자재"의
행위가 아니라 "설령 사람의 일신상에 고초동통을 느끼게 한다" 해도
"강박교육법"에 의해 "모두 기꺼이 수행하는" 의무교육으로 규정되었
던 것이다.

만약 『학문의 권장』 초편과 제2편을 읽은 농민이 1891년까지 살
아 있어서—제2장 6절에서 고찰한—「빈부론」(『자료편』 42)을 읽었다면 어
떤 느낌을 받을까? 「빈부론」에서 후쿠자와는 "경제론자의 말씀에, 인
생의 빈부는 슬기로움과 어리석음(智愚) 여하에 유래하는 것이다, 사
람은 배우지 않으면 지혜 없고 무지한 사람은 가난하다, 교육은 돈을
버는 근본이라고 해서 빈부의 원인을 모두 그 사람의 슬기로움과 어
리석음 여하에 돌리는 자"를 잘못이라고 비판하고 "지금 세상의 빈민
은 무지하기 때문에 가난한 것이 아니라 가난하기 때문에 무지하다",

"글자를 알고 이해하거나, 배는 곯고 몸은 추워도 (…) 지식이 있으면 먹고사는 것이 여기에 굴러올 것이라고 하여 타인이 교육 받지 못함을 타박하는 것은 인과의 순서를 뒤바꾸어 무리한 것을 책망하는 것"이라 말했다. 나아가 "가난한 사람은 더욱 가난에 빠져 (…) 태양이 서쪽에서 뜨는 (…) 괴이한 요행이라도 있지 않으면 지금의 세상에서 가난한 사람들에게 운이 트이는 날은 없을 것이다"라고 썼다.

　이상의 논의를 통해 『학문의 권장』 초편의 논리를 단적으로 정리하면 다음과 같다. 이 책은 인간은 태어나면서 "평등"한 인권의 주체이고 "자유자재"로 살아도 좋다는 "천부인권"을 권유하고 있지 않다.―'평등'은 인간의 빈부 "차이는 배우고 배우지 않는 것에 의해 생기는 것"임을 계몽하기 위한 도입 구절일 뿐이다.―첫째 문단의 핵심은 어디까지나 마지막의 "사람은 태어나면서 귀천빈부의 차이가 있는 것이 아니다. 단지 학문에 힘써 사물을 잘 아는 사람은 귀인이 되고 부유한 사람이 되며, 배우지 않는 자는 가난한 자가 되고 천박한 사람이 되는 것"임을 계몽하는 것이었다. 그 계몽을 바탕으로 한 두 번째 문단의 핵심은,―자녀를 취학시키고 안 시키고는 부모의 "자유자재"가 아니라―"인간 보통의 일상생활에 가까운" "인간 보통의 실학"을 "사람된 자는 귀천상하 구별 없이 모두 기꺼이 수행하는 자세"를 요구하는 강제 의무교육의 권장이었다. 『학문의 권장』은 표제 그대로 "학문(교육)"을 "권장"하는 책이었다.

　후쿠자와가 강제 의무교육에 의해서라도 국민에게 새로운 시대의 교육을 보급하려는 열의를 가지게 된 배경에 대해서는 『일본 근대교육의 사상구조』 제3장에서 자세히 살펴보았다. 여기서는 간단한 요약만 소개하고자 한다. 막부幕府 타도파 지도자들에 의해 메이지 신정부가 조직될 당시 후쿠자와는 "실로 허전한" 심경이었다. "신정부 당국자는 원래 격렬한 양이론자이니 (…) 필시 양이를 실행하게 될 것이다. (…) 도저히 문명에 대해서는 논의할 수 없다. 실로 난처한 일"이라고 생각하고 있었다. 그러나 생각지도 않게 그 정부가 1871년 7월에 폐번치현廢藩置縣*을 단행했다. "신정부의 이 성대한 사업을 보고는 죽어도 한이 없다고 절규"할 정도로 감격한 후쿠자와는 "이거 재미있어, 이 기세에 편승하여 더욱더 크게 서양문명의 공기를 불어넣어 전국의 인심을 근저로부터 뒤집어 아주 멀리 떨어져 있는 동양에 하나의 신문명국을 열고" 싶다는 "소원(誓願)"을 맹세했다. 『학문의 권장』 전金은 그 반년 뒤 집필된 것이다.

후쿠자와는 『학문의 권장』 제2편(1873년 11월) 이후를 집필하는 것과 병행하여, 1874년 3월 무렵부터 일본 근대화의 강령적 지침인 『문명론의 개략』을 집필하기 시작했다. 여기서 후쿠자와는 "문명이란 결국 사람의 지덕의 진보라고 해도 좋을 것"이라는 문명관을 제시하는 동시에, "현금 우리나라에 가장 시급한 요구는 지혜가 아니고 무엇이겠는가"라는 결론에 입각하여 『학문의 권장』의 계몽을 필연적인 과제로 자리매김했다. 신정부의 식산흥업·부국강병 정책의 3대 개혁, '학제', '징병제', '지조개정조례地租改正條例' 중에서도 근소한 차이로 '학

---

* 1871년 4월 메이지 신정부가 봉건할거의 기본이 되는 번藩을 폐지하고 이를 부현府縣으로 대체함으로써 봉건제도를 폐지하고 근대적 중앙집권적 국가체제로 개혁한 사건.

제'가 제일 먼저 실시된 것은 후쿠자와가 시대를 완전히 앞지르고 있었음을 의미한다. 이런 점 때문에라도 『학문의 권장』은 베스트셀러가 될 가능성을 지니고 있었다.

번거롭게 에둘러 설명해왔지만, 이상의 논의를 통해 제2편 이후는 나올 예정이 전혀 없었던 『학문의 권장』 초편 첫머리의 한 구절이 "『학문의 권장』 전체의 정신을 압축적으로 표현한 것", "이 책 전체를 꿰뚫는 근본 주제의 제시"라는 마루야마의 주장이나, "후쿠자와의 근본사상은 그 첫머리에 다 표현된 것"이라는 이나토미 에이지로의 주장, "『학문의 권장』 초편에서 처음으로 주체적 논리로 천부인권론을 전개"했다는 히로타 마사키의 주장, "인권이 하늘에서 내려준 것임을 이야기한 유명한 '천부인권론'의 선언"이라는 사사키 지카라의 해석 등이 ① 우선 모두 잘못임이 거의 명백해졌다.

이어 ② 그 해석은—아시아태평양전쟁 이전의 이나토미의 연구는 제쳐두고—전후 일본의 민주주의 계몽이라는 선의에서 출발한 것이지만, 마루야마 자신의 말로 표현하면 "엄밀"한 "사료적 고증"을 경시하고 정치적 "희망이나 의욕에 의해 인식이 흐려지는 것"을 "경계" "금욕"하기를 게을리 한 "낭만주의자"들의 예단에 의한 것이었다.

나아가 이 해석은 ③ 도야마 시게키나 야마즈미 마사미 등이 긍정·허용한 잘못된 "실체를 넘어선 해석", "고쳐 읽기" 그 자체이고, 필자는 이런 안이하고 값싼 연구야말로 바닥이 얕은 전후민주주의의 문제성을 상징한다고 생각한다.

마루야마 등의 해석이 잘못이 아니라고 여전히 고집하고 있는 '신봉자'들을 감안하여, "수백만의 빈민"의 입장에서 후쿠자와의 주장을 다시 살펴보자. 후쿠자와가 "하늘은 사람 위에 사람을 만들지 않고…"라 주장하고, 만인이 "자유자재로 서로 남의 방해가 되지 않는" 한 "각자 안락하게 이 세상을 살아가도" 좋다고 역설하면서도,—국민의 7할 가까운—빈민이 "부모자식 다함께 배고프고 추운 어려움"을 "면하기" 위해 아동의 소학교 불취학을 선택하면 "설령 사람의 일신상에 고초동통을 느끼게 한다" 해도 "강박교육"을 "반드시" "시행하지 않으면 안 된다"고 주장했다는 이야기를 "수백만의 빈민"이 들으면, 그들은 후쿠자와를 거짓말쟁이 냉혈한이라고 매도할 것이다. 또한 학교 부과금 등의 경제적 부담을 견디기 어려워 빈농들이 "이 일신의 자유를 방해하려는" 원망스러운 학교를, 후쿠자와가 말하는 "하늘의 도리"의 "속박되지 않은 자유"를 요구하며 "정부의 관리도 거리끼지" 않고 습격하면, 후쿠자와는 "현존 정부의 법에 따라야 한다고 조약을 맺은 인민"이라는 사회계약론의 허위를 들고 나와 그 농민들을 "우민", "바보천치", "역적"으로 매도하고 "가혹"하게 처벌할 것을 요구했다. 이 사실을 안다면 그 농민들은 후쿠자와를 지리멸렬한 위선자라고 단정할 것이다.

그러나 후쿠자와는 거짓말쟁이도 위선자도 아니다. 그는 고향의 청년들에게 새로운 교육의 필요성을 호소하기 위해 『학문의 권장』을 집필하면서 "하늘은 사람 위에 사람을 만들지 않고…"라는 매력적인 구미의 '천부인권론'적 표현으로 첫머리를 장식했다. 동시에 그 구절은 미국 독립선언에서 힌트를 얻어 생각해낸 말이고, 자기 자신은 그 천부인권론에 찬성하고 있는 것이 아니라는 점을—사실 후쿠자와는 두 번째 문단에서 "자유자재"를 부정한다—독자에게 전달하기 위해,

이 점에 관한 한 학자로서의 성실성·엄밀성을 기해 "하늘은 (…) 는다고 한다"라는 간접화법의 전언체로 마무리한 것이다. 이렇게 해석하면 후쿠자와는 거짓말쟁이나 위선자 취급을 당하는 불명예를 깔끔하게 벗어날 수 있다. 그런 의미에서 "후쿠자와에 홀린" 선행연구들은 "마맛자국도 보조개"로 본 것이 아니라 모처럼 성실한 학자의 태도를 보여준 후쿠자와의 "보조개"를 거꾸로 "마맛자국"으로 잘못 본 연구였다고 할 수 있을 것이다.

4. 『학문의 권장』의 자유와 평등론
—질록처분 반대의 건의서

1) 후쿠자와의 자유관—무사의 체면과 명예

이상의 고찰을 통해 후쿠자와가 『학문의 권장』 초편에서 '천부인권론'을 선언하거나 주장한 것이 아님은 명백해졌다. 이에 대한 후쿠자와 미화론자의 반론으로, 후쿠자와는 '천부인권'의 주장이나 그 내용의 전개를 제2편 이하로 돌린 것이며, 실제로 제2편에서 기본적 인권선언을 하고 있다는 주장이 예상된다. "사람과 사람의 형평을 묻는다면 그것은 동등이라고 하지 않을 수 없다. 다만 그 동등이란 모양이 같음을 말하는 것이 아니라 권리 도리가 같음을 말하는 것이다. (…) 그 사람들 각자 타고난 권리 도리로써 논할 때는 지극히 동등하고 아주 조금의 경중도 있을 수 없다. 즉, 그 권리 도리란 사람들이 그 생명을 존중하고 그 사유재산을 지키며 그 체면 명예를 소중히 하는 대의이다"[232]라는 제2편의 내용은, 확실히 후쿠자와가 "생명, 사유재산, 체면 명예"를 존중하는 기본적 인권을 주장한 것으로 읽힐 수 있다.

하지만 그렇다고 해도 후쿠자와가 기본적 인권의 주장을 제2편 이하에 돌린 것이라는 초편의 파악 방식은 이미 언급한 것처럼 명백한 잘못이다. "초편과 제2편 사이에는 거의 2년 가까운 간격이 있고, 제2편 이하는 매월 또는 격월 정도로 간행"[233]되었다는 사정도 있거니와, 『학문의 권장』 초편(前卷)은 어디까지나 이 한 권으로 완결된 것이었다. 게다가 제2편에서 후쿠자와가 말하는 기본적 인권의 내용에는 그 자신이 소개했던 미국 독립선언과 대비해 검토할 중요한 과제가 존재한다. 미국 독립선언의 일부는 이미 소개했지만, 관계된 부분 전체를 후쿠자와의 명역 「1776년 7월 4일 아메리카 13주 독립의 격문」(『서양사정 초편』)을 통해 살펴보자.

> "하늘이 사람을 창조함에 만민이 평등하게 하고, 이들에게 양도할 수 없는 권리를 부여했다. 즉, 그 권리는 사람이 스스로의 생명을 보장하고 자유를 추구하며 행복을 기원하는 것으로 다른 사람이 이를 어떻게 할 수 없다. 사람들 사이에 정부를 수립한 까닭은 이 권리를 확보하기 위한 취지이며, 정부라는 것은 그 신민에게 만족을 얻게 해야 비로소 진정으로 권위가 있다고 할 것이다. 정부의 조치가 이 취지에 반할 때는 이를 변혁하거나 타도하고, 나아가 이 큰 취지를 기반으로 하여 인민의 안전과 행복을 보장할 새로운 정부를 수립하는 것도 또한 인민의 권리이다."[234]

첫째 문제는, 독립선언의 기본적 인권의 '자유'가 『학문의 권장』에서는 "체면 명예"로 바뀌었다는 점이다. 안자이 도시미츠安西敏三의 『후쿠자와 유키치와 서양사상(福沢諭吉と西洋思想)』(名古屋大学出版会, 1995)에 의하면, '자유'의 전통적인 의미는 "방자하고 방탕하여 국법도 두려워하

지 않는다"는 것이기 때문에, 후쿠자와는 이를 그대로 사용하기를 주저했다고 한다. 그래서 기조(Guillaume Guizot, 1787~1874)나 밀(John Stuart Mill, 1806~1873)을 참고하여 근대적 자유가 초기 봉건적 영예 관념에서 파생되었음을 인식하고, 그것이 무사도에 보이는 '호마레誉れ'의식*과 통한다는 생각으로 『서양사정』 제2편 권1에서 "자유"를 "치욕에서 멀어지다"로 번역했으며 『학문의 권장』에서는 그것을 "체면 명예"로 썼다는 것이다.[235] 다만 안자이 도시미츠는 후쿠자와의 "사족士族"이 "이른바 사족"으로 한정되지 않는 넓은 의미의 개념이라는 점을 근거로, 이 "체면 명예"가 "호마레의식이 강한 무사의 길, 즉 무사도임은 말할 필요도 없을 것"이라 보고, "영예"의 행사로부터 유래한 "인권"이 구체화된 사회가 시민적 자유가 실현되는 시민사회라고 보아, 후쿠자와의 "체면 명예"를 노골적으로 긍정하고 있다.

『학문의 권장』 초편에서 후쿠자와가 "자유자재로 서로 남의 방해가 되지 않고 각자 안락하게…"라거나 "속박되지 않은 자유로운 것 (…) 정부의 관리도 거리낄 것 없다"고 쓰면서도 "수백만의 빈민"의 "자유" 행사나 "정부의 관리"에 대한 저항을 거부했다는 사실을 확인한 필자로서는, 후쿠자와가 "자유"의 기본적 인권을 "주체적으로" 기피하여 "무사도"의 "체면 명예"를 선택했다는 안자이의 해석에 적극 동의할 수 있다. 그러나 그 "무사의 길"의 "체면 명예"가 시민사회의 "시민적 자유"와 통한다는 안자이의 해석은 도저히 따라갈 수가 없다.—안자이 도시미츠는 나중에 논의할 후쿠자와의 「체면설(瘦我慢の

---

* 명성을 중시하고 자신에게 부끄럽지 않은 고결한 삶의 방식을 지키려는 자세.

說)」이나 「정축공론丁丑公論」도 마루야마 마사오 식으로 적극적으로 해석한다. 그에게 후쿠자와가 '교육칙어'에 동의하게 되는 논리의 전개 과정에 대한 설명을 듣고 싶다.

후쿠자와가 말하는 "사족士族"*은 분명히 에도시대의 "이른바 사족"이 아니었다. 후쿠자와는 『시사소언』에서 "여기서 사족이라 칭하는 것은 반드시 봉건시대에 대대로 녹봉을 받아먹고 칼을 차고 다니던 자에게만 한정된 것이 아니다. 어쩌면 낭인, 호농, 의사, 문인 등 모두 그 정신을 고상하게 하고 육체 이상의 일에 심신을 쓰는 종족을 가리키는 것"이라고 설명한 다음, "이른바 농사꾼 장사치(町人)의 무리는 단지 (…) 사회를 위해 의식衣食을 공급할 뿐 (…) 동물로 치면 돼지와 같은 존재이다"²³⁶라고 설명했다. 이때 후쿠자와가 "의식을 공급할 뿐"인 "돼지"나 "수백만의 빈민"이 "체면 명예"의 행사를 통해 "시민적 자유"의 주체가 된다는 "전망"을 그리고 있었다고는 도저히 생각할 수 없다. 즉 『학문의 권장』 초편에서와 마찬가지로, "수백만의 빈민"은 "자유"의 주체로부터 배제되어 있었던 것이다.

둘째 문제는, "사람들 사이에 정부를 수립한 까닭은 이 권리를 확보하기 위한 취지이며, 정부라는 것은 그 신민에게 만족을 얻게 해야 비로소 진정으로 권위가 있다고 할 것이다"라고 미국 독립선언을 번역했던 후쿠자와가, 정부의 존재이유와 존재근거를 기본적 인권의 옹호에서 찾는 사상을 기본적으로 이해하면서도 『학문의 권장』에서

---

* 메이지유신 이후 본래 무사계급에 속했던 사람들에게 부여된 신분 칭호로 구 영주 출신인 화족華族 아래, 평민 위에 위치한다.

는 그 사상을 소개·주장하지 않았다는 것이다. '기본적으로' 이해했다고 전제한 이유는, 후반의 번역이 잘못되었기 때문이다. 마루야마의 해설에 의하면 "정부는 그 정당한 권력을 인민의 동의로부터 끌어내고 있다"는 원문을 "유교적 인정仁政주의에 가깝게" 번역하여 "그 대단한 후쿠자와도 여기는 제대로 알지 못하고 있다"[237]고 한다. 아루가 다다시는 후쿠자와가 원문의 "consent"를 "content"로 착각하여 "동의"를 "만족"으로 번역한 것은 아닌가 추측했다.[238] 이처럼 오역에 의해 인민의 동의라는 중요한 조건이 빠져버리긴 했지만, "사람들 사이에 정부를 수립한 까닭은 이 권리를 확보하기 위한 취지"라는 앞부분의 번역에서 후쿠자와는 정부의 존재이유를 대체로 타당하게 파악해냈다. 이는 이어 나오는 독립선언의 "저항권, 혁명권" 부분을 제대로 번역해낸 점으로부터 알 수 있다. 문제는, 정부가 국민의 기본적 인권을 보호하기 위한 조직이라는 정부의 존재이유를 제대로 이해하고 있으면서도, 후쿠자와가 『학문의 권장』에서 그것을 주장하지 않았다는 점이다.

마루야마 마사오는 "후쿠자와가 정부 혹은 정치권력의 존재근거를 어디에서 구하고 있었는가 하면, 그것은 분명히 계몽적 자연법의 계보를 이어받은 기본적 인권의 옹호에 있었다",[239] "유신 이후 후쿠자와의 사상에는 이것이 충분히 소화되어 있습니다"[240]라고 주장했다. 그런 파악에 무리가 있음은 『학문의 권장』 제2편에서 모처럼 "생명, 사유재산, 체면 명예"의 인권선언을 하면서도 후쿠자와가 그 인권의 옹호에서 정부의 존재이유를 구하지 않는다는 사실에 의해 뒷받침된다. 또한 정부의 존재이유를 바르게 기술하고 있는 『시사대세론』첫머리 문장은 "하늘은 사람 위에…"처럼 책의 내용과 전혀 맞지 않는 도입구의 사례라는 점을 이미 기술했다. 마루야마가 "충분히 소화"하고 있다는 보다 확실한 논거로 내세운 『학문의 권장』의 '사회계약설' 역시 그 해석에 무리가 있음을 다음의 제5절에서 논할 것이다.

셋째 문제는, "정부의 조치가 이 취지에 반할 때는 이를 변혁하거나 타도하고, 나아가 이 큰 취지를 기반으로 하여 인민의 안전과 행복을 보장할 새로운 정부를 수립하는 것도 또한 인민의 권리이다"라고 미국 독립선언의 "저항권, 혁명권"을 제대로 번역해 그 기본적 인권을 인식하면서도, 『학문의 권장』에서는 그것을 소개하거나 주장하는 것을 주체적·의도적으로 피하고 있다는 점이다. 이는 후쿠자와가 『학문의 권장』 초편에서 불취학의 "자유"나 "정부의 관리도 거리낄 것" 없이 학교에 항의행동이나 저항을 하는 것을 매도하고, 나중에는 자유민권운동이나 노동운동·사회주의운동 등의 민중운동에도 일관되게 부정적이었음을 상기하면 각별히 놀랄 일도 아니다. 그는 주체적으로 배제를 선택한 것이 분명하다. 또한 그가 기본적 인권에서 "저항권"을 의도적으로 배제했다는 사실은, 정부의 존재이유를 "분명히 계몽적 자연법의 계보"를 이어받은 "기본적 인권의 옹호"에서 구하고 있었다는 마루야마의 파악이 무리였음을 거듭 암시하는 것이라고 할 수 있다.

2) 『학문의 권장』 초편의 평등론—교육 만능론과 그 비판

『학문의 권장』 초편 첫머리의 "하늘이 사람을 창조함에는 만인은 만인 모두 같은 지위에 있으며 태어나면서 귀천상하의 차별 없고"에서 "모두 같은 지위에 있으며 태어나면서 귀천상하의 차별 없고"라는 후쿠자와의 막연한 평등론이 기본적 인권의 주체로서의 평등론이 아님은 이미 확인했다.

후쿠자와는 『학문의 권장』 제2편에서 "그 동등이란 모양이 같음을 말하는 것이 아니라 권리 도리가 같음을 말하는 것이다"라고 하여, "모양"과 "권리"에 대한 올바른 구별을 행했다. 이에 입각하면 초편의 "태어나면서 귀천상하의 차별 없고"라는 표현은 '신분적 차별=출생주의'를 부정하는 것이기는 하지만 기본적 인권의 주체로서의 평등을 인정하는 것은 아니다.—1871년의 '천민해방령'이 "백정(穢多)·비인非人이라는 호칭"의 폐지에 그쳤음을 상기하자.—"귀천상하"란 "모양"의 차이를 가리키는 표현이다. 후쿠자와에게 미국 독립선언과 다름없는 인권선언을 할 의지가 있었다면, 그는 "사람은 태어나면서 권리 도리의 차별 없고"라거나 "만인은 태어나면서 동등한 권리 도리를 갖는다"라고 썼을 것이다. "후쿠자와의 자연법 사상은 여기에 이르러 전면적인 전개를 보였다"는 마루야마의 주장에는 분명히 무리가 있다.

또한 약 2년 뒤 예정에 없던 제2편을 이어서 집필하면서 "생명, 재산, 체면 명예"의 인권 주체로서의 평등론을 소개할 때도 후쿠자와는 "자유"를 "사족" 고유의 "체면 명예"로 바꿔놓았을 뿐 아니라 정부의 존재이유를 묻는 가장 중요한 시점을 빠뜨렸다. 그럼으로써 이는 "저항권"을 부정한 주장이 되고 말았으며, 자연법 사상의 "전면적 전개"라고는 도저히 평가할 수 없는 허접스러운 것이 되었음을 앞에서 확인했다. 그러나 마루야마의 후쿠자와 신화를 해체하기 위해서는 역시 지나칠 정도로 거듭 확인해둘 필요가 있다는 생각이 든다. 『학문의 권장』 초편으로 되돌아가 그 평등론을 다시 살펴보자.

"후쿠자와 정신의 계승자로 자타가 공인하고" "쇼와의 후쿠자와라고도 불리는"[241] 고이즈미 신조는 『학문의 권장』 초편 첫머리 구절에 대해 "『학문의 권장』은 이름 그대로 학문의 중요성을 역설한 것이고, 저 '하늘은 사람 위에…'라는 첫머리 한 구절도 본래 평등해야 할 사람에게 귀천의 구별이 생기는 것은 그저 전적으로 사람이 배우고 배우지 못한 데 연유한다는 결론으로 이어지는 것이다"[242]라고 적고 있다.

첫머리 구절을 '천부인권'의 선언이나 '자연법 사상'의 "전면적 전개" 따위로 치켜세우지 않고 『학문의 권장』이 "이름 그대로 학문의 중요성을 역설한 것"이라고 파악했다는 점에서, 마루야마 마사오가 아닌 보수주의자 고이즈미 신조야말로 "후쿠자와 정신의 계승자"가 맞다고 납득케 하는 바가 있다. 거기에 계속되는 "첫머리 한 구절도 본래 평등해야 할 사람에게 귀천의 구별이 생기는 것은 그저 전적으로 사람이 배우고 배우지 못한 데 연유한다는 결론으로 이어지는 것이다"라는 문장도 후쿠자와의 문장 흐름을 그대로 따라간 것이다. 고이즈미는 이후 후쿠자와가 "귀천의 구별이 생기는 것은 그저 전적으로 사람이 배우고 배우지 못한 데 연유한다는 결론"을 한결같이 비판하고 부정했다는 사실도 알고 있었을 터이므로, 이 문장은 약간 실망한 듯한 뉘앙스로 쓴 것은 아닌가 생각해본다.

여기서 다시금 『학문의 권장』 첫머리의 첫째 문단 "하늘은 사람 위에 사람을 만들지 않고 (…) 앞에서도 이야기한 바와 같이, 사람은 태어나면서 귀천빈부의 차이가 있는 것이 아니다. 단지 학문에 힘써 사물을 잘 아는 사람은 귀인이 되고 부유한 사람이 되며, 배우지 않는 자는 가난한 자가 되고 천박한 사람이 되는 것이다"의 기본적인 문맥에 주목해보자. 전체의 논리는 단순명쾌하게 '교육의 유무에 따라 사람의 귀천빈부가 결정된다'고 주장함으로써 청년에게 학문의 습득을 권장하는 것이다. 이를 권장하기 위해 교육을 받기 전의 인간 에게는 귀천상하·빈부의 차이 없음을 강조하는 의미로—천부인권의 선언을 위해서가 아니라—첫머리의 "하늘은 사람 위에…"라는 표현을 생각해낸 것이라고 필자는 상상해보았다. 그리고 그 첫머리 구절의 강한 임팩트에 이끌리고, 다른 한편 미국 독립선언의 "만인은 태어나면서 동등한 권리 도리를 갖는다"는 인상적인 표현의 영향을 받아, 후쿠자와는 그 다음에 교육을 받기 이전의 인간의 평등성(차이의 없음)을 보여주는 "태어나면서 귀천상하의 차별 없고"라는 표현을 쓴 것은 아닐까?

다음으로, 여기서 '오로지 교육에 의해 귀천빈부가 결정된다'고 한 후쿠자와의 교육 만능주의를 어떻게 평가할 것인가. 선열하고 인상적인 첫머리 구절의 매력에 더해, 막말·유신 당초의 일본에는—후쿠자와 자신이 그랬던 것처럼—교육에 의한 입신출세를 가능케 하는 일정한 사회적 조건이 존재하고 있었다. 때문에 정부의 '학제' 포고와 아울러 『학문의 권장』은 폭발적으로 읽혔다. 교육의 유무로 인간의 귀천빈부가 결정된다는 교육 만능의 이론은, 현실사회에 존재하는 빈곤이나 차별을 그 인간이 교육을 받지 않았던 탓으로 돌려 빈곤이나 차별의 현실을 합리화할 수 있다. 그런 의미에서 인간의 타고난 평등을 주장한 첫머리의 "하늘은 사람 위에 사람을 만들지 않고…"의 사상과는 명백하게 이질적이다. 이러한 점에 있어서도 첫머리 구절은 『학문의 권장』 초편의 정신조차 표현하지 못한 것이다.

무엇보다 큰 문제는, 『학문의 권장』 이후 후쿠자와가 일변하여 '오로지 교육의 유무에 따라 사람의 귀천빈부가 결정된다'는 교육 만능주의를 매도하고 부정하기 시작했다는 것이다. 그러나 마루야마는 또다시 그 사실을 일관되게 무시하면서 거꾸로 교육 만능론을 칭찬하는 해설을 하고 있다.

제17편으로 『학문의 권장』 간행을 마친(1876년 11월) 후쿠자와는, 거기에 보조를 맞추기라도 하듯이 교육 만능론을 부정·비판하기 시작했다. 그해에 집필한 글에서 후쿠자와는 "인간에게 영고성쇠의 응보가 있는 것은 힘쓰거나 힘쓰지 않거나 현명하거나 어리석거나 한 것에 연유한다"는 생각이 세상에 있지만, "곰곰이 세상의 실황을 살펴볼 때는 결코 그런 것 같지 않다", "빈천은 나태의 결과이고 공부는 부귀의 원인이라고 할 수 없다"[243]라고 썼다. 『학문의 권장』의 주장을 뒤집는 최초의 글이었다.

이어 2년 뒤 『후쿠자와 문집』 권2 「빈민교육의 글」에서 그는 "현금 문운이 점차 융성하여 마을에 배우지 않은 무리가 없다고 참으로 야단스럽게 떠들어대지만, 이 사람의 생각에는 마을에 배우지 않은 무리가 없어도 집에는 오히려 끼니를 때우지 못하는 아이가 없는지 심히 염려스럽게 생각"한다고 했다. 그런 다음, 소학교 교육의 실정에 입각해 "열 살의 아들과 여덟 살의 누이동생 이는 바로 정해진 취학연령이라 하더라도 이 자녀들이 거들어주는 것을 믿고 올해는 1

단의 소작을 늘렸으므로 월사금이 없는 것은 분에 넘치게 고마운 일이지만 입학은 사절하지 않을 수 없다"[244]고 했다. 그는 빈민이 교육을 받지 않았기 때문에 빈곤한 게 아니라, 빈곤하기 때문에 교육받지 못하는 현실을 지적했다. 이듬해에 나온 『후쿠자와 문집』 2편에서는, 그 위에 전국적인 조사를 바탕으로 후쿠자와가 "수백만의 빈민은 설사 월사금이 없어도, 혹은 학교로부터 조금씩 지필묵을 지급받을 정도의 분에 넘치는 고마움이 있어도 여전히 자식을 내놓지 않을 것이다. (…) 이런 일에서 손을 떼면 곧바로 세대에 지장을 주어 부모자식 함께 춥고 배고픈 어려움을 면하기 어려울 것이다. 이것이 하등 빈민 수백만 호에게 똑같은 모습"이라고 지적했음은 이미 기술했다.

1884년에 이르러 후쿠자와는 이 문제를 6일간 시사신보 연재사설 「빈부론」에 담아냈다. "교육을 받지 못한 자가 가난하게 사는 것은 정말로 당연하다고 해도 그 교육을 하지 않는 것이 아니다. 할 수 없는 것이다. 먹고사는 것이 결핍되어 육체를 보양할 수 없는데 어찌 교육에 뜻을 두고 정신을 보양할 여유가 있을소냐. 경제론자의 말씀에 무지가 곧 가난의 원인이라고 이른다면, 빈자는 이에 답하여 가난이 곧 무지의 원인이라고 이를 뿐"이라고 "빈자, 육체노동자, 무산자"의 실태를 사실적으로 인식하고, "지금 지구상에 존재하는 인간사회 조직이 그러한 것이므로 인력으로 갑작스럽게 어떻게 할 수 없는 것으로 단념해야 할 따름"[245]이라며 "가난이 곧 무지의 원인"이라는 사상事象이—자본주의적인—사회조직의 불가피한 현실이라는 견해를 표명했다. 제2장 3절에서 고찰한 중기 보수사상을 확립하고 이 사회조직의 옹호자가 된 후쿠자와는, 이전에 '오로지 교육의 유무에 의해 귀천빈부가 결정된다'는 논리에 따라 『학문의 권장』을 구성하고 그로써 시대의 총아가 된 바 있었지만, 이제 오로지 교육 만능주의에 대한 공격의 선두에 서게 되었다.

1887년의 논고에서는 "이상하게도 일본의 교육법은 유독 빼어나게 우수하여, (…) 서양 제국과 견주어 크게 부끄러운 것이 없는 것 같다"는 인식을 전제로, "사람의 가난은 배우지 못했기 때문"이라는 생각을 세상물정 모르는 "예의 교육자의 도리"라고 비판하고, "국민의 교육은 먹고살기에 족한 다음의 문제이다. (…) 우리 하등사회 (…) 이 무리에게 교육을 강요하는 일은 실제로 이루어져서는 안 된다"[246]고 "강박교육의 법"에 대한 반대의 의향을 표명했다. 제2장 5절에서 살펴본 2년 뒤의 「빈부지우의 설」(자료편 40)에서는 '교육에 의해 귀천빈부가 결정된다'는—이전에 자신이 제창한—이론은 "교육자가 그 권학의 방편을 위해 학설을 만들어낸" "사물의 인과관계를 뒤집은" 공론이라고 주장했다. "지식이 있음으로 해서 부를 얻은 예는 평균적으로 드문"데도 교육자가 『학문의 권장』을 역설하는 것은 이 세상에서 가장 두려워해야 할 존재인 "가난하지만 지식이 있는 자"를 만들어내고, "선금을 지불하고 나중의 고생의 씨앗을 사는" 경세의 부득책이라고 단정했다.

7년 전의 연재사설과 같은 이름으로 발표한 1891년의 사설 「빈부론」(자료편 42)은, 이전 사설보다 두 배 이상의 기간(13일간)에 걸쳐 연재한 본격 사설이다. 지금까지의 논의에 결말을 짓기라도 하듯이 후쿠자와는 "지금 세상의 빈민은 무지하기 때문에 가난한 것이 아니라 가난하기 때문에 무지하다"고 단정하고, "필경 지금의 사회조직"에서 "가난한 사람은 더욱 가난에 빠지고 부자일수록 더욱 부자가 되는" 것은 불가피하다며, "태양이 서쪽에서 뜨고 황하가 거꾸로 흐르는 괴이한 요행이라도 있지 않으면 지금의 세상에서 가난한 사람들에게 운이 트이는 날은 없을 것이다"라는 해설까지 덧붙였다. '교육에 의해 귀천빈부가 결정된다'는 예전의 주장에 대해 시치미를 뚝 떼고 "만물의 인과를 뒤집은" 세상물정 모르는 "교육자의 도리"라고 반복해서 단정하고 매도하는 후쿠자와의 뻔뻔스러운 무신경이 놀랍다. 이제 꿈에서 깨어나 현실로 돌아온 단계의 후쿠자와에게 말하게 한다면, 『학문의 권장』 첫째 문단은 어디까지나 청년에게 교육을 권장하기 위한 "권학의 방편"의 작위로서 '오로지 교육에 의해 귀천빈부가 결정된다'는 공론空論을 제시한 것이고, 그것을 강조하고 인상 깊게 남기기 위해 "하늘은 사람 위에 사람을 만들지 않고…"라는 첫머리 구절을 생각해냈다고 말하리라.

마루야마 마사오는 『『문명론의 개략』을 읽다』(하)에서 이상과 같은 후쿠자와의 논의의 흐름을 모두 무시한 채 『문명론의 개략』 당시의 후쿠자와가 '교육에 의해 귀천빈부가 결정된다'는 교육 만능론과 같은 의미로 "부강富强과 빈약貧弱은 타고난 것이 아니라 인간의 지력으로써 쌓아야 한다"[247]고 기술한 데 대해, 다음과 같이 해설했다.

> "여기도 아무것도 아닌 지적처럼 보여도 실은 중대한 의미를 내포하고 있기 때문에 원문의 내용을 거듭 잘 음미하여 읽어주기 바랍니다. 특히 그 가운데 '부강富强과 빈약貧弱은 타고난 것이 아니라 인간의 지력으로써 쌓아야 한다'는 대목이 중요합니다. 이것

을 후쿠자와의 주지주의적主知主義的 개인주의—미국인에게도 공
통된다—로만 정리하여 사회의 빈부격차는 사회기구의 산물이고
개인의 지력 등에 의해 생기는 것이 아니라는 식으로 해석하고
득의만만해서 사회과학적 비판을 가하는 것은 촌스럽습니다. 부
강과 빈약은 결코 숙명적인 천연현상이 아니라는 말은 그것이 가
변적인 것이라는 뜻입니다. 가변적인 것이라면 이를 숙명으로 알
고 단념하지 않고 자신의 노력으로 자신의 진로를 개척해 나간다
는 태도가 나타납니다."[248]

이 득의만만한 마루야마의 논평은 그의 후쿠자와 연구의 내실을
남김없이 드러내고 있다. 문제점을 열거해본다.

① 이미 살펴본 것처럼, 후쿠자와 본인은 초기 계몽기부터, 그것
도 『문명론의 개략』이 나온 바로 이듬해부터 "부강과 빈곤은 (…) 지
력으로써 쌓는다"라는 교육 만능론을 비판하기 시작했다는 사실을
일관되게 무시하거나 놓치고 있다. ② 후쿠자와는 반복해서 집요하
게 교육 만능론을 비판하고 있음에도, 마루야마는 독자들에게 후쿠
자와의 교육 만능론을 "거듭 잘 음미하여 읽어주기 바랍니다"라고 기
묘한 주문을 하고 있다. ③ 후쿠자와는 "필경 지금의 사회조직"에서
"가난한 사람은 더욱 가난에 빠지고 부자일수록 더욱 부자가 되는"
것은 불가피하다고 하면서, "사회의 빈부격차는 사회기구의 산물"이
라고 주장했다. 그런데 마루야마는 독자를 향해 그런 주장을 하는 것
은 "득의만만해서 '사회과학적' 비판을 가하는" "촌스러운" 행위라고
비판한다. 게다가 후쿠자와는 빈부가 "숙명적인 천연현상"임을 "태양

이 서쪽에서 뜨고 황하가 거꾸로 흐르는 괴이한 요행이라도 있지 않으면 지금의 세상에서 가난한 사람들에게 운이 트이는 날은 없을 것이다"라는 말로 알기 쉽게 설명해주었는데, 마루야마는 후쿠자와가 빈부는 "숙명적인 천연현상이 아니라, (…) 가변적인 것"이라 주장했다고 정반대로 해설했다. 이래서는 마루야마가 "후쿠자와에 반한 것을 자인할" 자격이 있는지부터가 의문스럽다. ④ 후쿠자와가 『문명론의 개략』 이듬해부터 '교육에 의해 귀천빈부가 결정된다'는 교육 만능론을 비판하기 시작하고, 이전에 자신이 한 주장에 대해 시치미를 뚝 떼면서 "사물의 인과를 뒤집은" 세상물정 모르는 "교육자가 그 권학의 방편을 위해" 만들어낸 공론이라 단정하여 매도하고, 나아가 그 "교육자의 도리"가 이 세상에서 가장 두려워해야 할 존재인 "가난하지만 지식이 있는 자"를 만들어내고, "선금을 지불하고 나중의 고생의 씨앗을 사는" 경세의 부득책이라고까지 비판을 강화하는 추이는, 중기의 후쿠자와 사상이 보수화되어갔던 궤도에 완전히 대응하고 있다. 그런 의미에서 교육 만능론에 대한 후쿠자와의 평가 변화야말로 후쿠자와 사상의 보수화 진행을 드러내는 리트머스 시험지이다. 그러한 후쿠자와 사상의 추이를 여실히 보여주는 일련의 중요한 논의를 모두 무시한 마루야마의 후쿠자와 유키치 연구는 이 점만으로도 실격 판정을 받아도 어쩔 수 없을 것이다.

　다만 앞에서 소개한 교육 만능론을 비판하고 부정한 후쿠자와 논고 7편을—그 가운데 2편은 [자료편]에 실려 있다—마루야마가 우연히 모두 놓쳤기 때문에 그만 『문명론의 개략』 시점의 교육 만능론에서 "자신의 노력으로 자신의 진로를 개척해 나가자는 태도"나 "독립진취의 길"²⁴⁹을 오독했던 것이라면 비난도 그 점에 한정될 것이다. 그러나 마루야마는 제1장 1절에서 비판한 것처럼 『문명론의 개략』이야말로 후쿠자와의 "유일한 원리론"이라고 주장하고 있다. 즉, ⑤ 마루야마는 『문명론의 개략』(원리론)에서의 후쿠자와 입론이 "만년에 이르기까지 유지되었다"고 주장했다. 교육 만능론 하나에만 한정해도 후쿠자와 자신이 바로 이듬해부터 그 내용을 비판하고 경세론의 견지에서 공론이라 단정하여 매도하고 있으므로, 『문명론의 개략』이 '원리론'이라는 마루야마의 도그마가 파탄한 것임을 여기서 다시 재확인하지 않을 수 없다.

3) 후쿠자와는 평등론자가 아니다
―'교육받을 권리'의 결여와 '교육의 기회균등' 부정

이상의 고찰을 통해 ① 『학문의 권장』 초편이 "자유"의 "천부인권"을 선언한 것이 아니라는 사실, 또한 ② 그 평등론이 기본적 인권의 주체로서의 평등론이 아니라는 사실, ③ 제2편의 인권선언에서 후쿠자와가 "자유"와 "억압에 대한 저항"의 자연권과 국가의 존재이유 주장을 의도적으로 배제했다는 사실, ④ 『학문의 권장』의 논거인 '교육의 유무에 의해 귀천빈부가 결정된다'는 교육 만능론은 초기 계몽기부터 후쿠자와 자신이 비판·부정하기 시작했고, 나중에는 그것이 "만물의 인과를 뒤바꾼" 세상물정 모르는 "교육자가 권학의 방편을 위해" 만들어낸 공론이며 "가장 두려워해야 할" "빈지자^{貧智者}"를 낳는 경세의 부득책이라고 단정하고 있음을 확인했다.

프랑스 혁명의회는 "인민은 자유롭고 또한 권리에 있어 평등한 존재로서 태어나 살아간다"는 「인민 및 시민의 권리선언」을 제시했다. 콩도르세(Marquis de Condorcet, 1743~1794) 등은 국민의 '교육받을 권리'를 인정하고 "국민 사이에 평등을 실제로 수립"하기 위한 시책으로서 소학교, 중학교, 엥스티튀(Institut), 리세(Lycee)라는 "4단계 교육을 완전히 무상으로 받을 수 있는" "교육의 기회균등" 이념에 입각한 획기적인 공교육제도를 제안했다. 이에 대해 계몽사상가(겸 미타의 문부경)이자 게이오기쥬쿠 창설자, 『시사신보』의 논설주간이라는 이중삼중의 의미에서 일본사회의 교육자였던 후쿠자와는 방대한 양의 교육론[250]을 저술하면서도 초기 계몽기의 사회적 공약이었던 국민 전체의 "자유·평등" 실현을 탐구하는 방향으로 한 걸음도 나아가지 않았다. 다음에서는 세계사적으로 근대사회에서 '교육평등' 원리로 간주되는 '교육의 기회균등' 원칙에 초점을 맞추어 사상가 후쿠자와의 발걸음을 정리해보겠다.

『학문의 권장』 초편에서 후쿠자와는 "하늘은 사람 위에 사람을 만들지 않고 (…) 사람은 태어나면서 귀천빈부의 차이가 있는 것이 아니다. 단지 학문에 힘써 사물을 잘 아는 사람은 귀인이 되고 부유한 사람이 되며, 배우지 않는 자는…"이라고 했다. 또 2년 뒤 「농민에 고하는 글(農に告るの文)」에서는 "관리의 문도 부자의 문도 개방하여 누구라도 그 부류에 들어가며 (…) 오늘의 순 농사꾼도 내일은 참의(參議)가 될 수 있다. (…) 재미있는 세상 아니겠는가"라고 했다. 이런 후쿠자와의 "교육에 의한 입신출세" 호소는 만인을 대상으로 한 것이었고, "교육의 기회"를 특정계층의 자제에게 한정한 것이 아니었다. 그 호소가 새로운 시대를 맞이하여 "인간 보통의 일상생활에 가까운 실학"을 학

습하고자 하는 민중의 의욕을 불러일으키고 격려했음은 충분히 짐작할 수 있다. 또한 그가 제창한 "설령 사람의 일신상에 고초동통을 느끼게 한다" 해도 교육을 강제한다는 전제정치에 의한 "강박" 의무교육 제도가 "학문이 무엇인지 몰랐던" "지방 인민"의 자녀에게 "교육의 기회"를 경험하게 해주는 데 일정한 역할을 한 것도 사실이다.

그러나 『후쿠자와 문집』 제2편 권1이 보여주듯이, "수백만의 빈민은 설사 월사금이 없어도, 혹은 학교로부터 조금씩 지필묵을 지급받을 정도의 분에 넘치는 고마움이 있어도 여전히 자식을 내놓지 않을 것"이야말로 1879년 당시의 일본 학교교육을 둘러싼 사회적 현실이었다. 따라서 문제는 후쿠자와가 그 현실을 어떤 방향으로 타개하려 했는가이다. 대답은 바로 제시되었다. 『후쿠자와 문집』 제2편과 같은 해 같은 달에 간행된 『민정일신』 서언에서 후쿠자와는 노동운동과 사회주의운동에 의해 "오늘날의 서양 제국은 그야말로 낭패를 당해 방향을 잃은 것"이라는 새로운 인식을 제시함과 동시에, 교육이 보급되는 "그 비율에 준해 빈천의 권리설 또한 점차" 보급되고, "교육에 일보를 나아가면 불평도 또한 조금씩 늘어나 (…) 마침내는 국가의 안태(國安)를 해하기에 이를 것이다. 이 또한 위험하지 않겠는가"라는 새로운 견해를 드러냈다. 결론적으로 그는 서양 제국이 "낭패하는 것을 따라 우리가 나아갈 방향의 표준으로 삼는 것은 가장 심한 낭패가 아니겠는가"라고 말했다.

이미 살펴본 것처럼 『민정일신』에서의 새로운 인식의 표명이야말로 후쿠자와가 보수사상 확립을 향해 크게 방향을 전환하는 계기였다. 여기에 직접 대응이라도 하듯이, 후쿠자와는 프랑스혁명기의 콩

도르세 등과 같은 명확한 '교육의 기회균등' 원칙은 한 번도 제시하지 않은 채, 『후쿠자와 문집』 제2편 권2에서 "인민의 빈부, 학생의 우열에 따라 전국의 학교도 두 종류로 나누지 않을 수 없다. (…) 세상의 많은 사람 이것을 어떻게 할 도리가 없을 것이다"[251]라고 썼다. '교육의 기회균등'을 정면으로 부정하는 복선형 학교제도론을 주장하기 시작한 것이다.

이 경우 "인민의 빈부"에 따른다는 사회적 조건을 별도로 놓는다면, "학생의 우열에 따른" 복선형 학교라는 발상에는 교육론으로서 계급적인 폐쇄성은 없다. 그러나 제2장 5절에서 본 것처럼, 자본주의적 계급사회의 수호자로서 후쿠자와는 인간의 능력 발달은 유전에 의한 자연적 소질이나 능력의 차이에 의해 근본적으로 규제되고 "어떠한 수단을 취해도 어떠한 방편을 이용해도" 그 소질이나 능력을 넘을 수 없다는 '유전절대론'적 발상을 그 복선형 제도론에 도입함으로써 "수백만의 빈민"의 자녀를 "상급학교" 교육대상에서 배제했다. 그것이 1882년의 사설 「유전의 능력」에서 "그 구별이란 무엇인가. 양가의 아이를 선발하는 것, 바로 이것이다. (…) 그 자제는 선조 유전의 능력을 물려받아 자연히 다른 사람과 구별되는 것이 없지 않을 것이다"라는 주장이다.

후쿠자와가 "이미 유전의 능력을 가지고" 있다고 본 "양가의 자제"란 "호농", "호상", "구번舊藩 사족"의 "자제"였다. 그는 "인민 일반에게 보통의 학문을 장려하여 이들을 지덕으로 들어가게 하는" 것과 병행해 "양가의 자제를 특별히 선발하여 품격 높게 지도하여 그 유전의 능력을 헛되게 하는 일이 없도록 하는 것이 이 사람의 가장 희망하는 바"[252]라고 말했다. "재산의 안녕"을 지키기 위해 빈민의 "자제"를 중·고등교육기관으로부터 배제하는 "인민의 빈부"에 따른 복선형 학교론은 '학문·교육=상품'이라는 교육론을 통해 체계화·합리화되었다.

게다가 여기서 "양가의 자제"에 딸, 여성은 포함되지 않았다. 후쿠자와는 "여자의 신체는 남성과 다른 것이 있어, (⋯) 학문상 남자와 병행할 수 없는 것은 자연의 약속"이라면서, 남녀의 지적 능력은 유전적으로 다르기 때문에 여성에게는 남성과 다른 특성교육이 필요하다고 주장했다. 그러나 『학문의 권장』의 "하늘은 사람 위에 사람을 만들지 않고⋯"와 마찬가지로 첫머리에 본론과 들어맞지 않는 급진적인 구절이나 정식을 두는 후쿠자와의 상투적인 스타일에 속아, 선행연구들은 하나같이 후쿠자와의 여성론을 남녀평등론, 여성해방론으로 오독하고 말았다.

예를 들어, 후쿠자와는 만년의 『여자대학평론·신여자대학』의 「신여자대학」에서 "여자교육의 통칙"을 논하면서 맨 처음에 "그런데 학문교육에서는 여자도 남자도 상이가 있을 수 없다. (⋯) 극단적으로 논하면 병학 외에 여자에 한해 쓸모없는 학문은 없다고 할 정도⋯"[253]라는 급진적인 테제를 제시했다. 이 때문에 히로타 마사키는 『후쿠자와 유키치』(朝日新聞社, 1976)에서 "후쿠자와의 여자교육론"이 "학문교육에서는 여자도 남자도 상이가 있을 수 없다"고 주장한다는 오독을 하게 되었고, "일본의 계몽사상가 가운데 후쿠자와만이 최후까지 여성의 해방을 계속해서 역설했다"는 결론을 제시하게 되었다.

그러나 위에서 살펴본 후쿠자와의 문장에서 이어진 부분을 계속 읽어보면, "…여자에 한해 쓸모없는 학문은 없다고 할 정도이지만, 그 면학의 정도에 있어서는 크게 주의해야 할 것이 있다"고 되어 있다. 그리고는 여성이 "학문상 남자와 병행할 수 없는 것은 자연의 약속"[254]이라는, 앞과는 전혀 반대되는 주장을 전개하고 있는 것이다. 그러나 애석하게도 선행연구들은 초보적 오독에 입각해 잘못된 주장을 펼치고 있다. 마루야마 마사오는 "후쿠자와의 주장은 후년에 가서 보수화되는 부분이 있지만, 이 부인노예의 타파라는 점만은 유신 직후부터 전면에 등장하고 일생 동안 바뀌지 않는다"고 평가했다. 도야마 시게키는 "국내정치론이 후퇴하여 생기를 잃고" 아시아 침략의 길을 걷는 시기에 그의 여성론이 "급격한 혁신론"을 구성하여 "여전히 개혁자로서의 기세를 회복"하고 있었다고 평가했다.

위 세 사람의 공통된 잘못은, 남성상(정치론, 사회관)이 뒤틀려 보수화하고 "후퇴하고" 있을 때 그 여성상이 '해방론'이나 "급격한 혁신론"을 유지할 수는 없다는 젠더사관의 기본을 모른다는 것이다. 미즈타 다마에水田珠枝(1929~)가 "여성상이 뒤틀려 있다는 것은 남성상도 뒤틀려 있는 것이다"(『역사학연구』 155호)라고 문제제기한 것이 1960년대 초였다. 그러나 전후 일본의 사회과학은 최근까지도 여성과 어린이는 천하 국가의 문제와 어울리지 않는다는 듯이, 사회관=인간(남성)관과 관계없이 분석·파악해왔다. 후쿠자와의 정치관과 사회관이 보수화하고 있음에도 그 담당자인 '신민' 남성에 대한 "유순"과 "화합"을 요구받았던 여성의 해방을 지속적으로 역설하고 있었다는 주장은 전혀 이해할 수 없다.[255]

이미 살펴본 1887년의 「교육의 경제」(『자료편』 36)에서 "원래 학문과 교육도 일종의 상품(商賣品)으로 (…) 가산이 풍부하고 부모의 뜻이 돈독한 자가 자식을 위해 상등의 교육을 사고, 재력이 적고 부족한 자는 중등의 교육을 사며…"라고 했던 것이 후쿠자와의 '학문·교육의 상품론'이다. 자본주의사회에서는 학문이나 교육도 일종의 상품이고, "부호의 자녀는 비단옷을 착용하고 금옥을 장식하며, 중등 이하는 무명옷보다 내려가 결국에는 그 무명옷조차 군색한 자"가 있는 것과 같다는 논리였다. "인간 빈부의 불평등(不平均)에 의해" 교육의 기회가 차별받는 것은 "지금의 사회 조직에서 도저히 피할 수 없는 불평등"이고, 이 사회의 불평등성을 비판하여 "갑작스럽게 인간사회의 조직을 바꾸려 해도 인력이 미칠 수 있는 일이 아니"라고 후쿠자와는 주장했다. 이것은 근대 자본주의사회에서 교육의 "기회균등 원칙"은 "불평등하게 되는 기회"가 평등하게 열려 있다는 의미[256]이며, 사회경제적 불평등이 개재하여 "교육의 기회균등" 원칙하에 "교육의 기회"가 실질적으로 불평등하게 되지 않을 수 없다는 근대사회의 현실을 후쿠자와가 솔직하게 긍정한 것이었다.

이후 후쿠자와는 "세상의 공공(公共)은 인민의 사사로운 일을 구조할 의무가 없으므로 (…) 가난한 집안의 아이를 가르치는 데 공공의 자본을 활용해서는 안 되는 이유 또한 명백"하다면서 "사람의 지력과 그 자산이 상호 균형을 잃는" 것이 "천하의 화근을 빚는 불안"이라는 「교육의 경제」의 견해를 점차 완성시켜 나갔다. 그 이듬해인 1888년에는 "고상한 교육은 그저 부유한 사람의 소망에 맡겨 이를 구입하게 하고, 가난한 사람은 가난한 사람에 상응하여 염가의 교육을 취득하게 하는" 방향으로 "일본 교육 전반의 조직"을 개혁해야 한다고 주장했다. 그 구체적인 내용은 같은 해에 나온 「관립·공립학교의 이해」, 「공공의 교육」[257] 등에 제시되었다. 전국의 관공립 중학, 사범학교, 대학 등 중·고등교육기관을 사립학교로 개편하라는 요구이다. 예를 들어 "대학교육의 일은 모두 민간의 개인에게 맡겨 그 과정을 높게 하고 그 수업료를 높게" 함으로써 "가난한 집안의 자제라도 대학에 들어가는 것이 용이한" 현상을 고치려 했다. 즉, 사립학교로 개편함으로써 중·고등교육기관이 "오로지 부잣집 자제를 가르치는 관문"이 되도록 요구한 것이다. 그렇게 하지 않고, 거꾸로 "가난한 학생에게 고상한 교육을 전수하는" 것은 잘못이라 주장하고, 그 이유는 그것이 "국고의 누", 즉 국가재정의 낭비—관공립학교의 재정은 "일국의 경제에서 볼 때" "너무 많기" 때문—가 될 뿐만 아니라, "본인의 행복"과 "사회의 안녕"을 해치는 "적극적인 누"를 끼치기 때문이라고 했다.

대일본제국헌법=‘교육칙어’ 체제가 확립되는 이듬해 1889년의 「빈부지우의 설」(『자료편』 40)과 1891년의 「빈부론」(『자료편』 42)은 이미 살펴보았다. 후쿠자와에 의하면 "세상의 모든 제도를 불공평한 것으로 보고 빈번하게 공격을 시도하며" 사유재산의 폐지나 토지의 공유화, 임금 인상, 노동시간 단축 등을 요구하는 "빈지자貧智者"야말로 세상에서 "가장 두려워해야 할" 존재이며, "교육을 왕성하게 하여 부의 원천을 개척해야 한다"고 주장하는 교육 만능론은 경세의 부득책不得策 그 자체이다. 초기 계몽기의 한때에는 ‘오로지 교육의 유무에 의해 귀천빈부가 결정된다’고 하는 교육 만능론자였던 후쿠자와가, 지금은 세상에 "빈부의 원인을 모두 그 사람의 슬기로움과 어리석음 여하에 돌리는 자가 있다"고 이전의 자기 주장을 마치 남의 일처럼 냉소하고 있는 것이다. 동시에 그는 "지금 세상의 빈민은 무지하기 때문에 가난한 것이 아니라 가난하기 때문에 무지하다"고 단정하고, "빈자의 교육을 너무 고상하지 않게 하는" 것이 "재산의 안녕을 유지하는 하나의 방법"이라 주장한다.

이상의 고찰을 통해, 중기 이후 후쿠자와의 교육론은 「빈부론」보다 2년 뒤에 나온 『실업론實業論』 서문에서 "실업혁명實業革命의 시기가 가까이 와 있"[258]다고 지적한 것처럼, 산업혁명의 도래를 지호지간에 바라보면서 다가올 자본주의적 계급사회를 "대부호"의 입장에서—부호 가운데 대부호를 더욱더 부유하게 하는—옹호·수호하기 위해 구상한 계급적 교육론이었음이 분명해졌다.

초기 계몽기는 어떠한가. 계몽기에 후쿠자와가 품고 있던 기본적인 과제의식은 『문명론의 개략』에 나오는 "지금의 일본 국민을 문명으로 나아가게 하는 것은 이 나라의 독립을 지키기 위해서일 뿐이다"일 것이다. 여기에 만년의 『후쿠옹자전福翁自伝』에서 "어떻게 해서라도 국민 일반을 문명개화의 문으로 들어가게 하여 이 일본국을 병력이 강하고 상업이 번성하는 대국"으로 만들고 싶다고 했던 "대본원大願"[259]을 아울러, 후쿠자와 평생의 교육론을 규정한 일본 근대화의 강령적 방침을 도식화한다면, '문명개화=자본주의적 발전→일국독립=강병부국'이 될 것이다.

이 후쿠자와 평생의 "대본원"과의 대응관계에서 후쿠자와의 만인을 대상으로 하는 민중교육론의 추이를 『일본 근대교육의 사상구조』의 성과에 입각하여 정리해보면 다음과 같다. ① 『학문의 권장』: "고초동통"을 마다하지 않는 "강박 의무교육"론→② 1880년대 전반기의 체제적 침체기에 대응한 "강박교육" 반대론→③ "국민 무교육無教育의 악폐"를 회피하기 위한 "최하등(소학간이과小學簡易科)" 교육론→④ 자본주의적 발전과 청일전쟁 승리에 대응한 비약적 신『학문의 권장』→⑤ 저임금·장시간 노동 유지를 위한 공장노동 아동에 대한 교육거부(공장법 반대).[260] 즉 후쿠자와의 교육론은 일관되게 그의 "대본원", 즉 근대화의 강령적 방침을 달성하기 위해 구상된 '~을 위한 교육론'이었다. 그리하여 일본의 자본주의적 발전 도상에서 각 시점의 정치적·경제적 과제에 대응하여 전혀 교육(학)적인 원리·원칙에 얽매이는 일 없이 자유자재로 변화하면서 "강박 의무교육" 찬성→반대·최소한의 유지→찬성→일부 유보 등으로 바뀌어갔던 것이다.

후쿠자와의 교육론은 일관되게 정치적·경제적 과제를 확보·보완하는 '~을 위한 교육론'이다. 또한 여기에 "다음 행보로 남겨두고 훗날 이루게 되리라"고 공약했던 '일신독립'의 추구로 한 걸음도 나아가지 않았다는―"제실을 받들고 그 은덕을 우러러보는" "신민"의 "독립자존"은 근대적 개인의 '일신독립'이 아니다―결정적인 조건이 더해진다.

그런 가운데 후쿠자와의 교육론을 두드러지게 하는 특징으로, '일신독립'의 기초적 조건인 학습권을 포함하여 어린이의 '교육받을 권리'에 대한 시점이 전무했다는 문제가 있다. 1,300편이 넘는 방대한 후쿠자와의 교육론 가운데 '교육받을 권리' 사상을 주장하거나 소개한 글은 한 편도 없다. 있는 것은 교육권의 주장을 부정적으로 바라보는 논고뿐이다. 이미 살펴본 『민정일신』의 "금후 교육이 점차 보급됨에 따라 (…) 빈천의 권리설 또한 점차 보급되고, (…) 마침내는 국가의 안태(國安)를 해하기에 이를 것이다"라는 구절에서 "빈천의 권리설"은 차티스트운동에서 영국 노동자계급이 요구한 교육권을 포함한 "권리설"이었고, 후쿠자와는 그 확산이 "국가의 안태를 해할 것"이라고 보았다.

이상에서처럼 후쿠자와의 교육론이 일관되게 여러 정치적·경제적 과제를 보완하는 종속적인 '~을 위한 교육론'이라는 것은, 그의 교육론에 전혀 "학문의 자유"나 "교육의 자유", "교육의 자립, 자율"과 같은 원리적 시점이 보이지 않는 이유를 설명해준다. 여기서는 후쿠자와가 '교육칙어'의 수용으로 국가의 윤리적 "가치 내용의 독점"에 굴복·동의했다는 사실, 거기에 계속되는 우치무라 간조의 '불경사건 不敬事件'이 계기가 된 '교육과 종교의 충돌 논쟁'에서도 후쿠자와가 침묵을 지키고 본연의 역할을 하지 않았다는 사실을 지적하는 데 그치고자 한다.

4) 폐번치현 직후의 「질록처분」 유보의 건의서

일부 이미 소개한 것처럼, 후쿠자와는 1871년 8월 29일의 폐번치현廢藩置縣이라는 "대담한 정략"의 단행을 "학자사회의 예상을 벗어난" "고금의 일대 성대한 사업"이라 평가하고, "신정부의 이 성대한 사업을 보고는 죽어도 한이 없다고 절규"할 정도로 감격했다고 만년의 『후쿠옹백여화福翁百余話』에 썼다.[261] 그러나 이 평가는 '일신독립'의 과제를 "다음 행보로 남겨두고 훗날 이루게 되리라"고 공약했던 초기 계몽기 『문명론의 개략』 시점이 아니라, '강병부국' 노선의 보수사상을 선언한 『시사소언』 시점에서 이루어진 것이기 때문에 노골적인 편향성이 개재되어 있다. 이를 암시하는 것이, 후쿠자와 유키치가 "세상의 사물 일리—利 있으면 일해—害 있다. (…) 전번의 폐번치현 사태는 봉건 세록世祿의 구폐를 단절하는 취지…"라는 말로 시작하여 폐번치현에 따르는 질록처분秩祿處分*에 대한 비판적인 건의문을 "정부의 요로에 있는 사람"에게 제출했다는 사실이다. 이것은 위에서 살펴본 "죽어도 한이 없다"는 감격의 태도와는 다른 후쿠자와의 뜻밖의 대응이다.

"대저 일본국 세상의 연혁을 찾아보건대, (…) 모두 천하의 대사에 관계되는 자는 죄다 사족이고, 농공상은 단지 사족의 지휘에 따라 그 위력에 복종하는 자라고 할 수 있다. (…) 왕정 일신의 공을 세우고 (…) 그 주장 모두 사족으로부터 나오지 않은 것이 없다." 즉 "대체적으로 말하면 현금 일본의 문명은 사족의 손에 있"다고 판단한 후쿠자와는, 이 문명개화의 담당자인 사족으로부터 "지금 그 녹봉을 박탈하고 일시에 생계의 길을 빼앗는" 것은 "문명과 세상 교훈의 원천을 막게" 되므로 "현금 사족의 녹봉은 일단 거두어들였다가 다시 이를 그 자제 교육이나 노인 어린이 부조의 수당으로 내려줄"[262] 것을 제안했다. 일본 근대화 추진의 담당자인 사족에 대한 보호 정책을 계속해달라고 주장한 것이다.

문제는, 1871년 8월 말부터 연말까지 사족의 특권을 계속 유지할

---

* 메이지 정부가 1873년부터 1876년에 걸쳐 사족·화족의 봉건적 세습 녹봉(질록)을 일시금이나 공채를 교부해 폐지한 정책.

것을 요구하는 건의서를 작성하고 있었던 후쿠자와가 이듬해 2월, 즉 불과 서너 달 뒤에 "하늘은 사람 위에 사람을 만들지 않고 사람 밑에 사람을 만들지 않는다고 한다"고 썼다는 것이다. 무엇이 문제인가. 아무리 일본 근대화 추진을 위해서라고 하지만, 근대화에 역행하는 사농공상 봉건제도의 사족 특권이 계속되어야 한다고 막 주장했던 사상가가 바로 직후에 "하늘은 사람 위에 사람을 만들지 않고…"라고 말했다는 사실에 주목한다면, 그 인물이 "하늘은 사람 위에 사람을 만들지 않고…"라는 말로 만인의 자유와 특히 평등의 천부인권론을 선언했다고 경망스럽게 결론지을 수 있는 것인지 필자는 묻고 있는 것이다.

『학문의 권장』 첫머리 구절을 '~라고 한다'는 간접화법의 전언체 문장으로 마무리한 이유에 대해서는, ① 다른 문헌에서 힌트를 얻은 "빌려온 것"이고, ② 지금의 자신의 사상과는 다르다는 이중의 의미를 표명한 것이라는 해석을 이미 기술했다. 이 사실까지 감안하면, ③ 불과 몇 개월 전에 사족의 특권이 계속되어야 한다고 요구하는 건의서를 공공연하게 썼던 후쿠자와 자신의 망설임이나 창피해하는 잠재의식이 작용하여 '~라고 한다'는 마무리가 된 것은 아닌가 하는 해석도 추가할 수 있을 것이다.

후쿠자와는 '사상가'라고 말하기 꺼려질 정도로 평생 동안 권모술수적인 발언과 주장을 되풀이했다. 필자는 이전 저서에서 자유자재로 발언을 바꾸는 "후쿠자와라는 인물은 상당히 비위 좋은 거물, 나쁘게 말하면 철면피였다"[263]고 지적한 적도 있다. 그러나 사회변혁을 지향했던 초기 계몽기의 후쿠자와는, 이상과 같은 복합적인 이유를 고려해 '~라고 한다'는 표현을 쓸 만큼의 분별력을 지니고 있는, 학자적 성실함의 감성과 감각 자체를 잃어버리지는 않았던 인물이었다고 생각하고 싶다. 사실 그것을 암시하듯이, 후쿠자와의 권모술수적 발언은 중기로 넘어가는 과도기를 상징하는 『통속국권론』과 『민정일신』 두 권에서 출현하기 시작해 중기 보수사상 확립 이후 『시사소언』부터 빈출하고 있기 때문이다.

5. 초기 계몽기 후쿠자와의 국가관·인생관
— '천부국권＝국부인권'적 내셔널리즘

『학문의 권장』에서 후쿠자와의 '개인과 국가의 관계'에 관한 인식을 탐색하는 소재로 사회계약론의 문제가 있다. 마루야마는 『학문의 권장』에서 '사회계약설'이 논의된 것 자체가 "정부 혹은 정치권력의 존재근거"를 후쿠자와가 "명백하게 (…) 기본적 인권의 옹호"에서 찾고 있었다는 증거라고 지적한다.[264] 그러나 여기에는 이중삼중의 무리가 있다. 먼저 1873년 11월 시점에서 후쿠자와는 "지금 일본 전국에서 메이지라는 연호를 받드는 자는, 현존 정부의 법에 따라야 한다고 조약을 맺은 인민이다"[265]라고 주장했다. 후쿠자와 자신이 메이지 "정부는 이전과 다를 바 없는 전제정부, 인민은 여전히 무기력한 우민愚民일 뿐"(1874년 1월)[266]이라고 메이지유신 이후의 현상을 인식하고 있으면서도, 일본 인민은 이미 사회계약을 실현하고 있다는 명백한 허위를 그 사회계약 논의의 전제로 삼고 있는 것이다.

이에 대해서는 우에키 에모리가 「아코 47인의 사무라이론(赤穂四十七士論)」에서 후쿠자와를 거명해 비판한 것처럼, 일본 인민이 "정부의 법에 따라 그 보호를 받아야 한다고 약속했다는 따위는 황당무계한 거짓말의 극치로, 결코 그 내용을 확인할 수 없을 것이다. 시험 삼아 살펴보라. 일본의 인민이 어느 시대, 어느 시간, 무슨 이야기, 무슨 말로써 정부의 법을 따르고 그 보호를 받아야 한다고 약속했는가. 결코 그 증좌를 찾지 못할 것이다. 생각건대 실제로 그런 일은 없을 것이다. 일본 인민은 그저 아무 약속 없이 현재 받드는 법을 받드는 데 지나지 않는다"는 것이 유신 당초의 현실이었음은 너무나도 명백한 사실이다.[267]

다음으로, 후쿠자와는 이 허위의 전제 위에서 계약론의 이치상 "일국의 (…) 종가 (…) 또는 주인"인 인민이 실질적인 저항권 없이—학제나 징병령 반대의 구체적인 농민운동에 대해 후쿠자와는 "이러한 역적을 다루는 데는, (…) 무슨 일이 있어도 가혹한 정치를" 요구했다—"국법은 부정불편不正不便하다고 해도 (…) 이것을 어길 이유 없다",[268] "조심스럽게 삼가 준수해야 한다"[269]면서 일방적인 국법에 대한 복종과 준법을 요구했다. 또 "국가를 지키기 위한 비용(세금—인용자)을 납부하는 것은 본래 그 직분이므로, 이 비용을 내는 것에 대해 결코 불평한 안색을 보여서는 안 된다"[270]며 자발적인 납세의무를 가질 것을 역설했다. 즉 후쿠자와는 메이지 정부에 대한 국민 복종의 내면적 자발성을 환기하기 위해, 본래 혁명적인 사회계약의 내용을 환골탈태시켜 명백한 허위를 전제로 준법과 납세의 의무를 요구하고 있었던 것이다. 이를 상징하는 것이, 정부가 "전쟁을 일으켜도 외국과 조약을 맺는 것도 정부의 정사에 관계없는 자는 결코 그 일을 왈가왈부해서는 안 된다"[271]는 요구이다. 이것을 마루야마처럼, 국민의 "기본적 인권의 옹호"에서 정부의 "존재근거"를 구한 "국내정치" 구상이라고 해석하기란 분명히 무리이다. 후쿠자와는 평생동안 메이지 정부 존립의 정당성을 국민의 "기본적 인권의 옹호"라는 시점에서 점검한 적이 없었다.

다만 필자는 이상의 사실로부터 후쿠자와가 정부의 존재이유, 존재근거를 이해하지 못했다든지, 허위에 입각하여 "정부는 이전과 다를 바 없는 전제정부, 인민은 여전히 무기력한 우민愚民일 뿐"인 체제의 유지를 도모했다고 결론지으려는 것은 아니다. 이미 확인한 것처럼, 후쿠자와는 "사람들 사이에 정부를 수립한 까닭은 이 (생명을 보장하고 자유를 추구하며 행복을 기원하는—인용자) 권리를 확보하기 위한 취지이며, (…) 정부의 조치가 이 취지에 반할 때는 이를 변혁하거나 타도하고 (…) 새로운 정부를 수립하는 것 또한 인민의 권리"[272]라고 소개했다. 미국 등지에 뿌리내리고 있는 정부의 존재이유에 관한 관념과 그것이 침해될 경우의 저항권 사상도 기본적으로 그는 알고 있었다. 그럼에도 불구하고 『학문의 권장』에서 후쿠자와가 그것들을 주장하지 않았던 이유와 사상적 배경에 대해서도, 제2장 2절에서 이미 『문명론의 개략』에 입각하여 고찰했다. 초기 계몽기의 후쿠자와는 '일국독립'의 확보를 최우선 지상과제로 삼고, '일신독립'의 과제는 "다음 행보로 남겨두고 훗날 이루게 되리라"고 공약하고 있었기 때문에, 일방적인 준법과 자발적인 납세의무 요구를 부당하게 생각하지 않았다고 선의로 해석할 수 있는 여지가 있기 때문이다.

이 『문명론의 개략』과 『학문의 권장』의 사상적 연계성을 말해주는 것이 『학문의 권장』 제12편의 초고로 남아 있는 「안으로는 참아야 하고 밖으로는 참아서는 안 된다(內には忍ぶべし外には忍ぶべからず)」(1874년 후반기에 집필)[273]라는 논고이다. 여기서 후쿠자와는 "말 뒤에 군함을 감춰

놓고 글로 하다가 안 되면 대포를 들이대어 넌지시 병력의 실마리를 보이고 사태를 일으켜 마침내 우리나라를 제2의 인도로 몰아넣으려는 의도가 아닐런가. 만국공법은 어디에 있는가. 야소교耶蘇教는 무슨 구실을 하는가. 만국공법은 구라파 각국의 공법으로 동양에 있어서는 추호의 기능도 못한다"고 했다. 그는 여기서도 약육강식의 국제관계인식을 전제로 하여 "지금 우리 일본에서 최대의 난사難事는 외국교제에 있으며 다른 일은 되돌아볼 겨를이 없다"고 주장했다. 따라서 『학문의 권장』 초편부터 제11편에 이르기까지 (…) 그 대취지로서 놓쳐서는 안 되는 바는, 상하 동권同權, 함께 일본국을 지키고 독립을 보전하려는 한 가지 일에 있을 뿐. (…) 히노마루日の丸의 깃발은 정부의 사유私有가 아니라 일본국의 깃발이다. 정부도 인민도 그 깃발과 존망을 함께하지 않으면 안 된다. (…) 단지 그 목적으로 하는 바는 (…) 이로써 외국 교제에 균형을 얻는 한 가지 일에 있을 뿐"이라는 것이야말로 『학문의 권장』의 집필 의도였음을 알 수 있다.

나아가 후쿠자와는 마치 마루야마 마사오 등의 오독을 예상이라도 했다는 듯이, '일신독립'론과 관련하여 자신의 "상하 동권의 뜻을 오해하는 자"는 "저자의 본래 의도를 거역하는" 행위라면서 "학자들은 다른 사람의 저서를 대충 읽고 급히 평가하지 말지어다"라고 미리 경고했다. 즉, 자신이 "상하 동권의 설을 주장"하여 "도리에 맞는 바는 비록 정부라 할지라도 감히 굴해서는 안 된다"―초편의 표현으로는 "이 일신의 자유를 방해하려는 자가 있으면 정부의 관리도 거리낄 것 없다"―라고 한 것은 "약소국으로 하여금 강대국에 맞서게 하는 사전연습", "외국의 강적에 대항하게 하는 훈련" 때문이었고, "함부로 윗사람을 거역하여 내밀한 싸움을 시작하라는 취지가 아니다. 요컨 대 일본 전국의 인민으로 하여금 함께 나라를 지키게" 하고 "이로써 외국 교제에 균형을 얻는 한 가지 일에 있을 뿐"이라고 했다.

이 초고 「안으로는 참아야 하고 밖으로는 참아서는 안 된다」에 대한 마루야마의 오독에 대해서는, 도야마 시케키도 『후쿠자와 유키치』(1970)에서 "전문全文의 논지에 비추어 봐도, '사전연습', '훈련'이라 는 표현을 봐도, 민권의 주장이 국권달성을 위한 수단으로 제시된 것 은 분명하다. (…) 민권의 주장을 국권의 주장에 종속"시키고 있었다 고 비판했다.[274]

따라서 반년 전에 나온 『학문의 권장』 제3편의 '일신독립해야 일 국독립하는 것'을 마루야마 마사오처럼 "일신독립"과 "일국독립"은 "동시적 과제", "완전히 같은 원리로 관철되고 완벽한 균형을 이루고 있다. 그것은 후쿠자와의 내셔널리즘, 아니 일본의 근대 내셔널리즘 에서 아름답지만 짧았던 고전적 균형의 시대였다"고 해석하는 것은 이미 충분히 분석한 것처럼 잘못일 뿐만 아니라 "저자" 후쿠자와 유 키치의 "본래 의도를 거역하는" 행위이며, 그런 의미에서 마루야마에 게는 "후쿠자와에게 반했음을" 공언할 자격이 없다. "후쿠자와에게 반했음을 자인"한다면, "마맛자국도 보조개로 보는 것"까지는 용서받 겠지만 후쿠자와 본인이 "학자들은 다른 사람의 저서를 대충 읽고 급 히 평가하지 말지어다"라고 경고한 것까지 무시하는 일은 용서받지 못할 것이다.

그러면 이제 『문명론의 개략』과 『학문의 권장』에서 후쿠자와 유 키치가 전개한 초기 계몽기의 '개인과 국가의 관계'에 대한 인식, 그의 국가관과 인생관에 관해 필자의 최종적인 결론을 제시하도록 하겠다.

사회사상사가 우치다 요시히코는 가와카미 하지메河上肇의 표현을 차용하여, 유럽은 개인의 기본적 "인권을 자명한 도리로 자리매김하고, 인간을 위해 국가가 어느 정도의 권력을 가질 것인지가 결정되는" 천부인권天賦人權·인부국권人賦國權의 원칙을 형성시켰다고 설명했다. 이에 반해 근대 일본은 국가의 독립이나 "국가(의 존재―인용자)를 자명한 것으로 보고, 그 국가의 발전을 위해 어느 정도로 (개인의―인용자) 인권을 부여하면 좋을지와 같은 문제 역시 국가가 그 범위를 결정하는" 천부국권天賦國權·국부인권國賦人權이라는 것이다.[275]

이 우치다의 구분에 따르면, 자유민권운동기의 나카에 조민이 "개인 이것은 목적이고 국가 이것은 수단이다"라고 간결하게 파악한 것은 '천부인권·인부국권'을 지향한 것이었다고 할 수 있다. 그에 반해 후쿠자와의 정식 '일신독립해야 일국독립하는 것'은 약육강식 제국주의시대의 서막이라는 국제관계 속에서 '일국독립'의 과제를 선험적인(a priori) 전제 과제로 설정하여 국가의 존재이유를 불문에 부치고, 인권선언으로서는 자유권이나 저항권을 빠뜨린 채 지상과제인 '일국독립' 달성을 위해 "국가를 위해서는 재산을 잃는 것뿐만 아니라 하나밖에 없는 생명을 내던져도 아깝지 않다"는 일방통행적이고 비합리적인 "보국의 대의"를 요구한 "천부국권"적인 일국독립론, 국권주의적인 내셔널리즘 그 자체, "인민주권"의 이념을 결여하고 "부르주아 데모크라시"와 관계가 없는 내셔널리즘이었고, 전형적인 '천부국권·국부인권'의 일본적 근대의 패턴을 표명한 것이었다.

물론 "외국의 강적에 대항하게 하는 훈련", "약소국으로 하여금 강대국에 맞서게 하는 사전연습"을 위해서, "일국독립" 달성의 틀 안에서이기는 하지만, 후쿠자와가 "함부로 윗사람을 거역하여 내밀한 싸움을 시작하라는 취지가 아니다"고 전제하면서도 "이 일신의 자유를 방해하려는 자가 있으면 정부의 관리도 거리낄 것 없다", "도리에 맞는 바는 비록 정부라 할지라도 감히 굴해서는 안 된다"라고 '일신독립'의 기력을 역설한 적극적인 의의를 놓쳐서는 안 된다. 마찬가지로 『문명론의 개략』 일부에서 후쿠자와가 "군신의 의, 선조의 유서, 상하의 명분, 본말의 차별 등과 같은 "권력 편중"과 "혹닉"을 준엄하게 비판한 사실도 놓쳐서는 안 된다.

그러나 그렇다고 해서, 많은 선행연구처럼 '일신독립해야 일국독립하는 것'이나 『문명론의 개략』의 전체 논지가 "정부의 관리도 거리낄" 것 없이 "일신독립"을 관철하는 것이었다거나 "권력 편중", "혹닉"의 배제를 단호히 주장하는 것이었다고 파악한다면 그것은 후쿠자와의 문맥(『문명론의 개략』 제10장)을 무시한 일탈이다. 『학문의 권장』에 나오는 '일신독립'의 기력이 뜻하는 내용이 바로 "국가를 위해서는 재산을 잃는 것뿐만 아니라 하나밖에 없는 생명을 내던져도 아깝지 않다"는 "보국의 대의"였다. 『문명론의 개략』에서도 결론의 제10장에서 후쿠자와는 "자국의 독립" 확보라는 "최후 최상의 대목적"을 위해 "군신의 의, 선조의 유서, 상하의 명분, 본말의 차별 등"과 같은 "권력 편중" 사회가 형성한 "혹닉" 그 자체를 총동원할 것을 호소했다. 그것이 사상가 후쿠자와 유키치 초기 계몽기의 있는 그대로의 모습이었다.

그래서 마루야마 마사오의 '문하생' 우에테 미치아리도 '일신독립해야 일국독립하는 것'에 대해 마루야마의 해석을 답습하면서도 "메이지의 계몽은 무엇보다도 먼저 '국가의 자각' (…) 이었던 것이고, (…) 내셔널리즘의 의식이 개인의 의식에 선행하고 있었다", "후쿠자와에게조차 국가의 독립이 개인의 자유·독립이나 보편적인 문명으로부터 괴리되어 전면에 표출되는 경향이 있었다"[276]라고 이야기한 것이다.

그러면 후쿠자와 연구에서 그 저술의 전체 논지나 문맥을 무시한 채 자기 좋을 대로의 '해석'이 자주 반복되어온 까닭은 무엇일까. 이미 기술한 바 전후 일본 학문 연구의 희박한 전쟁책임의식이나 마루야마 마사오의 '학문적 권위'에 대한 굴복·추종 등을 제외하고, 생각되는 요인들을 지적해두고자 한다.

일본 근대사회에서는 일반적으로 사상이 자생적 형성사를 갖지 못하고 '선진국'의 이론이나 사상을 길라잡이 삼아 수입·수용·섭취되었기 때문에, 말이 이론이나 사상에서 분리되어 제멋대로 사용되곤 했다. 그래서 한 사상가의 사상을 표면상의 용어나 정식만으로는 제대로 파악할 수 없다. 개개의 발언이나 주장이 그 사상가의 어떠한 이론구조 아래 형성되어 있는가를 중시하여 표면적으로는 모순되거나 혼란스러운 발언을 총체적·통일적으로 파악하는 노력이 요구되는 것이다.

최근의 후쿠자와 신화의 한 사례를 보자. 2002년 12월 16일자 『아사히신문』 칼럼 「천성인어」는 후쿠자와를 논하면서 "개개인의 독립 (…) 이 국가 독립의 기초"라고 적었다. '일신독립해야 일국독립하는 것'을 드러난 뜻대로 이해하면 "개인의 독립이 국가의 독립의 기초"

라고 해석되는 것은 당연하다. 따라서 「천성인어」 필자의 일본어 능력을 비난할 이유는 어디에도 없다. 그러나 후쿠자와 연구자가 같은 정식을 "민권의 확립 위에서만이 국권의 확립이 가능한 이유"(이에나가 사부로)라든지, "절대주의적 국가의식에 대항하는 근대적 국민의식의 표현"(도야마 시게키)이라고 해석하는 것은 용납될 수 없다. 이미 기술한 바와 같이, 후쿠자와는 이 정식에서 "개개인의 독립"이나 "일신독립"을 논하고 않고 오로지 일신 "독립의 기력"을 논했다. 핵심이 되는 그 일신독립의 기력이 "국가를 위해서는 재산을 잃는 것뿐만 아니라…"라는 "보국의 대의" 그 자체이고, 모든 것이 거기에 수렴되고 있다는 것이 최대의 문제이다.[277]

또 다른 문제로서, 사상사에서는 이런 말이나 정식이 후쿠자와가 주장하는 의미를 벗어나 그 자체로 사상적 영향을 미치거나 역할을 가질 수 있다. 위의 유명한 정식의 경우, 그것이 기재되어 있는 『학문의 권장』 제3편의 내용과 관계없이 '일신독립해야 일국독립하는 것'은 '일신독립'의 중요성을 주장하는 것이라고 해석할 수 있기 때문에, 사람들은 이 정식에 감명을 받고 사상적인 영향도 받을 수 있는 것이다.

『학문의 권장』 첫머리 "하늘은 사람 위에 사람을 만들지 않고…"라는 구절 역시 분명히 메이지유신 당시의 일본사회에 충격적이고 강렬한 울림을 던지고 크나큰 영향을 미쳤다. 책의 내용과의 정합성에는 신경 쓰지 않고 단지 독자들의 관심을 끌고자 했던 후쿠자와의 의도에서는 벗어난 일이었지만, 이 구절이 자유민권운동가와 민권운동의 사상 형성에 충격을 주고 진보적인 역할을 한 것은 사실이다.

그러나 이 장에서 구체적으로 살펴본 것처럼, 후쿠자와 자신이 많은 독자나 연구자들조차 그렇게 해석했듯이 '천부인권론'을 주장한 것은 아니었다. 즉 한 사람의 사상가에 대해—특히 '선진국'의 이론과 사상을 수용하는 '개도국'의 사상사 연구에서는—그의 저술에 사용된 용어나 부분적인 서술을 전체의 문맥에서 떼어내 그것만 추려내서 해석하거나 평가해서는 안 된다. 또한 그 부분적인 기술이나 용어가 수행한 사회적 역할이나 영향으로부터 거꾸로 그 사상을 분석하거나 평가해서도 안 된다. 다시 말하면, 후쿠자와의 논리와 그것이 어떻게 받아들여졌는가라는 수용 및 영향은 기본적으로 별개의 문제이다.

따라서 이미 언급한 도야마 시케키의 『후쿠자와 유키치』(1970) 말미에 나오는 문장, "그의 저작은 본인의 의도를 넘어선 역할을 (…) 다했다", "후쿠자와의 저작을 국민의 고전으로 만든 것은 (…) 그의 실체를 넘어선 해석의 힘이었다" 같은 긍정적인 결론이나, 야마즈미 마사미의 이에 대한 동감에, 필자는 적극적으로 반대한다. 이 "실체를 넘어선 해석"이라는 안이한 학문 연구의 자세야말로 전후민주주의 파탄과 붕괴의 한 원인은 아닌가라는 필자의 우려에 대해서도 이미 기술했다. 게다가 후쿠자와의 경우, 책임의식 불감증에 걸린 전후민주주의사회의 학문이 오로지 후쿠자와를 미화하는 연구만 되풀이해오면서 그의 사상이 수행한 진보적 역할이 일면적으로 이야기되어왔다는 문제도 있다.

후쿠자와의 계몽이 일본의 '민중'에게 미친 영향이 크면 클수록, 그의 사상적 틀이 거꾸로 일본 민중의 의식변혁을 제약한 측면에 주목하여 그것이 수행한 소극적·보수적·부정적 역할도 아울러 고찰해야 한다. 후쿠자와는 자유민권운동에 일관되게 부정적·비판적인 태도를 취했고, 특히 제국헌법='교육칙어' 체제에 찬동했으며, 그 직후 '교육과 종교의 충돌' 논쟁에서도 완전히 침묵을 지켰다. 나아가 그가 아시아 멸시사상의 형성과 아시아 침략의 선두에 서 있었던 사실을 생각하면, 오히려 후쿠자와가 근대 일본사회의 진보와 변혁을 제약한 사실이야말로 주목을 받고 해명되어야 하는 것이다.

다만 이 책에서도 몇 번이고 강조한 것처럼, 초기 계몽기 후쿠자와는 '일국독립' 지상론이 "지금의 세계정세" 아래서 선택된 한정적인 과제임을 명확하게 자각하고 있었고, "지금의 우리 문명이라고 하는 것은 문명의 본지가 아니라 우선 일의 첫걸음으로 자국의 독립을 도모하고 그 외의 과제는 (…) 훗날 이루게 되리라"고 미리 말해두는 뛰어난 자세를 가지고 있었다. 그러나 "후쿠자와에게 빠진(福沢いかれ)"[278] 이들이나 "후쿠자와에 반한(福沢惚れ)" 연구자들은 초기 계몽기 후쿠자와의 위대함을 보여주는 이 중요한 자각과, 장래에 이론을 재구성할 가능성이 있다는 의향 표명에는 전혀 주목하지 않는다. 그리고 "학자는 등한히 여겨 간과하지 말라"고 경고했던 후쿠자와의 의향에 반하여, 초기 계몽기 후쿠자와가 이미 정부의 정당한 존재이유를 파악하고 있었다는 둥, '일신독립=일국독립'의 국민주의적 내셔널리즘을 주장했다는 둥 제멋대로 파악해왔다.

이상의 논의를 바탕으로 한 사상가 후쿠자와 유키치 평가의 최대 요점은, 이처럼 일본의 근대화 노선을 둘러싼 초기 계몽기 자신의 강령적 방침의 한계를 완벽하게 자각하고 "훗날"의 재구성 가능성을 표명했던 후쿠자와가, 이후 실제 사상 편력에서 초기 계몽기의 불충분한 논리를 어떻게 재구성하여 역사의 과제와 민중의 기대에 부응해 나갔는가, 아니면 부응하지 못했는가라는 시점에 있을 수밖에 없다.

필자가 이전 저서 『후쿠자와 유키치의 아시아 침략사상을 묻는다』에서 밝힌 것은, 그 후쿠자와가 "다음 행보로 남겨둔" "문명의 본지"를 추구하는 길에 한 걸음도 내딛지 못하고, 오로지 "바라는 바는 단지 국권확장의 일점뿐"이라는 "사소한 하나의 항목"을 선전하는 데 시종함으로써, 결국 아시아 제국에 대한 모멸·멸시와 침략·병합의 길을 걸었다는 것이었다. 그 연장선상에서 후쿠자와가 제국헌법='교육칙어'를 수용하고, 천황제 내셔널리즘 구축의 길을 걷게 되었다는 것을 다음 제4장에서 확인하도록 하겠다.

제3장을 맺으면서 '마루야마 유키치' 신화의 여전한 위력을 보여주는 최근의 일화를 소개해두겠다. 2003년 4월 5일자 『아사히신문』 토요특집 「be」에는 이 신문사 칼럼리스트 하야노 도루_{早野透}가 미국 독립기념관과 의회도서관 등의 현지취재를 바탕으로 쓴 「말의 여행자_{言葉の旅人}―"하늘은 사람 위에 사람을 만들지 않고 사람 밑에 사람을 만들지 않는다고 한다"」가 2면에 걸쳐 게재되었다. 지금까지의 분석을 바탕으로 그 문제점을 열거해보자.

① "독립선언과 유키치의 『학문의 권장』은 우선 천부인권론에서 공통된다"는 잘못된 인식을 드러냈다. ② "하늘은 (…) 않는다고 한다"는 구절의 간접화법 전언체 문장에 대해 그 "뿌리는 미국의 독립선언이었다"라는 것 외에 아무것도 고찰하고 있지 않다. ③ '일신독립해야 일국독립한다'는 문장의 오독을 답습했다. ④ '유키치의 선진적 여성관'이라는 표제하에서 일본 연구자인 미국인 여성의 질문에 답하

면서, 하야노 도루는 노예제를 비난한 제퍼슨(Thomas Jefferson, 1743~1826)이 다수의 노예를 소유하고 있었고 독립선언의 '사람'에는 여성이 들어 있지 않았지만 "유키치의 '사람'에는 여성이 들어 있다고 생각합니다"라고 대담하게 답했다. 후쿠자와가 남녀평등론자라는 변함없는 신화가 또다시 외국에 수출된 것이다. ⑤ 제1장 2절에서 비판한 기타오카 신이치의 "제실을 받들고 그 은덕을 우러러보는"『독립자존獨立自存』(講談社)이 "하늘은 사람 위에…"를 이해하기 위한 참고문헌 목록에 들어 있다.

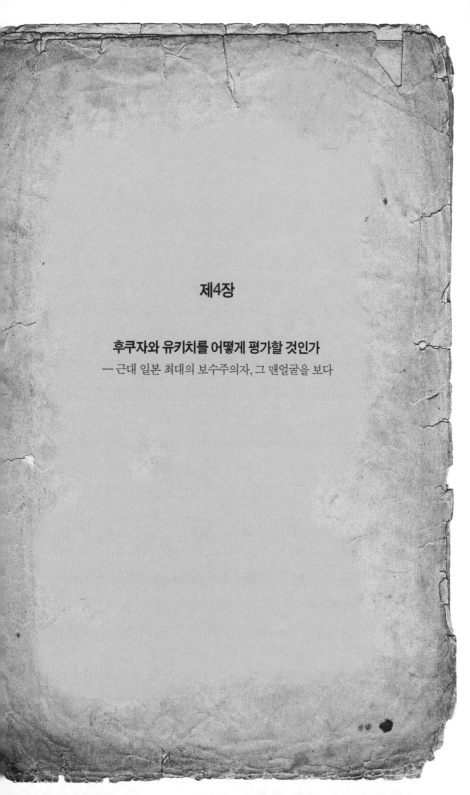

제4장

후쿠자와 유키치를 어떻게 평가할 것인가
― 근대 일본 최대의 보수주의자, 그 맨얼굴을 보다

1. 후쿠자와 유키치의 맨얼굴

　일본의 전후민주주의사회에서 후쿠자와 유키치는 학문·교육·정치 등을 통해 과도하게 미화되어왔다. 후쿠자와 유키치에 대해 일본 국민 대다수가 공통으로 가지고 있는 지식은, 최고액권 지폐의 초상 인물이자 게이오기쥬쿠(大學)의 창설자라는 것, "하늘은 사람 위에 사람을 만들지 않고 사람 밑에 사람을 만들지 않는다"고 주장한 인물이라는 정도일 것이다. 아직도 "천황제 민주주의"(존 다우어)라는 모순된 길을 걷고 있는 일본사회에서 "하늘은 사람 위에 사람을 만들지 않고 사람 밑에 사람을 만들지 않는다"고 주장했다는 오해를 받고 있는 후쿠자와가, 근대 일본사회에 불가결한 것으로서 적극적으로 천황제를 선택했다는 사실은 정말이지 앞뒤가 딱 맞는, 기막히게 잘 어울리는 일이다. 거기까지 내다본 것인지는 모르겠지만, 전후 일본에서 최장기 정권을 유지한 자민당의 사토 에이사쿠佐藤栄作 수상은 정치연설에서 『학문의 권장』의 '일신독립해야 일국독립하는 것'을 비롯해 후쿠자와의 많은 말들을 인용하여 메이지의 일본인들이 얼마나 "강한 국가의식을 지니고 있었는지"를 몇 번이고 국민에게 호소했다.

　더구나 마루야마 마사오를 필두로 전후민주주의를 대표하는 '진보적 지식인'들이[279] 수많은 후쿠자와 신화를 만들어내 그를 미화했기 때문에, 권력자 입장에서 보면 이만큼 바람직한 '대표적 일본인'이 있을 수 없다. 그런 연유로, 1984년 후쿠자와는 쇼토쿠聖德 태자의 뒤를 이어 최고액권 지폐의 초상인물이 되었다. 그해 11월 14일자『아사히신문』의「목소리(声)」란에는「아시아 경멸의 유키치를 왜 지폐에」라는 제목으로 "아시아에 대한 강경한 침략적 국권론자였던" 후쿠자와를 선택하는 "관계자의 국제감각 결여는 이해하기 힘들다. (…) 신지폐의 폐지를 간절히 바란다"는 귀중한 투고가 실렸다.

또한 필자가 이전 저서『후쿠자와 유키치의 아시아 침략사상을 묻는다』를 출간한 뒤, 그 책을 통해 후쿠자와가 아시아를 멸시하고 아시아 침략의 선두에 섰던 인물임을 알게 되어 1만 엔 지폐를 사용하지 않기로 했다는 고마운 독자가 있었다(어쩔 수 없이 다른 사람으로부터 받았을 때는 바로 환전한다고 한다). 그는 필자에게 "대금은 자신이 부담할 테니 친구인 우메하라 다케시梅原猛(일본펜클럽 회장)에게 책을 보내달라" 고 요청했다(그는 알고 보니 위의『아사히신문』「목소리」란의 투고자와 동창이기도 했다).[280] 고마운 독자는 또 있었다. 책이 간행된 이듬해, 필자가 게이오기쥬쿠대학에 초대받아 종합강의〈전쟁과 사회〉의 분담강의〈후쿠자와 유키치의 전쟁관〉을 담당했을 때, 우라와시浦和市에서부터 찾아와 청강한 한 독자는 '1만 엔 지폐에서 후쿠자와 유키치의 강판降板을 촉구하는 시민운동'을 시작하겠다며 필자의 책 목차를 첨부한 운동의 취지서를 필자 앞으로 보내주었다.

우메하라 다케시가「신들을 부정한 책(神神の否定の書)」이라는 제목으로 필자의 이전 저서를 평가한 글에서 "금후 한국이나 중국과 우호관

계를 유지하기 위해서는 후쿠자와의 탈아입구론은 충분히 비판받아야 한다"[281]고 적은 것처럼, 필자도 일본이 전쟁책임을 진지하게 받아들여 아시아와 화해를 도모하기 위해서는 후쿠자와 유키치에 대한 전면적인 학문적 재검토가 반드시 필요하다고 생각한다. 또한 한국의 정신대문제대책협의회 공동대표 윤정옥 씨가 평소부터 "일본의 1만 엔 지폐에 후쿠자와가 인쇄되어 있는 한 일본인은 믿을 수 없다"고 이야기해왔다는 이야기를 듣고, 위에서 말한 독자로부터 자극받은 바도 있어 필자 역시 같은 운동을 할 수 없을까 생각하기 시작했다. 그러나 권력자 입장에서 보면 역시 후쿠자와는 '대표적 일본인'으로서 최고의 기대주이기 때문일까? 얼마 뒤 1천 엔 지폐, 5천 엔 지폐의 초상인물은 바뀌었는데도 후쿠자와는 계속 1만 엔 지폐의 초상인물로 남고 말았다.

일본의 최고액권 지폐 초상인물로서 후쿠자와 유키치가 계속 남아 있는 것이 바람직한지 여부는 금후의 국민적 논의의 소재이다. 이를 위해, 제4장에서는 후쿠자와에 대한 학문적 평가 이전에 일상에서 발견되는 후쿠자와 유키치의 맨얼굴을 소개해보려 한다. 물론 필자는 이미 후쿠자와가 부당하게 미화되어왔다는 판단을 하고 있다. 여기서는 지나치게 미화된 부분을 수정하려는 것일 뿐, 후쿠자와 유키치를 폄하할 생각은 털끝만큼도 없다. 개인적으로 후쿠자와 유키치나 게이오기쥬쿠와 아무 관련도 없는 필자에게 그에 대한 원한이 있을 리 만무하다. 오히려 필자를 강의에 초대해준 '게이오 리버럴리즘'에 대한 경의가 있을 뿐이다.

다만, 지금까지 후쿠자와가 부당하게 미화되어온 데다, 대학 신입생 9할 이상이 "하늘은 사람 위에 사람을 만들지 않고 사람 밑에 사람을 만들지 않는다"고 주장한 인물로 그를 기억하고 있고, 이것이 오히려 국민적 상식이라는 게 작금의 현실이다. 따라서 후쿠자와의 맨얼굴 중에서도 당연히 여기서는 "하늘은 사람 위에 사람을 만들지 않고…"를 주장한 사람이라는 이미지와 비교적 거리가 멀다고 느껴지는 일상의 맨얼굴을 소개할 것이다. 의거한 사료는 주로 『후쿠자와 유키치 전집』이다. 일상생활의 맨얼굴을 보자는 것이기 때문에, 후쿠자와의 사적인 편지나 가족 결혼식에서의 축사 같은 개인적인 자료가 많이 언급될 것이다. 따라서 여기서 그려내는 후쿠자와의 맨얼굴은 학문적인 후쿠자와 유키치 평가와는 별개라고 생각된다. 다만 그 맨얼굴이 후쿠자와의 사회적 발언(사상)과 겹칠 경우에는 간단하게 그것을 언급하겠다. 또한 그의 맨얼굴과 선행연구의 후쿠자와 평가가 너무나도 동떨어져 있는 경우에도 그에 대해 언급할 것이다.

한 인물의 맨얼굴이 비교적 가장 솔직하게 표출되는 장면 중 하나로 자식의 결혼을 둘러싼 정경을 생각할 수 있다. 그러면 장남 후쿠자와 이치타로福沢一太郎의 결혼과 얼마 뒤의 이혼이라는 뜻밖의 사태를 맞이하여 해로동혈偕老同穴론자인 아버지 후쿠자와 유키치는 어떻게 대응했는지부터 살펴보자.

1) 장남의 결혼을 맞이한 아버지 후쿠자와
—노골적인 사족 엘리트의식과 상인 멸시

1889년 4월 27일자 『시사신보』에는 「장남 이치타로 결혼 피로연 석상의 연설」이 실렸다(결혼식은 4월 18일, 신랑은 27세, 신부는 요코하마의 상인

미노다 쵸지로箕田長二郎의 장녀 가츠 18세, 피로연 참석자는 약 200명이었다).

"문명인의 마음에 들지 않을지 몰라도, 우선 노생 부부가 이러쿵저러쿵 귓속말을 나눈 다음 본인에게 결혼의 가부를 물어 괜찮다는 뜻을 확실히 듣고, 그런 다음에 여기저기 이것저것 탐색에 이르고 (…) 맨 마지막에 그저 본인의 결단에 맡기고, 더구나 그 확답을 서두르지 않았다. (…) 오랜 관례에 따르려고 구舊 동번同藩 출신으로 옛날 일을 잘 아는 모某 옹(곤도 료쿤近藤良薰—인용자)에게 의뢰하여 평범한 일본풍 혼례식을 융통성 없이 엄격히 거행하고 이로써 일을 마무리했다. 이상과 같은 경위로, 첫째로 신부의 뒷조사에 부모가 가장 힘을 쓰고, 혼례식을 부모의 의향대로 구식으로 행하는 것을 (…) 압제 따위로 이야기하는 사람도 있겠지만, (…) 신부가 될 사람의 뒷조사는 부모의 손으로 무한한 고생을 떠안는 일이지만 (…) 서양류의 연애(自選)결혼이 갖는 경솔함보다 한층 아름다운 것 같다. (…) 날짜의 길흉에 따라 택일擇日하고, 방위의 열리고 막힘에 따라 택방擇方하는 등 (…) 남이 말하는 대로 맡겨 그 세속풍습에 따르고 이른바 길일에 길례를 거행하기로 했다. (…) 우리 집안의 유래를 말하건대, 후쿠자와의 집안 및 늙은 아내의 집안도 백여 년 대대의 부부가 모두 초혼 그대로 해로偕老하고 생전에 이혼의 비바람을 만난 적이 없고 사후에 재혼의 소문도 들은 적 없으며, 정통의 같은 부모의 자손으로 이어져 내려온 것으로 (…)."[282]

"서양류의 연애결혼이 갖는 경솔함"이라 말한 것은 평소 연애결혼 반대론자였던 후쿠자와의 언행일치이다. 또한 "대대의 부부가 모두 초혼 그대로 해로하고 생전에 이혼의 비바람을 만난 적이 없고"는, 결혼 이후 부부의 사랑이 식거나 남편이 축첩과 기생놀이에 빠졌다 해도 이혼은 바람직하지 않고 "생애 서로 헤어지는 것을 용납하지 않는" "일부일처 해로동혈"을 "지상의 윤리"로 주장했던 후쿠자와에게 매우 자연스러운 발언이었다.[283] '양가의 자녀'가 고등교육을 받으려 해도, 여학생이 고향을 떠나 하숙이나 기숙사 생활을 하는 것을 유난히 반대하는 '메이지의 남자'였던 후쿠자와에게 남녀의 성별 역할분업은 자명한 전제였다. 후쿠자와는 "남녀 사이를 동권으로 하는 것 같은 일체의 평등론은 (…) 따라서 충돌의 매개가 될 뿐"이라고 주장하는 남녀 동권에 대한 반대론자였다. 이를 고려하면 피로연의 연설 내용은 그 자신의 여성론이 그대로 반영된 것이라고 이해할 수 있을 것이다.

다음으로, "날짜의 길흉에 따라 택일하고, 방위의 열리고 막힘에 따라 택방하는 등 (…) 남이 말하는 대로 맡겨 그 세속풍습에 따르고 이른바 길일에 길례를 거행", "평범한 일본풍 혼례식을 융통성 없이 엄격히 거행"하는 것을, 후쿠자와 자신은 "서양의 문명류"가 아니라고 자각하고 있었다. 그가 2개월 전에 제국헌법이 발포된 직후 연재 사설 「일본 국회의 유래」에서 그 헌법뿐만 아니라 이듬해의 '교육칙어'까지 수용하는 의향을 표명한 바 있었고, 또 당시 나이 56세로 노령에 들었던 것을[284] 생각하면 놀랄 만한 발언은 아니다. 놀라운 것은 바로 이 사람의 철학을 마루야마 마사오가 어떻게 그려냈는가이다.

"후쿠자와의 실학에서 진정한 혁명적 전환은 실은 학문과 생활의 결합, 학문의 실용성 주장 자체에 있는 것이 아니라 오히려 학문과 생활이 어떠한 방식으로 연결되는가라는 점에 그 핵심이 존재한다." "일체의 고정적인 도그마, 역사적인 전통, 선험적으로(a priori) 통용되는 가치는 준엄하게 그의 실험적 정신에 걸러내져 무자비하게 그 권위의 허구성을 폭로하게 되었다." "생활의 어떠한 미세한 영역에도 주저하지 않고 학리學理를 적용하여 이것을 구석구석까지 침투시킨다." "수학과 물리학을 일체의 교육의 근저에 둠으로써, 전혀 새로운 인간유형 (…) 항상 원리에 따라 행동하고, 일상생활을 끊임없이 예측과 계획에 입각하여 규율하여 (…) 무한히 새로운 생활영역을 개척해가는 분투적 인간의 육성을 지향한 것이었다." "계몽적 합리주의에 공통되는 과학과 이성의 무한한 진보에 대한 신앙"과 『문명론의 개략』에 제시된 진보관이 최후까지 유지되었다." "적지 않은 메이지 초기의 합리주의자가 나중에 우리나라 고래의 순풍미속淳風美俗을 찬양하고 (…) 도학자道學者로 변신했을 즈음에도 (…) 말년까지 시골(고정적 사회) 인정의 소박·정직을 칭찬하는 속론을 (…) 단호히 물리치고 (…) '그저 한일자로 똑바로 인간의 지식을 추진하고 지혜를 극대화하여 추악한 운동을 억제하려고 한 것이다'(『후쿠옹백여화』)라고 하여…" 등등.

이상은 모두 '문하생' 우에테 미치아리가 "분석이 후쿠자와 내재적이고 또한 예리하며 문장도 중후하다", "이 두 논문은 생애에 걸친 마루야마 마사오의 후쿠자와 연구를 대표하는 저작일 뿐만 아니라 마루야마의 전체 저작 중에서도 뛰어난 것"[285]이라고 격찬했던 논문 「후쿠자와에게서의 실학의 전환」과 「후쿠자와 유키치의 철학」[286]에서 인용한 것이다. 후쿠자와가 결혼식 날짜를 "길흉에 따라 택일하고, 방위의 열리고 막힘에 따라 택방하는 등 (…) 그 세속풍습에 따르"거나, "평범한 일본풍 혼례식을 융통성 없이 엄격히" 거행하는 것이, 어떻게 "항상 원리에 따라 행동"하고 "학문과 생활의 결합"을 목표로 하며, "생활의 어떠한 미세한 영역에도 주저하지 않고 학리를 적용"하여 "그저 한일자로 똑바로 인간의 지식을 추진하고 지혜를 극대화하여 추악한 운동을 억제하려고 한" 사람의 행동이라는 것인가? 필자는 후쿠자와 유키치의 철학에 대한 마루야마의 평가도, 그것을 격찬하는 우에테 미치아리의 마루야마 평가도 이해할 수 없다.

그러나 이미 언급한 것처럼, 필자는 이 후쿠자와의 맨얼굴을 근거로 마루야마의 두 논문 「후쿠자와에게서의 실학의 전환」과 「후쿠자와 유키치의 철학」이 잘못됐다고 주장할 생각은 없다. 이 경우 후쿠자와의 행위는 자식의 결혼에 즈음한 이른바 '자식바보' 부모의 행동이고, 후쿠자와의 평소 사상과는 관계가 없다는 평가도 있을 수 있기 때문이다.—거꾸로, 일상의 행동에 반영되지 않는 사상은 그 사람의 사상이라고 부를 수 없다는 평가도 가능하다.— 위의 두 논문이 그려낸 '근대적 인간유형'이 잘못된 것임은, 후쿠자와의 맨얼굴과는 관계없이 이미 이 책 제2장 5절에서 『문명론의 개략』 제10장→도리(理)와 인정(情) 반반씩→인정의 힘은 지극히 강대→인정이 7부→'교육칙어'의 긍정·수용'이라는 발자취에 입각해 "후쿠자와 내재적으로" 비판했다. 그러므로 여기에서 살펴본 후쿠자와의 맨얼굴은 마루야마가 주장하는 바, '근대적 인간유형'으로서의 후쿠자와라는 파악이 잘못되었음을 논증하는 근거가 아니라, 그를 시사하는 일상의 사례에 자나지 않는다.

　장남 이치타로와 가츠코(가츠)의 결혼은 신부 가츠가 11월 초순 돌연 시집을 떠나 요코하마의 친정으로 돌아가버리면서 6개월 만에 파국을 맞이했다. 6일에 중매인 곤도 료쿤(후쿠자와가 주치의의 한 사람)이 내방하여 이혼에 관한 내밀한 이야기를 나누고 간 뒤, 그 이튿날부터 이듬해 4월까지 후쿠자와 유키치는 곤도에게 남아 있는 것만 10통이나 되는 장문의 편지를 써 보냈다. 여기서 후쿠자와는 "인류의 대본은 부부", "해로동혈"이라고 생각하고 이혼은 "인류의 무게"에 반한다고 주장했다. 또한 "이별할 마음 따위 없을 뿐만 아니라, (…) 만에 하나라도 이별하게 되면 (…) 다시 장가들 생각 없다"는 이치타로의 의향을 확인하고는 가츠와의 재결합을 열심히 요구했지만, 가츠가 뜻을 굽히지 않아 결국 단념할 수밖에 없었다. 그 과정에서 썼던 편지글[287] 속에서 후쿠자와의 맨얼굴을 찾아보자.

　　"아침에 혼인하여 저녁에 깨지는 것, 이것은 바로 하등사회의
　　일입니다. 저희로서는 결코 참을 수 없는 바입니다."

　　"그 몸이 집을 떠나는 동시에 바로 부랴부랴 의상을 넘겨받는
　　이야기가 나오는 등 하류사회에서는 어떨지 모르지만, 우리들의
　　신분·품격에 있어서는 아무래도 부끄러워 견딜 수 없습니다. (…)
　　인류대사인 결혼은 참을 수 없는 것을 참고 이것을 유지하지 않
　　으면 안 됩니다. 인품에 상류·하류가 나뉘는 것은 바로 이 언저리

에 있다고 생각합니다. (…) 인류 파괴의 원고는 상대편이고 이쪽은 피고의 불행에 빠진 사람이지만, 여전히 이런 상황에서도 상류 사회의 체면은 유지코자 생각하고 있습니다."

"무릇 세상에 이혼과 관련된 일이 적지 않지만 그 수순이 아무렇지도 않게 진행된 이번 같은 경우는 무엇보다 이상한 예라고 할 것입니다."

"이 일은 이전부터 본인이 가슴속에서 생각하고 있었던 것으로 결코 이번 사태 하나로 내놓은 의견이 아니라고 여쭙지만, 결국 이같이 되었으므로 신부는 나이야 어린 계집아이라고 해도 마음은 곧 간악한 노인을 무색케 하는 자라고 하지 않을 수 없습니다. (…) 무서운 대요물이라고 하지 않을 수 없다고 해도 저희로서는 그녀의 평소 모습을 자세히 수소문해보니 결코 요물이 아님을 알게 되었을 뿐 아니라 오히려 그것을 보증하는 바입니다. 그런데도 상대편 양친은 이전부터 당사자가 떠날 각오였다고 하는 것인가요. 즉, 자기 딸은 대요물 내지 여자 협잡꾼이라고 하는 것과 다를 바 없습니다. 그 이유를 자세히 전해 듣고자 합니다."

"이 글을 적는 경위는, 저희는 철두철미 인간의 근본 도리를 중시하여 세련되지는 못해도 옛날의 무사풍으로 일을 정중하게 처리하고 일단 맺은 것을 그만두는 따위는 생각할 수도 없으며, 다른 집에 출가하는 것은 결사의 각오여야 한다고 생각하는 바, 어찌 헤아리오, 경솔하기 이를 데 없어 마치 셋방살이하는 하찮은 사람의 혼례와 같습니다. 이로써도 상대편은 부끄러이 여기는 바 없는가요.”

“이 복적의 일에 대해서는 (⋯) 당사자가 한 통의 편지를 보내달 라고 하는 바의 의미는 이것은 흔히 말하는 세 줄 반의 이혼장이 란 것이 아니겠는가. 그것 또한 포복절도할 따름으로 원래 세 줄 반이라고 하면 하등사회 장사치나 농사꾼의 무리가 (⋯) 훗날의 분 쟁을 우려한 것으로, (⋯) 고래 일본 전국의 무가 이상에서는 찾아 볼 수 없는 관행입니다. (⋯) 그저 절연의 한 가지만으로도 천세의 유감으로 후쿠자와 집안에는 일찍이 없던 불상사지만 이것은 어 쩔 도리가 없다 해도, 그 위에 세 줄 반의 이혼장이란 후쿠자와 집안 바라보기를 장사치의 수준에서 하는 것에 다를 바 없고, 상 대편의 관습으로는 이것을 몰라도 저희로서는 아무래도 부끄러움 에 견디지 못하는 일이므로, 이 일은 단연코 거부합니다. 저희의 이혼 방식은 본래 중매인을 통해 이루어진 혼담이라면 이를 깨는 것도 중매인을 통해야 한다는 것입니다. 공명정대가 곧 상류사회 의 일입니다. 하물며 공식적으로는 복적의 조치까지 취했는데 세 줄 반의 이혼장이 무슨 소용이 있단 말입니까.”

논평은 필요 없을 것이다. 1890년 3월 말 결국 이혼이 결정되었 고, 4월 18일에 이혼수속이 종료되었다. 이치타로는 “다시 장가들 생 각 없다”고 했지만, 후쿠자와는 곧바로 “이치타로의 아내가 될 사람

도 여러모로 캐보았는데, 넘치고 처져 정말로 곤란했지만 마침내 우츠노미야의 처제로 결정"했다. 이혼수속 불과 5일 뒤인 4월 23일, 후쿠자와의 친구 우츠노미야 사부로宇都宮三郎의 처제 오사와 이토大沢イト(오사와 쇼토쿠大沢昌翕의 둘째 딸)와 아들을 재혼시켰다. 초혼은 상대가 "하등사회 장사치"의 딸이었기 때문에 실패했지만, 이번은 사족(의사)의 딸이기 때문에 괜찮다는 생각을, 후쿠자와는 큰누이 오타베 레이小田部礼에게 보낸 편지에서 다음과 같이 전했다.

> "맨 처음에는 상인이라도 상관없다고 생각했던 바이나, 아무래도 사족과 상인은 전혀 가풍이 다르고 확실히 인품이 천박하여 어쩔 수 없었습니다. 이와 같은 사정으로 전처와 이별하고 이번에는 의사 오사와 씨의 차녀를 맞아들이게 되었습니다. (…) 본래 학자의 집안에서 태어나 품행도 좋다고 하오니 이번은 필히 오래 지속될 것으로 생각합니다."

후쿠자와가 큰누이에게 보낸 이 편지도 그의 노골적인 사족 엘리트의식과 상인 멸시의식의 맨얼굴을 보여주는 것으로, 역시 논평할 필요가 없을 것이다.

2) 가부장제적 여성차별론─딸의 교육과 여자 거지에 대한 대응

뒤늦게나마 일본에서도 여성 자립의 기초로 '노동권'이 확립되고 오랫동안 의심의 여지가 없었던 성별 역할 분업이 타파되는 "조용하면서도 오래된 혁명", 여성혁명(남녀 공동 참가 사회)의 시대를 맞이하여,

후쿠자와 유키치로 대표되는 가부장적·차별적 여성론이 바야흐로 과거의 유물이 되려 하고 있다. 확인을 위해, 우선 후쿠자와 여성론의 주요 내용을 열거해보자.

① 여성이 가사·육아를 "천직"으로 삼아 "남자를 도와 집안을 다스리고(居家) 세상에서 살림을 꾸려나가는(處世) 책무에" 종사하는 성별 역할 분업관, ② 여성의 참정권과 노동권의 결여, ③ 일본 자본주의의 해외진출을 위한 창부의 해외 "돈벌이 진출"까지 포함하여 적극적인 공창제도 필요론 제창, ④ "온화양숙溫和良淑", "우미優美", "유순柔順"과 같은 일본 여성 "고유"의 "미덕"을 양성하기 위한 여자 특성교육론, 즉 남녀공학과 남녀 공통교육의 부정, ⑤ 여성이 고향을 떠나 타향에서 공부하는 "유학遊學"의 반대, ⑥ 연애결혼 반대론과 이혼의 자유를 부정하는 "해로동혈"론, ⑦ 결혼에 즈음한 부부의 성씨와는 다른 새로운 성씨 창출의 아이디어가 그것이다.

불충분하나마 여하튼 '남녀공동참여사회기본법'이 성립된(1999) 일본에서, 이상에 열거한 후쿠자와의 여성론 ①~⑥은 모두 박물관에 들어가야 할 물건들이다. 유일하게 새로운 성씨 창출의 아이디어 정도가 후쿠자와의 평등주의적 센스를 보여주지만, 이 역시 2003년 1월에 시작된 통상국회에 가정재판소의 허가를 조건으로 하는 부부별성법안夫婦別姓法案이 제출되어 있는 현 상황에서 빛을 잃고 있다.* 정부의

---

* 2004년 3월 자민당이 직업상의 이유 등으로 필요한 경우 가정재판소의 허가를 얻어 부부의 다른 성씨를 인정하는 민법 개정안의 국회 제출을 보류함으로써 이 문제는 아직 해결되지 않았다.

여론조사 결과 별성제도 도입의 찬성이 반대를 웃돌아, 부부는 누가 뭐래도 같은 성씨를 써야 한다는 생각은 이미 일본사회의 상식이 아니라는 게 증명된 것이다.

메이로쿠샤明六社 동인을 포함하여, 후쿠자와와 가까운 동시대인들이 폐창론, 여성참정권, 남녀공학, 남녀 공통교육을 나름대로 주장하고 운동도 전개했지만, 후쿠자와는 그들의 주장에 완고하게 등을 돌리고 있었다. 그런데 그 후쿠자와의 여성론에 대해 마루야마는 "후쿠자와의 주장은 후년에 가서 보수화되는 부분이 있지만, 이 부인노예의 타파라는 점만은 유신 직후부터 전면에 등장하고 일생 동안 바뀌지 않는다. (⋯) 후쿠자와의 사회비판 중에서도 가장 일관된 것 중하나"[288]라고 평가했다. 히로타 마사키 역시 "말년의 여성론은 그가 정치·경제·사회·학문의 분야에서 절조를 굽히고 현실주의의 세속에 빠져드는 것을 계속 강요당하는 가운데 유일하게 절조를 관철한 분야였다"면서, 후쿠자와가 "최후까지 여성의 해방을 계속해서 역설했다"고 결론짓는다.[289] 나아가 도야마 시게키도 후쿠자와의 "국내정치론이 후퇴하여 생기를 잃고" 대외적으로 아시아 침략의 길을 걸어간 시기에도 그의 여성론은 "급격한 혁신론"을 구성하여 "여전히 개혁자로서의 기세를 회복"하고 있었다고 평가한다. 전후민주주의를 대표하는 연구자들이 하나같이 후쿠자와의 여성론을 '여성해방론'으로 잘못 평가하고 있는 것이다. 어떤 사상가의 정치사상과 사회사상이 보수화하고 있을 경우에도 여성론만은 혁신론이나 해방론을 유지할 수 있다는 파악은 젠더사관에 대한 무지와 무관심을 시사해준다.

후쿠자와를 미화하는 연구들은 후쿠자와에게서 "민중을 우민으로 보고 멸시하는 관념은 보이지 않는다"고 말한다.[290] 하지만 민중의 절반을 차지하는 여성에 대한 차별관 하나만으로도 이 단순한 미화론은 붕괴되고 만다. 또한 이 책에서 살펴본 것으로만 한정해도 "바보와 병신"을 위한 종교 교화 노선, "우민을 농락하는 (…) 사술"로서의 천황제론, 『시사소언』에서의 "농사꾼 장사치의 패거리는 (…) 돼지"라는 표현 등, 후쿠자와의 민중 멸시사상은 이미 자명하다. 특히 피차별적 존재인 여성 중에서도 가장 차별받고 억압받는 직업인 매매춘 여성에 대한 견해에서 후쿠자와의 노골적인 멸시관을 확인할 수 있다.

후쿠자와는 "청루 유곽은 (…) 없어서는 안 되는 일종의 필수품", "창기에게 의뢰하여 사회의 안녕을 유지하는 것 외에 달리 방법이 없을 것이다", "폐창 따위는 생각할 수도 없고, 이 사람은 전적으로 반대하는 바이며, 오히려 필요", 해외로 "매춘부를 돈벌이로 내보내는 것"도 일본 자본주의의 대외진출을 위해 "공식적으로 허가하는 것이야말로 득책"이라 주장했다. 그가 "내안외경內安外競"의 "경세"에 공헌하는 창부를 "탁세濁世의 순교자 (…) 자기를 희생하여 중생제도衆生濟度에 이바지하는 인자"로 해설한 것은, 나름대로 이치가 닿는 이야기이다. 그러나 "이것을 비밀에 부쳐 세상에서 감추어야 한다"는 조건을 달아 축첩과 기생놀이를 용인했던 후쿠자와는 사회 "상류의 사군자士君子"가 유곽에 드나들지 못하도록 "공공연하게 매음을 업으로 하는 자는 인간사회 밖으로 배척하여 (…) 마치 봉건시대의 천민부락처럼" 만들어야 한다고 했다.[291]

후쿠자와는 창부를 "탁세의 순교자", "중생 제도 (…) 하는 인자"라고 평가하면서도 동시에 창부와 매춘부를 "인류의 대의에 등을 돌린 인비인人非人", "무지·무덕·파렴치한 하등 부인", "야차귀녀夜叉鬼女", "불량·방자한 부녀", "인류 최하등이면서 인간사회 이외의 생업", "인간 이외의 추물", "경멸해도 여전히 남음이 있는 자" 같은 말로 입에 침이 마르도록 업신여기고 멸시했다.

다만 후쿠자와는 경세론으로서 공창제도를 적극 찬성하고 폐창운동에도 일관되게 등을 돌렸지만, 세 살 어린 나이에 아버지를 잃고 어머니 슬하에서 자랐다는 성장배경도 있어, 우에키 에모리 등이 유곽에 틀어박혀 여성참정권 등의 여성해방론을 주장한 것과는 달리, 자신은 "오늘날에 이르기까지 일찍이 스스로 마음에 켕기는 행동거지가 없는"[292] 것을 자랑스럽게 생각했다. 일상생활과 사상의 괴리가 일반적이던 근대 일본의 지식인들 중에서 후쿠자와의 이런 모습은 걸출한 일면으로 평가할 수 있을 것이다. 이것이 그의 여성론에 대한 평가가 무뎌진 하나의 이유가 되었을지도 모르겠다. 그러나 그 "근엄하고 올곧은" 생활 자세는 후쿠자와의 여성론이 근대 일본의 전형적인 가부장제적·차별적 여성론이었다는 사실과는 별개의 문제이다.

이상은 여성이나 민중을 대하는 후쿠자와 일상의 맨얼굴이 아니라 공적 발언에서 보이는 그의 여성론이다. 『후쿠자와 유키치 가족론집』의 해설(나카무라 도시코中村敏子)을 포함하여, 선행연구들이 너무 신화의 영역에 머물러 있기 때문에, 후쿠자와의 일상적 맨얼굴을 살펴보기 전에 일단 그의 여성론을 확인하고자 한 것이다. 그의 여성론을 미리 들여다보면 그의 맨얼굴에도 놀라지 않을 것이라는 생각이 들었기 때문이다.

그런데 후쿠자와의 민중 멸시론을 숙지하고 있다고 생각하는 필자조차 기가 막히게 만든 후쿠자와 맨얼굴이 여기에 있다. 말년의 후쿠자와는 건강도 유지할 겸, 게이오기쥬쿠 학생들을 데리고 아침 산보를 하곤 했다. 아래는 1892년 게이오기쥬쿠에 입학하여 1897년 별과를 졸업한 아시하라 마사아키葦原正亮의 목격담이다.

> "나는 후쿠자와 선생께서 후루카와古川 시노하시四の橋 부근에서 종종 여자 거지 한 무리에게 동전을 베푸시는 것을 보았는데, 결코 그들의 손바닥 위에 주는 일은 없었다. 뚝뚝 길바닥에다 떨어뜨리셨다."293

그러던 어느 날 산책길에서 후쿠자와는 "결코 더러워 보이지 않는" "어딘가에 은거하고 있는" 분위기의 "노인"을 만나게 된다. 후쿠자와는 그의 앞을 가로막고 서서 예의 없는 말투로 "네놈은 뭐냐"고 물었다. "놈팡이다"라는 노인의 답변에 "놈팡이인 것은 알고 있다. 옛날 신분은 뭐냐"라고 재차 묻는다. "하타모토旗本 같은 사람이었다"는 대답이 돌아오자 "요리키与力냐 도신同心이냐"고 되물었다. "요리키", "이가구미伊賀組"라고 하자,* "후쿠자와 선생은 '손을 내라'고 하더니 두세 개의 은화를 꺼내 노인이 내민 손바닥 위에 쥐어주며 '건강하게

---

* 하타모토는 에도시대 쇼군 직속 가신 가운데 녹봉 1만 석 이하를 받고 직접 쇼군에 봉사하는 격식을 갖춘 자를 말하며, 요리키는 에도시대 막부의 하급관료인 도신을 지휘하던 중급 관료이다. 도신은 에도 막부의 하급 관료, 이가구미는 에도 막부에서 이가伊賀 출신으로 편제된 도신의 조직이다.

사시게'라 말씀하시고, (…) 귀로에 올랐다"고 한다. 아시하라는 늘 보던 여자 거지에 대한 대응과 다른 태도에 특별한 인상을 받아 이 기록을 남겼다.

이미 기술한 것처럼 후쿠자와의 여성교육론이 온화양숙, 우미, 유순과 같은 일본 여성 '고유의 미덕' 양성을 위한 여자 특성교육론, 남녀공학과 남녀 공통교육의 부정, 여성 유학遊學의 반대였음을 전제로 하면, 그가 자신의 아들과 딸을 교육하는 데 크게 차별―후쿠자와 입장에서는 '구별'―을 두었다거나 가정에서 여성을 대할 때 겉과 속이 달랐다 해도 놀랄 일은 아닐 것이다. "후쿠자와 유키치는 남자 아이의 교육에는 매우 열심이었지만 여자 교육에는 관심이 없었다"[294]는 손자의 증언이 있듯이, 그는 아들과 데릴사위의 교육에는 열성적이어서 장남 이치타로와 차남 스테지로를 1883년부터 1888년까지 약 5년 반 동안 미국에 유학시키고, 데릴사위 후쿠자와 모모스케福沢桃介도 1887년에 미국으로 유학을 보냈다(3남, 4남도 유학).

하지만 여성을 교육하는 데 대한 태도는 대조적이었다. "후쿠자와 유키치는 부인의 교육을 전혀 하지 않았다는 이야기군요. 시다치 다키志立滝(4녀) 고모는 끝내 학교에 가지 않았지요", "한두 달 요코하마의 학교(야마노테공립여학교)에 다녔지만 후쿠자와 할머니(유키치의 처)가 심심하다고 해서, 세 사람(차녀, 3녀, 4녀) 모두 기숙사를 나오고 말았습니다"[295]라는 증언이 있다. 이에 대해서는 "일본 여성해방운동의 선구라 해도 좋을 것", "죽기 직전까지 시종일관 부인해방 문제를 생각"했다는 등, 후쿠자와의 여성론에 대해 지나치게 무른 평가를 제시해온 다케다 기요코조차 한마디 한다. "다소 문제라 생각되는 것은, 여성의 고등교육에 소극적인 태도이다. (…) 게이오기쥬쿠는 남자를 위한 학교였다. 여자를 위한 학교를 만들지 않았던 것은 왜일까."[296] 아시아태평양전쟁 전까지 게이오기쥬쿠는 초등학교에 해당하는 유치사幼稚舍에서도 남녀공학을 실시하지 않았다.

일상에서 접하는 후쿠자와에 대해서, 도쿄YWCA 회장을 역임한 4녀 시다치 다키는 "그 사람(후쿠자와 유키치)은 자기 집에서는 무척 다른 사람이었습니다"라고 입버릇처럼 말하곤 했다.[297] 이에 대해서는 장녀 사토도 똑같이 증언했다. 후쿠자와 말년의 여성론에 해당하는 「여자대학평론」이 매일 『시사신보』에 연재되고 있던 무렵, "선생은 언제나 입으로 일가의 주인이 전제군주와 같이 방약무인한 태도를 취하는 것을 경계하면서, 자기 자신은 누구이 체면이고 인사고 없이 하인을 큰소리로 호되게 꾸짖고 사정을 봐주는 일이 없는 것에 마음이 평온치 못해 어머니와 나는 몇 번이고 부엌에서 이 얼마나 얄미운 인간이냐고 이야기를 나눴습니다"[298]라는 것이다.

3) 2층에서 내려다봐서는 안 된다―천황에 감읍하는 '근대의 스승'

초기 계몽기의 후쿠자와 유키치는 『문명론의 개략』에서 "호겐(保元の亂), 헤이치(平治の亂) 이래 역대 천황을 보건대, 그 불명부덕은 일일이 헤아릴 수 없다. 후세의 역사가가 아첨의 붓을 놀린다 해도 여전히 그 죄를 비호할 수 없다. 부자가 서로 싸우고 형제가 서로 죽이고…"라고 썼다. "가마쿠라 막부 수립 이래 인민이 왕실을 모르는 것이 거의 700년"이기 때문에 "새로이 왕실을 흠모하는 충정을 만드는" 것은 "매우 어려운 일"이라는 현실주의적인 판단도 있었다. 또한 「각서」에

서는 "총명한 천자 (…) 따위는 (…) 거짓이 아니고 무엇이랴. (…) 하물며 근대의 천자, 장군에 이르러서는 그 인물이 하잘것없음은 사실"이라는 메모를 남기기도 했다. 그러나 동시에 후쿠자와는 같은 「각서」에서 "일본의 인심은 바로 국왕의 성덕을 믿고, (…) 주인을 믿고, 장인을 믿는 시대"라고 냉정하게 판단했으며, 초기 계몽기의 『문명론의 개략』에서도 "그것을 유지하여 우리 정권을 보존하고 우리 문명을 전진시켜야 하기 때문에 귀한 것"이라는 공리주의적인 판단을 보였고, "자국의 독립" 확보를 위해 "국체론", "군신의 의" 등의 사상을 동원할 것을 주장했다.

그 후의 후쿠자와는 "일신독립"을 "다음 행보로 남겨두고 훗날 이루게 되리라"는 초기 계몽기의 사회적 공약을 방치한 채 "일국독립" 노선으로 내달렸기 때문에, 자유민권운동과 조우했을 때 1882년 『제실론』에서 "우민을 농락하는 (…) 사술"로서의 천황제를 선택했다. 그런 다음 대일본제국헌법='교육칙어' 체제로 가는 길을 걷게 된 후쿠자와는 1888년 『존왕론』에서 "우리 대일본국의 제실은 존엄신성 (…) 예로부터 지금에 이르기까지 하등 의심하는 자가 없다"고 자신의 초기 인식으로 보자면 명백한 허위를 주장했고, 제국헌법 발포 시에는 "제실은 (…) 대일본국의 이름과 함께 만세 무궁의 원수로서 세계 중에 가장 고귀하고 가장 편안하고 또한 가장 오래되어 실로 비할 데 없는 신성한 국군"이라고 주장하게 되었다.

이듬해 '교육칙어'의 발포에 대해서는 『시사신보』 사설에 "우리 천황폐하가 우리들 신민의 교육에 노심초사하는 성려의 깊으심에 감읍하지 않은 자 누가 있으랴"라고 쓰게 했다. 이후 후쿠자와 자신이 천황과 관련하여 종종 "감읍"하는 모습을 보이는데, 이는 신민에게 "존엄신성"한 천황제를 주입하기 위한 작위적인 표현인지, 그렇지 않으면 점차 후쿠자와 자신이 천황제의 존엄에 "혹닉"되어 맨얼굴 그대로 감읍하게 된 것인지 판단을 내리기 미묘하다.

그 고찰로 넘어가기 전에, 1883년 초두 내각탄핵 상주안上奏案까지 제출되어 난항을 거듭하고 있던 정부의 군비확장 계획이 "금후 6년간 매년 천황 직계의 생활경비(內廷費)에서 30만 엔을 지출하고, 또한 문무 관료는 같은 기간에 봉급의 10분의 1을 헌납"한다는 '군함조칙軍艦詔勅'에 의해 일거에 해결되고 천황이 직접적으로 정치에 관여하게 된 사실은, 후쿠자와가 천황제의 정치적 효용을 결정적으로 인식하게 된 귀중한 체험이었을 것이다. 나중에 그는 이 일에 대해 "위기 일발의 순간, 돌연 조칙이 발포 (…) 일단 부결된 군함제조의 비목을 부활 (…) 감읍할 따름"이라고 적었다.[299]

천황의 봉영奉迎에 게이오기쥬쿠의 학생을 동원하는 교육이 언제부터 시작되고 어떤 경과를 거쳤는지 이 책에서 자세히 밝힐 수는 없지만, 우선 단편적으로 알게 된 사실만을 소개하겠다. 1889년 2월 11일 제국헌법 발포 당일에는 "유치사幼稚舍(초등학교) 학생을 (…) 인솔하여 도라노몬가이虎の門外에서 어가를 봉영. 또한 성인 학생도 한곳에 모여 봉련鳳輦이 지나가는 길목에서 봉영하고, 학교로 돌아온 다음 축배를 들고 불꽃놀이를 하는" 것이 예정되어 있었다.[300] 또한 1891년 5월 22일에는 "천황폐하가 교토에서 돌아오시기 때문에 유치사는 임시휴교하고 유치사 학생 수백 명이 교원과 함께 돌아오시는 길목인 신바시新橋 옆에 정렬하여 환영했다."[301]

이쯤에서 후쿠자와가 진심으로 천황 숭배자가 된 것인지 여부에 대한 고찰로 돌아가도록 하자. 청일전쟁을 맞이하여 "전가의 보도"로 서 천황을 최대한 정치적으로 활용하는 전략을 세운 후쿠자와는 "평 양의 전쟁은 예상대로 우리 군의 대승리 (…) 필경 우리 천황폐하의 위광과 장교 이하의 충성에 의한 것", "개전 이래 천황폐하께서는 대 본영 (…) 종일 군복차림으로 (…) 옥체의 노고를 아끼지 않으시니 (…) 하루 빨리 폐하의 예려를 덜어드리고 성체를 안심시켜 드리는 정신 (…) 이 정신이야말로 실로 우리에게는 만리장성", "대원수 폐하께서 도 (…) 멀리 바다를 건너 대독大纛(천황의 깃발)을 한반도의 산바람에 나 부끼게 하는 일도 있어야 한다"[302]는 말로 대본영에서 침략전쟁 지도 에 종사하는 천황을 노골적으로 찬미했다.

그랬던 만큼 청일전쟁에 승리하고 히로시마의 대본영에서 도쿄 로 돌아온 천황을 맞이했을 때 후쿠자와의 감격은 한층 컸다. "오늘 천황폐하의 환궁에 대해 몇 마디 봉영의 말씀을 드리려 함에 있어, 이 사람은 그저 감격의 정에 북받쳐 거의 말할 바를 모르겠다. (…) 대 략 1년 가까운 세월 동안 한결같이 군무의 일에 예려를 바치신 것은 우리 신민된 자로서는 오로지 감읍할 따름이다. (…) 금상 황제의 공 적은 실로 일본 개벽 이래 전고무비前古無比의 위업이시고, (…) 실은 금상 폐하의 공적은 진무천황 이후 역대 천황 가운데 전혀 볼 수 없 었던 중흥의 치적으로 받들어야 할 뿐만 아니라, 이것을 세계고금에 찾아보아도 단지 30년간의 치세로 이와 같은 심상치 않은 절대의 대 위업을 거둔 예는 있을 수 없다. 우리 일본 신민은 무슨 행복인가, 태 어나 이 성세盛世를 만나고 눈앞에 이 성사盛事를 보다니. 누구든 점점 감격하여 그 은혜에 보답하려는 생각을 하지 않는 자 있으랴. 그저 더없이 오로지 성수 만만세를 기원할 뿐"[303]이라며 더할 수 없는 찬사를 바쳤다.

이상은 천황에 대한 후쿠자와의 속마음이라기보다는, 공적인 발언이나 행동에 나타난 사상이라 해야 할 것이다. 중기 이후의 후쿠자와가 천황제 내셔널리즘 사상을 주장한 것은 명백한 사실이지만, 초기 계몽기의 냉철한 인식이나 판단을 감안할 때 이 사상가의 참모습이나 내심도 진정한 천황 숭배자로 변했다고 판단하기는 아무래도 망설여지는 것이다.

다음은 1891~92년 무렵부터 『시사신보』 사설 집필을 가장 많이 담당하고, 후쿠자와 사후에는 주필 자리를 이어받아 『후쿠자와 유키치전福沢諭吉伝』 4권(1932)을 집필·간행한 이시카와 간메이의 눈에 비친 천황에 대한 후쿠자와의 맨얼굴이다. 출전은 모두 『후쿠자와 유키치전』 제1권(578-586쪽)에서 가져왔다.

> "왕년에 미타三田 시코쿠쵸四国町에 육종장이라는 것이 있어 그 구내의 경마장에서 이따금 경마를 거행하고, 때로는 천황폐하의 거등을 삼가 바라는 일도 있었다. 후쿠자와 선생의 집 2층은 멀기는 해도 이 경마장을 내려다보는 위치에 있었기 때문에, 천황이 거등하는 경우에는 조금이라도 내려다보는 것은 황공하다면서 자택 2층을 폐쇄하고 하인이나 사용인들이 거기에 올라가는 것을 엄하게 제지하시곤 했다."

천황제가 "우민을 농락하는 (…) 사술"임을 꿰뚫어보고 선택했던 냉철한 후쿠자와의 모습과 이 일화는 어떻게 연결되는 것일까.

후쿠자와는 평생 작위나 훈장을 받지 않았다. "훈장인가 뭔가를 수여하겠다는 타진은 종종 있었지만, 선생은 그때마다 사절하고 또한 그런 일이 있을 것 같으면 이를 예방하고자 애썼다." 이는 역시 "작위 같은 것은 그저 집에서 기르는 개의 목걸이와 다르지 않다"고 호언장담했던 후쿠자와다운 모습이다. 그러나 "그 영예의 발원인 황실"을 대할 때는 후쿠자와의 태도가 크게 달라지므로 필자는 이런 평가에 어리둥절해지고 만다.

> "1898년(메이지 31) 큰 병에 걸렸을 때 양 폐하 및 황태자 전하로부터 위문품을 내려 받았기 때문에 병이 쾌차한 뒤 사례의 말씀을 여쭙기 위해 스스로 궁내성宮內省에 출두하려 했지만, 기거동작이 아직 뜻대로 되지 않아 만에 하나 실수가 있어서는 안 된다며 (장남과 차남, 오바타 도쿠지로小幡篤次郎, 데즈카 다케마사手塚猛昌 등을 데리고 전통 정장 차림으로) 궁내대신 및 동궁장관 관저로 가서 면회한 다음 천황에게 사례의 인사차 왔음을 전해달라고 하셨다. 그때 선생은 몹시 공손·경건한 태도로, 황공하게도 하찮은 미신微臣의 병을 걱정해주심은 유키치 분에 넘치는 광영, 실로 감사드릴 말을 모르겠다며, 감격에 겨워 눈물을 흘리고 말도 잇지 못하는 상태로 감사의 말씀을 여쭈심에, 듣는 사람으로 하여금 몹시 감동하게 했다."304

나아가 그는 "1900년(메이지 30) '교사校舍를 열어 준재를 육성하고 신저를 펴내 세상 이익에 이바지'한 것을 치하하는 하달 문서와 함께 금 50만 엔을 하사받았다. 선생은 병후의 몸이었으므로 오바타 도쿠지로를 대리로 하여 그 우악하신 분부를 받잡았다." 그때 후쿠자와는 이시카와 간메이에게 "나는 삼가 이것을 받잡고 그 전혀 예상치 못한 일에 놀라 아직 한마디도 할 수 없는데, 집사람도 자식도 옆에서 입을 모아 이 은사금을 하루라도 후쿠자와의 집안에 두는 것은 마음에 죄송스러울 따름으로 분부의 뜻을 명심하여 즉시 게이오기쥬쿠에 바치고 싶다고 말하기에, 그것이 꼭 나의 의중에 부합하여 처자에게 상담할 필요도 없이 즉좌에 기부의 절차를 진행하게 된 것이다. 정말로 망외의 은전, 일신 일가의 영예 더할 나위도 없음"[305]이라는 이야기를 했다. 이시카와 간메이는 이때의 후쿠자와에 대해 5월 16일 「이번 은사에 대한 후쿠자와 선생의 소감」이라는 제목의 『시사신보』 사설을 썼다.

"황송하게도 막대한 은사를 내려주신 것은 유키치에게 분에 넘치는 광영, 감사할 말을 찾지 못하고 감읍할 수밖에 없을 따름 (…) 제실로부터 이러한 우악한 상여를 떠맡을 것이라고는 꿈에도 생각지 않은 바로서 그저 뜻밖의 감격에 견딜 수 없을 뿐. (…) 실로 뜻밖의 영광으로 그저 황공할 따름이다. (…) 더욱더 성은이 무한하기를 감사드리는 동시에, 사뭇 환희의 정에 견딜 수 없는 것이다."[306]

천황과 관련되면 언제나 "감읍"하는 후쿠자와 유키치. "감격에 겨워 눈물을 흘리며 말도 잇지 못하는" 후쿠자와 유키치. "조금이라도 내려다보는 것은 황공하다", "미신微臣", "공손하고 경건한 태도", "성은", "황공할 따름", "분에 넘치는 광영" 같은 말로 포장된 오로지 천황을 두려워하며 복종하는 맨얼굴의 후쿠자와를 어떻게 평가할 것인가. 이미 노년의 병든 몸이었다는 것은 어느 정도 감안하고 평가해도 좋을 것이다.

그러나 초기 계몽기의 후쿠자와와 대비하면 분명히 도를 넘은 모습이다. "총명한 천자, (…) 거룩한 치세, (…) 따위는 (…) 거짓"이라는 현실주의적 인식을 가지고, 한편으로 "일본의 인심은 바로 국왕의 성덕을 믿 (…) 는 시대"라 냉정하게 판단하고, 천황제를 "그것을 유지하여 우리 정권을 보존하고 우리 문명을 전진시켜야 하는" 수단이라 말하면서 그 "우민을 농락하는" 정치적 효용 때문에 후쿠자와는 천황제를 선택했다. 따라서 천황제라는 정치장치의 "대상이 귀한 것이 아니라 그 역할이 귀한 것"이라고 일관되게 공리주의적으로 판단하고 그 정치적 기능 "그 공덕을 무한한 것으로 만들기 때문에 정치사외政治社外라고 하는 것일 뿐"이라며 권력 측에서 볼 때 합리적인 천황제=정치사외론도 구상했다. 이상과 같이 천황제를 자리매김하고 파악하는 후쿠자와의 논리로부터, 설령 병후라고는 해도 그가 천황제의 "존엄신성"에 "혹닉"당할 여지를 찾아볼 수 없다.

다른 한편 "가마쿠라 막부 수립 이래 인민이 왕실을 모르는 것이 거의 700년에 가깝다"는 사실로부터 "새로이 왕실을 흠모하는 충정을 만들어"내는 것은 "매우 어려운 일"이라고 냉정하게 판단했던 후쿠자와는, 천황제를 지배장치로 선택하여 전면에 내세우면서 근대 일본사회에 정착시키기 위해 최대의 노력을 기울인 재야의 지식인이자 사상가였다. 그 때문에 후쿠자와는 『제실론』 이전부터 "제실은 (…) 우리 일본 국민이 모두 함께 받들고 모두 함께 존경·숭배하고 (…) 이에 충성을 다하는 것은 (…) 만민 열중의 지극한 충정"[307]이라는 허위의 주장을 펼치면서 「각서」와는 반대로 "역대에 영명한 천자도 적지 않고, 그 문덕무위文德武威의 여광, 지금에 이르기까지 소멸되지 않음"[308]을 강조했다. 『문명론의 개략』에서 "군신의 길로써 사람의 천성이라고 하고 (…) 이를 사람의 본성이라 하는" 것은 잘못이라고 주장했던 후쿠자와가, 『존황론』 이후 "우리 대일본국의 제실은 (…) 존엄신성 (…) 천하 만민 (…) 이를 숭상한다. 일본 국민 고유의 본성",[309] "제실의 신성을 존경숭배 (…) 이 관습은 국민의 뼈에 스며들어 천성을 이루고, (…) 존숭경애 (…) 오로지 사람들의 본성에 따를 뿐"[310]이라고 전혀 반대의 주장을 전개하게 되었던 것이다.

그 뒤로는 전락의 한 길을 걸었을 뿐이다. "그 주장의 핵심은 천황을 모든 정치적 결정의 세계를 초월한 위치에 둔다"는 것이라는 마루야마의 후쿠자와 천황제론을 냉소하듯이, 청일전쟁이라는 최대의 정치적 무대에서 후쿠자와는 "전가의 보도"를 힘차게 빼어들었다. 이미 살펴본 것처럼 "천황폐하의 위광과 장교 이하의 충성", "3군의 장병은 모두 폐하의 말 앞에서 싸우다 죽을 각오", "하루라도 빨리 폐하의 예려를 덜어드리고 성체를 안심시켜드리는 정신 (…) 이야말로 실로 우리의 만리장성"이라며 목청을 높이고, 천황의 해외출진 가능성을 주장하기까지 했다. 말년에 이르기까지 반복적으로 노동운동과 계급대립에 대한 경종을 울리는 것과 함께 "만세일계, 황위(皇祚)의 왕성함은 하늘 땅(天壤)과 함께 무궁하다. 특히 일반 신민의 제실에 대한 충성은 세계에서 그 유례를 찾아볼 수 없는 바로서, 만약 제실을 위해서라면 생명 또한 아까워할 자가 없다. 하물며 재산쯤이야 오죽하랴"[311]라고 역설했다. 천황제의 존엄신성과 신민의 충성을 위한 후쿠자와의 캠페인은 계속 격화되었다.

필자는 이전 저서 마무리글에서, 사상가 후쿠자와가 말년에 '일신독립'을 "훗날 이루게 되리라"고 공약했던 초기 계몽기 시점이 아니라 "이 일본국을 병력이 강하고 상업이 번성하는 대국으로" 만들어보고 싶다는 "두 번째의 기원"으로부터 자신의 생애를 총괄했다는 점을 보았다. 그 때문에 "전후를 생각하면 아련히 꿈만 같고 감격에 겨워 홀로 우는 수밖에 없다", "바야흐로 이웃나라 지나, 조선도 우리 문명 안으로 포섭되려 합니다. 필생의 유쾌, 실로 망외의 행복으로 생각하옵니다"라는 노골적인 평가가 되고 말았던 것이다.[312] 따라서 "황공할 따름인" "성은"의 메이지 천황에게 "감읍"하여 궁내대신과 동궁장관 앞에서 "감격에 겨워 눈물을 흘리며 말도 잇지 못하는" 후쿠자와의 모습은, 민중에 대한 작위가 아니라 "두 번째의 기원"대로 일본이 제국주의 대국으로 성장했다는 희열 때문에 긴장감도 해이해진 데다 스스로 오랜 세월에 걸쳐 그 존엄신성을 주창해온 천황제 가치관에 도취하고 "혹닉"될 정도로 변해버린 늙은 후쿠자와의 쇠잔한 모습이라는 생각이 든다.

4) 충신 효자의 일상성

맨얼굴의 후쿠자와가 지니고 있었던 충신효자의 태도는 선행연구에 의해 널리 소개되었으므로 여기서는 그것을 인용하는 데 그치고자 한다. "걸핏하면 유학자를 매도한 후쿠자와는 한편으로 실로 '유학의 길을 믿어 의심치 않는 자'였다." 고이즈미 신조는 『후쿠자와 유키치』(岩波新書)에서 "어떤 사람도 후쿠자와의 부모에 대한 효도와 형·누이에 대한 우애의 행실에 나무랄 데가 없다는 사실을 시비할 수 없다"는 후쿠자와 본인의 발언을 인용하여, "늠름한 효자의 한마디는 100년이 지나도 여전히 사람들의 옷깃을 여미게 할 것"이라고 말한다(제8장). 이시카와 간메이의 『후쿠자와 유키치傳福澤諭吉傳』은 가정에서 후쿠자와가 "부친 하쿠스케百助의 유묵을 액자로 걸어놓고 어떤 경우에도 여기에 가볍게 인사하지 않고서는 그 밑에 앉지 않았다"[313]고 전한다. 후쿠자와는 또한 충신 그 자체의 모습을 견지했다.

> "후쿠자와의 출신지역 나카츠번中津藩과의 관계는 메이지유신 이후, 혹은 폐번치현 후에도 매우 농밀했다. 나카츠시학교의 설립·운영을 비롯해 많은 나카츠의 사업에 조언하고 조력했을 뿐만 아니라, 구 영주 오쿠다이라가奧平家의 도쿄 이주나 가계 관리, 젊은 영주 오쿠다이라 마사유키奧平昌邁의 유학까지 보살폈다. '나에게 문벌제도는 부모의 원수와 같은 것입니다'라고 거침없이 말했던 봉건제 비판의 이데올로그 후쿠자와라고는 상상할 수 없는 모습이었다."[314]

"구 영주의 오쿠다이라가에 대해서는 구 영주의 예를 지켜, 새 해 첫머리나 기타 명절에는 정장 차림으로 문안을 드리고 주공의 안부를 묻는 것을 빠뜨리지 않거나,—나카츠번 마지막 영주는 후쿠자와 문하생의 소년인데, 심지어 그 자손에 대해서도 후쿠자와는 구 주종의 예를 흩뜨리지 않았다—처음으로 자신을 미국에 데리고 가주었던 기무라 가이슈木村芥舟(旧摂津守)에 대해서는 평생 옛날 종복의 태도로 정중하게 봉사하기를 게을리 하지 않았다."[315]

"반유교주의는 거의 유키치 평생의 과제"라는 마루야마 마사오, 도야마 시게키, 다나카 히로시 등의 견해가 잘못되었다는 것은 이미 앞에서 후쿠자와의 사상에 의거하여 비판했지만, 그런 평가는 일상 생활 속 후쿠자와의 본모습과도 크게 동떨어진 신화임이 분명하다.

2. 사상가 후쿠자와 유키치는 '전향'한 것인가

　마루야마 마사오는 초기 계몽기의 『문명론의 개략』이 후쿠자와 사상의 "유일한 원리론"이고, 그 "기본 원리는 (…) 말년에 이르기까지 계속 유지되었다"고 주장했다. 이에 대해 필자는 제1장 1절에서 『문명론의 개략』 시점의 주장과 그 후 대일본제국헌법 발포 당시의 논설 「일본 국회의 유래」 및 「국회의 전도」의 주장을 비교하면서 후쿠자와가 ① '권력 편중'의 배척에서 수용으로, ② '천황제'라는 '혹닉'의 배제에서 정치적 이용으로, ③ 변혁의 긍정에서 봉건제의 긍정으로(역사적 현실주의) 크게 전환했음을 밝혔다.

　① '권력 편중'의 배척에서 수용으로: "우리나라 (…) 이 권력의 편중 (…) 널리 그 인간교제 가운데 침투하여 미치지 않는 곳이 없다. (…) 편중의 병을 제거하지 않으면 (…) 문명은 결코 진보하는 일이 없을 것"이라는 주장에서, "우리 국민은 수백천 년 이래 윗사람에게 복종하고 그 제어를 받아, (…) 우리 일본 국민의 특색 (…) 비굴하다고 해도 무기력하다고 해도 능히 간난에 인내 (…) 순량이라는 이름으로 하지 않을 수 없다"는 주장으로, "권력 편중"에 대한 평가가 배척에서 수용으로 180도 역전되었다.

②'천황제'라는 '혹닉'의 배제에서 정치적 이용으로: "역대 천황을 보건대, 그 불명부덕은 일일이 헤아릴 수 없다"고 지적하고, 황학자류皇學者流의 "군신을 사람의 천성이라고 하는 (…) 혹닉"에 단호히 반대하던 후쿠자와가, 『제실론』·『존왕론』의 "제실은 존엄신성 (…) 만민 이를 숭상한다. 일본 국민 고유의 본성"이라는 주장으로 바뀌고, 제국헌법 발포 때는 "제실은 (…) 만세 무궁의 원수로서 세계 중에 가장 고귀하고 가장 편안하고 (…) 실로 비할 데 없는 신성한 국군國君"이라고 찬미하게 되었다.

③ 변혁의 긍정에서 봉건제의 긍정으로: "마치 한 몸이면서 두 인생을 겪는 것 같고 (…) 이른바 지금의 나는 옛날의 내가 아니"라고 하면서 사회변혁을 주장하던 후쿠자와가, 봉건제를 재평가하면서 사회변혁을 부정하고 역사적·유전적으로 형성된 "순종, 비굴, 무기력"한 국민성은 용이하게 바뀌는 것이 아니라는 주장으로 바뀌었다.

즉 『문명론의 개략』으로부터 10여 년 뒤 제국헌법 발포 시의 후쿠자와는 권력 편중, 천황제 인식, 사회변혁과 관련된 자신의 주장을 문자 그대로 완전히 뒤집어버렸던 것이다. 이로써 초기 계몽기의 "기본 원리는 (…) 말년까지 계속 유지되었다"는 마루야마의 주장이 명백하게 파탄되었음을 확인할 수 있었다.

여기서 문제는 후쿠자와의 이 명백한 변심을 사상사적 '전향'으로 파악할지 여부이다. 이 책에서 밝힌 것처럼, 선행연구의 태반이 초기 계몽기 후쿠자와 사상을 그릇되게 전향적으로 해석해왔기 때문에, 전환의 시기에 대한 파악은 다를지언정 후쿠자와의 사상에 대해 싫든 좋든 '전향', '좌절', '역전'이라 부를 만한 현상이 존재했다는 주장

은 모두에게 공통된 바다. 그 점에서는 후쿠자와가 『문명론의 개략』의 기본 원리를 말년까지 유지했다고 주장하는 마루야마 마사오조차 그의 "제국주의자"로의 "전향"을 언급한 적이 있다. 1949년 「메이지 국가의 사상(明治国家の思想)」이 그것이다.

> "이 청일전쟁의 승리에 의해 많은 민권론자의 태도가 바뀌게 된 것입니다. 예를 들어 후쿠자와는 (…) 민권론과 국권론의 내면적 연계를 가장 완벽하게 정식화한 사상가지만, (…) 후쿠자와에게는 일본이 국제적으로 독립을 확보한다는 것, (…) 어떻게 하면 식민지화의 운명을 벗어날까라는 것이 매우 절실한 의식으로 항상 그것만을 생각하고 있었습니다. 그러나 청일전쟁의 승리에 의해 그때까지 그를 납덩이같이 짓누르고 있던 위기의식으로부터 말하자면 홀연히 해방된 것입니다. 그 해방된, 한숨 놓은 기분, 어쨌든 일본의 독립을 확보할 수 있었다는 안심감이 일본의 근대화는 일단 달성된 것이라는 하나의 심리적 착각에 후쿠자와를 빠뜨린 것은 아닌가 생각합니다. 그러나 이 청일전쟁을 계기로 결코 후쿠자와만이 아니라 많은 민권론자가 민권론과 반드시 필연적인 관련을 갖지 않는 국권론의 주장자, 즉 제국주의자로 전향하게 되었습니다."[316]

이 경우, 문제는 "제국주의자로 전향"하기 전 초기 계몽기 후쿠자와의 사상을 마루야마가 "민권론과 국권론의 내면적 연계를 가장 완벽하게 정식화한 사상가"로 파악한 것 자체가 이미 무리였다는 것이다. 제2장 2절에서 소개한 것처럼, 마루야마는 메이지유신 당시 후쿠 자와의 기본적인 과제가 "하나는 일본을 '국민국가'로 만드는 것이 고, 다른 하나는 일본을 '주권국가'로 만드는 것"이었다면서, 그 두 가 지 "동시적 과제"의 "내면적 관련이 가장 선명하게 정식화되어" 있고, "개인적 자유와 국민적 독립, 국민적 독립과 국제적 평등은 완전히 같은 원리로 관철되고 완벽한 균형을 이루고 있다"고 파악했다.

그러나 같은 초기 계몽기 『문명론의 개략』 제10장에서 후쿠자와 는 국제적 평등의 정신으로 외국 "교제에서 천지天地의 공도公道에 의 지한다는 것은 과연 어떤 마음이란 말인가. 세상 물정을 모르기 또한 이만저만이 아니"라는 약육강식의 국제관계인식을 전제로 하여 "일 시동인, 사해형제의 대의와 보국충정, 건국독립의 대의", 즉 마루야마 가 말하는 "국민적 독립과 국제적 평등"은 "서로 어긋나고 서로 용납 이 안 되는"³¹⁷ 것임을 알아야 한다고 말한다. "국가의 독립은 목적이 고 지금의 우리 문명은 이 목적에 도달하는 수단"이라는 일본 근대화 방침을 제시하고 "보국심"이라는 이름의 "일국의 사사로운 이익을 도 모하는 마음 (…) 스스로 사리를 꾀하는 편파적인 마음", 즉 "편파심" 을 선택할 의향을 표명한 것이다. 그것이 몇 번이고 언급한 "우선 일 의 첫걸음으로 자국의 독립을 도모하고 그 외의 과제는 다음 행보로 남겨두고 훗날 이루게 되리라"던 초기 계몽기 후쿠자와가 끝내 도달 한 일본 근대화의 강령적 방침이었다.

그리고 마루야마 마사오의 문하생도 해명한 것처럼, 이 기본적인 방침을 추진하기 위해 후쿠자와 자신은 『문명론의 개략』의 결론으로 서 "국체론 (…) 충신의사忠臣義士의 논의도 (…) 유학자의 논의도 불자의 논의도 (…) 암살을 일삼는 양이攘夷의 무리"의 사상도 "문명의 방편"으로서 총동원할 것을 주장했다. 따라서 초기 계몽기의 후쿠자와는, 마루야마가 주장하는 "국민적 독립과 국제적 평등이 완전히 같은 원리로 관철되고 완벽한 균형을 이룬" 사상이나, "민권론과 국권론의 내면적 연계를 가장 완벽하게 정식화한 사상"을 본래 확립하지 않았고, 또한 그런 주장도 하지 않았다. 또한 마루야마가 원리론『문명론의 개략』의 "핵심적 명제" 혹은 "중핵적 용어"로 주목했던 "권력편중"과 "혹닉"에 대해서도(문하생 이다 다이조는 이 때문에 통한의 심정으로 "마루야마 선생"을 비판했다) 다름 아닌 『문명론의 개략』 제10장에서 "마땅히 부정해야 할 권력 편중 사회에서 배양된 혹닉의 심정"을 "동원·확대하는 길"을 주장했다. 즉 '권력 편중'과 '혹닉'의 배제라는 사상에 국한해도 후쿠자와는 초기에조차 그 주장을 일관되게 유지하지 않았다. 따라서 후쿠자와가 그 "핵심적" 사상으로부터 "제국주의자로 전향"했다는 마루야마의 '전향' 도식은 일단 파탄에 이르렀다.

초기 계몽기 후쿠자와의 사상에—경의를 갖고 바르게—내재화하는 길은, 그가 『문명론의 개략』 제10장에서 "외국으로부터 자국의 독립을 도모하는 것은 원래 문명론 가운데 사소한 하나의 항목에 지나지 않지만…", "인간의 지성이 최고조에 달해서는, 그 기하는 바 본래 원대하여 일국독립 따위의 사소한 일 하나에만 구애되어서는 안 된다. 간신히 타국으로부터 경멸을 모면한 것을 보고 바로 이것을 문명이라고 일컬어서는 안 됨은 논할 여지도 없지만"[318]이라는 말로 '일국독립'의 과제가 "사소한 하나의 항목", "사소한 일"임을 거듭 전제했다는 사실에 착목해야 한다. 더구나 후쿠자와는 "방약무인", "무정잔

혹", "힘이 정의"라는 국제관계를 생각하면 "우선 일본의 국가와 일본의 인민을 보존해야 하고 그런 다음에 여기에 문명의 일도 이야기해야 하리라. 국가가 없고 인민이 없으면 이를 우리 일본의 문명이라고 할 수 없다. 이것이 곧 우리가 이론의 범위를 좁혀 단지 자국의 독립으로써 문명의 목적으로 삼는 의론을 주장하는 까닭이다. 고로 이 의론은 지금의 세계정세를 헤아려 (…) 지금 일본의 절박한 상황에 따라 설명하기 시작한 것이므로 본래 영원미묘한 깊은 뜻(奧蘊)이 있는 것은 아니다"[319]라는 단서까지 달아놓았다. 즉 『문명론의 개략』 당시의 후쿠자와는 "사소한 일"인 자국의 독립 확보를 통해 "우선 일본의 국가와 일본의 인민"의 존재를 확보하는 것을 "최후 최상의 대목적"으로 삼고, "개인의 자유"나 "일신독립"의 확립이라는 "문명의 본지"의 과제는 유보하여 "훗날 이루게 되리라"고 공약했던 것이다.

『시사소언』, 『제실론』을 통해 보수사상을 확립한 직후에 나온 후쿠자와의 발언(그것도 「만언」)이기 때문에 어디까지 그의 본심으로 받아들여야 좋을지 문제는 남지만, 『학문의 권장』에서의 민중계몽의 의도에 대해 후쿠자와는 다음과 같이 적은 바 있다.

"이것 참 난처한 세상이다. 필경 저 향리에 학교를 세우고 집안에 배우지 않는 자제를 없애라고 여쭌 것은 읽기와 쓰기, 주판을 적당히 익혀 촌장의 고시(告示)나 납세의 독촉장 정도의 의미를 알고 그저 그 명에 따르는 양민이 되게 하려고 생각했는데, 근래의 꼬락서니는 무슨 일인고. 머리가 백선균에 감염된 철부지 견습 점원 놈들이 소학독본 2, 3권 정도 읽었을까 생각할 틈도 없이 어른처럼 복장은 어깨에 징근 것을 풀어 제치지, 콧수염은 기르지, 언제 어디서 주워들었는지 아직 젖비린내 나는 주둥아리로 민권이니 자유니 그딴 말들을 퍼뜨리고, 말똥 줍는 일이나 여물 베는 일 같은 자기 직분을 모른 체하고 촌장은 압제를 하여 곤란하다는 등 군수는 공선하는 것이 당연하다는 등 (…) 온 마을을 선동하고, 끝내는 상투를 틀어 올린 노인 양반까지도 꾀어내 주세 감면을 위한 주조업자 회의에 참석해야 한다거나 정치연설의 주최자가 되어야 한다고 하니, 일체 만사 괘씸 천만, 남의 친절을 무로 만들 뿐만 아니라 은혜를 원수로 갚은 꼬락서니, 결국 이대로 내버려둘 때는 대일본국 82개 지방이 지금부터 10년이 지나지 않아 골칫거리 놈들의 소굴이 될 것이다. (…) 옛사람이 말하지 않았던가, 글자를 아는 것은 민권의 시작이라고.”[320]

이에 의하면, 후쿠자와가 『학문의 권장』에서 민중을 계몽하려 한 의도는 그들이 “읽기와 쓰기, 주판을 적당히 익혀 촌장의 고시告示나 납세의 독촉장 정도의 의미를 알고 그저 그 명에 따르는 양민이 되게 하려”는 것이었지, 민중이 “말똥 줍는 일이나 여물 베는 일” 같은 “자기 직분”을 넘어 자유민권운동에 참가해 정치적 주체로서 권리를 주장하게 하려는 것이 아니었다. 그렇게 하는 것은 『학문의 권장』을 통해 교육을 권장 받은 수백만의 빈민이 “은혜를 원수”로 갚는 행위라고 말할 정도였다. 필자는 이것이 『학문의 권장』 당시 후쿠자와의 의도였다고 말 그대로 받아들일 생각은 없다. 그러나 초기 계몽기의 과제가 “일신독립”은 유보하고 “우선 일본의 국가와 일본의 인민”의 존재를 확보하는 것이라는 『문명론의 개략』 제10장의 강령적 방침과는 그대로 맞아떨어진다고 할 수 있을 것이다.

또한 제3장에서 해명한 것처럼, 『학문의 권장』에서 후쿠자와는 하늘이 준 "자유"로서의 '천부인권론'을 주장하지 않았다. 뿐만 아니라, 당시의 일본 인민은 "현존 정부의 법에 따라야 한다고 조약을 맺은 인민"이라는 명백한 허위를 전제로 하여 "국법"은 "조심스럽게 삼가 준수해야 한다", "그 비용(세금—인용자)을 내는 것에 대해 결코 불평한 안색을 보여서는 안 된다", 정부가 "전쟁을 일으켜도 외국과 조약을 맺는 것도 (…) 결코 그 일을 왈가왈부해서는 안 된다"며 정부에 대한 복종의 내면적 자발성만을 인민에게 요구했다. "국가를 위해서는 재산을 잃는 것뿐만 아니라 하나밖에 없는 생명을 내던져도 아깝지" 않은 "보국의 대의"를 일방적으로 요구하는 등, 『학문의 권장』의 사상은 자의적이고 불철저했으며, 당시 일본 인민을 '일신독립'시키는 사상이나 구상과는 거리가 멀었다.

그러나 초기 계몽기 후쿠자와의 사상을 엄중하게 비판적으로 재검토한다면, 이 시기 후쿠자와에게 『문명론의 개략』과 『학문의 권장』이 내면적으로 깊이 연결되어 있었음을 보아야 한다. 따라서 『학문의 권장』이 앞에서 살펴본 것 같은 많은 한계를 가지고 있었던 것은, "자국의 독립" 확보가 『문명론의 개략』의 최우선 과제라는 후쿠자와의 강령적인 기본방침으로부터 말하면 당연한 결과이다. 제2장 2절에서 구키 다카요시에게 보낸 서간과 관련하여 언급한 것처럼, 이 시기 후쿠자와 사상을 대표하는 '일신독립해야 일국독립하는 것'은 한마디로 표현하면 "보국진충" 그 자체였음을 재확인하지 않을 수 없다. 마찬가지로 도미타 마사후미富田正文의 『학문의 권장』 17편을 꿰뚫고 있는 근본주장은 다름 아닌 바로 우리나라에 압박을 가하고 있는 선진 외국에 대해 후진국 일본의 국권 확립을 호소하는 것 그 자체이다"[321]라는 해제는 결과적으로 초기 계몽기 후쿠자와 사상에 적절히 내재화된 해석이 되었다.

선행연구가 필자의 초기 계몽기 후쿠자와 사상 파악과 다른 점은, 그 태반이 이 시기 후쿠자와에게 '천부인권론'의 주장을 주입하여 '일신독립해야 일국독립하는 것'을 "주권국가"와 "국민국가" 수립의 동시적 주장, "계몽적 내셔널리즘의 중핵적 이념은 일신독립", "민권의 확립 위에서만 국권의 확립이 가능해지는 이유", "근대적 국민의식"의 주장이라는 등 후쿠자와를 가장 진보적인 사상으로 덧칠해 왔다는 것이다. 이에 대해 필자는 후쿠자와가 "자국의 독립" 확보는 "사소한 일"이고 "문명론 가운데 사소한" 과제에 지나지 않음을 충분히 알면서도 약육강식의 "지금의 세계정세에서는" "우선 일본의 국가와 일본의 인민을 보존"하는 것이 긴급한 선결과제라고 판단하여 "국가의 독립은 목적이고 지금의 우리 문명은 이 목적에 도달하는 수단이다"라는 강령적 방침을 확정했다고 파악한다. 이어지는 문장에서 후쿠자와는 "이 지금이라는 말은 특별히 의미가 있어 사용한 것이기 때문에 학자들은 등한히 여겨 간과하지 말라. (…) 여기서는 우리의 지위를 현금의 일본에 한정하고 그 논의도 또한 스스로 영역을 좁혀 단지 자국의 독립을 얻게 하는 것으로 보고 잠정적으로 문명의 이름을 붙인 것일 뿐이다. 때문에 지금의 우리 문명이라고 한 것은 문명의 본지가 아니라 우선 일의 첫걸음으로 자국의 독립을 도모하고 그 외의 것은 다음 행보로 남겨두고 훗날 이루게 되리라는 취지이다"라는 단서를 붙였던 것이다.

다시 말해, 선행연구는 이 시기 후쿠자와에게 진보적인 사상을 제멋대로 주입해왔지만, 막상 후쿠자와 자신은 "지금의 우리 문명"의 주장이나 사상은 "문명의 본지"와는 거리가 먼 불충분·불철저한 것이라는 명확한 자각을 가지고 있었다. 그러니까 "일신독립"이나 국내 민주화 등의 과제는 "자국의 독립" 달성 이후의 과제로 삼아 "훗날 이루게 되리라"고 공약했던 것이다. 따라서 초기 계몽기 후쿠자와 사상에 제대로 내재화하기 위해서는 『문명론의 개략』 이후 후쿠자와가 자신의 사상 전개에서 "훗날 이루게 되리라"고 공약한 "문명의 본지"와 관련된 여러 과제의 추구에 어디까지 매달리고, 초기 계몽기의 불충분한 사상을 어떻게 재조합·재편성함으로써 일본의 역사현실 형성에 어떻게 기여했는가라는 관점에서 후쿠자와를 고찰해 나가는 것이 요구된다.

이 책 제2장은 그런 관점에서 근대 일본의 지배적 국가관·인간관을 확정한 대일본제국헌법='교육칙어'의 발포·하사下賜에 이르기까지 후쿠자와가 걸어온 사상의 발자취를 고찰한 것이었다. 자유민권운동과의 조우는 "일국독립"뿐만 아니라 훗날 "일신독립"도 아울러 달성한다는 "문명의 본지" 과제 추구를 공약한 후쿠자와에게, 그것을 이루기 위한 절호의 기회였다. 그러나 위의 「만언」에서 드러난 것처럼 후쿠자와 자신은 민권운동 진영을 "무뢰배의 소굴", "무익한 장난", "바람 앞의 티끌" 같은 존재로 매도하며 명확하게 적대적인 태도를 취했다. 특히 『시사소언』이나 『제실론』을 통해 중기 보수사상을 확립하는 데 도약대가 된 것은, 정치정세가 가장 안정되어 있다고 판단되던 영국에서조차 차티스트운동과 사회주의운동이 고양되는 등 "지금의 서양 제국은 정말로 낭패를 당해 방향을 잃은 것"이라는 『민정일신』의 선진국 인식이었다.

보수사상을 확립하는 이 시기의 후쿠자와 유키치는 초기 계몽기의 발언·인식·주장과 대비하여 명백히 자의적인 발언이나 주장을 내놓기 시작했다. ① "오늘날은 정부도 인민도 오로지 자유의 한 방향으로 나아갈 뿐"이라는 메이지유신 결과에 대한 평가 수정, ② 봉건제도의 재평가, ③ "농사꾼과 수레꾼" 등의 일반대중을 "바보와 병신"이라 칭하고 종교 교화 노선의 대상으로 추방, ④ 지상과제인 "자국의 독립"을 목표로 하는 "국민의 기력", "보국심", "애국심"을 함양하기 위해 크리스트교 보급 반대론을 주장하거나, "권력 편중" 사회에서 형성된 "혹닉"의 심정을 총동원할 것을 제안했다. 『민정일신』에 필적하는 과도기의 저작 『통속국권론』에서는 "백 권의 만국공법은 몇 문의 대포보다 못하고 (…) 대포 탄약은 (…) 없는 도리도 만들어내는 기계다. (…) 각국 교제의 길은 두 가지, 멸망시키든가 멸망당하는 것뿐"이라는 냉엄한 국제관계인식에 입각하여 ⑤ 권모술수적인 보국심 진흥책으로서 외국과의 전쟁까지 권유했다. 이러한 무리한 길을 나아가기 위해 ⑥ 교육은 국가에 의한 '강박교육', 민중에게 "고초동통苦楚疼痛"을 안겨주는 강제 의무교육의 체제여야 했다.

후쿠자와는 초기 계몽기부터 강제 의무교육을 주장하고 있었다. 필자가 여기서 강제 의무교육 선택을 작위로 평가하는 것은, 후쿠자와가 "국민으로 하여금 무리하게 그 자제를 교육하게 하려는 것은 곧 남의 집안 사사로운 일과 관련해 이를 방해하는 것이므로 그 조치는 적절한 것이 아니다"라고 생각하고, 희망자만을 대상으로 하는 초등 교육제도의 존재도 인식하고 있었음에도 "강박교육" 제도를 선택했기 때문이다. 그러나 후쿠자와는 1880년대 전반기 경제적 위기를 맞이하자 "일본국의 재정" 확보를 위해 "인민이 사사로운 목적으로 하는 그 교육에 공적인 자금을 사용하는 것은 원칙(正則)이 아니"라는 방침 아래 "강박교육" 반대를 주장했고, 다시 청일전쟁 승리에 의해 "식산흥업 만반의 설계에 용왕진취勇往進取"할 것을 호소하는 시기가 되자 거꾸로 의무교육 "반대설"에 "대반대의 의견"을 표명했다. 그러나 동시에 "일본 자본주의의 보호자"인 후쿠자와는 공장법에 의해 공장 노동 아동에게 교육의 기회를 보장하려는 메이지 정부의 시책에 반대한다. 즉, 공장에서 일하는 빈민아동의 교육에는 반대한다는 작위의 길을 걸었다.[322]

"공리空理를 경솔히 간과해서는 안 된다"면서 사회진보를 위한 사상의 적극적인 역할을 인식하고 있던 후쿠자와였지만, 중기가 되면 ⑦ "청탁병탄淸濁倂呑"의 역사적 현실주의라는 이름으로 현실추종주의 철학을 주장하게 되었다. 이런 수많은 작위 위에 최종적으로 후쿠자와가 선택한 일본 근대화의 진로는 『시사소언』에서 밝힌 ⑧ 아시아 침략을 포함한 권모술수적 "강병→부국" 노선이었고, 임오군란과 갑신정변 당시의 대응은 그 실천의 제일보였다. 또한 『제실론』에 제시된 정치체제는 ⑨ "우민을 농락하는 (…) 사술"을 본질로 하는 "존엄신성"한 제실을 "인민의 마음을 하나로 결집하는 커다란 중심"에 자리매김하는 교묘한 "정치사외政治社外" 천황제 구상의 확립이었다.

즉 후쿠자와 유키치는 초기 계몽기에 제시한 "우선 일의 첫걸음으로서 자국의 독립을 도모하고 그 외의 것은 다음 행보로 남겨두고 훗날 이루게 되리라는 취지"라는 사회적 공약을 추구하는 방향으로 한 걸음도 나아가지 않았던 것이다. '일신독립'의 과제를 유보한 초기 계몽기의 '천부국권天賦國權·국부인권國賦人權'적 내셔널리즘, 국권론적 내셔널리즘을 재조합하지 않은 채, 중기의 후쿠자와는 제국주의시대의 국민국가에 걸맞는 배외주의적인 천황제 내셔널리즘의 길을 선도해 나갔다. 그 과정에서 후쿠자와 사상에 과연 '전향'이 있었던 것일까.

사상이 사상으로 불리기 위해서는 국가관=인생관에 관한 나름의 체계나 기본적인 윤리구조가 존재해야 할 것이다. "개인 이것은 목적이고, 국가 이것은 수단이다"(나카에 조민)에 표현된 '천부인권天賦人權·인부국권人賦國權'적 '천부인권론'은 분명히 하나의 사상이다. 후쿠자와의 '일신독립해야 일국독립하는 것'은 언어 그대로 해석하면 '일신독립'을 바탕으로 한 '일국독립'의 구상으로서 하나의 사상이 될 가능성을 내포하고 있다. 그러나 초기 계몽기 후쿠자와의 경우 '일신독립'의 과제는 "다음 행보로 남겨두고 훗날 이루게 되리라"고 했기 때문에, 하나의 사상으로 성립하기 위해 꼭 필요한 국가관=인간관을 확립했다고 볼 수 없다.

천황제에 대한 구상도 마찬가지다. 마루야마 마사오는 자신이 '원리론'으로 간주하는 『문명론의 개략』으로부터 "천황을 일체의 정치적 결정의 세계를 초월한 위치에 둔다"는 후쿠자와의 천황제 구상을 끌어내 그 구상이 "말년"까지 "유지"되었다고 주장했다. 그러나 『문명론의 개략』에서 후쿠자와는 그런 구상을 조금도 제시하지 않았다. "문명은 지극히 크고 지극히 넓은 것(至洪至寬)이다. 어찌 국왕(國君)을 받아들일 지위가 없으랴. 국왕도 받아들여야 하고 귀족도 두어야 한다. (…) 국가의 문명에 편리한 것이라면 정부의 체재體裁는 군주제든 공화제든 그 평판을 따지지 말고 그 실질을 취해야 한다"[323]고 했을 뿐이다. 후쿠자와는 천황제의 존재 자체를 명백한 것으로 생각했고, 그것을 "고래로 우리나라에 고유하기 때문에 귀한 것이 아니다. 그것을 유지하여 우리 정권을 보존하고 우리 문명을 전진시켜야 하기 때문에 귀한 것이다. (…) 그 역할이 귀한 것"[324]이라는 정치적 효용의 관점에서 제시했다.

그러나 『문명론의 개략』에서 후쿠자와는 "호겐, 헤이치 이래 역대 천황을 보건대, 그 불명부덕은 일일이 헤아릴 수 없다"는 천황제의 역사적 실태를 지적하고, 덧붙여 "가마쿠라 막부 수립 이래 인민이 왕실을 모르는 것이 거의 700년"이라는 역사적 현실을 바탕으로 황학자처럼 "새로이 왕실을 흠모하는 충정을 만들어 인민으로 하여금 정말로 천황의 적자가 되게 만드는" 것은 "매우 어려운 일로서 거의 가능성이 없는 일"이라고 냉정하게 판단했다. 또한 「각서」에서도 한편으로 "총명한 천자, (…) 거룩한 치세, (…) 거짓이 아니고 무엇이랴"라는 확신 속에서 천황제를 비판하면서, 다른 한편으로 "일본의 인심은 바로 국왕의 성덕을 믿고, (…) 선생을 믿고, (…) 주인을 (…) 장인을 믿는 시대"라고 하여 유신 당시의 일본에 천황제가 필요함을 시사했다. 그러나 초기 계몽기 후쿠자와의 천황제론은 여기까지이고 "천황을 정치적 결정의 세계를 초월한 위치에 둔다"는 구상이나 논의는 전혀 전개되고 있지 않다.

그 위에 후쿠자와는 "권력 (…) 편중의 병을 제거하지 않으면 (…) 문명은 결코 진보하는 일이 없을 것"이라는 중요한 문제를 제기하면서, 약육강식의 냉엄한 국제관계 속에서 일본은 "일신독립" 등의 과제는 훗날에 남겨두고 "자국의 독립" 달성을 "최후 최상의 대목적"으로 삼아야 한다는 『문명론의 개략』의 결론적 주장과 관련하여 "국체론의 완고"함도 "군신의 의"도 "문명의 방편"으로 허용·동원할 것을 요구했다. 즉 초기 계몽기 후쿠자와는, 천황제의 존재를 전제하면서도 그 제도야말로 문명의 진보를 저해하는 "권력 편중"이나 "혹닉"을 낳을 가능성이 있고, 또한 "700년"의 공백을 생각하면 "새로이 왕실을 흠모하는 충정을 만드는" 것도 곤란하기에, 적어도 황학자들처럼 "군신을 사람의 본성"이라고 생각하는 데는 적극적인 반대의 뜻을 가지고 있었다. 따라서 "자국의 독립" 확보라는 최우선의 지상과제를 위해 그 천황제를 마루야마가 말하는 "정치적 결정의 세계를 초월한 위치에 두는" 것을 포함하여 구체적으로 어떻게 이용해 나갈 것인가는 아직 미완의 과제였다.

다시 말해, 초기 계몽기 후쿠자와에게 천황제에 관한 나름의 체계적 사상은 아직 구상되지 않았던 것이다. 따라서 그 초기 계몽기부터 "우민을 농락하는" 천황제 구상을 적극적으로 제시하게 되는 중기까지 후쿠자와 사상의 발자취를 '전향'이라고 부를 수는 없다.

그럼에도 후쿠자와 사상의 발자취에 '전향'이라 부르고 싶을 만큼 두드러진 '변모'가 수없이 보이는 것은 분명한 사실이다. 『학문의 권장』에서 "교육을 통한 입신출세"를 주창하며 일약 유명해진 후쿠자와가 "오로지 교육에 의해 귀천빈부가 결정된다"는 교육 만능론을 부정할 뿐만 아니라 심하게 매도할 정도로 변모한 모습은 제3장에서 살펴보았다. 같은 『학문의 권장』 제11편에서는 "봉건시대 토목공사 담당 장관이 목수에게 자기 몫을 내놓으라고 채근하고, 회계 담당 관리가 납품 상인에게 뇌물을 취하는 일은 300제후의 집안에 거의 정식의 법칙과 같다"고 적어, "진충보국"이라거나 "주인의 말 앞에서 싸우다 죽기까지 한다"는 식으로 "야단스럽게 선전하는" "충신의사"의 위선과 사이비 군자의 면모를 조소했다.[325] 그런 후쿠자와가 중기 이후에는 일본 중산계급의 "도덕의 표준"으로 "진충보국"을 주장하게 되고, 청일전쟁에 즈음해서는 "3군의 장병은 모두 천황의 말 앞에서 싸우다 죽을 각오로써 달리 신명을 되돌아볼 여유가 없다"[326]고 큰소리치게 된 것을 『후쿠자와 유키치의 아시아 침략사상을 묻는다』에서 살펴보았다.

더구나 『학문의 권장』 제11편에서 "하나같이 인간의 교제라고 이름하는 것은 모두 어른과 어른의 동아리이고 타인과 타인의 교제이다. 이 동아리 교제에 부모자식의 방식을 이용하려 해도 역시 어렵지 않겠는가. (…) 타인과 타인의 교제에는 정실을 이용할 수 없다. 반드시 규칙·약속이라는 것을 만들어…"[327]라면서 근대적인 인간관계 형성의 중요성을 주장했던 후쿠자와지만, 산업혁명기에 노동자 보호입법인 공장법 제정에 반대하기 위해 그가 전개한 것은 '지주–소작인 같은 노사관계론'이었다. 후쿠자와는, 일본에서는 서양 제국과는 달리 "고용주와 고용인의 관계"에 "이를 데 없는 미풍"이 있고 양자의 관계가 "매우 원활"[328]하므로 양자의 관계를 법으로 규제하지 않아도 좋다고 주장했다. 여기서 말하는 "일종의 미풍"이란 "정의情誼가 따뜻하기로 부모자식 같고 또한 친척 같다"는 "대지주와 소작인 관계"[329]의 온정주의 인간관계이다. 후쿠자와는 전근대적 인간관계 존속을 근거로 근대적 자본제 공장제도의 노동자 보호입법에 반대하는 "일본 자본주의의 수호자"로 변모해 있었던 것이다.

이렇게 백팔십도 전환한 것처럼 보이는 후쿠자와의 변모를 어떻게 평가할 것인가. 이 문제를 살펴보기 전에 후쿠자와 유키치가 자신은 초기 계몽기부터 "전향"이나 "좌절" 따위는 하지 않았다고 주장한 흥미로운 사례를 검토해보자.

1883년 7월 하순, 민권운동 진영의 『조야신문』에서 후쿠자와의 주장이 변절이라고 지적하는 비판이 나오자, 후쿠자와는 이에 대한 반론으로 나흘에 걸쳐 「조야신문에 답하다」, 「세태론 시사신보에게 드린다」는 두 편의 글을 발표했다. 여기서 그는 자신의 소론所論은 초기 계몽기부터 일관성을 유지해오고 있다고 주장한다. 「조야신문에 답하다」에서는 "조야신문은 (…) 추측건대 어쩌면 이 사람의 지론인 군비확장의 일을 좋아하지 않는 것 같다. (…) 이 사람 불민하다고는 해도 이런 무리한 지적에 쓸데없는 말대꾸를 하지는 않는다. 그렇지만 이 사람은 군비확장으로 태산·북해와 같은 엄청난 무리를 하지 않는다. 할 수 없는 것이 아니라 하지 않는 것임을 알아야 한다"고 지적하고, 증세에 대해서는 "이 사람의 주장에 이의가 있으면 (…) 그 잘못된 곳을 가르쳐달라"[330]고 되받아치며 다음과 같이 썼다.

"「시사신보를 읽는다」라는 논고를 보면서 이 사람이 가장 웃음을 참지 못한 한 가지 일은, (…) 후쿠자와 선생의 저작 『학문의 권장』 제3편(1873년 12월 출판), 제4편(1874년 1월 출판), 제5편(1874년 1월 출판) 가운데 「국가는 동등하다, 일신독립해야 일국독립하는 것」, 「학자의 직분을 논하다」, 「1874년 1월 1일 게이오기쥬쿠 사내에 고하는 말」 등의 논설에서 문구 일부를 발췌하여, 10년 전 후쿠자와 선생이 시사를 논한 주장과 10년 후 시사신보가 논술한 주장은 뭔가 크게 반대되는 바가 있는 것처럼 언급하고, '선생의 탁론으로써 시사신보의 기설을 논박하고, 그 엉터리를 지탄하기에 충분하다. 자신의 비수로써 자신의 목을 찌르는 자는 시사신보 기자가 아니고 누구인가'라며 우쭐거리고 스스로를 속이고 남을 속이려 하는 그것이다."

여기에 계속하여 『학문의 권장』 제3, 4, 5편의 줄거리를 되풀이한 뒤 후쿠자와는 "그런데도 조야신문은 『학문의 권장』 몇 편과 우리 시사신보를 대조 숙독하여 무슨 도리에 맞지 않는 내용이라도 찾아냈다고 말하려는 것인가. 실로 기괴천만한 속임수 생각이라 해야 할 것이다"[331]라고 적어, 『학문의 권장』에서 『시사신보』 논설로 이어지는 자신의 주장이 일관된 것이라고 주장했다.

이것으로도 마음에 차지 않았는지 후쿠자와는 '고쿠로센반五九楼千蚤'이라는 필명으로 「세태론 시사신보에게 드린다」라는 글을 집필하여 『학문의 권장』 때부터 1883년까지 일관되게 유지한 자신의 논리는 다름 아닌 '국권론'임을 다음과 같이 설명했다.

"나의 소견으로는 선생의 10년 전의 의론도 오늘날 시사신보의 주장도 (…) 그것이 귀결되는 바는 국권확장에 있다. 오늘날 시사신보의 주장도 같은 점에 있기 때문이다. 선생이 품고 있는 필생의 심사는 국권확장 일점에 귀결되고, (…) 결국의 목적은 그저 국권의 일점에 있을 뿐이다. (…) 그러니까 10년 전 후쿠자와 선생이 『학문의 권장』을 펴내고 오늘날 시사신보에서 국권확장의 일을 논하는 것도 그 목적은 추호도 어긋나는 바를 보지 못할 뿐이다."[332]

나아가 "사소한 내부의 작은 이해에 구애되어 외부에 대한 국가 전체의 큰 이해를 간과하는 일은 없어야 한다. 그렇게 해서는 국민 최상의 목적인 국권확장의 주장에 어긋나는 것이다"[333]라며 『시사소언』의 서언을 인용하면서 새삼스럽게 국권확장의 의론과 관민조화의 필요성을 되풀이해서 주장했다.

이 논쟁을 어떻게 이해할 것인가. 초기 계몽기 후쿠자와에게 '천부인권론' 등의 진보적인 사상을 '주입'해온 선행연구들의 견지에서 보면, 1883년은 이미 후쿠자와가 『시사소언』과 『제실론』으로 보수사상을 확립한 시기이므로 상식적으로는 민권운동 진영으로부터 보수화된 자신에 대한 비판이 제기되자 뭔가를 무리하게 감추고 자신의 보수화를 부정하거나 변명하는 반론을 제출한 것이라고 추측할 수 있을 것이다. 그러나 필자는 당연히 그런 입장을 취하지 않는다. 필자는 이 책에서 '일신독립해야 일국독립하는 것'이라는 정식의 본질적 의미가 "국가를 위해서는 재산을 잃는 것뿐만 아니라 하나밖에 없는 생명을 내던져도 아깝지" 않은 "보국의 대의"(진충보국)임을 밝혔고, 또한 『문명론의 개략』의 결론적 주장으로서 후쿠자와가 "자국의 독립" 확보를 "최후 최상의 대목적"으로 설정하고 "일신독립"의 과제는 "다음 행보로 남겨두고 훗날 이루게 되리라"고 공약한 사실을 바탕으로, 초기 계몽기 후쿠자와가 '천부국권·국부인권'론적 내셔널리즘, 국권론적 내셔널리즘밖에 주장하지 않았음을 해명했다.

앞서 살펴본 후쿠자와의 반론과 관련하여 말하면, 이상의 사실은 후쿠자와가 『학문의 권장』 제3편 「국가는 동등하다, 일신독립해야 일국독립하는 것」을 쓴 이래 일관되게 "그저 국권의 일점", "국권확장의 일점"을 주장해왔다는 것, 즉 초기 계몽기 이래 자신의 사상에 '전향'이나 '좌절'은 없었다는 후쿠자와의 증언과 부합된다. 그렇다면 앞에서 살펴본 후쿠자와의 반론 혹은 변명에 필자는 전면적·기본적으로 찬성과 지지를 보내는 것인가? 당연히 아니다. 역시 후쿠자와는 결정적으로 중요한 사실을 감춘 채 자신의 보수화를 부정하거나 변명하고 있기 때문이다.

말할 것도 없이, 후쿠자와가 감추고 있는 것은 『문명론의 개략』 종장 말미에서 "우선 일의 첫걸음으로서 자국의 독립을 도모하고 그 외의 것은 다음 행보로 남겨두고 훗날 이루게 되리라"고 공약한 사실, 아울러 그 이후 "외국으로부터 자국의 독립을 도모하는 일은 원래 문명론 가운데 사소한 하나의 항목에 지나지 않"는다는 자신의 역사관을 완벽하게 배신하고 오로지 "일국독립 따위의 사소한 일" 하나에만 구애되어서 "그저 국권의 일점", "국권확장의 일점"이라는 "사소한 하나의 항목"만을 한결같이 추구하고 "일신독립" 같은 "문명의 본지" 추구를 방치하고 게을리해왔다는 사실이다. 바로 이런 사상적 발자취의 필연적인 결과로서, 후쿠자와는 앞에 든 『조야신문』의 비판을 넘어 동시대인으로부터 일본을 "강도국強盜國으로 만들려 획책하는" 발자취는 "구제받을 수 없는 재앙을 장래에 남기게 될 것"이라는 비판을 받아야 했다.

그러나 그 과정을 사상의 '전향'이라고 부를 수 있을까? 당연히 아니다. '일신독립해야 일국독립하는 것'이라는 정식에 대해 마루야마 마사오를 필두로 한 선행연구가 해석한 바(천부인권론, 근대적 국민의식 등)가 오독이 아니었다면, 후쿠자와는 중기 보수사상의 확립을 향해 '전향'한 것이라고 결론지어도 좋을 것이다. 하지만 초기 계몽기 후쿠자와는 "일신독립"의 과제를 유보한 채 "훗날 이루게 되리라"고 공약했을 뿐이다. 스스로 내세운 공약을 실현하기 위해 한 걸음도 나아가지 않았던 것, "지금의 나와 옛날의 나는 마치 두 사람 같다"거나 "한 몸이면서 두 인생을 겪는 것 같은" 사회적 변혁의 추진을 포기한 지점에서 사상가 후쿠자와 유키치는 그 어떤 비난을 받아도 마땅하다. 그럼에도 이는 사상의 '전향'이라 평가할 만한 것은 아니었다. 바로 이것이 제3장에서 후쿠자와의 초기 계몽기 사상을 "미발未發의 사상"으로 재인식한 이 책의 입장이다.

마지막으로 마루야마 마사오 등과는 달리 국민국가론의 입장에서 「탈아론」으로 넘어가는 후쿠자와의 발자취는 '전향'이라 볼 수 없다고 주장한 예를 살펴보겠다. 역사학자 아스카이 마사미치飛鳥井雅道는 『일본 근대 정신사의 연구』에서 "후쿠자와에게 그것은 '전향'이 아닌 내적 필연이었다"[334]라는 글을 남겼다. 아스카이와 같은 나이의

니시카와 나가오는 아스카이의 직관적 주장을 부연하면서 "「탈아론」은 『문명론의 개략』의 문명 개념의 논리적·필연적 귀결"[335]임을 지적했다. "후쿠자와는 문명 개념을 깊이 이해하고 문명과 미개라는 이분법을 역사적 필연으로서 전면적으로 받아들인 결과, 스스로 「탈아론」으로 가는 길을 준비했다. 그것은 서구의 문명 개념이 식민지주의로 이어진 것과 궤를 같이한다."[336]

『문명론의 개략』, 혹은 초기 계몽기 후쿠자와의 국제관계인식에서 「탈아론」으로 넘어가는 사상적 발자취에 '전향'은 없었다는 결론에 필자도 동의한다. 국민국가론의 사상적·이론적 틀에서 이야기하면, 『문명론의 개략』의 문명론 이해가 일본의 제국주의적 진출의 길로 이어졌다는—예정조화적 경향이 있는—파악은 당연한 것으로 받아들일 수 있을 것이다. 다만 후쿠자와 유키치 연구로서는, 이 이론 틀에 후쿠자와 사상에 대한 내재적 고찰을 바탕으로 한 사상가 후쿠자와의 발자취와 그 주체적 책임을 묻는 분석이 보태질 필요가 있다는 점을 덧붙이고 싶다.

3. 마루야마 마사오의 후쿠자와 유키치 평가
—사상가의 주체적 책임에 대한 일관적 무시

1) 후쿠자와의 중일 문명 비교론
—하시카와 분조와 마루야마 마사오

하시카와 분조橋川文三는 「후쿠자와 유키치의 중국문명론」이라는 글에서 『문명론의 개략』 제2장의 중일 문명 비교에 대해 논하고 있다. 이 주제는 마루야마 마사오 역시 문제 삼았던 부분인데, 하시카와의 글은 원래 마루야마를 비판하고자 쓴 것은 아니었지만 결과적으로 『문명론의 개략』을 후쿠자와의 '원리론'으로 파악하는 마루야마에 대한 비판이 되었다. 먼저 후쿠자와가 "지나와 일본의 문명 차이"를 언급한 부분을 읽어보자.

"순연한 독재정부 또는 신정神政정부라고 일컫는 것은, 군주가
고귀한 근거를 오로지 하늘이 내려준 것으로 돌리고, 지존至尊의
지위와 지강至强의 권력을 하나로 합쳐 인간 교제를 지배하고 깊
숙이 인심의 내부를 침범해 그 방향을 결정하는 것이므로, 이 정
치 아래 있는 자는 사상이 향하는 곳이 필히 한쪽으로 치우치고
가슴속에 여유를 남기기 않아 그 심사가 항상 획일화되지 않을

수 없다. (…) 획일화된 주장을 유지하면 그 주장의 성질은 설령 순정선량해도 이에 의해 결코 자유의 기풍이 생길 수 없다. 자유의 기풍은 그저 많은 일과 쟁론 가운데 존재하는 것임을 알아야한다. (…) 우리 일본에서 (…) 상당히 먼 옛날(中古) 무가시대에 이르러 점차 인간 교제의 제도를 무너뜨려 지존이 반드시 지강이 아니고 지강이 반드시 지존이 아닌 추세가 되고, 민심이 느끼는 바에 지존의 관념과 지강의 관념은 자연히 구별되어 마치 가슴 속에 두 가지 대상을 품고 그 움직임을 허용한 것과 같다. (…) 신정존숭神政尊崇의 관념과 무력압제의 관념, 거기에 도리의 관념이 뒤섞여 3자 각각 강약이 있을망정 어느 하나로는 그 권력을 제멋대로 행사할 수 없다. 이것을 제멋대로 할 수 없으면 그때에 자연히 자유의 기풍이 생기지 않을 수 없다. 이것을 저 지나인이 순연한 독재의 한 군주를 우러러보고 지존과 지강의 관념을 하나로 합쳐 외곬의 심신에 혹닉하는 것에 비하면 너무 달라 비교가 안 된다. 이 한 가지에 관해서는 지나인은 사상이 빈약한 자이고 일본인은 이것이 풍부한 자이다. 지나인은 무사無事하고 일본인은 다사多事하다. 심사가 번다하여 사상이 풍부한 자는 혹닉의 마음도 스스로 담백하지 않을 수 없다. 독재의 신정정부이므로 (…) 점점 주군을 신성시하고 점점 어리석음에 빠지는 것이다. 현재 지나 같은 경우는 바로 이 풍조를 이루었다고 해도 우리 일본에서는 단적으로 말해 그렇지 않다. (…) 이처럼 지존의 관념과 지강의 관념이 서로 균형을 이루어 그 사이에 여유를 남기고 조금이나마 사상의 움직임을 가능하게 하고 도리가 작동할 수 있는 단서를 연 것은 우리 일본의 우연한 요행이라고 하지 않을 수 없다. (…) 지존과 지강이 서로 합일하여 인민의 심신을 동시에 침범한 일이 있으면 도저히 지금의 일본은 있을 수 없다. 혹은 오늘날에 와서 저 황학자류의 주장처럼 제정일치로 나아가는 취지로 세상을 지배하는 일이 있으면 훗날의 일본 또한 없을 것이다. 지금 그렇지 않은 것은 우리 일본 인민의 행복이다. (…) 서양의 문명을 받아들임에 있어 일본은 지나보다도 쉽다고 해야 할 것이다."[337]

하시카와 분조는 "학문적으로 실증되지 않은 것이 그대로 전제되어 있다는 의심이 짙다"며, 이 "중일 문명의 비교와 평가 자체가 도저히 의문 없이 받아들이기 어려운 것", "상당히 공상적인 생각"[338]이라는 비판을 다음과 같이 전개했다.

예컨대, 앞의 인용문에 "지존至尊의 지위와 지강至强의 권력을 하나로 합쳐 인간 교제를 지배하고 깊숙이 인심의 내부를 침범해 그 방향을 결정하는 것"이라는 어구가 있다. 말할 나위도 없이 후쿠자와가 중국사회의 본질과 구조를 가리키는 표현으로 사용한 것인데, 현재 우리들이 읽을 때 이는 오히려 근대국가 일본의 구조적 특성을 지적한 것으로 생각되지 않는가. 적어도 흠정헌법과 '교육칙어'에 의해 형성된 일본 국가야말로 "깊숙이 인심의 내부를 침범해 그 방향을 결정"한 것에 다름 아니었고, "이 정치 아래 있는 자는 사상이 향하는 곳이 필히 한쪽으로 치우치고 가슴속에 여유를 남기기 않아 그 심사가 항상 획일화되지 않을 수 없"는 것도 바로 일본 신민의 정신구조를 지적한 것으로 보이지 않는가. 바꾸어 말하면, 일본의 '근대화'를 가능하게 한 것은 후쿠자와의 논리와는 정반대로 일본에서 권력 혹은 가치의 일원적 집중—후쿠자와의 말을 빌자면 '신정정부'의 형성이 용이했다는 것, 즉 "지존과 지강의 관념을 하나로 합쳐 외곬의 심신에 혹닉"하게 하는 것—이 용이했다는 점에서 구해야 할 뿐, 그 반대는 아니었다고 봐야 하지 않을까.[339]

여기서 하시카와 분조는 마루야마 마사오처럼 후쿠자와 유키치가 "흠정헌법과 교육칙어에 의해 형성된 일본 국가"에 적극적으로 동의하고 흠정헌법 발포 직후의 「일본 국회의 유래」에서 "권력 편중"과 "혹닉"에 의해 형성된 "일본 신민의 정신구조"를 오히려 일본의 근대화에 유리한 조건으로 평가했다는 사실을 완전히 놓치는 중대한 실수를 저질렀다. 그러나 마루야마가 "지나와 일본의 문명 차이"에 관한 후쿠자와 유키치의 분석을 시종일관 지지하고 높이 평가한 반면, 하시카와는 이 분석을 "공상적"이라며 물리치고 있다는 점이 대조적이다. 하시카와의 견해부터 살펴보자.

후쿠자와가 일본의 문명 적성에 대해 희망적인 평가를 내린 것과 정반대로 어떤 중대한 실수가 있었다고 봐야 할 것이다. 바꾸어 말하면, 후쿠자와는 일본에 대해 사회적 가치관계의 복잡화에 따른 '자유의 풍조'의 추상적 가능성을 강조했지만, 반면에 그 '자유'를 뒷받침할 사회집단과 개인의 자립적 형성이 현실적으로 얼마나 곤란했는가라는 사회적 실태에는 주목하지 않았다. 그리고 거꾸로 중국에 대해서는 그 전통적·정태적 가치체계의 거대한 중압이 문명화를 완강하게 저지하고 있음을 예리하게 꿰뚫어보았지만, 오히려 그 저지요인의 강대함이 사회적 현실의 저층으로부터 진행될 근대화의 철저성을 보장하게 되리라는 점에 대해서는 어떠한 비전도 갖지 못했다.

하시카와는 이러한 견해를 보강하기 위해 중국문학자 다케우치 요시미竹内好의 「일본인의 중국관(日本人の中国観)」을 인용한다. "듀이(John Dewey, 1859~1952)에 의하면, 일본은 전통의 압력이 적었기 때문에 용이하게 유럽의 기술을 받아들일 수 있었지만, 그 때문에 반대로 오래된 것이 근저에 온존되었다. 중국은 전통의 저항이 격렬했기 때문에 근대화의 시기가 늦어졌지만, 그 때문에 오히려 변혁이 철저해지고 국민 심리의 혁신이라는 본원적 기반에 설 수 있었다."

이 하시카와의 후쿠자와 평가에 대해서도, 필자는 후쿠자와가 "개인의 자립적 형성이 현실적으로 얼마나 곤란했는가라는 사회적 실태에는 주목하지 않은" 것이 아니라, "자국의 독립" 확보라는 우선적인 과제를 위해 "일신독립"이라는 "문명의 본지"를 유보한 채 결국 그 방향으로 한 걸음도 나아가지 않았던 사실을 놓치고 있음을 간과할 수 없다. 그러나 그 후의 '항일 8년전쟁'에서 중국혁명의 성공에 이르는 경과를 시야에 넣으면, 후쿠자와의 "지나와 일본의 문명 차이" 비교는 틀린 것이라고 판단했던 하시카와의 견해를 지지하게 된다.

다음으로, 후쿠자와의 "지나와 일본의 문명 차이" 분석을 시종일관 지지했던 마루야마의 견해를 살펴보자. 마루야마는 『문명론의 개략』 제2장에서 인용한 앞의 문장을 들어 "일본이 동양에서 가장 일찍 근대화의 길을 걷기 시작하고 그로써 지나와 같은 국제적 운명을 벗어날 수 있었던 가장 깊숙한 사상적 근거를 후쿠자와는 여기서 보았던 것이다"[340]라고 주장했다. 후쿠자와가 일본이 아시아에서 "가장 일찍 근대화"의 길로 나아간 반면, 중국은 식민지 지배와 제국주의 침략을 받게 되는 차이의 "가장 깊숙한 사상적 근거"를 "일본 신민의 정신구조"에서 찾았다는 해석이었다. 그러나 하시카와가 이들의 "구조적 특성"이나 "정신구조"와 관련하여 후쿠자와의 "중대한 실수"를 나름대로 문제 삼았던 데 비해, 마루야마는 그런 "구조적 특징"이나 "정신구조"와 관련된 사상가 후쿠자와의 주체적 책임을 일절 무시하고 있다.

그 예로 『문명론의 개략』을 주제로 한 마루야마 말년의 저작 『『문명론의 개략』을 읽는다』를 보자. 마루야마 또한 정신적 권위와 정치적 권력의 분립이 바람직하다는 "견해가 자연히 메이지 이후 형성된 국체에 대한 비판이 되고 있습니다. 지강과 지존이 제도적으로 하나가 된 것이 바로 메이지 천황제 국가이지요"[341]라고 지적한다. 그리고 후쿠자와의 중일 문명론에서 "현재 지나 같은 경우는 바로 이 풍조를 이루었다고 해도 우리 일본에서는 단적으로 말해 그렇지 않다"는 부분을 인용하고 나서 "그렇지만 근대 일본의 이후의 운명에서 후쿠자와의 명제는 실로 얄궂어집니다. 우리 일본의 경우 '단적으로 말해 그렇지 않다'는 말이 사실이 아니게 된 것입니다. 「군인칙유軍人勅

諭」가 여러분에게는 낯설겠지만 우리들 세대는 모두 암송해야 하는 것이었습니다. 그 「군인칙유」에 보면 '짐은 그대들 군인의 대통수大統帥'라 하고, 그래서 앞으로는 짐이 친히 병마지권을 잡는다, (…) 대원수 폐하로서 병마의 대권을 잡고 그 위에 메이지 국가가 구축된다고 합니다. 「군인칙유」는 이 『문명론의 개략』이 나온 뒤 1882년(메이지 15)에 발포됩니다"[342]라고 해설한다.

마루야마는 계속해서 후쿠자와의 "지존과 지강이 서로 합일하여 인민의 심신을 동시에 침범한 일이 있으면 도저히 지금의 일본은 있을 수 없다. 혹은 오늘날에 와서 저 황학자류의 주장처럼 제정일치로 나아가는 취지로 세상을 지배하는 일이 있으면 훗날의 일본 또한 없을 것"이라는 부분을 인용한다. "바로 패전까지 근대 일본의 현실은 꼭 위에서 '훗날의 일본 또한 없을 것'이라고 후쿠자와가 가정법으로 언급한 방향으로 나아갔습니다. 이전에 전쟁 중에 읽었을 때는 이 부분에서 실로 뼈에 사무치는 마음이 되었습니다. (…) 쇼와昭和의 국체론은 다시 제정일치로 되돌아옵니다. (…) 하야시林銑十郎 내각을 통칭 제정일치 내각이라고 합니다. '나의 낙관은 경솔했던가'라고 천상에서 후쿠자와가 중얼거리고 있는 건 아닐까, 당시 나는 생각했습니다."[343]

후쿠자와의 실제의 정치적 역할에 대해 모르는 사람은 무심코 지나칠지도 모른다. 그러나 우리는 후쿠자와가 "지강과 지존이 제도적으로 하나가 된" 대일본제국헌법='교육칙어' 체제의 "메이지 천황제 국가"에 적극 동의하고, "대원수 폐하로서 [천황이] 병마의 대권을 잡"은 「군인칙유」의 황군 구상을 포함한 황학자류의 천황제론을 널리

선전해 신권적 천황제 국가를 강력히 떠받쳐왔다는 사실을 알고 있다. 이런 근대 일본의 역사적 현실로부터 사상가 후쿠자와 유키치의 주체적 책임을 완전히 분리하여, 그를 일관되게 "천상"에 떠받드는 마루야마의 주장은 놀랍기 그지없다.

하긴 이 정도는 마루야마 사상사학에서는 시작에 불과하다. 마루야마는 후쿠자와의 논설 「안녕책」으로부터 그가 "전형적인 시민적 자유주의"를 지향했다는 결론을 이끌어냈는데, 그 「안녕책」이 나오고 불과 3개월 뒤 '교육칙어'가 '하사'되었던 시점으로 돌아가 후쿠자와가 생애 "일관되게 배제한 것은 이러한 (경제·학문·종교 등) 시민사회 영역에 대한 정치권력의 진출 내지 간섭이었다"라고 하는 마루야마의 후쿠자와론을 다시 한 번 검증해보자.

2) '교육과 종교의 충돌' 논쟁과 「신도는 제천의 고속」 사건

1890년 10월 말 '교육칙어' 발포로부터 석 달이 채 지나지 않은 1891년 1월 9일, 제1고등중학교(제1고등학교의 전신)에서 역사상 유명한 '불경사건'이 발생했다. 전날 문부성에서 수령한 메이지천황 무츠히토睦仁의 서명이 들어 있는 '교육칙어' 등본을 강당 단상에 차려놓고 교직원과 학생이 한 사람씩 등단해 가장 공손한 최경례最敬禮의 배례를 할 때, 크리스트교도인 촉탁강사 우치무라 간조가 이 우상숭배 의례를 거부한 것이다. 그는 곧바로 권고사직을 당했고, 2월 하순에는 우치무라 사건 처리에 노력했던 같은 크리스트교도인 기무라 슌키치木村駿吉(1866~1938) 교수도 학교에서 쫓겨났다. 당시 20만 명으로 추산되던 크리스트교도들은 교육칙어와 어진(御真影)을 적극적으로 숭배하는 태도를 보이지 않았기 때문에 각지에서 불경사건이 적발되었다. 이듬해 1월에 구마모토熊本 영학교英学校 사건에서는 박애세계주의를 주장한 직원이 해직되었고, 2월에는 구마모토 현내 두 개 고등소학교에서 학생이 교육칙어와 어진에 불경을 저질렀다는 이유로 퇴학처분을 당했다. 우에무라 마사히사植村正久(1858~1925), 혼다 요이치本多庸一(1849~1912) 등 8명의 크리스트교도는 각 신문사에 사건에 대한 공개장을 보냈고, 다른 한편 불교 관계 잡지가 우치무라와 크리스트교도에 대한 공격을 개시하면서 사건의 파문은 점점 더 커졌다. 이는 1892년 11월 『교육시론教育時論』에 「칙어연의勅語衍義」의 저자이자 제국대학 문과대학 교수인 이노우에 데츠지로井上哲次郎(1856~1944)가 크리스트교는 반反국체적이고 '교육칙어'의 국가주의 정신에 모순된다는 담화를 게재한 것을 발단으로 '교육과 종교의 충돌' 사건 대논쟁으로 발전하게 되었다.[344]

우치무라 간조가 1893년 3월의 같은 잡지에 "칙어를 향해 머리를 조아리지 않으면 칙어를 실행하지 않는다니, 불경 어느 쪽이 더 큰가"라고 묻는 「문학박사 이노우에 데츠지로 군에게 드리는 공개질문장」을 발표한 것을 필두로, 우에무라 마사히사, 혼다 요이치, 오니시 하지메大西祝(1864~1900), 요코이 도키오横井時雄(1857~1927) 등이 잇달아 이노우에에 대한 반격을 시도했다. 이노우에도 「교육과 종교의 충돌」(이는 28종의 정기간행물에 전재되었다), 『교육과 종교의 충돌』, 「충돌론의 미혹을 풀다」 등의 논저로 반박했다. 『고쿠민노토모』의 언론인 도쿠토미 소호德富蘇峰(1863~1957)나 영문학자 하시모토 고로橋本五郎 등이 이노우에를 공격하는 데 동참했고, 이노우에 엔료井上円了(18581~1919), 무라

카미 센조村上專精(1851~1929) 등의 불교도가 이노우에의 주장에 힘을 보탰다. 우에무라 마사히사가 『복음주보』에서 천황 어진과 '교육칙어'에 대한 경례를 "어린애 장난과 비슷한 것"이라고 비난하면서 제국헌법 아래 신교의 자유에 대한 국가권력의 노골적인 개입이 초래되었고, 이 잡지는 발행정지처분을 받았다.

후년(1898년)에 문예평론가 다카야마 조규高山樗牛(1871~1902)는 「메이지 사상의 변천」이라는 글에서 이 충돌 논쟁에 대해 "사실관계에서 볼 때, 크리스트교도의 세력은 이로부터 갑작스럽게 기세가 꺾이고, (…) 종래의 세계주의를 버리고 그 주장을 국가주의에 조화시키려 애쓰는 사람에 지나지 않게 되었다. 크리스트교의 영합주의는 이로부터 점차 분명해졌다. 이에 반해 국가주의의 도덕은 이 논전을 통해 그 교육상의 기초를 다지고 그 세력이 비상하여 널리 사회의 사방에 미쳐 점차 일세의 사상을 통일하는 길에 들어섰다"고 총괄했다. 이처럼 '교육과 종교의 충돌' 논쟁은 크리스트교를 천황제와의 타협의 길로 내몰고 국가주의 도덕의 확립과 국체론의 터부화를 초래한, 문자 그대로 획기적인 문화적 대사건이었다.

천황제가 확립되어가던 같은 시기에 또 다른 학문 탄압의 문화적 대사건이 있었다. 바로 1892년 구메 구니타케의 「신도는 제천의 고속(神道ハ祭天ノ古俗)」 사건이다. 제국대학 문과대 교수 구메 구니타케는 엄밀하고 실증적인 고증학 연구에 입각해 일본의 신도는 종교가 아니라—하늘에 제사를 지내는—제천행사의 옛 풍습(古俗) 가운데 하나라는 내용의 논문을 『사학회잡지史學會雜誌』에 게재했다. 그 뜻에 공감한 경제학자이자 역사학자인 다구치 우키치가 자신이 주재하는 『사해史

海』에 이를 옮겨 실었는데, 이 때문에 신도 관계자나 국가주의자들의 배격운동이 일어나 구메는 대학의 보직에서 해임당하고 구메가 소속된 문과대 사지史誌편찬계는 폐쇄되었으며 제국대학 총장 가토 히로유키가 경질되었다. 또『사학회잡지』와『사해』는 '치안방해'라는 이유로 발매금지처분을 받았다.

3월 4일 발매금지처분이 내려지자 다구치 우키치는 처분에 반대하는 「신도 관계자 여러분에게 고한다(神道者諸氏に告ぐ)」라는 글을『도쿄일일신문』에 기고했다. "그저 문제는 일본 고대의 역사 연구는 오늘날 그대로 내버려두어도 좋지 않을까라고 할 수 있는 그것이다. 국학자 모토오리(모토오리 노라나가本居宣長), 히라타(히라타 아츠타네平田篤胤) 등이 억지로 갖다 붙인 해석―어느 반대론자가 나를 평가한 말을 그대로 사용한다―외에 오늘날 인민은 새로운 학설을 내놓아서는 안 되는 것인지, 내놓아도 되는 것인지 그것이다. 새로운 학설을 내놓으면 황실에 불경이 되는 것인지 아닌지 그것이다. 오호, 나는 그것을 믿지 못하는 것이다. 나는 굳게 믿는다. 일본 인민은 마음대로 옛날 역사(古史)를 연구할 자유를 가지고 있음을. 나는 굳게 믿는다. 자유롭게 옛날 역사를 연구해도 황국에 대해 불경으로 이어지지 않음을. 나는 굳게 믿는다. 신대神代의 제신諸神은 영묘한 신령이 되는 것이 아니라 우리들과 동일한 인종, 말하자면 밥도 먹고 물도 마시고 춤도 추고 꿈도 꾸시는 것이 되어도 결코 국체를 문란하게 하는 것이 아님을. 나는 굳게 믿는다. 황실을 존경하고 국가를 사랑하는 마음은 저 국학자 모토오리와 히라타 등과 같이 단순히『고사기古事記』의 말뜻을 깊이 생각하여 연구하기보다도 널리 인종, 풍습, 언어, 기물 등에 관해 연구하는 사이에 왕성하게 발휘해야 함을. (…) 나는 굳게 믿는다. 만약 이와 같은 오래된 학설 외에 새로운 학설을 발표하는 것이 국체를 문란하게 하는 것이라면 유식한 인물은 다시금 옛날 역사를 펼쳐 읽지 않게 될 것임을. 보아라, 저 미토번水戸藩의 영주 도쿠가와 미츠쿠니德川光圀(1628~1700)가 옛날 역사를 마음대로 연구한 것을 보아라"라는 당당한 반박문이었다.[345]

"학문 연구의 자유"에 대한 다구치 우키치의 주장은 "메이지 학문 사상 특필할" 일로 평가되고 있다.[346] 또한 제국헌법상의 천황의 신권적 절대성과 근대적 역사학의 충돌을 상징하는 이 사건은 "일본 근대사학의 청춘을 좌절시키는 대전환의 계기가 되었다"는 의미에서도 특필해야 할 사건이다.[347]

이 장의 주제는, 마루야마가 "시민사회 영역에 대한 정치권력"의 진출과 간섭을 일관되게 배제한 "전형적인 시민적 자유주의" 논자로 규정하는 후쿠자와 유키치가, '교육칙어' 발포 직후의 1891년부터 4~5년간 근대 일본의 사상·양심의 자유, 신교의 자유와 관련된 대사건(1893년까지 이 문제를 다룬 서적이 30권, 논설은 200편에 달했다)이었던 '교육과 종교의 충돌' 논쟁과 1892년 학문 연구의 자유에 대한 최초의 전형적 탄압이라는 두 가지 사건에 대해 『시사신보』 주간으로서 어떻게 인식하고 보도했는가를 살펴보는 것이다. 그런데 이 주제에 곧바로 다가가기 전에, 1881년 『시사신보』에서 크리스트교 보급에 반대하고 "신앙의 자유"를 "양학자의 공론"이라 조소하며 제자를 지방에 파견하여 '야소耶蘇(예수) 퇴치 연설회'까지 개최하게 한 후쿠자와가 그 후 어떠한 크리스트교관과 학문의 자유에 대한 인식을 가지게 되었는지를 미리 확인해두는 것이 필요하다.

1884년 6월의 논설 「종교 또한 서양풍에 따르지 않을 수 없다」에서 후쿠자와는 외국인의 "내지잡거론內地雜居論" 같은 이야기도 근래에 이르러서는 많은 사람이 그다지 이상하게 여기지 않고, (…) 여차하면 내지를 열어젖혀 이들과 함께 잡거하게 될" 상황이 다가오고 있다고 보았다. 그러면서 3년 전에 "우리 인민이 야소교를 신"앙하는 것은 "호국의 기력을 손상하지 않을까"라고 우려했지만 그것은 "일시의 기우"였다고 했다. 내지잡거에 따라 "그 교의는 사람의 왕래를 통해 우리나라에 침입하는 것은 필연이고 실제적으로 결코 야소교의 확산을 막을 수 (…) 없다면, (…) 일도양단 단호히 이를 받아들이"면 된다면서 크리스트교 보급 반대론을 철회했다. 후쿠자와의 종교 진흥론은 이 글까지 포함해 백 편이 넘는다. 그런데 정작 '신앙의 자유'에 대한 원리적 파악이나 주장을 담은 글은 한 편도 없다는 점이 주목된다. 우치무라 간조가 후쿠자와의 이름을 거론하며 "자신은 종교를 믿지 않으면서 이를 국가 혹은 사회의 도구로 이용하려" 하는 "종교의 대적"이라고 비난한 것처럼, 후쿠자와에게 종교는 일관되게 경세를 위해 필요한 도구일 뿐이었다.

두 가지 대사건에 즈음한 후쿠자와의 대응을 이해하기 위해 먼 길을 돌아가야 하는 이유는, 후쿠자와가 정치로부터 학문과 교육의 독립과 자유를 주장한 인물이었다는 성가신 '신화'가 존재하기 때문이다. 마루야마 마사오, 하니 고로, 다케다 기요코, 야마즈미 마사미, 가와노 겐지, 호리오 데루히사 등은 하나같이 후쿠자와가 '학문과 교육의 독립론자'라고 주장하고 있다. 그러니 이것은 현재의 연구사에서도 '신화'가 아니라 살아 있는 '현실'인 것이다. 하지만 후쿠자와의 '학문과 교육 독립론'이 '신화'라는 사실을 확인하지 않고서는 위에서 본 2대 사건에 대한 후쿠자와의—의외의—대응을 도무지 이해할 수 없기 때문에, 여기서 필자의 예전 저서 『일본 근대교육의 사상구조』 후편 제3장 「학문·교육 독립론」의 결론 부분을 간단히 소개해두도록 하겠다.

후쿠자와의 '학문·교육 독립론'에는, ① 이를 통해 학문과 교육의 자립적 발전을 보장한다는 가장 중요한 시점이 결여되어 있고, ② 그 주장은 자유민권운동에 의한 "정계(政壇)의 파란"을 방지하고 "정치담론(政談)의 파고를 진정"시켜 정부 "정략을 강화하기" 위한 "큰 불을 막는 소방법"이자, 동시에 문부성에 의한 유교주의 교육 부활을 비판하는 두 가지 본질을 지닌 "국가를 위한" 경세론이었다. ③ 따라서 그 7할은 민권운동이 전개되고 유교주의 교육이 부활하는 1882년부터 1890년에 걸쳐 집중적으로 구상되었고, 거꾸로 대일본제국헌법=‘교육칙어’에 의한 신권적 천황제 국가체제가 확립된 뒤에는 기본적으로 폐기처분되었다. ④ 학자에 의한 "학문사회의 중앙국"이라는 후쿠자와의 구상을 하나같이 높이 평가하지만, 그것은 "학문에 관한 일은 학자에게 맡기고, (…) 적어도 그 일이 정치상에 관계하지 않고 자신의 정권에 사실상 방해를 하지 않는 한 이를 용인한다"는 도쿠가와 봉건사회의 어용학문에 대한 "도쿠가와의 제도 관행"을 모델로 한 것이었으며, "학사회(學事會)가 이렇게 전권을 가지는 대신에 이로 하여금 결코 정사에 관여할 수" 없게 하고, 오히려 "정치의 미묘한 움직임(政機)을 돕는다"는 구상이었다.

그 위에 ⑤ "교육의 법은 각각 다르게 하여 각기 좋아하는 것을 따르게 한다"는 후쿠자와의 '교육 자유론'은 "부국강병"의 국책에 적당치 못한 "국학자류 한학자류의 교육을 금하는 한에 있어 자유롭게 교육의 법을" 허용한다는 것이었을 뿐, 원리적인 교육 자유론이 아니었다. 따라서 ⑥ "유해", "부적합 도서"는 배제해도 좋다는 것이 후쿠자와의 교과서 검정 허용 논리였다. 또한 ⑦ 누차 지적한 것처럼 마루야마의 주장과 달리 후쿠자와에게는 "집회·결사·표현의 자유", "사상·양심의 자유", "신교의 자유", "학문의 자유" 등에 대한 원리적 주장이 없고, 에도시대 전기 유학자 가이바라 에키켄貝原益軒(1630~1714)의 작품으로 간주되어온 유교주의적인 내용의 교훈서 『여대학女大學』을 발매금지하도록 정부에 요구하면서 후쿠자와는 아무런 의문도 느끼지 않았다.

후쿠자와는 '제국대학령帝國大學令'을 제정한 모리 아리노리 문부상의 문교 정책을 높이 평가했다. 제국대학령이란 "제국대학은 국가의 필요에 부응하는 학술기예를 교수하고 그 깊고 오묘한 이치(蘊奧)를 깊이 연구하는 것을 목적으로 한다"는 대학의 국가주의적 이념을 확립한 법령이다. 후쿠자와는 "모리 씨가 문부대신이 되고 나서 정부의 학교는 그 면목을 일신하고 구래의 문명주의로 되돌아가 착착 앞으로 나아가는 것은 명백한 사실로 천하의 많은 사람이 인정하는 바이다"라고 평가했다. 또한 요시카와 아키마사芳川顯正(1842~1920) 문부상이 제국대학 평의회(평의관評議官)의 반대를 물리치고 도쿄농림학교를 병합하여 농과대학을 신설했을 때는 "이 일건은 정부 부내의 사소한 일로서 그다지 중대한 문제도 아니다. (…) 이까짓 것은 종래 정부 부내에 흔히 있는 일로 이상하게 생각할 것까지 없다. 이 사람은 이를 눈앞에 드리워진 구름이나 연기가 사라지듯이 금방 사라질 일로 전혀 집착하지 않는다"고 했다. 홋카이도 개척사 관유물 불하사건 때와 마찬가지로, 후쿠자와는 문부상의 '전횡'을 옹호했다. 즉, 후쿠자와에게는 "학문의 자유"나 "대학의 자치"에 대한 원리적 이해나 주장 자체가 없었다.

이상으로 '신교의 자유'와 '학문의 자유'를 짓밟은 2대 사건에 대한 후쿠자와의 대응을 고찰할 준비는 갖추어졌다. 다만, 이런 경우에 후쿠자와가 어떠한 자세로 대응했는가에 대해서 마루야마가 정성껏 이야기한 내용이 있으므로, 그것도 확인하고 가는 것이 공평할 것 같다.

> "후쿠자와의 성격은 그의 저작을 읽어봐도 알 수 있지만, (…) 그때의 대세에 순응하거나 이미 정해진 세상의 방향을 나중에 변호하거나 획일적인 여론에 추종하는 것만큼 그의 본의를 거스르는 일은 없었다."[348]

> "적어도 그때그때의 지배적 풍조에 대해 혹은 여론이 어느 방향으로만 획일화하는 경향에 대해 후쿠자와가 언제나 일부러 반대의 면을 강조한 것은 분명합니다."[349]

> "현실의 중론은 절대적, 혹은 고정적인 것이 아니다. (…) 중론이 잘못되었으면 그 중론의 방향을 변혁하는 것 (…) 바꾸어 말하면,

인민의 기풍을 변혁하는 것이 중요하다. (…) 여론추종주의와는 완전히 다른 점에 착목해주세요. 이러한 중론의 변혁이 가능할 수 있으려면 소수의견을 존중해야 하고, 그런 의미에서 (…) '학자는 아무쪼록 여론이 시끄러운 것을 꺼리지 말고 이단망설異端妄說의 비난을 두려워하지 말고 용기를 내어 자신이 생각하는 바의 주장을 토로해야 한다'는 테제와 결부되는 것입니다."[350]

"후쿠자와가 권력이나 가치의 '견제와 균형'이라는 측면에서 보면 메이지시대보다 도쿠가와시대 쪽이 오히려 자유가 있었다 (…) 라든가 하는 역설을 말할 때는 (…) 집중화적 사고양식(=혹닉)을 완화시키고자 하는 그의 '전술적' 고려가 끊임없이 작동하고 있다."[351]

이상으로 '교육과 종교의 충돌' 논쟁과 구메 구니타케의 「신도는 제천의 고속」 사건과 관련하여, 종교·학문·교육 등 "시민사회 영역에 대한 정치권력"의 간섭에 일관되게 반대한 "전형적인 시민적 자유주의자" 후쿠자와가 과연 어떻게 대응했는지 고찰할 무대장치는 모두 갖추어졌다.

마루야마 마사오를 통해 후쿠자와 유키치를 배운 독자라면, '후쿠자와가 대일본제국헌법이나 교육칙어에 찬성하고 동의했을 리 없다'는 후쿠자와 신화를 믿은 것처럼, 소수의견의 존중을 역설하고 무엇보다도 대세순응을 싫어하며 '학문·교육 독립론'을 주장했던 후쿠자와가 "사상·양심의 자유", "신교의 자유"와 "학문의 자유"가 공공연하게 탄압당한 이 두 사건에 적극적으로 개입하고 반대하지 않았을 리 없다고 생각할 것이다. 특히 '교육과 종교의 충돌' 논쟁을 통해 소수파 크리스트교의 세력이 "갑작스럽게 기세가 꺾이고" 중론·여론의 대세가 국가주의로 기울어 "그 세력이 비상하여 널리 사회의 사방에 미쳐 점차 일세의 사상을 통일하는" 상황 속에서, 마루야마의 주장처럼 "대세에 순응"하는 "여론추종주의"와 달리 "일부러 반대의 면을 강조"하거나 "소수의견"을 "존중"하여 "이단망설의 비난을 두려워하지 말고 용기를 내어 자신이 생각하는 바의 주장을 토로"할 것을 요구한 후쿠자와라면, 비록 자신은 무신론자라 해도 『고쿠민노토모』의 도쿠토미 소호 등과 나란히 우치무라 간조나 크리스트교도 측에 서서 이노우에 데츠지로 비판에 참가했을 것이라고 추측하는 게 당연하다.

그러나 후쿠자와는 사건 발단의 1891년 1월 9일부터 우선 1893년 말까지, 1891년에는 340회, 1982년에는 344회, 1893년에는 329회 매년 변함없이 「사설」과 「만언」의 건필을 휘두르면서도 이 두 사건에 대해서는 전혀 발언하지 않고 굳게 입을 다물었다. 이 완전한 침묵에 사상적 의미가 없다고는 생각할 수 없다. 그러나 마루야마 마사오를 필두로 하는 후쿠자와 미화론자들―후술하는 고이즈미 다카시는 유일한 예외이다―은 그 사실을 일절 지적하지 않은 채, 후쿠자와는 "시민사회 영역에 대한 정치권력"의 간섭에 일관되게 반대한 "전형적인 시민적 자유주의자"라든가 "학문·교육 독립론자"라는 주장만 반복한다. 물론 일본 정치사상사의 일인자로서 마루야마 마사오가 두 사건을 모를 리 없다. 확인해보자.

예를 들면, 교육칙어 발포 이후부터 국가주의적인 교육이 매우 왕성해지고, 그 때문에 크리스트교가 교육칙어와 모순된다는 주장이 보수적인 국가주의자에 의해 제기되어 당시 큰 문제가 되었다. 또한 제국대학 교수 구메 구니타케가 「신도는 제천의 고속」이라는 논문을 발표했다가 교수직에서 쫓겨나는 사건이 발생하고, 우치무라 간조는 교육칙어 봉독식에서 배례를 하지 않았다는 이유로 제1고등중학교에서 면직처분을 받기도 했다. (…) 반동적인 국가주의적 풍조가 1891, 1892년 무렵부터 농후해짐에 따라 민권론자의 밑으로부터의 국민적인 국권주의는 위로부터의 번벌적·관료적 국가주의 동향 속으로 흡수되어갔다. 후쿠자와가 '일신독립해야 일국독립한다'고 말했던 의미의 국가주의, 즉 개인의 해방을 통해 국가적 독립을 확보한다는 생각은 메이지시대가 진행되면서 거꾸로 개인의 자유를 억압하는 강대한 국가권력의 긍정으로 변모되었던 것이다.[352]

여기서도 마루야마는 제국헌법과 교육칙어 발포 때처럼, 두 사건에 대해 후쿠자와 유키치가 어떻게 반응하고 무엇을 썼는지 혹은 쓰지 않았는지 문제 삼을 생각이 전혀 없다. 또한 "후쿠자와가 '일신독립해야 일국독립한다'고 말했던 (…) 개인의 해방을 통해 국가적 독립을 확보한다는 생각은 (…) 거꾸로 개인의 자유를 억압하는 강대한 국가권력의 긍정으로 변모되었던 것"이라는 부분에서 알 수 있듯이, 마루야마는 국민적 국권주의가 국가주의적 국권주의로 '변모'하는 과정에 후쿠자와가 어떻게 관련되어 있는지 문제 삼지 않는다. 보기에 따라서는 후쿠자와가 '교육과 종교의 충돌' 대논쟁에 완전한 침묵을 지킨다는 부작위를 통해 "개인의 자유를 억압하는 강대한 국가권력"의 확립에 강력하게 적극적으로 협력했다는 해석도 충분히 가능한데도, 마루야마는 조금도 개의치 않는 것이다.

이것은 앞에서 후쿠자와의 중일 문명 비교론을 고찰했을 때와 같은 결론을 이끌어낸다. 다시 말해, 마루야마의 후쿠자와 연구는 언제나 역사의 현실적 전개와는 상관없이 마치 진공 속의 후쿠자와 사상을 고찰하는 것 같다. 사상가 후쿠자와 유키치의 주체적 책임을 일관되게 무시·유보하고 있다는 의문이 제기될 수밖에 없다. 이는 마루야마의 후쿠자와 연구의 본질과 관련하여 매우 중대한 문제이기 때문에, 잠시 확인하고 넘어가자.

① "결국 이번의 대참사(아시아태평양전쟁)에 이르렀던 것입니다. 그러나 이런 비극은 물론 일본 국내 구조의 특질에 일단 기인하지만, 한편으로 국제환경이 매우 나빴다는 것을 잊어서는 안 됩니다. 일본이 마침 제대로 된 국가가 되었을 때 세계가 제국주의 단계에 들어섰다는 사정을 역시 무시할 수 없는 것입니다. (⋯) 『학문의 권장』에서 후쿠자와는 "이利를 위해서는 '아프리카' 흑인 노예에게도 외경심을 갖고, 도道를 위해서는 영국, 미국의 군함도 두려워하지 않으며"라고 이야기합니다. 이것이 본래 당연히 그러해야 할 자유민권론자의 생각입니다. 그러나 그 후쿠자와조차 1878년의 『통속국권론』에서 "백 권의 만국공법은 몇 문의 대포보다 못하고 (⋯) 대포 탄약은 있는 도리를 주장하는 대비가 아니라 없는

도리도 만들어내는 기계"라고 주장하지 않을 수 없었습니다. 자유
민권론자를 그런 인식으로 내몬 것은 (…) 당시 최고조에 달한 제
국주의적인 세계쟁탈이었고, 이를 비유적으로 말한다면 사춘기
어린이가 너무 나쁜 환경에서 자랐기 때문에 성적인 방면에서 지
나치게 조숙해지고 만 것은 아닌가 생각합니다."[353]

『학문의 권장』에서 국가평등의 원칙을 소개한 후쿠자와가 『통속
국권론』에서 제국주의적인 주장을 하게 된 것을 국제환경이 나빴던
탓으로 돌리고 있다. 여기서 마루야마의 논법은 후쿠자와의 보수화
를 오로지 국제환경의 탓으로 돌리고 사상가 후쿠자와의 주체적 책
임을 면책시키는 것으로, 그 자체 명백하게 사상사 연구로부터의 일
탈이다. 아시아태평양전쟁의 패전에 이르는 근대 일본의 "대참사"는
"국내 구조의 특질"과 "국제환경" 탓이라는 설명도 문제다. 제국헌법
='교육칙어' 체제에 찬동하고 '교육과 종교의 충돌' 논쟁이나 구메 구
니타케 사건에 대한 침묵으로 국가주의 확립을 추종함으로써 후쿠자
와가 근대 일본이 "대참사"로 가는 길에 적극 가담한 것 아닌가라는
질문을 봉쇄하는 논법에 다름 아니다. 근대 일본에 의해 침략당하고
식민지로 전락한 아시아 여러 나라의 민중은 일본의 전쟁책임에 관
한 마루야마의 설명을 어떻게 들을 것 같은가.

② "일본 자본주의의 역사적 조건은 후쿠자와의 온갖 노력에도
불구하고 이 나라에 국가권력으로부터 상대적으로 독립적인 시민
사회가 형성되는 것을 방해했다."[354]

이 경우에도 나빴던 것은 오로지 "일본 자본주의의 역사적 조건"이고, 후쿠자와는 한결같이 시민사회 형성에 노력했으며 역주행의 역사에 가담하지 않았다고 한다. 마루야마의 이 논문을 살피면서 구체적으로 한 가지만 지적하겠다.

마루야마는 말하기를, 후쿠자와가 "영웅호걸 사관에 가담하지 않은 것은 명료하다. 따라서 그가 문명을 '인간의 지덕 진보'로 간결하게 정의했을 때도 그 지덕의 담당자는 소수의 학자나 정치가가 아니라 어디까지나 인민대중이었다"[355]라고 했다.

그러나 후쿠자와는 1875년의 「국권가분의 설」((자료편) 14)에서 이미 "농사꾼 수레꾼"을 계몽의 대상으로부터 추방시켜 종교 교화 노선의 대상으로 자리매김했다. 또한 "무지한 소민", 하류 "백성"을 '바보와 병신", "돼지'라 부르면서 타산적인 세계로부터 배제하고, 제국헌법 발포 이후에는 거꾸로 "순종, 비굴, 무기력"한 인민이 오히려 "우리 일본 국민의 특색"이라고 긍정적으로 평가했다. 그런 후쿠자와의 민중계몽 자세가 "국가권력으로부터 상대적으로 독립적인 시민사회가 형성되는 것을 방해"하지 않았다고, 필자는 도저히 생각할 수가 없다.

③ "'일신독립해야 일국독립한다'는 유명한 명제가 가리키듯이, 양자 사이에 필연적인 내면적 연관이 성립하는 것이다. (…) 후쿠자와에게 본래 내부의 해방과 대외적 독립은 불가분의 문제였다. (…) 그럼에도 불구하고 후쿠자와가 국제적 관점을 우위에 둔 것은, 밖으로부터의 충격이 너무나 강력했기 때문에 그 실질적 문맥

을 점차 변모시킨 것이고, 더구나 청일전쟁의 승리가 그의 위기의식에 급격한 이완을 가져와 일본 근대화와 독립의 전도에 대한 낙관적 전망을 낳은 것은 도저히 부정할 수 없다. 후쿠자와가 죽은 지 반세기, 역사는 그 전망을 완벽히 뒤집음으로써 오히려 그의 발상의 근본적인 정당성을 입증했다."[356]

이에 대해서 대전제인 '일신독립해야 일국독립한다'는 정식에 대한 이해가 잘못되었다는 것은 재론할 필요도 없다. 여기서도 마루야마는 "청일전쟁의 승리"를 위해 후쿠자와가 얼마나 분투했는지 일절 불문에 부치고 있다. 그것은 그렇다 쳐도 마지막 부분 "역사는 그 전망을 완벽히 뒤집음으로써 오히려 그의 발상의 근본적인 정당성을 입증했다"는 평가는 도대체 어떻게 이해하면 좋은가. 역사가 후쿠자와의 낙관적 전망을 뒤집었다면 그런 낙관적인 전망을 그린 사상가 후쿠자와의 책임이 문제가 되는 것이다. 그 전망이 뒤집어진 이유는 후쿠자와의 '발상' 자체에 무리나 문제가 있었기 때문이라고 생각하는 것이 보통의 사고방식 아닐까.

④ 마루야마 마사오의 『후쿠자와 유키치와 일본의 근대화』가 중국어로 출간(오찌옌영Ou Jianying, 區建英 번역)되었을 때, 그 책에 부친 서문에서 마루야마는 "탈아입구脫亞入歐가 마치 후쿠자와의 조어이고 그가 애용한 말인 것 같은 속설"이 유포되어 있지만 '탈아'라는 말은 "후쿠자와의 키워드가 아니었다"[357]라는 주장을 펼치면서 여러 가지 논거를 제시했다. 그러나 『후쿠자와 유키치의 아시아 침략사상을 묻는다』를 쓴 저자의 입장에서 보건대, 핵심에서 벗어난 구차한 변명의

나열에 지나지 않는다는 인상이다. 하시카와 분조도 앞에 든 논문에서 「탈아론」의 논지는 예외적인 것이 아니었고 "그 전후에 후쿠자와가 쓴 수십 편의 논문과 대차가 없는 것"[358]이라고 지적했다는 사실을 우선 지적하고, 두 가지만 더 언급하고자 한다.

"농후한 유교적 색채의 덕목을 꾸며 넣은 '교육칙어'(1890년 발포)가 도대체 어떤 의미에서 '탈아'이고 '입구'란 말인가"라면서, 마루야마는 근대 일본의 "현실의 역사적 발자취"는 '탈아입구'가 아니라 오히려 '탈구脫歐', '입아入亞'였다고 주장했다.[359] 여기서 그 시비를 다툴 생각은 없다. 문제는 "농후한 유교적 색채의 덕목을 꾸며 넣은 '교육칙어'"에 후쿠자와가 찬동했다는 중대한 사실을 미뤄둔 채 자기 주장을 펼치는 마루야마의 기묘함이다.

마루야마는 후쿠자와의 시사신보 사설 「지나인과 친하게 지내야 한다(支那人親しむ可し)」에 주를 달면서, 후쿠자와의 멸시는 "중국이나 조선의 인민이나 국민"을 향했다기보다는 "만청정부滿淸政府 혹은 이씨정권李氏政權"을 향한 것이었고, 청일전쟁 "전승 후 일본에 중국과 중국인을 모멸하고 경시하는 태도가 일부 생기는 것을 우려하고 경고하기를 잊지 않았다"고 했다.[360] 그렇다면 후쿠자와의 원문을 보자. "근래 지나인이 (…) 일본에 친숙한 마음이 생긴 것은 실제의 사실로서, (…) 일본에 의뢰하는 마음 (…) 150명의 유학생을 우리나라에 보내 (…) 저쪽에서 자진해서 친하게 지내려 하는 것은 좋은 기회이므로, (…) 결코 인순고식因循姑息으로 바라봐서는 안 된다. 하물며 창창, 돼지꼬랑지놈 등 남을 욕하는 것에 있어서랴."[361] 바로 후쿠자와 본인이 만청정부滿淸政府가 아닌 중국의 인민을 "창창, 돼지꼬랑지놈"이라

고 욕하면서 모멸과 멸시감을 마구 뿜어내고 중국 침략의 선두에 섰다는 사실을 알고 있는 독자라면, 청일전쟁 패전 이후 중국이 '일본으로부터라도 배우자'는 자세를 가지기 시작하자 그에 대한 호감을 갖고 쓴 예외적인 이 사설을 후쿠자와의 중국인관을 대표하는 발언으로 소개하는 것이 얼마나 작위적인 인용인지 알 수 있을 것이다.

필자가 『아사히신문』의 「나의 시점」란에 「후쿠자와 유키치, 아시아 멸시를 확산시킨 사상가」(2001. 4. 21)를 기고했을 때, 히라야마 요平山洋는 그에 대한 반론으로 「후쿠자와 유키치, 아시아를 멸시했는가」에서 "후쿠자와 평론에서 멸시되고 있었다고 하는 '조선인'이나 '지나인'이란 민족 전체가 아니다. (…) 비판의 대상이 된 것은 정부 지도부"라고 주장했다. 또 다나카 히로시는 『근대 일본과 자유주의』(岩波書店, 1993)에서, 후쿠자와는 중국의 "근대화, 공업화에 협력하는" 자세를 가지며 "중국의 참상에 동정하고" 중국인을 "격려"하려 했다고[362] 반박했다. 둘 모두 위에서 본 마루야마의 주장에 기초한 것이다.

⑤ "1897년(메이지 30)에 이르러서도 여전히" 후쿠자와가 "요즘 사람이 서양문명 학설에 굴종하면서 아직 가슴속 깊은 곳에 유교정신(儒魂)을 가지고 있"다고 지적하면서 "유교정신의 불멸을 통탄하지 않을 수 없었던 (…) 반유교주의는 거의 유키치 평생의 과제"[363]였다는 파악이 잘못되었음은 이 책 제2장 2절에서 논한 바이다. 후쿠자와는 그 자신 스스로 "유교정신"의 존속에 가담했다. 동시에 "메이지 후반기가 되면 가족국가론의 이데올로기가 등장하고, 다이쇼시대(1912~1926)가 되면 기업일가企業一家라는 생각도 출현합니다. 그런 점에서도 근대 일본의 사고방식은 후쿠자와와 반대 방향으로 역행한다고 할 수 있습

니다"³⁶⁴라는 파악에도 무리가 있다. 제4장 1절에서 소개한 바, 공장법 제정에 반대하기 위해 후쿠자와가 지주-소작인 관계와 같은 노사관계론를 주장한 사실은 이미 명백하다. 일본에서는 "고용주와 고용인의 관계"에 "이를 데 없는 미풍"이 있다면서 후쿠자와가 강조한 "일종의 미풍"이란, "정의情誼가 따뜻하기로 부모자식 같고 또한 친척 같다"는 "대지주와 소작인 관계"의 온정주의적 인간관계였다. 아무리 "후쿠자와에게 반한 것을 자인하는" 마루야마라고 해도, 근대 일본의 역사전개를 언제나 후쿠자와와 무관하게 기술하는 그 수법은 오히려 후쿠자와를 너무나 소홀히 여기는 행위라 할 것이다.

⑥ "「나의 학생시대·청년시대의 대일본제국」에서는 국체의 이름으로 국가권력이 인심의 내부까지도 아무렇지 않게 침범하고 말았습니다. 이 얼마나 놀라운 근대 일본 진보의 실태일까요.³⁶⁵ (…) 황학자류를 비판하며 존왕의 문제를 정치상의 특질에서 찾지 않고 이를 인민이 옛것을 돌이켜보는 지극한 충정으로 돌리는 것은 곤란하다고 했던 (…) 후쿠자와의 공리주의적 입장은 (…) 근대 일본의 국체교육을 뒷받침하는 사상적 전제와 서로 용납될 수 없는 생각이었습니다. 그런 의미에서는 후쿠자와가 (…) 결과적으로는 근대 일본의 국체론 발전을 잘못 보았다는 이야기를 들어도 어쩔 수 없겠지요."³⁶⁶

이에 대해서는 제2장 3절에서 후쿠자와가 제실을 "일본 인민의 정신을 하나로 결집하는 중심"에 자리매김하고, 국가권력이 "윤리적 실체로서 가치 내용의 독점적 결정자"가 된 '교육칙어'에 찬동했으며, 또한 '교육과 종교의 충돌' 논쟁에 완전히 침묵함으로써 국가권력이 "인심의 내부까지도" 침범하는 데 적극 가담했다는 사실을 확인했다. 또한 초기 계몽기의 공리주의적 천황제관을 포기하고 후쿠자와 자신이 존왕을 "인민이 옛것을 돌이켜보는 지극한 충정으로 돌린" 황학자류의 『존왕론』을 주장함으로써 "근대 일본의 국체론 발전을 잘못 본" 것이 아니라 그 국체론의 발전을 뒷받침했다는 사실을 확인하면, 마루야마가 이번에도 근대 일본의 역사적 현실과 관련 속에서 후쿠자와의 주체적 책임을 모두 유보해버렸음이 분명해진다.

⑦ 마루야마는, 후쿠자와 유키치와의 관련성은 일체 언급하지 않은 채 '일본 내셔널리즘'의 발자취를 다음과 같이 그려내고 있다.

"일본의 내셔널리즘이 국민적 해방의 과제를 일찌감치 포기하고 국민주의를 국가주의로, 나아가 초국가주의로까지 승화시켰다는 것은, (…) 국민의 정신구조와 깊숙이 관련된 문제였다. (…) 어둡고 정체된 사회 저변에 숨 쉬는 서민대중—후쿠자와에게 "전 인민의 뇌리에 국가의 사상을 품게 하는" 것을 생애의 과제로 삼겠다는 결의를 다지게 했을 정도로 국가 관념에 무지했던 대중—은 바로 이 '의무' 국체교육에 의해 국가적 충성의 정신과 최소한으로 필요한 산업·군사기술적 지식을 (…) 겸비한 제국신민으로 성장한 것이다. (…) 국가의식이 전통적 사회의식의 극복이 아니라 그 조직적 동원에 의해 주입된 결과, (…) 정치적 책임의 주체적 담당자로서의 근대적 공민(citoyen) 대신에 만사를 천황에게 맡기고 선택의 방향을 오로지 권위의 결단에 매달리는 충실하지만 비굴한 종복이 대량생산되었다."[367]

22쪽에 달하는 「일본의 내셔널리즘」 논문에 후쿠자와는 단 한 번 등장한다. 위에 인용된 내용이 전부이다. 더구나 이 부분에서는 "국가 관념에 무지했던 대중"을 형용하는 표현으로 언급되었을 뿐이다. 다시 말해, 문제의 "제국신민", "충실하지만 비굴한 종복"이 생산된 것은 어디까지나 '의무' 국체교육 탓이며, 크리스트교 보급 반대론을 비롯하여 "전 인민의 뇌리에 국가의 사상을 품게" 하고자 평생 노력했던 후쿠자와는 그와 관계가 없다는 이상한 구성이다. 이 논문의 주장은 타당한 것일까.

초기 계몽기부터 "일신독립"의 과제를 "다음 행보로 남겨두고 훗날 이루게 되리라" 했으면서도, 후쿠자와는 결국 그 과제를 방치한 채 오로지 "자국의 독립" 확립을 지향했다. 그 때문에 "전 인민의 뇌리에 국가의 사상을 품게 하는" 『통속국권론』의 방책은 "대외전쟁보다 나은 것은 없다"는 권모술수의 제안이 되었고, 『시사소언』에서는 "국가를 위한 기력"을 양성하기 위해 크리스트교 보급 반대와 "사족의 기력" 유지·보호라는 퇴행적·비합리적 제안을 내놓게 되었다. 다시 말해, "일본의 내셔널리즘이 국민적 해방의 과제를 일찌감치 포기하고 국민주의를 국가주의로" 승화시켰다는 마루야마의 묘사는 '후쿠자와의 내셔널리즘'이 걸어온 발자취 그 자체인 것이다.

또한 "충실하지만 비굴한 종복"으로서 "제국신민"을 형성한 것은 후쿠자와가 아니라 '의무' 국체교육이었다고 마루야마는 주장한다. 그러나 후쿠자와야말로 "고초동통"의 강제 의무교육을 선도하고, 신권적 천황제의 대일본제국헌법이 발령되자 "순종, 비굴, 무기력"한 국민성은 일본의 자본주의적 발전에 유리한 "우리 일본 국민의 특색"이라 주장하고, 그리하여 이듬해 교육칙어가 발포되자 "감읍"하여 학교교육에 의한 "인의효제, 충군애국" 정신의 "관철"을 요구하는 사설을 쓰게 하고, 발포 직후 '교육과 종교의 충돌' 논쟁이나 구메 구니타케 사건에도 부작위의 협력을 했던 인물이다. 마루야마가 말하는 "국체교육"의 발전을 뒷받침했던 것이 바로 후쿠자와 유키치였던 것이다. 그럼에도 마루야마는 그 후쿠자와와 무관하게 '일본 내셔널리즘'의 발자취를 그리려고 한다. 필자로서는 정말이지 이해 불능이다.

이상에서 마루야마 마사오는 언제나 근대 일본의 역사적 현실과 무관하게 후쿠자와를 고찰해왔기 때문에, 그의 후쿠자와론은 사상가 후쿠자와의 주체적 책임을 일관되게 무시하는 연구였음을 확인했다. 이는 "후쿠자와에 반한 것을 자인하는" 연구자임을 감안해도 허용치를 넘어선 사상사 연구로부터의 일탈이다. 나카노 도시오, 강상중, 니시카와 나가오, 이마이 히로미치, 구니타케 히데토國武英人 등 많은 연구자들이 이구동성으로 그의 수법을 비판했다. 여기서는 크게 두 가지 대표적인 비판을 소개한다. 첫째는 후쿠자와의 사상에 대한 내재적 고찰의 결여를 지적하는 비판이고, 둘째는 마루야마의 후쿠자와론이 '건전한 내셔널리즘' 대 '초국가주의'라는 이항대립적 틀을 만들어냄으로써—국민작가 시바 료타로의 "밝은 메이지"와 "어두운 쇼와"의 분리가 그랬듯이—근대 일본 역사의 총체적 파악을 곤란하게 한다는 비판이다.

나카노 도시오는 청일전쟁 승리에 의해 후쿠자와를 포함한 "민권론자"들이 "제국주의자로 전향해갔다"고 주장한 마루야마의 글 「메이지 국가의 사상(明治国家の思想)」을 논박했다. 그는 먼저 전쟁 승리로 일본의 근대화가 달성되었다는 심리적인 "착각"으로부터 "전향"이 시작되었다고 파악하고, "이 전향을 결정지은 주된 원인"을 "사춘기 어린이가 너무 나쁜 환경에서 자랐기 때문에 성적인 방면에서 지나치게 조숙해지고 만 것"이라고 오로지 당시의 국제적 "환경" 때문으로 설명한 데 대해 비판한다. 그 "착각"은 "일본의 근대사상에 내재된 문제성의 발로"로서 고찰해야 하고, 그 "전향"의 요인은 당연히 후쿠자와의 "사상에 내재하는 문제에서" 찾아야 한다는 것이 나카노의 주장이었다.[368] 같은 문제에 대해 강상중은 "마루야마는 그런 '시대적 변모'를 열악한 국제환경 탓으로 돌리고 있지만 그 변모의 내재적 근거를 깊이 파고들지는 않았다"고 썼다.[369]

다음으로 '건전한 내셔널리즘' 대 '초국가주의'라는 마루야마의 이항대립적 틀에 대해, 나카노 도시오는 "메이지 전기의 분별력 있는 국가이성 인식" 대 "쇼와 전기의 한계를 모르는 황도皇道의 선포"의 "정신적 태도 대비", 요컨대 "메이지 전기의 국가이성의 인식" 대 "쇼와 전기의 초국가주의"로 파악하고, 마루야마의 후쿠자와 연구 총괄편에 해당하는 『『문명론의 개략』을 읽는다』에서 중요한 "논점에 대한 의도적 배제"가 이루어지고 있다고 비판했다.

나카노는 양자가 "정신적 태도와 질을 달리하는 것이라면 분명히 그 이유를 물어야만 침략전쟁으로 치달은 '초국가주의'로 귀결되는 이 근대화의 행보에 대한 실질적인 반성이 될 것"이라고 말했다. 그는 "그러한 '정신적 태도의 대비'라는 인식에서 보면 어떻게 해서 이 낙차가 생겼는가 하는 문제가 절박한 질문으로 떠오르고, 여기에 근대 일본을 전체적으로 총괄하는 중요한 시점이 주어지는 것"이라고 지적한다.

그러나 『『문명론의 개략』을 읽는다』에서는 "가장 중요하다고 할 수 있는 이 낙차를 낳은 이유에 대한 사상 내재적 질문이 제기되지 않았다"[370]는 것이 나카노의 결론이다. 같은 문제에 대해 강상중은 "메이지 전기와 군국주의시대의 뚜렷한 대비를 강조함으로써 전자와 후자의 연속성을 애매하게 하고, 군국주의적 국가이성의 호언장담이 냉엄한 국가이성의 인식에 입각한 식민지의 획득, 경영, 방위의 결말이기도 하다는 점에 거의 눈을 감고 있다"[371]고 비판한다.

한편 니시카와 나가오는 같은 문제에 대해 마루야마의 "국가 혹은 국민국가에 대한 의심의 결여"를 지적하면서 다음과 같이 비판했다. "전후 역사학은 (…) 황국사관과 군국주의를 가장 중요한 비판의 대상으로 했음에도, 혹은 그 때문에 국민국가 그 자체를 비판의 대상으로 올리지 못했다. (…) 그 전형적인 예를 마루야마 마사오의 「초국가주의의 논리와 심리」에서 발견할 수 있다. 이 논문은 근대국가를 '국민국가(nation-state)'로 규정하고 그것이 무력팽창이나 내셔널리즘의 내재적 충동을 내포하고 있음을 지적하면서도, 그 국가주의에 '초(ultra)'라는 형용사를 붙여 오로지 그 '초'에 대한 분석을 행함으로써 본체인 '국가'와 '국가주의'를 지엽적인 것으로 방치하는 구조를 지니고 있다."[372]

이상에서 3인의 논자가 공통으로 비판하고 있는 것은, 사상사 연구임에도 불구하고 후쿠자와를 비롯한 민권론자들의 전향적 사상事象의 원인을 오로지 국제환경이나 국내구조의 탓으로 돌리고, 후쿠자와 유키치의 사상에 내재화하여 고찰하려 하지 않는 마루야마의 일관된 수법이다. 또한 마루야마는 "메이지 전기의 국가이성의 인식" 대 "쇼와 전기의 초국가주의"의 대비를 강조할 뿐, 그 이항대립적 틀에서 왜 그런 낙차가 생겼는가 하는 "절박한 문제", 혹은 양자의 연속성이라는 중요한 문제를 불문에 부치고 있다. 그에 대한 비판도 3인에게 공통된다.

이에 대해, 필자는 "메이지 전기의 분별력 있는 국가이성의 인식"이 "건전한 내셔널리즘"이라는 마루야마의 도식 그 자체가 잘못되었음을 후쿠자와의 사상에 내재화함으로써 밝히고자 했다. 그리고 대일본제국헌법='교육칙어' 체제를 수용하게 되는 후쿠자와의 필연적인 사상적 행보를 분명히 함으로써, 일본의 근대화가 "쇼와 전기의 초국가주의"로 빠져들어가는 발자취를 해명하기 위한 기초작업을 수행하고자 했다. "건전한 내셔널리즘" 대 "초국가주의"라는 이항대립적 틀 자체가 잘못되었고, 마루야마는 메이지 전기의 국민의식을 후쿠자와를 대표로 하는 "건전한 내셔널리즘"으로 잘못 파악했기 때문에 "쇼와 전기의 초국가주의"로의 발전과 전망을 그려낼 수 없었던 것이다. 이 책은 마루야마의 이항대립적 틀이 메이지 전기와 쇼와 전기의 '연속성'을 본래 파악할 수 없는 엉성한 도식이라는 점도 분명히 했다고 생각한다.

마루야마와 마찬가지로 근대 일본의 총체를 "밝은 메이지"와 "어두운 쇼와"로 분단한 시바 료타로의 사관에 대해서도 필자는 『후쿠자와 유키치의 아시아 침략사상을 묻는다』를 통해 논한 바 있다. "밝은 메이지"를 "밝지 않은 메이지"로 바꿔놓으면 "어두운 쇼와"로 넘어가는 연결을 인식할 수 있다는 것이다. 유게 도루弓削達(1924~2006)의 표현을 빌면 "시바가 [밝은 메이지의] 영광에서 일탈한 것으로 보았던 [어두운] 쇼와의 발자취는 실은 메이지유신 당초, 초기 계몽기 후쿠자와 이래 일본이 걸어온 발자취를 강화한 것에 지나지 않는 것은 아닌가."[373] 혹은 오누마 야스아키大沼保昭의 시각을 빌면, 아시아태평양전쟁은 "아시아의 맹주로서 구미열강과 어깨를 나란히 하자는 탈아입구 신앙에 입각한 무한상승 지향의 잰걸음이었으며 근대 일본이 마지막으로 다다른 종착점이었다." 그런 맥락에서 필자는 "근대 일본의 역사상歷史像을 재구성할" 필요성을 제기했다. 이 책에서는 이전 저서처럼 본격적인 논의를 풀어 나갈 수는 없지만, 마루야마가 말하는 "쇼와 전기의 한계를 모르는 황도의 선포, 초국가주의"로 가는 길을 전망할 수 있는 기초작업만은 제대로 했다고 자평하고 싶다.

이상으로 신권적 천황제의 제국헌법='교육칙어' 체제 확립 직후 '교육과 종교의 충돌' 논쟁과 구메 구니타케 사건에 대한 후쿠자와의 대응을 고찰하기 위해 세 번에 걸쳐 먼 길을 돌아가는 도중에 미리 결론적인 견해까지 제시했다. 그러나 역시 그 결론은 당시 후쿠자와의 반응에 대한 고찰로 보강되어야 한다. 『시사신보』의 논설주간으로 건필을 휘두르고 있던 후쿠자와는 왜 후대까지 영향을 미칠 이 두 대사건에 침묵을 지켰던 것인가. 그것이 의도적인 부작위였음은 이미 시사한 바 있다.

먼저, 구메 구니타케의 「신도는 제천의 고속」 사건에 대한 후쿠자와의 반응을 보자. 후쿠자와의 '학문·교육 독립론'은 자유민권운동에 의한 "정계의 파란"을 우려하여 "학문사회의 중앙국"인 "학사회學事會"가 "학문에 관한 일은 학자에게 맡기는" 대신, 학자나 학사회가 "결코 정사에 관여할 수" 없게 하여 "정권에 사실상 방해를 하지 않는 한" 그 자유를 인정한다는 것이었다. "정치의 미묘한 움직임을 도와" "정략을 강화하기" 위한 구상으로, 결코 원리적인 '학문의 자유'를 주장한 것이 아니었다(사이비 학문·교육 독립론). 따라서 제국대학 평의관의 반대를 무시하고 문부상이 농과대학 신설을 단행했을 때도 후쿠자와는 그 사건을 '학문의 자유'에 대한 침해와 탄압으로 생각하지 않았던 것이다.

구메 구니타케는 "신을 공경하는 것(敬神)은 일본 고유의 풍속이다. (…) 확실히 신도는 종교가 아니다. 따라서 선을 권유하고 중생을 이롭게 하는 뜻은 없다. 단지 하늘에 제사지내고 재앙을 물리치고 복을 가져오게 하는 의식을 행하는 정도라면 불교와 병행해서 이루어져도 조금도 어긋나지 않는다. 따라서 경신숭불敬信崇佛을 왕정의 기본으로 하여 오늘날에 이르고 있고 그 습속은 신민에 결착되어 견고한 국체가 될 수 있었다. 그러나 신과 관련해서는 거기에 빠져 제정신을 차리지 못한 그릇된 주장이 많으므로 신도·불교·유교의 어느 한쪽에 치우친 의식을 멀리하고 공정하게 생각하는 것이 사학의 책임이라 할 것이다"라고 설명했다. 후쿠자와가 '신도'를 어떻게 생각했는가와는 별개로, 신도 국교화 정책을 취하려는 메이지 정부 입장에서 보면 '일본의 신도는 종교가 아닌 단순한 고유의 풍속'이라고 주장한 구메의 학설은 학문이 "정사에 관여"하고 "정략"에 참견하는 위험한 행위였으며, 후쿠자와의 '학문 독립론'의 논리에서 봐도 용납될 수 없는 일탈이었다.

다음으로 '교육과 종교의 충돌' 논쟁에 대한 후쿠자와의 대응을 고찰하는 데는 크리스트교도인 고이즈미 다카시의 논고 「후쿠자와 유키치와 종교(福沢諭吉と宗教)」가 참고가 된다. "후쿠자와가 크리스트교에 가장 접근한 시기는 (…) 1887년(메이지 20) 무렵이다"[374]라고 주장한 이 글은, 필자가 본 바로는 "후쿠자와는 우치무라 간조 사건을 일절 언급하지 않았다"라는 중요한 사실을 거론한 유일한 논고이다. 이 건에 관해 고이즈미 다카시는 1897년 발표된 후쿠자와의 소론 「종교는 차와 같다(宗教は茶の如し)」를 언급하면서 "크리스트교는 청결해도 너무 공격적이라는 점에서 일본의 국정과 맞지 않다는 평가를 재차 내리게 된다. 이러한 평가에는 어쩌면 (…) 우치무라 간조 불경사건이 배경에 있는지도 모른다"는 귀중한 추론을 하고 있다.[375] 위의 "청결해도 너무 공격적이라는 점"과 관련된 내용을 간추려보면, 후쿠자와는 "또한 야소교를 보면, 그 선교사의 품행은 승려에 비해 비교적 청결한 것이 많다. (…) 포교 때가 되면 함부로 남을 공격하여 추호도 용서치 않고, 원리를 고집해 고립 상태(狷介孤立)에 빠지고, 스스로 위세를 떨치는 그 열성은 가상히 여겨야 할 것으로 보이지만, 그래서 그 가르침을 보급하여 실제로 인심을 감화시키는 효능은 쉬이 찾아볼 수 없다"[376]고 썼다.

필자 역시 고이즈미의 추측에 동의한다. 즉, 후쿠자와는 '우치무라 간조 불경사건'을 의식하고 있었지만 '사상과 양심의 자유', 우치무라의 경우 '우상숭배 부정'이라는 신념을 고립 상태에 빠져도 고집

한다는 '일신독립'의 행위가 "화和를 금과옥조로 삼는" 과잉 집단동조의 일본사회에서는 "너무 공격적"이어서 "일본의 국정과 맞지 않다는 평가"를 내렸던 것으로 추측된다. 따라서 마루야마에 의하면 "획일적인 여론에 추종하는" 것을 무엇보다 혐오해야 할 후쿠자와지만, 동시에 그는 본래 원리적인 '사상·양심의 자유', '신교의 자유'를 옹호하지 않는 사상가이기도 했기 때문에, 신권적인 천황제 체제의 토대를 뒤흔드는 우치무라 간조의 행위와 크리스트교 진영을 지원하거나 옹호할 생각이 없었던 것 아닐까. 이는 또한 후쿠자와의 '일신독립'에 대한 마루야마의 감정이입(잘못된 해석)에 수정을 요청하는 또 하나의 중요한 근거이기도 하다.

제2장 2절에서 살펴본 '학도출진' 관련 논문에서 마루야마는 '일신독립해야 일국독립한다'는 정식에 대해 "국가를 개인의 내면적 자유에 매개시킨 것—후쿠자와 유키치라는 일개 인간이 일본 사상사에 출현한 의미는 오로지 여기에 있다"고까지 썼다. 『학문의 권장』 제3편에서 후쿠자와가 그것에 대해 전혀 쓰지 않았음에도 불구하고, 후쿠자와의 '일신독립'이 "개인의 내면적 자유"와 "인격의 내면적 독립성을 매개"하는 것이라고 무리한 해석을 했던 것이다. 만약 후쿠자와에게 "내면적 자유"나 "인격의 내면적 독립성"을 고집하는 생각이 있었다면, "원리를 고집해 고립 상태"에 빠진 우치무라 간조의 행위는 그야말로 "일본 사상사"에서 흔하지 않는 개성의 출현을 의미하는 것이었을 테고, 후쿠자와는 "이단망설異端妄說의 비난을 두려워하지 말고 용기를 내어" 우치무라 간조 옹호 캠페인의 선두에 섰을 것이다.

그러나 "원리를 고집해 고립 상태에 빠지고, 스스로 위세를 떨치는 그 열성은 가상히 여겨야 할 것으로 보이지만"이라는 기술은 오히려 후쿠자와가 우상숭배를 배척하는 우치무라의 신념, "내면적 자유"를 고집하는 적극적인 의미를 이해하면서도, 그 '일신독립'의 자세가 "일본의 국정과 맞지 않는다"는 평가를 선택했다는 의미로 해석할 수 있다. 후쿠자와가 '교육과 종교의 충돌' 논쟁에 참가하지 않은 것은 그런 이유였다고 볼 수 있다. 여기서 우치무라와 다른 후쿠자와의 생각은 무엇이었을까. 그것은 불경사건이 일어나기 2년 전 대일본제국헌법의 발포를 맞이하여 "순종, 비굴, 무기력"이라는 "우리 일본 국민의 특색" 위에서 일본 근대화를 전망하고, 이듬해 '교육칙어'에 대해 "감읍"하여 "인의효제 충군애국의 정신"의 관철을 요구하는 사설을 쓰게 한, 다시 말해 신권적 천황제의 대일본제국헌법='교육칙어' 체제에 적극적으로 동의한 후쿠자와 자신의 판단, 우치무라 간조처럼 "내면적 자유"나 "인격의 내면적 독립성"을 고집하는 것은 체제를 어지럽히거나 위협하는 행위라는 판단이다. 따라서 '종교와 교육의 충돌' 논쟁에 침묵을 지킨 것과 궤를 같이 하여, 신권적 천황제 체제의 확립으로 일본의 학문·교육·종교의 자유가 보다 강력하게 위협받고 지배당하게 되는 중요한 시대를 맞이했을 때 후쿠자와는 더 이상 '학문·교육 독립론'을 주장하지 않게 되었다.

이미 기술한 것처럼, 같은 시기에 다구치 우키치는 구메 구니타케의 「신도는 제천의 고속」 사건을 보고 "문제는 (…) 국학자 모토오리 本居, 히라타平田 등이 억지로 갖다 붙인 해석 (…) 외에 오늘날 인민은 새로운 학설을 내놓아서는 안 되는 것인지, 내놓아도 되는 것인지 그것이다. 새로운 학설을 내놓으면 황실에 불경이 되는 것인지 아닌지 그것이다. 오호, 나는 그것을 믿지 못하는 것이다. 나는 굳게 믿는다. 일본 인민은 마음대로 옛날 역사(古史)를 연구하는 자유를 가지고 있음을. (…) 나는 굳게 믿는다. 신대神代의 제신諸神은 영묘한 신령이 되는 것이 아니라 우리들과 동일한 인종, 말하자면 밥도 먹고 물도 마시고 춤도 추고 꿈도 꾸시는 것이 되어도 (…) 나는 굳게 믿는다. 황실을 존경하고 국가를 사랑하는 마음은 저 국학자 모토오리와 히라타 등과 같이 단순히 『고사기』의 말뜻을 깊이 생각하여 연구하기보다도 널리 인종, 풍습, 언어, 기물 등에 관해 연구하는 사이에 왕성하게 발휘해야 함을"이라며 '학문의 자유'의 원칙을 옹호하는 당당한 반박의 논리를 펼치고 있었다. 그러는 동안 후쿠자와 유키치는 거꾸로 침묵을 지킴으로써 천황제의 신권적 절대성 확립에 기여했다는 사실은, 이후 근대 일본의 발걸음에 사상적인 분수령을 이루었다고 할 수 있지 않을까.

4. 근대 일본 최대의 보수주의자 후쿠자와 유키치

1) 마루야마의 후쿠자와 연구가 도달한 파탄
—「체면설」과 「정축공론」에 대한 검토

후쿠자와의 아시아인식을 주제로 한 『후쿠자와 유키치의 아시아 침략사상을 묻는다』와 달리, 이 책에서는 마루야마 마사오의 후쿠자와 유키치 연구에 대한 총체적 비판을 시도했다. 이 책에서 아직 언급하지 않은 마루야마의 후쿠자와론은, 후쿠자와가 공표를 예정하지 않았던 유고 「체면설(瘦我慢の説)」과 「정축공론丁丑公論」을 적극적으로 높이 평가했던 내용 정도일 것이다—마루야마의 평가 덕분에 이 두 글은 고단샤 학술문고 1권으로 출판되었다.—그 후쿠자와론에 무리가 있다는 것은 『후쿠자와 유키치의 아시아 침략사상을 묻는다』에서도 논했다(204~205쪽).[377] 이를 굳이 재론하는 이유는 ① 원래 이 마루야마의 후쿠자와론은 드물게 평판이 나쁜 데다, ② 거기에 최후의 일격을 가하는 논고가 존재함을 알게 되었고, ③ 후쿠자와의 유고 두 편에 대한 마루야마의 높은 평가 자체가 그의 후쿠자와 연구의 총체적 무리, 보다 강하게 말하면 파탄을 시사한다는 판단이 섰기 때문이다.

다만 사이고 다카모리西鄕隆盛(1827~1877)의 사족반란이 "오히려 비합리적인 무사정신(士魂)의 에너지에 합리적 가치의 진실을 의탁한" 것이라고 했던 마루야마의 「정축공론」론'에 대해서는, 역사학자 도야마 시게키 또한 월간지『세카이世界』기고글 「일본 국민 저항의 정신」에서 높이 평가했던 적이 있었다. 그는 이후 자신의 잘못된 평가를 자기비판하고 "위험을 무릅쓰지 않으려 한다면야 사족의 저항정신에 대한 애착은 거짓이라 할 수 없다 하더라도 자위의 책이었다고 평가해야 할 것이다"[378]라고 했다. 이에나가 사부로는 "가츠 가이슈 등에 대해서만 봉건도덕의 준수를 강요하는 것은 약간 앞뒤가 맞지 않는 느낌 (⋯) 막부 편에 가담한(佐幕的) 심정의 잔재"[379]라 지적했고, 오다 마코토小田実(1932~2007)는 "어설픈 저항의 정신"이라고 평했으며,[380] 마루야마의 '문하생'인 마츠자와 히로아키조차 "봉건적 충성 가운데 능동적 주체를 찾아낸다는 위태로운 사상의 모험"[381]이라고 비판적인 평을 가했다.

게다가 후쿠자와 유키치 본인이 대일본제국헌법이 공포되는 시점에 연재했던 사설 「일본 국회의 유래」(자료편 1)에서 "메이지 10년(1877) 가고시마의 반란처럼 공신 상호의 불화에 의해 생긴 일이지만, 정부는 정통의 정부로서 그 명분이 정당하고 여기에 적대하는 자는 곧 모반인으로 실패하지 않을 수 없다"고 한 문제가 있다. 이것은 1877년 세이난전쟁西南戰爭 종료 직후에 집필하여 공개하지 않았던 「정축공론」과 달리, 세이난전쟁에 대한 다른 견해를 공표한 것이다. 또한 「체면설」이 집필 당시 관계자들에게 공개되고 다른 신문에도 게재된 다음에 후쿠자와 생전에 공표되었던 것과 달리, 「정축공론」은 미발표인 채로 감추어져 있다가 죽기 이틀 전인 1901년 2월 1일부터

『시사신보』에 게재되기 시작하여 총 8회의 연재가 끝난 것은 후쿠자와 사망 일주일 뒤인 2월 10일이었다는 사정도 고려하여 재론은 생략하겠다.

이제 막부 측 군사총재 가츠 가이슈가 유신정부군에게 에도성江戶城을 넘겨준 사건 등을 비판한 후쿠자와의 「체면설」과, 그것을 높이 평가한 마루야마의 주장에 대한 고찰로 넘어가보자.

> "입국立國은 사사로운 것이지 공적인 것이 아니다. (…) 체면이라는 하나의 주의는 본래 사람의 사적인 감정에서 나온 것으로 냉담한 타산의 논리에서 이야기할 때는 거의 어린애 장난 같이 들린다고 해도 변명할 말이 없지만, 실제 세계고금에서 이른바 국가라는 것을 목적으로 정해 이를 유지보존하려는 자는 이 주의에 의거하지 않는 것이 없다. (…) 인간사회의 사물이 오늘날 같은 모양으로 있는 한, 외면의 체재에 문야文野의 변천이야 있을지언정 백천 년 뒤에도 일편의 체면은 입국의 대본으로서 이를 소중히 여기고 점점 이를 배양하여 그 근원(原素)의 발전을 돕는 것이 긴요하다고 할 것이다. (…) 몇백천 년 동안 배양해 얻은 우리 일본 무사의 기풍을 손상한 (…) 가츠 아와勝安房(가츠 가이슈의 본명) 씨 (…) 승패도 시도해보지 않고 항복한 자인지라 미카와三河 무사*의 정신

---

* 미카와三河는 지금의 아이치현愛知県 중동부의 옛 이름으로, 도쿠가와德川 쇼군가將軍家의 출신지역이다. 가츠 가이슈가 쇼군 직속의 가신이었던 관계로 그렇게 부른 것 같다.

에 반할 뿐만 아니라 우리 일본 국민의 고유한 체면의 대大주의를 저버리고, 이로써 입국의 근본인 사기를 떨어뜨린 죄는 피할 수 없을 것이다."382

위 인용문은 「체면설」의 일부이다. 후쿠자와는 이 글을 1891년 11월 말 탈고해 가츠 가이슈, 에노모토 다케아키榎本武揚(1836~1908) 외 관계자 5인에게 사본을 보여준 다음 "손궤 깊숙이 넣어두고 다른 사람에게 보이지 않았다." 그러나 그 내용이 새어나와 1894년경 『오우일일신문』에 실렸기 때문에 측근의 권유에 따라 20세기 초두의 1월 1일을 선택해 이를 『시사신보』에 공표했다.

마루야마 마사오는 이 「체면설」을 "굳이 '편파심'이라고 자칭한 애국심에 찬동하고, 혹은 '냉담한 타산의 논리에서 이야기할 때는 거의 어린애 장난 같'은 '체면의 정신' 가운데 오히려 국민적 독립의 귀중한 에너지를 찾아내며",383 나아가 전국戰國 "무사의 혼을 사적 차원의 행동 에너지로 하여 객관적으로는 문명의 정신(대내적 자유와 대외적 독립)을 추진하게 한"384 것이라고 높이 평가했다. 마루야마가 "오히려 비합리적인 무사정신(士魂)의 에너지에 합리적 가치의 진실을 의탁했다"고 했을 때 "합리적 가치"가 위에서 본 "문명의 정신(대내적 자유와 대외적 독립)"을 가리키고 있다는 점은 분명하다. 마루야마의 이런 후쿠자와 평가를 필자 나름대로 논평하기 전에, 그의 '「체면설」론'에 최후의 일격을 가한 국문학자 이토 마사오의 「「체면설」 사설私說」385부터 살펴보자.

이토 마사오는 후쿠자와 미화론자 중에서도 객관적이고 실증주의적인 후쿠자와 연구자로서 평가가 높은 인물이다. 그는 "유신정부 군에게 에도성을 넘겨준 사건에 대한 후쿠자와의 가츠 가이슈 비판 은, 당시의 객관적 정세를 무시한 탁상공론을 벗어나지 못한다. 또 한 유신 이후 가츠와 에노모토의 진퇴에 대해서도 반드시 후쿠자와 의 말이 타당하다고 속단하기 어렵다"고 했다. 그런 다음에 그는 왜 1891년(메이지 24)이라는 시기에 유키치가 이런 글을 집필했는가를 추 측해보고 있다. ① 1860년 양식군함 간린마루咸臨丸를 타고 미국에 도 항했을 때 후쿠자와는 막신幕臣 기무라 가이슈木村芥舟(1830~1901) 셋츠 노카미攝津守 군함장관(사령관)의 종복으로 승선했는데, 거기서 함장 가 츠 가이슈와 만날 수 있었다. 그 이후 후쿠자와는 가츠에 대해 "감정 적으로 서로 용납하지 못하는 것"이 있었고(이토는 후쿠자와가 비판한 에노 모토 다케아키에 대해서도 논하고 있다), ② 그해에 기무라 전 군함장관이 『30 년사』를 간행한 것이 「체면설」 집필의 직접적인 동기가 되었음을 밝 힌다. ③ 또한 이토는 "만약 가츠의 공순책恭順策이 부당했다 해도 그 것을 책할 자격이 후쿠자와에게 있는가"를 묻고, "그토록 철저하게 봉건적 관념을 부정하는 공리주의 그 자체처럼 행세하던 후쿠자와가 이제 와서 에도가 '바야흐로 전쟁상태에 빠지면 나는 짐을 꾸려 도망 가지 않으면 안 된다'고 마구 지껄이고 다닐 정도로 (⋯) 체면이 없었 던 자신의 행실은 짐짓 모르는 척하며 타인에게만 미카와 무사의 충 절을 요구할 자격이 있는가"라고 쓰고 있다.

④ "1889, 1890년 무렵 『시사신보』에 실린 후쿠자와의 논고에는 도쿠가와 막부의 정치의 묘나 미카와 무사의 기풍의 미를 기리는 표 현이 자주 등장한다. 도쿠가와 이에야스德川家康를 항상 '이에야스 공

公'이라는 경칭으로 부르고, '도쿠가와 이에야스 공은 일본국의 영웅, 온 세계에서 유례를 찾아볼 수 없다'라든가, '세계고금에 절륜絶倫 무비한 영웅'이라고까지 절찬"한 것을 소개한 다음, 이토는 "메이지 20년대(1887~1896)의 일본은 이른바 국수주의 부활의 시기로 후쿠자와에게도 봉건시대 재평가의 의식이 강렬하게 되살아나고" 후쿠자와의 내셔널리즘 의식도 "한층 고양되었다"는 시대배경을 지적했다.

⑤ 또한 이토의 논고에는 「체면설」을 언급한 문헌목록이 붙어 있다. 그중에 마루야마가 "일본에는 보기 드문 진정한 보수주의자"[386]로 평가한 제7대(1933~1946) 게이오기쥬쿠 학원장(塾長) 고이즈미 신조가 「체면설」은 "후쿠자와 저작 중에서도 추천·장려하지 않는 애독서의 하나였다"고 말한 흥미 있는 사실이 소개된다. 다시 말하면, 「체면설」은 "후쿠자와의 국가주의·애국정신을 전면적으로 지지하는"[387] 인물조차 "추천·장려하지 않는" 저작이었다.

이토 마사오는 무고한 살상을 막기 위해 에도성을 유신정부군에 내준 것은 오히려 "가츠 가이슈 불멸의 공적"이라고 보았다. 이런 고찰을 바탕으로 "후쿠자와의 항전론은 그에게 어울리지 않게 비현실적인, 가당치 않는 것을 무리하게 걸고넘어지며 생떼를 쓰는 이상론이라는 느낌이 든다. 후쿠자와가 걸어온 싸움이지만 이 승부는 아무리 봐도 후쿠자와 선생에게 불리하다", "가츠 가이슈에게 타격을 주기보다는 오히려 후쿠자와 본인이 누려온 역량의 한계를 폭로한 것 아니었을까"라는 냉엄한 평가를 내렸다. 그는 "「체면설」은 어디까지나 감춰두어야 할 논고(秘稿)로, 후쿠자와의 대표저작처럼 선전되는 것이 자신의 본뜻인지 의심스럽다", "그의 대표저작의 하나로 간주되는 것이 애초부터 그의 본심인지, 또한 그것이 정말로 그의 담론에 무게를 더하는 방법인지 의심스럽다"는 결론을 제시했다. 직접 거명하지는 않았지만 마루야마 마사오에 대한 비판으로 읽을 수 있을 것이다.

가츠 가이슈가 「체면설」에 대해 "진퇴는 나에게 달려 있고, 비방칭찬은 타인의 주장으로 내가 가담하지 못하고 내가 관여할 수 없다고 생각하나이다. 각자에게 보이셔도 털끝만큼도 이의가 없나이다"[388]라고 대답한 것을 두고, 이토는 "일언지하에 뼹 퇴박을 놓은 느낌"[389]이라고 평가한다. 필자는 가츠 가이슈에 대해서는 문외한이다. 이토가 가츠 가이슈에 대해 "이 괴물의 복잡한 정신구조는 용이하게 파악할 수 있을 것 같지 않다"[390]고 하기도 했거니와, 후쿠자와와 가츠를 여기서 경망스럽게 대비할 생각은 없다. 다만 단편적인 정보에 따르면 일본 근대화의 발자취에 대한 두 사람의 관여나 평가는 매우 대조적이고, 더구나 필자가 비판적으로 보는 후쿠자와의 행동에 대해 가츠가 대극적인 자세를 취하고 있었던 것 같이 생각되므로, 후쿠자와의 사상을 평가하는 과정에서 동시대의 다른 생각이나 가능성을 생각해볼 수 있는 하나의 소재로서 시대순으로 두 사람의 단편적인 정보를 나열해보도록 하겠다.

1868년의 제2차 죠슈長州전쟁 당시 후쿠자와는 「죠슈 재정벌(再征)에 관한 건백서」를 제출하여 프랑스로부터의 차관과 군사적 제휴를 통해 막번체제幕藩體制의 절대주의화를 도모하려 한 반면, 가츠는 재정벌과 외국차관 계획에 가장 강력하게 반대한 인물이었다. 그는 막말 이래 한·일·청 "3국이 합종연횡하여 서양 제국에 대항해야 한다"는 아시아 연대론자로서 '경제적 내셔널리즘'의 입장에서 청일전쟁에 반대했다.[391] 가츠는 후쿠자와와 대조적으로 청일전쟁과 전후의 정부 대응을 모두 정면비판하고, 전승에 들뜬 당시의 일본 민중에게 "일시의 승리에 자만하지 말라", "다음에 패하는 것은 일본 차례"라고 경고하기도 했다.[392]

아시오足尾광산의 광독鑛毒사건에 대해, 가츠는 "이 문제의 근원은 지나친 서양문명 모방 정책 탓"이라 규정하고 피해지역의 참상과 농민의 궁핍상을 정확하게 이해하면서 나중에 천황 직소를 감행한 정치가 다나카 쇼조田中正造(1841~1913)에 대해 "백 년 후의 총리대신에 임명해야 한다"는 염라대왕의 희문戱文까지 작성하는 등 지원과 협력을 아끼지 않았다. 그와 대조적으로 후쿠자와는 정부의 조사결과가 나오자마자 이 문제는 이것으로 끝내야 한다고 주장하고[393] 『시사신보』를 통해 "만약 그 연설집회에서 불온한 공기가 생기거나 죽창이나 거적깃발 등의 행위를 선동하는 입김이 있는지, 또는 다인수의 힘으로 타인을 협박하는 거동이라도 있으면 정부는 단호히 직권으로써 처분하여 추호도 사정을 봐줘서는 안 된다"[394]고 주장했다.

또한 후쿠자와의 「체면설」과 관련하여 눈에 띄는 또 다른 논평이 있다. 임오군란 당시 "군비확장과 강경외교를 큰 소리로 주장하고 일부의 신중론을 야유할 정도로 우쭐해 하며 조선에 출병한 정부를 격려한" 후쿠자와의 모습에서 "후쿠자와를 일본 위인의 위치에서 끌어내리지 않으면 안 되겠구나" 하고 생각하게 되었다는 소설가 나츠보리 마사모토夏堀正元(1925~1999)는 "「체면설」도 음모가의 자기모순으로 가득 차 있다"고 평가했다.[395] 이에나가 사부로는 "나는 이 두 책, 특히 후자(「체면설」—인용자)에 너무 심원한 의미를 부여하려 하는 것은 후쿠자와의 심사를 정확하게 파악하는 방법이 아니라고 생각한다"[396]고 말했으며, 하시카와 분조는 "유명한 「체면설」도 「정축공론」도 사리에 어긋난 고집 정신의 예찬이다. 여기서 후쿠자와는 분명히 무리한 것을 주장하고 있다"[397]고 했고, 소설가 마사무네 하쿠쵸正宗白鳥(1879~1962)는 "「체면설」도 무사도의 잔광, 한학의 망령을 따르고 있다는 느낌이 든다"[398]고 각각 비판적으로 평가했다.

이쯤에서 마루야마의 「체면설」 평가로 돌아가자. "무사의 혼을 사적 차원의 행동 에너지로 하여 객관적으로는 문명의 정신(대내적 자유와 대외적 독립)을 추진하게 했다", "오히려 비합리적인 무사정신(士魂)의 에너지에 합리적 가치의 실현을 의탁했다"는 마루야마의 「체면설」 평가는 명백한 잘못이다. 그 단적인 이유는 「체면설」에 마루야마가 말하는 "문명의 정신(대내적 자유와 대외적 독립)"이라든가 "합리적 가치"라는 말은 일언반구 언급되지도 않았으며, 따라서 "문명의 정신"의 "추진"이나 "합리적 가치의 실현"은 논의되지 않았다는 사실이다. 이것만으로 마루야마의 잘못에 대한 충분한 논증이 되었겠지만, 역시 마루야마의 후쿠자와 신화를 해체하기 위해서는 과잉이라 할 정도의 고찰이 필요하다고 판단하기 때문에 논의를 계속하도록 하겠다.

초기 계몽기 후쿠자와의 과제가 일본을 '국민국가'로 만드는 것과 '주권국가'로 만드는 것의 두 가지였다고 주장하는 마루야마는 『학문의 권장』의 '일신독립해야 일국독립하는 것'이라는 정식이 그 두 가지 과제의 "내면적 관련"을 "가장 선명하게 정식화하고" 있고 "개인적 자유와 국민적 독립, 국민적 독립과 국제적 평등은 완전히 같은 원리로 관철되고 완벽한 균형을 이루고 있다. (…) 아름답지만 짧았던 고전적 균형의 시대였다"고 파악했다. 마루야마의 「체면설」론에서 "문명의 정신(대내적 자유와 대외적 독립)"이 이 정식을 가리키고 있음은 분명하다. 결국 마루야마는 대일본제국헌법='교육칙어' 체제 확립 이후인 1891년에도 후쿠자와가 '일신독립'과 '일국독립'의 동시적 달성이라는 "문명의 정신" 실현을 지향하고 있었다고 파악한 것이다. 이에 대해 필자는 초기 계몽기 후쿠자와에게 '일신독립'과 '일국독립'은 "짧았던 고전적 균형"을 유지하고 있지 않으며, 후쿠자와는 '일국독립=대외적 독립=자국의 독립'을 "최후 최상의 대목적"으로 삼고 '일신독립=대내적 자유=개인적 자유'의 과제는 "다음 행보로 남겨두고 훗날 이루게 되리라"고 했음을 확인해왔다.

　이어 제2장에서 결국 후쿠자와는 자유민권운동에 등을 돌리고 자신이 공약한 '일신독립'의 과제를 추구하는 방향으로 한 걸음도 내딛지 않았음을 해명했다. 그러나 마루야마 마사오는 신권적 천황제 확립 이후에도 후쿠자와가 "문명의 정신" 실현을 향해 나아갔다고 주장하는 것이다. 그것이 명백한 잘못임을 보여주는 단적인 예로, 제2장 5절에서 소개한 후쿠자와의 발언(자료편 34)을 상기해주기 바란다. 「체면설」보다 5년이나 먼저 나온 이 글에서 후쿠자와는 "일본 국민의 문명 (…) 그 마음을 보면 완전한 문명개화인"이라고 적었다. 일본인의 "문명의 정신"은 벌써 완전한 문명개화를 달성했다고 주장한 것이다. 이래도 마루야마의 주장이 무리하다는 점을 납득할 수 없는 분을 위해, 초기 계몽기부터 「체면설」 시점까지 후쿠자와 내셔널리즘 사상의 발자취를 고찰해보겠다. 그럼으로써 「체면설」에서 후쿠자와가 요구하는 것은 대체로 "문명의 정신(대내적 자유와 대외적 독립)"의 "실현"이나 "합리적 가치의 실현" 등이 아니라, 문자 그대로 "체면"의 정신 그 자체, 다시 말해 비합리적인 배외주의와 천황제 내셔널리즘이었다는 사실이 확실해질 것이다.

그 작업을 진행하기 전에, 마루야마의 「체면설」 평가 중에 "굳이 '편파심'이라고 자칭한 애국심에 찬동하고, 혹은 '냉담한 타산의 논리에서 이야기할 때는 거의 어린애 장난 같'은 '체면의 정신' 가운데 오히려 국민적 독립의 귀중한 에너지를 찾아"볼 수 있다는 대목에서 '국민적 독립'이라는 개념을 확인하고자 한다. 이 말은 '일신독립'에 대응하는 "대내적 자유", "개인적 자유"나 '일국독립'에 대응하는 "대외적 독립", "자국의 독립", "주권국가"의 확립 등과 달리 마루야마 고유의 말이다. 초기 계몽기 후쿠자와의 정식과 앞뒤로 맞추어보면 마루야마의 '국민적 독립'이란 국가가—일신독립을 전제로 하는—'국민국가'로서 '일국독립'하는 것을 의미하는 개념이라고 이해할 수 있다. 마루야마의 다른 표현을 사용한다면 "대내적 자유와 대외적 독립"의 두 과제를 아울러 달성하는 것이라 생각하면 될 것 같다.

그런데 만약 이런 이해가 맞다면, "굳이 '편파심'이라고 자칭한 애국심에 찬동하고, 혹은 '냉담한 타산의 논리에서 이야기할 때는 거의 어린애 장난 같'은 '체면의 정신' 가운데 오히려 국민적 독립의 귀중한 에너지를 찾아"낼 수 있다는 마루야마의 해석은 그 자체로 무리한 주장 아닐까. 마루야마에 의하면 초기 계몽기 후쿠자와의 정식과 마루야마의 "국민적 독립"은 둘 다 "개인적 자유와 (…) 국제적 평등"이 "아름답지만 짧았던 고전적 균형"을 유지하고 있다는 전제로 성립하기 때문이다. 그러나 『문명론의 개략』에서 후쿠자와는 "편파심"이란 "일국의 사사로운 이익을 도모하는 마음이다. (…) 고로 보국심과 편파심은 이름은 달라도 실질은 같은 것"이라고 설명한 다음에, "일시동인一視同仁 사해형제四海兄弟의 대의와 보국진충 건국독립의 대의는 서로 어긋나고 서로 용납이 안 된다"는 국제관계의 현실을 소개하고, 따라서 '일신독립'은 "다음 행보로 남겨두고 훗날 이루게 되리라"는 결론을 이끌어냈다. 다시 말하면, 국제적 평등의 대의와 건국독립의 대의는 모순되는 것이므로 "굳이 '편파심'이라고 자칭한 애국심에 찬동"한다면 '일신독립'을 전제로 하는 '국민국가'로서 '일국독립'한다는—두 가지 과제의 동시적 달성을 의미하는—"국민적 독립"은 달성할 수 없다는 것이야말로 후쿠자와의 주장이다.

먼 길을 돌아왔지만, 결국 말하고자 하는 것은 초기 계몽기에조차도 후쿠자와는 "문명의 정신(대내적 자유와 대외적 독립)"의 "추진"이나 마루야마가 말하는 "국민적 독립"의 달성을 과제로 삼지 않았고 본래 "편파심"에 입각한 "자국의 독립" 달성을 어디까지나 "최후 최상의 대목적"으로 삼고 있었다는 사실의 재확인이다.

그러면 이제 후쿠자와가 걸어온 내셔널리즘의 발자취를 살펴보자. 필자의 예전 저서 『일본 근대교육의 사상구조』 전편 제5장에서 상세하게 고찰한 부분이므로, 여기서는 자세한 주석을 달지는 않을 것이다.

① 후쿠자와의 초기 계몽기 내셔널리즘은 『학문의 권장』 초편의 "누가 조국의 부강을 기원하지 않는 자 있으랴, 누가 외국의 모욕을 달게 받을 자 있으랴, 이는 바로 사람된 자의 인지상정人之常情이니라"라는 파악밖에 없다. 이 소박한 내셔널리즘은 "개인의 자유와 국민적

자유, 국민적 독립과 국제적 평등은 (…) 아름답지만 짧았던 고전적 균형"을 이루고 있었다는 마루야마의 이해가 잘못된 것임을 보여주는 증거로서, 후쿠자와 자신이 직접 밝힌 '애국심'에 대한 그의 주장이다. 마루야마 마사오는 『일본정치사상사연구』에서 이런 "본능적 향토애는 국민의식을 기르는 원천이긴 해도 바로 정치적 국민을 만들어내는 힘은 되지 못한다. 향토애란 필경 환경애環境愛에 다름 아니고, 환경애는 자기 외부에 있는 것에 대한 전습적傳習的 의존인 반면, 국민을 국가로 결집시키는 것은 어디까지나 하나의 결단적인 행위로서 표현되어야 하기 때문이다"³⁹⁹라고 주장한 바 있다. 하지만 초기 계몽기 후쿠자와는 '일신독립'을 "훗날"의 과제로 연기하고 국가에 결집하는 "결단"을 촉구하는 정치적·경제적·사회적 조건을 방치한 채 독립의 "기력"만 문제 삼았다. 따라서 『학문의 권장』에서 국민은 정부가 "전쟁을 일으켜도 외국과 조약을 맺어도 (…) 결코 그 일을 왈가왈부할 수 없"는 정부에 종속된 의존적 존재에 지나지 않았다.

② "전국 인민의 머릿속에 국가의 사상을 주입시키는" 방책을 주제로 한 『통속국권론』에서도 후쿠자와는 "사소한 국내정치(內國政府)의 조치는 단지 사회 전체의 한 부분적인 일(一局事)"이라 치부하면서 "일신독립", "대내적 자유"의 과제를 방치했다. 그는 본래 일본 인민은 "오로지 군주 한 몸을 위한다고 생각하고 만일의 경우 하나밖에 없는 목숨을 버린다"는 "국가에 보답하는 마음"을 "인류의 천성"으로 가지고 있으면서도 "그 보답해야 할 국가를 모를" 뿐이라고 말한다. 이를 알게 하기 위해 "일국의 인심을 흥기하여 전체를 감동시키는 방편은 대외전쟁보다 나은 것은 없다. (…) 우리 인민의 보국심을 진작시키기

위한 수단은 이들과 일전을 벌이는 것보다 나은 것이 없다"고 제안했다. 보국심이 "인류의 천성"이라는 허위 위에—그것과도 모순되게—외국과의 전쟁이라는 인위에 의해 "국가의 사상을 주입시킨다"는 그의 방책은 "국민을 국가로 결집시키는" 책략으로서는 너무나도 작위적이다.

③ 이듬해 나온 『통속국권론』 2편에서 후쿠자와의 작위는 한층 심화된다. 「체면설」 첫머리의 "입국立國은 사사로운 것이지 공적인 것이 아니다"라는 구절과 같은 맥락에서 "국가는 국민의 사심에 의해서는 것이라 해도 좋다"고 적은 다음, "인민 입국의 정신은 외부에 대해 사심이지만 내부에 있어서는 곧 공적 의무(公義)"라고 썼다. 이 대목에서 필자는 후쿠자와가 "국민을 국가에 결집시키는 것"을 촉구하는 국내적 "공적 의무"를 국민의 자유나 권리와 관련하여 논의하는 것인가 하는 기대를 품었다. 그러나 프랑스 사례에 입각해 "입국의 공적 의무"를 설명하는 후쿠자와는 재차 전국 인민에게 "외국 교제의 곤란함을" 알리고 "적국敵國 외환外患은 국내의 인심을 결합하여 입국立國의 근본을 굳건히 하는 양약良藥"이라 단정하면서 "국민의 울적한 불평을 완화하여 사회의 질서를 유지하자"는 방책을 권장했다.[400] 다시 말하면, 후쿠자와는 외국과의 전쟁으로 "보국심"을 진작하는 작위뿐만 아니라, "적국 외환"으로 국내의 사회질서를 유지하는 방책까지 생각했던 것이다. "적국 외환", "대외전쟁"이라는 전능한 신의 손으로 "대내적 자유와 대외적 독립"이라는 두 가지 과제를 동시에 해결한다는 무리한 구상이었다.

④ 같은 1879년에 나온 『민정일신民情一新』에서 계급대립과 사회주

의운동의 진전에 의해 "선진" 자본주의 제국이 "그야말로 낭패를 당해 방향을 잃은" 현상을 인식하고 보수화로 심하게 기운 후쿠자와는 다시금 "내국의 불화를 치유하는 방편으로 일부러 대외전쟁(外戰)을 도모하고 이로써 일시적으로 인심을 기만하는 기책"을 이야기했다.

⑤ 후쿠자와는 1882년 『시사소언時事小言』을 펴내 "천부(天然)의 자유민권론은 정도正道이고 인위의 국권론은 권도權道이다. (…) 이 사람은 권도를 따르는 사람"이라고 선언하면서 "일신독립", "대내적 자유"의 민권론과 결별하고 보수사상을 확립했다. 여기서 제시한 "국가의 이익이 되는 기력"의 양성책은 "신교의 자유"와 "국제적 평등"—즉 "개인적 자유와 (…) 국제적 평등"의 양쪽—을 부정하는 외래 크리스트교 보급 반대론과 "사족 기력 보호유지"라는 퇴행적인 방안들이었다. 그리고 후쿠자와는 "대외전쟁", "적국 외환"을 강조하는 배외주의적 내셔널리즘 노선과 "오로지 군비를 성대하게 갖춰 국권을 확장한다"는 "강병부국" 노선을 내세우고 "거리낄 것 없이 그 영토를 탈취하여 우리 손으로 판을 새로 짜는" 아시아 침략의 길을 제시했다.

⑥ "적국 외환"이라는 외부로부터의 충격에 의존하는 작위적이고 배외주의적인 내셔널리즘만으로 "국민을 국가로 결집시키는 것"은 후쿠자와에게도 분명 무리였다. 같은 1882년에 나온 보수사상 확립의 또 하나의 저작인 『제실론帝室論』에서 후쿠자와는 "우민을 농락하는 (…) 사술"로서 제실을 "일본 인민의 정신을 하나로 결집하는 중심"으로 자리매김하고, 강병부국 노선을 짊어지는 일본 군인은 "제실을 위해 나아가거나 물러서며 제실을 위해 살고 죽는 것"이라는 「군인칙유」와 같은 구상 속에서 "비로소 전진戰陣을 향해 한 목숨이라도 바칠

수 있을 뿐이다"라고 했다.

⑦ 같은 해 나온 『병론』은 군사제도에 관한 후쿠자와 유일의 저작이다. 여기서 후쿠자와는 "전제정부 아래 강병은 없다"는 근대 내셔널리즘의 군제가 아니라, "압제적인 상관에 비굴한 군인을 결합하면 오히려 더 큰 효과가 나타난다"는—이는 "상관의 명을 받드는 것, 실은 바로 짐의 명을 받드는 것"이라는 「군인칙유」와 동일한 관점이다—생각으로 어떠한 비합리적인 명령에도 절대복종하는 우매한 "황군병사"상을 제시했다.

⑧ 이듬해인 1883년 「번벌과인정부론藩閥寡人政府論」에서 후쿠자와는 "이 사람 필생의 목적은 오로지 국권확장의 일점"이라고 재확인했다. 그런 맥락에서 "국내의 정권이 누구의 수중에 떨어진들 (…) 그 정치의 체재와 명의가 혹은 전제와 비슷해도 그 정부로써 잘만 국권을 확장할 힘을 얻는다면 그것으로 만족해야 한다"고까지 말하게 되었다.

이상과 같이 일관되게 "일신독립"과 "대내적 자유"의 과제를 방치한 채 "자국의 독립", "국권확장", "강병부국" 노선을 외곬로 걸어온 후쿠자와에게, 2개월 뒤의 임오군란과 2년 뒤의 갑신정변은 "국권확장"을 도모할 절호의 기회였다.

⑨ 후쿠자와는 임오군란과 동시에 "동양의 노후한 거목(老大巧木)을 일격에 꺾기를 바랄 뿐"이라며 강경한 군사개입을 요구했고, 갑신정변의 경우 쿠데타의 무기 제공까지 스스로 떠맡는 깊은 관계를 가지고 있었기 때문에 그의 발언은 열광의 극에 달했다. "순수하고 진정한 일본혼"으로 "조선 경성京城에 주둔 중인 지나 병사를 몰살시키고

(…) 대거 지나에 진입하여 곧바로 북경성北京城을 함락시켜라"고 요구하고, "천황 친정을 기필코 단행해야 한다"고 호소하기까지 했다. 정부의 의향을 앞서가는 지나친 강경론 때문에 『시사신보』는 검열에 걸려 사설 없이 발행되거나 발행정지 처분을 받기도 했다. 이런 대외 전쟁에 대한 열광과는 반대로 "오늘은 일본 국민의 본분으로 내치가 어쩌니 논할 날이 아니다"라며 "매우 간절하고 공손"하게 "세인에게 권고"하고, 또다시 "이번 조선에서 일어난 사변이야말로 행운이다. 아무쪼록 이 변고에 편승하여 부조화의 묵은 폐습(宿弊)을 말끔히 씻어 버려야 할 것"이라며 권모술수를 요구했다.

⑩ 임오군란 이듬해 후쿠자와는 일본 근대화의 지도층인 '중산계급=우리 일본국 무사'를 위한 도덕의 표준으로 "진충보국"을 제시했다. 제2장 1절에서 논한 것처럼, 마루야마는 후쿠자와의 내셔널리즘이 "충군 내셔널리즘과는 완전히 이질적인 것"이라 주장했으므로 그 잘못을 다시 확인하도록 하자. 이미 『제실론』에서 제실을 "일본 인민의 정신을 하나로 결집하는 중심"으로 자리매김했던 후쿠자와는 "진충보국"의 원형이 "유교"와 "봉건의 제도"하에 형성된 "무사의 충성심"이라 설명하고 "여러 외국에 자랑할 만한 일계만대─系萬代의 지존을 삼가 받들고 있어, 진충의 목적은 분명하고 한 번도 헷갈릴 만한 기로를 보지 못했다. (…) 일본 국민은 그저 이 유일한 제실에 충성을 다하고 다른 것을 되돌아보아서는 안 된다"고 주장했다. 다시 말해, 후쿠자와는 봉건사족의 번藩에 대한 충성에서 그 대상을 일본국으로 옮기고 충성의 인격적 대상을 번주藩主에서 천황으로 옮기도록 요구했던 것이다. 『제실론』의 "제실을 위해 나아가거나 물러서며 제실을 위

해 살고 죽는" 군인정신과 함께 이것이 '충군 내셔널리즘'을 원형으로 하는 천황제 내셔널리즘 그 자체임은 명백하다.

⑪ 1889년 제국헌법 발포 다음 날부터 연재된 사설 「일본 국회의 유래」에서 후쿠자와가 "순종, 비굴, 무기력"한 국민성을 "우리 일본 국민의 특색"으로 평가했다는 것은, 주체적 애국심과 내셔널리즘에 대한 기대 측면에서 문제가 있었음을 의미한다. 따라서 후쿠자와는 천황제 내셔널리즘에 대한 국민의 납득과 합의를 얻어내기 위해 무리한 노력을 되풀이하게 되었다. 「일본 국회의 유래」를 웃도는 이듬해의 장기 연재사설 「국회의 전도」(「자료편」2)는 그런 시도 가운데 하나였다. "주인의 말 앞에서 싸우다 죽을 것을 약속한" 봉건 무사가 아닌 에도시대의 일반 "영민領民"도 "봉건의 쇼군將軍, 번주에 대해 (…) 이를 보기를 귀신과 같이, 부모와 같이" 숭배하고 있었다고 주장하면서, "이 관습은 인민의 뼛속에 사무쳐 천성을 이루고" 있으므로 "지금의 제실을 존숭경애하는" 것은 그저 사람들의 이 "천성에 따르는 것만"으로 좋다는 구차한 설명을 시도했다.

물론 4년 뒤 청일전쟁이라는 내셔널리즘을 진작할 호기를 맞이하자 후쿠자와는 또다시 "안으로 어떠한 불평부조리가 있어도 이를 논하고 있을 겨를이 없다"며 국내 문제를 방치한 채 "노소 구별 없이 처절하게 죽어 인간의 씨가 마를 때까지 싸우는" "일본 신민의 각오"를 호소했다. 대본영에서 "종일 군복차림으로" 전쟁 지도에 임하는 천황을 절찬하고, 병사는 "죽음으로써 이에 보답해야 할 따름으로 (…) 출진의 날은 곧 죽음을 각오하는 날로 하여 하루라도 빨리 폐하의 예려를 덜어드리고 성체를 안심시켜드리는 정신을 일으키지 않을 수 없다. 이 정신이야말로 실로 우리에게는 만리장성"이라고 주장하면서 "3군의 장병은 모두 폐하의 말 앞에서 싸우다 죽을 각오로써 달리 신명을 되돌아볼 여유가 없다"며 "우리 대원수 폐하의 위령"을 찬미·칭찬한 것이다.

정리하면 다음과 같다. 초기 계몽기에 '일신독립'을 훗날의 과제로 미뤄두고 향토애적 애국심밖에 제시하지 않았던 후쿠자와는 시종 그 공약인 '일신독립'의 추구로 나아가지 않았다. 그 결과 "일신독립", "대내적 자유", "개인적 자유"와 관련된 국내 문제에 대해서는 "단지 (…) 한 부분적인 일", "국내의 정권이 누구의 수중에 떨어진들 (…) 전제와 비슷해도", "내치가 어쩌니 논할 날이 아니다", "안으로 어떠한 불평부조리가 있어도"라는 경시·방치·보류의 자세로 일관했다. 반대로 "최후 최상의 대목적"인 "자국의 독립", "일국독립", "대외적 독립"의 달성을 위해서는 "이 사람의 필생 목적은 오로지 국권 확장의 일점에 있다"고 주장하고 그것을 위한 애국심 진작 방책으로 "대외전쟁보다 나은 것은 없다", "일부러 대외전쟁을 도모하고", "오로지 군비를 성대하게 갖춰 국권을 확장"하는 "강병부국" 노선과 아시아 침략이라는 배외주의적 내셔널리즘을 제안했으며, 한반도에서 발생한 두 차례의 정변에 임해서는 "동양의 노후한 거목을 일격"에 꺾고 "조선 경성에 주둔 중인 지나 병사를 몰살시키고 (…) 대거 지나에 진입"하라고 큰소리쳤다.

'일신독립'의 과제를 방치한 채 "자국독립"이라는 지상목적의 달성을 위해 애국심="국가를 위한 기력"의 진작을 강력하게 요청했던 후쿠자와는, 향토애적 애국심과 아울러 과거로부터 그 조건을 구했다. "사족의 기력 유지 보호"책을 주장하고 "유교"와 "봉건의 제도"하에 형성된 "무사의 충성심"을 재평가하는가 하면, 영민들에게도 "귀신과 같이, 부모와 같이" 번주를 숭배하는 "천성"이 있었다고 주장하는 등, 오로지 봉건시대에서 내셔널리즘의 원형을 구하고 그 충성의 대상을 쇼군이나 번주에서 천황으로 바꾼 새로운 "진충보국", 천황에게 "죽음으로써 이에 보답하고" "제실을 위해 나아가거나 물러서며 제실을 위해 살고 죽는" 천황제 내셔널리즘을 주장한 것이다. 이 내셔널리즘의 비합리성은 '일신독립' 확립의 국내 개혁을 방치한 부분을 보충하기 위해 "적국 외환은 국내의 인심을 결합하여 입국의 근본을 굳건히 하는 양약"이라 주장하고, "내국의 불화를 치유하는 방편으로 일부러 대외전쟁을 도모하고 이로써 일시적으로 인심을 기만하는 기책"이라며 권모술수를 동원하는 모습에서 상징적으로 드러난다.

제2장 2절에서 밝힌 것처럼, 초기 계몽기 『문명론의 개략』 자체에서 후쿠자와는 "권력 편중" 사회에서 배양된 "혹닉"의 심정을 동원하여 확대하자는 모순된 제안을 했다. 또 『학문의 권장』에서는 "국민의 중간에 위치하고" "국민의 선두를 이루어 정부와 서로 도우며 관과 민의 힘을 평균하여 일국 전체의 힘을 증진하여 저 박약한 독립을 움직일 수 없는 기초 위에 두는" 지도자로서 "중산계급"에 대한 기대를 표명했다. 그러나 후쿠자와가 종종 한탄했듯이—후쿠자와 자신이 '일신독립' 보류 노선을 취한 탓도 있어—현실은 "지금의 부상호농富商豪農 무리"도 "비굴"하고 "아직 하찮은 장사치 순농사꾼의 자취를 떨쳐버리지 못하고"(1889), "중등사회"는 "위축"된 "불구사회"(1888), "국

민의 대다수는 (…) 그저 사사로운 노동 증산으로 먹고사는 문제에 급급하고 있을 뿐"(1889)인 미성숙한 "중등사회"의 그것이었다.

이상에서 본 "국가를 위한 기력"의 진흥책을 중심으로, 후쿠자와의 일본 근대화 내셔널리즘 사상이 걸어온 필연적인 도달점이 바로 대일본제국헌법='교육칙어' 체제의 수용이었다. 이 체제가 확립된 이후 후쿠자와는 일본 근대화, 즉 자본주의적 발전의 가능성을 "우리 일본 국민의 특색"인 "순종, 비굴, 무기력"한 국민성 위에서 전망할 수밖에 없었으며, 따라서 학교교육을 통해 '교육칙어'의 "인의효제 충군애국의 정신"을 "관철"할 것을 요구하게 되었다. '교육칙어' 발포 이듬해의 '교육과 종교의 충돌' 논쟁과 2년 뒤 「신도는 제천의 고속」 사건에 즈음해 후쿠자와가 굳게 침묵을 지킨 것은, 이 일본 근대화의 행보가 "사상·양심·신교의 자유"나 "학문의 자유"와 양립할 수 없는 무리한 노선임을 예리하게 꿰뚫고 있었기 때문이다.

「체면설」은 1891년 11월 '교육과 종교의 충돌' 논쟁 와중에 기초되었다. 이상에서 살펴본 후쿠자와의 일본 근대화 사상적 발자취와 대조해보면 "굳이 '편파심'이라고 자칭한 애국심에 찬동하고, 혹은 '냉담한 타산의 논리에서 이야기할 때는 거의 어린애 장난 같'은 '체면의 정신' 가운데 오히려 국민적 독립의 귀중한 에너지를 찾아내며", 나아가 전국戰國 "무사의 혼을 사적 차원의 행동 에너지로 하여 객관적으로는 문명의 정신(대내적 자유와 대외적 독립)을 추진하게 했다"는 마루야마의 평가가 잘못되었음은 이미 자명할 것이다.

초기 계몽기 후쿠자와는 '일국독립' 달성만으로는 "문명의 본지"라 할 수 없다는 정당한 판단하에서 "일신독립"의 과제를 "훗날" 아울러 달성할 것을 공약했다. 그러나 그 공약 추진에 기여할 가능성을 지닌 자유민권운동에 등을 돌리고, 결국 공약 달성을 위한 어떤 노력도 기울이지 않았다. 따라서 이 시기 후쿠자와에게는 "개인적 자유와 국민적 독립, 국민적 독립과 국제적 평등이 완전히 같은 원리로 관철되고 완벽한 균형을 이루고 있다. (…) 아름답지만 짧았던 고전적 균형의 시대였다"는 표현에 들어 있는 "대내적 자유"와 "대외적 독립"을 같은 위치에 두고 파악하는 의욕이나 자세가 이미 사라지고 없었다. 마찬가지로 마루야마가 말하는 "국민적 독립"의 달성이나 "문명의 정신(대내적 자유와 대외적 독립)"의 추구 의사도 이미 포기한 상태였다.

후쿠자와가 이 시점에서 「체면설」을 집필한 것은 자신이 "입국立國은 사사로운 것이지 공적인 것이 아니다. (…) 체면이라는 하나의 주의는 (…) 냉담한 타산의 논리에서 이야기할 때는 거의 어린애 장난같이 들린다고 해도 변명할 말이 없지만"이라고 변명한 것처럼, "일국독립"뿐만 아니라 훗날 "일신독립"도 아울러 달성하고자 한다는 초기 계몽기의 "문명의 본지" 추구가 스스로 "일신독립"을 일관되게 연기·유보·방치해오면서 파탄해버렸음을 상징적으로 보여주는 사실이다.

한편 「체면설」은 "미카와 무사의 충절을 요구할 자격"이 없는 후쿠자와가 "국수주의 부활"의 시류에 아부하듯 집필하여 스스로 "역량을 의심받는" "탁상공론", "이상론", "한학의 망령", "자기모순", "사리에 어긋난 고집" 등 호된 악평에 시달리게 된 글이었다. 이런 글을 두고 마루야마는 "후쿠자와의 대표저작 같이 선전"했던 것이다. 이는 "국민을 국가로 결집시키는 것"은 "본능적 향토애"와 같은 부류가 아니라 "어디까지나 하나의 결단적인 행위"라는 마루야마 자신의 내셔널리즘 파악과도 명백히 모순되는 행위였다. 그것은 바로 "일편의 체면" 그 자체를 "입국의 대본"으로 평가했음을 의미한다. 또한 그 평가는 "개인적 자유와 국민적 독립, 국민적 독립과 국제적 평등"이 "아름답지만 짧았던 고전적 균형"을 이루고 있었던 초기 계몽기 이래 후쿠자와가 평생 "문명의 정신(대내적 자유와 대외적 독립)"의 추구를 바라고 "일신독립"을 전제로 "국민국가"로서의 일본을 "일국독립"시키는 "국민적 독립"을 달성하려 했다고 파악하는 마루야마 마사오의 후쿠자와론 자체의 틀, 즉 메이지 전기의 분별력 있는 "국가이성의 인식"이나 "건전한 내셔널리즘" 자체의 파탄을 상징하는 것이라고 생각된다.

나아가 마루야마는 후쿠자와 유키치가 대일본제국헌법='교육칙어' 체제를 수용했을 뿐만 아니라 '교육과 종교의 충돌' 논쟁이나 구메 구니타케 사건에 끝까지 침묵을 지킴으로써 사상·양심·신교의 자유, 학문의 자유가 침해되는 데 부작위의 가담을 했다는 사실을 모조리 간과하고 무시했다. 이는 근대 일본사회가 "쇼와 전기의 초국가주의"로 귀착되어가는 발자취를 보이지 않게 하는 잘못된 사상사 연구가 아닌가 우려된다.

2) 근대 일본 최대의 보수주의자 후쿠자와 유키치

사상가로서의 후쿠자와 유키치를 어떻게 평가할 것인가. '후쿠자와는 철학자인가 아닌가'를 둘러싸고 후쿠자와 동시대인의 평가와 전후 일본 연구자의 평가는 대조적이다. 이토 마사오에 의하면, 언론인 도쿠토미 소호는 후쿠자와에 대해 "세상에 보이는 이른바 철학자가 아니다"[401]라고 말했으며, 언론인 도야베 슌테이鳥谷部春汀(1865~1908)는 "그는 철학자가 아니다. (…) 단지 상식을 말하는 사람"[402]이라 규정했고, 『도쿄일일신문』(조사吊辭)에서는 "체계적인 철학을 갖고 있지 못하다"[403]라고 평가했다. 동시대인들의 평가에는 후쿠자와가 '철학자'가 아니라는 의견이 즐비했다. 그들의 논거를 살펴보자.

도쿠토미 소호는 "우리는 후쿠자와 씨가 정치상 일정한 주의가 있는지 일정한 식견이 있는지 모르겠다", "관민조화의 일점에서"는 일관되지만 "이것은 거의 냄비에 물건을 넣고 솥만 걸면 물건은 익는다고 생각하는 것과 같다", "자유, 개진 양당의 수령만 정부에 들어오면 천하태평이라 생각하는 것 같다", "정부 측 인사를 향해 일시적인 권도를 위해 내밀히 금은(금전—인용자)을 사용해도 좋다고 큰소리치고…"라며 후쿠자와의 무원칙적인 '관민조화론'을 비판하고, "주의 있는 자는 함부로 조화를 말하지 않고 진보를 바라는 자는 함부로 조화를 말하지 않는다. 조화는 무원칙의 천국이다", "가장 개탄스러운 것은 후쿠자와 유키치 씨의 정론政論 중에 개혁의 사상이 없다는 것이다"[404]라며 후쿠자와의 정치론을 준엄하게 평가했다.

후쿠자와 자신은 1893년의 사설 「시사신보의 관민조화론」에서 "시사신보는 1882년 봄 처음 발행한 이래 그 정치에 관해 주의로 하는 바는 항상 관민의 조화론으로서, (…) 거의 세상 사람이 싫어할 때까지 하고 오늘날 여전히 멈추지 않는 것은 독자가 잘 아는 바이리라"라고 썼다. 그것이 시사신보사의 지론임을 자인한 것이다. '1881년(메이지 14)의 정변' 이듬해 6월, 후쿠자와가 이와쿠라 도모미와 만나 "오랜 시간에 걸친 담화가 한나절에 이르렀을" 때, 대화의 주제는

'관민조화'였다고 한다. 이와쿠라는 이토 히로부미에게 그 내용에 대해 다음과 같이 전했다. 후쿠자와는 고토 쇼지로後藤象二郎(1838~1897)나 오쿠마 시게노부의 정부 등용을 권하고, 오늘날 재야 정치가 태반은 "정부 고관의 명예와 월급이 부러울 뿐으로 이들을 구제하기 위해 여기 수십만 엔의 국채를 발행하여 이들 정객을 모조리 정부 부내에 채용하여 초야에 유현遺賢을 없애버리는 것은 어떤가. 넉넉잡아도 5백 명 정도가 안 될 것이다. 이들을 농락하여 협화의 길을 강구하면 지금의 자유민권 소동 따위는 가라앉을 뿐만 아니라 1990년의 국회도 축하 모임에 지나지 않게 될 것이다"라고 말했다는 것이다.[405]

후쿠자와는 초기 계몽기부터 메이지 신정부에 대해 "지금의 정부 (…) 기실은 전제가 사그라지고 남은 연기일 뿐. (…) 오로지 자유의 한 방향으로 나아갈 뿐"이라고 지지를 표했다. 『시사소언』에서는 "지금의 일본 정부는 (…) 유신 이후 13년 동안 민권의 일을 거행하여 오로지 개진의 한 방향을 향해 주저하지 않은 자", "유신의 공신이 (…) 전권을 장악하고 국사를 전담하는 것도 물론 당연하다"면서 번벌전제(藩閥專人) 정부를 공신정부로 칭하며 노골적으로 옹호했다. 덧붙여 '일국독립' 확보를 지상과제로 삼아온 후쿠자와는 국내정치에 대해서는 "단지 (…) 한 부분적인 일", "내치가 어쩌니 논할 날이 아니다", "안으로 어떠한 불평부조리가 있어도"라고 일관되게 경시·방치·보류하기만 했다. 따라서 그의 관민조화론은 이와쿠라 도모미 등에게 자유민권운동을 통째로 돈으로 매수하도록 권하는, 말하자면 "일시적인 권도를 위해 내밀히 금은을 사용하는" 무원칙적인 시책에 불과했다. 도쿠토미 소호가 개탄한 것처럼 "개혁의 사상"이 없는 것도 당연한 일이다.

철학자라고 평가할 수 없는 이유에 대해 도야베 슌테이는 "경세가로서는 너무 넓고, 학자로서는 너무 얕고, 교육가로서는 너무 무주의無主義하다"[406]고 썼다. 후쿠자와에게 언론·표현의 자유, 사상·양심·신교의 자유, 학문·교육의 자유에 관한 원리적 주장이 없었다는 것을 생각하면 "학자로서는 너무 얕"다는 평가가 타당하다. 또한 후쿠자와가 교육을 일관되게 정치나 경제의 과제를 보완하는 수단("정치의 시녀")으로 자리매김하고, 그럼으로써 상황에 따라 의무교육을 찬성했다 반대했다 하면서 이리저리 입장을 바꾸고, 교육을 어린이나 인간의 권리로 파악하는 시점이 전혀 없었다는 사실은 "교육가로서는 너무 무주의하다"는 평가의 타당성을 보여준다.[407]

한편 이런 동시대인들의 엄격한 평가와 달리, 전후민주주의 시대의 연구자들은 후쿠자와를 원리원칙이 있는 철학자로 파악했다. 역사학자 하니 고로는 후쿠자와를 "원칙있는 근본적·체계적 사상가"라 했고, 마루야마 마사오는 "독창적이고 원리원칙 있는 철학을 가진 사상가"라고 했으며, 도야마 시게키는 후쿠자와의 변절이 "확고한 원리원칙이 있기 때문에 자유로울 수 있었고 막힘이 없었다"고 평가했던 것이다.[408]

그러나 필자는 이 책에서 마루야마 마사오의 후쿠자와 연구에 입각해 그 무리와 잘못을 논증했다. 후쿠자와가 "일관되게 배제한 것은 (경제·학문·교육·종교 등의) 시민사회 영역에 대한 정치권력의 진출 내지 간섭이었다"면서 그 정치사상을 "전형적인 시민적 자유주의 정치관"으로 평가했던 마루야마의 후쿠자와 파악이 이치에 맞지 않는다는 점을, 후쿠자와가 대일본제국헌법='교육칙어' 체제를 수용하고 그 직후 '교육과 종교의 충돌' 논쟁과 구메 구니타케 사건에도 침묵함으로써 사상·양심·신교의 자유, 학문의 자유가 유린·억압당하는 데 가담한 사실에 입각하여 해명·논증했다.

『문명론의 개략』 제9장까지의 분석을 통해 귀납적으로 추론한 "혹닉"의 배제와 "권력 편중을 놓치지 않고 적발해간 저 거의 악마적인 집요함"이라는 마루야마의 유명한 주장이 『문명론의 개략』 제10장에서 이미 파탄되었다는 사실을 마루야마의 '문하생'조차 지적하고 있다는 사실도 소개했다. 마찬가지로 후쿠자와 천황제론의 "핵심은 천황을 모든 정치적 결정의 세계를 초월한 위치에 두는 것", "충군 내셔널리즘과는 완전히 이질적인 것", "항상 원리에 따라 행동하고 (…) 무한히 새로운 생활영역을 개척해가는 분투적 인간"이라는 "근대적 인간유형", "후쿠자와는 생애를 걸고 유교주의와 격투하고 (…) 단호히 대결했다" 등등, 마루야마가 말하는 후쿠자와의 "독창적이고 원리원칙 있는 철학"의 거의 모든 부분을 사실과 논리에 입각해 검토한 끝에 그 무리·잘못·파탄을 해명해냈다.

후쿠자와는 무종교와 무신론을 표방하면서 "바보와 병신에게 종교, 꼭 맞는 구색이 아니냐"라고 주장하고 백 편이 넘는 종교 진흥론을 전개했다. 이런 공공연한 모순에 대해 우치무라 간조가 〈종교의 대적大敵〉이라는 강연에서 "후쿠자와 스스로 종교를 믿지 않으면서 종교를 장려한 것은 종교에 대한 최대의 모욕이라 하고 세상의 종교인이 이에 분개하지 않는 무기력과 무식견을 책한"[409] 것은 당연한 분노라고 할 수 있을 것이다. 같은 문제에 대해 도쿠토미 소호는 "그는 종교조차 부호를 평민의 으르렁거림으로부터 보호하는 기구로 삼으려 한다"[410]고 말했고, 사회운동가 가타야마 센이 주재한 『노동세계勞動世界』도 "종교로써 노동자의 불평을 진정시키고 자본주의사회의 안정을 도모하려 했다"고 비판했다.

이러한 사상가 후쿠자와의 모순된 참혹한 모습은 원리원칙에 대한 일관성이나 고집이라기보다는 오히려 전혀 원리원칙에 얽매이지 않고 멋대로 자기 주장을 전개한 것으로 볼 수 있다. 앞에서 언급한 『도쿄일일신문』의 조사가 "개인주의, 평등주의, 방임주의, 독립주의, 진보주의, 문명주의는 얼마간 후쿠자와 옹이 일대의 소론으로 관철한 것 같아도 이따금 때에 따라 왕왕 제멋대로 밖으로 폭주하는 일 또한 적지 않았다"[411]고 밝힌 대로이다. 후쿠자와는 언뜻 개인주의나 평등주의, 문명주의 등의 원리를 "일대의 소론"으로 주장한 것 같이 보이지만, 실은 아무것에도 얽매이지 않고 멋대로 그 반대나 모순된 주장을 전개했다는 이 평가는 정곡을 찌르고 있다. 신화족제도에 대한 후쿠자와의 평가가 찬성(적극적 기대의 표명)→반대('관민조화'의 관점에서)→찬성(작위의 바겐세일 주장)으로 제멋대로 뒤바뀌었던 것을 상기하자. 동시대의 언론인 구가 가쓰난이 후쿠자와는 "털끝만큼도 추상적인 원칙 또는 고상한 이상을 가지고 있지 않았다"는 평언을 남긴 것은, 그러한 사상적 영위를 되풀이한 후쿠자와가 결과적으로 후쿠자와의 원리적 '사상'이나 '이상'이라고 평가할 만한 것을 남기지 않았다는 뜻이었다. 마루야마 마사오와는 정반대의 평가인데, 필자는 구가 가쓰난이 마루야마보다 후쿠자와의 실상에 더 가까이 다가갔다고 생각한다.

후쿠자와는 게이오기쥬쿠 학생들에 대한 담화에서 "일본국의 인심은 자칫하면 한쪽으로 빠지는 폐단이 있다. (…) 그 좋아하는 것에 열렬하게 치우치고 그 싫어하는 것에 격렬하게 반대하여 (…) 전후좌우에 조금의 여유도 허용치 않아 형편과 경우에 따라 융통성 있게 처신하여 물 흐르듯 거침 없이 대응하는(變通流暢) 신묘한 용법이 부족한 것 같다"[412]고 말한 적이 있었다. 마루야마는 이 말을 인용한 뒤 "후쿠자와는 이렇게 인식이나 가치가 집중, 고정되는 것을 '혹닉'이라는 말로 불렀습니다"[413]라고 하여, 후쿠자와가 일본인의 결점으로 집중화된 사유양식, 즉 '혹닉'을 비판한 것을 높게 평가했다. 또한 "그때의 대세에 순응하거나 이미 정해진 세상의 방향을 나중에 변호하거나 획일적인 여론에 추종하는 것만큼 그의 본의를 거스르는 일은 없었다"[414]고 주장했다. 후쿠자와가 "인식 태도로서는 왼쪽 가운데 동시에 오른쪽의 계기를 보고, 오른쪽 가운데 동시에 왼쪽의 계기를" 보면서 "결단으로서는 현재의 상황판단 위에서 왼쪽 오른쪽 어느 쪽이 상대적으로 좋다 하여 선택하는 태도"를 관철하고 있었다고 설명하면서, 이를 후쿠자와의 "양안兩眼주의", "복안複眼주의"라 부르며[415] 역시 높게 평가했다.

이에나가 사부로는 이에 대해 "마루야마의 후쿠자와론은 후쿠자와를 빌려서 마루야마 자신의 사상을 전개한" 것이며 "후쿠자와 유키치를 빌려 마루야마 철학을 표현한"[416] 일면을 갖는다고 논평했다. 후쿠자와가 "대세에 순응하거나 (…) 획일적인 여론에 추종하는" 것을 정말 싫어했다면 '교육과 종교의 충돌' 논쟁이나 「신도는 제천의 고속」 사건 당시 침묵했을 리가 없고, 제국헌법이나 '교육칙어'를 찬미·

수용·긍정했을 리도 없다. 하물며 '혹닉'을 배제하는 후쿠자와가 초기 계몽기부터 "마땅히 부정해야 할 권력 편중 사회에서 배양된 혹닉의 심정에 다름 아닌 것을 동원·확대"하여 아시아에 대한 "억압과 침략으로 결부되는" 배외주의적 내셔널리즘으로 가는 발걸음을 "매우 강렬하게—내세울"(이다 다이조) 리는 더더욱 없다. 마루야마의 후쿠자와론에 입각하여 말하면, '대일본제국헌법=교육칙어' 체제 확립 이후 후쿠자와가 일본 자본주의 발전 가능성을 전망한 근거였던 "순종, 비굴, 무기력"이라는 "일본 국민의 특색"이야말로 '마루야마 유키치'가 가장 강력하게 부정해야 했던 대상이었다. 그런 의미에서 마루야마가 주장하는 일련의 '권력 편중', '혹닉'론은 후쿠자와에 대한 무리한 해석에 입각하여 마루야마가 자신의 소원(마루야마 철학='마루야마 유키치'의 표상)을 이야기한 것이라 이해하면 좋을 것이다.

그렇다면 무엇이 문제인가. 마루야마는 후쿠자와가 "형편과 경우에 따라 융통성 있게 처신하여 물 흐르듯 거침없이 대응하는(變通流暢) 신묘한 용법이 부족한 것"을 비판했다는 점을 높이 평가했다. 그러나 필자는 오히려 후쿠자와의 이 과도한 "신묘한 용법"적 사고방식, 도쿠토미 소호의 표현을 빌리자면 "곧잘 세상에 따라 변하고 사물에 얽매이지 않는 것(而能與世推移不凝滯於物)은 그대의 본령"[417]이라는 점이야말로 후쿠자와의 문제였다고 생각한다. 원리원칙에 전혀 구애받지 않는 후쿠자와의 사고 양식은 초기 계몽기에는 당면한 "자국의 독립" 달성이라는 "최후 최상의 대목적"을 관철하기 위해, 보수화된 중기 이후에는 자본주의적 계급사회를 수호한다는 "대본원大本願"을 달성하기 위해, 각각 변화무쌍 자유자재로 구사되었다. 그러한 이유로 후쿠자와는 근대적 국가관·사회관·인간관에 관한 나름의 체계적인 원리원칙을 확립할 수 없었으며, 사상으로서 보잘 것 없는 것밖에 만들어내지 못했다. 바로 이런 후쿠자와의 사상적 한계가 멀게는 마루야마가 말하는 "쇼와 전기의 초국가주의"와 이어진 것은 아닐까.

'사상'이라는 것은 본래 역사의 현실이나 전개과정으로부터 일정한 자립성을 확보함으로써, 적어도 사회의 직접적인 이해나 현실로부터 상대적으로 독립하여 존재함으로써 비로소 사상으로서 살아 있는 현실적 기능이나 역할을 발휘하게 된다. 후쿠자와가 주장하는 다양한 명제나 언설은 퇴행적인 역사적 현실주의, 즉 현실추종주의와 점진주의 속에서 끊임없이 현실에 추종하고 카멜레온처럼 다채롭게 변절함으로써 체면 불고한 사상의 무절조성을 구축했다. 물론 필자는 이런 후쿠자와의 한계를 그 혼자만의 사상적 책임으로 치부할 생각은 없다. 후쿠자와 사상의 '열린' 유연성, 체면 불고한 무절조성의 배경에서 국가권력으로부터 상대적으로 독립된 시민사회를 형성할 수 없었던 일본 자본주의의 역사적 조건을 읽어내지 않는다면 공평성을 결여한 논의가 될 것이다.

평론가인 야마지 아이잔山路愛山(1865~1917)은 『통속국권론』, 『가정총담家庭叢談』, 『시사소언』 등을 읽고 선생은 나이 사십에 이미 보수당이 되었다고 생각했다. 왜냐하면, 천하가 바야흐로 민권의 신장이 급선무라고 할 때 선생은 국권론을 주장하고, (…) 이제 와서 선생 논저의 시종을 생각건대 선생은 타고난 보수당이다"라고 평가했다. 구가 가츠난은 "그는 사교상 계급의식 같은 것은 배척해도 구시대의 유물인 봉건제는 특별히 반대하지 않았다. (…) 세인을 향해 자유주의를 가르쳐도 여전히 귀족의 특권을 시인했다. (…) 털끝만큼도 추상적인 원칙 또는 고상한 이상을 가지고 있지 않았다. 요컨대 이 논객은 사교상 급진파이고 정치상 보수파라고 해야 할 뿐. (…) 자유주의를 받아들인다고는 했지만 반드시 정부의 간섭을 공격하지 않고, 반드시 번벌의 전제를 배척하지 않으며, 도리보다 오히려 이익을 중요시하는 것이 이 논객의 특색이다. 저 '실력은 도리를 만든다'는 비스마르크주의는 오히려 이 논객이 시인하는 바다"[418]라고 후쿠자와 유키치를 평가했다. 이는 전후민주주의 시대의 연구자들보다도 훨씬 후쿠자와의 실상에 가까이 다가간 것이다. 특히 후쿠자와가 수많은 모순된 논의를 전개함으로써 "털끝만큼도 추상적인 원칙 또는 고상한 이상"을 제시할 수 없었다는 구가 가쓰난의 평가는 '사상가' 후쿠자와 유키치의 사상적 한계를 잘 표현하고 있다.

필자는 후쿠자와 유키치가 근대 일본 최대의 보수주의자였다고 평가한다. 동시대인인 야마지 아이잔이나 구가 가쓰난의 '보수파', '보수당'이라는 평가에 왜 '최대의'라는 수식어를 붙인 것인가. 공부벌레였던 후쿠자와 유키치는 사물의 본질이나 한계, 혹은 오류를—때로는 정당성조차—정확하게 꿰뚫어보고 알았으면서도 초기 계몽기에는 "자국의 독립" 달성이라는 "최후 최상의 대목적"을 위해, 보수화된 중기 이후에는 "강병부국"의 달성과 자본주의적 계급사회의 수호를 위해 주눅 들지 않고 그 필요한 실천적 과제에 전력을 기울였다. 그런 자세의 '대단함'에 대해서는 필자 나름의 '경의'를 표한다. 물론 그것이 수행한 부정적인 역사적 역할은 매우 중대하지만, 그와 별도로 그 '경의'에 비추어 '최대의'라는 표현을 쓰는 것이다. 마루야마 식으로 말하면, 후쿠자와 유키치야말로 "보기 드문 진정한 보수주의자"였다.

우리는 이 일본 최대의 보수주의자 후쿠자와 유키치를 어떻게 넘어서고 극복할 것인가. 또한 그렇게 함으로써 전쟁책임 문제를 방치해온 일본 전후민주주의의 재생을 어떻게 도모할 수 있을 것인가. 그것이 우리에게 남겨진 과제이다.

제5장

자료편
— 마루야마 마사오가 무시한 후쿠자와 유키치의 중요 논설

* 인용문 뒤에 명기한 괄호 안의 출전은『후쿠자와 유키치 전집』(慶應義塾 편, 岩波書店) 전 21권과 별권의 권수 및 해당 쪽수를 표시한 것이다. 예를 들어, (12권, 20~46쪽)은 제12권의 20~46쪽을 말한다.

* 자료 번호 뒤에 ※가 붙은 경우, 4는 후쿠자와 유키치가 직접 집필한 사설이 아니며, 12, 15, 17, 22, 27, 32, 37, 38, 43번은 마루야마 마사오가 언급하긴 했지만 그 해석이나 평가가 필자와 다르다.

* [자료편]의 인용문은『후쿠자와 전집』의 원문을 중간중간 생략하면서 인용했으며, 생략된 부분은 '(…)'로 표시했다. 따라서 본문의 인용과 [자료편]이 다른 경우가 있다. 이 경우『후쿠자와 전집』의 해당 부분에서 원문을 확인할 수 있다.

* 수록 자료는 4가지 테마로 분류하여 각각 연대순으로 정리했다.

Ⅰ. '『문명론의 개략』=후쿠자와의 원리론'이라는 주장의 파탄을 보여주는 근거들

1. 「일본 국회의 유래(日本國會緣起)」(1889년 2월 12~23일, 9일간 연재)

ⓐ 국회는 국란國亂의 자식이라 할 정도의 사안인데 단지 우리나라에서는 천하태평, 상서로운 조짐(瑞雲祥氣) 속에서 헌법 발포를 맞이하고 상하 화합하여 환성이 넘칠 뿐이다. 이는 모두 우리 제실帝室의 존엄신성함과, 그로써 항상 인심을 조화시킨 대공덕에 의하지 않은 것이 없다. 황조皇祚 무궁, 성수聖壽 만만세, 이 사람은 중심에 서서 우리 동포 국민과 함께 이를 기원하는 사람이다. (…) 본인은 이 헌법을 배독하고 함부로 시비를 가리기를 그만두고 다만 30년래 오늘에 이르기까지의 사실을 고하고 그 진면목을 밝혀 이로써 후세 자손을 위하고 또한 우리나라 국정에 정통하지 못한 외국인으로 하여금 우리 정치상의 역사에 오해가 없기를 바랄 뿐이다. (…) 헌법이라는 것은 예로부터 일본국에서 본 적조차 없는 기이한 제도(奇劑)로 그 유효무효는 이를 실제로 시행해보지 않고서는 알 수 없다. (…) 그저 이것을 국회의 실제에 차차 시험 삼아 써보고 차차 재미있는 경지로 들어설 무렵에 조금이라도 제실의 신성을 범하지 않음은 물론, 또한 조금이라

도 남용하는 일 없이 이를 천상의 높은 곳에 받들고 하계의 정치가들은 간접으로 그 병리해소와 조화의 은혜를 입어, (…)

지금의 일본 (…) 국민의 대다수는 정권이 무엇인지를 모르고 그저 사사로운 노동 증산으로 먹고사는 문제에 급급하고 있을 뿐으로 천하의 정권이 누구의 손에 있든 조세가 무겁지 않고 신체 안전하기만 하면 정말 분에 넘치는 고마움이라고 하지 않는 자가 없다. (…) 우리 일본 국민의 기풍은 오랜 습관에 길들여져 권리의 신장에 대해서는 그렇게까지 예민한 자가 없다. (…) 사권과 정권의 어느 쪽에 경중을 두고 있느냐고 물으면 사권이 우선 견고하고 그 뒤에 정권이라는 것이 당연한 순서인데 우리 일본 국민은 아직 사권의 중요성을 모르니 어찌 정권의 중요성을 알겠는가. (…) 일본 국민의 다수는 정권 참여를 요구하는 자가 아니다. (2월 12일 연재분)

ⓑ 일본은 지금도 여전히 민권론이 시행되지 않는 국가인데 세간에 왕왕 그 논의로 떠들썩한 것은 필경 직업이 없어 어려움을 겪고 있는 사족士族, 학자, 유지들이 관료의 지위를 요구했지만 얻지 못하자 여러 가지 일을 꾸며내 정부를 난처한 상황에 빠뜨리려는 것이며, 말하자면 무익한 장난질에 지나지 않는다. (…) 본래 이 무리는 실력(무력과 금력 공히)이 없는 자로서 (…) 재작년 겨울에 정부가 보안조례保安條例를 급히 발령하여 (…) 일시에 수백 명의 사족과 유지들(정치가 부류)을 부외로 내쫓은 일이 있지만, 본인이 보기에는 (…) 이 무리가 일을 이룰 수 있는 자들이었다고는 생각되지 않고, (…) 이 무리는 (…) 국민의 다수와는 거의 무관한 종족이고 그 대표자도 아니다. 그렇다

면 정부의 국회에 있어서야 오죽하겠는가. 국민 전체가 재촉하여 이런 상황에 내몰리고 있는 것이 아니다. (2월 13일 연재분)

ⓒ 국회 개설의 원인은 정부 밖에서 온 것이 아니라 그 내부에서 만들어진 것이라는 생각을 새로이 궁리해낼 필요가 있다. (…) 우리 봉건정치는 (…) 일종의 발군의 낙원으로 (…) 봉건정치의 근본, 사람에 의하지 않고 제도관습에 의해 뒷받침된 증거로서 보아야 할 것이다. (…) 우리 도쿠가와의 봉건은 예로부터 당시에 이르기까지 일본 문명의 정상에 달한 것으로 지금의 시점에서 되돌아보아도 괄목할 만한 것이 매우 많다. (2월 15일 연재분)

ⓓ 5개조 서약 (…) 을 발령하신 것은 본래 성의에서 나온 것이지만 나이 어린 천자로서 제대로 중인의 마음을 시찰하신 것 (2월 15일 연재분)

ⓔ 유신의 일로 쓰라린 고생을 한 공신이야말로 특별한 자이므로 정부의 좋은 지위는 자연히 그런 방식으로 돌아가지 않을 수 없었다. (…) 사츠마薩州, 조슈長州, 도사土佐 (…) 3번 (…) 의 사족은 (…) 정사政事에 인사人事에 문명의 경영을 게을리 하지 않고 마침내 메이지의 신일본을 창조했다. 메이지 10년(1877) 가고시마의 반란처럼, (…) 정부는 정통의 정부로서 그 명분이 정당하고 여기에 적대하는 자는 모반인으로 실패하지 않을 수 없다. (…) 이 곤란한 사정에 있으면서 아직 전체의 안녕을 유지하고 오늘날에 이르기까지 정부에 풍파가 없는 것

은 우리 일본 사족에 고유한 순량의 덕성에 의해 그렇다고는 하지만, (…) 제실의 존엄신성 덕분에 완화 조화의 공덕을 입은 것을 말하지 않으면 안 된다. 이 사람은 이 일점에 있어서도 금후 점점 제실의 성덕을 우러러보는 사람이다. (2월 18일 연재분)

ⓕ 이 사람 (…) 중서회의兼庶會議 등의 논의는 가장 자신 있는 영역인데, 정부 바깥에 있는 사족 등 (…) 철두철미 정치에 관한 것 외에 안심하고 입명할 곳이 없는 사람으로 스스로 믿고 (…) 빈번히 국회론을 주장하고 (…) 국회만 개설하면 천하태평하고 세상은 황금세계로 바뀐다고 하며 (…) 국회 개설 청원운동을 정부에 제기했다. (…) 반드시 국민의 진정한 바람을 대표한 것도 아니며, 말하자면 할 일이 없어 고생하고 있던 사족이 일시적으로 장난질을 시도한 것일 뿐 (2월 19일 연재분)

ⓖ 우리 신정부는 신성한 제실의 이름에 의거하여 봉건사족이 심신을 바치고 이로써 위공을 (…) 이룬 것 (2월 21일 연재분)

ⓗ 우리 일본의 국회 개설은 바깥의 인민에 의해 강요된 것이 아니라, 정부 부내의 희망에 기인하여 출발한 것이라고 하지 않을 수 없다. (…) 이른바 농사꾼, 장사치는 지금도 여전히 농사꾼, 장사치로 겨우 글자를 익히고 이해한다 해도 그 기력의 일단에 이르러서는 (…) 사족에 심히 미치지 못한다. (…) 또한 제실은 제외국의 군주처럼 이전에 그 나라를 정복하여 군주가 된 것이 아니라 대일본국의 이름과

함께 만세 무궁의 원수로서 세계 중에 가장 고귀하고 가장 편안하고 또한 가장 오래되어 실로 비할 데 없는 신성한 국군國君이므로, (…) 결국 우리 일본사회도 이미 문명주의의 지배를 받고 있는 이상은 오랜 세월 뒤에 권세가 귀의할 곳을 묻는다면, 첫째는 금력이요, 지력은 그 두 번째에 위치할 수밖에 없다. (…) 금후는 사족도 점차 농공상農工商화하여 재산을 중시하는 생각이 생기고, 종전의 부호 농공상은 점차 교육의 소중함을 알아 (…) 사(족)화하게 되리로다. 이쯤 되면 비로소 우리 일본국에도 지력과 재산과 권세를 가진 중등사회가 형성되고 국회의 세력을 번성케 하여 전체 사회를 지배하기에 이를 것이다. 그곳으로 가는 길은 필히 멀 수밖에 없을 것이다. 이 사람은 천하 우국의 식자와 함께 그 길이 모두 무사안전하기를 기원하는 사람이다. (2월 22일 연재분)

① 이상과 같이 이 사람은 국회 진보의 길이 무사안전하기를 기원하면서 결코 실망할 일이 아니라고 믿는데, 그 경위를 말하자면, (…) 어쩌면 우리 국민은 수백천 년 이래 윗사람에게 복종하고 그 제어를 받아 성규습관成規習慣을 준봉하고 그 경계를 넘지 않는다. 안으로는 부모를 모시고 밖으로는 군주를 섬기며 형제자매, 스승제자, 상관하관, 고참신참, 본가분가, 적자서자, 일체의 관계 모두 구속 가운데 있을 뿐만 아니라, 현재의 부모와 군주 같은 사람은 그 위에 없는 최고의 존재와 비슷한데, 선조라고 이름하는 일종의 무형의 힘을 상상하여 (…) 가문의 명예 운운하며 무서워하지 않는 자가 없다. (…) 즉 일본 고유의 습관으로 대대로 전해 내려와 선천적인 성질을 이룬 것

이므로, 인심이 양순하여 능히 사물의 질서에 복종하는 것은 어쩌면 세계 각국에 비교할 만한 나라가 없다고 할 것이다. (…) 사람의 성질이 순종온량하고 그런데도 아주 우둔하지 않아 능히 윗사람의 명령에 복종하고 습관성규 가운데 스스로 움직여 전면적인 안녕을 유지하고 간난에 견디는 것은 우리 일본 국민의 특색이라고 해도 다툴 사람이 없을 것이다. 혹자는 이를 평하여 일본인의 비굴함이라고 할 사람도 있겠지만, 본인은 굳이 변명하고 싶지 않고, 비굴하다고 해도 무기력하다고 해도 능히 간난에 인내하고 흐트러지지 않는 사람은 여기에 덧붙이기를 순량이라는 이름으로 하지 않을 수 없다. (…) 국회는 진보의 도중에 있고 그 도중에 사소한 곤란은 그다지 두려워할 필요가 없다. 더군다나 우리 사회의 상층에는 제실의 신성이 있어 하계에 군림하고 정치에 달아오르는 중생은 그 광명 가운데 빨려들어 질서 바깥으로 일탈할 수 없음이야 또한 의심할 바 없다. 혹자는 말하기를 이 일절의 입론은 오로지 인생의 선천적 유전의 성질에 호소하여 일본 국민의 순량함을 증명해 보이는 것이지만, 사회 진보의 급격함은 선천적 유전의 기능을 용납하지 않으며, (…) 그 순량함에 의지하는 것은 고목에 꽃이 피는 것을 기대하는 것과 다르지 않고, 지금의 나로써 옛날의 나를 생각하면 전후에 마치 두 개의 인생이 있는 것과 같다는 등의 주장이 있다. 그 자체로 또한 일설을 이루는 것 같지만, 무릇 유전이라는 것은 사람이 스스로 애쓰지 않고도 저절로 모르는 곳에서 나오고, 그 기세는 스스로 금해도 금할 수 없고, 교육도 이를 이끌 수 없으며, 명령도 이를 멈추게 할 수 없는 일종의 미묘한 능력이므로 (…) 그 유전의 공덕에 의해 성규에 복종한다고 해도 잘못된 것이 아님은 이 사람이 굳게 믿는 바로서 앞길을 걱정할 필요가 없다. (2월 23일 연재분, 12권, 20~46쪽)

2. 「국회의 전도(國會の前途)」(1890년 12월 12회 연재 사설, 저서 는 1892년 6월 출간)

우리 일본사회의 역사를 소상하게 밝히고 그 정치(政事)와 인사人 事의 유래에 비추어 국회의 전도를 미루어 헤아릴 때는 필시 잘될 것 이라고 단언하지 않을 수 없다. (…) 제실은 흡사 무가정치를 위해 일 종의 간접적인 자극물이 되어 무가로 하여금 절대군주정치를 성사케 했다고 하는 것도 가능하다. (…) 도쿠가와시대 (…) 권력균형(權力平均)주 의는 단지 정치상에 행해질 뿐만 아니라 (…) 전국의 한 사람도 크게 만족하는 자 없고 또한 크게 불평하는 자도 없으며 (…) 왕정유신 이 후 불과 23년이 지난 오늘날 국회의 개설을 보게 된 것은 그 원인이 오래된 것으로 특히 도쿠가와 치세에 있다고 하지 않을 수 없다. (…) 실로 비할 데 없이 뛰어난(絶倫無比) 위업으로 (…) 도쿠가와 이에야스德 川家康 공 (…) 세계고금에서 절륜무비의 영웅 (…) 균형의 묘를 깨달은 사람이라고 할 수 있다. 예로부터 지나支那, 조선인 등이 생각하지 못 한 바로서 이것을 처음으로 생각해낸 자는 동양에서 오직 우리 도쿠 가와 이에야스 공이 있을 뿐이다. (…)

지금의 정부는 전제가 아닐 뿐인가, (…) 전제정부를 (…) 쓰러뜨려 제2의 전제정부를 만들지 못한 사람이다. (…) 위로 군주를 받들어 입 헌정치를 하려고 할 때는 그 군주를 존숭경애하기를 신과 같이 부모 와 같이 하고, 반대로 세속세계의 잡다한 정무는 군주가 관여하고 알

바 아니라는 사실을 양해하고, 어떤 경우에도 책임을 군주의 탓으로 돌려 원망하는 일이 있어서는 안 된다. (…) 무릇 군민君民이 함께 통치하는 입헌정치의 정체에 필요한 근원적인 요소(原素)는 (…) 우리 일본 국민의 습관에 그 요소 (…) 가 풍부하게 있다고 하지 않을 수 없다. (…) 또한 입헌정치의 요체는 군주를 존숭경애하고 그에게 정치상의 책임을 돌리지 않는 데 있다고 할 수 있다. 이 한 가지는 특히 일본 국민에게 고유한 덕의로, 천 년 이래 우리 제실이 신성불가침하다는 사실을 모르는 사람이 없을 뿐만 아니라, (…) 일본 국민 (…) 제실의 신성을 존경하여 머리를 숙일 뿐만 아니라, 봉건의 쇼군, 번주에 대해서도 그 가신이나 영민領民된 자는 이를 보기를 귀신과 같이, 부모와 같이 하고, (…) 그러니까 이 관습은 인민의 뼛속에 사무쳐 천성을 이루고 지금의 제실을 존숭경애하는 것은 그저 사람들의 천성에 따르는 것일 뿐이다. (…) 우리 정체가 입헌으로 바뀌든 바뀌지 않든, 제실은 여전히 만세의 제실로, 세속세계의 시정에 어떠한 득실이 있다 한들 누가 바로 지존을 바라보고 그것을 호소하는 자 있으랴. 무릇 세계 중에 군주가 많다고 하나 그 가계가 견고하고 편안한 것은 우리 대일본국 제실에 비할 수 있는 것은 볼 수 없다. (…)

금후 정부가 과연 과거의 잘못을 고쳐 간섭을 줄이고 여기에 더해 봉건시대의 유풍인 관존민비의 누습을 일소하려면 우리 국민의 자치도 더욱 면목을 바꾸고 (…) 지금의 정치사회에 있는 사람들은 (…) 옛날의 충신으로 주인의 말 앞에서 싸우다 죽겠다는 서약을 한 사람이 아니다. (…) 다만 그 주인을 위하는 마음을 바꾸어 일본국을 위하는 충으로 하고 (…) 안중에 오로지 일본국이 있음을 보고, 이를 위해 내면의 불유쾌함을 참고 완전한 공명을 기해서는 안 된다는 것을 이 사람이 아무쪼록 기원하는 바이다. (6권, 35-69쪽)

II. '대일본제국헌법=교육칙어' 체제 찬미와
적극적 긍정

3. 「안녕책」(1890년 7월 1~8일)

우리 일본국 (…) 헌법 (…) 은 오래된 문명 제국(文明諸舊國)의 헌법을 능가하는 것이다. (12권, 466쪽)

4. ※『시사신보』 사설 「교육에 관한 칙어」 전문(1890년 11월 5일)

이번에 발포된 교육에 관한 칙어는 지난 1일의 지상紙上에서 이 사람이 독자 제군과 함께 삼가 배독한 바이다. 우리 천황폐하가 우리 신민의 교육에 노심초사하는 성려叡慮의 깊으심에 누가 감읍하지 않은 자 있으랴. 금후 전국 각지 공사립(公私)학교 생도는 때때로 이를 봉독奉讀하고, 또한 그 스승된 자도 특별히 마음을 써 순순히 깨우치기를 게을리 하지 말아 생도로 하여금 가슴 깊숙이 새기게 해야 함은, 인의효제仁義孝悌 충군애국의 정신을 빛나게(煥發) 하여 폐하의 의중을 관철하게 함에 있음은 이 사람 믿어 의심치 않는 바이다.

생각건대 메이지 4년(1871)에 정부가 처음으로 문부성文部省을 설치하고 교육제도를 정한 이래 오늘에 이르기까지 주의방침의 변천은 하나로 정리하기에 족하지 않지만, 그 변천은 다름 아니라 모두 당국자의 의견에서 나온 것이었다. 그렇다면 교육에 관한 성지聖旨의 소재에 이르러서는 십 년이 하루같이 전혀 바뀌지 않은 것은 새삼스레 말할 필요도 없으며, 다만 이번에는 특히 이를 칙어로 발령하신 것이므로 본인으로서는 세인과 함께 이에 대해 결코 한 마디의 말로 칭찬할 수 없다고 하더라도, 가만히 돌이켜보니 우리나라 교육의 현황이 오늘날 여전히 어느 정도 성려를 어지럽혀 이 칙어를 보게 된 처지에 있음을 생각하면 거듭 과거 현재의 당국자에게 유감의 마음이 없다고 아니할 수 없는 것이다.

본래 전국 4천만 신민은 모두 제실의 적자赤子로서 3천 년 이래의 은혜를 입고 선조의 근왕勤王 유풍을 전하는 자이므로 누구 하나 충효의 정이 없는 사람이 없다. 하물며 메이지 초년 이래 정부가 줄곧 교육의 일에 예의 노력하여 마을에 배우지 못한 집이 없고 집안에 배우지 못한 사람이 없기를 기대하여 열심히 그 인민을 이끌기 게을리하지 않았다면, 20년 이래의 교육의 효능이 과연 헛되지 않았다면, 오늘날 인민된 자가 다소 사리에 통하고 그 책무를 다해 크게 성려를 편안하게 해드려야 하련마는, 실제로 여전히 그렇지 않은 것이 있다. 그러므로 본인은 우선 제일 먼저 교육 당국자에게 이를 반성하도록 바라마지 않을 수 없다. 20년의 세월은 결코 짧다고 할 수 없다. 만약 교육 당국자가 처음부터 폐하의 의중이 어디 있는지를 명심하고 그 방침을 하나로 하여 추진했다면 때때로 제도의 작은 변경은 있어도 정신은 시종 관철되어 그 결과에 제법 볼 만한 것이 있지 않았겠냐마는, 당국자의 경질이 빈번했기 때문이라고는 하나, 몇해 전부터 교육의 방침은 항상 일정하지 못해 5년에 바뀌고 3년에 달라지며 심한 경우는 1년에 그 정신을 달리하는 일조차 있었다. 인민은 따를 곳을 모르고 방향을 잡지 못하는 한심한 상황이다.

그뿐만이 아니라 저 덕육德育에 관한 사안 등에 있어서도, 처음에는 서양류의 윤리학을 채용하고, 중간 무렵에는 유교주의가 되었다가, 다시 바뀌어 윤리학으로 복귀하고, 또한 근래에는 입국의 대의 운운을 주장하는 등 표변하기에 짝이 없고 그 멈출 바를 모르겠다. 이와 같은 일들도 자연히 구중궁궐의 귀에 들려 폐하의 걱정이 깊어지고 끝내는 이번의 칙어를 받잡게 된 것이 아닌가. 그러므로 이 칙어에 대해 문부대신의 훈시에도 스스로 대임을 떠맡아 밤낮으로 그동안의 경위를 되돌아보고 나아갈 바를 그르치지 않도록 걱정하고, 지금 칙어를 받잡고 감격 분발해 마지않는다고 운운하는 것은 곧 기왕의 일을 되돌아보고 스스로 반성하는 마음을 볼 수 있는 것으로, 지금의 당국자의 고심도 또한 비슷한 곳에 있음을 헤아리기에 족하다. 이 사람은 칙어를 배독하고 일반 인민과 함께 교육에 관한 폐하의 성려가 깊으심에 감격하는 동시에, 당국자가 반성의 마음을 절절히 하여 금후 능히 폐하의 의중에 있는 바를 관철시키기기에 소홀하지 않기를 기원하는 사람이다. (龍溪書舍, 『時事新報』 축쇄판)

5. 「국회 개설 이미 늦다」(1891년 1월 26일)

불가사의한 것은 이러한 정부의 제정으로 성립된 헌법으로, 그 문면은 서양 입헌국에 보여도 결코 부끄럽지 않은 문명의 주의를 채택하고, 의회에 충분한 권리를 허용한 (…) 완미完美한 헌법 (12권, 597쪽)

6. 「국회 난국의 유래」(1892년 1월, 6월 저서에 수록)

그런데 여기에 놀라운 것은, 우리 헌법이 완전히 국민의 권리를 존중하여 부족한 바가 없다는 한 가지 사실이다. 무릇 세계 각국에 헌법이 많다고 해도 정말로 문명의 정신을 담고 선미_{善美}한 것은 우리 헌법을 제외하고 다른 데서 많이 보지 못했을 것이다. (…) 헌법이 관대하고 도량이 큰 것(寬仁大度)은 청천백일青天白日에 민의를 표명할 수 있다는 것이다. (6권, 86쪽)

7. 「유신 이래 정계의 대세」(1894년 3월 1-15일)

유신정부 (…) 그 편찬한 헌법은 너무나도 완전무결하고, 글자 모두 자유개진의 정신이 아닌 것이 없다. (14권, 312쪽)

8. 「정치상의 불평을 어떻게 해야 하는가」(1897년 3월 9일)

우리나라의 국회는 인민으로부터 개설을 독촉 받은 것이 아니라, 아니 다소 독촉을 받지 않은 것은 아니지만, 그 목소리가 여전히 미약하여 귀 기울이기에 족하지 않았다. 정부로서 확실히 맡아야 할 바가 없어 구태여 개설할 필요를 발견하지 못했는데도 정부는 자진해서 이를 개설했다. 게다가 발포된 헌법을 보면 매우 관대하고 자유롭고 오래된 입헌국에서도 드문 완전한 것이라 할 것이다. 어떤 이유로 그렇게까지 과감하게 했는지 그저 놀랄 수밖에 없을 따름. (15권, 627쪽)

III. '대일본제국헌법=교육칙어' 체제 관련 사상적 발자취

9. 「혹운수필(惑云隨筆)」(1867년경)

혹자는 말하기를, 봉건의 세록지신世祿之臣은 국왕 한 몸에게만 충성을 다할 줄 알지 보국의 마음은 희박하다고 한다. 일본 국민으로 하여금 진정으로 보국의 마음이 있게 한다면 수다스럽게 문호의 열고 닫음의 이익을 논하지 않아도 자연히 부강한 개국이 될 것이다. 예컨대, 농민이 마을의 제례 때 옆 마을에 뒤지지 않으려고 자신의 금전을 아낌없이 내놓고 물건을 깨끗이 (…) 하고자 하는 것은 (…) 한 마을의 평판을 높이기 위한 것으로 이를 크게 하면 곧 보국의 일단이 된다. 지금 일본의 무사(士人)도 이 취지를 명심하여 외국에 뒤지지 않도록 국위를 선양하고, 외국에 포함砲艦과 같은 병기(利器)가 있으면 우리나라에도 그것을 만들고, 외국에 무역부국의 법이 있으면 우리나라도 그것을 본떠, 한 걸음도 다른 나라에 뒤처지지 않는 것이 진정한 보국이 아니겠는가. 또한 군주에게 충성을 다하는 것은 신하의 당연한 일이지만, 충성하는 법을 모르고 완고 고루하여 세상 돌아가는 것도 모른 채 외곬으로 국왕 한 몸을 위한다 생각하고 일단 유사시에 한 목숨 버린다는 따위로 각오하고 안심하는 것은 소위 어리석은 충성이며, 어리석은 충성이 심해지면 부지불식간에 아첨에 빠지는 것이다. 유해무익한 일이다. 무릇 신하되고자 하는 자는 우선 앞에서 말한 보국의 마음을 바탕에 두고 그 군주도 보국의 대의를 잃지 않도록 유인하여 국가를 구해야 비로소 진충보국盡忠報國의 무사라고 할 것이다. (20권, 12~13쪽)

10. 「나카츠(中津) 고별의 서(留別の書)」(1870년 11월)

부모에게 효도하는 것은 당연한 일이다. 그저 일심으로 우리 부모를 생각하고 여념 없이 효행을 다해야 한다. 3년간 부모의 품을 벗어나지 못해, 고로 삼년상을 치른다는 따위는 셈속만의 차감으로 너무 박정하지 않는가. (20권, 51쪽)

11. 『동몽교초(童蒙敎草)』(번역본)(1872년 3월)

만약 부모의 은혜와 사랑이 없었다면 이 몸은 오래 전에 목숨도 지키지 못했을 것이다. 고로 사람의 아들된 자는 부모의 큰 은혜를 잊어서는 안 된다. (…) 부모의 마음이 좋지 않아 무리한 말을 해도 자식된 자는 이를 참고 견디며 더욱더 효행을 다해야 한다. (3권, 166~168쪽)

12. ※『학문의 권장』 제3편(1873년 12월)

· 국가는 동등한 것: 우리 일본국의 오늘날의 상태로는 서양 제국諸國의 부강에 미치지 못하는 바 있어도, 일국의 권리의무(權義)에는 추호의 경중輕重이 있을 수 없다. 도리로 되돌아가 부정한 일을 당하는

날이 오면 온 세계를 적으로 돌린다 해도 두려울 것이 없다.

· 일신독립해야 일국독립: 국가와 국가는 동등하지만, 전국의 인민에게 독립의 기력이 없을 때는 일국독립의 권의를 늘릴 수 없다. 그 경위에는 3개조가 있다. 제1조, 독립의 기운이 없는 자는 국가를 생각하는 마음이 절실하지 않다. 독립이란 자신이 자신의 몸을 지배하고 다른 사람에게 매달리는 마음이 없는 것을 말한다. 스스로 사물의 시비를 변별하여 조치를 그르치는 일이 없는 자는 타인의 지혜에 의지하지 않는 독립이다. (…) 외국에 대해 우리나라를 지키려면 자유독립의 기풍을 전국에 충만하게 하고 (…) 본국을 위해 생각하는 것이 우리 집을 생각하는 것과 같고, 국가를 위해서라면 재산을 잃는 것뿐만 아니라 하나밖에 없는 목숨을 내던져도 아까울 것이 없다. 이것이 곧 보국의 대의이다. (…) 제2조, 안에서 독립의 지위를 얻지 못한 자는 밖에서 외국인을 접할 때도 독립의 권의를 신장할 수 없다. (…) 평민의 근성은 여전히 옛날의 평민과 다르지 않다. (…) 윗사람을 만나면 일언반구의 자기 주장을 말하지 못하고 서라고 하면 서고 (…) 그 유순함이 집에서 기르는 비쩍 마른 개와 같다. 실로 무기력한 철면피라고 할 것이다. (…) 제3조, 독립의 기운이 없는 자는 남에게 의뢰하여 나쁜 일을 저지를 수 있다. (3권, 42~46쪽)

13. 『학문의 권장』 제8편(1874년 4월)

부모에게 효도하는 것은 본래 인간된 자의 당연한 도리, 노인이면 타인이라도 정중하게 대함은 당연하다. 하물며 자신의 부모에 대해서는 성심을 다해야 할 것이다. 이익 때문도 아니고 명성 때문도 아

니다. 그저 자기 부모를 생각하고 자연 그대로의 정성으로 효도해야 하는 것이다. (3권, 83쪽)

14. 「국권가분(國權可分)의 설」(『민간잡지民間雜誌』, 1875년 6월)

8년 전의 왕정유신 (…) 그 결과는 정부를 타도하고 인민이 권력을 장악한 것으로, 지금의 정부는 곧 인민에 의해 성립된 것이라 하지 않을 수 없다. (…) 지금의 일본 인민은 자유의 취지를 갈망하여 폭압 정부를 무너트리고 전권을 얻은 것이다. (…) 농사꾼 수레꾼의 논의를 한쪽에 두고 정부의 권력에 균형을 잡으려는 것은, 제등提燈을 저울추 삼아 범종의 무게를 다는 것과 같다. 농사꾼 수레꾼에게 학문을 가르 쳐서 그들에게 기력이 생기기를 기다리는 것은 삼나무 묘목을 심어 놓고 돛대를 구하는 것과 같다. 터무니없는 바람이지 않은가. (…) 이 사람은 성급하다. (…) 지금의 정부 (…) 기실은 전제가 사그라지고 남 은 연기일 뿐. (…) 지금은 정부도 인민도 오로지 자유의 한 방향으로 나아갈 뿐. (…) 결국 일본국의 권력은 인민의 손에 있다고 할 수 있 다. (19권, 527~535쪽)

15. ※『문명론의 개략』제10장 「자국독립을 논하다」(1875년 8월)

외국에 대해 자국의 독립을 도모하는 것과 같은 일은 원래 문명 론 가운데 사소한 하나의 항목에 지나지 않지만 (…) 옛날 봉건의 시 대에는 인간 교제에 군신주종관계라는 것이 있어 세상을 지배했는 데, (…) 서양 말의 이른바 '모럴·타이(moral tie)'인 것이다. (…) 이 풍속을 이름하여 혹자는 군신의 의라 하고, 혹자는 선조의 유서라 하고, 혹자는 상하의 명분이라 하고 혹자는 본말의 차별이라 하며, (…) 일본 개벽 이래 오늘에 이르기까지 인간의 교제를 지배하고 오늘까지의 문명을 이룬 것은 이 풍속 관습에 힘입지 않은 것이 없다. (…) 최근 외국인과 교류를 맺기에 이르러 (…) 세상의 식자들이 우리 일본이 미개(不文)한 까닭의 원인을 구하여, 우선 첫 번째로 이를 우리 고풍 관습이 좋지 않은 탓으로 돌리고, 말하자면 이 고습을 일소하려고 오로지 그 개혁에 착수하여 폐번치현을 비롯하여 모든 오래된 것을 폐기하여 (…) 우리 인민의 마음 깊숙이 스며든 은의恩義, 유서由緖, 명분, 차별 등의 생각은 점차 사라져 없어지고, 실적 일방에 중심을 치우치게 하여, 무리하게 이를 좋게 표현하면 인심이 활발하고 지금의 세속에서 말하는 바의 문명이 재빠르게 진보하는 상황이 되었다. (…)

군주를 내세운 국가에서 군주를 우러러 존경하고 행정의 권한을 그 군주에게 부여하는 것은 원래 사리에 맞는 당연한 일이고, 정치상에서도 가장 긴요한 일이므로 존왕의 설은 결코 논박해서는 안 되지만, 저 황학자들은 (…) 군주를 우러러 존경하는 (…) 연유를 정치상의 득실에서 구하지 않고 인민이 옛것을 그리워하는 지극한 충정(至情)으로 돌리니 그 잘못이 심대하다 (…) 그런데도 우리나라 인민은 수백 년간 천자가 있음을 모르며, (…) 새로이 왕실을 흠모하는 충정을 만들어 인민을 정말로 천황의 적자赤子가 되게 만드는 것은 현세의 인심과 문명의 상태로는 매우 어려운 일로서 거의 가능성이 없는 일일 것이다. 가마쿠라 막부鎌倉幕府 수립 이래 인민이 왕실을 모르는 것이 거의 700년에 가깝다. (…)

야소의 종교 (…) 모든 사람은 평등하고(一視同仁) 지구상의 인민은 형제(四海兄弟) 같다고 한다. (…) 그렇지만 지금 세계의 모습을 보면 도처에 경계를 둘러쳐 국가를 세우지 않은 곳이 없으며, (…) 부국강병 (…) 종교의 취지에는 어긋난다 하더라도 세계의 추세에서 어쩔 수 없는 것이다. (…) 국가와 국가의 교제에 이르러서는 단지 두 개의 사항이 있을 뿐이다. 말하자면, 평시는 물건을 매매하여 서로 이익을 다투고, 유사시에는 무기로 서로를 죽이는 것이다. (…) 상업과 전쟁의 세상으로 이름하는 것도 가능하다. (…) 전쟁은 독립국의 세력을 늘리는 수단이고, 무역은 국가의 광명을 발하는 징후 (…)

보국심 (…) 그 주안점은 타국에 대해 자타의 차별을 만들어 설령 남을 해칠 마음이 없어도 스스로를 후하게 하고 남을 박하게 하며, 자국은 자국으로 스스로 독립하려는 것이다. 고로 보국심은 (…) 일국의 사사로운 이익을 도모하는 마음이다. (…) 스스로 사리를 꾀하는 편파적인 마음이다. 고로 보국심과 편파심은 이름은 달라도 실질은 같은 것이라 하지 않을 수 없다. (…) 일시동인一視同仁, 사해형제四海兄弟의 대의와 보국충정, 건국독립의 대의는 서로 어긋나고 서로 용납이 안 되는 것임을 알아야 한다. (…)

우리나라의 사태를 전년에 비해 더욱 곤란하게 하고 한층 우환을 더한다는 것은 과연 어떤 사안을 가리키고 어떤 곤란한 일을 우려하는 것인가, 이를 묻지 않을 수 없다. (…) 식자는 이 병을 무엇이라고 명명하는가. 우리는 이를 외국 교제라고 이름하는 것이다. (…) 인민동권이란 (…) 단지 일국 내의 사람들이 서로 권리를 같이한다는 의미뿐만 아니라 (…) 이 나라와 저 나라에 대해서도 이를 같이하여 (…) 빈부강약에 불구하고 그 권리의무(權義)는 확실히 동일해야 한다는 취지인데 (…) 동권론은 쓸모없다. (…) 영국인이 동인도 지방을 지배하기 위해 취한 조치의 잔혹무정함은 실로 말로 다할 수 없는 것이 있다. (…) 서구인의 손이 닿는 곳은 바로 토지의 생명력이 끊어지고 풀도 나무도 성장할 수 없다. 심한 경우는 그 인종을 멸하게 되는 일도 있다. (…)

외국 교제의 성질은 (…) 지극히 곤란한 대사건으로 국가의 명운이나 핵심 부분을 범하는 고질이라고 할 것이다. (…) 전국 인민 사이에 진정한 독립심이 없으면 문명도 우리나라의 소용이 되지 못하고, 이를 일본의 문명이라고 이름할 수 없는 것이다. (…) 외국인과의 교제에서 천지天地의 공도公道에 의지한다는 것은 과연 어떤 마음이란 말인가. 세상 물정을 모르기 또한 이만저만이 아니다. 속되게 말하면 소위 고지식한 사람의 논의라고 해야 할 따름이다. (…) 세계 중에 국가를 세우고 정부가 존재하는 한은 그 국민의 사사로운 감정을 제외할 수단이 있을 수 없다. (…) 곧 이것이 편파심과 보국심이 이름은 다르지만 실질은 같은 까닭이다. (…)

외국 교제는 우리나라의 일대 난병으로, (…) 일편단심으로 사유도 생명도 내던져야 할 장소란 바로 외국 교제의 이 장소이다. (…) 개벽 이래 군신의 의, 선조의 유서, 상하의 명분, 본말의 차별이라 했던 것은, 오늘에 이르러 본국의 의가 되고 본국의 유서가 되고 내외의 명분이 되고 내외의 차별이 되어 몇 배의 중대성을 지니게 된 것이 아니겠는가. (…) 국민된 자는 매일 아침 경계하여 외국 교제에 방심해서는 안 되고, 그런 다음에 조반을 먹는 것도 좋으리라. (…)

이상에서처럼 암살 양이론攘夷論은 원래 입에 담아서는 안 되고

(…) 군비의 궁리도 (…) 국체론, 야소론, 한유론漢儒論도 또한 인심을 유지하기에 족하지 않다. 그렇다면 곧 이를 어떻게 해야 좋을 것인가. 말하자면, 목적을 정해 문명으로 나아가는 한 가지 일이 있을 뿐이다. 그 목적이란 무엇인가. 내외의 구별을 분명히 하고 우리 본국의 독립을 지키는 것이다. 그리고 이 독립을 지키는 법은 문명 밖에서 찾아서는 안 된다. 지금의 일본 국민을 문명으로 나아가게 하는 것은 이 나라의 독립을 지키기 위해서일 뿐이다. 고로 국가의 독립은 목적이고, 국민의 문명은 이 목적에 도달하는 수단이다. (…) 본서 권두의 처음에 사물의 이해득실은 그것이 목적으로 하는 바를 정하지 않으면 따져서는 안 된다고 한 것도 어쩌면 이러한 논의 (…)

사람들은 어쩌면 이렇게 말하리라. 인류의 약속은 단지 자국의 독립만을 목적으로 해서는 안 된다고. (…) 이 말은 정말로 그러하다. (…) 일국독립 등의 사소한 일 하나에만 구애돼서는 안 된다. (…) 우선 일본의 국가와 일본의 인민을 보존해야 하고 그런 다음에 문명의 일도 이야기해야 하리라. 국가가 없고 인민이 없으면 이를 우리 일본의 문명이라고 할 수 없다. 이것이 곧 우리가 이론의 범위를 좁혀 단지 자국의 독립을 문명의 목적으로 삼는 의론을 주장하는 까닭이다. 고로 이 의론은 지금의 세계정세를 헤아려 지금의 일본에 이익이 되는 것을 도모하고 지금의 일본의 절박한 상황에 따라 설명하기 시작한 것이므로 본래 영원미묘한 깊은 뜻(奧蘊)이 있는 것은 아니다. (…) 다만 바라는 바는 끼니를 잊고 집안일을 잊을 때도, 국가의 독립 여하에 관련되는 일에 조우하면 순식간에 크게 마음을 움직여 마치 벌 꼬리의 침을 건드린 것처럼 심신 공히 예민해지기를 바랄 뿐이다. (…)

이 지금이라는 말은 특별히 의미가 있어 사용한 것이기 때문에 학자는 등한히 여겨 간과하지 말라. (…) 고로 지금의 우리 문명이라고 한 것은, 문명의 본지가 아니라 우선 일의 첫걸음으로 자국의 독립을 도모하고 그 외의 과제는 다음 행보로 남겨두고 훗날 이루게 되리라는 취지이다. (…)

이처럼 결국의 목적을 자국의 독립으로 정하고 바로 지금의 인간 만사를 용해해 하나로 귀착시켜 모조리 그 목적에 도달하는 수단으로 삼을 때는 그 수단의 번다함이 끝이 없을 것이다. (…) 천하의 사물을 부분적으로 논하면, 한편으로 옳지 않은 것이 없고 다른 한편 그르지 않은 것이 없다. (…) 국체론의 완고함이 민권을 위해 크게 불편한 것 같더라도, 지금의 정치 중심을 정하고 행정의 순서를 유지하기 위해서는 또한 크게 편리하다. 민권 흥기의 난폭한 논의는 (…) 인민 비굴의 구 악습을 일소하는 수단으로 이용하면 또한 매우 편리하다. 충신의사忠臣義士의 논의도 예수교의 논의도, 유학자의 논의도 불자의 논의도, 어리석다고 하면 어리석고 지혜롭다고 하면 지혜롭다. (…) 뿐만 아니라 저 암살을 일삼는 양이攘夷의 무리라 할지라도 (…) 일편의 보국심報國心이 있음을 분명히 보아야 한다. 그렇다면 본서의 앞부분에서 말한 군신의 의, 선조의 유서, 상하의 명분, 본말의 차별 등도 인간의 품행 가운데 존중해야 할 항목으로, 즉 문명의 방편이라면 대체로 이를 배척할 이유는 없다. 다만 이 방편을 이용해 세상에 이익을 줄지 아닐지는 그 용법 여하에 있을 뿐. (…) 결국 최후 최상의 대목적을 잊지 않는 것이 긴요할 따름이다. (…) 지금 이 장의 주안점인 자국 독립의 네 글자를 들어 내외의 차이를 분명히 하고 국민(兼庶)이 따라야 할 길을 가리키는 것이므로, 사물의 경중도 비로소 여기에서 재야 하고, 사물의 완급도 비로소 여기에서 정해야 하고, 경중완급이 여기에서 분명해지면, 어제 노한 것도 오늘은 기뻐할 일이 되고, 작년에 즐거웠던 것도 올해는 우려할 일이 되며, (…) 이로써 동일 목적을 향해야 하는가. 우리의 소견으로 지금의 일본 인심을 유지하는 데는 오로지 이 하나의 방법이 있을 따름이다. (4권, 183~212쪽)

16. 「종교가 반드시 필요함을 논하다」(1876년 11월)

바라는 바는, 반드시 이치에 맞지 않는 것이라 해도 사실에 있어 확실히 효능이 있으면 이를 선善이라고 하고 이익이 있다고 인정해야 한다. (…) 신이든 예수든 아미타불이든 부동명왕이든, 어찌 그 효능 없다고 할 수 있으랴. 밤도둑이 유행하면 개를 기르고 쥐가 발호하면 고양이를 키운다. 요즘 세상에 종교는 부덕不德을 막는 개와 고양이 같다. 하루도 인간세계에 없어서는 안 되는 것이다. (19권, 585~587쪽)

17. ※「각서」(1875년 9월~1878년)

뜻은 때에 따라 바꾸지 않으면 안 되고, 주장은 일의 형세에 따라 고치지 않으면 안 된다. 지금의 나와 옛날의 내가 마치 두 사람 같아야만 세상사의 진보이리라. (…)

총명(聖名)한 천자天子, 현량한 신하, 거룩한 치세, 즐거운 정부 따위는 원래 무엇을 가리켜 하는 말인가. 거짓이 아니고 무엇이랴. 아첨이 아니고 무엇이랴. (…) 닌토쿠천황仁德天皇에게 무슨 공이 있으랴. 아첨을 수치로 생각하지 않는 가신들의 전설로 전해올 따름인 것이다. 하물며 근대의 천자, 장군에 이르러서는 그 인물이 하잘것없음을 사실대로 분명히 보아야 한다. 천하의 많은 사람이 마음속에 인정하는 바이지만 그것을 굳이 밖으로 드러내는 자 없다. 뿐만 아니라 학자, 사군자士君子로 칭하는 일국의 인물이 여전히 이 혹닉을 벗어나지 못하고 자칫하면 그 저서 또는 건백서 등에 적당치 못한 문자를 사용하는 일이 많다. 딱하기 짝이 없다. (…)

일본의 인심은 바로 국왕의 성덕을 믿고, 장상將相의 뛰어난 재능을 믿고, 선생을 믿고, 우두머리를 믿고, 주인을 믿고, 스승을 믿고, 장인을 믿는 시대이다. 서양의 인심은 한 걸음 나아가 정치를 믿고, 법률을 믿고, 개혁을 믿고, 소위 국가기구(state machinery)를 믿는 시대이다. 한 걸음의 전후는 있지만 아무 생각 없이 쉽게 믿거나 미혹되는 것에 이르러서는 내용을 달리함이 없다. (…)

'전제'라고 한마디로 매도해서는 안 된다. 지난 옛날의 독재정부도 상당히 주효한 것이었다. 예를 들면 지금 문부성의 학제 등도 이론상으로는 꽤나 부적합한 것 같지만, 만약 이 문부성의 힘이 없으면 지방의 인민은 우선 학문이 무엇인지 모르고, 혹은 서민에게 학문은 금지된 것이라고 생각하는 사람도 있으리라. (…)

무릇 도덕의 길잡이가 될 만한 것이라면 불법佛法이든 신도神道든 금비라金毘羅든 오곡신五穀神이든 인민의 지식 정도에 따라 그 가르침을 지켜도 좋다. (…)

이러한 인민을 가르치는 데는 무엇이든 상관없으며, 신도든 불법이든 오곡신이든 물의 신이든 모두 선량한 가르침이다. (…)

참배하는 것은 (…) 그저 세상의 평판에 이끌려 그러한 것뿐이다.

(…) 다른 신자를 믿고 절에 가는 것뿐이다. (…)

일본을 개혁하려면, 종래 일본은 어떠한 것이고 지금은 어떠한지 있는 그대로의 모습을 소상히 하고, (…) 느닷없이 서양류를 가져오려 하는 것은 사물의 어떤 모습을 음미하지 않은 채 없어서는 안 되는 법을 시행하는 것이다. (…)

군주를 내세운 정치가 점차 공화로 바뀌어도 존왕의 형태는 여전히 존재하는 것이다. 영국인이 그 국왕의 목을 치고 또는 이를 타국에 내쫓으면서 그 자손인 지금의 군주에게 허리를 굽혀 예를 다하는 것은 어떠한가. (…)

구 일본 무사에게 기리스테切捨*는 별 것이 아니다. 지금 각국의 교제는 바로 이 기리스테라고 할 것이다. (7권, 658~689쪽)

18. 『통속민권론』, 『통속국권론』(1878년 9월, 동시간행)
민권론자의 부류는 흡사 무뢰배의 소굴이다. (『통속민권론』 4권, 591쪽)

국내에서 민권을 주장하는 것은 외국에 대해 국권을 펼치기 위함이다. (…) 일본의 문명은 과연 본래 아무것도 없는가. (…) 이미 고유의 문명이 있다. 어찌하여 새삼스럽게 이를 버리려고 하는가. (…) 백권의 만국공법은 몇 문의 대포보다 못하고, 몇 권의 화친조약은 한 상자의 탄약보다 못하다. 대포 탄약이야말로 있는 도리를 주장하는

---

* 에도시대 무사의 특권으로서 상인·농민 등의 서민이 무례하다고 생각될 경우 참살할 수 있는 권한.

대비가 아니라 없는 도리를 만드는 기계이다. (…) 각국 교제의 길은 두 가지, 멸망시키는 것과 멸망당하는 것뿐. (…) 가장 긴요한 일은 전국 인민의 머릿속에 국가의 사상을 주입시키는 데 있다. (…) 일본의 인민이 결코 보국심이 부족한 것이 아니라 단지 그 마음이 협소할 뿐이다. (…) 광대한 일본국이라는 것을 모를 뿐이다. 보국의 마음은 거의 인류의 천성에 존재하는 것으로 (…) 일국의 인심을 흥기하여 전체를 감동시키는 방편은 대외전쟁보다 나은 것이 없다. 전쟁은 인심을 감동시켜 오랜 세월에 걸쳐 지속시키는 힘이 강대한 것 (…) 우리 인민의 보국심을 진작시키기 위한 수단은 이들과 일전을 벌이는 것보다 나은 것이 없다. (『통속국권론』, 4권, (637~641쪽)

적국敵國 외환外患은 국내의 인심을 결합하여 입국立國의 근본을 굳건히 하는 양약良藥이다. (1879년 3월, 『통속국권론』 제2편, 4권, 660쪽)

19. 「화족(華族)을 무변(武邊)으로 이끄는 설」(1879년 2월)
병사에게 국가를 위한 급선무를 도모하여 (…) 화족 고유의 명성을 이용하려고 할 뿐. (화족을 일본 군대의 신분적 주축으로 자리매김하려는 이와쿠라 도모미에게 보낸 건의문, 사설에 옮겨 실음)

국민의 권리를 평등하게 하는 주의라면 화족의 이름을 설치하는 것은 무익하지만 (…) 모든 인생, 일을 이룸에 있어 본래 없는 것을 만드는 것은 이미 있는 것을 이용하는 것보다 못하다. (20권, 199~200쪽)

· 우에키 에모리는 "정신 박약하여 다른 일에 써서는 안 되는 화족을 무리하게 군으로 이용하려 한다. 이것은 어린애에게 날이 선 칼을 쥐어주는 꼴이며, 그래서 가지고 놀다가 국가를 망가뜨리는 원인이 되지 않을 수 없을 것이다. 위험하기도 또한 그 정도가 극히 심한 것이 아닌가"라고 비판했다. (『오사카일보』)

· 건의문에 대한 초등학교 교사의 질문을 받은 후쿠자와는 "문화는 대해와 같아 맑은 강, 흐린 강, 큰 강, 작은 강의 온갖 강물을 받아들여야 마땅하다. 현대의 신화족도 받아들여야 하고 사족도 받아들여야 하고, (…) 모조리 이를 망라해야 비로소 짜임새가 큰 문화이지 않겠는가"라고 대답했다. (17권, 325쪽)

20. 『민정일신(民情一新)』(1879년 8월, 5월 28일~7월 3일 집필)

서양인은 증기통신의 발명에 조우해 정말로 낭패를 당한 것이다. 그 낭패란 무엇인가. 민정의 변화에 있을 따름이다. (…) 저 영국의 풍속 같은 것은 오늘날의 민정에 가장 적합한 것이라 하고, 게다가 민정 변화의 징후를 나타내어, 노동자(役夫)의 무리가 '스트라이크'라고 하여 동료와 결약해 임금을 올리기 위해 일자리에서 벗어나 매복한 채 고용주를 기다리는 모습이 근래 들어 점차 맹렬해지고 있다고 한다. 빈천자貧賤者의 심사가 점차 이상해지고 있음을 보아야 할 것이다. (…)

식민론殖民論에서 말하고 있는 것이 있다. (…) 하층민의 교육은 그 자신의 행복을 늘리지 않고 오히려 그 마음의 불평을 늘리기에 족할 뿐이다. 우리나라 보통교육의 귀결로서 보아야 할 것은 현재 차티스트운동(Chartism)과 사회주의(socialism) 두 사상 조류의 유행이다. (…) 결국 빈천에 가담해 부귀를 범하는 것이다. (…) 금후 교육이 점차 널리 퍼짐에 따라 (…) 빈천의 권리설 또한 점차 퍼지고, 교육에 일보를 나아가면 불평도 또한 조금씩 늘어나, (…) 마침내는 국가의 안태(國安)를 해하기에 이를 것이다. 이 또한 위험하지 않겠는가. (…)

오늘날의 서양 제국은 그야말로 낭패를 당해 방향을 잃었다. 남이 낭패하는 것을 따라 우리가 나아갈 방향의 표준으로 삼는 것은 가장 심한 낭패가 아니겠는가. (이상 『서언』)

스스로 나아가서 문명을 취하는 길을 본체로 하고, (…) 승리를 수십 년 후에 기약할 뿐. (…)

진취의 주의라고 해서 오로지 오래된 것(舊)을 버리고 새로운 것(新)으로 내닫는 것을 말하는 것이 아니다. (…) 그저 십수 년의 미래를 억측하여 얼마간 편리할 것으로 생각되는 바를 취하는 외에 수단이 있을 수 없다. 예컨대 이를 정치상으로 논하여 천만 년에 기약할 수 없는 상상사회를 상정하여 생각하면 우선 인간세계에 국가를 나누는 것도 쓸모없는 일이고, 정부가 서는 것도 무익하며, 국가도 없고 또한 정부도 없다. 어찌 군주(國君)를 필요로 하겠는가. 하물며 작위 등급에 있어서는 말해 무엇하랴. 이는 그저 어린애 장난일 뿐이다. (…) 오늘날 문명을 이야기하는 사람은 만세를 도모하지 않고 천세를 묻지 않으며, 그저 불과 수십 년 내에 전망이 있으면 열심히 여기에 종사하지 않을 수 없다. (…)

무릇 그 실용이 가장 크고 사회의 전면에 직접적인 영향을 미쳐, 인간 육체의 화복뿐만 아니라 그 내부의 정신을 움직여 지덕의 양태를 일변시킨 것은 증기선, 증기차, 전신電信의 발명과 우편, 인쇄의 고안 등이다. (…) 이 대발명으로써 세계의 전면이 일변될 것은 새삼스럽게 수다스러운 말이 필요 없다. (…) 결국 우리 사회는 금후 이 이기利器와 함께 더욱 움직여 나아갈 것임을 알아야 한다. (…)

자유 진취의 의론이 만연하기 때문에 관민 공히 낭패하고 공히 갈피를 못 잡는 것은 단지 러시아뿐만이 아니다. 게르만, 기타 군주 정치의 유풍에 따라 인민을 제어하려는 국가들은 어디나 모두 곤란을 느끼지 않은 곳이 없다. (…) 심한 경우는 내국의 불화를 치유하는 방편으로 일부러 대외전쟁(外戰)을 도모하고, 이로써 일시적으로 인심을 기만하는 기책을 꾸미게 되는 것이다. (…)

문명이 진보함에 따라 점차 관민의 충돌이 늘어나 쌍방이 서로 그 일방을 섬멸하지 않으면 그 결착이 나지 않는 것 같다. 구주 제국의 형세도 역시 곤란하다고 할 것이다. 그런데 이 곤란의 한가운데 정치의 별세계를 열고 시대의 추세(時勢)에 잘 적응하여 국가의 안태(國安)를 유지하는 것은 과연 어디에 있느냐고 묻는다면, 영국의 통치 방식(治風)이라고 대답하지 않을 수 없다. (…) 단지 영국뿐만이 아니라 네덜란드든 스위스든 오늘날 제대로 국가의 안태를 유지하여 문명으로 나아가는 것은 그 통치 방식이 영국 정치와 유사하기 때문이다. (…) 왕실을 존숭尊崇하는 것은 일종의 영국 유풍으로, 설령 어떤 자유 당의 극단주의자라도 공공연하게 왕실의 위엄을 공격하는 사람이 없다. (…) 문명은 마치 대해와 같다. 대해는 가늘거나 크거나 맑거나 흐리거나 어떤 강물을 받아들여도 그 본색을 잃거나 더하는 일이 없다. 문명은 군주를 받아들이고 귀족을 받아들이고 가난한 사람을 받아들이고 부자를 받아들이고 양민을 받아들이고 고집불통을 받아들이고 청탁강유淸濁剛柔 모두를 그 가운데 포함하지 않는 것이 없다. (5권, 8~46 쪽)

20년래 우리나라에도 이 이기利器를 받아들이고 이미 그 일부를 이용하는 것이므로 문벌 전제가 이루어져서는 안 된다는 것은 당연한 추세이고 그 반대로 출현하는 것이 필시 민권 자유의 주의가 아닐 수 없다. 그런데 그 원인은 단지 증기 전신 등 유형물 아닌 것이 없다. 그렇다면 곧 요즘의 문명은 유형의 실물로써 무형의 심정을 전복하는 것이라고 말할 수 있지 않으랴. (…) 문벌 전제의 허탄한 망설은 식견의 교환, 심정의 통달에 의해 완전히 그 세력을 잃을 것이 명백하다. (…) 민권론이 날로 증진하는 것은 본래 필연적인 추세 (『민정일신』補遺 19권, 263~264쪽)

21. 고이즈미 노부키치(小泉信吉)·히하라 쇼조(日原昌造)에게 보낸 서간(1881년 6월)

출발하시기 전에 극히 내밀히 말씀드리고 싶은 일건은 아직 발표하지 않은 것으로 (…) 지방 각처에서 연설하고 다니는 이른바 서양바람이 잔뜩 든 헤코오비서생兵兒帶書生의 무리가 풍속이 매우 불량하고, 근년에는 현관縣官을 매도하는 따위의 일은 그냥 지나친다 해도, 극단적인 경우 무츠히토睦仁가 어떻다는 등 발언하는 자가 있다고 하고,

실로 연설도 언어도단으로 심히 나쁜 징후인지라, 이렇게 내버려두기 어려운 일로 사료되어 잠시나마 내밀히 상의드리옵니다. (17권, 454쪽)

22. ※ 『시사소언(時事小言)』(1881년 10월)

천부(天然)의 자유민권론은 정도正道이고 인위의 국권론은 권도權道이다. (…) 인민의 재산 권리를 평등하게 똑같이 배분하지 않으면 천부의 민권론은 그 기력을 떨칠 수 없는 것이다. (…) 원래 이 정론은 지금 이 세계의 인류를 아주 완전 원만 무결한 사람으로 상정하여 체계를 세운 것이다. (…) 무한한 미래를 기약하고 그 결과를 기다려야 할 것이다. 이것을 기다려 천백 년 뒤에 그런 시절이 도래할지 이 사람은 그것을 보장할 수 없다. (…) 그렇다면 천부의 민권론은 오늘날 이것을 이야기해도 도저히 무익한 일에 속하고 변론을 허비할 필요가 없다. (…) 돈과 병사는 있는 도리를 보호하는 것이 아니라, 없는 도리를 만드는 기계이다. (…) 타인이 권모술수를 이용하면 나 역시 그것을 이용한다. (…) 첫머리에서 '인위의 국권론은 권도'라고 말한 것은 그런 뜻이며, 이 사람은 권도를 따르는 사람이다. (…)

외국 교제의 어려움을 알고 진정으로 이를 사람들의 일신에 부담되는 것으로 생각한다면, 내국이 안녕하지 않기를 바랄 수도 없다. (…) 바깥의 어려움을 알고 안의 안녕을 유지하고, 안으로 안녕을 유지하고 밖으로 경쟁한다. 이 사람의 주의는 내안외경內安外競 오직 이 네 글자에 있을 뿐이다. (…)

2백 년 외부의 눈으로 지금의 상황을 보면, 유신의 공신이 유신의 정부에 서서 전권을 장악하고 국사國事를 전담하는 것도 물론 당연한 일이다. (…) 지금의 일본 정부는 (…) 유신 이후 13년 동안 민권의 일을 거행하여 오로지 개진의 한 방향을 향해 주저하지 않은 자 (…) 세상에서 국회 개설을 바라는 사람을 보니 (…) 다수는 국회가 무엇인지도 모르고, 그 개설 후에는 어떠한 이해가 자기 자신에게 미칠지도 분간하지 못한 채 그저 타인이 소망하기 때문에 나 역시 소망한다고 하는 데 지나지 않는다. 그 모습은 신사의 본체를 모르고 제례에 모여드는 것과 비슷하다. 또한 그중에는 비정상적 광인狂人도 많고 비정상적인 우자愚者도 많아 놀랄 만한 일이라고 해도 (…)

국권을 진작하는 방략이 없지 않다. 이 사람 필생의 목적은 오로지 이 일점에 있을 뿐이다. (…) 외국 교제의 대본은 완력에 있다고 분명히 정해야 한다. (…) 만약 현세계의 대극장에 서서 서양 제국의 인민과 창끝을 다투려 할 때는 병마의 힘을 뒤로 돌리고 다음에 무엇에 의지할 수 있단 말인가. 무武가 먼저고 문文이 나중이라고 하지 않을 수 없다.

혹자는 부국강병의 법은 정말로 이 말의 순서와 같이, 먼저 국가를 부유하게 하고 그런 다음에 병을 강하게 하는 책략으로 나가야 한다고 주장한다. 물론 부국으로 강병 아닌 나라 없고, 부는 강함의 근본이라는 말이 있다. 이 말은 이치에 닿게 들리지만, 사회적 사건의 자취를 되돌아보면 왕왕 그렇지 않은 경우가 있다. (…) 이 책 입론立論의 주장은 오로지 군비를 성대하게 갖춰 국권을 확장하는 일점에 있다. (…) 저 이른바 만국공법, (…) 단지 야소회 종파의 제국에게만 통용될 뿐이다. 적어도 이 종파 이외의 국가에 이르러서는 일찍이 만국공법이 행해진 것을 본 적이 없다. (⋯) 문명의 중심이 되고 다른 나라의 우두머리가 되어 서양 제국에 대적하는 것은 일본 국민이 아니고 누구란 말인가. 아세아 동방의 보호는 우리 책임임을 각오해야 할 것이다. (⋯) 또한 혹여 사정이 급박하게 돌아갈 때는 거리낄 것 없이 그 영토[419]를 탈취하여 우리 손으로 판을 새로 짜는 것도 가능하다. (⋯) 우리 일본의 무력으로써 이를 응원하는 것은, 단지 남을 위한 것이 아니라 자신을 위한 것임을 알아야 한다. (⋯) 지금의 지나 조선에 대해 서로 의지하기를 바라는 것은 세상의 물정이 어둡기로 정도가 심한 것이다. (⋯) 우리의 군비를 엄중하게 하여 국권을 확장하려는 그 군비는 단지 일본 일국을 지키는 데 그치지 않고 여기에 아울러 또한 동방 제국을 보호하여 치세와 난세 공히 앞서 나가려는 목적이므로 그 목적에 따라 규모도 또한 원대하지 않을 수 없다. (⋯)

국내적으로 이미 안녕하고 또한 대외적으로 경쟁하는 재력에 부족함이 없다. 아직 부족한 것이 있다. 국민, 국가의 이익이 되는 기력, 그것이다. (⋯) 이 사람의 소견 (⋯) 첫째로, 외래종교의 만연을 막는 일이다. (⋯) 야소교 주의는 실로 공평하게 세계를 일가로 간주하고, 국권주의는 실로 불공평하게 새삼스레 자타를 구별하는 것으로 주의가 다르기 때문에 스스로 국권 보호의 기력을 훼손하지 않을 수 없다. 국권 유지를 위해 커다란 장애가 된다고 할 것이다. (⋯) 둘째로, 사족士族의 기력을 유지 보호하는 일이다. (⋯) 유신의 대업을 이루고 난 뒤에 신정을 베푼 자도 사족 아닌 자가 없다. 이른바 농사꾼 장사치의 패거리는 이를 방관하고 사회를 위해 먹고사는 것을 공급할 뿐이다. (⋯) 짐승으로 치면 돼지 같은 자이다. 고로 지금 우리나라에서 사족의 기력을 소멸시키는 것은 흡사 국가를 돼지의 소굴로 만드는 것이며, 국권을 유지하는 데 그 영향이 크다는 것은 논할 여지도 없을 정도로 분명하다. (5권, 103~221쪽)

23. 「종교의 설(說)」(1881년 초여름)

모두 스스로에게 의지할 수 없는 자는 남에게 의지하는 것이 필연적인 추세이다. 신불이든 야소이든 왕년 병신의 시대에 적합한 가르침이라면 세상에 병신이 있는 한 그 가르침 또한 매우 유용하다. 술에 취해 노상방뇨하는 자에게는 경찰, 밤도둑에게 개, 무기력한 우민에게는 폭압정부, 바보와 병신에게는 종교가 꼭 맞는 구색이 아니겠는가. (20권, 232쪽)

24. 「고 사원의 한마디 지금도 정신을 존중한다(故社員の一言今尚精神)」(1882년 3월)

함께 이 게이오기쥬쿠慶応義塾를 창립하고 함께 고학한 그 목적은 (…) 우리 국권을 확장하는 일점에 있을 뿐이다. (…) 보국치사報國致死는 우리 조직의 정신으로, 오늘날 이 사람이 한결 같이 국권을 주장하는 것도 그 유래는 일조일석에 이루어진 것이 아니다. 생각건대 우리 조직 전체의 기풍이다. (8권, 64쪽)

25. 「입헌제정당(立憲帝政黨)을 논하다」(1882년 3, 4월)

제실은 단지 내각만의 제실이 아니라, 우리 일본 국민이 다 함께 받들고 다 함께 존경숭배하는 곳으로, 이에 충성을 다하는 것은 그저 외면의 의무가 아니라 만민이 열중하는 지극한 충정(至情)이라 할 것이다. 어찌 내각으로 하여금 혼자서 이를 제멋대로 하게 내버려두랴. (8권, 72쪽)

26. 『시사대세론(時事大勢論)』(1882년 4월)

제실에서 낮은 곳으로 임하면 정치 의론 같은 것은 그저 하계의 쟁론으로, 어느 쪽이 실패하고 어느 쪽이 승리를 얻어도 추호도 그 존엄을 가볍게 하거나 무겁게 할 수 없다. 제실帝室의 존엄은 개벽 이래 동일한 모습이고 금후 천만 년이 지나도 같은 모습일 것이다. 이는 곧 우리 제실이 제실인 까닭이다. (5권, 249쪽)

27. ※ 『제실론』(1882년 5월)

ⓐ 제실은 정치 바깥(政治社外)의 존재이다. 적어도 일본국에서 정치를 이야기하고 정치에 관계하는 자는 이 주의에 입각해 제실의 존엄과 그 신성을 남용해서는 안 된다는 것이 이 사람의 지론이다. 이를 예로부터 전해오는 사서에 비추어보니, 일본국의 인민이 이 존엄신성을 이용해서 일본의 인민에 적대한 일이 없고, 또한 일본의 인민이 결합하여 제실에 적대한 일도 없었다.[420] (…) 이 사람은 부끄럽지만 불학무식하여 신대神代의 역사를 모르고 옛 기록에도 어둡지만, 우리 제실이 일계만세一系萬世이며 오늘날의 인민이 이에 의지함으로써 사회의 안녕을 유지하는 소이를 분명히 양해하여 의심치 않는다. 이 일점만은 황학자와 같은 주장이고 믿음이다. 이것이 곧 이 사람이 오늘날 바야흐로 국회가 열리려고 하는 시기에 특히 제실의 독립을 기원

하고, 아득히 정치 위의 높은 곳에서 하계로 강림하고, 편도 없고 당도 없음으로써 그 존엄신성을 무궁하게 전하기를 바라는 까닭이다. (…)

특히 우리 일본 국민은 수백천 년 이래 군신정의君臣情誼의 공기 속에서 태어나 자랐으므로, 정신 도덕이 그저 이 정의 일점에 의지하지 않으면 국가의 안녕을 유지하는 방략이 있을 수 없다. 즉 제실이 소중하고 지존 지중한 까닭이다. (…) 우리 제실은 일본 인민의 정신을 하나로 결집(收攬)하는 중심이다. 그 공덕 지대하다고 할 것이다. (…)

국회라는 국가 조직(政府)은 두 종류의 정당이 서로 싸운다 (…) 고 하지만, 제실은 홀로 만년의 봄이며, 인민이 제실을 우러러보면 유유히 따뜻한 기운(和氣)을 불러일으킬 것이다. (…) 제실의 은덕은 그 달콤함이 엿과 같고, 인민이 이를 우러러보면 그로써 그 노여움을 풀 수 있다. 어느 것이나 모두 정치 바깥에 있지 않으면 이루어질 수 없는 것이다. (…)

ⓑ 선전과 강화의 권한, 군 통수의 정신적 지주: 제실은 아득히 정치사회 바깥에 있다. 군인은 그저 이 제실을 목적으로 움직일 뿐이다. (…) 그저 제실의 존엄과 신성이라는 것이 있어 정부는 화전和戰의 두 가지 안건을 제실에 아뢰고 가장 높은 사람이 하나로 결정하여 친히 재결하는 결과를 보고 군인도 비로소 마음을 가라앉혀, (…) 제실을 위해 나아가거나 물러서며 제실을 위해 살고 죽는 것이라는 각오를 다짐하여 비로소 전진戰陣을 향해 한 목숨이라도 바칠 수 있을 뿐

이다.

ⓒ 혹 군주를 내세운 정치(立君政治)를 평하여 군주가 우민을 농락하는 하나의 사술邪術이라는 식으로 비웃는 자가 있어도, 이 설을 주장하는 자는 필경 정치의 어려움을 겪지 않고 민심 알력의 참상을 모르는 과오를 범하는 것이다. (…) 이러한 내정의 어려움을 당하고 민심 알력의 참상을 보일 때 그 당파의 논쟁에 조금도 관계하는 바 없는 일종의 특별한 큰 세력으로써 쌍방을 완화하고 불편부당하게 이를 수습하여 각기 자가 보전책에 종사할 수 있도록 하는 것은 천하무상無上의 아름다운 일이고 인민에게는 더할 나위 없는 행복이라고 할 것이다. (…) 우리 제실은 만세에 흠이 없고 완벽한 데다 인심을 하나로 결집하는 일대 중심이다. 우리 일본의 인민은 이 벽옥의 광명에 비추어져 그 중심으로 모여들어 안으로 사회의 질서를 유지하고 밖으로 국권을 확장할 수 있는 것이다. 이 보옥을 건드려서는 안 된다. 그 중심을 흔들어서는 안 된다.

ⓓ 서양 제국에서는 종교를 번성케 하여 (…) 그 때문에 인심을 하나로 결집(收攬)하여 덕풍을 보존하지만, 우리 일본의 종교는 그 공덕이 세속의 일까지 이르지 못하고 그저 간신히 사원 내의 설교에 그친다고 할 정도라서, 도저히 이 종교만으로 국민의 덕풍을 유지하기에 족하지 않음이야 명백하다.[421]

ⓔ 제실은 인심을 하나로 결집하는 중심이 되어 국민정치론의 알

력을 완화하고, 육해군인의 정신을 지배하여 그 나아갈 방향을 알려주며, 효자孝子·절부節婦·유공有功의 인물에게 상을 주어 전국의 덕풍을 두텁게 하고, 학문을 숭상하고 학자를 존중하는 본보기를 보여주어 우리 일본의 학문을 독립시키고, 또 예술을 쇠퇴하지 않게 도와 문명의 재산을 증진하는 등 그 공덕이 지극히 중대함은 일일이 들어 말할 수 없다.[422]

ⓕ 위의 각국 사례를 보면 우리 제실비는 풍부하다고 할 수 없다. 금전의 액수도 적은 데다 제실이 사적으로 소유한 토지도 없고 산림도 없다. (…) 오늘부터 제실의 비용을 늘리고, 또한 다행히 전국에 국유림(官林)도 많으므로 그 일부분을 떼어내 영구히 제실 소유로 제공하는 것이 긴요하다고 믿는다.[423] (5권, 261~290쪽)

28. 「덕교지설(德教之說)」(1883년 11월 22~29일)

도덕의 가르침은 (…) 순연한 덕교德教이면서 타산적인 것(數理)을 벗어나지 않으면 목적을 달성하기 어렵다. 원래 인간세계를 지배하는 것은 인정(情)과 도리(理)가 반반씩 섞인 것으로 (…) 보국진충報國盡忠 (…) 충의보국은 완전한 인정(情)의 활동이다. (…)

우리 일본국 무사를 위해 도덕의 표준으로 삼을 것을 구한다면 (…) 보국진충 등의 제목이 가장 적합한 것 (…) 일부분은 유교의 도움을 받았지만, 오히려 그보다 유력한 것은 봉건의 제도로서 (…) 이미 봉건의 제도는 폐지되었지만 (…) 무사의 충성심은 소멸될 수 없다. (…) 여러 외국에 자랑할 만한 일계만대一系萬代의 지존을 삼가 받들고 있어, 진충의 목적은 분명하고 한 번도 헷갈릴 만한 기로를 보지 못했다. (…) 일본 국민은 그저 이 유일한 제실에 충성을 다하고 다른 것을 되돌아보아서는 안 된다. (…) 진충보국의 일이란, (…) 무사는 중류 이상의 지위를 차지하여 사회의 상류에 있으니 당연해도, 그 밑의 백성(群民)에 이르러서는—물론 보국진충의 대의를 게을리 해서는 안 되겠지만—이 하나의 이치만으로는 혹시 감동이 무뎌질 우려가 없는 것도 아니다. 따라서 이 하류의 인민을 위해서는 종교의 신심信心을 기르는 것이 지극히 중요한 일이라고 할 것이다. (…) 무지한 상사람이 적어도 도덕을 유지하기 위해서는 종교의 신심이 관여해야 크게 위력이 나온다. (9권, 278~291쪽)

29. 「사람을 받아들이는 것 심히 용이하다」(1884년 4월 15일)

요즘 정치사회에서 한결같은 평판을 받고 있는 수재가 있다. 이토 히로부미 군이 바로 그 사람으로, (…) 많은 사람을 받아들여 법을 논의한다 운운하는 것을 들으면 여느 때와 같은 민약헌법民約憲法인가 하고 곧바로 시의심猜疑心을 가질 자도 있겠지만 이것은 결코 걱정할 것 없다. 이 사람은 처음부터 헌법은 흠정欽定이어야 한다고 믿어 의심치 않은 바이지만 (9권, 460~463쪽)

30. 「개쇄론(開鎖論)」(1884년 5월 19~22일)

우리 일본인은 동양에 있으면서 홀로 그 고루한 사회를 벗어나고 나아가 서양의 문명에 들어간 것이라고 하지 않을 수 없다. (…) 심지어 내가 수구론자라고 칭하는 자까지도, (…) 억지로 서양에 의지할 정도의 추세가 되었다. (…) 종전에 내가 믿는 바는 첫째 아메리카의 자유풍이었지만 서양이 반드시 모두 자유롭지는 않다. 독일 같은 경우도 크게 취해야 할 것이 있으며 우리는 독일을 따르려 생각하고 빈번히 독일풍으로 옮기는 자이다. 이 사람의 눈으로 보면 독일도 미국도 공히 서양으로서, 그 사이에 다소 사람의 기풍 차이는 있지만 (…) 일본 봉건의 시대에 모 번인藩人의 기풍이 다른 번인과 다른 정도에 지나지 않는다. (…) 그러니까 저 수구론이 아메리카류를 배제하고 독일풍을 따르자고 하는 것도, 기실은 서양의 문명에서 탈퇴하는 것이 아니라, 말하자면 서양류로써 서양류를 배제하려는 것이다. (9권, 496쪽)

31. 「지나를 멸망시켜야 유럽이 평안무사하다」(1884년 9월)

대저 오늘날의 구주 각국이 실로 문명국이라 하지만, 문명은 인간사의 겉면이고 다른 뒷면을 들여다보면 오히려 참담한 현실이 없지 않다. (…) 특히 그 사회에 빈부의 차가 심해 부자는 점점 부자가 되어 한계를 모르고, 빈자는 고생해도 그 보상을 얻지 못해, (…) 러시아에서는 허무당이 되고, 독일에서는 사회당이 되고, 영국·프랑스·서반아, 무릇 구주 문명국가에 이런 종류의 파당을 보지 않는 곳이 없다. (…) 구주 사회의 위태롭기가 형세가 매우 급해 로마제국의 말엽과 같다. (…) 지금 그 불평의 열기를 줄이기 위해서는 필히 해외의 땅에서 방편을 구할 수밖에 없다. 그리고 그 적당한 땅은 아시아주의 지나제국일 것이다. (…) 구주 문명의 참혹한 실정은 지금 바로 그 정도를 더해가고 있다. 단순히 우승열패優勝劣敗하는 게 아니라, 우수한 자들이 서로 경쟁하면서 쉽게 승패를 보지 못하고, 단지 앉아서 파열을 기다릴 수밖에 없는 모습이다. 지금 와서 그 기염의 열을 완화하기 위해 바깥에 약자가 있는 곳을 찾아 내부의 강자의 먹잇감으로 제공하는 것은 실로 오늘날 불가피한 필요라고도 할 수 있다. 이런 불가피한 경우를 당해 무슨 일을 고려할 여유가 있을 것인가. (10권, 43~47쪽)

32. ※「통속도덕론」(1884년 12월)

사람이 이 세상에 존재하는 것은 도리(理)와 인정(情)의 두 가지 작용에 지배되는 것이다. (…) 게다가 그 인정의 힘은 지극히 강대하여 도리의 작용을 자유롭지 못하게 하는 경우가 많다. (…) 그러니까 이러한 인정의 세계에 있으면서 오로지 타산(數理)에 의해 입신하고 세상을 살아가려는 것은 심히 살풍경하고, 도저히 인간이 실제로 하기 어렵다. (…) 조금씩이라도 인정에 타산을 조합하여 사회 전체의 진보를 기다릴 수밖에 없는 것이다. (10권, 113~116쪽)

33.「적국 외환을 아는 자는 나라 망하지 않는다」(1885년 1월)

우리 일본인에게는 일본혼日本魂이라 칭하는 일종의 혼이 있다. (…) 참된 일본혼 (…) 일중(日支) 양국 전쟁의 결과는 어떠하든 (…) 자신을 희생해서라도 일본은 독립케 해야 하며, 집이 불타더라도 일본은 유지해야 한다 (…) 는 마음을 정해야 한다는 데 의심을 가져서는 안된다. 이것이 곧 전쟁 승패 바깥에 있는 일종의 특별한 이익으로서 일본인에게 가장 필요한 것이다. (10권, 183~184쪽)

34. 「문명을 사는 데는 돈이 필요하다」(1886년 3월)

문명개화 (…) 무형적인 것은 진보 개량이 의외로 쉽고 빠르지만 (…) 유형적인 것은 진보가 실로 느리고 (…) 일본 국민의 문명 (…) 그 마음을 보면 완전한 문명개화인이다. (10권, 569~570쪽)

35. 「일본의 화족」(1887년 5월)

일본의 화족 (…) 제실에게는 울타리(藩屛)가 되고, 인민에게는 상하 조화의 힘을 더하며, (…) 즉 국가에 둘도 없는 귀중한 보물이다. (…) 이번에 갑자기 80여 명의 신화족을 추가했는데 (…) 그 신선하고 쾌활한 공기로 (…) 크게 일본 귀족의 면목을 변경하려는 것, 이 사람 (…) 소망하여 마지않는다.[424] (11권, 268~269쪽)

36. 「교육의 경제」(1887년 7월)

원래 학문과 교육도 일종의 상품(商賣品)으로 그 품격에 상하의 등차가 있어야 함은 실로 당연하므로, 가산이 풍부하고 부모의 뜻이 돈독한 자가 자식을 위해 상등의 교육을 사고, 재력이 적고 부족한 자는 중등의 교육을 사며, 중등보다 하등, 그 계급은 단계적으로 내려가 끝이 없다. (…) 이 불평등(不平均)이 좋지 않다고 하여 갑작스럽게 인간사회의 조직을 바꾸려 해도 인력이 미칠 수 있는 일이 아니다. (…) 무릇 인간사회의 불편함은 사람의 지력과 그 자산이 상호 균형을 잃는 것보다 심각한 것은 없다. (…) 교육의 계급은 확실히 빈부의 차등을 벗어나는 일이 없으며 (11권, 309~312쪽)

37. 「정략(政略)」(1887년 8월 15-17일)

인간세계는 인정의 세계이지 도리의 세계가 아니다. 그 양태를 평하면, 7부의 인정에 3부의 도리를 가미한 조합물 (…) 경세의 요체는 (…) 정치 바깥에 있는 사람으로 하여금 각기 득의의 지위를 얻게 하고, (…) 상공업도 종교도 학문도 정치도 각각 독립의 지위를 얻어 (…) 서로 방해하지 않는 것이 실상이고 위정을 위해 편리함은 말하지 않아도 분명하다. (11권, 332~335쪽)

38. ※『존왕론(尊王論)』(1888년 10월)

우리 대일본국의 제실은 존엄신성하다. 우리 신민의 본분으로 이를 우러러보고 존경하지 않으면 안 되는 것은 천하 만민이 아는 바이며, 그것을 존경하는 데 뭔가 이익이 있어 그러는 것이 아니다. 대부분 일본 국민 고유의 본성에서 기인하는 것으로, 예로부터 지금에 이르기까지 하등 의심하는 자가 없지만, 개국 이래 인문이 점차 발전하고 천차만별의 논의도 많은 세상이 되었기 때문에, 이 사람은 존왕의 대의를 단지 일본 국민의 성질이라고만 말하지 않고 한 걸음 더 나아가 경세의 용무에 있어서도 이 대의를 등한히 해서는 안 된다는 것을 믿는 사람 (…)

제실은 (…) 그 정치의 뜨거운 세계에서 떠나 있기를 점점 멀리하면 그 존엄하고 신성한 덕이 점점 높아지고 사회적 병리 해소와 조화의 힘도 또한 점점 커진다고 할 수 있다. 비단 경세에 필요할 뿐만 아니라, 만약 그 존엄을 상하고 신성을 훼손하는 일이 있으면 일본사회가 순식간에 암흑이 되는 것은 예로부터의 습속민정習俗民情을 헤아려

의심을 품을 수 없는 바이다. (…)

이 제실은 일본 국내 무수한 가족 가운데 가장 오래되고, 그 기원을 국가의 개벽과 함께하며, 제실 이전에 일본에 가족 없고, 어떤 오랜 가문(舊家)이라 해도 제실에 대해서는 신구新舊의 연대를 다툴 수 없다. 그 유래가 오래되기로는 실로 출색出色 절륜絶倫하고 온 세계에 비할 데가 없다고 할 수 있다. 하물며 역대에 영명한 천자도 적지 않고 그 문덕文德 무위武威의 여광이 지금에 이르기까지 소멸되지 않았을 뿐만 아니라, (…) 제실은 우리 일본국에서 가장 오래되고, 황통 연면히 이어져 내려왔을 뿐만 아니라, 열성列聖의 유덕도 지금까지 분명히 볼 수 있는 것이 많다. 천하 만민이 함께 우러러보는 곳으로 (…) 그저 신성하기 때문에 신성하다고 하는 데 지나지 않는다. (…)

신사불각의 보존 (…) 국민으로 하여금 그 오래된 것을 생각하게 하는 것은 제실을 생각하게 하는 단서이기 때문이다. (…) 그것을 우민의 미신이라고 하면 미신이겠지만 인지人智가 불완전한 지금의 소아사회小兒社會에서는 그들이 신불시神佛視하는 것을 그대로 회고의 기념으로 생각해야 제실의 이익이면서 또한 슬기로운 사람이라고 할 수 있다. (…) 화족 (…) 조금이라도 경세의 이익이 있으면 어떤 이상한 사람이라고 해도 이를 받아들이는 데 넉넉한 여지가 있어야 한다. (…)

화족을 제실의 울타리(藩屛) 삼는다는 것은 결코 터무니없는 말이 아님을 알아야 한다. 날로 새로워지는 도리 한쪽에만 치우쳐 논하자면, 스스로 아무런 공로도 없으면서 영예를 마음껏 누리는 것은 그냥 넘길 수 없는 일 같지만 (…) 정말로 제실의 울타리로서 존경할 만할 뿐이다. (…) 신화족을 만드는 것은 경세지책이 아닌 것 같다. (…) 지금, 사람의 공적 여하에 따라 누구라도 이 부류에 들어갈 수 있지만 마치 화족 전체의 고풍을 빼앗아가는 것 같아 이 사람은 후세를 위해 적이 불리함을 느끼는 것이다. (…)

이 사람은 철두철미 존왕의 주의에 따르고 제실의 무궁한 행복을 기원할 뿐만 아니라, 그 신성에 의해 속세계俗世界의 공기를 완화하는 공덕을 앙청하기를 바라는 사람으로서, 그 행복을 무궁하게 하고 그 공덕을 무한하게 하기 위해 정치 바깥이라고 한 것뿐이다. (…) 영원 무궁, 일본국의 만물을 통어統御하시는 동시에, 정부도 또한 그 만물 중의 하나로 통어 아래 서야 함은 논할 여지도 없다. 천하 어떤 것이 이 통어에서 벗어나는 것이 있을소냐. (6권, 3~28쪽)

39. 「정부에서 국회의 준비는 어떠한가」(1888년 11월 13~16일)

국회를 열어 (…) 모든 방편을 다해 의장議場에 내각당이 다수를 차지하도록 준비에 전념해야 한다. (…) 이 헌법으로써 국회의원의 권한을 축소하고, 의원이 아무리 정부에 반대해도 그 권한 내에서 활동하는 한 정부의 시정을 방해할 수 없도록 하는 것 등도 스스로의 일설이다. (…) 예컨대 의원이 법률을 심의하지만 기존의 법을 변환할 권한은 없고, 세출입에 대해서도 기왕의 액수를 삭감할 권리는 없도록 하는 등의 제한을 정하고, 그 제한 내에서 발언 토의를 자유롭게 하고, 이로써 의장을 원활하게 하는 것은 살펴보면 상당히 절묘한 방안이라고 생각되지만, (…) 여기서 두 번째 책략을 생각건대, (…) 국민이 이제 막 호소하려는 것을 앞질러 시정의 방침을 바꾸고, 언론의 길을 여는 동시에 크게 정무 비용(政費)을 절감하여 국회 개장의 날에 의원 등으로 하여금 말하고 싶어도 구실이 없음을 괴로워하게 하는 것은 이른바 기선을 제압하는 묘책이라 할 것이다. (11권, 559~563쪽)

40. 「빈부지우(貧富智愚)의 설(說)」(1889년 3월 6~7일)

여기서 가장 두려워해야 할 것은 가난하지만 지식이 있는 자이다. (…) 빈지자貧智者는 달리 울분을 터뜨릴 길이 없고, (…) 이 때문에 세상의 모든 제도를 불공평한 것으로 보고 빈번하게 공격을 시도하며, 혹은 재산 사유의 법을 폐지해야 한다고 하고, 혹은 전답을 공유 공지共有公地로 해야 한다고 하며, 그 외에 피고용자의 임금 인상, 노동시간 단축 등 모두 그들이 고안해내지 않은 것이 없다. 저 직인의 동맹파업이라든지 사회당이라든지 또한 허무당이라는 것이 어디서 원인하는지를 분명히 알아야 한다. 시험 삼아 오늘날 사회당이 가장 왕성한 곳은 어느 언저리에 있느냐고 묻는다면, 미국에서는 시카고, 영국에서는 맨체스터, 버밍엄 같은 제조업이 왕성한 곳이라고 한다. (…) 가난한 사람에게 교육을 제공하는 이해利害를 생각하지 않을 수 없는 것이다. (…) 따라서 교육자가 그 권학의 방편을 위해 학설을 만들어내 민지民智 운운하고, 교육을 왕성하게 하여 부의 원천을 개척해야 한다고 하는 것은 사물의 인과관계를 뒤집은 것이라고 하지 않을 수 없다. (…) 지식이 있음으로 해서 부를 얻은 예는 평균적으로 드문 것 같다. (…) 우리 일본국 전체는 가난하고 여기에 어울리지 않게 지식이 있는 것으로, 빈지貧智의 불평이 안으로 울적하여 조만간 밖으로 터져나올 날이 필시 있을 것이다. (…) 그러므로 오늘날 교육자가 빈부도 따지지 않고 열심히 인재를 양성하려 하는 것은 '선금을 지불하고 나중의 고생의 씨앗을 사는 것과 다르지 않다. 경세의 득책이라 할 수 있을 것인가. 이 사람은 감복하지 않는 바이다. (12권, 63~66쪽)

41. 「국회 준비의 실제 수단」(1889년 4월 26일~5월 6일)

명년에 국회가 개설되면, 동시에 영국풍의 당파정치가 되고 의장議場의 다수로써 내각의 신진新陳 교대를 유인할 수 있다고 쉬이 기대해 의심치 않는 자가 있지만, 이 사람은 이를 영국 정치의 상상론자로 생각하고 갑작스럽게 동의를 표할 수 없다. (…) 관민조화는 (…) 직접 이롭게 하는 것은 정부지 인민이 아니며, (…) 언론·집회의 자유·부자유에 대해서도 (…) 지금 갑작스럽게 이를 풀어놓으면 (…) 우려는 없을지 걱정이 되어 견딜 수 없다. (12권, 105~120쪽)

IV. '대일본제국헌법=교육칙어' 체제 성립 이후의
후쿠자와 유키치

42. 「빈부론(貧富論)」(1891년 4월 27일~5월 21일, 13일간 연재)

1) 경제론자의 말씀에, 인생의 빈부는 슬기로움과 어리석음(智愚) 여하에 유래하는 것이다. 사람은 배우지 않으면 지혜 없고 무지한 사람은 가난하다. 교육이 돈을 버는 근본이라 해서 빈부의 원인을 모두 그 사람의 슬기로움과 어리석음 여하에 돌리는 자가 있다. 이 말이 이치에 맞지 않는 것은 아니다. 빈민의 다수를 평균해보면 대개 모두 지혜가 모자란 사람이지만, 사실의 원인과 결과를 서로 비추어 자세하게 사회의 실제를 보면, 지금 세상의 빈민은 무지하기 때문에 가난한 것이 아니라 가난하기 때문에 무지하다고 해도 지장이 없는 경우 적지 않은 것 같다. (…) 먹고사는 것이 궁한 빈자의 분수로는 교육을 받을 길이 없음을 어찌 하랴. (…) 그러니까 먹고사는 것이야말로 지력(智力)이 발생하고 그것을 활용하는 근본인데, 그 근본을 문제 삼지 않고 오히려 지엽적인 것을 논하고, 지식이 있으면 먹고사는 것이 여기에 굴러올 것이라고 하여 타인이 교육받지 못함을 타박하는 것은 인과의 순서를 뒤바꾸어 무리한 것을 책망하는 것이다. (…) 필경 지금의 사회조직에서는 (…) 가난한 사람은 더욱 가난에 빠지고 부자일

수록 더욱 부자가 되는 일은 거의 한이 없을 것이다.

2) 인구가 점차 늘어나고 기계의 사용방법이 점차 발전할 때는 지금의 사회조직에 따라 소수의 대부호가 등장하고 다수의 빈자가 번식하는 것은 자연의 추세로서, (…) 태양이 서쪽에서 뜨고 황하가 거꾸로 흐르는 괴이한 요행이라도 있지 않으면 지금의 세상에서 가난한 사람들에게 운이 트이는 날은 없을 것이다.

3) 노동사회의 가난한 자가 술을 마시고 또한 군것질을 하는 것은 영양의 유지보급을 위해 천성이 명하는 바로서 함부로 자기 주장을 내세워 이러쿵저러쿵할 사안이 아니다. 또한 하층사회에서 이루어지는 조혼도 결코 비난해서는 안 된다.

4) 고로 지난 2, 30년간 정도는 (…) 기력이 있는 사람을 위해서는 가장 재미있는 시절이었다고 할지라도 사회의 인간사(人事)가 차차 정비되고 인심이 점차 침착해짐에 따라 세상살이의 길도 점차 힘들고 또한 옛날의 요행을 다시금 바랄 수 없게 되었다. (…) 흔히 말하는 젖은 손에 좁쌀을 움켜쥐는 불로소득의 시대는 이미 과거에 속하는 것이므로, (…) 2, 30년 전의 예를 따라 행동하여 일거에 선배의 한 무리에 들어가려는 것은 시대의 추세를 모르는 자로서 신진문명류의 영업 또한 곤란하다고 할 것이다.

6) 전국의 사회 가운데 전도에 희망이 있는 자는 누구냐고 묻는다

면, 지금의 기성 자산가라고 대답하지 않을 수 없다. (⋯) 부유한 사람은 점차 번창하고 가난한 사람은 점차 고통에 빠져 빈부가 현격해지고 고락이 서로 갈라지는 참상을 보이는 것은 이른바 문명의 추세에서 피할 수 없는 것이다.

7) 문명의 법률은 사람의 영예 생명 사유私有를 보호하는 (⋯) 정신이지만, 지금의 실제 인간사에서 (⋯) 어느 쪽이 법률의 공덕 이익을 입는 것이 크냐고 묻는다면, 이를 평균해서 말하면 상류사회에 이로운 것이 많다고 대답하지 않을 수 없다. (⋯) 민법 상법 같은 것도 결국은 국민의 사유권을 굳건히 하는 것이므로 세월이 지나 신법이 실행됨에 따라 차츰차츰 그 덕택을 입는 자는 상류의 부호일지언정 빈자는 점점 궁색함을 느끼게 될 뿐이다.

8) 지금의 기성 부호는 도쿠가와시대에 대소의 차이를 없애는 정략을 모면하고 법률 때문에 재산을 견고히 하고, (⋯) 속된 말로 이를 평가하면 부자가 밑천 안들이고 떼돈 번 것이라고 할 수도 있다.

10) 이미 나라를 개방하여 해외와 문명의 창끝을 다투고 경쟁의 무대에서 국가의 생존을 도모하려 하는 데는, 국내의 불유쾌한 일은 이를 되돌아볼 여유가 없고, 설령 국민의 빈부가 현격해지고 고락이 상반되는 불행한 일이 있어도 눈을 감고 이를 견디며, 부호의 거대 자산가로 하여금 점점 부를 크게 하여 이로써 대외의 무역전쟁(商戰)에 대비하여 방심하다가 실패하지 않도록 하는 궁리야말로 오늘날의 급

선무이고, 식자가 어디까지나 장려하는 바이다. (…) 타인의 재산이 많다고 부러워할 것도 없고 원망할 것도 없으며 오히려 이를 도와 점점 날개를 펼칠 수 있게 하는 것이야말로 국가의 이익일 것이다. 철학자류의 이론은 어쨌든 목하 우리 일본국에는 대부호를 필요로 하는 시절이므로 되도록 그 발달을 촉구해야 한다는 것은 이 사람이 항상 논하는 바로 (…) 이 빈궁한 짐승의 열기와 부호의 냉혈이 조만간에 한 번은 필히 충돌하여 끝내 파열의 불행이 있을 것임은 추세로서 피할 수 없는 바인 것이다. (…) 유신 이래 정부가 교육의 방침을 그르쳐 국민의 재력 여하를 따지지 않고 그저 일방적으로 그 지식의 발달을 장려하고 (…) 우선 다른 빈자의 고통을 구실로 부자의 냉혈무정을 책망하고 다양한 운동을 전개하여 점차 사람의 마음을 움직여 (…) 이것이 1891년(메이지 24) 이래 우리 정체 인사의 대변혁에 생긴 여파로서 곧 문명개화에 따르는 일종의 불행이므로 용이하게 치유할 사항이 아니다.

11) 오늘날 부잣집 재산은 견고한 정부 아래 있고 친절한 법률의 보호를 받고 있기 때문에 안전한 것 같지만 기실은 비바람 거친 빈곤의 바다에 떠있는 외딴섬에 궁전을 구축하고 법률이라는 이름의 제방에 의해 스스로를 지키는 것으로 하루아침의 기회에 격랑노도에 침범당할 때는 궁전이 위험하다는 것 또한 알아야 한다. (…) 오늘날 우리나라의 부호는 어떤 점에서 보더라도 영구적으로 안전한 것은 아니다. 함부로 문명의 법률에 취해 이를 둘도 없는 간성干城으로 판단하고 냉혈로써 사람을 접하고 가운家運이 장구하기를 도모하는 것

은 커다란 잘못이 아니겠는가.

12) 근래 유행하는 동맹파업 같은 (…) 빈곤사회 불평불만의 소리
는 날로 점점 거세져 앞으로 어떠한 사태를 보일지 식자가 가장 고심
하는 바라고 한다. (…) 그러므로 부호의 무리가 지금 아직 사단이 벌
어지기 전에 이를 예방하는 것은 그저 일신일가의 이익만이 아니라,
국가의 안녕을 유지하고 공사公私의 행운을 다하는 것이라 할 것이
다. 그 방법으로 (…) 첫째로 종교를 장려하여 인심을 가라앉히는 것
이 서민의 경거망동을 방지하는 최우선 요체이다. 부호의 무리이면
서 적어도 세상의 가르침이 중요함을 알고 자가의 안전을 도모하는
데 생각이 미친 자는, 메이지 정부의 서생류로부터 배울 것이 아니
라 종교의 힘을 이용하여 다소의 재화를 버려서라도 사원을 보호하
고 승려를 먹고살게 해주며 이로써 서민의 교화를 게을리하지 않게
해야 한다. (…) 둘째로 과도한 교육을 방지하는 것이 재산의 안녕을
유지하는 하나의 방법이다. 빈자에 대한 교육을 너무 고상하게 하는
일이 없도록 한다는 의미이다. 가난한 집안의 자제가 (…) 문란해지지
않기를 바라도 그렇게 할 수 있겠는가. 후년 어느 날 부호들을 공격
하는 화근을 만들어내는 자는 필히 이런 종류의 자제일 수밖에 없다.
메이지 초년부터 정부의 실책에 의해 무수한 가난뱅이 학자를 만들
어내고, (…) 다만 앞으로는 정부도 크게 교육의 방침을 바꾸는 동시
에, 부호의 무리도 특히 자가의 안전을 지키기 위해 교육이라면 반드
시 실제 도움이 되는 실학을 장려하고 이로써 배고픈 논자를 다시 낳
지 않도록 예방하는 것이 긴요하다고 할 것이다.

13) 셋째로 부호는 수시로 사재를 털어 세인의 소문을 잠재우는 궁리를 하지 않으면 안 된다. (…) 빈민구제 등 공익자선의 행사에 부호가 금전의 손해를 보지 않으려 하지 말고 (…) 오히려 10을 벌어 3을 버리고 실질소득 7을 취하는 이익보다 나은 것이 없다고 생각하며, (…) 3을 버리고 7을 취하는 손익을 알아차리지 못하고, (…) 만약에 그렇게 하지 않고 냉혈을 스스로 득의양양하게 드러내게 되면 3을 아끼다가 7을 잃는 진귀한 광경도 있을 것이라고 이 사람 내밀히 그를 위해 걱정하는 바이다. 넷째로 빈민의 수를 걸러내 내지內地를 여유 있게 하는 것은 부호를 위해 가장 안전한 책략이다. (…) 홋카이도에 미개척 옥야가 있고, 남북아메리카, 남양제도, 우리 국민의 이주에 적합한 땅이 매우 많으므로 부호의 무리가 동심협력하여 그 일을 돕고 다소의 재물을 내어 이주의 자금으로 제공하는 일이라도 있다면, (…) 국가생존의 일대 중대사이고 스스로 부호들을 위해 현금 장래의 안전을 도모하고 시험 삼아 주의를 촉구하는 것이며, (…) 7부의 인정에 3부의 도리를 조합한 지금의 사회에 잡거하여 그 영구한 안전은 결코 보장할 수 없으므로 지금 빨리 계획을 세우기를 이 사람 아무쪼록 기원하는 바이다. (13권, 69-104쪽)

43. ※『체면설(瘦我慢の說)』(1891년 11월)

입국은 사사로운 것이지 공적인 것이 아니다. (…) 자국의 쇠퇴에 즈음하여, 적에 대해 원래 승산이 없는 경우에도 (…) 있는 힘을 다해 싸우고 마침내 승패의 극에 이르러 비로소 화의를 강구하거나 혹은 죽음을 결심하는 것은 입국의 공도로 (…) 흔히 말하는 체면이지만, (…) 약자의 지위를 보전하는 자는 다만 이 체면에 의지하지 않으면 안 된다. (…) 체면 (…) 냉담한 논리로 이야기할 때는 거의 어린애장난 같이 들린다 해도 변명할 말이 없지만, 국가 (…) 를 유지 보호하려는 자는 이 주장에 의거하지 않을 수 없다. (…) 국가 존망의 위기에 처해 승산이 있고 없고를 따지고 있을 바가 아니다. (…) 입국의 근본인 사기 (6권, 559~566쪽)

44. 『실업론(實業論)』(1893년 6월)

근년에는 상공계에도 다소 활기의 징후가 보이고, 외국과의 무역, 국내 제조업이 착실히 나아져 해가 갈수록 면목을 일신하여 전도前途가 바야흐로 가경佳境에 점입漸入하는 광경은 곧 실업혁명實業革命의 시기가 가까이 와 있음을 보여주는 것 (…) 우리 일본 국민이 특히 상공업에 적합하여 달리 논란의 여지가 없는 경위를 말하자면, (…) 일본 국민은 성질이 양순하여 능히 윗사람의 명령에 복종하고 (…) 영국의 공장에 비해 (…) 우리나라 특유의 이점은 공장의 사업에 밤낮을 새우며 기계의 운전을 중지하는 일이 없다는 것과, 직공의 손끝이 기민하여 능히 공장 일에 적합하다는 것, 여기에 더해 임금이 싸다는 것, 이 3개 항목은 영국이 일본에 미치지 못하는 바이다. (…) 다만 이 사람의 목적은 일본의 실업에 문명의 요소를 주입하고, 그 사회의 기품을 높여 입국의 근본을 굳건히 하고, 안으로 실질을 다지고 밖으로 경쟁하고자 하는 데 있을 따름이다. (6권, 145~194쪽)

마무리글

이 책의 전편이라고 할 수 있는 『후쿠자와 유키치의 아시아 침략 사상을 묻는다(福沢諭吉のアジア認識)』는 전 일본펜클럽 회장 우메하라 다케시梅原猛, 언론인 사이토 다카오斎藤貴男, 사회운동가 이시도 기요토모石堂清倫(1904~2001), 도쿄대 교수 다카하시 데츠야高橋哲哉, 사상사가 이와사키 지카츠구岩崎允胤(1921~2009), 기술평론가 호시노 요시오星野芳郎 (1922~2007) 등 다양한 사상적 입장을 가진 사람들이 한결같이 적극적으로 평가해주고, 각종 신문·잡지·동인지 등에 소개되는 행운을 얻었다. 거기에 힘입어 그 책은 전문적인 학술서임에도 출판 불황기에 초판 3,500부가 3달 만에 매진되었다(현재 제3쇄). 이전까지 필자의 저서 가운데 가장 잘 나간 것이 초판 매진에 2년 반이 걸렸다. 그런 의미에서 이는 역시 '이변'이라고 할 수 있을 것이다. 이 일 자체가 후쿠자와 유키치 연구사상 하나의 '사건'이었다고 생각하기 때문에, 그 책을 둘러싼 이후의 동향에 대해 좀 더 이야기하고자 한다.

후쿠자와 유키치 사상을 그 책만큼 준엄하게 비판적으로 고찰한 책은 아마 없을 것이다. 그런데도 2001년 5월, 그 저자인 필자가 바로 게이오기쥬쿠대학(히요시日吉캠퍼스) 강의에 초대되었다. 이것 또한 일종의 '사건'으로 받아들여져, 당일 『아사히신문』 기자가 두 사람이나 강의실을 방문해 취재하고 작은 기사를 실었다(2001년 5월 26일 『朝日新聞』〈私の視点〉란 「編集部から」). 게이오대학 강의 다음 날에는 중국 〈신화통신〉과 인터뷰를 했고, 중국의 신문과 잡지에 책을 소개하는 기사가 실렸다. 그것이 인연이 되어 3건의 중국어 번역 신청이 들어와 얼마 뒤 이 책과 같은 시기에 북경의 학원學苑출판사에서 중국어판(山東省 日本學會 孫衛東 외, 『福沢諭吉的亜州観』)이 출간되었다.

또한 중국 텐진天津에 있는 대학(南開大學 日本研究中心)으로부터 후쿠자와 유키치를 주제로 한 집중강의 의뢰가 들어와, 한창 이 책을 집필 중이던 4월 초에 1주간 중국을 방문하여 2개소에서 강의를 진행했다. 대학원생, 학부생 할 것 없이 적극적으로 반응해주었다. 당시 신형 폐렴 감염에 대한 보도통제가 이루어지고 있던 베이징에서는 집필 중이던 이 책의 중국어 번역의뢰도 받았다. 이전까지 중국에서 후쿠자와는 마루야마 마사오가 만들어낸 모습대로 이해되어온 바가 컸다고 하는데, 번역이나 강의·강연의 기회를 통해 필자가 중국의 후쿠자와상 수정에 기여할 수 있기를 바라고 있다.

한국에서도 반향이 있었다. "일본의 1만 엔 지폐에 후쿠자와가 인쇄되어 있는 한 일본인은 믿을 수 없다"고 늘상 이야기했던 윤정옥 씨(한국정신대대책협의회 공동대표)에게 한 일본인 시민운동가가 이 책을 소개했고, 이를 계기로 20권 이상이 한국의 유식자나 학자들에게 보내졌다. 여기서도 번역 이야기가 나오고 있으나 아직 결정되지는 않았다(한국어판은 2008년 광운대학교 이향철 교수가 번역하여 2011년에 『후쿠자와 유키치의 아시아 침략사상을 묻는다』는 제목으로 빛을 보게 되었다).

한 면 전체를 할애한 『조선신보朝鮮新報』의 소개기사(2001년 3월 14 일)를 포함하여 각종 신문에서 취재가 이루어졌지만, 가장 놀란 것은 『일간공업신문日刊工業新聞』 서평란에 필자가 소개된 것이었다(5월 14일). "왜 공업신문인가?" 오히려 필자 스스로 자문할 정도였다. 우메하라 다케시가 일본이 "금후 한국이나 중국과 우호관계를 유지하기 위해 서는" 후쿠자와의 재평가가 필요하다고 『도쿄신문』과 『쥬니치中日신 문』에 쓴 것처럼,[425] 아직 소수파이기는 하지만 일본의 전쟁책임을 의 식하는 사람들 가운데 기업인을 포함해 "일본은 메이지 이래 부국강 병의 발자취를 진지하게 반성하고 아시아와의 화해"를 도모할 필요 가 있다고 생각하는 이들이 늘어나고 있다는 징후가 아닐까 생각해 본다.

이전 저서를 둘러싼 동향의 소개는 이 정도로 해두고, 왜 다시 후 쿠자와에 대한 책을 집필하게 되었는지 그 이유에 대해 말하고 싶다. 『후쿠자와 유키치의 아시아 침략사상을 묻는다』가 출간되었을 때, 출 판사 고분켄高文研 대표 우메다 마사미梅田正巳 씨는 "이 책 간행만으로 는 저 '전형적인 시민적 자유주의자' 후쿠자와 유키치(마루야마 마사오) 도 아시아에 대해서는 편견과 차별의식을 가지고 있었구나 하는 정 도만 전할 뿐이며, 후쿠자와의 '민주주의'와 '시민적 자유주의' 자체 는 문제 삼지 않은 채 내버려두는 격"이라며 이후의 작업을 요청해 왔다. 그때부터 이 책의 집필 자체는 예정된 일이었다. 그러나 「머리 글」에서 밝힌 것처럼 『후쿠자와 유키치의 여성관과 교육론』의 서장 으로 집필하기 시작한 것이 그대로 한 권 분량으로 늘어나고 말았다.

이는 필자 스스로도 예상하지 못했던 일이지만, 써놓고 보니 이전 저서보다도 상당히 두껍고 고분켄 출간도서의 통상적인 분량도 훨씬 넘어서는 결과가 되고 말았다. 그럼에도 우메다 씨는 주제의 중대성에 비추어 생각하는 바를 충분히 보여주는 것이 무엇보다 중요하다며 아무 조건 없이 자유롭게 쓰게 해주었다. 출판 불황 시대에 이토록 마음껏 자유롭게 책을 쓸 수 있게 해준 데 대하여 뭐라 감사해야 할지 모르겠다. 다만 작년 9월 초 집필에 착수한 이래 연달아 예정이 틀어져 마감일이 연기되고, 그동안 시민운동이 크게 부실해진 것은 뉘우치고 있다.

이 책이 예상 외로 두꺼워진 것은 마루야마 마사오의 후쿠자와 유키치 연구에 그만큼 무리가 많았다는 의미이다. 동시에, 그럼에도 불구하고 '전후민주주의'를 대표하는 마루야마의 연구가 지금까지도 가장 뛰어난 후쿠자와 유키치 연구(의 하나)로 이해되고, 마루야마 마사오가 아직도 널리 읽히고 있는 사실은 거꾸로 일본 '전후민주주의'를 재검토할 필요성이 있음을 시사하는 것이다. 반면, 이전 저서를 계기로 1만 엔 지폐를 사용하지 않기로 했다거나 '1만 엔 지폐에서 후쿠자와 유키치를 끌어내리는 시민운동'이 시작되는 등, 감사한 독자도 나타나고 있다.

최고액권 지폐의 초상인물로 후쿠자와 유키치를 계속 사용하는 것이 정해졌지만, 필자의 후쿠자와 연구에 대한 아시아 제국의 반응을 생각하면 일본의 전쟁책임 문제와 마주하고 아시아와의 진정한 화해를 도모하기 위해서는 아시아를 멸시하고 아시아 침략의 선두에 선 후쿠자와의 '은퇴'를 진지하게 생각해야 할 시기를 맞이하고 있다고 확신한다. 이 책의 간행이 그런 시대적 분위기를 강화하고 심화하는 데 기여할 수 있기를 바란다.

　5년 전에 대학을 정년퇴임하고 '부전병사·시민의 모임' 등 시민운
동에 몸담고 있는 필자는 이 기회에 개인적인 시민운동으로서 '후쿠
자와의 재평가를 통해 일본 근대사상近代史像이나 전후민주주의의 재
검토를 촉구하는' 강연·강의·소모임의 출장활동을 시작했다. 연금으
로 생활의 불안은 없고 건강도 타고났으므로, 앞으로 교통비 실비만
제공된다면 언제든 어디든 이야기하러 나설 생각이다. 고등학생이나
대학생을 만날 수 있기를 가장 바라고 있지만 시민의 작은 모임이라
도 상관없다.

　또한 4쇄로 재판이 멈춰 있던 예전 저서 『증보·일본 근대교육의
사상구조』(新評論)가 이번 봄에 독자 주문방식(print on demand)으로 복각
되었다. 출판사의 협력 덕분에 500쪽 가까운 책을 33년 전과 같은 가
격(3,600엔)으로 판매할 수 있게 되었다. 그런 까닭도 있어 이 책에서는
망설임 없이 예전 저서를 주석으로 달았다.

　마루야마 마사오는 전후 일본을 대표하는 위대한 연구자·사상가
로, 필자도 많은 것을 배웠다. 그러나 그 마루야마의 후쿠자와 유키
치 연구에 이렇게까지 문제가 많다면 그 자체가 '일본사상'의 문제이
고 '전후민주주의'의 재검토를 요구하는 문제라는 생각으로 철저한
비판적 고찰에 주력했다. 당연한 일이지만 필자 자신의 오해나 누락
이 없을 리 없다. 그 점에 대해서는 독자 여러분의 기탄없는 비판과
조언을 기다린다.

2003년 4월 말일

야스카와 쥬노스케

역자 후기

이 책은 일본 나고야대학 명예교수 야스카와 쥬노스케安川寿之輔 선생의 『후쿠자와 유키치와 마루야마 마사오—'마루야마 유키치' 신화를 해체하다(福沢諭吉と丸山真男―「丸山諭吉」神話を解体する)』(高文研, 2003)를 한국어로 번역한 것이다. 한국어판 제목은 저자와 상의하여 『마루야마 마사오가 만들어낸 '후쿠자와 유키치'라는 신화』로 하기로 했다. 원제목은 일본에서 익숙한 이름이고 부제의 「마루야마 유키치」는 매력적인 조어造語이지만, 한국에서는 일부 전문가를 제외하면 생소하거나 직관적으로 와 닿기 힘들다는 판단에서 알기 쉽게 바꾸었다.

또한 이 책은 2011년 4월 한국에 번역·소개된 『후쿠자와 유키치의 아시아 침략사상을 묻는다』의 후속편이다. 이전 저서에서는 일본 근대화 과정의 총체적 '스승'으로 일본인의 추앙을 한 몸에 받고 있는 후쿠자와 유키치가 실은 아시아 멸시와 침략을 선동하고 합리화한 '제국의 나팔수'였음을 후쿠자와 자신의 말을 인용하여 하나하나 "필주筆誅"를 가하는 "실로 논리적이고 실증적인 방법"(梅原猛)으로 밝혀냈다. 나아가 그러한 보수적인 국제권력정치의 신봉자를 근대 일본에 민주주의 원리를 제공한 위대한 사상가 혹은 최고의 계몽사상가로 그려낸 일본의 대표적 정치학자 마루야마 마사오와 사회과학 전반의 학문적 일탈에 대해서도 준엄한 비판을 가하였다.

문제는 여기서 일찍이 그 유례를 찾아볼 수 없을 정도로 철저하게 후쿠자와 유키치의 아시아인식을 비판하여 논의가 마무리되는 것으로 생각했는데, 왜 또다시 그보다 더 많은 지면을 할애하여 더욱더 비판적인 후쿠자와론을 전개하게 되었느냐 하는 것이다. 이에 대해 저자는 같은 세대이자 사상적 동지이기도 한 출판사 대표의 다짐을 인용하는 형태로 "이 책 간행만으로는 저 '전형적인 시민적 자유주의'자 후쿠자와 유키치도 아시아에 대해서는 편견·차별의식을 가지고 있었구나 하는 정도의 이해만 독자에게 전할 뿐이며, 후쿠자와의 '민주주의'와 '시민적 자유주의' 자체는 문제 삼지 않은 채 내버려두는 격"이었기 때문이라고 했다. 따라서 저자는 마루야마 마사오를 필두로 하는 후쿠자와 미화론자들에 의해 심하게 분칠되어 정체를 알 수 없게 된 후쿠자와의 맨얼굴을 보여주기 위해, 2003년 이 책의 간행을 시작으로 2006년 『후쿠자와 유키치의 전쟁론과 천황제론』, 2013년 『후쿠자와 유키치의 교육론과 여성론』을 펴내, 1970년 『일본 근대교육의 사상구조』까지 포함 총 5권의 저작으로 후쿠자와 유키치 사상 비판을 집대성했던 것이다.

역자가 『후쿠자와 유키치의 아시아 침략사상을 묻는다』에 이어 이 책을 한국에 번역·소개하는 이유 또한 이와 별반 다르지 않다. 이전에 저자는 역자에게 보낸 편지에서, 자신의 후쿠자와 아시아인식 비판서는 일본이나 중국보다 일본 제국주의의 침략과 식민지 지배를 직접적으로 경험한 한국사회에 더 큰 충격과 의미를 던져줄 것이라고 예상한 바 있었다. 평론가 이윤옥 씨가 2011년 4월 29일 인터넷신문 『프레시안』에 기고한 서평에서 "10년이나 지난 오늘에서야 한 권의 번역서로 한국에 나타난 이 책 앞에 우리는 우선 부끄러운 속내를 감출 수 없다. 이런 책은 진작 한국인의 손으로 만들어냈어야 하는 책이었기에 말이다", "한마디로 일본인이 일본인을 위해 쓴 책이라기보다는 일본 제국주의 아래 고통과 시련을 겪고도 정신을 못 차리는 한국인을 위한 책이라고 보는 게 좋다", "뒤늦게나마 우리의 잠자는 영혼을 일깨우고 (…) 후쿠자와 유키치를 바로 볼 수 있는 계기를 만들어준 이 책이 나온 것은 그나마 다행이라는 생각이 든다"고 한 것은 정말 "눈이 있고 귀가 있는" 국내의 일본학 연구자라면 가슴 뜨끔한 지적이 아닐 수 없었다.

그런 의미에서 '일본학의 원로학자' 한 분이 내놓은 서평은 조금 생뚱맞았다. 후쿠자와는 "수제자 이노우에 가쿠고로를 조선에 파견하여 한국 최초의 신문이라 할 수 있는 『한성순보』를 주관하면서 조선의 정세변화를 주시"했고 "막후에서 갑신정변에 깊이 관여"했다면서, 이와 관련된 본문 중의 심층분석은 못 본 것인지 애써 무시한 것인지 피상적으로 지나쳤던 것이다. 나아가 "정변이 실패하자 「탈아론」을 발표하여 조선 침략에 앞장선 인물"이라고 하여, 마치 「탈아론」은 "조선의 민주화가 제대로 추진되지 않아 실의에 빠졌을 무렵 썼던 예외적인 문장"일 뿐 "후쿠자와의 사상 전체를 나타내는 것이 아니"라는 일본 주류학계나 문부성 교과서 조사관의 인식을 답습하는 듯한 기술을 하고 있다. 그렇지 않다고, 그것은 후쿠자와 미화론자들이 꾸며낸 이야기라고 후쿠자와 자신을 말을 인용하여 하나하나

논박한 저작에 대한 서평에서 말이다. 그러고는 "이 책은 후쿠자와의 공과를 동일선상에서 평가할 수 있는 연구를 마련했다는 데 의미가 있고, 또한 저자가 기대하고 있는 '아시아와 일본의 역사인식의 심각한 균열과 틈새'를 메우는 데 중요한 길잡이다"라는 말로 마무리하였다. 지금까지 역자 자신의 연구 활동을 포함하여 한국의 일본학이 주체적인 체계와 논리, 역량을 갖추지 못한 채 일본 주류학계의 논리와 언어를 답습해 국내에 전파하는 것으로만 소임을 다해온 것은 아닌지 심각하게 되돌아보아야 할 대목이다.

후쿠자와 유키치는 일본 제국주의의 한반도 침략과 식민지화에 깊숙이 관여한 인물이지만, 그의 정치관과 아시아인식을 실증적으로 분석한 국내 연구는 이상할 정도로 별로 보이지 않는다. 그러나 후쿠자와 유키치의 저작이나 그의 사상에 관한 연구서는 그런대로 한국어로 번역·소개되어왔기 때문에, 이를 통해 간접적으로나마 한국 학계의 후쿠자와 유키치에 대한 이해 정도를 가늠해볼 수 있을 것 같다. 후쿠자와의 저작 가운데 지금까지 『학문의 권장』은 엄창준 외(지안사, 1993), 남상영 외(소화, 2003), 양문송(일송미디어, 2004), 임종원(홍익출판사, 2007), 조경미(신원문화사, 2010)에 의해, 그리고 『문명론의 개략』은 정명환(광일문화사, 1989; 기파랑 2012)에 의해, 『후쿠옹자전』은 허호(이산, 2006)에 의해 각각 번역·소개되었다. 연구사상 의미가 있는 후쿠자와 연구서의 소개는 김석근(역사비평사, 2007)이 번역한 고야스 노부쿠니의 『후쿠자와 유키치의 『문명론의 개략』을 정밀하게 읽는다』가 거의 유일하다고 할 것이다. 그 외에 후쿠자와의 교육론, 여성론, 문명론, 대외인식 등을 다룬 논문이 몇 편 검색되는 정도이다.

그런데 이들은 대부분 후쿠자와를 체계적으로 읽은 전문 연구자가 아니라는 점을 지적하지 않을 수 없다. 관련 학계와 동떨어진 출판사 직원, 자유집필가, 여행사 직원, 일본어 담당 교원 등으로 주체적인 역사관 없이 그저 일본인 일반의 이해를 답습하여 후쿠자와 유키치를 계몽주의 사상가, 시민적 자유주의자, 근대 교육사상가, 저술가이자 일본과 아시아의 근대화와 문명화를 이끌었던 인물로 그려내고 있을 뿐이므로 여기서는 일단 논외다. 이들 가운데 유일하게 제대로 된 학문적 훈련을 받고 막말·메이지 초기의 언문일치가 되지 않은 난해한 일본어 사료의 해독 능력을 지녔을 것으로 보이는 허호 교수(수원대학교 일어일문학과)가 『후쿠옹자전』의 번역에 부친 글을 살펴보도록 하겠다.

"근대 일본을 이야기할 때 결코 빠뜨려서는 안 되는 인물 가운데 한 사람이 후쿠자와 유키치이다. 그는 19세기의 일본에서 번역가, 문필가, 계몽사상가, 교육자, 언론인으로서 빼어난 업적을 남겼다. 번역가로서는 많은 번역어를 만들어냈으며, 문필가로서는 공전의 베스트셀러가 된 다수의 책을 썼고, 계몽사상가로서 대중 계몽에 크게 기여했다. 뿐만 아니라 교육자로서 일본 최초의 사립학교인 게이오기쥬쿠를 설립하여 일본의 근대화를 선도할 인재를 양성하는 데 힘썼으며, 『시사신보』를 창간하여 언론인으로서도 한 역할을 톡톡히 해냈다. (…) 또한 그의 사상은 마루야마 마사오를 비롯한 많은 학자들의 중요한 연구대상이 되었고, 『시사신보』

는 『산케이신문産經新聞』으로 그 명맥이 이어졌다. 일본 근대화의 주역들, 더 엄밀히 말하면 메이지유신의 주역들이 일본 군국주의의 부침과 함께 명멸해갔지만 평생토록 현실정치와 일정한 거리를 유지했던 후쿠자와 유키치만은 일본에 '문명개화'를 가져온 선구자로서의 이미지를 계속해서 간직하고 있다. 일본에서 현재 통용되고 있는 만 엔권 지폐에 인쇄된 그의 초상이 그것을 단적으로 말해준다."

　이러한 후쿠자와 이해는 기본적으로 일본 주류학계의 논리와 언어를 답습하고 있지만 특별히 논란거리가 될 만한 내용은 없고 사실관계만 정리한 수준이므로 더 이상 논급할 필요성은 없을 것이다.

　하지만 『후쿠자와 유키치의 아시아 침략사상을 묻는다』가 출판되기 4개월 전에 『프레시안』에 다소 터무니없는 후쿠자와론이 실려 이에 대해서는 몇 마디 언급하고 넘어가야 할 것 같다. 「철학자의 서재: 후쿠자와 유키치의 〈학문을 권함〉, '탈아론' 후쿠자와 유키치, 침략의 원흉만은 아니다!」(2010년 11월 26일)라는 글이 바로 그것이다. 집필자 김동기 씨는 철학자들의 개인적인 연구모임에 나가는 사람 정도로 소개되고 있으나 학계에는 거의 알려져 있지 않고, 특별한 논문이나 저서도 검색되지 않아 여기서 다루는 것 자체가 부적절해 보인다. 그러나 그의 후쿠자와 이해는, 저자의 한국어판 서문에도 언급되어 있는 아베 신조 수상, 이시하라 신타로 전 일본유신회 공동대표와 같은 극우정치가의 주장이나 그들의 대변지인 『산케이신문』의 논조와 흡사하기 때문에, 한국에도 이렇게 극단적인 생각을 하고 있는 사람이 있구나 하는 차원에서 살펴보는 것이다. 또한 『산케이신문』은 아직도 후쿠자와 유키치의 「조선 인민을 위해 그 나라의 멸망을 축하한다」(『福沢全集』10권, 379쪽 이하)라는 글을 인용하며 한국을 공격하는 일을 서슴지 않고 있으므로, 집필자의 의도와 관계없이 여기에 동조하는 결과를 낳을 수 있음을 지적해둔다.

"우리에게는 일본의 제국주의 침략을 정당화한 이론, '탈아론'으로 유명한 후쿠자와이지만 당시 일본사회에서는 누구보다도 조선에 깊은 관심과 애정을 보낸 인물이기도 하다. 특히 개화파를 중심으로 조선사회의 문명화에 많은 기대를 했고, 물질적 지원도 마다하지 않은 경력은 주목해볼 필요가 있다. 후쿠자와를 침략의 원흉으로 무조건 매도할 수 없는 부분도 있는 것이다. 일본뿐 아니라 한국, 중국을 포함하는 '동양'의 문제는 문명과 야만이라는 그의 문명론에 근거해서 보면 서양에 대한 동양의 독립이라는 공동운명체로서의 문제이기도 했기 때문이다. '일본의 성인남녀 모두를 개국론자로 바꿔보겠다'라는 의지를 갖고 1872년 저술한 것이 『학문을 권함』(『학문의 권장』―옮긴이)이다. 외국과의 자유로운 교제를 개방하고, 상하 신분질서를 비판하면서 인간은 모두 평등하다는 계몽사상을 일본인 전부에 심어주어 독립적이고 자유로운 인간을 창출함으로써, 일본의 독립의 발판을 확보하려는 것이 후쿠자와의 의도였다. 또 '인간 모두가 평등한 것처럼 나라와 나라도 서로 평등하며, 이것은 천리인도이며 인간 세계에 통용되는 법칙이며 도리이다'라는 관점에서 인간과 국가도 상호 평등하다는 생각을 하도록 하였다. 미국의 독립정신과 청교도정신을 직수입하여 일본인 모두를 일신독립, 자유 평등의 인간으로 바꾸어서 일본을 세계의 여러 나라들과 대등 평등한 일원으로 하고자 한 제안이었다."

후쿠자와 유키치의 저작에 입각하여 후쿠자와의 언어와 행동을 있는 그대로 파악하고 글을 쓰는 사람의 주장 같지는 않다. 이 글을 구성하는 단어, 문장, 문단 하나하나는 『후쿠자와 유키치의 아시아 침략사상을 묻는다』의 분석만으로도 모조리 해체되어 의미 없는 허사로 무너지고 말 것이다. 이에 대해 평론가 이윤옥 씨는 다시 "후쿠자와 유키치가 침략의 원흉이 아니라면 조선의 구세주라도 된단 말인가? 이런 건 마치 이토 히로부미는 한국의 은인일 수도 있다는 말과 다르지 않다는 것을 (…) 왜 모를까?"라고 상당히 직설적인 언설로 통박을 가하였다. 관련 학계가 침묵하고 있는 가운데 장외에서 난타전이 벌어지는 기이한 광경이 연출된 셈이다.

이 책 한국어판의 제목 『마루야마 마사오가 만들어낸 '후쿠자와 유키치'라는 신화』가 상징하듯이, 아시아태평양전쟁 이후 일본 최대의 보수주의자인 후쿠자와 유키치를 "전형적인 시민적 자유주의"자, "천부인권론자", "자유민권의 신봉자", "계몽주의자"로 그려낸 사람은 오랫동안 "일본 학계의 덴노天皇"로 군림한 마루야마 마사오와 그의 학문적 권위에 굴복하여 머리를 조아리던 연구자들이었다. 후쿠자와 유키치의 사상과 행동에 대한 동시대인의 평가는 "권모술수적인 강병부국론", "권력에 대한 무원칙적인 영합", "국제권력정치를 신봉하는 국권론", "아시아 멸시 및 침략주의", "종교와 사상의 자유 억압", "원칙 없이 임기응변적으로 변신하는 상황주의" 등으로 매우 부정적이었음을 감안하면 놀라운 반전이 아닐 수 없다. 문제는 왜 어떻게 마루야마 마사오가 『후쿠자와 유키치 전집』 가운데 전체의 논지나 문맥을 무시하고 자신의 주장에 들어맞는 부분만 뽑아 쓰는 자의적인 연구를 했느냐 하는 것이다.

마루야마 마사오는 전시기인 1940년 6월 26살의 매우 젊은 나이에 도쿄제국대학 법학부 조교수로 임용되었다. 그는 구제고등학교(제1고등학교) 시절부터 "국체를 부정할 생각 따위는 털끝만큼도 없었고" "기숙사 화장실 벽에서 '천황제 타도'라는 낙서를 봤을 때 일순 생리적이라고도 할 불쾌감에 사로잡혔을 정도"로 충실한 천황주의자로 성장했다. 신임교수 시절 그가 느닷없이 후쿠자와 유키치를 연구과제로 들고 나온 것은, 총력전이라는 당시의 시대상황 속에서 밑으로부터의 힘을 충분히 살리지 못하는 동원 현실에 대한 초조감 때문이었다. 1943년 마루야마는 「후쿠자와에게 있어서 질서와 인간」이라는 논고를 통해 자신과 몇 살 차이 나지 않는 학도 출진하는 제자들에게 "후쿠자와는 (…) 말하자면, 개인주의자임으로써 곧 국가주의자"였다, "국가를 개인의 내면적 자유에 매개시킨 것 (…) 후쿠자와 (…) 가 일본 사상사에 출현한 의미는 오로지 여기에 있다고까지 할 수 있다. (…) 질서에 능동적으로 참여하는 인간으로의 전환은 개인의 주체적 자유를 계기로 해서만 성취된다", "한 사람 한 사람이 주체적으로 조국의 운명을 짊어지고" "질서에 능동적으로 참여해야 한다"고 강변했다.

이는 대학 교원으로서 제자들을 전쟁터로 내몰아 저 해신의 바다 낭떠러지에서 "개죽음"하도록 이끄는 데 적극 가담한 행위였지만, 마루야마는 죽는 날까지 자신의 전쟁책임에 대해 이야기한 적이 없다.

그런 마루야마 마사오가 아시아태평양전쟁 이후 후쿠자와 유키치로부터 선구적인 민주주의 사상을 읽어내 일본사회의 민주적 개혁과 민중계몽에 나섬으로써 일약 '전후민주주의'의 총아로 변신했다. 어제까지의 천황 숭배를 주축으로 한 전쟁 선동과 동원의 정치교육을 재빠르게 후쿠자와 유키치에 대한 찬가로 바꾸어 "패전으로 굴러들어온 민주주의"를 지키는 데 결사적으로 매달렸다. 그것은 후쿠자와 언설의 안이한 "바꿔 읽기"나 "실체를 넘어선 해석"을 통해 일본에도 후쿠자와 유키치와 같은 '하늘은 사람 위에 사람을 만들지 않고 사람 밑에 사람을 만들지 않는다'는 훌륭한 민주주의 사상을 주장한 선구자가 있었다고 미화하거나, 그것이 수행한 진보적 역할을 일방적으로 강조하는 내용이었다. 결국 이러한 '전후민주주의 교육'이 전개됨에 따라 아시아 멸시 및 침략을 선도하여 아시아 "민족 전체의 적"으로 평가되는 인물이 일본 민주주의 사상의 선구자로 정착되었고, 대신에 일본과 아시아 인접 국가와의 역사적 화해나 전쟁책임 문제 같은 것은 뒷전으로 밀려나고 말았다. 그러나 안이하고 값싼 정치주의 교육은 사상누각과 같고, 결코 민주주의와 평화의 가치를 지켜내지 못한다는 것은 현금의 일본사회에 몰아치는 우경화의 광풍과 아시아 인접 국가와의 험악한 관계가 웅변하고 있다.

그렇다면, 한국의 독자들은 마루야마 마사오를 어떻게 이해하고 그가 만들어낸 '후쿠자와 유키치 신화'를 어떻게 해석해야 할 것인

가. 먼저, 마루야마 마사오로부터 직접 학문을 사사하거나 그의 영향 하에서 학업을 이룬 한국인 학자들은 일본인 연구자와 다를 바 없이 그의 학문적 권위에 머리를 조아리며 주체적인 역사관 없이 그것을 국내에 전파하는 학문적 식민주의에서 벗어나지 못했다는 비판으로 부터 얼마나 자유로울 수 있는지 자문해봐야 할 것이다. 역자는 유학 시절 츠루 시게토 교수로부터 마루야마 마사오의 학문적 자세와 그 의 후쿠자와 유키치론의 허구성에 관한 냉철한 가르침을 받았지만, 이상의 문제에 대답할 수 있을 만큼 식견을 갖추지는 못했다. 다만 1999년 『출판저널』이라는 잡지에서 마루야마 마사오의 『충성과 반 역』 서평을 의뢰받았을 때 똑같은 질문에 대해 고민했던 흔적의 일부 를 상기해보고자 한다.

"마루야마 마사오가 막번체제의 해체기(도쿠가와 막부의 오규 소라 이荻生徂徠)에서 메이지 국가 완성기(의 후쿠자와 유키치福沢諭吉), 나아 가 파시즘의 형성과 붕괴에 이르는 시기를 대상으로 하는 논설에 서 일관되게 추구한 것은 일본의 국민국가 형성에 있어서 근대적 사유의 성숙과 주체적 인격의 확립에 관한 문제였다. 그런데 근대 적 주체야말로 부정적 가치를 타자에게 투영함으로써 자기를 긍 정적으로 체현해 나가는 강한 속성을 지니지만 (…) 사상사가인 마 루야마는 이러한 국민국가의 형성에 내재된 이질적인 것에 대한 배제, 공격, 폭력, 주변화, 차별화의 문제에는 무관심했다. 구체적 으로 (…) 근대일본이 국경을 넘어 식민지를 지배하고 아시아 인 민을 전쟁에 내몬 제국주의 국가라는 인식을 결여했으며 당연히 전후 구 식민 지배의 유산을 국내에서 어떻게 청산할 것인지 하는 과거사 청산이나 전쟁책임의 문제에 대해서도 무심했다.""식민주의, 인종차별주의, 에스니시티, 젠더 등 산적한 근대일본의 지성사적 과제는 그의 독특한 근대적 사유의 성숙과 주체적 인격의 확립이라는 분석틀 속에 완벽하게 은폐, 봉쇄, 배제되었다."'어떤 의미에서 그는 파워폴리틱의 정치적 리얼리즘을 신봉하는 인물이었다. (…) 개인의 자유에 매개된 건전한 내셔널리즘, 이를 정치적으로 담보한 형태의 국제협조적인 국가형태, 그 행동을 규제하는 원리로서의 국가이성은 설 땅을 잃고 마는 것이다."(이상 『출판저널』 제251호, 1999년 2월 5일자, 29쪽. 일부 표현 및 순서 변경)

끝으로, 막말·메이지 초기의 난삽한 후쿠자와 유키치 문장을 적절하면서 알기 쉬운 한국어로 옮기기 위해 오랜 시간 머리를 맞대고 고민해준 역사비평사 책임편집자 정윤경 선생에게 감사드린다. 한국어에 정통한 일본인 학자가 한국어 번역문이 일본어 원서보다 쉽게 읽힌다는 평가를 해주었을 때 번역자로서 무한한 보람을 느꼈지만, 이것은 최종적으로 독자 여러분이 판단할 몫이다. 『후쿠자와 유키치의 아시아 침략사상을 묻는다』의 경우와 마찬가지로 이 책이 한국의 일본학 연구가 스스로의 논리와 언어를 찾아 학문적으로 체계화되는 계기를 마련하는 데 기여하기를 바라면서 역자 후기를 마무리한다.

2015년 6월 북한산 사자능선 우거에서

이향철

부록

미주
찾아보기

미주

※ 본문의 각주는 모두 옮긴이주, 미주는 저자의 주석이다.

1 『丸山眞男集』 3권, 岩波書店, 360쪽(이하 『丸山集』으로 표기).

2 『丸山集』 3권, 367쪽.

3 『福沢諭吉全集』 12권, 岩波書店, 456쪽(이하 『福沢全集』으로 표기).

4 『丸山集』 5권, 214~216쪽.

5 安川壽之輔, 『日本近代教育の思想構造: 福沢諭吉の教育思想研究』, 新評論, 1970(1979년 증보판 출간).

6 야스카와 주노스케 지음, 이향철 옮김, 『후쿠자와 유키치의 아시아 침략사상을 묻는다』, 자료편 63번, 365쪽.

7 같은 책, 자료편 189번, 387쪽.

8 飯田鼎, 『福澤諭吉研究: 福澤諭吉と幕末維新の群像』, お茶の水書房, 2001.

9 「福沢諭吉における「挫折」の問題—丸山眞男氏の福沢像について」.

10 이 문하생의 이름은 이다 다이조(飯田泰三)이다(飯田泰三, 『批判精神の航跡』, 筑摩書房, 1997, 323쪽). 이다의 논평에 대해서는 제2장 2절에서 자세히 소개한다. 여기서는 '마루야마 유키치'라는 표현이 너무 절묘하게 핵심을 찌르고 있어 일본어판 원저의 부제로 사용했음을 밝힌다. 아울러 감사의 말씀을 전한다.

11 법적으로 헌법이 상위법임에도 교육기본법 개정을 먼저 하겠다는 논리는 명백히 앞뒤가 뒤바뀐 발상이다. 헌법 개정 절차에 곤란한 문제가 있다고는 하지만, 그 역전은 또다시 교육을 정치의 수단이자 시녀로 전락하게 만드는 수법의 부활이다.

12 『丸山集』 15권, 25~26쪽.

13 『丸山集』 13권, 21쪽.

14 稲田正次編, 『教育勅語成立過程の研究』, 講談社, 1971.

15 『福沢全集』 8권, 671쪽.

16 『福沢手帳』, 福澤諭吉協会, 105호, 12쪽.

17 잡보(雜報) 기사를 둘러싸고 논란이 일어났을 때의 후쿠자와 본인의 서간, 『福沢全集』 18권, 348쪽.

18 井田進也, 『歷史とテクスト: 西鶴から諭吉まで』, 光芒社, 2001 참조.

19 『丸山真男手帳』 24호, 66~67쪽(이하 『丸山手帳』으로 표기).

20 마루야마 마사오 사후 '마루야마 마사오 수첩의 모임'은 『마루야마집』에 게재되지 않은 논고·강연·보고 등을 발굴하여 소개하기 위해 『마루야마 마사오 수첩』을 간행했다. 그 20호에 1990년 일본학사원(日本學士院)에서 마루야마가 발표한 「후쿠자와 유키치의 '탈아론'과 그 주변」이 게재되어 있다. 이 글에서 마루야마는 다음과 같이 주장했다. "교육칙어의 발포에 대해 『시사신보』는 일언반구도 논하지 않았습니다. 후쿠자와 사후의 「수신요령」에도 교육칙어의 충군애국적인 내용은 전혀 나오지 않습니다." 이는 둘 다 명백한 오류이다. 전자와 관련하여, 오카베 야스코(岡部泰子)는 '보주(補註)'에서 11월 5일의 『시사신보』 사설을 언급(『丸山手帳』 20호, 36쪽)하면서도, 마루야마의 후쿠자와 신화에 속박되어 마루야마처럼 부분적인 인용의 수법을 발휘하여 이 사설이 "교육 당국자 비판이라는 형태를 취한 간접적인 칙어 비판"이라고 판단해버렸다. 마찬가지로 후자의 「수신요령」에 대해서도 잘못된 해설을 했는데, 이는 나중에 언급하도록 하겠다.

21 『丸山集』 3권, 150~151쪽.

22 『丸山集』 3권, 376쪽.

23 『丸山集』 3권, 151쪽.

24 『丸山集』 14권, 336~337쪽.

25 이는 "악의적인 별명"이다. 『丸山集』 6권, 「월보」.

26 조례 시행 직후의 사설에서 후쿠자와는 "정부의 시정에 방해가 되는 자를 물리친 것에 지나지 않는다. 지극히 합당한 사건"이라고 평가하기도 했다. 『福沢全集』 11권, 416쪽.

27 『福沢全集』 6권, 161쪽.

28 内田義彦, 『日本資本主義の思想像』, 岩波書店, 1967, 356쪽.

29 『丸山集』 5권, 69쪽.

30 『丸山集』 5권, 216쪽.

31 『丸山集』 14권, 347쪽.

32 『福沢全集』 4권, 146~171쪽.

33 『후쿠자와 전집』 4권, 64쪽.

34 『福沢全集』 4권, 187~188쪽.

35 『丸山集』 13권, 105쪽.

36 『丸山集』13권, 106쪽.

37 『福沢全集』4권, 32쪽.

38 『福沢全集』4권, 43쪽.

39 『福沢全集』4권, 37쪽.

40 『福沢全集』4권, 5쪽.

41 『福沢全集』7권, 658쪽.

42 『福沢全集』4권, 171쪽.

43 『福沢全集』4권, 67쪽.

44 이 글은 2년 뒤 다른 3편의 논설과 함께 단행본으로 간행되었다. 이것만으로도 이 글의 중요성을 가늠해볼 수 있을 것이다. 『후쿠자와 전집』4권, 171쪽.

45 『丸山集』3권, 105쪽.

46 『丸山集』15권, 308쪽.

47 安川壽之輔, 『日本近代教育の思想構造: 福沢諭吉の教育思想研究』, 115쪽.

48 ひろたまさき, 『福沢諭吉研究』, 東京大学出版会, 1976, 261쪽.

49 『福沢諭吉年鑑』21권, 114~117쪽(이하『福沢年鑑』으로 표기).

50 木村時夫, 『日本ナショナリズムの研究』, 前野書店, 1966, 367쪽. 이에 대해 필자는 기무라 도키오의 전제 자체에 오류가 있음을 『일본 근대교육의 사상구조(日本近代教育の思想構造)』, 121쪽에서 지적한 바 있다.

51 이 책의 [자료편] 4에 수록된 『시사신보』 사설의 존재는 마루야마 마사오 관련 연구자들 사이에서 일관되게 무시되고 간과되어왔다. 이미 기술한 바와 같이, 마루야마가 이 사설을 인식한 것은 사망 전년의 일이다. 마루야마가 죽은 뒤에야 2002년의 『마루야마 수첩』20호에서 오카베 야스코(岡部泰子)가 「보주補註」를 통해 겨우 그 존재를 언급했다.

52 安川寿之輔, 「義務教育就学の社会経済的背景」, 『教育の時代』 1964년 4월호 참조.

53 『福沢全集』4권, 465~466쪽.

54 이듬해 1880년 도덕사상가이나 문부성 편서과장인 니시무라 시게키(西村茂樹)가 편찬한 『소학수신훈(小學修身訓)』이 간행되고, '개정교육령'에 의거해 수신과목이 다른 과목보다 우선시되었다. 1881년에는 「소학교 교원 준수사항(小学校教員心得)」(문부성 통달 제19호), 「학교교원 품행검정 규칙」이 제정되며, 1883년에는 「유학요강(幼學要綱)」이 하사되었다.

55 安川壽之輔, 『日本近代教育の思想構造: 福沢諭吉の教育思想研究』, 363쪽 참조.

56 『福沢全集』21권, 353쪽.

57 『福沢年鑑』 1권, 59쪽; 『福沢年鑑』 2권, 229쪽.

58 富田正文, 『考証福澤諭吉』 下, 岩波書店, 1992, 767쪽.

59 위의 책, 755쪽.

60 『福沢全集』 6권, 404쪽 이하.

61 『福沢全集』 6권, 406쪽 이하.

62 山住正己, 「『修身要領』百周年」, 『福沢手帳』 106호.

63 富田正文, 『考証福澤諭吉』 下, 岩波書店, 1992, 756쪽.

64 『世界教育史大系』 제39권, 講談社, 158쪽.

65 위의 책, 159쪽; 稲田正次編, 『教育勅語成立過程の研究』, 講談社, 1971, 296쪽.

66 安川壽之輔, 『日本近代教育の思想構造: 福沢諭吉の教育思想研究』, 330쪽 이하.

67 후쿠자와는 이 사설이 "문제의 바꿔치기이고, '교육칙어'는 '의미 없는 수식어'로 사용된 데 지나지 않는다"라는 의미 불명의 해설을 붙여놓았다. 『후쿠자와 유키치 서간집(福沢諭吉書簡集)』 9권, 339쪽(이하 『福沢書簡集』으로 표기).

68 이 '국체' 개념은 『문명론의 개략』 제2장에서 후쿠자와가 규정한 '국체'에 대한 정의와 현격하게 거리가 있음에 주목해야 한다.

69 게이오기쥬쿠의 최신 견해를 보여주는 『후쿠자와 서간집』 7권 「해제」에서도, 후쿠자와는 제국헌법과 교육칙어 "양자에 대해 매우 냉담하고 거리를 둔 자세를 견지했다"는 신화가 반복되고 있다.

70 『続・現代史資料』 8, みすず書房, 2007, 佐藤秀夫의 「解説」 참조.

71 堀尾輝久, 『現代教育の思想と構造: 国民の教育権と教育の自由の確立のために』, 岩波書店, 1971, 406쪽 이하.

72 후쿠자와의 '학문·교육 독립론'에 대한 선행연구의 오류에 대해서는 필자의 『일본근대교육의 사상구조』 후편 3장을 참조.

73 堀孝彦, 『日本における近代倫理の屈折』, 未来社, 2002, 107쪽.

74 梅本克己・佐藤昇・丸山真男, 『現代日本の革新思想』, 河出書房, 1966. 『마루야마집』을 읽고 나서 마루야마에 대해 깨달은 것 중 하나는, 이 경우에서처럼 학문과 과학의 세계에서 그가 "전혀", "완전히", "백퍼센트" 같은 강조어를 아주 쉽게 사용하는 연구자라는 점이었다. 어지간히 스스로에게 자신이 있었던 것 같다. 그런데 동시에 그는 "(…) 의 함정에 빠지지 않았다고 할 수 없다", "백퍼센트 실현했다고 할 수 없다"라는 표현도 자주 사용한다. 전자와 모순된 것이지만, 마루야마는 늘 신중하고 교묘하게 빠져나갈 구멍을 마련하고 있다는 인상도 강하게 받는다.

75 『福沢全集』 4권, 42쪽.

76 『福沢全集』 4권, 187쪽.

77 하지만 「국회의 전도」에 이르러서 후쿠자와는 제실의 "존숭경애"는 일본인의 "뼛속에 사무친" "천성"이라고 염치도 없이 주장하게 되었다.

78 『福沢全集』 4권, 146쪽.

79 『福沢全集』 4권, 44~45쪽.

80 『福沢年鑑』 24권, 210쪽.

81 『丸山集』 2권, 142쪽.

82 도야마 시게키도 이 신화를 추종하고 있다. 遠山茂樹, 『福沢諭吉: 思想と政治との関連』, 東京大学出版会, 1970, 246쪽 참조.

83 『福沢全集』 16권, 284쪽.

84 『福沢全集』 14권, 307쪽.

85 『福沢全集』 15권, 227~228쪽.

86 田中浩, 『近代日本と自由主義』, 岩波書店, 1993, 156쪽.

87 加藤周一, 『加藤周一セレクション2·日本文学の変化と持続』, 平凡社 1999, 289~290쪽.

88 『福沢年鑑』 18권, 144쪽.

89 『丸山集』 11권, 221쪽.

90 『丸山集』 14권, 281쪽.

91 『丸山集』 5권, 232쪽.

92 安川寿之輔, 『十五年戦争と教育』, 新日本出版社, 1986, 232쪽; 安川寿之輔, 「国民の戦争責任再論」, 『わだつみのこえ』 제110호, 1999. 8.

93 『丸山集』 13권, 39쪽.

94 中野敏男, 『大塚久雄と丸山眞男: 動員, 主体, 戦争責任』, 青土社, 2001(한국어판 나카노 도시오, 『오츠카 히사오와 마루야마 마사오』, 삼인, 2005).

95 『丸山集』 2권, 219쪽 이하.

96 白井厚, 「丸山真男の福沢論と『三田新聞』」, 『三田評論』 1997년 4월호.

97 『丸山集』 1권, 31쪽 이하.

98 国武英人, 「丸山真男の福沢諭吉論について」, 『国史学研究』(龍谷大学国史学合同研究室) 제24호.

99 今井弘道, 「国民的戦争責任論への懐疑と丸山真男のナショナリズム」, 『象』 제44호, 2002년 가을호.

100 安川寿之輔·悦子, 『女性差別の社会思想史』, 明石書店, 1987, 12쪽.

101 『丸山集』 2권, 283쪽 이하.

102 『三木清著作集』 제14권, 岩波書店, 1950 수록. 미키의 이전 저작집은 "패전 직후의 사상 상황"을 고려하여 이 논고를 수록하지 않았다.

103 姜尚中, 『ナショナリズム』, 岩波書店, 2001, 124쪽 이하.

104 『丸山集』 15권, 22쪽.

105 安川寿之輔·悦子, 『女性差別の社会思想史』, 明石書店, 1987, 108쪽.

106 安川寿之輔, 「国民の戦争責任再論」, 『わだつみのこえ』 제110호, 1999. 8.

107 わだつみ会編, 『学徒出陣』, 岩波書店, 1993; 安川寿之輔, 「国民の戦争責任再論」, 『わだつみのこえ』 제110호, 75쪽 이하 참조.

108 小松茂夫, 『権力と自由』, 勁草書房, 1970.

109 藤原彰, 『餓死した英霊たち』, 青木書店, 2001.

110 歴史学研究会編, 『戦後歴史学再考: 「国民史」を超えて』, 青木書店, 2000, 75쪽 이하.

111 松浦勉·渡辺かよ子編, 『差別と戦争: 人間形成史の陥穽』, 明石書店, 1999, 13쪽.

112 西川長夫, 『国民国家論の射程: あるいは「国民」という怪物について』, 柏書房, 1998.

113 西川長夫, 『増補·国境の越え方: 国民国家論序説』, 平凡社, 2001, 243쪽.

114 西川長夫, 『国民国家論の射程: あるいは「国民」という怪物について』, 柏書房, 1998.

115 西川長夫, 『増補·国境の越え方: 国民国家論序説』, 平凡社, 2001, 471쪽.

116 西川長夫, 『国民国家論の射程: あるいは「国民」という怪物について』, 柏書房, 1998, 267쪽.

117 今井弘道, 「国民的戦争責任論への懐疑と丸山真男のナショナリズム」, 『象』 제44호, 2002년 가을호.

118 遠山茂樹, 『福沢諭吉: 思想と政治との関連』, 東京大学出版会, 1970, 67쪽.

119 西川長夫, 『国民国家論の射程: あるいは「国民」という怪物について』, 281쪽.

120 사망진단서 위조로 징병을 기피하고 전쟁이 끝난 뒤에도 호적을 회복하지 않은 농민작가.

121 夏堀正元, 『渦の真空』, 朝日新聞, 1997; 夏堀正元, 『非国民の思想』, 話の特集社, 1994.

122 情況出版編集部編, 『丸山真男を読む』, 情況出版, 1997, 61쪽.

123 『朝日新聞』 2002. 11. 29.

124 飯田泰三, 「福沢諭吉の日本近代化構想と西欧観・アジア観」, 『福沢年鑑』 22권, 155쪽.

125 『丸山手帳』 23권, 35쪽.

126 飯田泰三, 「福沢諭吉の日本近代化構想と西欧観・アジア観」, 『福沢年鑑』 22권.

127 松沢弘陽, 『近代日本の形成と西洋経験』, 岩波書店, 1993.

128 이다 다이조는 『福沢書簡集』 1권 「해제」, 451쪽에서도 이 균열과 딜레마에 대해 언급한 바 있다.

129 『福沢手帳』 91호, 12쪽(飯田泰三, 『批判精神の航跡: 近代日本精神史の一稜線』, 筑摩書房, 筑摩書房, 1997에 재수록).

130 후쿠자와는 『문명론의 개략』 제2장에서 "고습의 혹닉"을 "일소"할 것을 주장하고, 제9장에서 "권력 편중의 (…) 병"을 제거할 것을 주장했다.

131 中村敏子, 『福沢諭吉: 文明と社会構想』, 創文社 2000에 대한 서평으로 『福沢年鑑』 28권에 실렸다.

132 安川壽之輔, 『日本近代教育の思想構造: 福沢諭吉の教育思想研究』, 126쪽.

133 『丸山集』 12권, 335쪽.

134 『丸山集』 15권, 30~35쪽.

135 安川壽之輔, 『日本近代教育の思想構造: 福沢諭吉の教育思想研究』, 125쪽.

136 『福沢全集』 1권, 455쪽.

137 야스카와 주노스케, 이향철 옮김, 『후쿠자와 유키치의 아시아 침략사상을 묻는다』, 역사비평사, 2011, 126쪽.

138 『丸山集』 14권, 341~342쪽.

139 『丸山集』 12권, 341쪽.

140 『福沢全集』 5권, 59쪽.

141 『福沢全集』 4권, 33쪽.

142 『丸山集』 3권, 187쪽.

143 『福沢全集』 19권, 608~612쪽.

144 『福沢全集』 4권, 453쪽 이하.

145 『福沢全集』 19권, 656쪽.

146 우에키 에모리는 "이것은 어린애에게 날이 시퍼런 칼을 쥐어주는 꼴"이라고 비판했다. 야스카와 주노스케, 『후쿠자와 유키치의 아시아 침략사상을 묻는다』, 130쪽.

147 『丸山集』 13권, 364쪽.

148『福沢全集』3권, 52쪽 이하.

149 1879년의 「화족(華族)을 무변(武辺)으로 이끄는 설」([자료편] 19)이 이와쿠라 도모미에게 보낸 건의문이었고, 후쿠자와는 이를 야마가타 아리토모 등 육해군 수뇌에게도 보낸 뒤『우편보지신문(郵便報知新聞)』사설로 게재했다는 사실을 상기하라.

150『福沢全集』17권, 474~475쪽.

151 石河幹明,『福沢諭吉伝』제3권, 岩波書店, 1932, 46쪽.

152『福沢全集』17권, 478쪽.

153『福沢全集』20권, 232쪽 이하.

154『福沢全集』20권, 232쪽 이하.

155 훗날 1898년 5월 후쿠자와 별장에서 열린 원유회에 각의를 끝낸 이토 히로부미 수상이 각료 "일동을 모두 데리고" 내방하여 후쿠자와와 "매우 유쾌하게 팔짱을 낀 채 환담"하기도 했다. 安川壽之輔,『日本近代教育の思想構造: 福沢諭吉の教育思想研究』, 113쪽.

156『丸山集』13권, 7쪽.

157 1881년 10월 1일에 오쿠마 시게노부에게 가제본된 책이 전달되었고, 8일에는 메이지 천황에게 헌정되었다.『福沢全集』21권, 570쪽.

158『福沢年鑑』25권, 149쪽.

159 야스카와 쥬노스케,『후쿠자와 유키치의 아시아 침략사상을 묻는다』, 234~237쪽.

160 安川壽之輔,『日本近代教育の思想構造: 福沢諭吉の教育思想研究』, 124, 134쪽.

161『丸山集』14권, 342~343쪽.

162『후쿠자와 유키치의 아시아 침략사상을 묻는다』, 154~166쪽 참조.

163 安川壽之輔,『日本近代教育の思想構造: 福沢諭吉の教育思想研究』, 155~170쪽 참조.

164『丸山集』7권, 370쪽.

165『福沢全集』5권, 92쪽.

166 西川長夫・松宮秀治編,『幕末・明治期の国民国家形成と文化変容』, 新曜社, 1995, 568쪽.

167『福沢書簡集』2권, 387쪽.

168『福沢全集』8권, 145쪽.

169『福沢全集』5권, 313쪽.

170 다카시마 노부요시(高嶋伸欣) 교과서소송에서 문부성 교과서조사관의 판단. 야

스카와 주노스케, 『후쿠자와 유키치의 아시아 침략사상을 묻는다』, 175~176쪽.

171 作品社編集部編, 『読本憲法の100年 1: 憲法の誕生』, 作品社, 1989, 121쪽.

172 『福沢全集』 11권, 563~564쪽.

173 『丸山集』 5권, 223~224쪽.

174 『福沢書簡集』 7권, 「해제」 405쪽도 같은 견해이다.

175 『福沢全集』 5권, 117쪽.

176 『福沢全集』 15권, 321쪽.

177 『丸山集』 3권, 201쪽.

178 『丸山集』 3권, 129쪽.

179 『丸山集』 3권, 127쪽.

180 『丸山集』 3권, 129쪽.

181 『丸山集』 3권, 129쪽.

182 『丸山集』 3권, 183쪽.

183 『丸山集』 7권, 382쪽.

184 『丸山集』 3권, 125쪽.

185 『福沢全集』 15권, 573~575쪽.

186 安川壽之輔, 『日本近代教育の思想構造: 福沢諭吉の教育思想研究』, 362쪽 이하.

187 『丸山集』 7권, 227쪽.

188 『丸山集』 3권, 167쪽.

189 상세한 내용은 安川壽之輔, 『日本近代教育の思想構造: 福沢諭吉の教育思想研究』, 131~133쪽 참조.

190 『福沢全集』 11권, 458쪽 이하.

191 安川壽之輔, 『日本近代教育の思想構造: 福沢諭吉の教育思想研究』, 268쪽 이하.

192 후쿠자와의 '공장법' 반대론은 安川壽之輔, 『日本近代教育の思想構造: 福沢諭吉の教育思想研究』, 39~47쪽 참조.

193 安川壽之輔, 『日本近代教育の思想構造: 福沢諭吉の教育思想研究』, 242~244쪽.

194 『福沢全集』 15권, 582쪽.

195 吉岡吉典, 『日清戦争から盧溝橋事件』, 新日本出版社, 23쪽.

196 藤村道生, 『日清戦争: 東アジア近代史の転換点』, 岩波新書, 1973.

197 아울러 초기 계몽기 후쿠자와의 국제관계인식에 대한 마루야마의 파악도 잘못되

었음은 야스카와 쥬노스케, 『후쿠자와 유키치의 아시아 침략사상을 묻는다』 제1장에서 자세히 분석했다.

198 『丸山集』 15권, 128쪽.

199 『丸山集』 3권, 167쪽.

200 『丸山集』 4권, 21~22쪽.

201 小松茂夫, 「諭吉雜感」, 家永三郎編, 『現代日本思想大系 2·福沢諭吉』, 筑摩書房, 1963 「월보」.

202 『丸山集』 3권, 173쪽.

203 『丸山集』 3권, 174쪽.

204 『丸山集』 15권, 298~308쪽.

205 遠山茂樹, 『福沢諭吉: 思想と政治との関連』, 東京大學出版會, 1970, 256쪽 이하.

206 部落問題研究所編, 『部落問題の教育史的研究』, 部落問題研究所出版部, 1978, 349쪽; 安川寿之輔編, 『日本近代教育と差別: 部落問題の教育史的研究』, 明石書店, 1998(재수록), 619쪽.

207 『丸山集』 9권, 72쪽. 처음에는 고만(高慢)이라는 표현을 사용했다.

208 『丸山集』 9권, 69쪽 이하.

209 『丸山集』 3권, 145~151쪽.

210 『丸山集』 3권, 376쪽.

211 『丸山集』 7권, 122쪽.

212 西川長夫·松宮秀治編, 『幕末·明治期の国民国家形成と文化変容』, 新曜社 1995, 708쪽.

213 『福沢全集』 3권, 29~30쪽.

214 稲富栄次郎, 『明治初期教育思想の研究』, 創元社, 1944, 55쪽.

215 ひろたまさき, 『福沢諭吉研究』, 東京大學出版会, 1976, 127쪽.

216 佐々木力, 『学問論: ポストモダニズムに抗して』, 東京大學出版會, 1976.

217 小泉信三, 「解題」, 福澤諭吉著作編纂會編, 『福沢諭吉選集』 1권, 1951, 376쪽; 富田正文, 『考証·福沢諭吉』 上, 岩波書店, 1992, 383쪽.

218 『福沢全集』 5권, 237쪽. 이 자연법적 인권론과 『시사대세론』의 내용이 전혀 맞지 않는다는 데 대해서는 安川寿之輔, 『日本近代教育の思想構造: 福沢諭吉の教育思想研究』, 49쪽 이하 참조.

219 『丸山集』 13권, 107쪽.

220 『福沢全集』 1권, 323쪽.

221 有賀貞,「アメリカ独立宣言と福沢諭吉」,『福沢年鑑』28권, 178쪽.

222 安川寿之輔,「名古屋大学新入生の学力の中身」,『季刊・高校のひろば』第46号, 旬報社.

223 『福沢全集』1권, 451~456쪽.

224 安川壽之輔,『日本近代教育の思想構造: 福沢諭吉の教育思想研究』, 전편 제1장, 후편 제1장 참조.

225 『福沢全集』19권, 510쪽 이하.

226 『福沢全集』4권, 465쪽 이하.

227 『福沢全集』5권, 379쪽.

228 安川壽之輔,『日本近代教育の思想構造: 福沢諭吉の教育思想研究』, 224쪽 이하.

229 『福沢全集』3권, 32~33쪽.

230 『福沢全集』3권, 33쪽.

231 『福沢全集』3권, 40~41쪽.

232 『福沢全集』3권, 37쪽 이하.

233 富田正文,『考証・福沢諭吉』上, 岩波書店, 385쪽.

234 『福沢全集』1권, 323쪽.

235 제2장 1, 2절,『福沢手帳』86호.

236 『福沢全集』5권, 221쪽.

237 『丸山集』15권, 129쪽.

238 『福沢年鑑』28권, 183쪽.

239 『丸山集』5권, 213쪽.

240 『丸山集』15권, 129쪽.

241 『福沢年鑑』3권, 207쪽;『福沢手帳』4권, 2쪽.

242 福澤諭吉著作編纂會編,『福沢諭吉選集』1권, 1951, 377쪽.

243 『福沢全集』19권, 599쪽 이하.

244 『福沢全集』4권, 437쪽.

245 『福沢全集』10권, 82쪽 이하.

246 『福沢全集』11권, 200쪽.

247 『福沢全集』4권, 172쪽.

248 『丸山集』14권, 220쪽.

249 『丸山集』14권, 220쪽.

250 慶応義塾,『福沢諭吉教育関係文献索引』1955년판에 의하면 1,300편을 넘는다.

251 『福沢全集』 4권, 527쪽.

252 『福沢全集』 8권, 56쪽 이하.

253 『福沢全集』 6권, 506~507쪽.

254 『福沢全集』 6권, 507쪽.

255 安川寿之輔, 「福沢諭吉の女性観と女子教育論: 歴史研究の方法を中心に」, 『人権と教育』第35号, 158~168쪽.

256 堀尾輝久, 『現代教育の思想と構造』, 岩波書店, 1992, 220쪽.

257 『福沢全集』 11권, 467~496쪽.

258 『福沢全集』 6권, 145쪽.

259 『福沢全集』 7권, 248쪽.

260 安川壽之輔, 『日本近代教育の思想構造: 福沢諭吉の教育思想研究』, 244쪽.

261 『福沢全集』 6권, 419쪽.

262 『福沢全集』 20권, 65~66쪽.

263 야스카와 쥬노스케, 『후쿠자와 유키치의 아시아 침략사상을 묻는다』, 52쪽.

264 『丸山集』 5권, 213쪽.

265 『学問のすすめ』 제2편, 『福沢全集』 3권, 40쪽.

266 『学問のすすめ』 제4편, 『福沢全集』 3권, 49쪽 이하.

267 安川壽之輔, 『日本近代教育の思想構造: 福沢諭吉の教育思想研究』, 43쪽.

268 『学問のすすめ』 제7편, 『福沢全集』 3권, 71쪽.

269 『学問のすすめ』 제2편, 『福沢全集』 3권, 40쪽.

270 『学問のすすめ』 제7편, 『福沢全集』 3권, 73쪽.

271 『学問のすすめ』 제7편, 『福沢全集』 3권, 71쪽.

272 『西洋事情』 初編, 『福沢全集』 1권, 298쪽.

273 『福沢全集』 19권, 222~227쪽.

274 遠山茂樹, 『福沢諭吉: 思想と政治との関連』, 東京大学出版会, 1970, 71쪽 이하.

275 内田義彦, 『日本資本主義の思想像』, 岩波書店, 1967, 198쪽, 351~352쪽.

276 植手通有, 『日本近代思想の形成』, 岩波書店, 1974, 113쪽 이하.

277 말이나 정식 자체라면 후쿠자와뿐 아니라 예컨대 메이지 정부 수뇌였던 기도 다카요시도 "각인 자립해야 그 나라가 스스로 독립하는 것이다"고 적었다. 安川壽之輔, 『日本近代教育の思想構造: 福沢諭吉の教育思想研究』, 24쪽.

278 丸山真男・加藤周一, 『翻訳と日本の近代』, 岩波新書, 26쪽.

279 "가장 퇴행적인 진보주의자"라 불리기도 한다. 高島善哉・水田洋・平田清明, 『社

会思想史概論』, 岩波書店, 380쪽.

280 이 인물에 대해서는 梅原猛, 『宗教と道徳』, 文芸春秋, 2002, 90쪽 참조.

281 梅原猛, 『宗教と道徳』, 文芸春秋, 2002, 92쪽.

282 『福沢全集』 19권, 715쪽 이하.

283 이하의 내용을 포함하여 후쿠자와의 여성론에 관한 주석은 모두 安川壽之輔, 『日本近代教育の思想構造: 福沢諭吉の教育思想研究』 후편 제5장 「여자교육론」 참조. 그 밖에 安川寿之輔, 「福沢諭吉の女性観と女性教育論」, 『人権と教育』 増刊 第35号도 참조.

284 후쿠자와는 45세 무렵부터 이미 자신을 "노생"이라 불렀다. 『福沢書簡集』 4권, 366쪽.

285 『丸山集』 3권, 364~369쪽.

286 『丸山集』 3권.

287 날짜순, 『福沢全集』 18권, 327~374쪽.

288 『丸山集』 13권, 108~109쪽.

289 가노 마사나오(鹿野政直)는 이 히로타의 평가를 긍정적으로 인용하고 있다.

290 『福沢年鑑』 15권, 225쪽.

291 여기서 알 수 있듯이, 후쿠자와는 나카에 조민과 달리 피차별 부락 문제에 대해서는 한 번도 발언한 적이 없다.

292 『福沢全集』 6권, 465쪽.

293 西川俊作·西沢直子, 『ふだん着の福沢諭吉』, 慶応義塾大学出版会, 1998, 174쪽.

294 西川俊作·西沢直子, 『ふだん着の福沢諭吉』, 「孫が語る福沢諭吉」, 82쪽.

295 위의 책, 58, 81, 94쪽.

296 武田清子, 『婦人解放の道標: 日本思想史にみるその系譜』, ドメス出版, 1985, 31, 34쪽.

297 『福沢手帳』 101호, 11쪽.

298 福澤諭吉著作編纂會編, 『福沢諭吉選集』 5권, 1951, 394쪽.

299 야스카와 쥬노스케, 『후쿠자와 유키치의 아시아 침략사상을 묻는다』, 35쪽 이하.

300 『福沢年鑑』 21권, 114쪽.

301 『福沢年鑑』 26권, 80쪽.

302 야스카와 쥬노스케, 『후쿠자와 유키치의 아시아 침략사상을 묻는다』, [자료편] 261, 271, 273번.

303 『福沢全集』 15권, 172~173쪽.

304 富田正文, 『考証·福澤諭吉』上, 岩波書店, 1992, 753쪽에도 이때의 후쿠자와에 대해 같은 묘사가 되어 있다. 괄호 안의 상세 설명은 이 책에 의한 것이다.

305 『福沢全集』 16권, 606쪽.

306 『福沢全集』 16권, 601~606쪽.

307 야스카와 쥬노스케, 『후쿠자와 유키치의 아시아 침략사상을 묻는다』, [자료편] 86번.

308 위의 책, [자료편] 175번.

309 위의 책, [자료편] 173번.

310 위의 책, [자료편] 186번.

311 위의 책, [자료편] 397번.

312 위의 책, 274~275쪽.

313 石河幹明, 『福澤諭吉傳』 4권, 岩波書店, 1932, 769쪽.

314 福澤諭吉著作編纂會編, 『福沢諭吉選集』 1권, 1951, 420쪽.

315 『福沢年鑑』 2권, 230쪽 이하.

316 『丸山集』 4권, 74~75쪽.

317 『福沢全集』 4권, 191쪽.

318 『福沢全集』 4권, 183쪽, 208쪽.

319 『福沢全集』 4권, 208쪽.

320 「学校停止」, 『福沢全集』 8권, 167~168쪽.

321 福澤諭吉, 『学問のすすめ』, 日本評論社, 1941, 富田正文 「解題」, 31쪽.

322 安川壽之輔, 『日本近代教育の思想構造: 福沢諭吉の教育思想研究』 후편 제 1장 참조.

323 『福沢全集』 4권, 42~43쪽.

324 『福沢全集』 4권, 42~43쪽.

325 『福沢全集』 3권, 99쪽.

326 『福沢全集』 14권, 643쪽.

327 『福沢全集』 3권, 97~98쪽.

328 『福沢全集』 16권, 266쪽.

329 『福沢全集』 15권, 582쪽.

330 『福沢全集』 9권, 97쪽.

331 『福沢全集』 9권, 99~100쪽.

332 『福沢全集』 9권, 100~102쪽.

333 『福沢全集』 9권, 103쪽.

334 飛鳥井雅道,『日本近代精神史の研究』, 京都大学学術出版会, 2002, 356쪽.

335 西川長夫,『増補·国境の越え方: 国民国家論序説』, 平凡社, 2001, 108쪽.

336 위의 책, 243쪽.

337 『福沢全集』 4권, 23~26쪽.

338 橋川文三,『橋川文三著作集』 7권, 筑摩書房, 1986, 41~42쪽.

339 橋川文三,『橋川文三著作集』 7권, 筑摩書房, 1986, 42쪽.

340 『丸山集』 3권, 186쪽.

341 『丸山集』 13권, 145쪽.

342 『丸山集』 13권, 147쪽.

343 『丸山集』 13권, 148~149쪽.

344 사건에 대해서는 稲田正次編,『教育勅語成立過程の研究』講談社, 1971, 제15
장, 世界教育史研究会編,『世界教育史大系』 39, 講談社, 1977 참조.

345 1892년 3월 28일에 간행된『史海』제10권, 71쪽에 전재.

346 伊ケ崎暁生,『大学の自治の歴史』, 新日本新書, 1965, 20~22쪽.

347 『日本近代思想大系 13 歴史認識』, 岩波書店, 1991, 宮地正人「解説」, 558쪽.

348 『丸山集』 7권, 374쪽.

349 『丸山集』 7권, 378쪽.

350 『丸山集』 13권, 318쪽.

351 『丸山集』 7권, 365쪽.

352 『丸山集』 3권, 247~248쪽.

353 『丸山集』 4권, 88~89쪽.

354 『丸山集』 3권, 203쪽.

355 『丸山集』 3권, 191~192쪽.

356 『丸山集』 5권, 231~244쪽.

357 『丸山集』 15권, 216쪽.

358 橋川文三,『橋川文三著作集』 7권, 筑摩書房, 1986, 3쪽.

359 『丸山集』 15권, 215쪽.

360 『丸山集』 15권, 217쪽.

361 『福沢全集』 16권, 286쪽.

362 田中浩,『近代日本と自由主義』, 岩波書店, 1993, 146쪽 이하.

363 『丸山集』 2권, 141~142쪽.

364 『丸山集』 13권, 304쪽.

365 『丸山集』 14권, 206쪽.

366 『丸山集』14권, 257쪽.

367 『丸山集』5권, 66~69쪽.

368 中野敏男, 『大塚久雄と丸山眞男: 動員, 主体, 戦争責任』, 青土社, 2001, 223~224쪽.

369 情況出版編集部編, 『丸山眞男を読む』, 状況出版, 1997, 24쪽.

370 中野敏男, 『大塚久雄と丸山眞男: 動員, 主体, 戦争責任』, 青土社, 2001, 215~217쪽.

371 情況出版編集部編, 『丸山眞男を読む』, 状況出版, 1997, 23쪽.

372 歴史学研究会編, 『戦後歴史学再考: 「国民史」を超えて』, 青木書店, 2000, 80쪽.

373 야스카와 쥬노스케, 『후쿠자와 유키치의 아시아 침략사상을 묻는다』, 305쪽(내용 일부 수정).

374 小泉仰, 「福沢諭吉と宗教」, 230쪽.

375 위의 글, 231쪽.

376 『福沢全集』16권, 92쪽.

377 安川壽之輔, 『日本近代教育の思想構造: 福沢諭吉の教育思想研究』, 44~45쪽, 175~177쪽 참조.

378 遠山茂樹, 『福沢諭吉: 思想と政治との関連』, 東京大学出版会 1970, 128~129쪽.

379 福澤諭吉著作編纂會編, 『福沢諭吉選集』7권, 1951, 「해제」.

380 야스카와 쥬노스케, 『후쿠자와 유키치의 아시아 침략사상을 묻는다』, 271쪽.

381 『丸山集』8권, 409쪽 이하, 「충성과 반역」 해제.

382 『福沢全集』6권, 559~566쪽.

383 『丸山集』7권, 350쪽.

384 『丸山集』8권, 206쪽.

385 『福沢年鑑』2권, 189~220쪽.

386 『丸山手帳』88권, 10쪽.

387 『丸山手帳』88권, 10쪽.

388 『福沢全集』6권, 571~572쪽.

389 『福沢年鑑』2권, 196쪽.

390 『福沢年鑑』2권, 196쪽.

391 三谷太一郎, 「福沢諭吉と勝海舟」, 『福沢年鑑』23권.

392 河上民雄, 「勝海舟と福沢諭吉のアジア観の対比」, 『聖学院大学総合研究所

NEWS LETTER』 10-3, 2000.

393 河上民雄,「勝海舟と福沢諭吉のアジア観の対比」; 西川俊作 書評論文,『福沢年鑑』24권; 佐々木力,『学問論: ポストモダニズムに抗して』,東京大学出版会, 246쪽.

394 『福沢全集』 15권, 670쪽.

395 夏堀正元,『渦の真空』下, 朝日新聞社, 1997, 78쪽.

396 福澤諭吉著作編纂會編,『福沢諭吉選集』 7권, 1951,「解題」.

397 橋川文三,『橋川文三著作集』 7권, 筑摩書房, 1986, 46쪽.

398 『福沢年鑑』 3권, 205쪽.

399 『丸山集』 2권, 228쪽.

400 『福沢全集』 4권, 659-660쪽.

401 伊藤正雄編,『明治人の観た福沢諭吉: 資料集成』, 慶應通信, 1970, 28쪽.

402 위의 책, 120쪽.

403 石河幹明,『福沢諭吉伝』제4권, 岩波書店, 1932, 386쪽.

404 伊藤正雄編,『明治人の観た福沢諭吉: 資料集成』, 慶應通信, 1970, 23~25쪽.

405 富田正文,『考証·福澤諭吉』下, 岩波書店, 1992, 443~444쪽.

406 伊藤正雄編,『明治人の観た福沢諭吉: 資料集成』, 慶應通信, 1970, 120쪽.

407 『明治人の観た福沢諭吉』에는 채록되지 않았지만, 이러한 평가와는 대조적인 평도 있다. 실용주의(pragmatism)를 일본에 소개한 철학자 다나카 오도(田中王堂, 1868~1932)는 후쿠자와에 대해 "메이지·다이쇼 사이에 산출된 위대한, 아니 유일한 철학자였다고 해도 좋다"고 말했다. 佐々木力,『学問論: ポストモダニズムに抗して』,東京大学出版会, 1997, 247쪽.

408 야스카와 쥬노스케,『후쿠자와 유키치의 아시아 침략사상을 묻는다』, 66쪽.

409 伊藤正雄編,『明治人の観た福沢諭吉: 資料集成』, 慶應通信, 1970, 153~154쪽.

410 위의 책, 27쪽.

411 石河幹明,『福沢諭吉伝』제4권, 岩波書店, 1932, 386쪽.

412 『福沢全集』 11권, 184쪽.

413 『丸山集』 7권, 380쪽.

414 『丸山集』 7권, 374쪽.

415 『丸山集』 7권, 378-379쪽.

416 야스카와 쥬노스케,『후쿠자와 유키치의 아시아 침략사상을 묻는다』, 52쪽.

417 伊藤正雄編,『明治人の観た福沢諭吉: 資料集成』, 慶應通信, 1970, 8쪽.

418 陸羯南,『陸羯南全集』第1巻, みすず書房, 1968, 40쪽.

419 아시아 제국을 말한다.

420 이와쿠라 도모미는 "일본인이 모두 후쿠자와 같기만 하면 안심이련만"이라며 좋아한다.

421 이는 이토 히로부미와 같은 발상이다.

422 제실을 매개로 한 학문·교육의 독립론, 효자절부의 덕의나 전장의 무공에 대한 표창, 일본 고유의 문화·예술 보존책 등의 각론은 생략한다.

423 후쿠자와는 이와쿠라 도모미와 보조를 맞추어 국회 개설에 대비해 왕실 재산의 증액·확정을 요구했으며, 그 이후 왕실 재산이 급격히 증대했다.

424 이에 대해 마루야마 마사오는 "만들어진 귀족제라는 것은 본래 형용모순"이라고 평했다.

425 梅原猛,『宗教と道徳』, 文芸春秋, 2002, 92쪽.

찾아보기